김예기 는 한국개발연구원 정보자료실장으로 재직 중이다. 강원도 양양 출생으로 관동대학교 경제학과를 졸업하였고, 한국외국어대학교에서 "한국 스포츠산업의 경제적 실상과 산업연관분석에 의한 파급효과 분석"이라는 제목의 논문으로 박사학위를 취득하였다.

관동대학교, 한국외국어대학교, 국민대학교, 한국체육대학교 등에서 스포츠 경제학 등을 강의하고 겸임 교수를 역임하였다. 주요 연구 분야인 미시경제학과 스포츠 경제학 등에서 활발하게 연구 및 저술활동을 해오고 있다.

『스포츠 경제의 이해』(2004)를 저술하였으며, 주요 학술지에 게재한 논문으로는 우리나라 스포츠 산업의 성장요인과 스포츠 산업의 유발계수 분석(2005), 한국과 일본가계의 스포츠 소비항목별 지출실태 비교(2007), 한국과 일본 골프시장의 수요 요인 비교 분석(2008), 우리나라 스포츠 용품산업의 실태와 글로벌화 방안(2009) 등이 있다.

이 외에도 스포츠관련 정책연구 보고서, 스포츠경제 전문지에 기고를 하는 등 스포츠 경제분야에서 활발하게 활동하고 있다.

설수영 · 김예기

스포츠 경제학

오래

그림: 차경채·이현승

머리말

I

　스포츠는 개인은 물론 국가·사회적으로 점차 다양한 역할을 담당하고 있다. 현대 사회에서 스포츠는 개인적으로는 건강유지 및 증진, 자아실현 스트레스 해소 등의 기능을 담당하며, 사회적으로는 유대강화, 일체감 조성, 사회적 자본 등의 기능을 담당하고, 국가적으로는 국가 이미지 제고, 국위 선양 등에 기여한다. 초대형 스포츠 이벤트 개최는 지역 및 국가의 경제발전뿐 아니라 선진사회의 제도적 기반을 구축하고, 국가의 과학기술 수준이나 경제력 과시수단으로 이용되기도 한다. 또한, 스포츠가 지닌 공정한 룰과 공정한 경기와 같은 특성은 시장경제에서 추구하는 가치나 원리와 유사하다고 주장되고 있으며, 최근에는 스포츠가 지니고 있는 경제사회적 기능이나 가치에 대한 관심도 증가하고 국가사회적인 중요성에 대한 인식도 제고되고 있다.

　그럼에도 우리나라에서 스포츠 경제라는 말이 세간에 알려지기 시작한 지는 그리 오래되지 않았고, 스포츠 경제에 대한 체계적인 접근이나 분석도 미미한 실정이다. 올림픽이나 월드컵 축구대회 등 초대형 스포츠 이벤트를 전후하여 간헐적으로 논의되고는 있지만, 스포츠 경제에 대한 학문적 접근과 분석은 극소수에 불과하다. 하지만 우리나라에서 프로스포츠 리그가 운영되기 시작한 지 30여 년이 지났고 스포츠의 경제사회적 역할도 새롭게 조명되고 있어, 이제 우리나라에서도 국내는 물론 글로벌 차원에서 스포츠 시장에 대한 경제적 분석과 접근이 체계적으로 이루어질 필요가 있다는 주장이 제기되고 있다.

우리나라에서 스포츠 경제에 대한 체계적인 분석이나 연구가 미진한 것은 스포츠 산업이 후발 및 혼합산업으로 자신의 위치를 찾지 못했기 때문이며, 스포츠에 대한 경제적 분석이나 접근이 정치·경제·사회·문화 등 다양한 분야를 포괄하여 종합적으로 이루어져야 하기 때문이라고 할 수 있다. 대학교육에서도 스포츠 경제학에 대한 관심은 급증하고 있지만, 수요자와 공급자의 욕구를 충족시켜 줄 수 있는 교과서는 찾기가 쉽지 않다. 저자들은 이러한 상황을 고려하여 스포츠가 지니고 있는 고유의 특성과 가치를 감안하여 경제학적으로 분석하고 파악할 필요가 있다는 사명감으로 스포츠 경제학 교과서를 집필한다는 목표를 세우게 되었다. 특히 스포츠가 산업으로서 어떠한 기능과 역할을 하는지, 프로스포츠 시장은 어떤 방식으로 운영되고 어떤 가치를 추구하는지, 프로스포츠 노동시장은 어떻게 작동되고 있는지, 초대형 스포츠 시설 건립·운영 및 이벤트 유치 등에서의 정부의 바람직한 역할은 무엇이고 그 경제적 효과는 무엇인지 등을 살펴보고자 하였다.

이 책은 경제학을 전공하지 않은 학부 학생들이 큰 어려움 없이 스포츠 경제학의 주요 내용을 이해할 수 있도록 저술되었다. 물론 공짜 점심은 없다는 경제학의 법칙은 여기에도 어김없이 적용된다. 특히 경제학을 별로 접할 기회가 없었던 학생이라면 꾸준히 읽고 생각하고 고민해야 이해가 가능한 부분들도 있다. 저자들이 준비 및 집필과정에서 수많은 어려움을 겪으면서도 이를 즐기면서 용감하고 과감하게 도전한 것은 경제학을 전공하지 않은 학생들도 큰 어려움 없이 스포츠 시장의 경제학적 분석에 접하는 것을 돕겠다는 사명감 때문이었다. 수년 동안 시행착오를 반복하며 완성된 이 책이 이제 저자들의 손을 떠나 시장에서 독자들로부터의 평가와 반응을 기다리게 되었다는 생각에 저자들은 시원함과 아쉬움, 기쁨과 두려움을 느낀다.

이 책을 완성하는 데 많은 시간과 노력을 들였지만 아직도 부족하고 아쉬운 점이 한두 가지가 아니다. '스포츠 경제학 교과서'라는 목표를 이루기 위해 많은 노력과 시간을 들였지만 결과나 반응이 두려운 것도 사실이다. 하지만 저자들이 역량의 한계를 느끼면서도 우리 학생들이 스포츠 경제학을 보다 쉽게 이해하고 공부할 수 있도록 하자는 목표를 이루기 위해 최선을 다했다는 것은 자신있게 말할 수 있다.

Ⅱ

이 책이 완성되기까지는 많은 분들의 지도와 편달이 있었다. 설수영은 이 책을 집필할 수 있도록 이끌어 주신 Edith Cowan University의 Sue Colyer 교수님과 Francis Lobo 교수님, 경기대학교의 최호준 총장님과 경원대학교의 이길여 총장님께 깊이 감사드린다. 한결같이 도움을 주시는 경기대학교 전매희 원장님, 김동선 교수님, 강혜련 교수님, 대전대학교 김양원 교수님, 그리고 경기대학교 체육대학의 여러 교수님께도 감사드린다. 또한 늘 학문과 삶의 길잡이가 되어 주시는 이화여자대학교의 김기웅 교수님, 김숙자 교수님, 김경숙 교수님, 원형중 교수님의 가르침이 없었다면 이 책을 집필하기 어려웠을 것이다. 항상 자상하게 챙겨주시고 조언을 아끼지 않으시는 주성영 의원님, 한국체육대학교 유병렬 교수님, 한양대학교 김동환 학장님, 서울과학기술대학교 박세혁 교수님, 강북구체육회 이선 상임고문님, 허인구 SBS ESPN 대표이사님, 늘 유쾌하고 많은 도움을 주시는 국립한경대학교 설민신 교수님, 사진 사용을 흔쾌히 허락해 주신 경희대학교 김도균 교수님과 변연하 선수, 바쁜 일정 속에서도 사진 촬영을 도와주신 홍승성 대표님, 임희진 님과 연예인 축구단 등께 감사드린다. 그리고 삶의 서포터인 차정미 님, 설진성 님, 설백영 님, 김미경 님, 안선영 님께도 마음속 깊이 감사드린다.

졸저를 집필하며, 며느리로서, 아내로서, 어머니로서의 의무를 소홀히 하고 있는 것이 아닌가 늘 조심스러웠다. 학문의 길을 권하셨던 시부모님, 그리고 부모님, 남편, 사랑스러운 두 아이 경채(Estelle)와 동영(Alwyn)에게 미안하면서 감사한 마음이 가득하다. 특히 바쁜 시간을 쪼개 각 편 첫 페이지의 그림과 본문 안의 삽화를 그려준 경채 덕에 이 책의 부가가치가 매우 올라갔다고 믿는다.

김예기는 스포츠 경제학에 지속적으로 관심을 갖고 연구를 할 수 있게 배려해주신 국민대학교 조한범 교수님, 이대택 교수님, 한양대학교 김 종 교수님, 조성식 교수님, 목포대학교 전호문 교수님, 단국대학교 김용만 교수님, 한국체육대학교 김수잔 교수님께 감사드린다. 이분들의 관심과 배려가 없었더라면 스포츠 경제학에 대한 연구는 제대로 이루어지지 않았을 것이다. 그리고 스포츠산업에 대해 많은 논의와 자료를 제공해 주신 체육과학연구원의 박영옥 박사님, 유의동 박사님, 정지명 박사님께도 감사드린다.

항상 부족하고 모자라는 제자임에도 불구하고 올바르고 참된 인생을 일깨워 주신 전(前)외국어대학교 경제학과 박병호 교수님과 엄영석 서울디지털대학교 이사장님, 그리고 외국어대학교 최 광 교수님께도 감사드린다. 항상 뒤에서 묵묵히 지도해 주시는 관동대학교 배주한 교수님, 외국에서도 스포츠경제관련 교재를 손수 구입하여 보내주셨던 건국대학교 경제학과 김진욱 교수님께도 감사드린다. 그리고 부족한 점이 한두 가지가 아니었음에도 학문의 길로 이끌어 주신 한국외국어대학교 김창준 교수님, 정인석 교수님, 김중렬 교수님, 박명호 교수님, 민충기 교수님, 노택선 교수님께도 감사드린다.

저자들은 또한 이 책의 완성을 위해 주위의 많은 사람들로부터 도움을 받았다. KDI 국제개발협력센터 소장이신 차문중 박사님은 졸고를 처음부터 끝까지 꼼꼼히 읽고 많은 조언을 주셨다. 진심으로 감사드린다. 졸고를 끝까지 수정·교정·편집을 해주신 KDI 경제정보센터의 이재열 팀장님, 주호성 팀장님, 표초희, 유성임, 이지은, 윤호중, 양정삼, 문진훈, 김난희, 김훈민 님, 국내에는 알려지지 않은 스포츠 경제관련 자료를 구해주신 이갑훈, 유현진, 김송원 주임사서님, 이재흠, 김현일, 저작권 문제를 소상히 알려 주신 박정호 전문연구원님께도 감사드린다. 스포츠 경제를 완성하는 데 많은 도움을 주신 국회예산정책처 이영환 실장님, 조달정책연구원 주노종 원장님, 산업연구원 이진면 박사님, 고려대학교 한남희 박사님께도 감사드린다. 바쁜 와중에서도 사진과 그림에 많은 조언을 해주신 설전(雪田) 이상서 화백님과 한춘희 장학관님께도 감사드린다.

그리고 많은 자료를 헌신적으로 제공해주신 SK 와이번즈의 김은영 팀장님께도 감사드린다. 국민체육진흥공단, 대한야구협회, 대한스포츠항공협회, 서울승마협회, 전남 F1 경주대회조직위원회, 한국마사회, 청도군청, 충남문화산업진흥원, 태권도진흥재단, 한국프로야구선수협회, 한국프로축구연맹, 2011 대구 세계육상선수권대회 조직위, 2014 인천 아시아경기대회 조직위, 2013 충주 세계조정선수권대회 조직위, IB 스포츠사 등의 도움으로 독자들이 보다 쉽게 이해할 수 있을 것이다. 이 자리를 빌러 다시 한번 감사드린다.

아울러 진학 준비와 취업 준비로 각각 바쁜 가운데서도 저자들이 표현하려고 하는 것을 그림으로 명쾌하게 표현해 준 차경채, 이현승 님께도 감사드린다. 그리고 묵묵히 응원해 주시는 이규숙 선생님께는 감사를, 김남훈 군에게는 건승을 기원한다. 보다 의미있는 생활을 하도록 인도하시는 법산 큰스님께도 감사드립니다.

끝으로 저자들의 졸저를 흔쾌히 출판해주신 도서출판 오래 황인욱 사장님과 편집을 담당하면서 많은 시간과 노력을 경주해 주신 편집 담당자에게도 이 자리를 빌어 다시 한번 감사드린다.

III

저자들은 이 책에서 제반 스포츠 현상을 경제적인 시각에서 접근하고 분석하기 위해 노력하였다. 따라서 스포츠가 지니고 있는 정치, 문화, 전통, 역사 등에 대한 설명은 충분하지 않을 수도 있다. 독자들이 이해하기 어려워하는 그래프나 수식을 최소화하고 서술 중심으로 논의를 전개하였고, 이로 인해 간단한 논리도 장황하게 설명할 수밖에 없었던 부분이 있는 것은 아쉬움으로 남는다.

이 책은 모두 다섯 개의 편으로 구성되어 있다. 제 I 편에서는 스포츠 경제학을 보다 수월하게 이해할 수 있도록 경제학의 주요 개념을 간략하게 설명하였다. 희소성과 경제문제, 경제문제와 경제순환, 시장의 특징, 경제의 기본원리와 모형, 경제학의 과제 등이 포함되어 있으며, 수요와 공급 그리고 균형, 탄력성, 수요·공급의 응용 등 경제학의 주요 개념들이 쉽게 함축적으로 설명되어 있다. 이러한 개념들은 스포츠 경제학을 이해하는 데 필수적이다. 기본적인 경제학 지식이 있는 학생들은 제 I 편을 뛰어넘어도 무방할 것이다.

제 II 편에서는 스포츠 경제학의 등장과 발전, 스포츠의 경제적 기능과 역할, 스포츠 경제학의 발전 과제 등을 설명하고 있다. 스포츠 활동 유형과 수요 요인,

스포츠 활동의 경제적 편익과 자본, 미래의 스포츠 소비 등 수요 측면과, 스포츠 산업의 개념과 특징, GDSP의 실태와 문제점, 미래의 스포츠산업 등 산업 측면을 분석하였다. 이러한 분석은 스포츠산업의 수요와 공급 추이를 이해하는 데 도움이 될 것이다.

제Ⅲ편은 프로스포츠 리그의 등장, 프로스포츠 시장의 주요 요소와 특징, 리그의 기능과 역할 등 프로스포츠 시장을 설명하였다. 유럽과 북미의 주요 프로스포츠 리그의 운영 방식과 특징, 리그의 수입과 지출 등도 리그 운영 목적과 연계하여 분석하였다. 특히 해외 스포츠 경제학자들이 강조하는 프로스포츠 시장에서의 전력균형과 불균형, 전력균형을 위한 조치와 문제점 등을 자세히 살펴보았다. 북미와 영국 등 유럽의 프로스포츠 시장의 특성과 운영 노하우 등에 대한 소개는 우리 프로스포츠 시장이 보다 성장하고 발전하는 데 기여할 것이다.

제Ⅳ편에서는 프로스포츠 노동시장과 노사관계에 대해서 살펴보았다. 선진 프로스포츠 노동시장과 노사관계를 면밀히 분석하고 이해하는 것은 우리의 프로스포츠 노동시장의 건전한 발전을 위해서 필수적이다. 프로스포츠 선수노동력의 특징, 인적자본과 선수들의 가치, 정보의 비대칭과 선수시장, 글로벌화와 선수 이동 등 프로스포츠 노동시장과 관계된 주요 이슈들이 이 편에서 소개되고 있다. 또한 유럽과 북미의 선수노조와 역할, 북미에서의 선수노조와 에이전트, 선수노조들의 쟁의 유형과 조정 방식, 상호 신뢰와 협상 등 프로스포츠 노사관계가 설명되고, 마지막으로 프로스포츠 시장에서 발생하는 차별에 대한 개념과 유형, 차별의 발생과 악순환, 차별의 유형 등이 설명된다.

제Ⅴ편은 스포츠 시장과 정부 등 공공부문에 대해서 설명하고 있다. 스포츠 시장에서 정부의 기능과 역할을 올바로 이해하는 것은 스포츠 시장의 건전한 발전을 위해서 필수적이다. 여기에서는 스포츠 시장에서의 정부의 역할을 설명하고, 스포츠발전 유형과 정부의 역할, 스포츠 시장의 실패와 정부의 개입 유형, 정부의 실패와 바람직한 역할 등을 논의하고, 우리나라의 스포츠관련 재정제도, 스포츠재원 조달 유형과 문제점, 스포츠 재정의 효율화 방안 등에 대해서도 살펴보고 있다. 초대형 스포츠 시설과 정부의 역할 역시 중요한 주제이다. 초대형 스포츠 시설의 경제사회적 기능과 역할, 시설과 지역발전을 위한 정부의 역할, 스포츠 시설(이벤트)이 지니는 무형의 편익과 가치 등을 설명하고 이들의 가치를 극대화할 수 있는 방안을 논의하였다. 또한 초대형 스포츠 이벤트의 개념과 발전, 이벤트의 유형과 지방정부, 초대형 스포츠 이벤트 개최의 경제·사회적 효과, 문화적 가치와 경제·사회적 자본 등에 대해서 정리하였다.

집필을 마쳤다고 해서 이게 끝은 아니다. 영국의 등반가 머머리(F. Mummery)는 길이 끝나는 곳에서 비로소 등반이 시작된다고 말했다. 이제 최선을 다해 준비한 졸저를 세상에 내놓으며, 이것이 곧 또 다른 도전을 위한 새로운 시작을 의미한다고 믿는다.

2011년 9월 저자 일동

차 례

$$\Big[\ \text{제 Ⅲ 편 프로스포츠 시장과 리그}\ \Big]$$

[제Ⅳ편 프로스포츠 노동시장]

[제 V 편 스포츠 시장과 공공 부문]

Sports Economics

part 1

I

경제학의
주요 개념

K.E.TCHA

경제문제와 시장

1. 희소성과 경제문제

욕망과 희소성

인간의 욕망(慾望)은 채워도 끝이 없다. 하나를 얻으면 둘을 얻고 싶고 둘을 얻으면 셋을 얻으려고 하는 것이 인간의 욕망이자 본성이다. 그러나 인간들이 얻고자 하는 경제적 자원(resource)은 한정되어 있다. 따라서 한정된 자원을 보다 효율적으로 사용하여 보다 큰 욕망을 충족시킬 수 있는 방법이 필요하다. 희소한 자원을 효율적으로 활용하여 욕망을 충족시키기 위해서는 합리적인 선택이 무엇보다 중요하다. 경제학은 인간의 욕망을 최대한 충족시킬 수 있는 자원의 효율적·합리적 사용에 대해 연구하는 것이다. 인간의 욕망은 무한하여, 재화(goods)와 서비스(service)를 더 많이 생산하고 더 많이 소비하는 것이 소망스럽다. 물론 어느 순간 이후에는 추가적인 생산이 비효율적이거나 추가적인 소비가 오히려 행복(幸福)을 감소시킬 수 있지만, 이 경우에는 생산이나 소비를 중단하면 되므로 얼마나 생산하고 소비할지에 대한 체계적인 연구나 분석이 필요하지 않다. 문제가 되는 것은, 그러한 생산이나 소비의 포화점에 이르기도 전에 우리가 가진 자원을 모두 사용해버릴 가능성이 상존한다는 것이다. 즉 인간의 욕망은 무한하지만, 이를 충족시킬 수 있는 재화나 서비스를 생산하는 데 필요한 자원은 희소하므로, 이를 효율적으로 사용하여 인간의 행복을 극대화시킬 수 있는 방법을 강구할 필요가 있다. 결국 경제학이란 개인이나 사회가 여러 가지 용도를 가지는 희소한 자원을 선택적으로 사용하여 다양한 재화와 서비스를 생산·교환·분배·소비하는 과정에서 발생하는 현상을 연구대상으로 하는 사회과학의 한 분야이다.

재미있는
스포츠경제 재화와 서비스(goods and service)

재화(goods)란 의복·음식·건물·기계 등과 같이 사람에게 쓸모가 있는, 주로 눈에 보이고 만져지는 물건을 말한다. 재화는 여러 가지 기준에 따라 분류할 수 있는데, 대가 지불여부에 따라 자유재와 경제재로 구분한다. 자유재(自由財, free goods)는 공기나 태양열과 같이 그 존재량이 무한대로 많거나 소유권이 확정되어 있지 않아서 돈이나 어떤 대가를 지불하지 않고도 자유롭게 얻을 수 있는 재화를 말한다. 반면 돈이나 어떤 대가를 지불해야만 얻을 수 있는 재화를 경제재(經濟財, economic goods)라고 한다. 일반적으로 경제학이 관심을 두는 분석대상은 경제재이다. 자유재는 대가를 지불하지 않아도 얻을 수 있는 재화이므로 사용하고 싶은 만큼 사용하면 되기 때문이다. 그러나 공기의 경우에도, 청정한 공기의 경우에는 그 희소성(稀少性, scarcity)이 인정되어 경제학의 분석 대상이 된다.

재화는 또한 그 용도에 따라서 소비재와 생산재로 구분할 수 있다.

소비재(消費財, consumer's goods)란 소비자가 소비에 사용하는 재화를 말하고, 생산재(生産財, producer's goods)는 생산자가 생산을 위해 사용하는 재화를 말한다. 가령 초등학교 어린이들이 축구공을 구매하여 친구들끼리 운동하는 데 사용할 경우 이 축구공은 소비재이지만, K-리그 선수들이 이 축구공을 경기에서 사용하면, 축구경기라는 서비스를 생산하는 데 사용되는 생산재가 된다. 이와 같이 재화에 대한 구분이나 개념은 상대적이고 시대에 따라 변화할 수도 있다.

서비스(service)란 재화 이외의 것으로 사람들에게 쓸모가 있는 것을 말한다. 재화가 구체적인 물건임에 비하여 서비스는 주로 사람의 행위와 관련되어 있고, 만질 수 없는 경우가 대부분이다. 의사의 진료, 음악가의 연주, 교수의 강의, 교통, 통신, 프로스포츠 팀들의 경기 등이 서비스에 해당된다. 재화나 서비스는 공짜로 생기는 것이 아니라 자원을 사용하여 생산되기 때문에 생산물 또는 산출물이라고도 한다. 생산자가 직접 소비하지 않고 시장에서 교환을 목적으로 생산하는 재화나 서비스를 상품이라고 한다.

희소성과 경제문제

인간은 경제생활을 영위하기 위해 수많은 재화와 서비스를 필요로 한다. 그런데 이러한 재화나 서비스는 자원을 사용하여 생산해야 한다. 자원

희소성의 원칙과 경제학 자원은 유한하지만 인간의 욕망은 무한하다. 경제학은 유한한 자원을 활용하여 인간의 욕망을 효율적으로 충족시켜 주는 방법을 모색한다. 소비자들이 원하는 다양한 기념품을 판매하는 뉴욕 양키즈 스타디움의 기념품 상점

은 재화나 서비스를 생산하기 위해서 투입되는 것으로서 생산요소 또는 투입물이라고 한다. 그런데 경제적 자원은 희소하다. 즉, 지구상에는 무수히 많은 생산자원이 존재하지만 인간의 욕망을 충족시켜 줄 만큼 무제한으로 공급되지는 않는다. 생산요소가 제한적으로 공급되고, 이를 이용하여 생산하는 재화나 서비스도 제한적이다. 그러므로 사람들이 원하는 만큼의 재화나 서비스를 충분히 공급할 수 없는 것이다. 사람들의 욕망은 무한한 데 비하여 그 욕망을 충족시켜 줄 수단인 자원이 상대적으로 부족한 현상이 발생하는 것을 희소성의 법칙(law of scarcity)이라고 한다. 이와 같은 자원의 희소성은 경제문제(經濟問題)를 발생시킨다. 만약 사람들이 필요로 하는 재화나 서비스를 무한정 할 수 있어서 사람들의 욕망을 모두 충족시킬 수 있다면 경제문제는 발생하지 않을 것이다.

자원의 희소성은 사람들의 욕망을 충족시켜 줄 수 있는 가장 효율적인 방법 즉, 합리적 선택의 문제를 발생시키게 된다. 선택의 기준은 다양하지만, 경제적인 선택의 기준은 어느 것이 '효율적' 또는 '경제적'인가이다. 경제적 선택은 사람들이 한정된 자원으로 가능하면 보다 커다란 만족을 얻을 수 있는 최대만족의 원칙과 일정 수준의 만족을 얻기 위해 가능하면 적은 자원을 사용하고자 하는 최소비용의 원칙을 달성할 수 있게 해준다. 최대만족의 원칙과 최소비용의 원칙을 경제원칙(economic principle) 또는 경제적 합리주의라고 한다. 효율적인 상태는 더 나은 선택이 존재하지 않는 것을 의미하며, 현재보다 더 효율적인 효과를 얻기 위해서는 반드시 더 많은 비용을 들여야 하는 상태이다. 자원이 경제원칙에 의해 배분될 때 효율

자원(resource)

자원(資源, resource)이란 재화나 서비스를 생산하기 위하여 투입되는 생산요소 또는 투입물을 의미한다. 자원은 인적자원(人的資源, human resource)과 비인적자원(非人的資源, non-human resource)으로 구분할 수 있다. 인적자원은 단순 노동이나, 교육과 훈련 등 투자가 이루어져 지식과 기술을 지닌 숙련된 기술 노동을 뜻한다. 비인적 자원은 생산재와 토지·광물·석유·나무 등 자연자원으로 구분할 수 있다. 생산재는 원재료·반제품·기계·공구 등을 말하며, 자연적으로 주어져 있는 것이 아니라 사람이 만든 생산수단이라는 점에서 자연자원과 다르다. 생산재는 생산물도 되고 생산요소도 되며, 생산재를 흔히 자본 또는 자본재라고도 한다.

전통적으로 경제학에서는 인적자원은 노동, 비인적자원은 자본, 자연자원은 토지로 대표시켜 노동·자본·토지를 세 가지 본원적인 생산요소라고 불렀다. 더 단순하게는 토지 역시 자본으로 간주하여, 노동과 자본을 본원적 생산요소로 간주하기도 한다.

기술은 각종 재화와 서비스를 어떻게 생산하는가에 관하여 기술자, 과학자, 노동자, 경영자 등이 가지고 있는 지식의 집적(集積)이다. 생산기술은 투입물의 수량이 주어져 있을 때 산출물의 수량이 얼마나 되는가를 결정짓는다.

적인 자원배분이 달성된다. 경제문제는 희소한 자원의 효율적 배분과 선택에 관한 문제이다.

그러나 경제학에서 효율성이 반드시 유일한 선택의 기준이 되는 것은 아니라는 점을 유의할 필요가 있다. 때에 따라서는 국민경제 차원에서 형평성도 선택의 기준이 되기 때문이다.

요약하면 자원의 희소성은 경제문제를 발생시키고, 경제문제는 합리적 선택을 필요로 한다. 사람들의 욕망은 무한한데 그것을 충족시켜 주는 수단인 자원이 희소하므로 합리적으로 선택해야 된다. 합리적이고 바람직한 선택이 이루어져야만 사람들의 욕망을 최대한 충족시킬 수 있기 때문이다.

경제의 기본문제

많은 사람들은 자신의 소득으로 살아가는데, 주어진 소득만으로는 자신의 욕망을 모두 충족시킬 수 없다. 소비자와 생산자가 직면하게 되는 경제의 기본문제를 살펴보자. 소비자들은 한정된 소득으로 재화와 서비스를 언제, 얼마나, 어떻게 소비하는 것이 효율적이고 바람직한 것인가를 선택해야 한다. 또한 소비자들은 어떤 직업을 선택하고 재산을 어떻게 활용해야 할 것인가를 선택해야 한다. 이러한 것들이 소비자에게 기본적인 경제문제가 된다.

생산자는 한정된 생산가능한 자원으로 언제, 얼마나, 어떻게 생산하는 것이 효율적이고 바람직한 것인가를 선택해야 한다. 생산과정에서도 희소성의 법칙이 존재하므로, 생산자들은 어떻게 하면 제한된 자원으로 가장 효율적인 생산을 할 수 있는가를 선택해야 한다.

경제학자 새무엘슨(Samuelson, P. A.)은 생산에 중점을 두어 어떤 사회이건 다음과 같은 기본적이고 상호의존적인 경제문제를 해결해야 한다고 주장하였다.

첫째, 무엇을 얼마나 생산할 것인가(what & how much to produce)? 이는 한정된 자원을 가지고 어떤 재화와 서비스를 얼마나 생산할 것인지를 선택하는 문제이다. 즉, 한 사회가 생산해야 할 재화나 서비스의 종류와 수량에 관한 것이다. 국민경제 차원에서 생산에 관한 문제는 소비자들이 보다 많은 만족을 얻을 수 있도록 어떤 재화와 서비스를 얼마나 많이 생산할 것인지를 해결하는 것이다.

둘째, 어떻게 생산할 것인가(how to produce)? 이는 생산하기로 결정된 재화나 서비스를 어떤 방법으로 생산할 것인가에 관한 문제이다. 즉, 어떤 생산요소나 생산기술을 선택하여 사회적으로 가장 바람직한 생산을 할 것인가라는 선택의 문제이다. 예를 들어 어떤 재화나 서비스를 생산하는데 노동과 자본 중 어느 것을 더 많이 투입하여 생산할 것인가를 선택해야 한다. 생산자는 물론 국민경제는 나름대로 특성을 지니고 있으므로 자신에게 적합한 생산방식을 선택해야 한다. 생산가능한 자원이 아무리 풍부하다고 하더라도 국민경제에 적합하지 않은 생산방법을 선택한다면 국민경제는 풍요로워지기가 어렵기 때문이다.

셋째, 누구를 위하여 생산할 것인가(for whom to produce)? 이는 생산된 재화와 서비스를 누구에게 배분할 것인가의 문제이다. 사람들의 필요나 선호를 고려하여 생산된 재화나 서비스를 적절하게 배분해야 하는 것이다. 국민경제적 차원에서 사람들의 필요나 선호를 충분히 고려하여 재화와 서비스를 생산하고 배분하는 것이 경제적 효율성을 높일 수 있는 중요한 선택의 문제이다

이러한 기본적인 경제문제 외에도 또 다른 방식의 경제문제가 제기되고 있다. 즉, 언제 생산할 것인가(when to produce)?의 문제이다. 이 문제는 사람들이 석유·석탄 등 다 써버리면 재생이 불가능한 천연자원의 시간적인 배분에 관심을 가지면서 그 중요성이 더욱 부각되고 있다. 지구상에 존재하는 자원의 부존량은 일정한데 현재의 세대가 이들 자원을 다 써버리면 자원이 고갈되어 다음 세대들이 사용할 자원이 없어지게 된다. 따라서 제한된 자원을 언제 생산할 것인가를 선택하는 문제는 현재세대나 미래세대를 위해서 중요한 과제이다.

2. 합리적 선택과 비용

합리성의 의미

경제학에서 설정하고 있는 가장 기본적인 가정 중의 하나는 모든 경제주체가 합리적이라는 것이다. 만약 이 가정이 부정된다면 경제학의 모든 이론체계가 부정될 수밖에 없을 정도로 합리성(合理性, rationality)은 중요한 의미를 지니고 있다. 경제학은 합리성의 가정이 현실의 경제·사회현상에 대해 유용한 예측을 제공해주고 있다는 사실에 주목해왔다. 합리성이라

는 가정이 유용한 예측을 제공해 줄 수 있다는 사실은 모든 사회적 현상이 많은 사람들의 총체적인 행동의 결과로 나타난다는 사실과 밀접한 관련을 가진다.

합리적인 행위는 목적과 일관된 행위이며 체계적인 움직임을 의미한다. 이에 비해 비합리적인 행위는 일관성을 결여하고 있기 때문에 어떤 체계가 있을 수 없다. 똑같은 여건이 주어진다면, 합리적인 경제주체는 이전과 동일한 의사결정을 내리고, 따라서 미래의 행위에 대한 예측도 가능해진다. 사회적 현상이 합리적이라고 가정되는 많은 사람들의 총체적 행동의 결과로서 나타나는 것이라면 합리적 행동의 규칙성이 비합리적 행동의 불규칙성을 압도하게 될 것이다. 합리성의 가정하에서 도출된 이론은 현실의 사회현상을 어느 정도 잘 설명해 주는 것으로 나타난다.

경제학에서 가정하는 합리성이란 수단으로서의 합리성을 의미한다. 일단 설정된 목표를 가장 좋은 방법으로 성취하고자 하는 노력과 관련된 합리성이라는 뜻이다. 따라서 사람들이 추구하는 목표 자체의 합리성이나 그 목표를 추구하는 이유의 합리성을 생각해서는 안된다. 경제학에서는 욕망, 기호, 동기 등 목표설정과 관계되는 여러 요인들은 이미 주어졌다고 가정하고, 단지 이를 추구하는 과정에서의 합리성에 관심을 가진다.

사람들이 합리적 선택을 한다고 할 때 주로 다음과 같은 점을 고려하게 될 것이다. 예를 들어 A라는 학생이 대학졸업 후 해외로 유학을 갈 것인지 아니면 국내에서 학업을 더 할 것인지를 결정하려 한다고 하자. 그러면 해외에 유학을 할 경우 소요되는 각종 비용과 편익이 얼마나 되는지를 계산하고, 국내에서 학업을 할 경우 들게 되는 각종 비용과 편익을 계산하게 될 것이다. 그리고 이 두 가지를 비교하여 순편익이 더 크다고 생각되는 것을 선택하게 될 것이다. 대부분의 사람들은 이와 비슷한 과정을 거쳐서 합리적인 의사결정을 하게 된다.

그러나 합리적인 방법이라고 해서 반드시 좋은 결과를 보장해 주는 것은 아니다. 다만 사전적(事前的)으로 신중한 고려하에 체계적이고 일관성있게 어떤 것을 선택하는 것을 의미한다. 경제주체가 합리적이라는 말은 경제주체들에게는 경제행위에 대한 각자 나름의 목적이 있으며 자신에게 주어진 환경과 제약조건하에서 항상 그 목적을 달성하려는 노력을 일관되게 경주한다는 것이다. 소비자가 자신의 소득과 자신이 직면하고 있는 가격들을 고려하여 자기의 만족을 극대화하는 일관된 소비행위를 한다거나, 기업이 그들이 가지고 있는 생산기술과 시장상황을 고려해서 일관되게 이윤을 극대화하는 공급행위를 한다면 이들이 합리적인 경제주체라고 할 수 있다.

이런 의미에서, 경제주체의 경제행위가 합리적이라는 말 속에는 윤리적인 가치판단(價値判斷)이 배제되어 있다. 극단적인 예를 들자면, 돈만 생기면 술을 사서 마시는 사람이 있다고 할 때, 대부분의 사람들은 이 사람의 소비행위가 사회 윤리적으로 옳지 못하다고 생각할 것이다. 그러나 이 사람에게는 술이 자신의 만족이나 효용을 가장 높이는 상품이라면, 이 사람은 자기의 소득 전부를 술을 마시는 데 사용함으로써 만족을 극대화할 수 있다. 이런 의미에서 이 사람은 적어도 경제학적으로는 합리적인 경제주체라고 할 수 있다.

선택과 비용

경제생활은 끊임없는 선택(選擇)의 연속이라고 할 수 있다. 그러나 어떤 것을 선택하더라도 사람들의 욕망을 충분히 만족시키지 못하므로 최선의 선택을 해야 한다. 사람들은 모든 것을 다 가질 수 없으므로 하나를 선택해야 한다. 수많은 대안 가운데서 하나를 선택한다는 것은 다른 것을 포기하는 것을 의미한다. 즉 어떤 것에 대한 선택은 다른 것을 포기했다는 것으로, 선택은 포기라는 비용을 치르게 된다는 것이다. 이러한 선택에 따른 비용을 경제학에서는 기회비용이라고 한다. 기회비용(機會費用, opportunity cost)이란 여러 가지 대안 중에서 어느 하나를 선택함으로 말미암아 포기할 수밖에 없는 많은 선택 가운데서 가장 큰 가치를 지닌 대안의 가치를 의미한다. 따라서 합리적 선택을 위해서는 선택에 따른 대가가 무엇인지를 올바로 그리고 정확하게 파악하는 것이 중요하다. 아무리 합리적이고 바람직한 선택이라고 하더라도 항상 기회비용이 수반되기 때문이다.

경제학에서 사용되는 기회비용은 회계학에서 사용되는 비용과는 의미가 다르다는 점을 주의할 필요가 있다. 회계비용(accounting cost)은 생산활동 과정에서 직접 발생하는 비용이다. 기업회계에서 생산요소 구입에 따른 화폐지출이 실제로 일어나는 명시적 비용으로 임금, 지대, 이자 등 생산요소에 대한 지출과 원료비, 고정자본 소모비, 특허권 사용료, 조세, 보험료 등이 회계비용에 해당된다.

반면, 경제적 비용은 합리적 선택과 생산과정에서 발생하는 모든 비용을 의미하며, 경제학에서 사용되는 기회비용과 회계비용이 포함된다. 즉, 경제적 비용은 (회계비용+기회비용)으로 나타낼 수 있다.

예를 들어, KID주식회사에 근무하는 김씨는 현재의 직장에서 4백만원의 월급을 받고 있으나, 직장을 그만두고 스크린 골프장 사업을 하려고 한다고 하자. 스크린 골프장 사업을 할 경우 연간 매출액은 5억원 정도로 예상되고 비용으로는 임대료, 재료비, 인건비, 기타공과금 등을 합쳐서 연간 4억 5천만원이 들어, 연간 5천만원의 소득이 가능할 것으로 예상된다고 하자. 그러면 연간 5천만원의 소득을 기대하고 현재의 직장을 그만두고 스크린 골프장 사업을 하는 것이 더 바람직할까 아니면, 현재의 직장을 계속 다니는 것이 더 바람직할까? 이를 회계비용과 기회비용 개념을 통해 살펴보자.

직장을 그만두고 스크린 골프장 사업을 할 경우, 회계비용만 고려한다면 〔5억원(연간 매출액) − 4억5천만원(회계비용) = 5천만원〕의 소득을 얻을 수 있다. 그러나 기회비용 개념을 포함하면, 현재의 직장을 그만두고 스크린 골프장을 하게 됨에 따라 포기하여야 하는 연간소득 4천8백만원이라는 기회비용을 비용에 포함시켜야 한다. 즉, 〔5억원(연간매출액) − 4억5천만원(회계비용) − 4천8백만원(기회비용) = 2백만원〕이 소득이 된다. 기회비용은 실제로 지출된 것은 아니지만 이것도 비용의 일부로 간주된다. 즉 합리적 선택을 하기 위해서는 김씨가 직장을 그만둠으로써 포기해야 하는 소득(월급)을 비용의 일부로 포함시켜야 하는 것이다. 기회비용은 실제로 지출

기회비용 스테이크 레스토랑과 카페에 동시에 들어갈 수는 없다. 스테이크를 먹고 5만원을 지불한다면 카페에서 그만큼의 맥주를 마시는 것을 포기해야 한다. 뉴욕 양키즈 스타디움의 스테이크 레스토랑과 하드록 카페

하지 않더라도 비용의 성격을 갖고 있으면 모두 포함시키는 포괄적인 의미의 비용 개념이라고 할 수 있다.

기회비용과 더불어 합리적 선택과정에서 중요한 역할을 하는 비용으로 매몰비용이 있다. 매몰비용(埋沒費用, sunk cost)이란 일단 지출하면 다시 회수할 수 없는 성격을 지닌 비용을 의미한다. 또는 과거에 이미 지출된 비용으로 현재의 의사결정에 아무런 영향을 미치지 못하는 비용이다. 어떤 행위를 선택할 것인지의 여부를 결정할 때는 이미 지출된 매몰비용을 고려하지 말아야 합리적인 선택을 할 수가 있다. 이미 지출했고 다시 회수할 수 없는 비용이라면 미래의 선택에 영향을 주어서는 안된다. 예를 들어, A라는 기업이 어떤 기계를 구입했는데 이 기계는 A라는 기업에서만 쓸모가 있고 다른 기업에게는 쓸모가 없다면 이 기계를 구입하는 데 든 비용은 매몰비용에 해당된다. 또 구단이 엄청나게 많은 돈(이적비용)을 들여 선수를 채용했는데 이 선수가 경기력이 크게 뒤지든가 심각한 부상으로 은퇴를 하였다면, 이 선수를 채용하기 위해서 들인 비용은 매몰비용이라고 할 수 있다.

기계구입이나 선수채용 비용은 매몰비용이자 동시에 고정비용이라고도 할 수 있다. 일반적으로 고정비용 중에는 매몰비용의 성격을 지닌 것이 많이 있다. 그렇다고 모든 고정비용이 매몰비용은 아니다. 고정비용은 생산량과는 관계없이 그 크기가 고정되어 있는 비용일 뿐 그것을 다시 회수할 수 있을지의 여부와는 상관없기 때문이다. 예를 들어 공장부지나 사무실 기기 등은 언제든 다시 팔아 비용을 회수할 수 있으므로 고정비용이라고 해서 모두 매몰비용이 아니다. 기업이 구입한 기계를 사용하다가 다른 기업에 판매가 가능하다면 매몰비용이 아닌 고정비용에 해당된다.

3. 경제문제와 경제체제

한 경제가 어떤 경제체제를 지니고 있는가는 그 경제에서 자원이 어떻게 배분되고, 경제주체들이 어떤 방식으로 생산과 소비에 관련된 의사결정을 하는지, 그리고 산출물이 어떻게 거래되고 분배되는지와 불가분의 관계가 있다. 현대 사회에서의 경제체제(經濟體制)는 크게 자본주의 체제와 사회주의 체제로 나누어 볼 수 있는데, 현실에서는 이 두 가지 체제가 혼합되어 채택되고 있다. 따라서 어느 경제도 완전한 자본주의이거나 사회주의인 경우는 없고, 경제에 따라 어느 체제의 철학이 더 중요하게 여겨지고 더 많이 적용되고 있는가의 차이가 있는 것으로 이해하여야 한다.

자본주의 경제체제

자본주의(資本主義) 경제란 사유재산제도와 경제적 자유제도를 근간으로 개별경제주체가 자기책임하에 자기이익을 추구하면서 시장에서 기본적인 경제문제들이 해결되도록 하는 것이다. 사유재산제도(私有財産制度)란 한 사회의 자본·토지 등 생산수단을 개인이 소유하고 소유자가 생산수단을 자유롭게 사용할 수 있는 제도를 의미한다. 경제적 자유란 경제행위에 대한 개인의 의사결정이 자유롭게 이루어지는 것을 의미한다. 따라서 자본주의 경제에서는 개인의 재산권이 강력하게 보호받으며, 이윤을 추구하거나 효용을 좇는 경제주체들의 자유가 정부에 의해 침해받지 않는다.

자본주의 경제에서 개별경제주체들은 시장에서 자발적인 참여에 의해 형성되는 가격을 지표로 삼아 생산·교환·소비 활동을 하게 된다. 즉, 개별경제주체들은 시장에서 형성되는 요소, 재화, 서비스의 가격에 따라 자신의 이윤이나 효용을 극대화하기 위한 의사결정을 하는 것이다. 이렇게 시장과 가격의 기능이 중시되는 자본주의 경제를 자유시장경제(自由市場經濟, free market economy) 또는 시장경제라고도 한다.

자본주의 경제는 15세기 중엽부터 18세기 중엽까지 유럽에서 형성된 상업자본주의에서 발달하였다. 당시 유럽은 지방분권적인 봉건제도가 붕괴되고 중앙집권적인 절대왕정이 이루어지고 있었으며 각국은 정부주도하에 부국강병(富國强兵)을 추구하였다. 이를 위해서는 부(wealth)의 창출이 절대적으로 필요하였는데, 당시에는 유통과정에서 부가 창출된다고 보아 무역을 중시하는 중상주의(重商主義, mercantilism)사상이 경제관련 이론의 주류를 이루었다.

그러나 17세기 말부터 18세기 말까지 기계와 동력의 발명으로 산업혁명(産業革命, industrial revolution)이 진행되면서 부(富)의 창출에 대한 중상주의적 의식을 전환시켰다. 산업혁명으로 기계에 의한 공장생산이 일반적으로 보급되자 산업이 비약적으로 발전하여 제조업이 자본축적과 경제발전의 원동력으로 인식된 것이다. 즉 개인의 부나 국부가 유통과정이 아니라 생산과정에서 창출된다는 것이 인식되었고, 이에 따라 18세기 중엽부터 자본주의의 원형이라고 할 수 있는 산업자본주의(産業資本主義)가 등장하게 되었다. 산업혁명은 부의 창출과 여가시간의 증가를 통해 스포츠 경기가 산업화될 수 있는 계기를 마련하였다고 주장된다.

자본주의는 개인의 창의력과 의사를 존중하고 효율성을 제고한다는 장점이 있지만, 동시에 여러 가지 문제점을 노정하였다. 개인의 능력과 여건이 다름에 따라 소득과 자산의 분배가 불공평해지고, 빈부격차가 심화되며 실업과 인플레이션이 발생하고 경제의 불안정성이 상존하였다. 또한 사익과 공익 간의 괴리가 발생하여 환경 파괴 등의 문제가 발생하기도 하였다.

사회주의 경제체제

사회주의(社會主義) 경제 또는 계획경제체제는 생산수단을 개인이 소유하는 것이 아니라 국가나 공공부문이 소유하고, 생산·교환·분배·소비가 개인의 자유로운 의사결정이 아니라 국가의 계획에 의해서 이루어지는 경제체제이다. 극단적인 의미에서의 사회주의는 생산수단의 사유화나 경제적 선택의 자유를 인정하지 않기 때문에 자본주의 경제에서와 같이 이윤동기에 의해 상품을 생산하거나 효용을 극대화하기 위해 소비를 선택하는 행위는 부정된다. 기본적인 경제행위가 중앙당국의 계획에 의해서 이루어지므로 사회주의 경제를 계획경제(計劃經濟)라고도 한다. 중앙당국은 효율보다 형평에, 경제적 자유보다는 경제자립과 경제안정에 주안점을 둔다.

사회주의는 자본주의의 모순을 극복한다는 목적으로 출현하였다. 1917년 러시아의 노동자·농민혁명이 그 단초를 제공하였다. 그러나 사회주의에서는 자원배분이 비효율적이고, 개인의 자유가 제약되는 문제점이 발생한다. 시장의 가격 기능에 따라 자원이 가장 생산성이 높은 곳에서 생산에 종사하여야 효율성이 극대화되지만, 사회주의에서는 시장이 존재하지 않고 정부의 계획에 의해 자원이 배분되므로 이러한 효율성을 기대할 수 없다. 또한 개인의 자유가 제약됨에 따라 개인의 창의성이 간과되고, 사유재산권이 부정됨에 따라 개인의 노동이나 투자 동기도 존재할 여지가 없다. 따라서 스포츠의 경우에도 자신이 하고 싶은 스포츠를 선택하기도 어렵고, 이윤을 추구하기 위한 프로스포츠가 발생할 수도 없다. 스포츠 역시 정부의 계획과 통제 아래, 정부가 일방적으로 채택한 목표를 달성하기 위한 도구로 간주되는 것이다.

사회주의가 사유재산권과 자유로운 선택 및 결정권을 부정한 것은 불가피하게 경제의 효율성을 저해하였고 결국 사회주의 국가 국민들의 후생수준 역시 시장경제에 비해 열악한 처지에 놓이게 되었다. 그리고 무엇보다도, 사회주의 체제의 현실 적용과정에서 특정 집단이 특권 집단으로 자리잡으며 효율은 물론이고 형평마저도 달성하지 못하게 되었고, 이는 결국 1980년대 이후 사회주의 국가들의 몰락이나 대대적인 체제 수정으로 귀결되었다.

혼합경제체제

현실의 경제체제는 대부분이 두 가지 체제의 요소들이 혼합되어 있는 혼합경제체제(混合經濟體制)이다. 자본주의시장경제는 자원의 효율적 배분, 지속적인 경제성장, 소비자 주권 실현, 자유와 책임 등 긍정적인 효과를 가

저다 주었으나, 시장의 실패, 소득분배의 불공평, 빈부격차 등의 문제점도 초래하였다.

자본주의국가에서 정부가 경제에 개입하고 있는 것은 시장실패의 극복, 경제성장과 안정 도모, 합리적인 소득재분배 등을 위해서이다. 즉, 자본주의 시장기제가 그 기능을 제대로 발휘하지 못할 때 정부의 개입이 일반화되고 있다.

자본주의 경제체제를 채택하였던 대부분의 국가들도 각종 시행착오를 경험하며, 효율성을 존중하면서도 형평성을 강화하고 공공의 복리를 추구할 수 있는 방향으로 체제를 수정하고 있다. 사유재산의 사용 및 처분권의 행사가 오로지 개인에게만 귀속되지 않고 공공의 복리에 맞도록 규제를 하기도 하고, 저소득층이나 취약계층을 위한 사회보장제도와 경제의 심한 변동성을 감소시키기 위한 경제안정화정책을 실시하기도 한다. 그러나 여전히 정부의 적정 개입규모나 강도에 대해서는 논의가 그치지 않고 있다. 보다 원칙적인 시장경제를 지지하는 시장경제주의자들은 정부의 개입이 최소화되어야 한다고 주장하는 반면, 적극적인 수정주의자들은 다양한 분야에서 정부의 적극적 개

| 표 1-1 | 자본주의와 사회주의 경제의 특징

구 분	자본주의	사회주의
생산수단	사유	공유(국유)
자원배분	시장의 가격기구	정부의 계획과 통제
경제동기	이윤극대화, 효용극대화	이념, 포상
추구하는 가치	효율성, 자유	공평성, 안정
경제운영 주체	개별경제 주체	중앙계획당국
장 점	• 효율적 자원배분 • 선택의 자유 • 생산성 극대화(노동의욕) • 기술혁신	• 공평한 소득분배 • 경제 안정 • 전략산업 육성 • 공동생산
단 점	• 소득분배 불균등 • 경제불안정(경기변동) • 공익과 사익 괴리 • 환경파괴, 인간소외	• 비효율적인 자원배분 • 선택의 자유 제한 • 생산성 낮음 • 경제유인 적음

입이 강화되어야 한다고 주장한다. 〈표 1−1〉에서는 자본주의와 사회주의 경제 간의 경제적 동기, 경제운영 주체, 장단점 등을 개략적으로 설명하고 있다. 그러나 자본주의 경제의 단점이 사회주의 경제에서 해결된다는 보장은 없다.

4. 경제주체와 경제순환

경제주체

인간이 생활에 필요한 여러 가지 재화나 서비스를 조달하는 것을 경제행위(economic behaviour)라고 한다. 이러한 경제행위가 규칙적이고 계속적으로 이루어짐에 따라 형성되는 일정한 질서를 경제라고 한다. 즉, 인간생활에 필요한 재화와 서비스의 생산·분배·교환·소비 등과 관련된 일련의 행위와 사회적 질서를 경제라고 하는 것이다.

이러한 경제행위가 개인이나 가정 차원에서 이루어지면 가정경제 또는 가계라고 하고, 지역이나 지방 차원에서 이루어지면 지역경제라고 하며, 국가적 차원에서 이루어지면 국민경제 또는 국가경제라고 한다. 그리고 한 국민경제가 다른 국민경제와 교류를 갖지 않고 독자적으로 이루어지면 폐쇄경제, 한 국민경제가 다른 국민경제와 경제적 교류를 가진다면 개방경제라고 한다. 오늘날 대부분의 국가들은 개방경제를 추구하고 있다.

경제행위를 수행하는 개인이나 집단을 경제주체(經濟主體)라고 한다. 경제주체는 크게 가계, 기업, 정부, 해외로 구분된다. 가계(家計)는 개인이나 가정으로 구성되어 있으며 재화나 서비스를 생산하는 데 필요한 생산요소(노동)를 공급하고 재화나 서비스를 소비하면서 효용을 극대화하는 경제주체이다. 기업(企業)은 노동·자본·토지 등의 생산요소를 사용하여 재화나 서비스를 생산하여 이윤을 극대화하는 경제주체이다. 정부(政府)는 가계와 기업으로 구성된 민간경제를 조정하거나 조화시키는 경제주체이다. 시장의 원활한 작동을 위해 개입하거나 감독하기도 한다.

경제순환

가계·기업·정부 등의 경제주체들은 시장에서 재화와 서비스에 대한 생산, 소비, 교환, 분배 등을 위해 상호 연관되어 있으며 순환하고 있다. 〈그림 1−1〉에서는 가계, 기업, 정부 등의 경제주체가 시장에서 수행하는 생산과 소비, 분배 등 행위의 순환과정을 나타낸 것이다.

그림에서 가계는 재화와 서비스의 소비자로서 상품시장에서 상품을 수요하고 비용을 지불한다. 가계는 노동, 자본, 토지 등 생산요소 소유자로서 요소시장에 생산요소를 공급하고 임금, 이자, 지대 등 생산요소 소득을 얻는다. 가계는 생산요소를 공급하는 대가로 소득을 얻으며 이 소득은 상품구입(수요)에 지출된다.

기업은 상품의 생산자로서 상품시장에 상품을 공급하고 요소시장에서는 생산에 필요한 노동, 자본, 토지 등의 생산요소를 구입한다. 기업은 상품을 공급하는 대가로 수입을 얻게 되며 이 수입은 생산요소, 즉 노동, 토지, 자본을 사용한 비용을 지불하는 데 사용된다. 가계와 기업의 이러한 경제행위는 시장을 통해서 이루어지는데 시장에서는 생산요소의 수요와 공

그림 1-1 경제주체와 순환과정

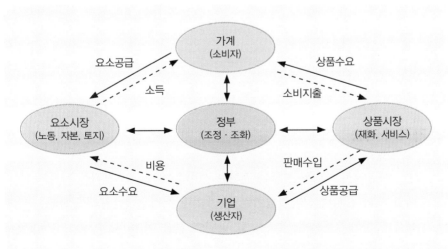

급에 의해 결정되는 시장가격(市場價格, market price)이 경제주체들의 경제행위를 조정하는 역할을 수행해준다. 그리고 가계와 기업의 경제행위가 시장에서 원활하게 이루어지지 않을 정부가 개입하여 조정자로서의 역할을 수행하게 된다. 이를 정부의 시장개입이라고 한다. 정부는 조세를 부과하고 보조금을 지급하며, 각종 규제와 법안을 통해 시장에 개입한다. 경우에 따라서는 정부가 직접 재화나 서비스를 생산하고 판매하기도 한다.

이러한 순환모형은 경제 내에서의 요소·상품·화폐의 전체적 흐름을 나타내는 가장 단순한 모형의 하나로, 여러 가지 중요한 세부사항을 의도적으로 무시하거나 단순화하고 있다. 예를 들어, 보다 복잡하고 현실적인 순환모형에는 정부와 외국(外國)이라는 경제 주체가 포함되어야 한다. 외국은 위의 흐름도와 같이 가계와 기업, 정부로 구성되어 있다. 개방경제체제에서는 우리나라와 외국이 요소, 재화, 서비스를 수출 또는 수입하고, 외국정부의 정책(예를 들어, 관세정책)이 우리의 경제행위에 영향을 미치기도 한다.

그러나 이런 자세한 사항들은 적어도 최초의 단계에서 경제활동이 어떻게 이루어지고 있는가를 이해하는 데 필수적인 것은 아니다. 경제의 여러 부문들이 어떻게 연결되어 있는지를 이해하는 데에는 단순화된 순환모형이 유용하다. 경제학을 더 학습하며 더 많은 경제주체와 행위, 시장을 이 단순한 모형에 추가하고 현실을 더 정확히 이해하면 되는 것이다.

5. 시장과 가격

가격의 기능

시장에서 거래되는 모든 재화나 서비스는 제각기 가격을 가지고 있다. 어떤 재화나 서비스의 가격이란 그 재화나 서비스 1단위와 교환되는 화폐액을 말한다.[1] 재화나 서비스 한 단위의 값을 가격이라고 하고, 시장에서

---

1 일상적으로 우리가 접하는 가격은 그 재화의 화폐가치로 나타나는 절대가격이지만 실제로 우리에게

거래되는 재화나 서비스의 가격을 시장가격(market price)이라고 한다. 예를 들어, 어떤 소비자가 프로야구 경기를 관람하기 위해서 2만원을 지불했다면 프로스포츠 경기 입장료(가격)은 2만원이다. 이처럼 어떤 재화나 서비스 한 단위를 구입하기 위해서 지불해야만 하는 화폐량을 가격이라고 한다. 시장에서 거래되는 재화나 서비스의 가격은 주로 다음과 같은 기능을 담당하고 있다.

첫째, 시장가격은 생산활동과 소비활동의 지표(indicator)이다. 예를 들어, 시장에서 축구공 한 개의 가격이 10만원이라면 생산자들은 10만원의 가격으로 축구공을 몇 개를 만들어 시장에 팔 것인가를 결정할 것이고, 소비자들은 몇 개의 축구공을 살 것인가를 결정할 것이다. 만약 생산자가 축구공 가격 10만원이 적절한 이윤을 보장해 주는 수준이라고 생각한다면 축구공을 계속 생산하려 할 것이다. 소비자들도 이 가격수준이 적절하고 더 내려가지 않을 것이라고 생각한다면 축구공을 사려고 할 것이고 이 가격이 너무 비싸다고 생각하는 소비자들은 사지 않을 것이다. 가격은 합리적인 경제활동을 하는데 가장 기본적인 정보이다. 시장가격은 생산 및 소비활동을 하는데 아주 유용한 신호(signal)역할을 하고 유인(incentive)을 제공해 준다는 점에서 경제활동의 중요한 지표이다.

둘째, 시장에서 결정되는 가격은 자율적인 배분기능(allocation)을 수행한다. 예를 들어, 프로야구 결승전의 관람이 가능한 좌석 수가 3만 개인데 수요자가 5만 명이라면 부족한 좌석을 사람들에게 어떻게 배분해야 할 것인가라는 문제가 발생하게 된다. 시장에서는 이 경기를 보기 위해 높은 가격을 지불할 용의가 있는 수요자들에게 이 좌석을 우선적으로 배분하게 된다. 예를 들어 입장권 한 장에 4만원이면, 4만원이 적당하거나 저렴하다고 생각하는 수요자들은 4만원에 입장권을 구입하려고 할 것이다. 그러나

중요하고 경제학에서도 분석의 대상으로 중요하게 여기는 것은 상대가격이다. 절대가격 자체가 중요하지 않은 이유는, 예를 들어 모든 재화의 절대가격이 2배 상승하고 소득이 2배 상승하였다면 소비자는 소비행위를 변화시킬 이유가 없기 때문이다. 그러나 소득이 변화하지 않은 상황에서도 재화들의 상대가격이 변화한다면 소비자의 의사결정도 영향을 받게 된다. 상대가격이 더 중요한 분석 대상임은 경제학을 학습하며 더 자세히 이해할 기회가 생길 것이다.

4만원이 비싸다고 생각하는 수요자들은 입장권 구입을 포기할 것이다. 이렇게 해서 4만원에 입장권을 구입하고자 하는 수요자가 3만 명을 넘어서면, 입장권 가격은 더 상승할 것이다. 가격이 5만원일 때 입장권을 사고자 하는 수요자가 3만 명이라면, 시장가격은 5만원으로 결정되고, 3만 명의 수요자가 이 금액으로 이 입장권을 구입하게 될 것이다. 5만원을 지불하고라도 입장권을 사고 싶어 하는 소비자에게는 그 야구경기 관람으로부터 얻는 만족감(행복감, 효용)이 화폐단위로 표시할 때 적어도 5만원은 된다는 것을 의미한다.[2] 반면 5만원에 그 입장권을 살 의향이 없는 소비자들은 그 상품의 가치가 화폐단위로 표시할 때 그만큼이 되지 않는다고 생각하기 때문에 입장권을 구매하지 않는 것이다. 따라서 5만원에 입장권을 구입한 소비자들은 입장권의 가치가 적어도 5만원은 된다고 생각하는 사람들이고, 구입하지 않은 소비자들은 입장권의 가치가 그만큼 되지 않는다고 생각하는 사람들이다. 결국 이 입장권의 가치를 가장 높게 평가하는 사람들에게 입장권이 배분된 것이다. 이처럼 시장가격은 정부 등의 인위적인 간섭이나 개입이 없이도 상품을 가장 필요로 하는 사람들에게만 배분해 주는 기능을 한다고 할 수 있다.

만일 시장이 가격기능을 통해 입장권을 배분하지 않고 정부가 입장권을 배분하면 어떨까? 정부는 누구에게 이 입장권을 줄 것이며, 어떻게 비용을 충당할지 결정하고 실행하여야 한다. 문제는 정부가 소비자 중 누가 더 야구경기를 관람하고 싶어 하는지 알 수 없다는 것이다. 만일 소비자들에게 물어서 결정한다면, 많은 소비자들이 자신은 야구를 무척 사랑한다고 대답할 것이고, 정부는 이 말의 진위를 확인하기 매우 어렵다. 즉 자신이 생각하는 입장권의 가치를 말하게 한 후 그 순서대로 입장권을 배분하고, 비용은 모든 국민에게 균등하게 부담시킨다면, 모든 소비자들이 선호(選好)를 속이고 자신이 무척 야구경기를 사랑한다고 대답할 것이다. 자신

---

2 야구경기 관람으로부터 얻는 효용을 화폐가치로 표시한 것이 6만원인 소비자는 입장권 가격이 6만 이하일 경우에는 이 입장권을 구매하고자 할 것이다. 이 소비자가 5만원에 입장권을 구입하면, 그 차액인 1만원만큼의 효용을 금액을 지불하지 않고 얻게 된다. 이렇게 소비자가 지불할 의향이 있는 금액과 실제로 지불한 금액의 차이를 소비자 잉여(consumer surplus)라고 한다.

가격의 자율적 배분 기능 가격기능을 통해 입장권을 판매하면 좌석을 가장 원하는 구매자 순으로 입장권을 구매하게 될 것이다. 수원 월드컵 경기장 좌석과 서울 상암 경기장의 입장권 판매소

이 생각하는 입장권의 가치를 말하게 한 후 그 순서대로 입장권을 배분하고, 각자가 말한 가치만큼 가격을 지불하게 한다면 시장에서와 마찬가지로 야구경기를 관람하고 싶어 하는 순서대로 3만 명이 입장권을 구입하겠지만 모든 소비자잉여는 정부로 넘어가게 된다. 또한 3만 번째 소비자가 말한 가격을 모두에게 적용한다면 시장이 하는 역할과 다를 게 없다.

이와 같이 상품의 수요량과 공급량이 일치하도록 유도하는 것을 가격의 매개변수적 기능(parametric function of price)이라고 한다. 가격은 눈에 보이지는 않지만 마치 사람의 손처럼 자원을 배분하는 기능을 하기 때문에 스미스(Smith, A.)는 이를 보이지 않는 손(invisible hand)이라고 표현했다.

셋째, 가격은 시장정보 전달기능을 수행한다. 가격은 시장상황을 경제주체들에게 알려주는 역할을 수행한다. 정보는 소비자와 생산자의 합리적인 경제활동의 기초가 된다. 즉, 시장에서 제품이 과다하게 공급되었다든가 아니면 해당 제품을 구입하려는 소비자가 늘어났다든가 하는 정보를 소비자와 생산자에게 전달하여 이들이 시장의 변화를 파악하고 자신들의 행위를 조정하여 합리적인 경제생활을 할 수 있도록 돕는다. 예를 들어, 1월 이후 스키의 가격이 하락할 것 같으면 소비자는 스키 구입 시기를 늦추고, 생산자는 1월 이후 스키 출하량을 조정할 수 있다.

넷째, 가격은 소득분배 기능을 지닌다. 노동, 자본 등 생산요소 소유자의 소득은 생산요소의 가격에 의해 결정된다. 생산요소의 가격은 요소시장에서의 수요와 공급에 의해 결정된다. 많은 경우 생산요소에 대한 수요는 그 요소를 사용하여 생산되는 재화의 수요에 의해 결정된다. 생산된 재화의 가격이 상승하면 생산자는 그 재화를 더 많이 생산하기 위해 생산요소를 더 많이 수요하게 되고 결국 요소의 가격도 상승하게 된다. 따라서 생산요소와 이 요소를 사용하여 생산된 재화의 가격은 소득분배 기능을 가진다.

시장의 특징

모든 경제생활은 시장에서 이루어진다. 시장이란 사람들이 물건을 사고팔게 해 주는 매개체로, 지리적인 장소에 국한되는 것이 아니라 국제금융시장과 같이 전화, 인터넷 등으로 멀리 떨어져 있는 사람들이 거래를 하는 것도 포함된다. 서울의 남대문 시장이나 경동시장도 물론 거래가 발생하는 시장이지만, 경제학에서 시장이란 보다 폭넓게 상품의 매매 또는 거래가 성립되는 제도 또는 기구를 의미한다. 사람들이 물건을 사고파는 행위는 물론 직장을 얻는 것 등 모든 행위들은 시장을 통해서 이루어진다. 엄밀하게 말하자면, 시장경제는 국민경제의 여러 가지 문제들을 기본적으로 시장의 힘에 의해 해결하려고 한다. 시장경제는 모든 재화나 서비스들의 가격이 시장에서 자유로이 결정된다는 것을 가장 중요한 특징으로 갖고 있는 것이다.

시장경제가 갖는 또 다른 특징은 재산권(property rights)을 인정한다는 것이다. 시장경제가 원활하게 작동하기 위해서는 재산권이 분명하게 확립되어 있어야 한다. 재산권이 인정되지 않으면 사람들이 아무리 열심히 일해 봐야 그 결과물을 자기의 것으로 만들 수가 없다. 따라서 소유권이 명확하게 규정되지 않은 상태에서는 사람들이 열심히 일하려는 유인을 갖지 못하게 된다.

나아가 시장경제는 생산자와 소비자들간 자유로운 경쟁을 유발하는 특징도 갖고 있다. 생산자들은 양질의 제품을 생산하여 보다 많은 수입을 얻으려는 유인을 가지며, 소비자들은 양질의 상품을 보다 싼 가격에 구입하여 효용을 증대시키려는 유인을 지닌다. 시장에서 생산자와 소비자들 간의 경쟁은 생산자와 소비자들 모두에게 이득이 되며 경제의 효율성을 더욱 높일 수 있다.

뿐만 아니라 시장경제에서는 국가들 간의 자유로운 교역이 보장되어 있다. 사람들 사이에서 상품의 교환을 통해 서로 이득을 얻을 수 있듯이 나라와 나라 사이에 이루어지는 교역은 두 나라 모두 이득을 얻게 된다. 교역은 분업(分業)과 전문화(專門化)를 통해 이득을 얻을 수 있게 한다. 시장경제는 국내외적으로 자유로운 교역을 보장함으로써 교역의 이득(gains of trade)을 극대화시켜 준다.

한편, 시장경제시스템이 뿌리내림에 따라 우리의 일상생활 그 자체가 경제생활과 다름이 없게 되어, 경제원리나 기본지식을 올바로 이해하고, 경제현상이나 경제문제를 정확하게 인식하는 것이 필요해졌다. 경제현상이나 경제문제에 대한 올바른 이해는 개인의 경제생활은 물론 보다 건실한 국민경제를 구축하는 데도 필요하다. 경제의 올바른 이해를 강조하는 이유도 이 때문이다.

시장의 유형

시장은 경쟁의 정도에 따라 다양하게 구분할 수 있는데, 전통적으로 완전경쟁, 독점, 과점, 독점경쟁 시장 등으로 구분된다. 이러한 유형의 시장은 앞으로 설명하게 될 스포츠경제와 시장을 이해하는 데도 필요하다. 따라서 이러한 유형의 시장이 지니고 있는 특징과 장단점을 간략하게 살펴볼 필요가 있다.

첫째, 완전경쟁시장(完全競爭市場, perfect competition market)이다. 어떤 시장이 완전경쟁시장이 되기 위해서는 다음과 같은 조건을 모두 갖추어야 한다. 먼저 많은 수의 판매자와 구매자가 있어 시장참여자들은 가격을 주어진 것으로 받아들이는데, 이를 가격수용자(price taker)라고 한다. 시장에서 거래되는 모든 제품은 완전히 동질적이며, 자원의 완전한 이동(mobility)이 보장되어야 한다. 또한, 시장에 대한 진입(entry)이나 탈퇴(exit)가 자유로워야 한다. 또 가격 이외의 광고, 제품의 질, 서비스 등 비가격 경쟁

(non-price competition)이 거의 존재하지 않으며, 시장에 참여하는 모든 경제주체는 완전한 정보를 갖고 있어야 한다. 경제학자들은 완전경쟁시장을 자원이 효율적으로 배분될 수 있다는 점에서 가장 바람직한 시장으로 간주한다. 이러한 요건을 갖춘 완전경쟁시장에서는 기업들이 경쟁의 압력으로 최대한 효율성을 추구해야 하기 때문이다. 즉 치열한 경쟁에서 살아남기 위해서는 효율성(效率性)을 극대화하지 않을 수가 없다. 그러나 현실에서 이러한 조건들이 하나라도 제대로 충족되지 않으면 효율적인 자원배분을 기대할 수 없다. 또 효율성을 기대할 수 있어도 공평한 분배는 기대하기 어렵다. 수많은 수요자와 공급자가 시장에서 치열한 경쟁을 통해서 결정된 소득이 공평한 분배를 보장해 줄 수는 없기 때문이다.

둘째, 독점시장(獨占市場, monopoly market)이다. 거의 대부분 또는 모든 상품의 공급이 시장지배력을 갖는 하나의 기업에 의해서 이루어지는 시장이다. 독점시장의 특징은 다음과 같다. 상품의 공급자가 단 하나밖에 없으며, 기업이 바로 산업을 형성하게 된다. 독점 제품에 대한 대체재가 될 만한 제품이 존재하지 않으며, 독점시장에서는 완벽한 진입장벽(entry barrier)이 존재한다. 독점시장에서는 생산자 간의 경쟁이 전혀 나타나지 않으며 생산자는 생산량 혹은 가격을 자신의 이윤이 가장 커지도록 조절한다. 따라서 독점시장의 생산자는 가격 설정자(price maker)라고 한다. 일반적으로 독점시장에서는 완전경쟁시장에 비해 상품의 가격이 높고 생산량은 적다. 어떤 상품을 하나의 기업이 시장에 공급할 경우 공급독점이라고 하고, 이러한 제품을 수요하는 기업이 하나일 경우 수요독점이라고 한다. 프로스포츠시장에서 리그나 구단은 경기를 소비자들에게 독점적으로 공급한다는 점에서 공급독점자라고 할 수 있으며, 동시에 선수를 독점적으로 채용한다는 점에서 수요독점자라고 할 수 있다. 또 쌍방독점은 공급자와 수요자가 모두 하나인 경우이다. 프로스포츠 노동시장에서 리그와 선수노조 간의 관계가 쌍방독점에 해당된다.

독점시장에서의 진입장벽으로는 생산요소의 독점적 소유, 규모의 경제, 정부의 정책, 경쟁전략, 정부의 인허가 등을 들 수 있다. 일반적으로 독

독점기업으로서의 프로스포츠 구단 미국의 프로스포츠 구단은 대부분 연고지가 지정되어 있어 해당 지역에서 독점권이나 과점권을 행사한다. LA에 연고를 둔 LA다저스 스타디움

점시장은 완전경쟁시장에 비해 생산량이 감소하고 가격이 상승하여 사회적 후생손실이 초래된다. 특히 상품이 하나뿐이므로 소비자는 선택의 여지가 없으며 소비자의 후생이 감소된다. 독점으로 인하여 경제력 집중이 발생할 경우 정경유착 등이 발생할 가능성이 있다. 독점은 진입장벽을 유지하는 데 자원이 낭비된다는 측면에서 비효율적이라고 할 수 있다.

독점기업은 완전경쟁시장의 기업과 같이 경쟁에 대한 유인이 없으므로 기술혁신을 위한 유인이 적다. 그리고 소비자잉여의 감소분의 일부가 생산자에게 이전되므로 소비자로부터 생산자(독점기업)에게 부와 소득의 재분배가 발생한다. 따라서 독점이 사회 전체적으로 바람직한지 여부는 가치판단에 따라 다르게 나타날 수 있다. 독점기업들은 초과이윤을 기반으로 R&D투자가 가능하므로 일부산업에서는 오히려 기술혁신을 촉진시킬 수 있다고 주장되기도 한다. MLB, NFL, NBA, NHL 등 북미의 메이저리그에서는 구단들이 지역연고지를 두고 독점력을 행사하고 있으며 리그의 진입을 철저히 제한하고 있다는 점에서 독점시장이라고 할 수 있다. 또 프로스포츠 노동시장은 구단이라는 수요자가 선수라는 생산요소를 독점적으로 수요한다는 의미에서 수요독점시장이라고 할 수 있다.

셋째, 과점시장(寡占市場, oligopoly market)이다. 과점시장은 비교적 소수의 기업이 상품을 생산하고 공급하는 시장이다. 일반적으로 과점시장에는 상당한 정도의 진입장벽이 존재하고 있다. 독점시장만큼 강력한 진입장벽은 아닐지라도 어느 정도 효과를 발휘할 수 있는 진입장벽이 존재하기 때문에 과점체제가 유지된다. 과점시장의 기업들이 담합하여 카르텔을 형성하면 실질적으로 독점체제를 구축하는 것과 같은 결과를 가져온다. 카르텔은 독점기업과 거의 비슷한 방법으로 카르텔 전체의 이윤극대화를 시도한다. 카르텔을 형성한 기업들은 제품을 얼마나 생산할 것인지 어떻게 배분할 것인지 등을 합의하게 된다. 과점시장은 소수의 기업들이 상품의 가격보다는 광고 등을 통해서 상품차별화 전략을 주로 추구하므로 필요 이상의 광고비를 지출하는 등 자원의 낭비를 초래한다. 그러나 완전경쟁이나 독점시장에 비해 연구개발이 활발하게 이루어지고 기술혁신이 가능하며 다양한 상품공급이 가능하므로 소비자의 선택의 폭이 넓어진다. 프로스포츠는 구단들 간 연합체로서 경기 및 팀의 수, 경기규칙 등을 조정하고 수익극대화를 위해 상호경쟁하고 협력한다는 점에서 카르텔에 비유될 수 있다.

넷째, 독점적 경쟁시장(獨占的競爭市場, monopolistic competition)으로, 동일한 제품이지만 제품의 질이 다른 상품을 생산하는 다수의 생산자들로 구성된 시장이다. 같은 재화나 서비스라도 각 생산자마다 디자인, 품질, 결제방식, A/S 등에서 어느 정도 특징적인 차이를 보이게 된다. 독점적 경쟁시장은 독과점시장과 달리 진입장벽이 없어서 누구나 시장에 진입할 수 있지만, 생산하는 재화나 서비스의 질이 달라서 독점력을 가진다. 따라서 각 생산자들은 주로 제품의 차별화 전략을 통한 경쟁에 치중하게 된다. 독점적 경쟁시장에서는 각각의 기업들이 제품의 차별성으로 약간의 독점력을 지니나 진입과 탈퇴의 장벽이 없기 때문에 다수의 기업이 경쟁하는 완전경쟁시장의 특성을 대부분 가지고 있다. 각종 스포츠 의류나 신발 등 스포츠 용품산업과

| 표 1-2 | 시장의 형태와 특징

	독 점	과 점	독점적 경쟁	완전경쟁
기업의 수	1	소수	다수	다수
상품의 동질성	–	동질적·차별화	차별화	동질적
진입장벽	아주 높음	상당히 높음	거의 없음	없음
가격통제력	있음	있음	약간 있음	없음
긍정적 측면	기술혁신	기술혁신	다양한 생산	효율적 자원배분
부정적 측면	경제력 집중, 소득분배 악화	자원배분 비효율, 지나친 비가격경쟁	자원배분 비효율, 유휴시설 존재	비현실적 가정

골프장비, 공, 라켓 등의 스포츠 장비산업은 동일한 제품이지만 다수의 생산자들이 있으며 차별화 전략을 통한 경쟁을 추구한다는 점에서 독점적 경쟁시장과 유사한 점이 많다고 할 수 있다. 스포츠용품 및 장비산업에서는 생산자마다 디자인, 품질, 결제방식, A/S 등 차별화 전략을 통해 독점력을 지니기도 한다. 각 시장의 형태와 특징은 〈표 1 − 2〉에 정리되어 있다.

스포츠 시장과 경제

경제학은 개인적, 사회적, 국가적 차원에서 이루어지는 모든 경제적 선택과 행위에 대해 연구한다. 선택과 행위의 문제를 중시함에 따라 오늘날 경제학의 연구대상은 점차 확대되고 있다. 전통적인 경제학은 재화나 서비스의 생산, 소비, 교환 등에 관련된 문제를 연구하는 학문으로 인식되어 왔으나 최근 발전된 다양한 분석 기법을 활용하여 결혼이나 이혼, 출산, 게임, 도박, 인종차별 등 다양한 분야에서도 주요 의사결정 과정과 결과를 분석하는 사례가 늘고 있다. 이런 의미에서 베커(Becker, G.)는 경제학이라는 분야는 그 분석대상을 위주로 정의하는 것이 아니라 분석 방법을 기준으로 정의하여야 한다고 주장하기도 한다.

경제학의 다양한 분석기법은 각종 스포츠 현상에 대해서도 경제적 분석이나 설명을 가능케 하고 있다. 이에 따라 생활과 밀접한 관계가 있고 경제·정치·외교·문화·사회 등의 영역에서 효과적인 수단으로 활용되고 있는 각종 스포츠 현상을 경제적 사고나 논리로 분석하고 해석하는 '스포츠 경제학'(Sports Economics or The Economics of Sports)이 등장하기 시작하였다. 스포츠 경제학은 경제학적인 방법론을 사용하여, 스포츠와 관계된 제반 현상을 이론적·논리적으로 분석·추론하고 각종 데이터를 사용하여 실증적으로 분석하는 학문 분야이다. 소득의 증가와 여가시간의 증가, 그리고 각종 기술의 발달로 스포츠 분야에도 상업화와 전문화 추세가 강해지고 있다. 스포츠 시설, 장비 등을 생산하고 소비하는 분야도 성장하고 있고, 각종 프로스포츠 경기를 통한 서비스를 제공하는 구단, 리그, 그리고 여

스포츠 경제의 등장 스포츠 시장에서도 다양한 경제적 사고와 이론을 필요로 한다. 국내외에서 출판되고 있는 스포츠경제 관련 이론서들

기서 활동하는 선수, 감독, 코치, 심판과 이를 관중들과 연결시켜 주는 매스미디어의 역할도 빠르게 확대되고 있다. 이러한 분야를 살펴보면, 전통적인 경제학의 분석 대상에서 나타나는 경제주체, 시장, 거래행위들이 모두 '스포츠와 관련되어' 관측된다. 그리고 이 주체들은 각자 자신이 추구하는 바의 목표를 달성하기 위해 주어진 시간, 자본, 노동력 등 희소한 자원을 최대한 효율적으로 활용하기 위해 노력한다. 스포츠관련 주체들이 추구하는 목표는 구단의 경우 이윤극대화나 리그나 챔피언십(championship)에서의 우승, 선수의 경우 소득이나 경기성과 극대화, 시설 및 장비 생산자는 이윤극대화 등이다. 각종 첨단기술이 스포츠에 접목되고, 스포츠의 용도가 단순한 즐기기나 체력향상에서 국위선양, 국가의 생산력 증대, 이윤획득 등으로 확대되면서, 경제학적 분석방법과 스포츠가 결합되고 활용되는 분야는 매우 빠른 속도로 증가하고 있다. 이에 따라, 스포츠 분야에 대한 지식과 정보가 풍부하면서 경제학적 지식과 분석 기법을 지닌 인적자원에 대한 수요도 급속히 증가하고 있다.

경제학의 기본원리와 모형

1. 경제학의 기본원리

경제학은 희소성의 법칙에서 출발하여 사람들이 당면하고 있는 문제를 해결하기 위해 가장 합리적인 결정을 내릴 수 있도록 돕는다. 이 과정에서 논리적인 일관성을 잃지 않고 합리적인 의사결정을 내릴 수 있기 위해서는 다음과 같은 기본 원리에 대한 정확한 이해가 필요하다. 물론 여기에서 제시된 기본 원리가 경제학 기본 원리의 전부는 아니며, 앞으로 스포츠경제학을 학습해 나가면서 큰 도움이 될 수 있는 가장 중요한 기본 원리들을 선별하여 정리한 것이다.

합리적 선택과 의사결정

경제주체들은 경제생활 과정에서 수없이 많은 의사결정을 해야 하며, 이를 위해서는 주로 다음과 같은 원리들을 염두에 두게 된다.

첫째, 세상에 공짜는 없다. 즉 모든 경제주체들의 선택에는 반드시 대가가 있다. 생산, 교환, 소비 등의 경제활동에도 비용이 들어간다. 우리가 무엇을 얻고자 할 경우 그 대가로 무엇인가를 포기해야 한다. 어떤 목표를 달성하기 위해 의사결정을 할 때에는 대신에 다른 목표를 포기해야 한다. 예를 들어 어떤 학생이 자신의 시간을 경제학을 공부하는 데 쓰고 있다고 하자. 이 학생은 경제학 공부를 하기 위해서 그 시간에 심리학을 공부하거나 운동역학을 공부하는 것을 포기한 것이다. 아니면 그 시간에 친구들과 술을 마시거나, 운동을 하거나, 낮잠을 자거나 아르바이트를 할 수도 있었을 것이다. 즉 경제학 지식을 쌓거나 시험에서 좋은 성적을 받기 위해 경제학을 공부하는 것은 그 시간 동안 할 수 있었던 다른 공부나 활동을 대가로 지불한 것이라고 할 수 있다. 가계의 경우도 마찬가지이다. 어느 가계가 TV를 구입하기 위해 수입의 일부를 지출한다면, 이는 그 금액만큼의 수입을 다른 용도에 사용할 수 없음을 뜻한다. 즉 해외 여행이나 컴퓨터 구입을 포기하고 TV를 구입한 것이다.

사회 전체적으로 보면 제한된 자원을 무기생산과 식량생산 중 어디에 투입할지, 환경보존과 경제개발 중 어디에 중점을 둘지 등에서도 이러한 기본원리가 목격된다. 환경보존을 위해 공해를 규제하면, 기업들은 좋은 에너지나 개선된 여과장치를 사용하기 위해 높은 생산비용을 지불하게 된다. 생산비가 오르면 기업의 이윤이 감소하고 근로자의 임금이 낮아지며, 제품가격이 높아지게 된다. 즉 공해방지를 위한 정부규제는 깨끗한 환경과 건강을 제공하지만 대신 기업의 이윤이나 근로자의 소득을 낮추는 대가를 치르게 된다. 그리고 소비자들은 이 재화를 구입하기 위해 더 높은 가격을 지불해야 한다. 공짜는 없는 것이다.

이렇게 공짜가 없다는 것은 주어진 여건에서 우리가 추구하는 바를 극대화하기 위해 최선의 선택을 해야 함을 의미한다. 무엇인가를 선택할 때마다 다른 무엇인가를 포기해야 하기 때문이다. 주어진 시간에 경제학 공부를 할지 심리학 공부를 할지, 가계 소득으로 TV를 구입할지 컴퓨터를 구입할지, 그리고 사회 전체적으로 환경을 보존할지 성장을 추구할지 등은 의사결정자들이 추구하는 바와 주어진 여건에 의해 합리적으로 결정되어야 하는 것이다.

둘째, 선택의 대가는 그것을 얻기 위해 포기한 그 무엇이다. 세상에 공짜는 없고 모든 일에는 대가가 있기 때문에, 올바른 의사결정(의사결정자가 추구하는 바를 가장 잘 달성할 수 있게 하는 결정)을 하기 위해서는 어떤 선택을 할 경우 발생하는 득과 실을 따져 봐야 한다. 그러나 경제학에서 정의하는 어떤 선택의 대가라는 것은 대부분의 경우 우리가 일상적으로 생각하는 것과는 차이가 있다.

예를 들어 대학 진학으로 얻을 수 있는 편익은 지적 성장과 일생 동안의 좋은 직업, 고액의 연봉, 좋은 아내 또는 좋은 남편 등을 얻을 수 있는 가능성이 높아지는 것 등이다. 그러면 그 대가로 지불해야 하는 비용은 무엇일까? 대학 재학 중 지불해야 하는 등록금, 책값, 교통비, 음식비, 기숙사비 등일 것이다. 그러나 이들 비용이 모두 대학을 다니는 데 진정으로 필요한 비용은 아닐 것이고, 또 진정한 비용 중 누락된 것도 있을 것이다. 먼저, 이와 같은 비용의 일부는 대학을 다니지 않더라도 어차피 지불해야 하는 비용이다. 대학 진학을 하지 않는다고 해도 먹고 자는 비용은 들어 가야 하고, 진학 대신 취업을 선택한 경우에도 교통비 등은 들어가야 하기 때문이다. 한편, 대학을 다니기 위해 반드시 지불해야 하는 시간비용도 비용으로 고려해야 한다. 대학에 다니면서 강의듣고 독서하고 숙제하는 동안 다른 직업을 가질 수 없고, 따라서 대학을 다니기 위해서는 대학에 다니지 않고 취업하였을 경우 벌 수 있는 소득을 포기하여야 한다. 즉 대학에 다니는 시간 동안 포기하여야 하는 잠재적 소득이 대학에 다니기 위해 지불하여야 하는 매우 중요한 비용이 되는 것이다.

이와 같이 어떤 선택을 하였을 때, 그 선택을 위해 포기한 다른 선택으로 얻을 수 있었던 이득을 기회비용(機會費用, opportunity cost)이라고 한다. 기회비용은 경제학에서 가장 중요하게 여기는 개념 중의 하나이다. 경제학적으로 합리적인 의사결정을 하기 위해서는 이 기회비용을 반드시 고려하여야 한다. 미국 프로농구의 황제라고 불린 마이클 조단(Michael Jordan)은 한때 본인이 농구 이상으로 좋아하던 야구를 하기 위해 농구를 그만두고 야구 마이너리그에 진출한 적이 있다. 그러나 그로 인해 포기하여야 하는 소득과 농구선수로서의 명예 등이 너무 컸고, 결국 농구코트로 돌아오게 되었다. 농구를 선택할 경우 야구를 하지 못함으로써 발생하는 기회비용과, 야구를 선택할 경우 농구를 하지 못함으로써 발생하는 기회비용을 모두 고려한 합리적 선택의 결과이다.

기말고사 전날 시험공부를 하지 않고 술을 마시고 노는 경우 그 기회비용은 시험에서 좋은 결과를 얻지 못하는 것이다. 적절한 수준의 이성을 지닌 학생이라면 시험 전날 술을 마시고 놀기보다는 공부를 선택하는데, 이는 술 마시고 노는 행위의 기회비용이 무척 크기 때문이다. 어떤 의사결정을 할 때 올바른 결정을 하기 위해서는 반드시 각각의 모든 가능한 선택에 따른 기회비용을 정확하게 파악하는 것이 중요하다. 어떤 의사결정을 내림으로써 발생하는 기회비용이 의사결정 결과로 나타나는 순편익보다 크다면, 그 결정을 합리적이라고 말할 수 없다.

기회비용과 합리적 선택
시험 전날 친구들과 찜질
방이나 노래방에 가면 그
대가로 시험에서 좋은 성
적을 받기 어렵다. 합리적
인 시간 활용이 필요하다.

셋째, 합리적인 선택은 한계적으로 이루어진다. '한계(marginal)'라는 개념이 도입된 것은 경제학에서는 혁명에 가까운 사건이었다. 대부분의 일상생활에서 우리는 '한계'보다는 '전체'나 '평균'에 집착하고는 하지만, 기업이 얼마나 생산할 것인가, 소비자가 얼마나 소비할 것인가, 정부가 공공재의 공급을 얼마나 할 것인가 등의 의사결정은 '한계의 원리'(marginal principle)를 이용하여 이루어지는 경우가 많다. '한계의 원리'는 추가적인 활동으로 얻어지는 추가적인 편익이 이로 인해 지불해야 하는 추가적인 비용보다 크다면 그 활동을 선택하라는 것이다.

반면 추가적인 활동에 따른 편익이 비용보다 작다면 그 활동을 선택하지 말라는 것이다. 예를 들어, 항공사가 예약없이 공항에서 대기하다가 비행기를 타려는 사람들에게 항공료를 얼마나 받아야 할지를 결정해야 한다고 하자. 200개의 좌석이 있는 비행기를 목적지까지 운행하는 데 1억원이 소요된다고 하면 좌석 하나당 평균비용은 50만원이므로, 이 항공사는 좌석 당 50만원 이하를 받아서는 안된다고 생각할지도 모른다. 그러나 이 항공사는 '한계적'으로 생각함으로써 이윤을 증가시킬 수 있다.

예를 들어, 좌석예약이 190석에 그쳐 비행기가 10개의 빈자리를 남겨둔 채로 목적지로 출발한다고 하자. 그런데 공항에서 대기하고 있던 승객 중 한 명이 30만원을 지불할 용의가 있다면 항공사는 이 승객을 태워 주는 것이 이윤을 극대화하는 방법일까? 아니면 남아있는 좌석 하나당 평균 비용이 50만원이므로 30만원을 지불할 의사가 있는 승객을 탑승시키지 않는 것이 좋을까? 이 경우 승객 한 명을 더 태우더라도, 비행기를 운행하는 데

한계의 원리

경제학에서는 한계의 원리(marginal principle)가 중시된다. 한계(限界, marginal)라는 말의 사전적 의미는 '가장자리' 또는 '여분'을 의미한다. 경제주체들이 이미 실행 중인 행동이나 현재 진행 중인 계획을 조금씩 바꾸어 적응하는 것을 한계적 변화(marginal changes)라고 한다. 현재 진행 중인 행동에서 아주 작은 변화를 의미하는 것이다. 많은 경우에 경제주체들은 한계적으로 생각하고 최선의 결정을 한다.

예를 들어, 어느 기업이 상품 5개를 생산·판매하여 총100원의 수입을 얻는 반면에 상품 5개를 생산하기 위해서 총80원의 생산비용을 지불하고 있다고 하자. 이 기업이 상품을 1개 더 생산하여 시장에 판매하면 추가적으로 20원의 수입을 얻을 수 있는 반면에 상품 1개를 더 생산하기 위해서는 15원의 비용을 추가적으로 지출해야 한다고 하자.

이때 상품 5개를 생산하고 있는 상황에서 1개를 더 생산하여 판매함으로써 얻을 수 있는 추가적인 수입 20원을 한계수입(限界收入, marginal revenue)이라고 하고, 상품 1개를 더 생산하기 위해 추가적으로 지불하는 비용 15원을 한계비용(限界費用, marginal cost)이라고 한다. 즉, 한계수입은 기업이 상품 한 단위를 추가적으로 판매할 때 발생하는 총수입의 변화분이며, 한계비용은 기업 등 경제주체가 상품을 한 단위 더 생산할 때 발생하는 총비용의 변화분이다.

한편, 한계이윤은 기업이 추가적으로 상품 1개를 더 생산할 때 추가적으로 획득할 수 있는 이윤을 의미한다. 위의 예에서, 기업이 추가적으로 상품 1개를 더 생산하면 5원의 추가적인 이윤을 얻을 수 있다. 즉, [추가적 이윤(5원) = 한계수입(20원) − 한계비용(15원)]이다. 이 기업이 생산 및 판매를 통해 이윤을 극대화하는 것을 목적으로 하는 합리적인 기업이라면 추가적인 양(+)의 이윤이 발생하는 한 상품 생산량을 증가시키려고 할 것이다. 그러나 만약 상품 6개를 생산하고 다시 1개를 더 생산할 때 기업의 한계수입이 20원이고 한계비용이 25원이라면 추가적인 생산으로부터 얻을 수 있는 추가적인 이윤은 −5원이 된다. 총이윤은 감소하게 되는 것이다. 따라서 이 기업은 상품을 6개만 생산하는 것이 이윤을 극대화하는 최적화 전략이 된다. 이러한 예에서 볼 수 있듯이, 한계라는 개념은 합리적 경제주체들의 경제행위를 설명하는 아주 유용한 도구이다.

소요되는 비용이 추가적으로 더 들어가는 것은 아니다. 즉 승객 한 명을 더 태우는 '한계'비용은 0이다. 반면 '한계'수입은 30만원이 된다. 결국 이 항공사는 30만원을 지불할 용의가 있는 승객을 탑승시키는 것이 이윤을 증가시키는 데 도움이 된다.[1] 스포츠 경제학과 스포츠 경영학 두 개의 시험을 앞두고 있는 학생이, 시험의 총점을 극대화하기 위해 공부 시간을 배분한다면, 어떻게 하는 것이 좋을까? 여기에서도 '한계의 원리'가 도움이 된다. 추가적으로 한 시간을 더 공부할 경우 두 시험에서 각각 추가적으로 얻을 수 있는 점수를 예상해서, 보다 많은 점수를 추가적으로 얻을 수 있는 과목에 그 한 시간을 투자하는 것이다.

정부의 재정지출도 원론적으로는 '한계'의 의미가 적용되는 부분이다. 정부가 스포츠 시설 건립과 이벤트 유치에 투자를 할 경우 각각 어느 정도씩 투자를 해야 할까? '한계의 원리'는 정부가 각각의 사업에 투자를 할 경우 추가적으로 발생하는 '한계수익'을 고려하여 한계수익이 큰 분야에 우선적으로 투자할 것을 권고한다.

넷째, 사람들은 경제적 유인에 반응한다. 경제학에서는 사람들의 의사결정과 경제행위가 목적이 있는 것이라고 가정한다. 생산자는 자신이 그 행위로부터 얻는 이윤을, 소비자는 자신이 얻는 효용을 극대화하는 것이 그러한 목적이라고 할 수 있다. 사람들은 어떤 경제행위를 할 때 얻을 수 있는 이득과 지불해야 하는 비용을 비교해서 결정을 내리기 때문에 이득이나 비용의 크기가 변화하면 사람들의 의사결정이나 행동도 변화하게 된다. 즉, 사람들은 경제적인 유인에 반응하는 것이다. 만약 다른 조건은 변화가 없는 상황에서 사과의 가격이 상승하면 사람들은 사과의 소비량을 줄이게 된다. 동시에 사과의 수익성이 높기 때문에 농부들은 사과생산을 더 늘리고자 할 것이다.[2]

---

1 물론 이런 탑승을 지나치게 많이 허락할 경우, 많은 승객들이 공식 운임을 지불하지 않고 공항에서 대기하다가 최대한 낮은 가격으로 탑승하려 할 것이고, 이런 행위는 항공사의 이윤을 감소시키고 혼란을 가중시킬 수 있다. 따라서 현실적으로는 항공사들은 현장에서 할인된 가격으로 탑승권을 판매하지 않는 경우가 많다.

2 사과의 가격이 상승하여 소비자들이 사과 소비를 줄이고 생산자는 사과 공급을 증가시키면, 결국 시장에

경제적 유인과 반응 높은 명예나 많은 상금이 걸려 있다면 선수들은 승리를 위해 더 노력하게 된다. SK야구선수들과 환호하는 관중들

  사업가가 하루 종일 사업에 몰두하거나, 직장인들이 아침부터 저녁까지 열심히 일하거나, 학생들이 열심히 공부하는 것 등은 모두 경제적 유인이 존재하기 때문이다. 수많은 선수들이 프로스포츠 선수라는 좁은 문을 두드리고, 혼신의 힘을 다해 경기하는 것도 대부분의 경우 보다 높은 경제적 보상을 받기 위해서이다. 물론 어떤 사람들은 경제적 소득보다는 명예나 성취욕구, 자기개발, 보다 넓은 세상의 체험 등을 위해서 맡은 바 임무에 충실하기도 하지만, 보편적으로 볼 때 대부분의 사람들은 궁극적인 목표인 경제적 유인에 반응한다. 또한 이러한 비경제적인 유인들도 화폐가치로 환산할 수 있는 경우가 많다.

  대부분의 경제주체는 자신의 이윤이나 소득, 효용을 극대화하기 위해 노력한다. 따라서 변호사나 영화배우에게 수임료나 출연료를 고정급으로 지급할 경우, 이들이 자신의 업무에 최선을 다하지 않을 가능성이 있다. 일단 고정급을 받으면, 이제는 자신의 시간이나 노력의 상당 부분을 다른 일이나 여가에 쏟을 유인이 발생하기 때문이다. 이러한 사례 역시 변호사나 영화배우가 유인에 반응하는 것을 보여준다. 따라서 사건을 맡긴 사람이나 영화 투자자(또는 운영자)는 이들이 자신의 일에 최선을 다하도록 급여체계를 설계하게 된다. 고정급 액수를 줄이는 대신 사건에서 승소하거나 영화가 큰 성공을 거둘 경우 일정 금액을 성공보수로 지급하는 방법이 그 중 하나이다. 즉 이러한 경제적 유인에 변호사나 영화배우가 반응할 것을 합리적으로 기대하는 것이다. 프로스포츠 선수들이 경기에서 최선을 다할 수

는 사과의 공급이 소비보다 많아지게 되고 이는 사과가격을 하락시키는 압력으로 작용하게 될 것이다.

있도록 성공보수를 지급하는 것도 이러한 유인체계를 응용한 것이다.

정책담당자들도 경제적 유인이 사람들의 행동에 영향을 미친다는 사실을 인식해야 한다. 정부의 정책이 많은 경우 개개인의 행동으로 인한 비용이나 혜택을 변화시키기 때문이다. 따라서 사람들의 행동변화를 충분히 고려하지 않고 정책을 결정한다면 예상 밖의 부작용이 나타날 수도 있다. 예를 들어 정부가 특정 스포츠 분야를 지원한다면, 다른 스포츠에 재능이 있는 선수들까지도 그 스포츠에 몰리게 되고, 이는 개인의 적성 발휘는 물론 국가 전체적인 스포츠 성과에도 부정적인 영향을 미칠 수 있다.

경제주체와 상호작용

개별경제 주체 간의 상호작용이나 시장과 경제주체의 관계를 이해하기 위해 필요한 주요 개념으로는 비교우위(比較優位, comparative advantage)가 있다. 기회비용과 연관되어 있으면서, 경제학에서 중요한 원리로 간주하는 개념이다. 절대우위는 누가 절대적으로 더 많이(효율적으로) 생산할 수 있는지를 기준으로 삼는 데 반해 비교우위는 누가 어느 상품생산에 상대적으로 더 우월한가를 기준으로 삼는다. 그리고 일반적인 상식과는 다르게, 우리 경제를 풍요롭게 하고 개인의 삶도 보람있게 하는 것은 절대우위가 아니라 비교우위에 따른 경제 행위이다.

무인도에 사는 갑순이와 갑돌이의 예를 들어 보자. 갑순이와 갑돌이는 토끼를 사냥하든지 옷을 만들 수 있다. 〈표 2-1〉은 하루의 노동을 통해 갑순이와 갑돌이가 사냥할 수 있는 토끼와 만들 수 있는 옷의 수를 보여준다.

절대우위(絕對優位)를 비교하면 갑돌이는 토끼 사냥도 옷 만드는 것도 갑순이보다 못하다. 그러나 비교우위를 보면 달라진다. 비교우위는 기회비용에 따라 결정된다. 갑순이는 토끼 한 마리를 사냥하기 위해 옷 3/4벌의 생산을 포기하여야 한다. 반면 갑돌이는 토끼 한 마리를 사냥하기 위해 1벌의 옷 생산을 포기하여야 한다. 즉 토끼 한 마리를 사냥하기 위해 갑순이가 포기하여야 하는 옷이 갑돌이가 포기하여야 하는 옷보다 적고, 따라서

| 표 2-1 | 비교우위와 절대우위

	토끼(마리)	옷(벌)
갑 순	4	3
갑 돌	2	2

갑순이는 토끼 사냥에 비교우위가 있다.

갑순이가 토끼 사냥에 비교우위가 있다면 갑돌이는 자연스럽게 옷 생산에 비교우위가 있게 된다. 갑순이는 옷 한 벌을 만들기 위해 토끼 4/3(=1.3)마리를 포기하여야 한다. 반면 갑돌이는 1마리의 토끼만 포기하면 된다. 즉 옷 제작을 위한 기회비용은 갑돌이가 적게 나타나고 따라서 갑돌이가 옷 제작에 비교우위가 있는 것이다.

비교우위 이론은, 이 경우에 각 경제주체는 자신이 비교우위를 지닌 것에 특화한 후 서로 생산물을 교환하는 것이 각 경제 주체에게 이롭다는 것을 보여준다.

예를 들어 갑순이와 갑돌이가 각각 자기 시간의 반씩을 옷 생산과 토끼 사냥에 투입한다면 갑순이는 토끼 2마리와 옷 1.5벌, 갑돌이는 토끼 1마리와 옷 1벌을 생산할 수 있다. 경제 전체적으로는 토끼 3마리와 옷 2.5벌이 생산된 것이다. 만일 각자의 비교우위에 따라 갑순이는 토끼만, 갑돌이는 옷만 생산한다면, 이 경제에서 생산되는 토끼는 4마리, 옷은 2벌이 된다. [토끼 3마리, 옷 2.5벌]과 [토끼 4마리, 옷 2벌] 중 어느 조합의 가치가 더 클까? 갑순이에게는 토끼 1마리가 옷 3/4벌, 갑돌이에게는 옷 1벌의 가치가 있다. 따라서 각자의 비교우위에 의해 생산한 토끼 4마리와 옷 2벌의 가치는 토끼 3마리와 옷 2.5벌의 가치보다 크다. 갑돌이와 갑순이 모두에게 토끼 1마리는 옷 0.5벌 이상의 가치가 있기 때문이다.

갑순이와 갑돌이가 합리적인 경제주체라면 각각 비교우위가 있는 분야에 특화하고 생산물의 교환을 통해 서로의 편익을 증대시키는 것이 바람직하다. 슈퍼맨은 잔디깎기도, 달리기도, 나무 자르기도 일반인보다 잘할 수 있지만(절대우위가 있지만), 자기 시간의 대부분을(비교우위가 있는) 악당

비교우위와 교역 국가들
은 비교우위가 있는 산업
에 특화하고 그 생산물을
거래하여 서로의 편익을
증가시킬 수 있다. 개인들
도 마찬가지이다.

을 쳐부수는 데 사용한다. 아주 유능한 투자가는 자신이 비서보다 타이핑
을 빨리 할 수 있는 경우에도(절대우위가 있어도), 자기 시간을(비교우위가
있는) 투자결정에 사용한다. 슈퍼맨이 절대우위가 있는 것을 모두 다 하기
위해 자기 시간의 상당 부분을 잔디 깎고 나무 자르는 데 쓴다면, 지구상의
악당은 독버섯처럼 살아날 것이고, 이것은 지구 전체적으로도 바람직한 일
이 아니다. 비교우위의 원리를 따르는 세상에서는 절대우위가 없는 일반인
도 잔디도 깎고 타이핑도 하며 평화롭고 조화롭게 살아갈 수 있는 것이다.

시장과 자발적 거래

경제학에서는 시장에서 이루어지는 참가자들 간의 자발적 거래를 중
시하고 강조한다. 자발적인 시장거래는 모든 참가자들을 이롭게 한다. 시
장은 참여자들이 자발적으로 거래를 하는 곳이다. 모든 거래 당사자들은
시장에서의 거래가 자신들을 이롭게 하므로 자발적으로 거래에 참여하는
것이다. 즉, 누구라도 손해가 나는 거래는 원치 않을 뿐 아니라 거래에 참
여하지도 않으려 할 것이다. 경제주체들이 자유롭게 드나들 수 있고 경제
주체들 간에 자발적인 거래가 일어나는 시장을 자유시장(free market)이라
고 한다. 국가와 국가 간에 재화나 서비스를 자유롭게 거래하는 것을 자유
무역이라고 한다.

한국의 현대자동차와 미국의 포드자동차는 미국과 한국의 자동차시장
에서 같은 고객을 상대로 경쟁하고 있으며, 한국의 삼성전자와 일본의 도

시바는 한국과 일본의 컴퓨터시장에서 경쟁하고 있다. 만약 한국 제품은 한국에서만 판매하고 미국제품은 미국에서만 판매하도록 규제된다면, 한국의 현대자동차나 삼성전자는 더 큰 이윤을 얻을 수 있을까? 포드자동차나 도시바도 각각 자국 시장만 대상으로 해서 더 큰 이윤을 얻을 수 있을까? 그리고 소비자들은 재화의 이동이나 시장 참여가 규제되어 있을 때 더 큰 후생을 누릴 수 있을까? 국가 간 교역을 통해 각 국가는 그들이 가장 잘하는 분야에 특화할 수 있고 소비자들도 보다 다양하고 저렴한 재화와 서비스를 즐길 수 있게 된다.

가장 기초적이고 원시적인 자급자족 사회에서는 시장이나 거래가 불필요했다. 개개인이 자신에게 필요하고 자신이 소비하는 모든 재화와 서비스를 생산하였기 때문이다. 로빈슨 크루소나 영화 캐스트 어웨이(Cast Away)의 톰 행크스는 사실상 '1인 경제'로서 거래를 할 대상도 시장도 없었지만, 로빈슨 크루소의 경우에도 프라이데이(Friday)가 섬에 나타나자 곧 분업을 시작하고 거래를 시작하게 된다. 즉 분업을 통해 특화 또는 전문화하고, 그 생산물을 거래하는 것이 서로에게 도움이 된다는 것을 아주 자연스럽게 깨닫게 되는 것이다.

재화의 종류가 증가하고 시장이 커지며, 생산의 분업화와 전문화는 계속 확대되는 추세이다. 오늘날 모든 사람들이 알게 모르게 시장의 혜택을 누리며 살아가고 있다. 제빵왕 김탁구 씨는 빵을 만들고 돈을 벌어, 차를 사고, 프로스포츠경기를 보러 가고, 고기를 산다. 마찬가지로 프리미어리그의 박지성 선수는 축구를 해서 번 돈으로 빵도 사고 차도 사고 고기도 사는 것이다.

일반적으로 자발적 거래가 이루어지는 시장이 경제활동을 담당하는 좋은 수단이다. 시장경제에서는 경제주체들이 스스로 해야 할 일에 대해 스스로의 책임으로 의사결정을 한다. 즉, 기업은 누구를 몇 명이나 고용하고 무엇을 생산할 것인가를 스스로 결정한다. 가계는 어느 기업에서 일할지, 어느 제품을 구입할지를 자유롭게 결정한다. 기업과 가계는 시장을 통해 상호작용을 하는데, 시장에서 결정되는 가격과 자신에게 주어진 예산을

보이지 않는 손과 시장
사람들은 자신의 이윤이
나 효용을 극대화하기 위
해 자발적으로 시장을 형
성하고 거래한다.

고려하여 자신의 이윤 또는 효용 등을 극대화하기 위해 의사결정을 하는
것이다.

수없이 많은 가계와 기업이 각각 자신의 이익을 추구하는 과정에서
혼란이 초래될 것이라고 생각될 수도 있으나 사실은 그 반대이다. 역사적
경험은 시장경제가 경제활동을 조직화하여 경제복지수준을 전반적으로 향
상시키는 가장 유효한 수단임을 입증하고 있다. 효율적으로 생산에 특화하
고 효용을 극대화하는 소비를 하기 위해서는 개개인의 생산능력, 예산, 재
화 및 서비스의 가격, 소비 취향 등을 모두 다 파악하고 의사결정을 내려야
하는데 이것은 특정인이나 집단이 결정할 수 있는 범위를 넘어서는 일이
다. 가장 효율적인 상태는, 개개인이 시장의 가격에 따라 생산과 소비행위
를 변화시키며 이루어진다.

스미스(Smith, A.)는 가계와 기업들이 시장에서 서로 작용하는 과정은
마치 보이지 않는 손(invisible hand)에 의해 이끌리는 것과 같으며, 자신의
이득을 극대화하기 위한 개인의 노력이 바람직한 시장성과를 나타낸다고
설명하였다. 보이지 않는 손이 경제활동을 조정하기 위해 사용하는 수단
은 가격이다. 어떤 재화의 가격은 그 재화가 지니고 있는 사회적 가치를 나
타낼 뿐 아니라, 많은 경우 그 재화를 생산하기 위한 사회적 비용의 의미도
포함하고 있다. 가계나 기업이 물건을 사고 팔 때 가격을 고려하기 때문에
이들은 자신도 모르는 사이에 그들의 행동이 초래하는 사회적 이득과 비용
을 계산하고 있는 것이다. 결과적으로 가격은 개별적 의사결정자들이 자신
의 이득을 극대화하는 결정을 내리도록 유도하는 신호의 역할을 담당하고

있으며, 많은 경우 이러한 결정으로 인해 사회후생 수준 역시 극대화된다.

정부가 수요공급의 변화에 따른 가격의 자유로운 움직임을 제한하는 것은 결국 보이지 않는 손의 조정기능을 제약하는 것과 같다. 조세부과나 보조금 지급, 기업의 진입규제 등은 가장 효율적인 상황에서 결정되는 가격체계를 변화시키고 이로 인해 경제주체들은 왜곡된 신호체계에 따라 경제활동을 영위하게 된다. 이러한 왜곡된 경제행위가 효율성을 저해하는 것은 물론이다. 공산주의가 붕괴된 가장 중요한 이유는 가격이 시장에서 결정되는 것이 아니라 중앙정부의 계획담당자들에 의해서 결정되었기 때문이다. 계획담당자들은 자유로운 가격에 반영되어야만 하는 모든 정보를 가지고 있지 못했고, 따라서 이들이 자의적으로 정한 가격체계는 경제주체들의 효율성을 감소시켰다. 경제계획담당자들이 보이지 않는 손을 묶어 놓고 경제를 관리하려고 했기 때문에 실패한 것이다.

정부와 시장성과

경제학에서는 시장을 강조하지만 경우에 따라서는 정부가 나서서 시장이 원활하게 작동될 수 있도록 한다. 정부의 개입에 대해서는 다음과 같은 논리가 존재한다. 첫째, 정부가 시장성과를 개선할 수 있다고 주장된다. 보이지 않는 손은 대부분의 경우 시장으로 하여금 자원을 효율적으로 배분하도록 하지만, 여러 가지 이유 때문에 보이지 않는 손이 제대로 작동하지 못하는 경우가 발생하기도 한다. 다시 말해 시장이 원활하게 작동하지 못해 시장에서의 가격이 아예 정해지지 않거나, 정해지더라도 경제 전체적인 비용과 편익을 보여주는 데 실패하는 경우가 발생할 수 있는 것이다. 이와 같이 시장이 작동하지 못하거나, 자유롭게 작동함에도 불구하고 자원배분이 효율적이지 못한 경우를 시장실패(market failure)라고 한다.

국방이나 외교처럼 시장이 존재하지 않는 재화나 서비스도 있고, 시장이 불완전하여 일반적인 시장의 규칙이 적용되지 않는 경우도 있다. 어떤 기업이 시장을 석권하여 독점적 지위를 획득하게 되면 효율성에 문제가 발생할 수도 있다. 이런 경우에는 정부가 개입하여 시장실패를 부분적으로라도 보완할 가능성이 있다.

예를 들어 외부효과(外部效果, externality)는 시장실패의 대표적 사례이다. 외부효과란 한 경제주체의 행위가 시장기제(가격체계)를 통하지 않고 제3자의 경제적 후생에 영향을 미치는 현상을 말한다. 공해는 외부효과의 대표적인 사례이다. 정부의 개입이 전혀 없다면 공해기업은 아무런 제약없이 공해물질을 배출하고, 소비자들은 이에 대한 보상도 받지 못한 채 공해의 피해를 입어야 한다. 이 경우 정부는 환경규제라는 개입을 통해 사회 전체의 경제적 후생을 증대시킬 수 있다.

또한 가치재의 경우에도 시장실패가 발생할 수 있다. 가치재는 경제 전체적으로 바람직한 재화이나 소비자들의 우선 소비순위에서 밀려 소망스러운 수준보다 낮은 수준에서 소비가 이루어지는 재화들이다. 생활체육이 대표적인 예이다. 국민들이 일정 수준의 생활체육에 참여한다면 건강이 증진되어 생산력도 향상되고 의료보건비도 감소하는 효과가 있다. 그러나 대부분의 사람들은 여러 가지 이유로 생활체육 참여를 꺼린다. 이러한 문제를 해결하기 위해 정부는 다양한 체육시설을 공급하고 프로그램을 제공하는 것이다.

그러나 정부가 시장성과를 항상 개선할 수 있다는 의미는 아니다. 정부 역시 실패할 수 있다. 정책은 매우 불완전한 정치적 과정에 의해서 만들어지기도 하고, 어떤 경우에는 좋은 의도를 가지고도 불완전한 정보에 의해 만들어지기도 한다. 많은 경제학자들이 정부의 개입은 최소화되어야 하며, 불가피하게 개입하더라도 시장기제를 최대한 존중해야 한다는 이유도 여기 있다.

둘째, 한나라의 국민경제가 성장하고 발전하는 데는 정부의 역할도 중요하다. 특히 경제발전 초기에 민간부분이 취약할 때는 정부가 자원의 축적과 동원, 생산성 향상을 위해 노력해야 한다는 주장도 있다. 한 나라 국민의 생활수준은 그 나라의 생산능력에 달려 있다. 우리나라가 60~70년대의 가난에서 벗어나 OECD에 가입하고, 최근에는 G20 정상회담을 개최하는 등 여유로운 생활을 하게 된 것도 생산능력이 제고되었기 때문이다. 다른 조건이 같다면, 더 많은 자본을 축적하고 투자한 경제가 더 많이 생산할 수 있다. 또한 같은 양의 자본과 노동이 투입되어도 생산성이 더 높은 경제가 더 많이 생산할 수 있다. 즉 생산은 노동이나 자본과 같은 생산요소의 양과 생산요소의 생산성 및 기술 수준 등에 의해 결정된다. 근로자의 수가 같더라도 단위 시간당 근로자가 생산해낼 수 있는 재화와 서비스의 양이 많은 나라에서는 대부분의 국민들이 높은 생활수준을 누리고 근로자의 생산성이 낮은 나라 국민들은 궁핍한 생활을 하게 된다. 미국과 일본이 우리나라보다 생활수준이 높은 것은 그 나라의 자본과 생산인력이 우리나라보다 많고 기술수준이 높기 때문이라고 할 수 있다.

2. 경제학의 구분과 분석

경제학의 구분

재화와 서비스의 생산·교환·분배·소비와 관련되는 사회제도와 인간 행위를 경제라고 한다. 경제학은 이러한 사회제도와 인간 행위를 연구 분석하는 학문이다. 1776년 영국의 논리학 교수이자 도덕철학 교수였던 스미스(Smith, A.)가 국부론(國富論; *An inquiry into nature and causes of the wealth of nations*)을 저술한 것이 경제학이 독립된 사회과학으로 출발한 계기가 되었다. 국부론에서 스미스는 경제학은 국민의 부(wealth)에 관해서 연구하는 학문이라고 정의하였다. 여기에서 부는 국가적·사회적 차원에서 논의할 수도 있고 개인적 차원에서 논의할 수도 있다.

경제학은 개인·사회·국가 등이 희소한 자원을 선택적으로 사용하여 다양한 재화나 서비스를 생산·교환·분배·소비하는 과정에서 발생하는 각종 경제현상을 연구대상으로 하는 학문이다. 경제학은 사회과학의 한 분야인 동시에 사람들이 일상적으로 경험하는 문제들로 생산, 소비, 가격 등을 주요 대상으로 한다는 점에서 경험과학의 성격을 지닌다. 경제학은 또한 경험된 사상을 효용, 이윤, 안정, 성장, 복지 등을 경제적 의미나 가치에 관련시켜 분석한다는 의미에서 문화과학이며, 어떤 사회제도하에서 경제사상의 법칙을 구명하려는 역사적 성격도 지닌다. 경제학은 개인과 사회의 관계를 분석하여 원리를 밝혀내고 경제문제를 해결하여 보다 풍요로운 생활을 추구한다.

경제학의 학문체계는 전통적으로 경제이론, 경제사, 경제정책 등으로 구분된다. 경제이론, 경제사, 경제정책은 상호밀접한 관계를 지닌다. 경제이론은 다양한 분석도구를 이용하여 어떤 경제현상에 존재하는 경제법칙을 규명하고, 그 법칙을 이용하여 현재의 경제현상을 분석하고 미래의 경제현상을 예측하는 분야이다. 수리적 방법이나 계량분석을 이용하여 설명하기도 하고, 수요·공급곡선이나 생산가능곡선을 이용하여 분석하기도 한다. 경제이론이 규명하는 경제법칙들은 대부분 과거의 역사적 사실과 연관되어 있다. 따라서 경제사의 도움을 받음으로써 경제법칙을 쉽게 확인할 수 있다.

경제사는 지나간 경제현상을 해석하거나 과거의 경제자료를 추출·분석함으로써 경제법칙을 밝혀내는 분야이다. 경제사를 연구할 때에는 과거의 경제현상에 존재했었을 경제법칙을 규명하는데 이를 위해서 경제이론에서 사용되는 분석도구에 의존한다.

경제정책은 어떤 경제상태가 바람직하며 그 바람직한 경제상태를 효율적으로 달성하기 위해서 어떤 정책수단을 사용하여야 하는가를 다룬다. 경제정책은 경제적·사회적·시대적·정치적 상황에 따라서 달라지기도 한다. 그러나 대부분의 경제정책은 모든 사회구성원들이 최소한의 인간다운 삶을 영위하는 것을 목표로 삼는다. 이러한 정책 목표는 경제적 효율과 형평, 성장과 안정이 적절하게 조화를 이루어야만 달성 가능하다. 그러나 형평과 효율, 성장과 안정은 상충되는 개념이라는 데 어려움이 존재한다.

미시경제와 거시경제

경제학은 연구대상에 따라 미시경제학과 거시경제학으로 구분하기도 한다. 미시경제학(microeconomics)은 개별경제주체들의 경제행위와 그 상호작용을 연구대상으로 한다. 자본주의시장경제를 다루는 미시경제학에서 경제행위의 상호작용은 주로 시장에서 나타난다. 시장에서의 상호작용은 시장가격을 둘러싸고 이루어진다. 소비의 주체인 가계와 생산의 주체인 기업이 시장에서 상호작용을 통하여 가격을 결정하므로 미시경제학에서는 시장에서의 가격결정원리를 중요하게 여긴다. 미시경제에서는 소비자이론, 생산자이론, 시장이론, 노동시장, 소득분배 등을 주로 다루며, 스포츠경제학도 미시경제이론을 많이 사용한다.

이에 비해 거시경제학(macroeconoimcs)은 개별 경제주체들로 구성된 국민경제의 전체적인 현상을 연구대상으로 한다. 즉 총생산, 총고용, 총소비, 총저축, 물가, 정부지출, 조세, 환율, 이자율, 인플레이션, 경제성장 등에 대헤 연구·분석한다. 또한 이러한 거시경제 지표들 간에 어떤 관계가 있는가, 경제정책은 각각의 거시경제지표에 어떤 영향을 미치는가, 경제정책은 어떻게 운용하는 것이 바람직한가 등을 다룬다.

실증경제와 규범경제

경제학은 가치판단에 따라 실증분석과 규범분석으로 구분된다. 실증경제학(positive economics)은 경제현상을 있는 사실(what is) 그대로 객관적으로 분석하고 경제현상들 간에 존재하는 인과관계를 발견하여 경제현상의 변화를 예측하는 이론체계이다. 가치판단이 개입되지 않으며 객관적인 상관관계나 인과관계만을 분석한다. 어떤 경제요인이 변화하면 어떤 결과를 가져온다는 것을 예측하는 데 유용하다. 통상 경제학이라고 하면 실증경제학을 말한다. 경제사와 이론경제학이 여기에 해당된다. 예를 들어, 갑은 '최저임금제를 시행하게 되면, 실업을 유발시킬 것이다'라고 말했다면, 갑은 지금 우리 사회가 어떤 원리에 의해 움직이는지를 설명하는 것이며, 갑의 주장은 실증적이라고 할 수 있다. 즉 사회의 무엇인가를 설명하고자 하는 것이다. 실증적 주장에 대해서는 기본적으로 나타난 증거를 분석함으로써 이를 인정하거나 부인할 수 있다. 즉, 갑의 주장에 대해서는 최저임금 수준과 실업률 간의 관계를 나타내는 시계열자료를 분석하면 될 것이다. '통화량이 증가하면 물가가 상승한다' '임금이 상승하면 고용량이 감소한다' '하루 30분씩 매일 운동을 하면 건강해진다' '스포츠 활동에 참여하는 사람들이 많을수록 국가의 건강보험재정은 건전해진다' 등은 실증경제학적 주장의 예이다.

반면, 규범경제학(normative economics)은 어떤 경제상태는 바람직하고 어떤 경제상태는 바람직하지 못하다는 가치판단이 개입되는 이론체계이다. 즉 규범경제학은 바람직한 상태(what should be)란 어떤 상태인가를 정의하는 분야이다. 이 때 가치판단에 대한 기준은 당시의 사회적 상황에 따라 결정된다. 가치판단은 최고통치자나 그 사회의 주도세력들에 의해서 변화되기도 한다. 규범경제학은 객관적인 사실에 의해서 무엇이 바람직한 정책이고 바람직하지 못한 정책인가를 판단하는 것이 아니며 사회적·경제적 상황이나 정치관, 윤리관, 철학 등이 개입된다. 예를 들어 후생경제의 방향을 결정하는 가치판단 기준은 시대에 따라서 다르지만, 일반적으로 효율성, 안정성, 공평성에 입각하여 설정된다. 을이 '정부는 최저임금을 인상해야 한다'고 말한다면, 을의 주장은 규범적이라고 할 수 있다. '형평보다 효율이 더 중요하다' '국위선양을 한 선수들에게 지급되는 연금을 더 올려야 한다' '낙후된 지역보다 인구가 더 많은 지역에 초대형 스포츠 시설을 건설해야 한다'라는 주장은 규범적인 주장이다.

정태적 분석과 동태적 분석

정태적 분석(static analysis)은 균형상태와 균형조건을 다루며, 시간의 변화를 고려하지 않은 상태에서 경제현상 간의 상관관계를 분석한다. 일단 균형이 이루어지면, 경제적 요인이 변하지 않는 한 그 균형도 더 이상 변화하지 않으며 안정된 상태를 유지하는데, 정태적 분석은 이러한 균형상태를 전제로 하여 경제현상을 분석한다. 경제상황이 어떤 요인에 의해 한 균형에서 다른 균형으로 이동했을 때 두 균형을 서로 비교분석할 수 있는데 이를 비교정태분석(comparative static analysis)이라고 한다.

반면, 동태적 분석(dynamic analysis)은 시간과 여건의 변동을 고려하면서 경제현상 간의 상관관계를 분석하는 방법이다. 예를 들어 어떤 균형상태에서 새로운 균형상태로 이동하는 데 얼마나 시간이 걸리며, 수요 및 공급량은 어떤 경로를 통해서 변화해 가는지를 분석한다. 즉 동태적 분석은 한 균형점에서 다른 균형점으로 이동해 가는 과정을 중시하며 분석하는 것으로 고도의 분석기법을 필요로 한다.

부분균형분석과 일반균형분석

부분균형분석(partial equilibrium analysis)은 다른 시장상황이 일정하게 주어져 있다고 가정하고 특정시장에 초점을 맞추어 분석한다. 즉 다른 상품의 가격과 생산량이 변하지 않는다는 가정하에 특정 상품의 가격과 생산량의 변화를 분석한다. 따라서 '다른 조건이 변하지 않는다면'이라는 조건이 필요하다.

그러나 일반균형분석(general equilibrium analysis)은 모든 시장에 존재하는 변수들과 개별 시장들 간의 상호작용을 고려하여 전체적인 시장의 균형과 관계있는 가격이나 생산량 등을 분석한다. 따라서 어느 한 시장의 수요와 공급은 일반적으로 다른 시장과 상호의존관계를 고려하게 된다.

부분균형분석은 분석이 간편하다는 장점이 있으나 시장 간의 상호의존관계를 고려하지 않기 때문에 불완전하거나 잘못된 결론에 도달하기 쉽다. 이러한 부분균형분석의 한계를 보완하는 것이 일반균형분석이다. 그러나 일반균형분석은 시장들의 상호의존관계를 고려하여 종합적인 결론을 도출할 수 있는 반면 분석이 지나치게 복잡하고 많은 가정이 필요하다는 문제가 있다.

3. 경제학의 모형과 특성

가정의 도입

경제학은 경제주체들의 다양한 행위와 복잡한 시장의 움직임을 가장 단순하고 기초적인 가정을 바탕으로 모형을 만들어 논리적으로 설명하고 미래의 움직임에 대해 전망을 하는 학문 분야이다. 따라서 경제이론이나 모형은 복잡한 현실을 단순화하기 위한 여러 가지 가정(assumption)으로부터 시작하게 된다. 가정을 세우는 것은 현실을 잘 설명하는 모형을 만들기 위해서인 만큼, 경제학자들에게는 가정의 현실성보다는 그 모형의 현실 설명력이 더 중요하게 간주되는 경향이 있다. 프리드먼(Friedman, M.)과 같이 모형의 설명력만 높다면 가정은 사실과 아주 다르더라도 아무 문제없다는 주장을 하는 학자들도 있다. 가정의 현실성에 지나치게 집착하면 여러 현상 간의 인과관계(因果關係)나 의미있는 상관관계, 예측력 높고 정형화된 모형을 추출해 내기 어렵기 때문이다.

예를 들어 프로당구선수의 타구를 예측할 때, 이 선수가 컴퓨터를 가진 물리학자라고 가정하고, 공을 치는 힘과 속도, 공의 타구 부위, 공의 탄성계수, 입사각과 반사각 등을 과학적으로 계산하여 가장 효과적으로 공을 치는 방법을 찾아내는 것은, 가정은 매우 비현실적이지만 예측의 정확도는 매우 높을 것이다. 따라서 프로당구선수가 물리학 박사라는 비현실적인 가정이 타구를 예측하는 데 전혀 문제가 되지 않을 뿐 아니라 오히려 예측의 정확도를 높일 수 있다는 것이다.

경제학에서는 분석대상이나 방법을 고려하여 필요에 따라 다양한 가정들을 세운다. 예를 들어 경제주체들의 행태에 대해서는, 일반적으로 합리적인 소비자는 소비를 통해 자신의 효용을 극대화하려고 하고, 합리적인 생산자는 생산과 판매를 통해 자신의 이윤을 극대화하려고 한다고 가정한다. 경우에 따라서는 생산자가 이윤 대신 시장점유율을 극대화하려고 한다고 가정하기도 한다.

가정과 예측 프로스포츠 구단이 리그 우승을 목표로 한다고 가정한다면 구단의 전략과 행위가 이윤극대화를 목표로 하는 경우와 다르게 예측될 것이다. 미국 야구 메이저리그의 챔피언이었음을 과시하는 샌프란시스코 자이언츠 기념품 가게

프로야구구단의 목표는 이윤극대화일 수도 있고, 팬들의 수 극대화일 수도 있고, 승률 극대화일 수도 있다. 이들 중 어느 가정을 선택하느냐에 따라 구단의 행위에 대한 예측이 달라지게 될 가능성이 높다.

이뿐만이 아니고, 모형과 분석의 단순화를 위해, '합리적인 소비자라면, 생산기술이 일정하다면, 시장이 완전경쟁 상태에 있다면, 물가변동이 없다면, 재화가 둘뿐이라면…' 등의 가정이 자주 사용된다. 또한 경제모형에서 한 변수의 변화가 다른 변수에 미친 영향을 분석할 때에는, 이 두 변수 이외에는 다른 어떤 조건이나 변수노 번화하지 않는다고 가정해야 분석이 용이하다. 이를 보통 '다른 조건이 일정하다면(*ceteris paribus* ; all other things being equal), 한 요인이 변함에 따라 어떤 경제현상이 어떻게 변화한다'와 같이 표현한다.

이렇게 가정을 많이 그리고 필요에 따라 사용하는 것에 대해 경제이론이나 모형은 비현실적이라는 비난이 있기도 하다. 그러나 복잡한 현실세계를 단순화하는 작업은 불가피하며, 이런 의미에서 볼 때 적절한 수준의 가정은 모형의 수립과 분석에 필수불가결하고, 현실에 대한 연구자들과 일반인의 이해를 돕는다고 볼 수 있다.

경제모형의 설정

경제모형(economic model)이란 가정에 의하여 현실의 경제현상을 단순화시킨 후 그 틀에서 인과관계를 설정한 것이다. 예를 들어 프로야구경기 입장권에 대한 수요라는 변수는 입장권의 가격, 소비자들의 소득, 소비자의 수, 경기 당일의 날씨, 경기장의 근접성, 같은 날 열리는 프로축구경기 등 대단히 많은 변수들에 의해 영향을 받을 수 있다. 이러한 변수들 중 분석에 필요한 변수들을 선택하고 이들 사이의 인과관계를 설정한 것을 경제모형이라고 한다. 이러한 모형은 연구자가 세운 가정 위에 논리적인 모순 없이 구성되어야 한다. 모형이나 이론이 내부적으로 논리적 모순 없이 일관성을 유지하는 것을 '내적 정합성(internal consistency)'이라고 부르기도 한다.

경제모형의 검증

경제모형이 단순히 이론에만 머물러 있다면 학문적인 성취는 있을 수 있지만 현실적으로 큰 도움이 되지는 않는다. 따라서 좋은 모형은 자체적으로 내적 정합성을 지니고 있을 뿐 아니라 모형이 설명하고자 하는 모형 밖의 현실을 잘 설명할 수 있어야 한다. 어떤 모형이 설명하는 바가 현실과 부합하는 것으로 검증되면 그 모형은 외적 적합성(external adequacy)을 가진다고 말한다. 즉 좋은 모형으로 받아들여지기 위해서는 모형이 자체적으로 논리적 완결성을 지니고 있는 동시에 현실을 적합하게 설명할 수 있어야 하는 것이다.

경제모형이 검증에 의해서 일단 그 타당성이 인정되었다 하더라도 시대와 사회, 경제구조의 변화 등에 따라 현실에 대한 설명력이 떨어질 수 있다. 지금까지 타당성을 인정받았던 경제이론도 경제여건의 변화에 따라 그 타당성을 상실할 수도 있는 것이다. 이런 의미에서 경제학은 끊임없이 진화하고 있는 사회과학이라고 할 수 있다.

스포츠 경제학에서도 마찬가지이다. 미국 야구 메이저리그의 추신수 선수의 타율에 영향을 미치는 변수들을 잘 선택해 추선수의 타율을 설명하는 모형을 아주 잘 만들어도, 이 모형이 항상 외적 적합성이 높을 수 있는 것은 아니다. 예를 들어 추선수 가족이 애완견을 새로 구입하고 추선수가 이 애완견에 신경을 많이 쏟아 애완견의 컨디션이 추선수의 활약에 영향을 미치게 된다면, 애완견의 컨디션이 포함되지 않은 기존의 모형은 추신수 선수의 타율에 대한 설명력을 상당부분 잃게 될 것이다.

모형이 내적 정합성을 지니고 있더라도 현실 설명력이 매우 떨어진다면 이 모형은 좋은 모형이라고 할 수 없다. 현실 설명력이 아주 좋지 않은 모형은 폐기하게 된다. 결국 경제학적인 이론정립 과정은 [가정의 설정→모형(가설)의 정립→모형(가설)의 검증 실시→이론정립(계량경제학적인 분석방법으로 실증분석) 또는 기각/폐기]의 순서를 밟게 되는 것이다.

4. 인과 및 구성의 오류

경제현상을 분석하고 설명하고 예측하는 데 있어서 주의해야 할 사항이 여러 가지가 있다. 동일한 경제현상에 대해서도 학자들마다 서로 다른 주장을 하는 경우가 목격되기도 하는데, 이는 복잡다기한 경제 현상을 이론으로 단순화시키는 작업이나 경제에 존재하는 불확실성 등에 의해 발생한다. 경제현상을 이해하는 데 특히, 유의해야 할 점은 인과의 오류나 구성의 오류이다.

인과의 오류

개별적인 사실로부터 일반적인 원리나 법칙을 이끌어내는 방법을 귀납법(induction)이라고 한다. 경제학적 이론을 만드는 것은 현실을 잘 살펴보고 이로부터 일반적인 원리를 도출하는 작업으로, 그 과정에서 귀납적 방법론이 자주 원용된다. 따라서 모형의 수립을 위해 가정을 설정할 때에는 귀납법을 제대로 활용하기 위해 많은 요인들을 살펴보아야 한다. 특히 변수와 변수의 관계가 인과관계가 아님에도 인과관계로 파악하는 '인과의 오류(post hoc fallacy)'에 유의할 필요가 있다.

모형을 세우는데 설명하고자 하는 특정 변수에 영향을 미치는 많은 요인들을 한꺼번에 모두 이용할 수는 없다. 따라서 누락될 경우 모형 자체의 정합성이나 적합성이 크게 훼손될 우려가 있는, 중요하다고 생각되는 변수들만 이용하고 나머지 요인들은 '다른 조건이 일정하다면'의 가정으로 처리하여 모형에서 제외시키기도 한다. 이 때 중요하다고 생각하여 선택한 요인들과 설명하고자 하는 변수 사이에 상관관계가 존재하는지 또는 인과관계가 존재하는지 구분할 필요가 있다.

상관관계는 두 변수의 움직임이 일정한 관계가 있다는 것을 의미하며 인과관계는 한 변수의 움직임이 다른 변수의 움직임을 유인한다는 것을 의미한다. 상관관계는 반복적인 관측의 결과를 통계학적으로 처리하여 확인할 수 있지만, 인과관계는 보통 이론적으로 규명해야 하는 경우가 많다. 예를 들어 오비이락(烏飛梨落)이라는 속담과 같이 까마귀가 나는 것과 배가 떨어지는 것이 연이어 발생하는 것을 단 한 번 목격하고 상관관계가 있다고 주장하는 것은 문제가 있지만, 까마귀가 날 때마다 배가 떨어졌다면 둘 사이에 상관관계가 존재한다고 주장할 수 있다. 그러나 이 경우에도 이를 둘 사이의 인과관계로 파악하는 것은 인과의 오류가 된다. 즉, A라는 경제 현상이 B라는 현상보다 먼저 관찰되었다고 해서 아무런 이론적 근거없이 A가 B의 원인이라고 판단하는 것을 인과의 오류라고 한다. 까마귀가 나는 것이 배가 떨어지는 것의 이유라고 주장하기 위해서는 '왜' 그런 인과관계가 있는 것인지 이론적으로 입증되어야 한다.

구성의 오류

구성의 오류(fallacy of composition)는 일반적으로 연역법적 사고 방법에서 범하기 쉬운 오류이다. 귀납법과는 반대로, 이미 일반적으로 알려져 있는 사실이나 법칙으로부터 다른 구체적인 사실이나 법칙을 끌어내는 방법을 연역법(deduction)이라고 한다.

구성의 오류는 어떤 이론이 부분적으로 맞기 때문에 그것이 전체에도 맞는다고 생각하는 것이다. 논리적으로 설명하면, 부분이 참일 때 전체가 참일 경우가 있기는 하지만 부분이 참이면 전체도 '반드시' 참이라고 하는 것은 오류라는 것이다. 예를 들어 경제주체들이 개별적으로 소비를 줄이고 저축을 증가시키는 것이 미덕이 될 수 있다. 그러나 경제 전체적으로는 소비가 줄어들고 저축이 증가하는 것은 생산된 물건들이 잘 팔리지 않게 된다는 것을 의미하며 결국 경제가 침체에 빠질 수 있게 된다. 장님들이 코끼리를 만지고 각자 자신이 만진 부위가 코끼리의 전체적인 모습이라고 우기는 것이 구성의 오류의 한 예이다.

불확실성

이 외에도 경제이론을 적용하는 데 있어서 경제현실의 불확실성에 유의해야 한다. 경제이론을 구축할 때에는 경제현실이 확실성의 세계인 것처럼 가정하여 이론을 전개하는 경우가 많지만 현실적으로 경제법칙이 모든 사람, 모든 현상에 정확하게 들어맞을 수는 없다. 불확실성의 세계에서 경제법칙은 다만 평균적으로만(on the average) 성립한다는 사실을 이해해야 한다. 즉, 가격이 오를 때 수요량이 감소한다는 수요의 법칙도 평균적으로 볼 때 그렇다는 의미이며, 항상 모든 사람이나 상품에 적용되는 것은 아니다. 또한 내일 어떤 일이 어디에서 발생할지 경제학 모형이 다 설명할 수 있는 것도 아니다.

경제에 대한 이해는 갈수록 더 중요해지는데, 막상 경제이론은 어렵고 비현실적이라고 비판을 받기도 한다. 경제학은 수학과 계량적 분석방법을

안정적 성장 경제가 안정적으로 성장하기 위해서는 경제 내에 존재하는 불확실성이 감소되어야 한다.

재미있는 스포츠경제 경제학의 설명 방법

경제현상을 설명하는 데는 서술적 방법, 수리적 방법, 그래프를 이용한 방법 등이 사용된다. 이러한 표현방법을 적절히 혼합하여 경제현상이나 이론을 설명하기도 한다.

첫째, 경제현상을 설명하는데 단순화, 간략화를 위해서 가설, 검증에 의해 얻어지는 결과를 서술적으로 설명한다. 이는 수식이나 그래프를 사용하지 않고 서술적인 방법에 의존하는 것이다. 예를 들어, '다른 조건이 일정할 때 어떤 생산물의 가격이 상승(하락)하면 그 생산물에 대한 수요량은 감소(증가)한다'라고 설명하는 방식이다. 그러나 서술적인 방법은 경제현상을 바로 파악할 수 있다는 장점이 있는 반면에 표현이 길기 때문에 여러 가지 경제현상을 설명할 경우 장황해질 수 있다는 문제점이 있다.

둘째, 수리적인 방법이다. 이는 경제이론이나 현상을 수식이나 함수관계로 간단·명료하게 나타내는 방식이다. 함수는 어떤 변수의 값이 정해지면 다른 변수의 값이 유일하게 결정되는 관계를 나타낸다. 예를 들어, '다른 조건이 일정할 때 소득이 증가하면 소비도 증가한다'라는 의미를 함수관계로 나타내면 다음과 같다. $C = f(Y)$, $\Delta C/\Delta Y > 0$. 이때 C는 소비, Y는 소득을 나타내며 '$\Delta C/\Delta Y > 0$'은 '소득이 증가하면 소비가 증가한다'는 것

을 수리적으로 나타낸 것이다. 또 $Q = f(P)$는 Q는 P의 함수라는 의미이다. 여기서 Q는 한 상품에 대한 수요량, P는 그 상품의 가격을 표시한다고 하자. Δ는 증분 또는 변화분을 의미한다. $\Delta Q/\Delta P < 0$는 가격의 변화분과 수요량의 변화분이 상반되는 부호를 갖는다는 것을 나타낸다. $\Delta Q/\Delta P > 0$은 ΔP와 ΔQ의 변화 방향이 같다는 의미이다. 수리적인 표현은 복잡한 경제현상을 명쾌하고 종합적으로 설명할 때 유용하나 그 뜻을 이해하기가 어렵다는 문제점이 있다.

셋째, 그래프를 이용하는 방법이다. 경제현상이나 이론을 그래프로 나타내면 간결하면서도 시각적으로 이해를 증진시킬 수 있다. 아래 그림은 가격이 상승(하락)하면 수요량은 감소(증가)한다는 것을 나타낸다. 즉, 가격이 P_1에서 P_2로 하락하면 수요량은 Q_1에서 Q_2로 증가한다는 것을 보여준다.

그림 1 그래프를 이용한 방식

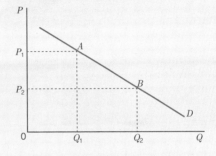

이용해 매우 정교한 이론체계와 실증적 분석체계를 발전시켜 사회과학의 여왕으로 군림하였다. 그러나 실업이나 물가불안 등 전통적인 경제문제도 제대로 해결하지 못하고, 불확실성을 줄이는 데에도 기여하지 못했다는 비판도 많다. 심지어는 경제학자들이 전망을 하는 이유는 일기예보가 얼마나 정확한지 보여주기 위해서라는 조롱도 있다.

영국의 경제학자인 로빈슨(Robinson, J.)은 '경제학이란 경제학자가 연구하는 모든 것'이라고 비꼬며 경제학이 뭐든지 손을 대지만 해답은 도출하지 못하는 경제학의 위기를 맞고 있다고 주장하기도 하였다. 그러나 이러한 문제는 사회과학에서는 항상 존재하는 것이다. 모든 변수를 통제할 수 있는 실험실과는 달리, 사회라는 곳에서는 그 누구도 모든 변수들을 통제할 수 없기 때문이다. 그러나 수리적·통계적 방법론을 사용해 우리가 목격하는 많은 부분을 설명하려고 하는 경제학의 노력은, 모든 것을 설명하고 예측할 수는 없어도, 경제에 존재하는 불확실성을 줄여 나가며, 보다 많은 부분에 대해 설명과 예측을 가능하게 하는 것이 사실이다. 고도로 발달된 모형을 가지고도 경제위기를 예측하지 못한다고 하지만, 경제위기의 시점과 강도까지 "정확히" 맞춘다는 것은 사회과학의 영역이라고 할 수 없다. 한국개발연구원(KDI)이나 한국은행 등의 경제전망치가 대부분의 경우 실제치에 매우 근접하는 것은 경제학이 채택하고 있는 과학적인 접근 방법이 현재로서는 다른 것으로 대체하기 어려운 최상의 방법이라는 것을 시사한다.

경제의 불확실성 전쟁과 지진, 가뭄, 홍수 등 기상이변은 경제의 불확실성을 더욱 크게 한다.

5. 경제모형과 과제

경제이론은 경제모형이라는 형태로 표현된다. 경제모형은 복잡한 현실 경제를 단순화하고 축소시킴으로써 경제가 어떻게 움직이는지를 이해하기 쉽게 하는 것이다. 복잡한 경제를 단순화시키기 위해서는 가정이 필요하다. 예를 들어 생산의 문제라는 경제학의 과제를 설명하기 위해 사용하는 생산 가능곡선이라는 경제모형은 복잡한 현실경제를 두 가지 재화로 단순화한 것이다. 즉 생산가능한 재화는 두 가지만 존재한다고 가정하고 이론을 전개하는 것이다. 이와 같이 아주 복잡한 현실의 경제문제를 단순화하는 것은 이러한 단순화가 경제문제를 보다 쉽게 이해할 수 있게 해주기 때문이다.

생산가능곡선

우리는 무엇을 얼마나 생산할 것인가? 어떻게 생산할 것인가? 어떻게 배분할 것인가?와 같은 경제문제에 직면해 있다. '한 경제에 주어져 있는 생산자원을 모두 활용하면 얼마만큼의 재화나 서비스를 생산할 수 있을까?'라는 의문은 생산가능곡선(production possibilities curve)을 이용하여 설명이 가능하다. 생산가능곡선이란 한 경제에서 최대한으로 생산해 낼 수 있는 상품의 조합을 나타내는 곡선이다. 상품이란 사람들이 소비하기 위해서 시장에서 사고 파는 재화나 서비스이다.

〈그림 2-1〉은 한 사회에서 생산할 수 있는 재화는 의복과 자동차뿐이라고 가정한다. 또한 사회구성원들은 두 재화 생산에 합리적으로 행동한다고 가정한다. 생산가능곡선상의 A점은 사회의 모든 자원과 기술을 이용하여 자동차 생산에만 사용한다면 70대를 생산할 수 있음을 나타낸다. 이때 의복은 한 벌도 생산할 수 없다. B점은 자동차를 한 대도 생산하지 않고 의복만 생산하고 있음을 의미한다.

만약 어떤 사회에서 주어진 자원과 기술로 생산가능곡선상에서 생산하기로 선택하였다고 하자. 그러면 C점에서는 자동차 60대, 의복 40벌, D

그림 2-1 생산가능곡선과 기회비용

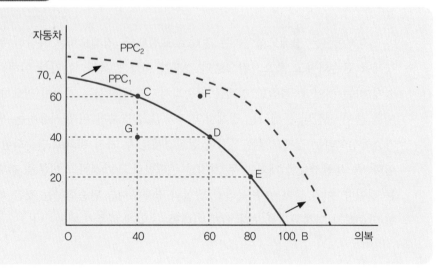

점에서는 자동차 40대, 의복 60벌, E점에서는 자동차 20대, 의복 80벌을 생산할 수 있다.

생산가능곡선 안에 있는 G점에서는 사회에 주어진 기술과 자원을 충분히 활용하지 않은 것이므로 사회적으로 비효율적인 생산이다. 즉 자원을 완전고용하고 생산기술을 충분히 활용하면 G점에서 C점이나 D점, E점 또는 이들 점 사이의 생산점으로 이동할 수 있다. 자동차나 의복의 추가적인 생산이 가능한 것이다. 따라서 경제가 G점에서 생산하고 있다면 어떤 정책수단으로 생산가능곡선상으로 이동시키느냐가 중요한 문제로 대두된다. 생산가능곡선 외부에 있는 점 F는 이 경제가 도달하고 싶어도 주어진 자원과 기술로는 도달할 수 없는 점이다. 현재의 자원과 기술수준으로 도달하기 불가능한 F에 도달하기 위해서는 투자증가, 기술진보, 교육수준 향상, 천연자원의 발견, 인구증가, 경제활동 참가율 증가 등이 필요하다. 생산가능곡선은 한 사회의 경제가 현재의 자원과 기술로 도달할 수 있는 영역과 도달할 수 없는 영역을 구분해 주는 역할을 한다는 의미에서 생산가능경계곡선(production possibilities frontier)이라고도 한다.

여기서 유의해야 할 점은 생산가능곡선이 원점에 대해서 오목하다는

재미있는
스포츠경제 ## 생산가능곡선과 기회비용

생산가능곡선을 이용하여 기회비용을 설명할 수 있다. 어떤 것을 선택한다는 것은 다른 대안을 포기한다는 의미이다. 선택에는 다른 기회를 포기하는 데 따르는 비용을 부담하게 된다. 즉, 어떤 활동에 대한 기회비용은 그 활동을 함으로써 포기해야만 하는 다른 활동 가운데서 최선의 활동에 부여하는 가치이다. 〈그림 2－1〉의 C에서는 자동차 60대, 의복 40벌을 생산하고 있다. 그런데 D점에서와 같이 자동차 40대, 의복 60벌을 생산하려면 자동차 20대 생산을 포기해야 가능하다. 이때 포기한 자동차 20대가 의복 20벌을 더 생산하기 위한 기회비용이다.

여기서 유의해야 할 점은 의복 한 벌을 더 생산하기 위해 포기해야 하는 자동차 대수가 의복을 더 생산할수록 점점 더 많아진다는 것이다. 한 경제에 주어져 있는 생산자원의 양은 고정되어 있다. 그런데 의복을 더 생산하기 위해서는 의복 생산에 적합하지 않은 자원까지 사용해야 한다. 결국 의복 생산을 위한 비용이 상대적으로 높아지게 되고 효율성이 떨어져 자동차의 생산을 더 많이 포기해야 하는 것이다. 이와 같이 한 재화 생산이 점차 늘어가면서 그 재화 생산을 위한 기회비용이 상승하는 현상을 기회비용체증의 법칙(law of increasing opportunity costs)이라고 한다.

사실이다. 이것은 〈그림 2－1〉에서 의복을 더 생산할수록 생산가능곡선의 기울기가 더 급격해진다는 의미인데, 이는 어떤 재화를 한 단위 더 생산할 때마다 기회비용이 점점 더 커진다는 의미이다. 또 생산가능곡선은 어느 한 시점에서 생산되는 재화 간의 교환비율을 의미하며, 이 교환비율은 시간이 지나면서 기술수준과 자원의 양이 변화함에 따라 바뀔 수 있다.

경제의 과제

국민경제의 목표를 생산가능곡선을 이용하여 설명할 수 있다. 여기서는 희소한 자원의 효율적 사용, 경제적 효율 달성, 경제성장 등을 생산가능곡선을 이용하여 설명하고자 한다.

첫째, 자원의 효율적 사용이다. 어떻게 하면 주어진 경제적 자원을 효율적으로 사용할 수 있는가이다. 즉 자원이 가장 효율적으로 사용될 수 있도록 하여 최대의 생산을 달성하는 것인데, 이를 기술적 효율성(technical efficiency)이라고 한다. 생산가능곡선상의 모든 점들은 기술적 효율성을 나타내는 점들이다. 그러나 만약 〈그림 2-1〉의 G처럼 생산가능곡선 내부에서 생산이 이루어졌다면 주어진 자원을 제대로 활용하지 않았거나 비효율적으로 활용하였음을 의미한다. 주어진 자원을 최대한 활용했다면 자동차 60대, 의복 40벌(C) 또는 자동차 40대, 의복 60벌(D)을 각각 생산할 수 있는데, 현재 G에서는 자동차 40대, 의복 40벌만을 생산할 수 있기 때문이다.

둘째, 경제적 효율성(economic efficiency)을 달성하는 것이다. 생산가능곡선상의 점이라고 해도 경제적으로 가장 바람직한 선택이 아닐 수도 있

재미있는 스포츠경제 | **경제학자들이 서로 다른 견해를 갖는 이유**

동일한 경제현상에 대해서도 경제학자들이 서로 다른 주장을 하기도 하여 많은 사람들을 혼란스럽게 하기도 한다. 몇 가지 이유를 살펴보기로 하자.

첫째, 복잡한 경제사회현상을 단순화시키는 과정에서 차이가 있을 수 있기 때문이다. 주류경제학에서 인간은 합리적이라고 가정한다. 또한 소유권이 완전히 규정되어 있고 소유권을 행사하는 데 비용이 들지 않으며 정부는 중립적이고 소비자들의 선호는 일정하다고 가정한다. 그러나 이러한 가정들은 엄밀한 의미에서 항상 옳은 것은 아니다. 현실적으로 인간은 별로 합리적이지 못하며 소유권도 완전히 규정되어 있지 않고 소유권을 행사하는 데 많은 비용이 들며, 개인의 선호는 변화

한다. 따라서 어떤 가정을 채택하여 경제현상을 설명하느냐에 따라 서로 다른 결론을 도출하기도 한다.

둘째, 과학적 판단의 차이이다. 세상이 어떻게 돌아가는가에 대한 현실인식이 분석자들에 따라 서로 다를 수 있다. 즉 경제학자들은 제시된 이론의 유효성이나 변수(parameters)의 값에 대한 생각이 달라서 견해가 다르기도 하다.

셋째, 가치관의 차이이다. 예를 들어 경제성장과 소득분배 중 어느 것이 더 중요한지에 대해서는 학자들간 가치관이 다르며, 어떤 경제정책을 누구를 대상으로 사용하는 것이 국민경제에 더 바람직한지 등에 대해서도 생각하는 바가 다르기 때문이다.

다. 예를 들면 주어진 기술과 자원으로 모두 자동차만 생산하거나, 반대로
의복만 생산한다면 기술적 효율성은 달성할 수 있으나, 경제적으로는 바람
직하다고 할 수 없다. 따라서 경제적 효율성을 달성하기 위해서는 생산가
능곡선상의 점들 중에서 어느 점에서 생산할 것인가를 결정해야 한다. 생
산가능곡선상의 여러 점들 중에서 사회구성원의 후생을 극대화시킬 수 있
는 점을 경제적 효율성을 달성한 점이라고 한다. 생산가능곡선상에서 어느
점을 선택할 것인가는 국민경제의 사회적·정치적 가치관이나 국민들의
선호 등에 따라 다르게 나타난다.

  셋째, 생산가능곡선을 밖으로 더욱 확대시키는 것이다. 〈그림 2-1〉
에서 생산가능곡선의 밖에 있는 F점은 현재의 경제적 자원과 기술수준으로

그림 2-2 **경제학의 출발과 과제 및 목표**

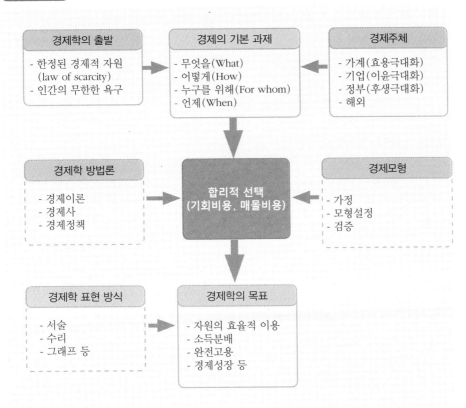

는 달성이 불가능한 영역이다. 그런데 기술개발, 인적자원 등으로 생산역량을 증대시키면 장기적으로 F점에 도달할 수 있다. 이와 같이 국민경제의 생산량이 증대되는 것을 경제성장이라고 한다. 경제성장은 자원이나 노동투입량을 증대시키거나 기술혁신 등으로 생산량을 증대시키는 것이다. 〈그림 2−2〉는 지금까지 설명한 경제학의 출발과 과제, 경제모형과 방법론, 경제학의 목표 등을 간략하게 도식화한 것이다.

재미있는 스포츠경제

서로 다른 경제전망

해외 및 국내 주요 기관에선 매년 경제전망을 발표한다. 그런데 이들 기관이 발표하는 전망치들이 약간씩 다르게 나타나기도 한다. 이를 두고 경제전망이 제대로 맞지 않는다, 장래 경제의 불확실성을 줄이는 데 크게 도움이 되지 않는다며 비난하기도 한다.

연구기관마다 제시하는 경제전망 결과가 서로 다른 것은 복잡다기한 경제현상에 대한 대내외 경제 여건, 소비나 투자 등에 대한 판단이 다르고 가정, 현상 파악, 분석방식 등이 서로 다르기 때문이다. 그럼에도 경제전망은 미래 경제의 불확실성을 줄여주고 많은 부분에 대해 설명과 예측을 가능케 한다는 점에서 중시되고 있다.

| 표 | 2011~2012년 경제전망

	2011년				2012년	
	KDI	한은	LG연	삼성연	KDI	한은
경제성장률(%)	4.2	4.5	4.1	4.3	4.3	4.8
소비자물가(%)	4.1	3.9	3.8	4.1	3.3	3.4
경상수지(억 달러)	112	110	153	176	82	140
실업률(%)	3.5	3.6	3.7	3.6	3.3	3.4

수요·공급과 응용

1. 수요이론

수요의 개념

수요(需要, demand)란 사람들이 재화나 서비스를 구입하고자 하는 욕구를 말하며, 이러한 구매 욕구가 구체적인 재화나 서비스의 수량으로 표시될 때 그것을 수요량(quantity demanded)이라고 한다. 다른 조건이 변하지 않는다면 사람들이 구입하고자 하는 재화나 서비스의 수량은 그 재화나 서비스의 가격에 따라 좌우된다. 일반적으로 사람들은 어떤 재화나 서비스의 가격이 높을수록 그 재화나 서비스를 적게 구입하려 하고, 가격이 낮을수록 많이 구입하고자 한다. 수요량이란 수요자들이 구매하고자 의도된 재화나 서비스의 양을 의미하는 것이지 실제로 구입한 양을 의미하는 것은 아니다. 수요량은 주어진 가격수준에서 수요자가 구입하고자 하는 최대의 수량이며, 막연히 의도된 수량이 아니라 일정기간에 수요자가 구매력(purchasing power)을 갖추고 구입하고자 하는 최대의 수량을 말한다. 상품에 대한 수요량은 일정한 기간을 명시해야 그 의미가 명확해진다. 수요량은 1일, 1개월, 1년간 등이라는 기간을 명시해야 그 의미가 분명해질 수 있

재미있는 스포츠경제 **유량과 저량**

유량(flow)이란 일정기간을 명시해야 측정할 수 있는 변수를 의미한다. 국민소득, 국제수지, 수출, 수입, 소비, 투자, 수요 및 공급량 등이 유량개념에 속한다. 예를 들어 2011년 우리나라 수출액은 2011년 동안 우리나라가 수출한 액수의 총합이기 때문이다.

반면 저량(stock)은 일정시점을 밝혀서 표시하는 개념이다. 일정시점에서 측정할 수 있는 변수를 의미하며, 통화량, 노동량, 자본량, 국부, 외채, 외환보유고, 부동산·주식·채권·화폐와 같은 자산가치는 일정시점에 측정되는 저량 개념에 속한다. 예를 들어 외환보유고는 일정기간 동안이 아니라 특정시점에서 측정되는 것이다.

는 유량(flow) 개념이기 때문이다. 기간의 길이를 구태여 밝힐 필요가 없을 경우에는 매기당(per unit time)이라는 말을 쓰기도 한다.

수요표와 수요곡선

상품의 가격과 수요량 간에 존재하는 관계를 숫자로 표시한 것을 수요표(demand schedule)라고 한다. 〈표 3-1〉은 다양한 가격에 대해 박달마 씨의 축구경기관람의 수요량을 보여주는 수요표이다. 이 수요표는 축구경기 입장권 1매의 가격이 3만원이면 박달마 씨는 1달에 10매를 구입할 의사가 있고, 가격이 2만5천원으로 하락하면 1달에 12매를 구입할 의도가 있음을 보여준다. 이를 다시 표현하면, 박달마 씨가 1달 동안에 축구경기 입장권 10매를 구입하기 위해 지불해도 좋다고 생각되는 입장권 1매당 최고가격은 3만원이라는 것이다. 이와 같이 소비자가 지불할 용의가 있는 최고가격을 수요가격(demand price)이라고 한다. 한 상품의 수요곡선이란 일정기간에 있을 수 있는 그 상품의 여러 가지 가격수준과 각각의 가격에서의 수요량의 조합을 연결한 곡선을 의미한다. 〈표 3-1〉의 축구경기 입장권 가격과 수요량의 관계를 연결하면 수요곡선이 된다. 수요곡선은 제품의 수많은 가격과 수요량과의 조합을 일목요연하게 표시해준다.

〈그림 3-1〉은 박달마 씨의 축구경기 입장권에 대한 수요표를 그래프로 나타낸 수요곡선이다. 수요곡선은 일반적으로 우하향(右下向)하는 형태를 취하고 있다. 대부분의 경우 재화의 가격이 상승하면 소비량이 감소하고 재화의 가격이 하락하면 수요량이 증가하기 때문이다. 이를 수요의 법

| 표 3-1 | 박달마 씨의 축구경기 입장권 수요표

	가격(천원)	수요량(월/매)
A	30	10
B	25	12
C	20	16

그림 3-1 박달마 씨의 축구경기 입장권 수요곡선

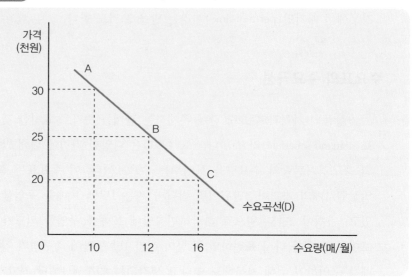

칙(law of demand)이라고 한다.

수요의 법칙을 이해하기 위해서는 재화 가격의 변화로 발생하는 대체 효과와 소득효과에 대한 이해가 필요하다. 어느 한 상품의 가격이 하락하는 경우를 가정해보자. 가격 하락으로 이 상품의 가격이 다른 상품에 비하여 상대적으로 값이 싸지기 때문에 그 상품에 대한 수요량이 증가하게 된다. 예를 들어, 축구경기와 야구경기의 입장권 가격이 각각 1매에 2만원이었다가 축구경기 입장권 가격만 1만원으로 하락하면 소비자는 축구경기가 야구경기보다 상대적으로 저렴해진 것을 알게 되고, 이에 따라 야구경기의 소비(관람)를 축구경기의 소비로 대체하려 한다. 즉, 다른 조건이 일정하다면 상대적으로 비싸진 상품을 가급적 덜 사고 상대적으로 싸진 상품을 더 사고자 하는 것이 사람들이 소비로부터의 효용을 극대화시키는 합리적 방법이 된다. 이를 대체효과(代替效果, substitution effect)라고 한다.

그런데 어떤 한 상품의 가격이 하락하면 소비자는 동일한 금액으로 전보다 더 많은 수량을 구입할 수 있게 되기 때문에 상품의 수요량은 일반적으로 증가하게 된다. 앞의 예에서, 축구경기 입장권의 가격이 하락하면 주어진 소득으로 소비자가 구매할 수 있는 축구경기와 야구경기의 입장권

매수가 증가한다.[1] 예를 들어 축구경기 입장권 가격이 2만원이라면 5매를 구입하기 위해 10만원을 지출해야 하는데, 축구경기 입장권 가격이 1만원으로 하락한다면 축구경기 입장권 5매를 구입하고도 5만원이 남아, 이 금액을 다시 축구경기나 야구경기 입장권을 추가로 구입하는 데 사용할 수 있기 때문이다. 이를 소득효과(所得效果, income effect)라고 한다.

특정 상품의 가격하락이 수요량에 미치는 영향은 대체효과와 소득효과의 크기에 의해 결정된다. 대체효과는 항상 상대가격이 하락한 상품을 더 소비하는 방향으로 나타난다. 그러나 소득효과는 상품에 따라 다르게 나타난다. 소득이 증가할 때 소비가 증가하는 상품을 정상재(normal goods)라고 하고, 소비가 감소하는 상품을 열등재(inferior goods)라고 한다.

정상재의 경우에는 수요곡선이 항상 우하향한다. 그러나 열등재의 경우에는 가격의 하락에 따라 대체효과는 수요를 증가시키고 소득효과는 수요를 감소시켜, 최종적인 수요량의 변화는 두 효과의 상대적 크기에 의해 결정된다. 별도의 언급이 없는 한 우리는 우하향하는 수요곡선을 상정하고 분석한다. 이러한 경우가 일반적이기 때문이다.

수요의 결정 요인

어떤 상품의 수요를 결정하는 요인은 무수히 많다. 그 중 특히 중요하다고 간주되고 분석의 대상이 되는 요인들은 다음과 같다. 첫째, 해당 상품의 가격이다. 어떤 재화나 서비스의 수요량은 일반적으로 그 상품의 가격이 상승하면 감소하고, 가격이 하락하면 증가한다. 다른 모든 조건이 일정할 때 가격과 수요량 사이에 존재하는 역(−)의 관계 즉, 가격과 수요량이 서로 반대방향으로 변화하는 것을 수요의 법칙이라고 한다.

둘째, 소비자의 소득수준이다. 소비자의 소득이 증가(감소)하면 정상재의 경우 수요가 증가(감소)하고, 열등재(하급재)의 경우 수요가 감소(증

---

1 물론 소비자가 모든 소득을 가격이 변화하지 않은 야구경기 입장권의 구입을 위해 지출하는 경우에는 구매력의 변화가 없다.

가)한다. 따라서 소비자의 소득이 증가함에 따라 상품의 수요는 증가할 수도 감소할 수도 있다. 또 소비자의 소득수준이 변하더라도 수요량이 변하지 않는 재화도 있는데 이런 재화를 중립재(neutral goods)라고 한다.

셋째, 시장에서 관측되는 수요의 경우 소비자의 수가 중요한 수요량 결정요인이 된다. 어떤 상품에 대해 소비자가 증가(감소)하면 일반적으로 구매력을 지니고 있는 수요자가 증가(감소)하는 것을 의미하기 때문에 해당 상품의 수요가 증가(감소)한다. 구매력을 지닌 소비자의 수를 증가시키는 요인은 인구의 자연 증가, 교통수단의 발달로 인구이동이 활성화됨에 따른 인구증가, 인구분산 정책에 의한 인구 증가, 연령구조의 변화로 구매연령층 증가, 경제성장으로 인한 구매 가능인구 증가 등이 있다.

넷째, 관련 상품의 가격이다. 어떤 상품의 수요는 다른 상품의 가격변화에 영향을 받는 경우가 많다. 이는 대부분의 상품이 다른 상품과 대체재(substitute goods) 또는 보완재(complementary goods)의 관계에 있기 때문이다. 즉 X재와 Y재가 대체재의 관계에 있다면 Y재의 가격이 상승(하락)할 경우 소비자들이 Y재의 소비를 줄이고 X재 소비를 증가시키게 되고, 따라서 X재의 수요가 증가(감소)한다. 반면, X새와 Y재가 보원재 관계에 있다면 Y재의 가격이 상승(하락)할 경우 Y재 수요가 감소하게 되고, 이에 따라 Y재의 보완재인 X재의 수요도 감소(증가)하게 된다.

다섯째, 소비자의 선호나 취미이다. 어떤 상품에 대한 소비자의 선호나 취미에 따라 해당 상품의 수요가 증가 또는 감소하게 된다. 예를 들어, 김연아 선수가 올림픽 피겨스케이팅에서 금메달을 딴 후 피겨스케이트에 대한 수요가 늘어난 것은 소비자들의 선호체계가 변화하였음을 의미한다.

여섯째, 소비자의 기대이다. 소비자들이 어떤 상품의 가격이 장래에 상승할 것이라고 예상할 경우 일반적으로 현재의 수요가 증가하고, 상품의 가격이 장래에 하락할 것이라고 예상하는 경우에는 현재의 수요가 감소한다. 이외에도 광고, 경기전망, 문화수준, 기후 등의 변수가 수요에 영향을 미칠 수 있다.

수요함수

수요함수(需要函數)란 어떤 상품의 수요량과 수요의 결정요인들 간의 관계를 함수의 형태로 나타낸 것이다.[2] 약간의 가정을 추가하면, 사람들이 소비하는 모든 재화와 서비스에 대해 수요함수를 정의할 수 있다. 어떤 상품의 수요함수는 수요량을 개별소비자의 수요함수로 삼느냐 시장 전체의 수요량으로 삼느냐에 따라 개별수요함수와 시장수요함수로 구분할 수 있다. 시장수요함수는 각 가격과, 그 가격에 대한 시장내 개별소비자의 수요량을 모두 합한 시장수요량의 관계를 나타낸다.

어떤 상품에 X에 대한 수요량을 D_X, 해당상품의 가격을 P_X, 소비자의 소득을 I, 소비자의 선호나 취미를 T, 관련상품의 가격을 P_R, 소비자의 기대나 예상을 P_E, 광고를 A_D, 경기전망을 B_E, 문화수준을 C_L, 기후를 W, 그

재미있는 스포츠경제

대체재 · 보완재 · 독립재

대체재(代替財, substitute goods)는 버터와 마가린, 참기름과 들기름 등 용도가 비슷하여 한 상품 대신에 다른 상품을 소비해도 그 소비로부터 얻는 만족에는 큰 차이가 없는 상품을 뜻한다. 대체재 관계에 있는 상품 중 하나의 가격이 상승하면 소비자는 상대적으로 가격이 낮아진 다른 재화의 소비를 증가시키려 할 것이다.

보완재(補完財, complement goods)는 테니스 라켓과 테니스 공, 스키와 스키 부츠, 베이글과 크림 치즈 등과 같이 각각의 상품을 따로따로 소비할 때보다는 두 상품을 동시에 소비할 경우 더 큰 만족을 얻을 수 있는 상품을 의미한다. 보완재 중 한 상품의 가격이 상승하면 그 상품의 소비를 줄이게 되고(정상재인 경우), 따라서 그 상품과 보완재인 상품의 수요도 감소하게 된다.

한편 한 상품의 가격변화가 다른 상품의 수요에 아무런 영향을 미치지 않을 때 두 상품은 독립재(獨立財)의 관계에 있다고 정의한다.

---

2 변수 X_1이 변수 Y와 일정한 관계를 지니고 있을 때, 특히 주어진 X_1의 값에 대해 Y가 하나의 수치로 나타나게 될 때 변수 Y는 변수 X_1의 함수(function)라고 하며, $Y = f(X_1)$라고 표기한다. 이 때 영향을 미치는 변수 X_1을 독립변수(independent variable), 영향을 받는 변수 Y를 종속변수(dependent variable)라고 한다. f는 함수를 나타내는 기호이다.

대체재 축구와 농구, 야구 등은 대체재로 기능할 가능성이 높다. 왼쪽은 2010년 광저우 아시아게임에서의 변연아 선수

리고 이 이외의 모든 변수를 O 라고 하면, 개별수요함수를 다음과 같은 형태로 표시할 수 있다.

$$D_X = D(P_X, I, T, P_R, P_E, A_D, B_E, C_L, W, O)이다.$$

이러한 수요함수는 수요에 영향을 미치는 모든 독립변수들로 구성되어 있기 때문에 현실을 충분히 반영한다는 측면에서 바람직하나, 경제원론 수준에서 경제현상의 설명을 위해 사용하기에는 너무 복잡하다. 수요와 공급에 의한 가격결정 과정과 가격기구의 자원배분관계를 중점으로 살펴보기 위해서는 수요의 결정요인 중에서 해당 상품의 가격 이외의 다른 요인들은 일정하다고(all other things being equal) 가정하는 것이 편리하다. 이 경우 $D_X = D(P_X)$로 표기할 수 있는데, 이는 다른 요인들이 변화하지 않는다면 어떤 상품에 대한 수요량(D_X)은 그 상품의 가격(P_X)의 함수라는 것을 의미한다.

보완재 축구공과 축구화는 보완재이다. 마찬가지로 야구공과 글러브와 야구배트는 서로 보완재 기능을 한다.

개별 수요곡선과 시장 수요곡선

수요곡선은 개별 수요곡선과 시장 수요곡선으로 구분된다. 개별 수요 (individual demand)는 수요자 개인의 수요를 말하고, 시장 수요(market demand)는 어떤 시장의 전체 수요를 말한다. 사람들의 수요가 서로 독립적이라고 가정하면(즉 각자의 수요가 다른 사람의 수요로부터 영향을 받지 않으면) 시장 수요는 개별 수요의 합(合)이 된다. 즉 시장 수요는 개별 수요곡선의 수평적 합계이다. 이는 시장 수요량이 동일한 가격 수준에서 모든 소비자의 개별 수요량을 합한 것임을 의미한다.

개별 수요곡선을 수평으로 합하여 시장 수요곡선을 구하며, 시장 수요곡선은 개별 수요곡선보다 기울기가 더 완만하게 나타난다. 예를 들어 시장에 A와 B라는 두 수요자가 있을 때 각 가격별 시장 수요량은 〈그림 3-2〉와 같이 두 수요자의 개별 수요량의 합으로 구해진다. 따라서 시장에 N명의 수요자가 존재할 때 시장 수요곡선은 N명의 개별 수요곡선을 수평으로 합한 것을 의미한다. 즉, 〔시장 수요곡선(D_M) = A의 수요곡선(D_A) + B의 수요곡선(D_B) + … + N번째 수요자의 수요곡선(D_N)〕으로 나타낼 수 있다.

그림 3-2 개별 수요량과 시장 수요량

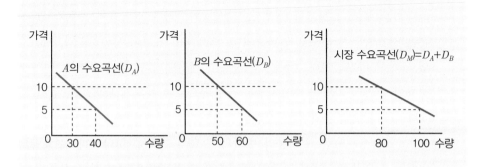

수요량과 수요의 변화

수요량의 변화와 수요의 변화는 그 의미가 다르다. 다른 조건이 일정할 때 어떤 재화의 가격이 변화하면 그 재화의 구매량이 변화한다. 즉 어떤 재화 가격의 변화에 따른 구매량의 변화는 그 수요곡선 위에서의 수요량의 증감을 나타낸다. 수요량의 변화(changes in quantity demanded)는 이렇게 가격이 변화함에 따라 소비자들의 수요가 동일한 수요곡선 위에서 이동하며 구매량이 변화하는 것을 말한다. 즉 수요곡선 자체는 이동하지 않고(수요체계 자체는 변화하지 않는 상태에서) 가격수준의 변화에 따라 그 곡선 위에서 수요하고자 하는 상품 양이 변화하는 것을 의미하는 것이다.

반면 수요의 변화(changes in demand)는 수요곡선 자체가 이동하는 것을 의미한다. 수요의 결정 요인들 중에서 해당 상품의 가격 이외의 다른 요인들이 변화하면 수요곡선 자체가 이동하게 되는데 이를 수요의 변화라고 한다.[3]

현실에서 시장 수요곡선의 이동을 초래하는 요인은 여러 가지가 있으나 비교적 강력한 영향력을 갖는 요인으로는 앞 절에서 살펴본 수요의 결정 요인 중 그 상품 자체의 가격을 제외한 요인들을 들 수 있다. 즉 소비자의 소득, 소비자의 선호나 기호, 관련 상품의 가격, 소비자의 예상, 부(富)의 수준, 소비자의 수 등이 이에 해당된다.

다른 조건이 동일할 경우 소득이 증가하거나 소비자의 기호가 그 상품을 선호하는 방향으로 변화하거나, 대체재의 가격이 상승하거나, 보완재의 가격이 하락하거나, 미래가격 상승이 예상되거나, 부가 증가하거나, 소비자의 수가 증가하면 수요곡선은 오른쪽으로 이동하게 된다. 즉 같은 가격에서 수요량이 증가하는 것이다.

〈그림 3-3〉은 수요량의 변화와 수요의 변화를 나타낸다. 수요량의 변화는 수요곡선 *D*에서 가격이 변화함에 따라 수요하고자 하는 상품의 양

---

3 수요함수가 그 상품 가격과 수요량의 관계를 나타낸다는 데에서 수요와 수요량 변화의 차이를 알 수 있다. 수요함수는 그 상품 자체 가격 이외의 다른 요인들의 변화는 없다고 가정하고 있으므로, 이러한 다른 요인들이 변화할 경우에는 수요곡선 자체가 이동(shift)하게 된다.

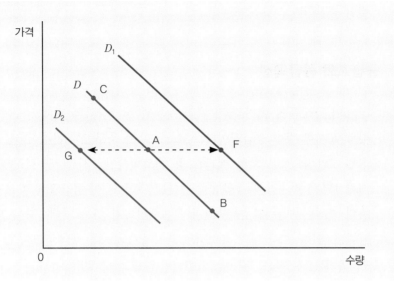

그림 3-3 수요량과 수요의 변화

이 C, A, B 등으로 이동하는 것을 말한다. 반면, 수요곡선이 D에서 D_1이나 D_2로 이동하는 것을 수요의 변화라고 한다. 이 경우에 동일한 가격에서도 수요량이 A에서 G 또는 F로 변화하게 된다.

2. 공급이론

공급의 개념

공급(供給, supply)이란 생산자가 일정기간 동안에 상품이나 서비스를 판매하고자 하는 욕구를 말한다. 공급량이란 주어진 가격에 대해 일정기간 동안에 판매하고자 하는 상품과 서비스의 양을 의미하며, 주어진 가격수준에서 생산자가 판매하고자 하는 최대의 수량이다. 공급량은 일정기간 동안의 판매량을 나타낸다는 점에서 유량(flow) 개념이다. 공급량은 다른 조건이 일정할 때 일정한 가격수준에서 생산자들이 판매하고자 하는 최대수량을 나타내므로, 공급곡선은 주어진 각각의 가격에서의 최대공급량들을 연결한 곡선이라고 할 수 있다.

공급표와 공급곡선

어떤 상품의 여러 가지 가격 수준과 공급량과의 관계를 구체적인 숫자로 표시한 것이 공급표이다. 〈표 3-2〉는 축구공의 가격이 3만원, 2만5천원, 2만원으로 변화할 때 축구공 제조회사인 A사(社)의 각각의 가격에 대한 1달간 축구공의 공급량을 나타낸 것이다. 이 공급표에 따르면 이 상품의 가격이 3만원일 때 생산자가 판매하고자 하는 최대수량이 30개라고 말할 수 있다. 이를 다시 표현하면 생산자가 30개를 판매하고자 할 때 최소한으로 받고자 하는 가격이 3만원이라고 말할 수 있다.

공급곡선은 앞에서 정의한 바와 같이 일정기간에 있을 수 있는 그 상품의 여러 가지 가격 수준과 공급량의 조합을 나타내는 곡선을 뜻한다. 다른 모든 조건이 일정할 때 어떤 상품의 가격이 상승하면, 그 상품의 공급량은 증가하고 가격이 하락하면 공급량은 감소한다. 이와 같이 가격과 공급량 사이에 양(+)의 관계가 존재하는 것, 즉, 가격과 공급량이 같은 방향으로 변화하는 것을 공급의 법칙(law of supply)이라고 한다.

공급의 법칙이 성립하는 이유는 다른 조건이 변화하지 않을 때 한 상품의 가격이 상승하면 생산자가 그 상품의 생산으로부터 얻는 수익성이 높아지기 때문이다. 수익성의 상승으로 기존의 생산자들은 공급량을 증가시킬 것이다.

또한 시장 전체적으로 볼 때 새로운 생산자도 높은 수익성을 보고 해

| 표 3-2 | A사의 축구공 공급표

	가격(천원)	공급량(개/월)
A	30	30
B	25	25
C	20	20

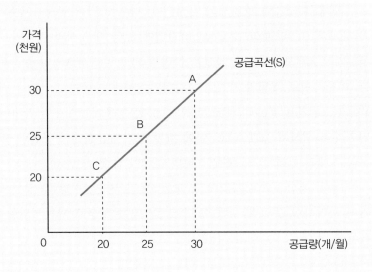

그림 3-4 A사의 축구공 공급곡선

당 상품의 생산에 참여할 것이다. 따라서 시장에서의 공급량도 증가하게
된다. 이러한 공급의 법칙은 개별 공급곡선과 시장 공급곡선이 모두 우상
향함을 의미한다. 〈그림 3 - 4〉는 〈표 3 - 2〉의 공급표에 따라 A사 상품의
공급곡선을 그린 것이다.

공급의 결정 요인

공급을 결정하는 요인은 매우 많다. 여기서는 일반적으로 가장 중요
한 것으로 간주되는 몇 가지를 살펴보자. 첫째, 해당 상품의 가격이다. 다
른 조건이 일정할 때 생산자는 해당 상품의 가격이 상승하면 해당 상품의
공급량을 증가시키고, 해당 상품의 가격이 하락하면 공급량을 감소시킨다.
즉, 어떤 재화나 서비스의 공급량은 그 재화나 서비스의 가격과 정(+)의
상관관계에 있다.

둘째, 생산기술이다. 첨단화·과학화 등으로 인한 생산기술 수준의 향
상은 단위당 생산비용을 절감시키므로 동일한 생산비용으로 더 많은 상품

을 생산할 수 있게 된다.

셋째, 대체재와 보완재의 가격이다. 다른 조건이 일정하고 X재와 Y재가 대체재(substitute in production)관계에 있을 때 Y재의 가격이 상승하면 생산자는 X재보다는 Y재 생산을 늘리게 되고 따라서 X재의 공급은 감소한다. 마찬가지로, Y재의 가격이 하락하면 X재의 공급이 증가한다. 또 X재와 Y재가 보완재(complement in production)인 경우에는 Y재의 가격이 상승하면 Y재의 생산이 늘게 되고, 이에 따라 보완재인 X재의 공급량 역시 증가한다. Y재의 가격이 하락하면 X재의 공급이 감소한다.

넷째, 생산요소의 가격이다. 노동, 토지, 자본, 경영 등 생산요소의 가격이 하락하면 동일한 생산비용으로 더 많은 생산요소를 투입할 수 있기 때문에 더 많은 상품이나 서비스를 공급할 수 있다.

다섯째, 공급자의 수이다. 어떤 상품이나 서비스 시장에 공급자의 수가 증가(감소)하면 공급이 증가(감소)한다. 이외에도 미래가격에 대한 기대, 경기전망, 기후 등의 변수가 공급에 영향을 미친다.

공급함수

공급함수란 어떤 상품의 공급량과 공급의 결정요인들 간의 관계를 함수로 표시한 것이다. 어떤 상품 X의 공급량을 S_X, 가격을 P_X, 기술수준을 T, 생산요소 가격을 P_F, 관련상품의 가격을 P_R, 공급자의 미래 예상가격을 P_E, 경기전망을 B_E, 기후를 W라고 한다면 개별 공급함수의 일반적인 형태는 $S_X = f(P_X, T, P_F, P_R, P_E, B_E, W)$이 된다.

수요함수와 마찬가지로 위와 같은 공급함수는 공급에 영향을 미치는 여러 가지 독립변수들로 구성되어 있어서 현실을 충분히 반영할 수는 있으나, 상품가격 변화에 따른 상품공급의 변화에 대해 보다 구체적이고 명확하게 분석하기에는 복잡하다. 따라서 분석의 편의를 위해 해당 재화나 서비스의 가격 이외의 요인들은 일정하다고 가정하고 공급량과 해당 상품 가격의 관계만을 정의한다. 이 경우 단순한 형태의 공급함수는 해당 상품 가

격만의 함수인 $S_X = f(P_X)$로 표시된다. 공급표는 이러한 협의의 공급함수
관계를 구체적인 가격과 수량을 이용하여 숫자로 나타낸 것이다.

개별 공급과 시장 공급

생산자 한 사람의 공급을 개별 공급(individual supply), 시장 전체의 공
급을 시장 공급(market supply)이라고 한다. 시장 공급은 개별 공급의 합계
이고, 시장 공급곡선은 개별 공급곡선의 수평적인 합계로 나타난다. 시장
의 공급자 수는 시장 공급에 영향을 미친다. 공급자 수가 많아지면 시장 공
급이 증가하게 되어 시장 공급곡선이 우측으로 이동하게 된다.

〈그림 3-5〉는 A와 B 두 공급자로 이루어진 시장에서의 개별 공급곡
선과 시장 공급곡선을 그린 것이다. 시장 공급곡선은 두 개별 공급곡선의
수평 합(合)으로 나타나고 따라서 기울기가 완만하다. 시장에 N명의 공급
자가 존재할 경우 〔시장 공급곡선(S_M)=A의 공급곡선(S_A)+B의 공급곡선
(S_B)+…+ N번째 공급자의 공급곡선(S_N)〕으로 나타낼 수 있다.

그림 3-5 **개별 공급과 시장 공급**

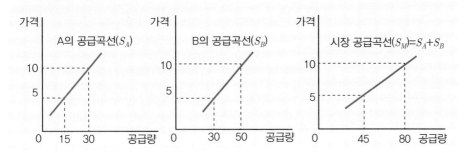

공급량과 공급의 변화

수요의 경우와 마찬가지로 공급량의 변화와 공급의 변화는 다르다. 공
급량의 변화(changes in quantity supplied)는 가격의 변화에 따라 동일한 공

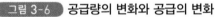

그림 3-6 **공급량의 변화와 공급의 변화**

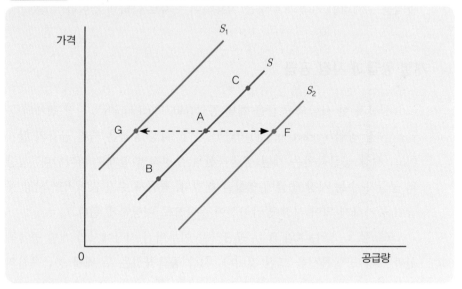

급곡선 위에서 공급하고자 하는 수량이 변화하는 것을 의미한다. 즉 해당 상품의 가격이 상승하면 공급량이 증가하고, 가격이 하락하면 공급량이 감소하게 된다.

반면 공급의 변화는 단순한 형태의 공급함수에서 일정하다고 가정하였던 변수들이 변화함에 따라 공급곡선 자체가 이동하는 것이다. 공급의 결정요인들인 기술수준, 생산요소 가격, 다른 재화의 가격, 경기전망 등이 변하게 되면 공급은 변화하게 된다. 공급의 증가는 각각의 가격 수준에서 공급량이 증가하는 것으로 공급곡선이 오른쪽으로 이동하고, 공급의 감소는 각각의 가격수준에서 공급량이 감소하는 것으로 공급곡선이 왼쪽으로 이동한다.

〈그림 3-6〉은 공급량의 변화(공급곡선 S 위에서의 변화)와 공급의 변화(공급곡선이 S_1이나 S_2로 이동)를 설명하고 있다. 해당 재화의 가격이 변화하면 공급량도 A에서 C나 B로 변화한다. 한편, 다른 요인이 변화하면 공급곡선 자체가 S_1이나 S_2로 이동한다. 이 경우 A에서와 동일한 가격에서 공급량이 G 또는 F로 변화하게 된다. 즉, 생산기술이 향상되거나, 임금·임대

료·이자 등 생산요소가격이 하락하거나, 기업에 부과되는 세금이 줄거나, 보조금이 지급되거나, 대체재의 가격이 하락하거나, 보완재의 가격이 상승하거나, 해당 상품의 가격이 상승할 것으로 기대되면 공급곡선은 오른쪽으로 이동한다. 즉 공급이 증가한다. 이러한 결정변수들이 그 반대방향으로 변화하면 공급곡선은 왼쪽으로 이동한다. 즉 공급이 감소한다.

3. 수요·공급 균형과 변화

균형 및 균형가격

어떤 상품의 시장에서 수요량과 공급량이 일치하여 외부에서의 충격이 없을 경우 더 이상 다른 상태로 변화하지 않는 상태를 시장균형(market equilibrium)이라고 한다. 시장균형은 수요곡선과 공급곡선이 교차하는 점에서 이루어진다. 그리고 이 상태에서의 가격을 균형가격(equilibrium price)이라고 한다. 균형가격에 대응하는 수요량을 균형수요량, 공급량을 균형공급량이라고 한다. 균형상태에서는 균형수요량과 균형공급량이 같아지는 것은 물론이다.

수요자와 공급자는 시장의 가격을 신호로 해석하여 수요량과 공급량을 조절한다. 수요량과 공급량이 일치하도록 조절해 주는 기능을 가격의 자동조절기능 또는 가격의 매개 변수적 기능이라고 한다. 그리고 가격의 자동조절기능이 작용할 수 있는 시장조직을 자유시장기구 또는 가격기구라고 한다. 예를 들어 〈그림 3-7〉에서 축구공시장의 균형점은 수요량과 공급량이 일치하는 점으로 수요곡선과 공급곡선이 교차하는 E점이고, 이때 균형가격은 3만원, 균형량은 4천 개가 된다. 시장균형가격 3만원에서는 수요량과 공급량이 4천 개로 일치하여 초과공급이나 초과수요가 존재하지 않기 때문에 가격의 하락이나 상승압력이 없다. 즉 이 점에서 성립한 균형가격과 균형수급량은 다른 조건들의 변화가 없는 한 변동되지 않고 지속될

그림 3-7 초과수요 · 공급과 시장균형

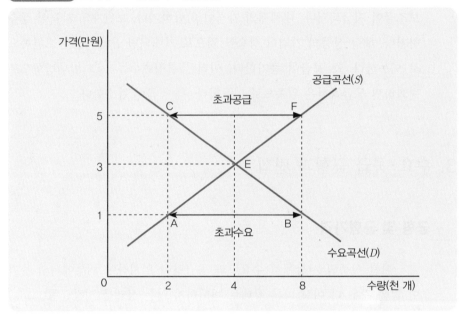

것이다.

　　균형가격보다 높은 가격수준에서는 공급량이 수요량을 초과하여 초
과공급이 존재하고 가격을 하락시키는 압력이 존재한다. 예를 들어 축구공
가격이 5만원일 경우 공급량은 8천 개, 수요량은 2천 개가 되어 축구공 6
천 개의 초과공급이 발생한다. 초과공급은 가격을 하락시키고 가격의 하향
조정은 균형가격 3만원에 이를 때까지 계속될 것이다. 마찬가지로 균형가
격보다 낮은 가격수준에서는 수요량이 공급량보다 많기 때문에 초과수요

자발적 수요와 공급 시장
참여자들의 자발적 거래
의 결과 수요량과 공급량
이 일치하는 점에서 균형
기격과 균형거래량이 결정
되게 된다.

가 발생하고 가격을 상승시키는 압력이 존재한다. 축구공가격이 1만원일
때 축구공의 공급량은 2천 개이고 수요량은 8천 개가 되어, 6천 개의 초과
수요가 발생한다. 초과수요는 축구공의 가격을 상승시킨다. 축구공의 가격
상승 압력은 가격이 균형가격인 3만원에 이르기까지 계속될 것이다.

균형의 변화

시장에서 균형이 이루어지면 다른 교란요인이 없는 한 그 가격과 거
래량이 그대로 유지된다. 그러나 어떤 교란요인에 의해 수요나 공급의 변
화가 발생하면 새로운 균형점으로 이동하는 과정에서 가격과 거래량이 변
하게 된다. 즉, 수요나 공급을 변화시키는 요인이 발생하면 시장균형도 변
화하게 된다. 변화 후 새로운 균형점에서의 균형가격과 균형수급량은 수요
와 공급이 어느 방향으로 어느 정도 변화하였는가에 따라 달라지게 된다.

그림 3-8 공급이 일정하고 수요가 변화하는 경우

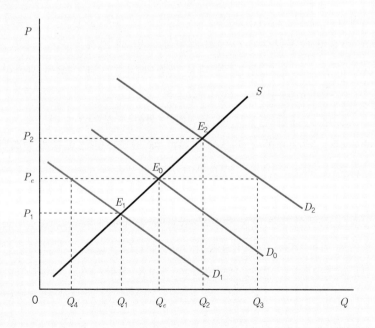

여기서는 수요와 공급이 변화함에 따라 시장균형이 어떻게 이동하는지를 살펴본다.

첫째, 수요는 변화하고 공급이 일정한 경우이다. 〈그림 3-8〉에서 균형가격과 균형수량은 수요와 공급이 교차하는 E_0에서 각각 P_e와 Q_e로 결정된다. 그런데 다른 조건이 일정한 상황에서 소득이 증가하여 수요가 증가한다면 수요곡선은 D_0에서 D_2로 이동한다. 이 경우 P_e수준의 가격에서 수요가 $Q_3 - Q_e$만큼 증가하여 초과수요가 발생한다. 초과수요가 발생하면 가격은 상승하고, 가격의 상승은 수요를 감소시키고 공급을 증가시킨다. 이러한 변화는 가격이 수요량과 공급량이 일치하는 가격 P_2에 이르기까지 계속된다. 즉, 새로운 가격은 P_2가 되고, 새로운 균형수요량 및 공급량은 Q_2가 된다. 요약하면 공급이 일정한 상태에서 수요가 증가하게 되면 균형가격과 균형수량은 증가하게 된다.

한편, 수요와 공급이 교차하는 균형점(E_0)에서 소비자의 소득이 감소하여 수요가 감소하면 수요곡선은 D_0에서 좌측으로 이동하여 D_1이 된다. 이 경우 원래의 가격 P_e에서는 $Q_e - Q_4$만큼의 초과공급이 발생하여 가격이 하락하게 된다. 가격의 하락은 수요량의 증가와 공급량의 감소를 유인하여, 수요량과 공급량이 Q_1에서 일치하게 될 때 가격은 P_1이 되고 균형점은 E_0에서 E_1으로 변화한다. 즉, 다른 조건이 일정할 때 수요가 감소하면 균형가격이 하락하고 균형수급량도 감소한다.

둘째, 수요가 일정할 때 공급이 변화하는 경우를 살펴보자. 〈그림 3-9〉는 수요는 일정한데 공급이 변화할 때 시장균형이 어떻게 변화하는지를 나타낸다. 최초의 균형은 수요곡선 D와 공급곡선 S_0가 교차하는 E_0에서 달성되고 이때 가격과 수량은 각각 P_e, Q_e로 나타난다. 그런데 다른 조건이 일정하고 생산기술 향상 등으로 공급이 증가하게 되면 공급곡선은 S_0에서 S_1으로 이동한다. 그러면 균형가격 P_e에서 $Q_3 - Q_e$만큼의 초과공급이 일시적으로 발생하게 된다. 초과공급은 가격을 하락시키고, 이에 따라 수요는 증가하고 공급은 감소한다. 즉 수요가 일정할 때 공급이 증가하면 균형가격은 P_e에서 P_1으로 하락하고 균형수량은 Q_e에서 Q_1으로 증가한다. 요약

그림 3-9 수요가 일정하고 공급이 변화하는 경우

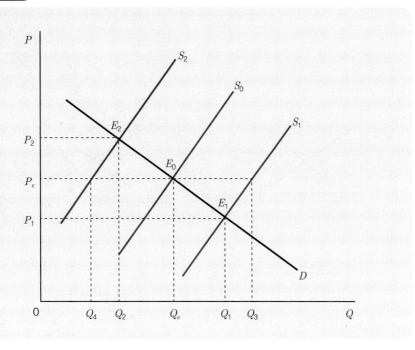

하면 수요가 일정한 상태에서 공급이 증가하면 균형가격은 하락하고 균형
수급량은 증가한다.

반대로 수요가 일정한 상태에서 공급이 감소하게 되면, 공급곡선은 S_0
에서 S_2로 이동하게 된다. 그러면 균형가격 P_e에서 $Q_e - Q_4$의 초과수요가
발생하게 된다. 초과수요는 가격을 P_e에서 P_2로 상승시키고 균형수량은 Q_e
에서 Q_2로 이동한다. 즉, 다른 조건이 일정할 때 공급이 감소하면 균형가격
은 상승하고 균형수량은 감소한다.

셋째, 수요와 공급이 모두 변화할 경우이다. 수요와 공급이 동시에 변
화하는 경우는 수요의 증가와 공급의 증가, 수요의 증가와 공급의 감소, 수
요의 감소와 공급의 증가, 수요의 감소와 공급의 감소 등으로 구분할 수 있
다. 또한 수요의 변화가 공급의 변화보다 큰 경우, 수요의 변화가 공급의
변화보다 작은 경우, 수요의 변화와 공급의 변화가 같은 경우가 발생할 수
있고, 균형가격과 수량에 미치는 영향은 각각의 경우에 따라 달라지게 된

그림 3-10 수요와 공급이 모두 변화할 경우

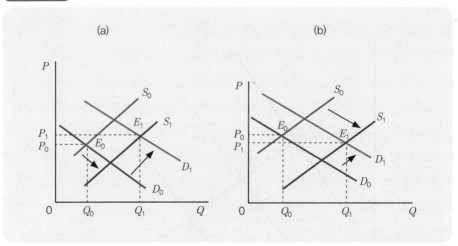

다. 예를 들어 〈그림 3-10〉은 수요와 공급이 모두 증가할 때 수요의 증가가 공급의 증가보다 더 큰 경우와 수요의 증가보다 공급의 증가가 더 큰 경우를 나타낸다. 〈그림 3-10〉에서 (a)는 균형가격 P_0, 균형수량 Q_0인 균형점 E_0에서 수요의 증가가 공급의 증가보다 더 큰 경우를 나타낸다. 이 경우 가격은 P_0에서 P_1으로 상승하고 공급량도 Q_0에서 Q_1으로 증가하게 된다. 〈그림 3-10〉의 (b)는 균형가격 P_0, 균형수량 Q_0, 균형점 E_0에서 공급의 증가가 수요의 증가보다 더 큰 경우 균형가격과 수량의 변화를 나타낸다. 이 경우 균형가격은 P_0에서 P_1으로 하락하고, 균형수급량은 Q_0에서 Q_1으로 증가하게 된다. 이 두 가지 경우에서 볼 수 있듯이, 수요와 공급 곡선의 이동정도에 따라 변화 후 균형가격과 수량의 크기가 다르게 나타난다.

넷째, 수요곡선이 수직인 경우이다. 〈그림 3-11〉에서처럼 수요곡선이 수직선이라는 의미는 대체재 관계를 가진 재화나 서비스가 거의 없어, 가격이 변화해도 수요량은 큰 변화가 없다는 의미이다.

(a)는 수요곡선이 수직선인 상황에서 공급이 증가한 경우이다. 수요 D_0과 공급 S_0이 교차하는 E_0가 균형점이 되며 이때 균형가격은 P_0, 균형수량은 Q_0이다. 수요가 일정한 상황에서 공급이 증가하면 공급곡선은 S_0에서 S_1으로 이동한다. 균형가격은 P_0에서 P_1으로 하락하지만 균형수량은 Q_0로

그림 3-11 수요곡선이 수직인 경우

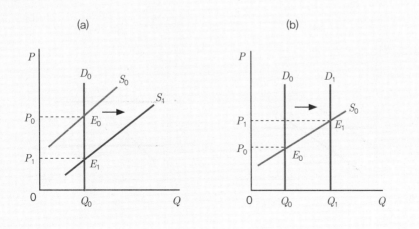

변하지 않는다. 예를 들어, 프로스포츠 구단 수가 일정해서 선수에 대한 수요가 고정되어 있는 경우, 선수의 공급이 증가하면 선수들의 가격(임금)은 큰 폭으로 낮아지게 되는 것이다. (b)는 공급이 일정할 때 수직선인 수요곡선이 이동하는 경우이다. 수요 D_0과 공급 S_0가 교차하는 E_0가 초기의 균형점이며 이때 균형가격은 P_0, 균형수량은 Q_0이다. 공급이 일정한 상태에서 수요가 증가하면 수요곡선은 D_0에서 D_1로 이동하게 된다. 그러면 균형가격은 P_0에서 P_1, 균형수량은 Q_0에서 Q_1으로 증가한다. 즉 프로스포츠 구단수가 증가하여 선수들에 대한 수요는 늘었지만 선수의 공급곡선이 변화하지 않는다면 선수들의 가격은 상승하게 된다.

다섯째, 수요곡선이 수평인 경우이다. 이는 대체재가 많이 존재한다는 의미이다. 〈그림 3-12〉의 (a)는 수요곡선이 수평에 가까울 때 공급이 증가하는 경우이다. 즉, 수요곡선 D_0과 공급곡선 S_0가 교차하는 E_0가 초기의 균형점이며, 이때 균형가격은 P_0, 균형수량은 Q_0이다. 수요곡선이 수평인 상태에서 공급이 증가하면 공급곡선은 S_0에서 S_1으로 이동한다. 그러면 균형가격은 P_0에서 변화하지 않고 공급량만 Q_0에서 Q_1으로 증가한다. (b)는 수평에 가까운 수요곡선이 증가하는 경우이다. 즉, 다른 조건이 일정할 때 수요가 증가하면 수요곡선은 D_0에서 D_1으로 이동한다. 가격은 P_0에서 P_1

그림 3-12 **수요곡선이 수평인 경우**

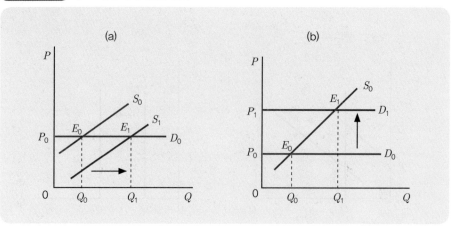

으로 상승하고 공급량도 Q_0에서 Q_1으로 증가한다는 의미이다.[4]

수요와 공급, 시장, 가격, 시장균형 등은 경제학과 스포츠 경제학을 학습하기 위해서는 필수적으로 이해가 필요한 개념이다. 여기에서 논의된 내용을 정리하면 다음과 같다.

(i) 수요량과 공급량이 일치하는 점에서 시장의 균형가격과 균형량(균형수급량)이 결정된다.

(ii) 다른 조건이 불변일 때 수요의 증가는 수요곡선을 우측으로 이동시키고, 그 결과 균형가격은 상승하고 균형수급량은 증가하게 된다.

(iii) 다른 조건이 불변일 때 수요의 감소는 수요곡선을 좌측으로 이동시키고, 그 결과 균형가격은 하락하고 균형수급량은 감소하게 된다.

(iv) 다른 조건이 불변일 때 공급의 증가는 공급곡선을 우측으로 이동시키고, 그 결과 균형가격은 하락하고 균형수급량은 증가하게 된다.

(v) 다른 조건이 불변일 때 공급의 감소는 공급곡선을 좌측으로 이동시키고, 그 결과 균형가격은 상승하고 균형수급량은 감소하게 된다.

(vi) 수요와 공급이 동시에 변화할 경우 균형가격과 균형수급량은 두 곡선의 이동방향과 크기에 따라 다르게 결정된다.

---

4 마찬가지로 공급곡선이 수직일 때와 수평일 때의 균형점 변화도 분석할 수 있다.

4. 수요·공급의 탄력성

탄력성의 개념[5]

　　수요의 법칙은 소비자들이 어떤 상품의 가격이 하락할 때 소비자들은 구매량을 증가시키려고 하고, 반대로 어떤 상품의 가격이 상승할 때 구매량을 감소시키려 한다고 설명한다. 소비자들이 어떤 상품을 구매하고자 하는 의도는 앞에서 살펴본 것처럼, 그 상품의 가격뿐 아니라 소득, 다른 재화의 가격 등 다양한 변수의 영향을 받는다. 생산자들이 어떤 상품을 공급하고자 하는 의도 역시 그 상품의 가격을 포함하여 다양한 변수들의 영향을 받는다.

　　어떤 상품의 가격이 그 상품을 구매하고자 하는 의도에 미치는 영향은 상품에 따라 다르게 나타날 것이다. 즉, 어떤 재화는 가격이 하락하더라도 소비자들이 구매량을 거의 늘리지 않는 반면에 어떤 재화는 가격이 조금만 하락하더라도 구매량을 크게 증가시키는 경우가 있다. 상품의 공급 역시 마찬가지이다. 이처럼 상품의 가격이나 기타 다양한 요인들이 변함에 따라 소비자나 공급자들이 어떻게 반응하는가를 측정하는 유용한 도구가 탄력성이라는 개념이다. 즉 탄력성은 어떤 변수(요인)가 다른 어떤 변수의 변화에 얼마나 민감하게 반응하는가를 나타내는 척도이다.

　　탄력성이라는 개념은 마샬(Marshall, A.)에 의해 도입되었다. 탄력성은 어떤 두 개의 변수(A, B)가 서로 일정한 함수관계를 갖고 변화할 때 어느 한 변수의 변화가 다른 변수의 변화에 의해 얼마만큼 반응하는가를 나타내는 수치라고 정의된다. 즉 독립변수(예를 들면 변수 B)가 1% 변할 때 종속변수(예를 들면 변수 A)가 몇 % 변하는지를 나타내는 지표로, 보통 'A의 B 탄력성'이라고 표현하며 [A의 변화율(%)/B의 변화율(%)]로 표시한다.

---

[5] 탄력성은 경제학에서 매우 중요하고 유용한 개념이며, 그 이해와 기초적 계산을 위해 아주 단순한 형태의 수식 사용이 불가피하다. 여기에서는 고등학교 수준의 수학을 이수한 학생이면 누구나 어려움 없이 따라올 수 있는 수준으로 설명한다.

탄력성(彈力性)은 기업의 경영정책효과나 정부의 경제정책효과를 예측하고 분석하는 데 유용하게 사용된다. 예를 들어, 프로야구리그가 수익을 증대시키기 위해 입장권 가격을 변화시키려고 한다면 가격 변화에 대해 수요가 얼마나 변화할지를 이해하여야 한다. 가격을 5% 올렸는데, 수요가 10% 감소한다면 입장권 가격을 올려서 수입을 증대시키는 전략은 실패로 돌아가게 될 것이다. 정부의 경우 역시 마찬가지이다. 골프를 활성화하기 위해 골프장에 대한 세금을 감면시켜 줄 때에도, 세금 감면으로 인한 그린피(골프장 사용료) 하락이 어느 정도 골프 인구를 증가시킬 수 있는지 확인하고, 여기에 맞춰 세금 감면이 목표 달성을 위한 적절한 정책인지, 그리고 그렇다면 어느 정도의 세금 감면이 필요한지 등을 분석해야 정책의 효과를 높일 수 있다.

어떤 상품의 가격이 변화할 때 소비자들의 반응 정도가 상대적으로 크게 나타날 경우, 즉 가격의 변화율에 비해 수요량의 변화율이 더 클 경우, 이 상품에 대한 수요는 상품 가격에 대해 탄력적(elastic)이라고 정의한다. 마찬가지로 어떤 상품의 가격이 변화할 때 생산자들의 반응 정도가 크게 나타날 경우, 이 상품에 대한 공급은 상품 가격에 대해 탄력적이라고 정의한다.

반대로 가격의 변화에 대해 소비자나 생산자의 반응이 상대적으로 덜 민감한 경우 즉, 가격의 변화율에 비해 수요량이나 공급량의 변화율이 더 작을 경우 이 상품의 수요나 공급은 상품 가격에 대해 비탄력적(inelastic)이라고 정의한다.

탄력성을 킬로그램(kg), 원, 자루 등의 계산 단위를 사용하지 않고 %로 나타내는 것은 단위에서 발생하는 모호성이나 오해를 막을 수 있기 때문이다. 예를 들어 스마트폰의 가격이 10만원 증가할 때 스마트폰의 수요가 1만 개 줄어들었다고 하는 분석 결과는 사실 객관적이고 정확한 분석은 아니다. 스마트폰의 가격이 20만원일 경우 10만원 증가하는 것과 100만원일 때 10만원 증가하는 것은 그 의미가 매우 달라진다. 또한 기존의 수요량이 2만 개였는데 1만 개가 줄어드는 것과 100만 개였는데 1만 개가 줄어드는 것도 의미가 다르기 때문이다.

여기에 더해 상품 간의 비교에서도 문제가 발생한다. 스마트폰의 가격이 10만원 증가할 때 스마트폰의 수요가 1만 개 감소하였다는 분석 결과와 쇠고기 가격이 1만원 증가할 때 쇠고기 수요가 100만kg 감소하였다는 분석 결과를 놓고, 스마트폰과 쇠고기 중 어느 상품이 가격변화에 대해 더 민감한지 등을 논의하는 것은 매우 어렵고, 객관적인 결론을 도출하기도 어렵다. 그러나 주요 변수들이나 상품의 단위 대신 변화율(%)을 사용하면 이러한 문제들이 손쉽게 해결된다.

수요의 가격탄력성

수요의 가격탄력성(price elasticity of demand)은 어떤 상품의 가격이 1% 변화할 때 그 상품의 수요량이 몇 % 변화하는가를 측정하는 척도이다. 즉, 가격의 변화율에 대한 수요량의 변화율로 측정되며, 이를 다음과 같이 나타낸다.

$$수요의 \ 가격탄력성(\eta_d) = \left| \frac{수요량의 \ 변화율(\%)}{가격의 \ 변화율(\%)} \right|$$

$$= \left| \frac{\dfrac{수요량의 \ 변화분}{원래의 \ 수요량} \times 100}{\dfrac{가격의 \ 변화분}{원래의 \ 가격} \times 100} \right|$$

이를 수식으로 나타내면

$$\eta_d = \left| \frac{\dfrac{\Delta Q}{Q} \times 100}{\dfrac{\Delta P}{P} \times 100} \right| = \left| \frac{\Delta Q}{\Delta P} \times \frac{P}{Q} \right|$$

가 된다. 여기서 η_d는 수요의 가격탄력성, Q는 수요량, P는 가격, ΔQ

는 수요량의 변화분, ΔP는 가격의 변화분이다. $|\Delta Q/\Delta P|$는 수요곡선의 기울기인 $|\Delta P/\Delta Q|$의 역수이며, $|P/Q|$는 수요곡선상의 기준점의 가격과 수요량의 비율을 나타낸다.

수요곡선의 기울기와 원래의 가격과 수요량의 비율을 알면 수요의 가격탄력성을 구할 수 있다. 일반적으로 가격과 수요량은 수요의 법칙에 따라 서로 반대방향으로 변화하기 때문에 수요량의 변화율(%)을 가격의 변화율(%)로 나눈 수요의 가격탄력성은 음(-)의 부호를 갖게 된다.[6] 그러나 수요의 가격탄력성은 수요의 결정요인들의 변화에 대한 수요량의 변화 정도를 파악하기 위해 필요하고, 음(-)의 부호를 가질 경우 계산에서 불편한 경우가 많아, 절대값을 취하여 양(+)의 값으로 나타낸다. 예를 들어 어떤 상품의 수요의 가격탄력성이 1.5라면 가격이 1% 하락(상승)할 때 상품의 수요량은 1.5% 증가(감소)한다는 것을 의미한다.

절대값으로 나타낸 수요의 가격탄력성은 영(0)과 무한대(∞) 사이의 값을 갖는다. 어떤 상품 수요량의 변화율과 가격의 변화율이 동일하다면 수요의 가격탄력성은 1이 되는데, 이 경우 가격변화에 대한 수요량의 변화는 단위탄력적(unitary elastic)이라고 한다. 또한 어떤 상품 수요량의 변화율이 가격의 변화율보다 크면 수요의 가격탄력성은 1보다 크게 되는데, 이 경우 가격변화에 대한 수요량의 변화는 탄력적(elastic)이라고 한다.

아주 작은 가격 변화율이 상대적으로 무한히 큰 수요량의 변화율을 초래했다면 수요의 가격탄력성은 무한대가 되는데, 이 경우 가격변화에 대한 수요량의 변화는 완전탄력적(perfectly elastic)이라고 한다. 반면 가격변화율이 크더라도 수요량의 변화율이 0에 가깝다면 수요의 가격탄력성은 0에 가깝게 된다. 만약 가격이 변화해도 수요량이 전혀 변화하지 않는다면 가격변화에 대한 수요량의 변화는 완전비탄력적(perfectly inelastic)이라고 한다.

〈표 3-3〉은 수요의 가격탄력성 범위와 그 재화들의 특성을 정리한

---

6 어떤 상품의 소득효과가 매우 커서 대체효과를 압도할 때 가격과 수요량이 같은 방향으로 변화하는 경우도 있다. 이러한 재화를 기펜재(Giffen Goods)라고 한다.

| 표 3–3 | 수요의 가격탄력성 범위와 특징

탄력성	내용	용어	비고
$\eta_d = 0$	가격의 변화율→∞, 수요량의 변화율→0	완전비탄력적	수요곡선 수직선
$0 < \eta_d < 1$	가격의 변화율 > 수요량의 변화율	비탄력적	대부분 필수재
$\eta_d = 1$	가격의 변화율 = 수요량의 변화율	단위 탄력적	수요곡선 직각쌍곡선
$1 < \eta_d < \infty$	가격의 변화율 < 수요량의 변화율	탄력적	대부분 사치재
$\eta_d = \infty$	가격의 변화율→0, 수요량의 변화율→∞	완전탄력적	수요곡선 수평선

것이다. 필수재의 경우 가격에 관계없이 일정량을 소비해야 하므로 가격탄력성이 낮다. 반면 사치재의 경우 반드시 생활에 필요한 것이 아니기 때문에 가격에 대해 민감하게 반응하게 되고 따라서 탄력성이 높게 나타난다.

수요의 가격탄력성 결정요인

수요의 가격탄력성은 어떤 상품의 가격 변화율에 대한 수요변화율을 의미하므로, 가격탄력성의 크기는 그 상품의 수요에 영향을 미치는 다양한 요인의 영향을 받는다.

먼저 어떤 상품의 대체재가 많으면 수요의 가격탄력성이 크고, 대체재가 적으면 수요의 가격탄력성이 작다. 소금이나 석유와 같은 상품은 아직까지는 밀접한 대체재가 없어 가격을 인상하더라도 수요량은 그다지 줄지 않는다.[7]

둘째, 가계의 총지출 중에서 어떤 상품의 구매에 소요되는 지출비중이 높을수록 그 상품에 대한 수요의 가격탄력성은 큰 반면, 지출비중이 낮을수록 그 상품에 대한 수요의 가격탄력성은 작다. 일반적으로 자동차 수요의 가격탄력성은 소금 수요의 가격탄력성보다 크게 나타난다.

셋째, 수요의 가격탄력성은 상품의 특성과 깊은 관계가 있다. 일반적으로 의식주와 관련된 생필품에 대한 수요의 가격탄력성은 작고, 보석과

---

7 몇 차례의 석유위기와 원유가격의 갑작스런 변화를 경험하며 석유를 적게 쓰는 방안이나 대체에너지 개발이 진행되고 있으나 아직 경제의 석유에 대한 의존도는 매우 높다.

같은 사치품에 대한 수요의 탄력성은 크다. 생활필수품은 가격이 상승하더라도 생활에 꼭 필요하므로 그 수요량이 일정 정도 이하로는 감소되지 않으나, 사치품의 경우 가격이 상승하게 되면 사치품의 수요량이 큰 폭으로 감소하게 된다.

넷째, 어떤 상품의 용도가 다양할수록 가격의 변화에 대한 수요량의 변화는 크다. 가격의 상승은 그 상품의 경제적 활용도의 다양성을 축소시키며, 가격인하는 경제적 이용가능성의 범위를 확대시킨다. 강철, 알루미늄, 종이제품 등은 용도가 다양하므로 가격의 변화에 대한 수요의 가격탄력성이 상대적으로 높다.

다섯째, 상품 수요의 장·단기에 따라 수요의 가격탄력성이 다르게 나타난다. 일반적으로 어떤 상품에 대한 시장수요는 단기보다 장기에 더 탄력적이다. 가격변화에 대하여 소비자들도 대책을 강구할 뿐 아니라 시간이 길어지면 대체재가 등장할 수도 있기 때문이다. 예를 들어 원유 가격이 급등하더라도 당장은 원유 수요가 크게 변하지 않으나, 장기로 갈수록 에너지 효율적인 기계나 생산방법 등이 개발되고 대체에너지도 등장하여 원유 수요가 큰 폭으로 감소하게 될 것이다.

이 외에도 어떤 상품의 시중에 대한 보급 정도에 따라서도 수요의 가격탄력성이 다르게 나타난다. 이미 모든 가계가 TV를 보유하고 있다면, TV 가격을 인하한다고 해서 수요가 대폭 증가한다고 보기는 어렵다. 즉 상품의 보급도가 높으면 일반적으로 가격탄력성이 낮게 나타난다.

수요의 소득탄력성

소득은 수요에 영향을 미치는 가장 중요한 요인 중의 하나이다. 수요의 소득탄력성(income elasticity of demand)은 수요의 결정요인 중에서 소득 이외의 여타 요인들이 불변일 때 소득의 변화율에 대한 수요의 변화율을 의미한다. 즉 수요의 소득탄력성은

$$\eta_I = \left| \frac{\text{수요의 변화율}}{\text{소득의 변화율}} \right| = \left| \frac{\dfrac{\Delta Q}{Q} \times 100(\%)}{\dfrac{\Delta I}{I} \times 100(\%)} \right| = \left| \frac{\Delta Q}{\Delta I} \times \frac{I}{Q} \right|$$

여기서 η_I는 수요의 소득탄력성, I는 소득, Q는 수요, ΔI는 소득의 변화분, ΔQ는 수요의 변화분을 뜻한다.

소득이 증가하면 수요도 증가하는 정상재는 소득탄력성이 양(+)의 값을 가지며, 소득이 증가하면 수요가 감소하는 열등재의 경우 소득탄력성은 음(−)이 된다. 따라서 수요의 소득탄력성이 0보다 크다는 것은 소비자의 소득이 증가함에 따라 해당 상품의 수요가 증가함을 의미하며, 이러한 상품을 우등재(superior goods) 또는 정상재(normal goods)라고 한다. 정상재의 경우에도 수요의 소득탄력성이 1보다 크면 사치품, 1보다 작으면(1보다 작고 0보다 크면) 필수재(생활필수품)라고 한다. 따라서 사치품과 같은 상품에 대한 수요의 소득탄력성은 비교적 큰 반면 생필품의 소득탄력성은 비교적 작게 나타난다.

수요의 소득탄력성이 0보다 작다는 것은 소비자의 소득이 증가함에 따라 그 상품의 수요는 감소한다는 것을 의미하며, 이러한 재화를 열등재(inferior goods)라고 한다.

수요의 소득탄력성이 0이라는 것은 소비자의 소득과 어떤 상품의 수요가 아무런 관계를 갖고 있지 않다는 것을 의미한다. 즉, 소비자의 소득이 변화하더라도 상품의 수요는 불변인 경우가 이에 해당된다.

수요의 교차탄력성

앞에서 우리는 어떤 상품의 수요가 대체재나 보완재의 존재 여부에 따라 달라질 수 있고, 따라서 대체재나 보완재의 가격이 변화할 때 그 상품의 수요도 변화한다는 것을 살펴보았다. 수요의 교차탄력성(cross elasticity of demand)이란 다른 조건이 일정하다고 가정할 때 한 재화(Y재) 가격의

변화가 다른 재화(X재)의 수요에 어느 정도 영향을 미치는가를 측정하는
것이다. 즉 교차탄력성은 다음과 같이 계산된다.

$$\eta_{XY}=\left|\frac{X재의\ 수요\ 변화율}{Y재의\ 가격\ 변화율}\right|=\left|\frac{\dfrac{\Delta Q_X}{Q_X}\times 100}{\dfrac{\Delta P_Y}{P_Y}\times 100}\right|=\left|\frac{\Delta Q_X}{\Delta P_Y}\times\frac{P_Y}{Q_X}\right|$$

여기서 $\eta_{XY}=$ Y재의 가격에 대한 X재의 교차탄력성, $Q_X=$ X재의 수요,
$P_Y=$ Y재의 가격, $\Delta Q_X=$ X재의 수요변화량, $\Delta P_Y=$ Y재의 가격변화량을
뜻한다.

수요의 교차탄력성은 두 재화 간의 관계를 파악하는 데 사용되기 때
문에 부호가 중요하다. 만약 어떤 두 재화의 교차탄력성이 양(+)의 값을
갖는다면 두 재화는 대체관계에 있다. 한 상품의 가격상승이 다른 상품의
수요를 증가시키기 때문이다. 쇠고기와 돼지고기, 데스크톱 PC와 노트북
등이다. 프로스포츠에서 같은 포지션을 두고 경쟁하는 선수들 사이에서도
교차탄력성이 양(+)으로 나타날 것이다. 반대로 어떤 두 재화의 교차탄력
성이 음(-)의 값을 갖는다면 두 재화는 보완관계에 있다. 어떤 재화의 가
격상승은 보완관계에 있는 재화의 수요를 감소시킨다. 컴퓨터와 프린터,
피자와 콜라, 자동차와 휘발유, 야구 글러브와 야구 공 등이 그 예이다. 어
떤 두 재화 간의 교차탄력성이 0이면 이들은 아무런 관계가 없는 독립적인

**스포츠 수요·공급과 탄력
성** 소득수준이 증가함에
따라 스포츠 수요·공급에
대한 탄력성도 달라진다고
주장되기도 한다.

재미있는 스포츠경제 **수요의 소득탄력성과 엥겔의 법칙 및 슈바베의 법칙**

가계의 소비지출 항목을 음식료비·피복비·주거비·광열비·문화비로 구분할 때 ① 음식료비가 소득에서 차지하는 비율은 소득이 증가함에 따라 감소하고, ② 피복비가 소득에서 차지하는 비율은 소득이 변화하더라도 별로 변하지 않고, ③ 주거비와 광열비가 소득에서 차지하는 비율은 소득의 변화에 관계없이 거의 일정하며, ④ 문화비가 소득에서 차지하는 비율은 소득이 증가함에 따라 빠른 속도로 증가하는 것으로 나타난다.[8]

음식료비가 소득에서 차지하는 비율이 소득이 증가함에 따라 점차 감소하는 것을 엥겔의 법칙(Engel's Law)이라고 한다. 그리고, 가계의 총 소비지출 중에서 음식료비가 차지하는 비율을 엥겔계수(Engel's coefficient)라고 한다. 음식료비의 지출비율이 소득이 증가함에 따라 점차 감소한다는 것은 음식료비의 소득탄력성이 1보다 작다는 것을 의미한다. 엥겔계수는 개발도상국보다 선진국에서 낮게 나타나며, 같은 경제 내에서는 일반적으로 저소득층보다 고소득층의 엥겔계수가 낮게 나타난다.

슈바베는 엥겔의 법칙 중 주거비가 차지하는 비율은 소득의 변화에 관계없이 거의 일정하다는 사실을 수정하였다. 즉 소득이 증가함에 따라 가계의 총소비지출에서 차지하는 주거비의 비율은 감소한다(주거비의 소득탄력성이 1보다 작다)는 것을 보였다. 이를 슈바베의 법칙이라고 한다. 엥겔의 법칙이나 슈바베의 법칙은 매우 유용하게 사용될 수 있지만, 엄밀한 이론이라기보다는 현실적인 관측에서 도출한 일반적 결과라고 보는 것이 적절하다.

관계이다. 수요의 교차탄력성은 이론적으로 양(+)의 무한대에서 음(−)의 무한대까지의 값을 가질 수 있다.

공급의 가격탄력성

공급의 가격탄력성(price elasticity of supply)은 어떤 상품의 가격이 변화하면, 그 상품의 공급량이 얼마나 변하는지를 나타내는 수치이다. 가격

---

8 문화비의 소득탄력성이 1보다 크다는 주장에 대해서는 많은 반론도 존재한다. 예를 들어 설수영(2009)은 우리나라 자료를 이용하여 소득계층에 따라 문화비의 소득탄력성이 유의하게 달라진다는 것을 보였다.

과 공급량의 변화는 각각 가격의 변화율과 공급량의 변화율로 계산한다. 즉 공급의 가격탄력성은 다음과 같다.

$$\eta_s = \left| \frac{\text{공급량의 변화율}(\%)}{\text{가격의 변화율}(\%)} \right| = \left| \frac{\dfrac{\text{공급량의 변화분}}{\text{원래의 공급량}} \times 100}{\dfrac{\text{가격의 변화분}}{\text{원래의 가격}} \times 100} \right| \text{이다.}$$

이를 수식으로 나타내면 다음과 같다.

$$\eta_s = \left| \frac{\dfrac{\Delta Q}{Q} \times 100}{\dfrac{\Delta P}{P} \times 100} \right| = \left| \frac{\Delta Q}{\Delta P} \times \frac{P}{Q} \right|$$

여기에서 $(\Delta Q/\Delta P)$는 공급곡선의 기울기인 $(\Delta P/\Delta Q)$의 역수이며, (P/Q)는 공급곡선에서 탄력성을 측정하고자 하는 점에서의 가격과 공급량의 비율을 의미한다. 따라서 공급의 가격탄력성은 공급곡선의 기울기와 측정하고자 하는 점에서의 가격과 공급량의 비율을 알면 구할 수 있다.

가격과 공급량은 공급의 법칙에 의해 같은 방향으로 변하기 때문에 공급의 탄력성은 항상 양(+)이며 영(0)에서 무한대(∞)의 값을 가진다. 만약 어떤 상품에 대한 공급의 가격탄력성이 2라면 그 상품의 가격이 1% 상승(하락)할 때 그 상품의 공급량은 2% 증가(하락)하고, 탄력성이 1이라면 어떤 상품의 가격이 1% 상승(하락)할 때 그 상품의 공급량도 1% 증가

| 표 3-4 | 공급의 가격탄력성 범위와 특성

공급의 가격탄력성	내용	용어
$\eta_s = 0$	가격의 변화율→∞, 공급량의 변화율→0	완전비탄력적
$0 < \eta_s < 1$	가격의 변화율 > 공급량의 변화율	비탄력적
$\eta_s = 1$	가격의 변화율 = 공급량의 변화율	단위 탄력적
$1 < \eta_s < \infty$	가격의 변화율 < 공급량의 변화율	탄력적
$\eta_s = \infty$	가격의 변화율→0, 공급량의 변화율→∞	완전탄력적

(감소)함을 의미한다.

따라서 공급의 가격탄력성이 0에 가까울수록 가격변화에 대한 공급량의 반응이 작아지고 공급의 가격탄력성이 무한대에 가까워질수록 가격변화에 대한 공급량의 반응이 커짐을 뜻한다. 공급의 가격탄력성의 범위별 내용과 관련 용어는 〈표 3 – 4〉에 정리되어 있다.

공급의 가격탄력성 결정 요인

공급의 가격탄력성 크기에 영향을 미칠 수 있는 변수는 여러 가지가 있다. 먼저, 생산량의 증가에 따라 생산비가 어떻게 변화하느냐가 공급의 가격탄력성에 영향을 미칠 수 있다. 어떤 상품의 가격이 상승했을 때 공급자들은 더 많은 상품을 공급하기 위해 생산량을 증가시킬 것이다. 이때 생산량이 증가함에 따라 생산비가 급속히 상승하면 상품의 가격이 상승함에도 불구하고 공급량은 크게 증가하지 못할 것이므로 공급의 가격탄력성은 작게 나타날 것이다. 반면 생산비가 완만하게 상승하면 상품의 공급량이 크게 증가할 것이므로 공급의 가격탄력성은 크게 나타날 것이다.

둘째, 기술수준도 공급의 가격탄력성에 영향을 미친다. 기업의 생산량은 생산비에 의해 결정되고 그 생산비는 생산기술의 영향을 받기 때문이다. 생산기술이 향상되거나 생산요소가격이 하락하는 상품은 가격탄력성이 크며 그렇지 않은 상품은 탄력성이 작다.

셋째, 상품의 저장가능성 및 저장비용도 공급의 가격탄력성에 영향을 미친다. 저장비용이 많이 소요되거나 저장가능성이 낮은 상품은 가격 변화에 신축적으로 대응하기 어려우므로 공급탄력성이 비탄력적으로 나타난다.

넷째, 기간의 길이도 공급탄력성에 영향을 미친다. 일반적으로 공급의 가격탄력성은 단기보다 장기에 더 큰 경향이 있다. 단기적으로 생산증대는 공장가동시간 증가 등으로 이루어지지만, 장기에 있어서는 생산시설 확장 및 고용증가 등 모든 조정이 이루어질 수 있어 공급을 더 큰 폭으로 증가시킬 수 있기 때문이다.

5. 수요·공급의 응용

수요·공급이론을 응용하면 경제현상과 관련된 여러 개념들을 쉽게 설명할 수 있다. 경제 주체들이 생산하고 거래하고 소비하는 경제행위 하나하나가 자신들의 후생을 증진시키는 행위이다. 어떤 상품이 시장에서 거래되면 그 거래에 참여한 소비자와 생산자는 모두 이득을 얻게 된다. 후생(厚生)은 경제학이 관심을 두고 있는 가장 중요한 분야 중의 하나이다. 정부가 엘리트 스포츠나 생활 체육을 중요하게 생각하는 이유 중의 하나도 이를 통해 국민들의 후생이 증가한다고 믿기 때문이다. 후생을 측정하는 가장 일반적인 개념이 잉여(surplus)다. 소비자잉여와 생산자잉여는 가장 중요하고 많이 사용되는 개념이다.

소비자잉여

소비자잉여(消費者剩餘, consumer surplus)란 소비자가 어떤 상품을 소비하기 위해서 지불할 용의가 있는 가격과 실제로 지불한 가격과의 차액이다. 즉, 〔소비자잉여 = 소비자가 누리는 가치 − 소비자가 지불한 금액〕이다. 소비자잉여는 거래를 통해 소비자가 얻는 이득의 크기를 화폐액으로 측정한 것이다.

가격은 시장에서의 수요와 공급에 의해 결정되며, 시장 수요곡선은 개별 수요곡선의 수평합이다. 수요곡선은 소비자가 상품을 구입할 때 상품 각각의 단위에 대해 지불해도 좋다고 생각하는 최고가격 즉, 수요가격을 나타낸다. 그런데 시장에서 결정되는 가격보다 더 지불할 용의가 있었던 소비자도 시장가격만 지불하면 소비가 가능하다. 이때 자신이 지불할 용의가 있었던 가격과 시장가격의 차이가 바로 그 소비자의 잉여가 된다.

〈그림 3-13〉은 개별 소비자잉여를 설명한다. 프로야구 정규시즌 경기 입장권의 시장가격이 P_e로 주어졌을 때 이 소비자는 그 가격으로 시즌 동안의 입장권을 Q_e만큼 구입한다. 이 때 지출한 금액은 $OP_e \times OQ_e$ 즉 면

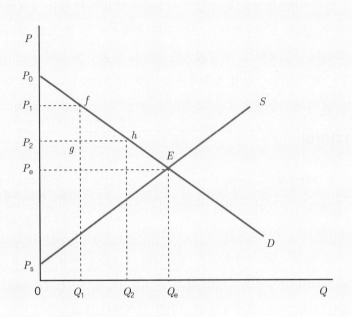

그림 3-13 소비자 및 생산자잉여

적 OP_eEQ_e가 된다. 그림의 Q_1에서 이 소비자가 입장권 1매를 구입하기 위해 지불할 용의가 있는 입장권 가격은 P_1이다. 마찬가지로 이 소비자는 Q_2에서 입장권을 구입하고자 할 때는 P_2만큼의 가격을 지불할 용의가 있다.

이와 같은 논의를 되풀이하면, 소비자는 Q_e단위에서는 가격 P_e를 지불할 용의가 있는 것이다. 이 소비자가 Q_1에서 소비할 때에는 P_1을 지불할 용의가 있었으나 시장가격이 P_e이므로 Q_1에서의 소비를 통해 $(P_1 - P_e)$만큼의 추가적인 효용(순효용)을 얻는다.[9] 또한 Q_2에서 입장권을 한 매 더 구입하면 $(P_2 - P_e)$만큼의 순효용을 얻는다. 이를 Q_e까지 확장하면, 이 소비자가 모두 Q_e까지의 입장권을 구매하기 위해 지불해도 좋다고 생각하는 총 금액은 OP_0EQ_e인 반면, 소비자가 Q_e를 얻는데 실제로 지불한 금액은 OP_eEQ_e이다. 따라서 시장에서의 거래에 참여하여 이 소비자가 얻는 (화폐

---

9 P_1은 Q_1에서 자신이 한 단위 더 소비함으로써 얻는 전체 효용을 화폐화한 것이고, P_e는 이때 지불한 가격을 의미하므로, 그 차이는 가격을 지불하고도 남는 순효용을 화폐화한 것이 된다.

단위로 계산된) 소비자잉여는 삼각형 P_0EP_e가 된다.

　이를 시장 전체로 확대하면 시장에서 소비자가 얻는 순효용의 총합을 구할 수 있다. 소비자잉여는 소비자의 자발적인 시장 거래 참여로 창출되는 추가적인 효용이다. 일반적으로 가격이 낮을수록 소비자잉여는 커지며, 시장 수요곡선이 수평일 경우에는 소비자잉여가 발생하지 않는다.

생산자잉여

　생산자잉여(生産者剩餘, producers surplus)는 생산자가 어떤 상품을 생산·판매하여 얻어야 되겠다고 생각한 수입과 실제로 판매하여 얻은 수입과의 차액이다. 즉 〔생산자잉여＝공급자가 받는 금액－공급자가 치르는 비용〕으로 나타낸다. 공급곡선은 생산자가 상품을 판매할 때 상품 각 단위에 대해 반드시 받아야 되겠다고 생각하는 최저가격, 즉 공급가격을 표시한다. 〈그림 3-13〉에서 생산자가 Q_e단위를 판매해서 얻어야 되겠다고 생각하는 최저수준의 수입은 OP_sEQ_e이다. 반면 이 생산자는 시장에서 주어진 가격 P_e에서 Q_e단위를 판매할 수 있으므로, 실제로 얻는 수입은 OP_eEQ_e가 된다. 즉 삼각형 P_eP_sE 만큼의 생산자잉여가 발생하는 것이다. 이러한 논의를 시장 전체로 확대하면 시장 공급곡선과 시장가격으로부터 시장에 참여하는 모든 공급자의 생산자잉여를 구할 수 있다.

사회 전체의 잉여

　앞에서 논의한 소비자잉여와 생산자잉여를 시장 전체에서 살펴보자. 사회 전체 잉여(총잉여)는 소비자잉여와 생산자잉여를 합한 것이다. 즉 〔총잉여＝소비자가 누리는 가치－소비자가 지불한 금액＋공급자가 받는 금액－공급자가 치르는 비용〕이다. 그런데 소비자가 지불한 금액과 공급자가 받는 금액은 같으므로 상쇄되고 총잉여는 〔소비자가 누리는 가치－공급자가 치르는 비용〕으로 나타낼 수 있다.

〈그림 3-13〉은 소비자와 생산자가 각 1명으로 구성된 사회의 사회 전체 잉여를 분석하고 있다. 그림에서 S는 시장 공급을, D는 시장 수요를 나타낸다. 시장가격은 P_e에서 결정되고 이때 수급량은 Q_e가 된다. 이때 소비자는 Q_e만큼 소비함으로써 $P_0 P_e E$ 만큼의 소비자잉여를, 생산자는 Q_e만큼을 생산함으로써 $P_e P_s E$ 만큼의 생산자잉여를 누리게 된다. 따라서 사회 전체적으로는 이 시장에서의 자발적인 거래 참여로 인해 $P_0 P_s E$ 만큼의 잉여가 창출된다. 일반적으로 사회 전체의 총잉여는 시장구조가 완전경쟁일 때 극대화된다.

또한 사회후생의 크기는 수요곡선의 기울기에 따라 달라진다. 즉, 어떤 상품에 대한 수요의 가격탄력성이 탄력적일수록(수요곡선이 완만할수록) 소비자잉여는 작고(수요곡선 높이와 가격의 차이가 크지 않기 때문이다), 비탄력적일수록(수요곡선이 가파를수록) 소비자잉여는 크기 때문에(수요곡선 높이와 가격의 차이가 크기 때문이다), 수요의 가격탄력성이 탄력적일수록 사회후생이 작다. 또한 어떤 상품에 대한 공급의 가격탄력성이 탄력적일수록 생산자잉여는 작고 비탄력적일수록 생산자잉여는 크기 때문에 공급의 가격탄력성이 탄력적인 사회의 사회후생은 작다.

가격규제정책

정부의 가격규제(價格規制, price control)정책이란 정부가 특정의 정책적 목표를 달성하기 위하여 직접적으로 가격결정에 개입하는 것이다. 다시말해 가격규제는 자유시장기구에서 수요·공급에 의해 자원배분이 결정되도록 하지 않고 법적인 강제성을 통해 경제적인 목적을 달성하기 위해 정부가 개입하는 방법이다. 이러한 경제적 목적에는 독과점 폐해로부터 소비자를 보호하기 위하여, 시장에 초과수요(공급부족)현상으로 인플레이션(inflation)이 발생할 염려가 있어 이를 막기 위해서, 공공의 이익이나 소비자, 생산자, 근로자 등 특정 계층을 보호하기 위해서 등이 포함된다.

대표적인 가격규제로는 최고가격제도와 최저가격제도가 있다. 최고가격제도(最高價格制度)는 정부가 정한 가격 이상의 가격에서는 거래를 할 수 없도록 규제하는 것이다. 시장가격보다 낮아야 최고가격을 규제하는 의미가 있으므로 최고가격제도는 만성적인 물자부족 현상(초과수요)을 야기하게 된다. 반면, 최저가격제도(最低價格制度)는 정부가 정한 가격 이하의 가격에서는 거래를 할 수 없도록 규제하는 것이다. 시장가격보다 높아야 최저가격을 규제하는 의미가 있으므로, 최저가격제도는 만성적인 물자과잉(초과공급)현상을 야기한다.

가격통제가 사회적으로 바람직한가 여부는 가격통제가 달성하는 사회적 형평면의 이득이 가격통제에 따른 경제적 효율면의 손실을 초과하느냐의 여부에 달려 있다. 그러나 정부의 가격통제는 많은 경우 사회적 형평이라는 대의명분마저도 달성하기 어렵다는 지적이 있다.

우선, 최고가격제도를 살펴보자. 이는 전쟁, 천재지변 등으로 공급이 부족하여 물가앙등이 우려될 때 물가안정과 소비자 보호를 위해 정부가 가격의 상한선을 설정하고 그 상한선 수준에서만 거래가 이루어질 수 있도록 규제하는 것이다. 즉 정부가 물가를 안정시키고 소비자를 보호할 목적으로 가격의 상한선을 정하고 상한선을 넘어 매매하는 것을 금지하는 것으로, 이 가격을 가격상한(price ceiling) 또는 최고가격(maximum price)이라고 한다. 최고가격제는 주로 수요자 보호를 위해 사용된다.

최고가격제는 시장에서 수요공급의 법칙에 의해 결정된 균형가격 수준이 너무 높다고 판단될 때 공공의 목적을 위해 정부가 시행하는 것이므로 설정된 가격이 항상 균형가격보다 낮다. 이자율규제나 아파트 분양가 규제 등도 이에 해당된다.

〈그림 3-14〉의 예를 보자. 시장에서의 균형가격은 P_e, 균형수량은 Q_e이지만 정부가 사회적으로 또는 소비자 입장에서 볼 때 지나치게 가격이 높다고 판단하여 균형가격보다 낮은 P_c수준에서 최고가격을 설정하였다고 하자. 이 경우 소비자들은 균형가격(P_e)보다 낮은 가격으로 상품을 구입할 수 있게 되지만, 문제는 균형가격보다 낮은 가격 수준인 P_c에서는 gh만큼

의 초과수요(공급부족)가 발생한다는 점이다.

초과수요상태에서는 가격이 P_c 이상으로 오르게 되는데, 정부에서 가격이 P_c 이상으로 오르는 것을 법으로 금지하였기 때문에 가격은 P_c에서 머무르게 된다. P_c에서는 gh만큼의 초과수요(공급량 부족)가 발생하므로 소비자들은 원하는 만큼을 구입할 수 없게 된다. 이러한 경우 소비자들이 최고가격보다 높은 가격을 지불하고서라도 상품을 구입하고자 하기 때문에 암시장(暗市場, black market)이 발생하게 된다.

그림에서 정부가 최고가격을 P_c로 설정하게 되면 공급자들은 Q_c만큼 공급하게 된다. 시장에 상품이 Q_c만큼만 공급되면 이에 대응되는(즉 소비자들이 Q_c에서 지불할 용의가 있는) 가격은 P_f이다. 즉, 최고수준의 암시장 가격은 P_f이다.

시장에서 초과수요가 발생할 경우, 가격이 이를 조정하라는 신호를 보내고 경제 주체들이 이에 따라 수급을 조정하지만, 최고가격제도에서는 무조건 정부가 정한 가격에서 거래가 이루어져야 한다. 따라서 초과수요 상

그림 3-14 최고 · 최저가격제도

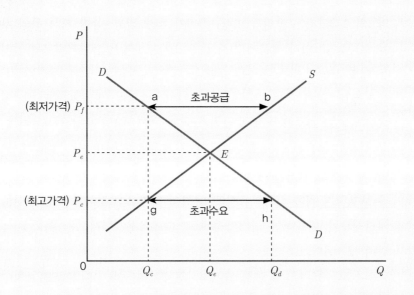

황에서 어떻게 상품을 배분할 것인지가 문제로 대두된다.

최고가격제하에서 배분방법으로는 선착순 판매(first come first served), 쿠폰제도(coupon system) 등이 있다.

선착순 판매는 소비자의 선호가 반영될 수 있으나 상점 주인이 상품이 매진된 것처럼 가장하여 상품의 불공정거래, 즉 재화 배분의 불공정성을 야기할 우려가 있다. 판매자는 상품이 다 팔린 것처럼 가장하고 상품을 높은 가격으로 암거래할 위험성이 있다.

쿠폰제도는 재화의 배분이 공평하게 이루어질 수 있으나 소비자의 선호가 반영되지 못한 채 모두가 균일하게 소비하게 된다는 문제점이 있다. 즉 소비자에 따라 상품에 대한 필요성이 제 각각이지만 쿠폰에 기재된 수량만 공급하게 된다. 이 경우 쿠폰에 기재된 수량 이상으로 상품을 구입하고자 하는 사람들과 쿠폰에 기재된 수량이 모두 필요하지 않은 소비자들 간에 쿠폰(coupon)을 거래하는 암시장이 형성될 가능성이 높다.

최고가격제를 시행할 경우 결과적으로 소비자는 시장가격보다도 더 높은 가격을 지불하게 될 가능성이 높다. 또한 최고가격제로 인해 판매가격이 낮아지면 생산자는 이윤을 얻기 위해 품질을 저하시킬 가능성이 있다. 최고가격제는 암시장 발생, 소비자 후생 감소, 품질 저하 등의 부작용을 초래할 수 있기 때문에 전시 등 비상사태하에서 단기적으로만 실시하는 등 제도 시행에 많은 주의를 요한다.

둘째, 최저가격제도(price floors)를 살펴보자. 최저가격제도는 정부가 기업들 간의 과도한 경쟁을 방지한다든가 또는 어떤 산업을 보호하기 위해서 상품의 하한가격(price floors) 또는 최저가격(minimum prices)을 설정하여 그 이하로 가격이 내려가지 못하게 통제하는 제도이다. 노동자의 권익을 보호하기 위한 최저임금제도, 농가의 이익을 보전하기 위한 농산물가격지지제도가 대표적인 최저가격제도이다. 최저가격제도는 주로 공급자를 위해 사용된다.

〈그림 3-14〉의 예를 보자. 시장에서의 균형가격은 P_e, 균형수량은 Q_e이지만, 정부가 사회적으로 또는 소비자 입장에서 볼 때 지나치게 가격

농작물과 가격규제 쌀 등 농작물은 국민들에게 식량을 안정적으로 공급하고 농가의 소득을 보전하기 위해 정부의 가격규제 정책 대상이 되기도 한다.

이 낮다고 판단하여 P_f수준에서 최저가격을 설정하였다고 하자. 이 경우 소비자들은 이전보다 높은 가격으로 상품을 구입하게 된다. 또한 P_e보다 높은 가격 수준인 P_f에서는 ab만큼의 초과공급(수요 부족)이 발생하게 되는데, 이 초과공급을 어떻게 해결할 것인가가 문제가 된다.

수요의 가격탄력성과 가계지출

수요의 가격탄력성은 그 상품 가격의 변동에 따라 가계지출액이 어떻게 변화할 것인가를 보여준다. 전체 가계의 어떤 상품에 대한 총지출액(E)은 그 상품의 시장수요량(Q)에 가격(P)을 곱한 값, 즉, $E = P \times Q$ 로 나타낼 수 있다. 따라서 총지출액은 가격의 변화에도 영향을 받고 수요량의 변화에도 영향을 받는다. 일반적으로 가격이 변화하면 수요량은 반대방향으로 변화하기 때문에 가격의 변화와 수요량의 변화는 총지출액을 각각 반대방향으로 변화시킨다. 예를 들어 가격이 하락하면 총지출액은 가격하락률만큼 감소하고 수요량 증가율만큼 증가할 것이다.

어떤 상품에 대한 수요가 탄력적이라면 가격이 오를 때 가격의 상승률보다 수요량의 감소율이 더 크다. 즉 가격이 조금 오를 때 수요량은 크게 감소하고, 따라서 가계지출액은 과거보다 감소한다.

어떤 상품에 대한 수요가 비탄력적인 경우에는 가격이 상승하면 상승할 때 비율만큼 수요량이 감소하지 않으므로 가계지출이 증가한다. 가격이 하락하면 하락한 비율만큼 수요량이 증가하지 않으므로 가계지출이 감소

스포츠 용품과 가계지출
가격 수준이 변화함에 따라 스포츠용품이나 장비에 대한 수요량도 변화하고, 탄력성의 크기에 따라 가계지출에서 차지하는 비중도 변화한다.

한다.

수요가 단위탄력적일 경우 가격의 변화율과 수요량의 변화율이 반대로 동일하게 변하기 때문에 가격이 변하더라도 가계지출은 변하지 않는다. 즉, 가격의 상승하락에 상관없이 가계지출은 변함이 없다. 가격하락률이 수요량 증가율과 동일할 경우, 즉 탄력성이 1일 때에는 가격하락으로 인한 음(−)의 효과와 수요량 증가에 의한 양(+)의 효과가 상쇄되어 총지출액은 변화가 없게 된다. 이러한 관계를 정리한 것이 〈표 3−5〉이다.

| 표 3-5 | 수요의 가격탄력성과 가계지출

탄력성	증가율	가격하락	가격상승
탄력적($\eta_d > 1$)	$\Delta Q/Q > \Delta P/P$	총지출 증가	총지출 감소
단위탄력적($\eta_d = 1$)	$\Delta Q/Q = \Delta P/P$	불변	불변
비탄력적($\eta_d < 1$)	$\Delta Q/Q < \Delta P/P$	총지출 감소	총지출 증가

수요의 가격탄력성과 판매수입

가계와 기업만으로 구성된 경제에서 소비자가 어떤 상품을 주어진 가격으로 일정량만큼 구입하는 데 지불하는 총지출액은 그 상품을 판매하는 기업의 입장에서 보면 그 상품을 판매하여 얻는 총수입액과 일치할 것이다. 따라서 수요의 가격탄력성과 소비자의 총지출액의 관계는 수요의 가격탄력성과 기업의 총수입의 관계와 같다.

　기업의 총수입은 한 단위 상품가격(P)에 판매량(Q) 또는 가계의 입장에서 보면 수요량을 곱한 값과 같다. 따라서 〔기업의 총수입 TR(total revenue) $= P \times Q$〕로 표시되고, 총수입 TR은 가격의 변화나 판매량의 변화에 영향을 받음을 알 수 있다. 기업의 총수입은 다음과 같이 변화한다. 우선, 가격이 하락(상승)하고 판매량이 불변이면 기업의 총수입은 감소(증가)한다. 둘째, 가격이 하락(상승)하고 판매량이 감소(증가)하면 기업의 총수입은 감소(증가)한다. 셋째, 가격이 하락(상승)하고 판매량이 증가(감소)하면 기업의 총수입은 증가할지 감소할지를 쉽게 알기 어렵다. 이 경우 탄력성을 이용하면 그 결과를 알 수 있다.

　먼저, 가격이 하락하는 경우이다. 수요의 가격탄력성이 1보다 크면 가격이 하락할 때 수요량이 더 큰 비율로 증가한다. 상품을 판매해서 얻은 수입은 가격에 수요량을 곱한 것이 되므로 수요가 탄력적이면 가격이 내려갈 때 판매수입이 늘어나게 된다. 가격탄력성이 1일 경우 가격이 하락할 때 수요량이 똑같은 비율로 증가하므로 총수입에는 아무런 변화가 생기지 않는다. 가격탄력성이 1보다 작다면 가격하락률이 수요량 증가율보다 큰 경우로서 총수입은 감소한다.

　다음은 가격이 상승한 경우이다. 수요의 가격탄력성이 1보다 큰 탄력적인 구간에서는 가격의 상승에 따른 수요량의 감소에 대해 가격의 상승률이 수요량의 감소율보다 작기 때문에 가격상승은 기업 총수입의 감소를 초래한다. 반면 수요의 가격탄력성이 1보다 작은 비탄력적인 구간에서는 가

수요의 가격탄력성과 골프장 세금　골프산업 활성화를 위해 특별소비세를 감면해주는 경우 골프장의 수입이 얼마만큼 증가할지는 골프수요의 가격탄력성 크기에 따라 결정된다. 서울 근교의 골프장과 골프장 세금에 반발하는 모습

격의 상승에 따른 수요량의 감소에 대해 가격의 상승률이 수요량의 감소율보다 크기 때문에 가격상승은 기업의 총수입을 증가시킨다. 수요의 가격탄력성이 1일 때는 가격의 상승률과 수요량의 감소율이 동일하며 기업의 총수입에는 변함이 없다.

가격차별

가격차별(價格差別, price discrimination)은 동일한 조건에서 생산된 동질적인 재화나 서비스를 서로 다른 가격으로 판매하는 행위를 말한다. 주로 독점기업이 보다 많은 이윤을 얻기 위해 똑같은 상품에 대해서 서로 다른 가격을 받는 행위이다. 수요자를 여러 집단으로 나누어 가격차별을 수행하는 기준으로 흔히 수요의 가격탄력성이 이용된다. 즉, 가격탄력성이 높은 수요자와 낮은 수요자를 구분하여 한 집단에는 높은 가격을 다른 집단에는 낮은 가격을 받는 방식이다.

프로스포츠시장에서는 다양한 형태의 가격차별이 이루어지고 있다. 프로스포츠시장에서 가격차별을 활용하기 위해서는 소비자들을 특성에 따라 두 개 이상의 다른 집단으로 나눌 수 있어야 하며, 해당 기업은 소비자들의 특성을 쉽게 파악할 수 있어야 한다. 널리 활용되는 가격차별은 다음과 같다

우선, 소득계층에 따라 수요탄력성이 다를 경우 소득계층별 가격차별이 가능하다. 경기장 입장료를 학생, 노인들에게는 낮게 일반인들에게는

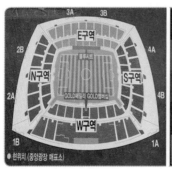

구분	성인	청소년	어린이	입장게이트
블루시트	균일 70,000원 (2인)			1A
GOLD패밀리 GOLD행버십	30,000원	20,000원	10,000원	VIP Gate
W구역	20,000원	10,000원	5,000원	1A(Ws) 1B(Wn)
E/N/S구역	12,000원	6,000원	2,000원	2A(N) 3A(E) 4B(S)

프로스포츠 시장에서의 가격차별 축구경기장에서 좌석에 따라 다른 가격을 책정하는 것은 수익 극대화를 위한 가장 대표적 전략 중 하나이다.

높게 부과하여 보다 많은 이익을 얻을 수 있다. 둘째, 사용시간에 따른 가격차별이 가능하다. 예를 들어 프로야구경기를 주중과 주말을 비교하여 주중에는 낮은 가격을 주말에는 높은 가격을 받아 수입을 증가시킬 수 있다. 셋째, 충성도가 높은 열성적인 팬과 일반 관중들 간의 가격차별이다. 충성도가 높은 팬들에게는 상대적으로 높은 가격을 일반관중들에게는 낮은 가격을 부과하는 방식이다. 열성적인 팬들은 가격을 더 지불하더라도 더 가깝고 잘 보이는 곳에서 경기를 관람하고 싶어 하므로 좌석의 위치에 따라 가격을 다르게 책정하면 수입을 극대화할 수 있다.

재미있는 스포츠경제 가격차별의 경제학

가격차별은 우리 주위에서 의외로 많이 찾아볼 수 있다. 영화관에서 조조할인을 해주거나 특별한 카드를 소지한 사람에게 할인을 해주는 것도 가격차별의 한 종류이다. 항공료도 계절이나 시간대에 따라 다른 경우가 많고, 수도요금이나 전기요금도 일반 가정에서 사용하는 경우와 산업체에서 사용하는 경우 다르게 책정된다. 스포츠와 관련해서 가장 대표적인 가격차별은 경기장 관람석 가격을 소비자의 소득, 나이 등에 따라 다르게 부과하는 것이다.

가격차별이 가능하기 위해서는 먼저 공급자가 소비자를 몇 개의 그룹으로 구분할 수 있어야 한다. 소비자가 동질적이라면 모두가 동일한 가격을 지불하고자 할 것이므로 가격차별이 불가능하다. 소비자의 이질성을 가장 잘 대표하는 것이 바로 수요의 가격탄력성이다. 탄력성이 높은 소비자는 가격에 민감하게 반응하므로 일반적으로 낮은 가격의 재화나 서비스를 선호하게 된다. 공급자는 이러한 소비자에게는 낮은 가격을 부과하여 상품을 판매하게 된다. 또한 소비자 간 전매가 불가능해야 한다. 전매가 가능하다면 낮은 가격으로 상품을 구매한 소비자가 다른 소비자에게 적절한 이윤을 붙여 판매하게 되고, 결국 가격차별을 시도한 공급자는 이윤을 잃게 되기 때문이다.

그러나 같은 상품에 다른 가격이 매겨져 있다고 해서 다 가격차별은 아니다. 특정 지역으로의 운송비가 높다면 그 지역에서의 상품가격이 높은 것이 자연스러운 것이기 때문이다. 가격차별은 공급자들이 소비자들로 하여금, 자신이 지불할 의사가 있는 최대금액에 가깝게 지불하도록 고안하므로 소비자잉여를 공급자에게 이전시키는 효과를 낳는다.

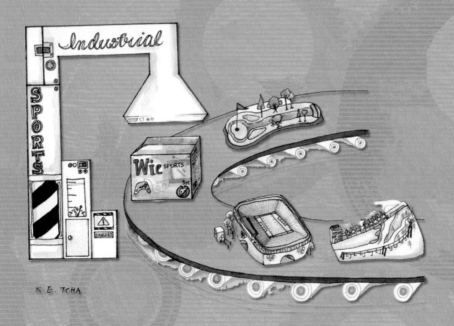

K. E. TCHA

Sports Economics

part II

II

스포츠
경제와 산업

스포츠 경제학 개관

1. 체육과 스포츠

체육과 스포츠

스포츠(sports)는 인류 역사가 시작된 이래 인간과 함께 해오고 있다. 스포츠는 인간이 스스로를 보호하고 생존하기 위한 수단으로 이용되었고 가족 간에는 놀이와 게임, 마을과 지역에서는 놀이와 경쟁, 국가와 국가 간에는 경쟁(競爭)과 이벤트(event)의 수단으로 발전하여 왔다.

스포츠는 라틴어 디스포라테(disporate)에서 유래한 것으로, '즐기다', '기분전환하다', '만족하다' 등의 의미를 지니고 있고, 영어로 흡수되며 디스포트(disport)라는 단어로 변화하였다. 현대사회에서 해석되는 스포츠의 의미는 다양하다. 소극적 의미로는 신체적 활동에서 유래된 자신을 표현하는 방법이며, 여기에서 한 발 더 나아가면 기술과 경쟁으로 이루어진 신체활동으로 '조직·룰·방법' 등이 적용된 후 경기에서 이기기 위해 경쟁적으로 수행하는 의도적 신체활동으로 정의된다. 보다 광범위하게는 일종의 '문화'로 인지되는 기본적 레저활동으로 정의되기도 한다.

하지만 스포츠라는 용어가 사용된 지는 그리 오래되지 않았다. 과거에는 주로 체육(體育)이라는 용어가 사용되었다. 체육은 1840년대 이래 신체와 교육의 합성어인 신체교육(physical education)으로 인식되었다.[1] 그러나 체육이 신체 자체를 교육하는 것인지 아니면 신체를 매개로 한 교육활동인지에 대해서 논란이 제기되기도 하였다. 1930년대 들어 체육은 신체활동을 통하여 신체적·정신적·사회적으로 완전한 인간을 형성하는 교육의 한 분야로 인식되게 되었다.

그동안 우리나라에서도 체육이라는 용어가 일상적으로 사용되었고 스포츠는 체육의 한 부분으로 인식되었다. 그러나 최근 스포츠는 교육의 한 영역인 체육보다 더 넓은 개념으로 사용되고 있다. 그동안 스포츠는 체육

---

[1] 체육에 관한 용어가 최초로 문헌상에 기록된 것은 18세기 후반 델사르트(Delsarte)의 'education physique'이다.

의 한 수단으로 인식되었으나 이제는 하나의 문화적 형태인 동시에 신체문화, 생활문화의 한 영역으로서 경쟁적이든 비경쟁적이든 일체의 신체활동을 통해 이루어지는 사회현상으로 보는 것이다. 즉 오히려 체육이 스포츠의 한 영역으로 되어 가고 있다고 할 수 있겠다.

　한편으로는 점차 다양한 스포츠 활동이 등장하면서 교육을 강조하는 체육의 범위를 넘어서 체육과 스포츠라는 용어가 혼용되기도 한다. 예를 들어, 「체육백서」(2010)에서 체육은 "계획적이고 의도적인 신체활동을 매개·수단으로 하여 인간의 잠재능력을 발휘하도록 함으로써 신체적·정신적·사회적으로 완전한 인간을 형성하고자 하는 교육의 한 영역"으로 정의한다. 「국민체육진흥법」(제 2 조)에서는 "체육은 운동경기·야외 운동 등 신체활동을 통하여 건전한 신체와 정신을 기르고 여가를 선용하는 것"이라고 정의한다. 이는 교육적 측면에서 출발한 체육의 범위를 보다 확장한 것으로 경제·사회적 변화에 따라 새롭게 등장하고 있는 다양한 신체활동과 기능 확대를 반영하고 있다. 즉, 전통적 의미의 교육으로서의 체육뿐 아니라 다양한 신체활동, 운동, 스포츠, 레저스포츠, 레크리에이션 등 유사 개념을 포함하고 있다.

　우리나라의 경우 1960년대 이후 각종 국가대항 경기에서의 승리와 국위선양 등이 중요하게 여겨지면서 엘리트 스포츠(elite sports)가 강조되기도 하였고, 1980년대 후반 들어 여가 및 레저라는 말이 사용되면서 생활체육, 레저스포츠(leisure sports)라는 개념이 사용되기 시작하였다. 또한 프로야구, 축구 등의 등장과 더불어 프로스포츠(professional sports)라는 개념도 도입되었다.

　최근 스포츠는 교육의 기능을 내포하고 있는 체육이라는 개념을 초월하여 여가 및 레저와의 연관성이나 상업성 등이 강조되기에 이르렀다. 특히, 프로스포츠의 등장과 더불어 스포츠의 상업적 기능이 중시되고, 스포츠가 지니고 있는 경제적 가치에 대한 인식이 점차 높아지면서 스포츠도 하나의 산업으로 인식되기에 이르렀다. 스포츠는 또한 국가·사회적으로 긍정적인 효과를 기대할 수 있다는 점에서 경제와 사회발전에 필수적인 요소로도 인식되고 있다.

체육활동

「체육백서」(2010)에서는 스포츠 활동을 영역과 활동목적에 따라 생활
체육·학교체육·전문체육 등으로 구분한다.[2]

첫째, 생활체육은 사람들이 건강 유지·증진과 여가선용을 위해 행하
는 자발적이고 일상적인 체육활동이다.「체육백서」에서는 생활체육 영역
을 분류기준에 따라 다양하게 구분한다. 참가자의 연령수준이나 생애주기
에 따라 유아체육·아동체육·청소년 체육·성인체육·장년체육·노인체육 등
으로, 대상에 따라 여성체육·장애자 체육·군인체육 등으로, 공간에 따라
가정체육·지역사회체육·직장체육 등으로 구분한다. 또 생활체육활동을 제
공하는 단체나 재원의 종류에 따라 공공체육·민간단체체육·상업체육 등으
로 구분한다.

생활체육은 인간 생활의 일부분으로 행해지는 체육활동으로 평생체육
(sport for lifetime), 모든 사람을 위한 체육(sport for all)이라는 개념에서 비
롯되었다. 모든 사람을 위한 스포츠는 1975년 유럽의 스포츠관련 장관회의
에서 채택한 '스포츠 포 올(sport for all)헌장'에서 시작된다. '스포츠 포 올
헌장'은 성별, 연령, 인종, 출신 계층, 경제·사회적 지위 등에 구속되지 않
고 모든 사람에게 자유롭게 스포츠에 참가할 권리와 기회를 보장해 주어야
한다는 내용이다. 모든 사람을 위한 스포츠는 복지정책의 일환으로 추진된

| 표 4-1 | 세계 주요 국가들의 sport for all

국 가	전개 운동	국 가	전개 운동
미 국	Physical Fitness Movement	노르웨이	Trimming
구 서독	Trimming 130	중 국	전민건신운동(全民建身運動)
호 주	Life It Be	일 본	체력육성운동(體力育成運動)
캐나다	Participaction	한 국	생활체육운동

자료: 문화체육관광부, 『2009 체육백서』(2010).

---

2 일부에서는 체육과 스포츠를 엄격히 구분해 사용하기도 하지만 여기서는 체육과 스포츠를 혼용하되
체육보다는 스포츠를 더 포괄적인 개념으로 인식하고 사용한다.

생활체육 생활체육은 많은 나라에서 매우 활성화되고 있다. 한국과 중국의 생활체육 모습

사회정책인 동시에 생활체육진흥을 위한 노력이라고 할 수 있다. 세계 주요 국가들이 추진하고 있는 스포츠 포 올은 〈표 4−1〉에 요약되어 있다.

둘째, 학교체육은 교육을 목적으로 전개된다. 즉, 학령에 따라 인간의 움직임, 신체활동, 놀이, 게임, 스포츠 활동 등을 통해 체육교육의 목표를 달성하는 것이다. 체육의 목표는 운동의 기능 향상과 체력증진에만 한정되지 않고 운동과 건강에 대한 지식과 활용 능력, 운동을 통한 정서 함양과 정서적 영향까지 규정하고 있다.

셋째, 전문체육은 수월성 내지는 우월성 추구를 주요 목적으로 추진된다. 전문체육은 엘리트 스포츠(elite sport)라고도 한다. 「국민체육진흥법」에서는 전문체육을 운동선수들이 행하는 운동경기활동으로 규정하고 있다. 여기에는 대한체육회 경기단체에 등록한 아마추어 선수들이 행하는 엘리트 스포츠와 프로스포츠협회에 등록한 프로선수들이 행하는 프로스포츠가 해당된다.

생활체육, 학교체육, 전문체육은 다 같은 체육활동이지만 그 대상이나 추진방법, 내용, 장소, 목적 등이 다르다. 예를 들어, 생활체육의 목적이 체육활동을 통한 건강유지 및 증진, 여가 등을 위해 행해진다면, 학교체육은 체육을 통한 교육의 목적을 추구하기 위해 수행된다. 전문체육은 수월성을 추구하며, 특히 프로스포츠는 생계유지를 위한 수단으로 기능한다. 생활체육, 학교체육, 전문체육의 대상, 방법 등 특징은 〈표 4−2〉에 요약되어 있다.

| 표 4-2 | 학교체육·전문체육·생활체육의 특징

구 분	생활체육	학교체육	전문체육
대 상	모든 사람	학 생	청 년
방 법	자발적·즐거움	의무적	자발적·의무적
내 용	체력운동, 게임, 스포츠 등	체력운동, 게임, 스포츠 등	정규스포츠 경기
장 소	모든 시설	학교 체육시설	정규체육시설
목 적	여가, 욕구충족	교 육	승리, 직업

자료: 문화체육관광부, 『2009 체육백서』(2010).

유사 개념

스포츠, 놀이·게임, 여가·레저스포츠, 운동과 운동경기 등은 신체적 활동을 기본적인 요소로 한다는 공통점을 지니고 있다. 이러한 개념들은 상황에 따라 스포츠와 동의어로 사용되기도 하고 때에 따라서는 스포츠와 차별성이 있거나 스포츠보다 더 넓은 개념으로 사용되기도 한다. 「체육백서」(2010)에서는 이러한 개념들을 다음과 같이 구분한다.

첫째, 신체적 활동이 가장 기본적인 요소이지만 이들 신체직 활동이 심리적·사회적·문화적인 조건에 따라 체계화되는 단계에 따라 놀이(play), 게임(game), 스포츠(sports)로 구별된다. 놀이는 신체활동 중에서 허구성과 비생산성(非生産性)이라는 조건을 충족시키며, 문화적으로 사회에서 인정되는 활동이다. 놀이의 허구성이란 현실생활을 벗어나 일어나는 활동을 의미한다. 비생산성은 신체활동의 결과로 새로운 종류의 재화나 서비스가 생산되지 않는다는 뜻이다. 놀이에서 경쟁은 존재할 수 있으나 이는 주로 관심과 흥미를 위해서이다.

게임은 놀이로 인정되는 신체활동 중에서 경쟁을 바탕으로 하는 것이다. 그리고 경쟁과 경기결과를 위해 시간과 규칙을 정하고, 경기결과에 대한 불확실성을 유지하면서 전략, 확률, 신체의 기능 등을 통해 경기결과를 결정하는 활동이다.

규칙은 게임을 하기 위한 새로운 규범이다. 경쟁이란 둘 또는 그 이상

놀이와 게임 놀이는 허구성과 비생산성을 지니고 있으며 사회에서 인정받는 활동이다. 게임은 규칙과 경쟁을 바탕으로 한다. 우리나라의 뱃놀이와 중국인들의 마작 게임 모습

의 상대와 경기에서 승부를 겨룬다는 의미이다. 경기 결과의 불확실성(uncertainty of outcome)이란 경기를 하기 전에 경기 결과가 미리 정해져 있지 않기 때문에 어떤 결과가 발생할지 알 수 없다는 의미이다.

스포츠는 게임의 특성을 지니고 있으며, 경기결과를 결정하는 주요 요인으로 신체적 기량이 강조된다. 스포츠는 게임의 활동 가치, 규범, 기술 등이 제도화되어 있다. 또한 스포츠 활동을 위한 조직이 구성되고, 조직을 통해 규칙 준수 여부를 감독하고 이 결과를 기록하는 특성을 지닌 활동이다. 따라서 하나의 체육활동이 사회에서 스포츠로 인정되기 위해서는 놀이와 게임의 특성을 지니고 있어야 하고, 이에 더하여 신체적 기량이 경쟁의 결과를 결정하는 데 가장 중요한 요소로 작용하는 활동체계의 제도화가 이루어져야 한다.

둘째, 여가·레크리에이션·레저스포츠라는 것도 있다. 여가(leisure)는 기본적으로 시간에 대한 개념에서 비롯된다. 사람에게는 하루 24시간이 주어지는데 이를 생존, 생계유지, 자유로운 시간 등으로 구분할 수 있다. 여기서 생존과 생계를 위한 시간 이외의 자유로운 시간 즉, 여가시간이 생기게 된다. 여가는 인간이 생존과 생계를 위한 활동을 하고 남는 여유있는 시간이 있다는 의미이다. 그러나 보다 적극적인 의미에서 여가는 자유로운 시간에 하는 활동은 물론 그 활동을 통하여 경험하는 만족과 즐거운 상태까지 포괄한다. 사람들이 여가시간을 이용하여 스포츠 활동을 하는 것을 특히 레저스포츠(leisure sports)라고 한다.

레크리에이션(recreation)은 여가의 한 부분으로서 여가와 유사한 개념

레저스포츠 적극적인 의미의 레저는 자유로운 시간에 하는 활동과 이를 통해 경험하는 즐거운 상태까지를 포함한다.

이다. 그러나 레크리에이션은 여가에 비해 활동이 다양하지 못하며 조직적으로 전개된다. 여가가 본질적으로 개인적 목적을 달성하기 위해 행해진다면, 레크리에이션은 집단적·사회적 목적을 달성하기 위해 행해진다고 할 수 있다. 여가활동이 개인적 만족을 위하여 자유로운 시간에 행해질 수 있다면, 레크리에이션은 사회집단이나 조직의 활력이나 재충전이 강조되기 때문에 자유롭지 않은 시간에도 행해진다. 예를 들면, 회사에서 조직의 활력을 증진시키기 위해 점심시간 이후에 전 직원에게 레크리에이션 프로그램을 실시하는 것은, 여가시간이 아닌 업무시간에 조직의 목적을 달성하기 위해 수행하는 활동이다.

레저스포츠는 그 개념이 분명하지 않지만, 주로 여가시간에 행해지는 스포츠를 뜻한다. 일반적으로 레저스포츠는 프로스포츠경기 등과는 달리 경기에서의 승리나 금전적 목적을 중시하지 않는다. 여가시간에 개인적 목적을 달성하기 위한 스포츠 활동이 여기에 해당되며, 어떤 스포츠 종목이든 여가시간에 행해지면 여가스포츠로 간주한다.

셋째, 운동과 운동경기가 있다. 운동(exercise)은 사람들이 건강유지 및 증진을 위하여 의도적이고 계획적으로 행하는 스포츠 활동이다. 일반적으로 운동에 활용되는 스포츠 활동은 인간의 모든 움직임이다. 신체활동·놀이·게임 등 자신의 건강을 유지하고 증진하기 위해서 행하는 모든 스포츠 활동은 운동이 될 수 있다. 운동경기(athletics)는 사회로부터 정규 스포츠로 인정받은 종목들이다. 어떤 활동이 운동경기로 인정받기 위해서는 사람들이 경기를 통하여 객관적으로 기량을 겨룰 수 있도록 그리고 경기결과를 결정할 수 있도록 규칙이 공정하고 분명하고 구체적으로 규정되어 있어야 한다. 그리고 이러한 규칙이 준수될 수 있도록 감독하고 경기결과를 기록하여 다른 경기결과와 비교할 수 있도록 하는 활동이 필요하다.

　　동일 종목의 운동이라고 하더라도 운동방식, 목적 등에 따라 운동이나 운동경기가 될 수 있다. 사람들이 상대방과 경쟁을 통해 경기결과를 얻기 위해서 운동을 한다면 운동경기가 되며, 사람들이 승부를 가리지 않는 신체활동 즉, 건강을 유지하고 증진하기 위해 산책이나 맨손체조, 줄넘기 등을 하는 경우에는 운동이 된다. 일상적으로 행해지는 줄넘기, 산보, 맨손체조, 조깅 등의 운동은 운동경기로 인정받을 수 없지만 일정한 규칙과 기술로 상대방(팀)과 경쟁을 통하여 경기 결과를 얻는다면 운동경기로 인정받을 수 있다. 반면 경쟁을 통하여 경기결과를 얻기 위해 축구경기를 한다면 운동경기가 되지만 단순히 연습을 하는 것이라면 운동이 된다. 이와 같이 대부분의 운동은 경우에 따라 운동경기가 될 수도 있다. 그러나 줄넘기가 단순한 운동에서 운동경기로 인정받기 위해서는 줄넘기 협회와 같이 공인된 기구에서 규정하는 기술과 규칙에 따라 줄넘기 실력을 겨루어야 한다. 그리고 협회가 규정하는 규칙을 지켰다는 사실을 인정할 수 있는 공인된 심판의 판정을 받아야 한다.

2. 스포츠 경제학의 등장과 발전

등장 배경과 발전

　　스포츠 활동은 개인, 지역, 국가에 따라 다양하게 이루어진다. 스포츠는 건강유지 및 증진, 경제·사회적 발전, 국가 이미지 제고 등 다양한 역할을 수행한다. 현대사회에서 소득수준이 향상되고 사회가 갈수록 복잡해지고 다양화되면서 스포츠의 경제·정치·사회·문화적 가치가 부각되고 있다. 특히, 프로스포츠의 산업화와 전문화, 참여스포츠의 경제사회적 기능과 역할 등에 대한 인식의 변화 등이 진행되고 있다. 이와 더불어 북미나 유럽의 스포츠 선진국가를 중심으로 각종 스포츠 활동에 대해 경제적 논리를 적용하고 설명하려는 시도들이 활발하게 진행되고 있다.

스포츠 시장에서 경제학에 대한 관심이 늘어나게 된 배경은 다음과 같다. 첫째, 프로스포츠의 탄생이다. 야구·축구·농구 등 프로스포츠의 출범과 더불어 관련 제품 및 서비스에 대한 수요가 증가하면서 프로스포츠 시장에 대한 경제적 분석의 중요성이 인식되기 시작했다. 스포츠의 경제이론적 접근은 1956년 로텐버그(Rottenberg, S.)로부터 시작되었다.[3] 이후 야구, 축구, 하키, 미식축구 등 프로스포츠 시장에 대해 경제학적 분석방법을 활용한 다양한 학술적 연구가 이루어졌다. 그러나 프로스포츠 시장에 대한 경제학적 접근이 본격적으로 이루어지기 시작한 것은 프로스포츠의 부흥기라고 할 수 있는 1970년대부터라고 할 수 있다. 프로스포츠 경기에 대한 붐(boom)과 더불어 프로스포츠 경기, 스포츠 용품 및 장비, 스포츠 시설, 스포츠 서비스(경기) 등에 대한 수요가 증가하면서 스포츠의 경제적 가치가 점차 중요해졌기 때문이다.

둘째, 프로스포츠와 스포츠관련 단체의 존립을 위해 스포츠 경제학이 등장하게 되었다. 초기의 프로스포츠 팀들은 경제적으로 생존하기가 쉽지 않았다. 미국의 경우 많은 프로팀들이 생겨나기는 했지만 경제적인 문제를 극복하지 못하고 문을 닫는 경우가 많았다. 유럽의 많은 프로스포츠 구단들도 재정적자가 누적되는 등 경제적인 어려움을 겪었다. 또한 프로스포츠 구단들뿐 아니라 각종 스포츠 협회나 단체들의 재정적 어려움이 가중되자, 이를 극복하기 위한 방안으로 스포츠 시장에 대한 경제학적 분석의 필요성이 대두되었다. 현대사회의 프로스포츠 시장에서는 프로스포츠를 하나의 산업으로 인식하고 철저한 상업주의를 강조하고 있다. 이에 따라 스포츠 시장에서 경제학적 분석은 자연스럽게 필요충분조건으로 인식되게 되었다.

---

3 1956년 사이먼 로텐버그(Rottenberg, S.)가 *Journal of Political Economy*에 기고한 「야구선수의 노동시장(The Baseball Players' Labor Market)」이라는 논문이 스포츠 시장을 경제학적 논리로 분석한 최초의 연구로 알려져 있다. 로텐버그는 이 논문에서 팀 간의 경기력 차이가 지나치게 클 경우 리그는 성공하기 어렵고, 팀 간의 선수이동은 자유시장과 같이 자유로워야 한다고 주장하였다.

서울올림픽과 스포츠 88
서울올림픽의 개최는 경제적 편익뿐 아니라 국가 이미지 제고 등 다양한 편익을 유발하고, 스포츠에 대한 국민의 관심을 제고시켰다.

　셋째, 올림픽 경기대회, 월드컵 축구대회 등과 같은 초대형 스포츠 이벤트를 경제적으로 운용하기 위한 방안을 모색하면서 스포츠 경제학의 중요성이 부각되었다. 1976년 캐나다 몬트리올(Montreal) 올림픽 이전까지만 하더라도 초대형 스포츠 이벤트를 개최하는 국가들은 이벤트 개최에 따른 재정적 어려움이나 부담을 당연한 것으로 받아들였다. 그러나 1984년 미국 LA올림픽에서의 흑자는 초대형 스포츠 이벤트를 통한 경제적 성과가 가능하다는 사실을 보여 주었다.[4] 이는 스포츠에 대한 경제적 연구를 촉발시키는 계기가 되었다. 초대형 스포츠 이벤트를 성공적으로 개최할 경우 국가·사회적 발전은 물론 국가 이미지 제고, 국가경쟁력 강화 등에 기여한다는 점에서 세계 여러 국가들이 초대형 스포츠 이벤트를 유치하기 위해 치열하게 경쟁하고 있고 이를 뒷받침하기 위해 스포츠 이벤트의 비용과 경제적 효과 및 경제적 운용방법에 대한 연구 수요가 증대하고 있다.

　넷째, 스포츠가 지닌 건강 유지 및 증진, 자아실현, 여가활용 수단으로서의 가치가 강조됐기 때문이다. 개인들은 참여스포츠 활동을 통해 건강을 유지하고 증진시켜 양질의 삶을 향유하고 생산성을 높일 수 있으며, 사회·국가적 측면에서는 스포츠를 통한 교류 및 유대관계 등을 통해 밝고 건강한 사회를 구축하는 효과를 얻을 수 있다. 특히, 참여스포츠는 개인의 건

---

4 1976년 캐나다 몬트리올 올림픽은 8억 달러 적자를 기록했지만, 1984년 미국 LA올림픽은 민간자본을 조달하며 2억1,500만 달러의 흑자를 기록했다. LA올림픽 이전 올림픽 개최 국가들은 재정적으로 많은 어려움을 겪어 올림픽 개최를 꺼려할 정도였다. 그러나 LA올림픽은 사상 초유의 흑자를 기록했을 뿐 아니라 국가 이미지 제고에도 기여했다. 반면 LA올림픽의 재정적·상업적 성공과 더불어 순수한 올림픽에 상업주의가 개입되어야 할 것인가에 대해 논란이 제기되기도 했다. 한국개발연구원(편), 『서울올림픽의 국가발전적 의의』, 1987.

강 유지·증진뿐 아니라 생산성 향상, 건강보험 재정 건전화 등에 기여한다는 점에서 경제학적 분석이 활발하게 진행되고 있다.

이와 같이 스포츠 시장에 대한 경제학적 접근이 다양해지면서 경제학적 분석의 중요성도 증가하고 있다. 처음에는 프로야구, 축구, 농구 등 프로스포츠 시장에 대한 연구들이 주류를 이루었으나, 스포츠시설, 스포츠 이벤트, 생활스포츠, 스포츠 시장과 정부 등 분석대상 분야가 점차 확대되고 있다. 스포츠 경제에 대한 학문적 접근도 시작되었으며 점차 활기를 띠고 있다.[5] 스포츠에 대한 경제적 관심은 단순히 관람 또는 참여스포츠 차원을 넘어서고 있다. 스포츠가 국가의 경제성장 및 발전을 위한 원동력으로 활용되고 있으며 사회적 자본으로 인식되기에 이르렀기 때문이다.

특히, 경제가 발전되면서 사람들의 욕구가 다양해지고, 도전의식, 창조적 활동, 모험, 스릴(thrill) 등을 추구하면서 새로운 개념의 스포츠 활동이 등장하고 있다. 새롭고 다양한 스포츠 활동은 경제학적 분석을 필요로 한다. 이에 따라 스포츠에 대한 경제학적 접근은 경쟁중심의 스포츠 활동에서 비경쟁 중심의 스포츠 활동, 신체·비신체적 활동의 스포츠, 과학기술 중심의 스포츠 등으로 점차 확대되고 있다. 또한 글로벌화와 더불어 스포츠에 대한 경제학적 접근은 전 지구적 차원에서 이루어지고 있다. 특히, 프로스포츠 경기, 초대형 스포츠 이벤트, 스포츠미디어, 스포츠 용품 및 장비 등과 관련된 주요 사항들은 글로벌차원에서 논의되고 있다. 〈그림 4-1〉은 스포츠 경제학의 관심 영역이 다양한 방면으로 점차 확대되고 있으며, 그 중요성도 점차 증가하고 있음을 보여준다.

---

5 스포츠 경제학 관련 교재로는 1970~80년대 이미 데머트(Demmert, H. G., 1973)의 『*The Economics of Professional Team Sport*』, 놀(Noll, R., 1974)의 『*Government and the Sports Business*』, 스컬리의 (Scully, G. W., 1989). 『*The Business of Major League Baseball*』 등이 다양하게 출판되었고, 그 후 국제스포츠경제학자협회(International Association of Sports Economist)가 프랑스에 설립되었다. 「스포츠 경제학(Sports Economics)」이라는 용어는 1997년에 미국 캘리포니아 주립대의 카한(Kahane, L.), 슈멘스키(Shmanske, S.), 스토우도하(Staudohar, P.) 등의 교수들에 의해 대두되었다. 그 후 놀(Noll, R.), 이드슨(Idson, T.) 등의 학자들이 참여하여 『스포츠경제학회지(*Journal of Sports Economics*)』를 2000년 2월부터 출간하기 시작하였다.

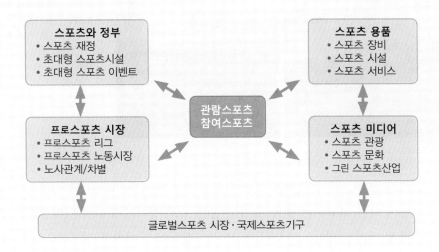

그림 4-1 스포츠 경제학의 관심 영역

3. 스포츠의 경제적 기능과 역할

소비재

스포츠는 소비재((消費財, consumption goods)의 특성을 지니고 있다. 소비는 사람의 욕망과 필요를 충족시켜 주는 기본적인 경제활동이며 소비재란 사람들이 소비하는 재화나 서비스이다.[6] 사람들은 소비재를 소비하고 나름대로 효용과 만족을 누린다. 소비재는 내구소비재(durable consumption goods)와 비내구소비재(nondurable consumption goods)로 구분되기도 한다. 비내구소비재의 경우 즐거움, 효용 등이 즉각적으로 나타나지만 보관이 어

---

6 재화에 대한 구분이나 개념은 상대적이고 사용목적이나 용도에 따라 변화할 수도 있다. 가령, 밀가루가 일반소비자에 의해 음식을 만드는 데 사용되면 소비재이지만, 제과점에서 빵을 만드는 데 사용되면 생산재이다. 생산재는 생산자가 생산을 위해 사용하는 재화를 뜻한다. 예를 들어, 자동차를 생산하는 데 쓰이는 타이어, 볼트, 너트 등의 부속품은 생산재이다. 완성된 자동차는 최종재라고 부르며 소비자에게 판매되어 소비자의 욕망과 필요를 충족시키면 소비재가 되고, 생산자에게 판매되어 사람·화물 등의 수송 역할을 하게 되면 자본재라고 정의된다.

소비재와 생산재로서의 운동기구 헬스센터가 운동기구를 구매하여 헬스센터 운영에 활용하면 이 운동기구들은 생산재로서의 역할을 한다. 반면 소비자들이 스포츠화를 구매하여 스포츠 활동에 참여하면 소비재가 된다.

렵고 사용으로 인한 소모가 빠르며 시간이 경과할수록 가치가 급속히 떨어진다. 반면 내구소비재는 보관이 쉽고 사용에 따른 마모가 크지 않으며 사용에 따른 효용이나 만족 등이 시간을 두고 장기간에 걸쳐 나타난다는 점에서 차이가 있다. 소비자들이 스포츠 활동에 참여하여 신체적으로 더 좋은 상태를 유지하게 된다면, 이는 내구소비재로서의 스포츠 소비에 따른 편익이라고 할 수 있다. 스포츠 활동은 소비자가 소비한다고 해서 마모되거나 없어지는 것이 아니고 미래에도 소비가 가능해 참여자에게 현재뿐 아니라 미래에도 더 큰 효용과 만족을 제공하기 때문이다.

반면 엘리트 스포츠나 프로스포츠 경기 장면, 초대형 스포츠 이벤트 등은 비내구소비재적 성격이 강하다. 엘리트 스포츠나 프로스포츠 선수들이 경기 중에 제공하는 스포츠 묘기나 명장면은 재현이 불가능하기 때문이다. 물론 TV방송이나 인터넷 등을 통해 가치 있는 명장면을 다시 관람할 수는 있다. 그러나 관람자들이 경기현장에서 경기를 직접관람하거나 생방송 중계를 시청하는 것과는 생동감, 만족 등에서 비교할 수 없을 정도로 차이가 크다. 대부분의 프로스포츠 경기가 관람스포츠로서 가치를 인정받고 있는 것은 소비자들이 스포츠를 관람하면서 흥분, 긴장, 즐거움 등을 향유할 수 있기 때문이다.

자본재

스포츠는 또한 자본재(資本財, capital goods)로서의 역할을 수행한다.

자본재는 주로 다른 재화나 서비스를 생산하는 데 사용되므로 기업의 입장에서는 생산요소에 해당한다. 자본재를 수요하는 것을 투자라고 한다. 스포츠 활동은 자본재로서의 특성도 지니고 있다. 스포츠 활동은 건강한 상태를 생산하는 자본재로 간주될 수 있기 때문이다. 만약 어떤 사람이 스포츠 활동을 통해 건강한 상태를 유지하고, 이로써 생산성을 높이고 금전적 수익을 기대할 수 있다면, 스포츠 활동은 더 많은 수익을 올릴 수 있게 하는 자본재에 해당된다. 프로스포츠 선수들은 보다 뛰어난 기술과 묘기를 소비자들에게 보여주기 위해 많은 시간과 노력을 훈련에 투자한다. 그리고 이러한 훈련과 노력은 경기에서 승리하는 데 기여하고, 선수의 소득 증대에 영향을 미친다는 점에서 자본재에 해당된다. 이와 같이 사람의 지식과 기술이 생산에 기여하는 중요한 요소임을 이론적으로 정형화시킨 것을 인적자본이론(human capital theory)이라고 한다.

인적자본(人的資本)이란 교육, 훈련, 경험 등을 통해 체화(體化)된 지식과 기술을 말한다. 즉, 단순한 노동력에 교육 및 훈련으로 습득되고 축적된 기술과 노하우(know how), 운영 능력 등을 결합시킨 것이다. 스포츠 기술, 노하우, 스포츠 이벤트 개최 준비, 이벤트 운영과정에서 체득한 역량과 전문기술 등이 이에 해당된다. 교육·훈련·경험 등을 통해 지식과 기술이 습득된 전문인력의 역량은 일반인의 역량을 훨씬 뛰어넘을 것이다. 인적자본은 개인의 생산능력뿐 아니라 한 나라의 재화나 서비스의 생산능력도 향상시킨다.[7]

정부가 국민의 건강 유지 및 증진을 위해 각종 스포츠 관련 정책을 추진하는 것도 이러한 정책이 삶의 질 향상, 건강한 사회, 건강재정보험 건전화 등을 통해 장기적으로는 국가에 이득이 되기 때문이다. 정부가 예산의 일정 부분을 국민의 스포츠 활동에 투자하는 것은 정부가 장래에 편익을 얻기 위해 현재의 만족을 희생하는 행위이다. 예산의 일정부분을 미래의 편익을 위해 투자하는 것은 그만큼을 현재의 편익을 위해 사용할 수 없음을 의미하기 때문이다.

---

[7] 경제학에서는 한 나라의 생산수준이 물적자본, 인적자본, 노동력, 기술, 지식 등에 의해 결정된다고 본다.

프로스포츠 선수들뿐 아니라 일반인들도 건강 유지·증진, 여가를 통한 생활의 재충전 등의 목적을 위해 스포츠 활동을 수행한다. 이러한 스포츠 활동을 경제학적으로 해석하면 현재의 만족을 희생하고 미래의 이익을 얻기 위한 자본재의 수요라고 할 수 있다. 스포츠 활동은 일반인에게도 인적 자본을 위한 투자로, 이러한 투자를 통해 미래에는 보다 나은 건강상태로 보다 높은 편익을 얻을 수 있을 것이다.

혼합재

스포츠가 지니는 또 하나의 특성은 혼합재(混合財, mixed goods) 역할을 한다는 것이다. 스포츠는 소비재와 투자재(자본재)의 특징을 동시에 지니고 있다. 사람들이 스포츠 활동에 참여하는 요인은 다양하다. 그리고 스포츠 활동에 투입되는 시간이나 비용이 각자 다르기 때문에 스포츠 활동의 결과도 다양하게 나타난다. 단순히 자기만족이나 즐거움을 위해서 스포츠에 참여하거나 스포츠를 관람한다는 측면에서 스포츠를 소비재로 간주할 수 있다. 즉, 참여스포츠나 관람스포츠의 경우 소비자는 자기만족이나 즐거움을 얻을 수 있지만 금전적 수익은 얻을 수 없다. 반면, 미래의 소득을 증대시키기 위해서 스포츠 활동에 참여한다면 그 활동을 자본재라고 할 수 있다. 예를 들어 스포츠 참여를 통해 건강 유지 및 증진을 기하고 협력과 단합 정신을 길러 생산성 향상, 경쟁력 제고 등을 가능케 한다면 스포츠가 자본재로서의 기능을 수행하는 것이다.

스포츠는 자본재 및 소비재의 성격을 동시에 갖기 때문에 어떤 스포츠 활동은 미래의 소득을 증가시킬 수 있지만 또 어떤 활동은 그렇지 못할 수도 있다. 또한 동일한 스포츠라고 할지라도 스포츠 활동의 목적이나 행태에 따라 소비재가 될 수도 있고 자본재가 될 수도 있다. 스포츠를 소비재로 간주하느냐, 자본재로 간주하느냐에 따라서 스포츠와 관련된 정부정책도 달라질 수 있다. 예를 들어 스포츠를 단순히 소비재로 간주한다면 경제적 어려움이 발생할 경우 개인·국가의 건전한 경제발전에 기여하지 못한

재미있는 스포츠경제 규칙적인 스포츠 활동과 의료비 절감 효과

최근 스포츠 활동이 국민의 건강증진을 통해 의료비를 절감하는 효과가 있다는 연구결과가 보고되고 있다. 규칙적인 스포츠 활동이 건강보험 재정건전화, 후생 증진 등에 기여한다는 것으로, 이에 대한 실증적인 연구 결과도 국내외에서 발표되고 있는 것이다. 체육과학연구원(2007)에 따르면 규칙적으로 스포츠 활동에 참여하는 사람들이 질병에 걸릴 가능성이 더 적으며 의료비 절감효과도 더 큰 것으로 나타났다. 1996년~2005년 간 국민건강보험공단의 자료를 이용한 분석결과에 따르면, 규칙적으로 스포츠 활동에 참여하는 사람들이 스포츠 활동에 참여하지 않는 사람들에 비해 당뇨병, 감염성 감기, 뇌졸중, 관상동맥질환, 울혈성 심장질환, 골다공증, 불안 및 우울증 등에 대한 발병감소 효과가 최대 16%p나 더 큰 것으로 나타났다. 또한 의료비 지출의 경우 규칙적으로 스포츠 활동에 참여하는 사람들이 비참여자보다 1인당 1년에 최대 8만원의 의료비를 절감할 수 있는 것으로 나타났다. 이를 국가적으로 환산할 경우 1년에

최대 2조8천억원의 의료비 절감효과에 해당하는 것으로 추정하였다. 또한 스포츠 활동 참여에 따른 개인의 생산성 향상은 1인당 1년에 약 46만원이며, 이를 국가적으로 환산할 경우에는 약 16조원의 경제·사회적 효과를 발생시키는 것으로 추정하였다.

1997년 캐나다 피트니스 라이프 스타일 연구원(Canada Fitness Life Style Institute)이 신체활동과 국민의료비의 관계를 분석한 결과에 의하면, 캐나다에서 각종 심장질환 치료 등을 위해 지불한 직접 비용은 1993년 23억2,500만 달러에 달하며, 스포츠 등 신체 활동에 적극적이지 않은 국민의 비율이 1% 감소할 경우 연간 1,023만3천 달러의 의료비용을 절감할 수 있다고 추산하였다. 또한 캐나다 국민들이 하루 한 시간 이상의 걷기 등 운동을 하는 비율은 1981년 21%에서 1995년에 37%로 증가하였는데, 이러한 영향 등으로 1981년에서 1995년까지 15년간 7억 달러의 의료비를 절감하였다고 보고하고 있다.

다고 판단하여 이에 대한 지출을 줄일 가능성이 높다. 반면 스포츠를 자본재로 간주할 경우 스포츠가 경제·사회적 발전에 긍정적인 영향을 미칠 것으로 판단하고 경제 여건과 큰 관계없이 스포츠에 대한 투자를 지속하게 될 것이다.

공공재

초대형 스포츠 이벤트, 각종 스포츠시설, 체육공원 등은 공공재로 간주된다.[8] 공공재(公共財, public goods)는 소비에 있어서 비경합성과 비배제성이라는 특성을 지니는 재화나 서비스이다. 소비의 비경합성(non-rivalry)은 어느 한 소비자가 재화나 서비스를 추가로 소비한다고 해서 다른 사람이 소비할 수 있는 기회가 줄어들지 않는 것을 의미한다. 비배제성(non-excludability)은 어느 한 소비자가 재화나 서비스에 대한 대가를 지불하지 않아도 그 소비자를 소비에서 배제할 수 없다는 의미이다. 즉 소비자가 재화나 서비스에 대한 소비의 대가로 비용을 지불하지 않아도 소비가 가능하다.

월드컵, 올림픽 등과 같은 초대형 스포츠 이벤트는 국가·사회적으로 자부심, 꿈과 희망, 국론통일, 국가 이미지 제고, 국가경쟁력 강화 등을 도모할 수 있다는 점에서 커다란 가치를 지니고 있다. 초대형 스포츠 이벤트로부터 얻을 수 있는 편익은 어느 누구도 방해받지 않고 스포츠로부터의 감동을 느낄 수 있는 것이며, 국가·사회적 가치 역시 모든 사람들이 골고루 누릴 수 있고, 이는 바로 비경합성의 특성을 갖고 있다고 할 수 있다. 또한 사람들이 이러한 스포츠 이벤트 유치를 위해 비용을 지불했는가의 여부와 관계 없이 누구나 이러한 편익을 느낄 수 있다는 점에서 비배제성의 특성을 갖고 있다. 특히, 월드컵축구대회, 올림픽과 같이 전 세계적으로 관심이 높고 경제적 효과가 큰 초대형 스포츠 이벤트를 공공재로 보느냐 사적재로 보느냐에 따라서 비용부담이나 시청자들의 관람 및 시청권의 결정에도 영향을 미치기도 한다.

공공재의 특징을 지닌 재화나 서비스는 시장실패(market failure)가 발생할 가능성이 크다. 소비자나 생산자들이 이러한 재화나 서비스에 가격을 지불하지 않고 소비하려는 무임승차 행위(free-rider behaviour)가 유발되기 때문이다. 기업은 여러 사람이 가격의 지불은 회피하면서 동시에 소비하는

---

8 더 구체적인 설명은 제V편 제13장 「스포츠 시장과 정부」를 참조하라.

2002 한일 월드컵 축구대회 우리가 2002년 개최한 월드컵 축구대회는 국민 모두가 소비할 수 있었다는 점에서 공공재적인 특성이 있다고 할 수 있다.

공공재를 공급해서는 이윤을 획득할 수 없다. 따라서 이러한 특성을 지닌 재화의 공급을 시장경제에 일임하게 되면 공공재가 생산되지 않게 되거나 공급량이 부족하게 된다. 즉, 초대형 스포츠 이벤트나 스포츠시설과 같은 공공재의 공급을 시장기구에 맡기면 경제 전체적으로 가장 소망스러운 수준 이하로 생산되거나 아예 생산되지 않게 된다. 이렇게 시장기능이 효율적으로 작동하지 않게 되는 것을 시장실패가 발생했다고 정의한다.

가치재

스포츠는 가치재(價値財, merit goods)로서의 역할을 한다. 가치재는 개인은 물론 사회적으로도 바람직한 재화나 서비스임에도 불구하고 소비결정을 개인에게 맡길 경우 사회적으로 소망스러운 수준보다 낮은 수준에서 소비가 결정되기 때문에 사회적으로 소비를 권장할 만한 가치가 있는 재화나 서비스를 뜻한다. 즉 아무런 간섭이 없을 경우에 소비되는 수준보다 더 많은 사람들이 더 많이 소비할 때 국가·사회적으로 더욱 바람직한 재화나 서비스를 말한다.

가치재는 원칙적으로 경합성(rivalry)과 배제성(excludability)을 지니고 있다는 점에서 공공재와 다르다. 스포츠가 공공재적 성격을 지니고 있음을 설명할 때 언급한 대로 경합성이란 한 사람이 재화를 소비하면 다른 사람이 제한받는 속성을 뜻한다. 배제성이란 사람들이 가격을 지불하지 않을 경우 재화를 소비하지 못하게 할 수 있음을 의미한다. 예를 들어, 경기장 입장료를 지불하지 않으면 스포츠경기를 관람하지 못하게 하는 것이다.

가치재 또는 비가치재[9]는 시장을 통하여 재화나 서비스공급이 가능함에도 불구하고 국민경제적으로 후생을 증대시키기 위해 소비를 장려하거나 제약할 필요가 있는 재화나 서비스라는 점에서 공공재와 다른 것이다. 이러한 재화나 서비스는 시장에 맡기기보다는 정부가 개입하는 것이 더 효과적일 수 있으며, 때에 따라서는 사회적으로 적절한 수준의 공급과 소비를 위해 법률적·행정적 강제력이 동원되기도 한다.

가치재는 소비의 외부효과(external effect)[10]가 크기 때문에 개인의 선호에 맡기면 자원의 최적배분이 이루어지기 어렵다. 가치재의 예로 정부에서 제공하는 각종 스포츠 시설이나 스포츠 참여 프로그램 등을 들 수 있다. 스포츠 참여를 통해 국민들이 건강을 유지하고 증진시킨다면 개인은 물론 사회·국가적으로도 이득이다. 또한 재정의 건전화에도 기여할 수 있을 뿐 아니라 밝고 건전한 사회를 기대할 수 있다. 특히, 스포츠 참여활동은 노인들이 스포츠 활동을 통해 건강비용을 절감할 수 있다는 점에서 중요성이 커지고 있다. 선진복지국가에서는 많은 국민들이 건강하고 활력 있는 생활을 영위할 수 있도록 스포츠 활동 환경을 제공해 주고 있다.

정부의 가치재 공급은 온정주의(溫情主義, paternalism) 차원에서 정당화될 수 있다. 온정주의는 시장논리보다는 정감 등에 호소하는 이념체계를 의미한다. 이는 스포츠 시설이나 서비스와 같은 가치재가 많이 공급될수록

---

9 가치재를 권장재(勸奬財)라고도 한다. 정부의 개입이 필요한 가치재로는 초·중등 의무 교육, 무료 의료서비스, 공공임대 주택 등이 해당된다. 반면, 정부가 특정 재화의 생산이나 소비를 규제하는 경우가 있는데, 이를 비가치재(demerit goods)라 한다. 그 예로 담배, 술, 마약 등을 들 수 있다.

10 외부효과란 어떤 재화나 서비스를 생산·분배·소비하는 것이 그 과정에 직접 참여하지 않은 제3자에게 가격 기제를 통하지 않고 유리하거나 불리한 효과를 미치는 것을 말한다. 어떤 재화나 서비스의 생산·분배·소비가 제3자에게 유리한 영향을 미치면 외부경제(external economy)라고 하고 불리한 영향을 미치면 외부불경제(external diseconomy)라고 한다.

스포츠와 가치재 몬테니그로의 포격으로 폐허가 된 지역에도 크로아티아 정부는 시민을 위해 운동장을 건설하였다. 가치재로서의 스포츠의 중요성을 인지하였기 때문이다. 크로아티아 드부르브닉의 공공 운동장

국민들에게 이익이 되기 때문에, 소외계층들도 이러한 편익을 누릴 수 있도록 정부가 스포츠시설과 서비스를 공급해야 한다는 주장의 근거가 되기도 한다. 그러나 온정주의는 시장경제에서 강조하고 있는 경쟁, 배제성, 개인의 합리성, 소비자 주권(consumer's sovereignty) 등의 명제와 충돌된다. 또한 정부의 예산으로 가치재를 제공할 경우 누군가는 정부의 예산을 충당하기 위해 비용을 지불하거나, 예산이 더 생산성이 높거나 시급한 다른 목적을 위해 사용될 수 없다는 문제가 발생한다.

4. 스포츠 생산과 소비

앞에서 설명한 바와 같이 스포츠 시장은 스포츠 재화와 서비스를 판매하려는 공급자와 구매하려는 수요자로 구성된다. 스포츠 시장에서의 생산과 소비 현상을 수요와 공급으로 단순화하면 다음과 같다. 스포츠 시장은 스포츠 용품·장비, 서비스 등이 거래되는 상품시장과 노동(경기력), 토지, 자본 등이 거래되는 생산요소시장으로 구분할 수 있다. 스포츠 시장에서 가계는 스포츠 용품·장비, 서비스 등을 소비하는 수요의 주체이다. 기업은 스포츠 용품·장비, 스포츠 경기 등 서비스를 생산하는 공급의 주체이다. 정부 등 공공 부문은 스포츠 시장을 조정·보완하며, 스포츠 용품·장비, 서비스 등에 대한 생산 및 소비의 주체가 되기도 한다.

스포츠 상품시장에서는 스포츠 용품·장비, 시설, 서비스(경기, 이벤트) 등이 거래된다. 상품시장에서 가계는 주로 소비활동의 주체이다. 가계에서

스포츠 용품·장비, 시설, 서비스 등을 사용하기 위해서는 소비지출을 해야 한다. 가계에서는 자본과 노동 등의 생산요소를 기업의 생산활동에 제공한 대가로 받은 소득으로 소비활동을 한다. 즉, 소비자들은 소득의 범위 내에서 소비를 하며 효용극대화를 추구한다고 가정한다. 예를 들어, 소비자들이 조깅, 에어로빅, 축구, 야구, 농구, 골프, 볼링 등 스포츠 활동에 참여하기 위해서는 운동복, 신발, 라켓, 공, 골프채 등 스포츠 용품이나 장비를 사용해야 한다. 즉, 스포츠 활동에 참여하기 위해서 소비지출이 필요하다. 스포츠 참여에 필요한 용품이나 장비, 시설 등을 사고팔기 위해서 참여자(수요자)와 기업(공급자) 간 거래가 형성된다. 사람들은 스포츠 경기나 이벤트 등과 같은 스포츠 서비스를 직접 경기장에서 관람하거나 TV·라디오·인터넷 등을 통해 시청하거나 청취한다. 이를 위해서 경기장 입장료, 시청료 등의 비용을 지불한다. 이러한 스포츠 활동은 모두 직·간접적으로 경제활동을 발생시킨다.

기업(구단)은 스포츠 용품·장비, 시설, 스포츠 경기라는 서비스를 생산하여 소비자들에게 판매하고 수익을 얻는 공급의 주체이다. 노동, 자본 등의 생산요소를 구입하기 위해서는 생산비를 지출한다. 생산요소를 이용하여 상품이나 서비스를 생산해 판매하고 수익을 얻는다. 기업은 가능하면 적은 생산 비용을 지불하거나 많은 수입을 얻으려고 한다. 즉, 이윤극대화를 추구한다. 특히, 기업(구단)은 가계로부터 스포츠 선수들의 노동력을 구입하여 교육·훈련 등을 통하여 스포츠 경기라는 서비스를 생산해 판매한다.

다음은 노동, 토지, 자본 등의 생산요소시장이다. 요소시장에서 가계는 노동 등 생산요소를 공급하는 주체이다. 즉, 가계는 스포츠 용품·장비, 스포츠 경기 등을 생산하는 데 필요한 노동 및 경기력, 자본, 토지 등의 생산요소를 제공한다. 이러한 요소들을 제공하고 요소소득(임금, 이자수입, 임대료, 연봉)을 얻는다. 기업은 스포츠 용품·장비 등 생산을 위한 노동이나 기술, 스포츠 경기생산을 위한 경기력 등을 구입한다. 이를 생산요소의 수요라고 한다. 예를 들어, 구단은 가계로부터 스포츠 선수라는 경기능력(노동력)을 구입하여 교육과 훈련을 통해 프로스포츠 경기라는 서비스를 생산

그림 4-2　스포츠 생산과 소비순환 모형

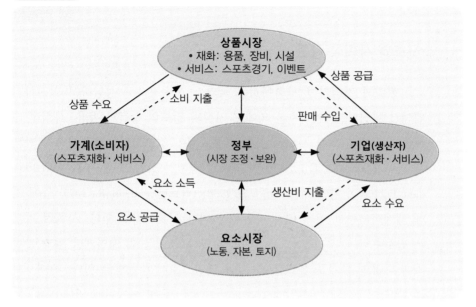

하고, 이를 상품시장에서 가계(스포츠 팬)에 판매한다. 가계는 프로스포츠 경기라는 서비스를 수요하기 위해 비용을 지불한다.

　　정부는 민간 부문의 경제활동을 조정하고 보완한다. 정부 등 공공부문에서는 세금·기금 등으로 각종 스포츠 관련 사업을 수행하고 각종 스포츠 시설, 올림픽·월드컵과 같은 초대형 스포츠 이벤트 시설 등을 공급하기도 한다. 이러한 과정에서 재화나 서비스를 생산하기도 하고 소비하기도 한다. 정부는 생산자와 소비자의 역할을 모두 수행하는 것이다. 특히, 스포츠 시장이 불완전하며, 외부효과가 크고, 공공재나 가치재적인 특성을 지니고 있다는 점에서 정부의 역할이 강조되고 있다. 〈그림 4-2〉는 지금까지 논의한 스포츠 시장의 생산과 소비의 순환모형을 단순화한 것이다.

5. 사회·경제적 이슈와 과제

스포츠와 사회적 자본

현대의 지식기반 사회에서는 국가가 지속적으로 성장하고 발전하기 위해서 물적자본, 인적자본 외에도 지식과 정보의 창출과 활용, 사회적 네트워크 등에 기초한 사회적 자본의 중요성이 강조되고 있다. 사회적 자본은 하니판(Hanifan, L. J., 1916)이 최초로 제기하였고, 그 후 부르디외(Bourdieu, P., 1986), 콜만(Coleman, J. S., 1988), 퍼트남(Putnam, R., 1995) 등에 의해 체계화되면서 이에 대한 다양한 논의가 이루어지고 있다. 사회적 자본은 민주주의, 경제성장, 교육, 복지, 시민사회, 공동체, 지역개발 등과 관련하여 다양한 문제를 해결할 수 있는 대안으로서 주목받고 있다. 현대사회는 다양성(diversity), 복잡성(complexity) 등의 속성을 지니고 있어 지역 간, 세대 간, 계층 간 이해관계와 갈등으로 사회적·정책적 합의를 이루기가 쉽지 않다. 이 때문에 계층 간·지역 간·세대 간 협동을 촉진하고 사회적 효율성을 증대시키기 위한 대안으로 사회적 자본이 부각되고 있는 것이다.

사회적 자본에 대한 개념은 학자들마다 다양하게 주장된다. OECD는 사회적 자본을 집단 내 또는 집단 간 상호협력을 촉진하는 네트워크, 규범, 가치, 이해 등으로 정의한다. 상호협력을 촉진하는 데는 규범과 네트워크가 중요하다. 네트워크는 상호 연계된 행동을 하는 행위자들의 행동과 관련된 것이다. 규범과 가치, 이해 등은 행동규범과 규제뿐 아니라 개인과 집단의 주관적 성향과 태도와 관련된 것이다. 결국 사회적 자본은 사람들의 사회적 네트워크로서 그 가운데 상호 공유되는 규범과 가치·신뢰 등을 포함한다. 즉, 이러한 관계를 통해 협력과 공동행동으로 상호이익과 공동의 목표를 실현하고자 하는 것이다. 특히, 하니판(Hanifan, L. J., 1916)은 학교를 성공적으로 운영하기 위해서는 지역사회의 참여가 중요하다고 강조한다. 학교가 이웃과의 연계가 없으면 사회적 지원을 이루기가 어려운 반면, 사람들 간의 연계를 형성하면 사회적 자본이 축적될 수 있다고 강조하였다. 콜만(Coleman, J. S., 1990)은 강력하고 건전한 사회 네트워크(social network)가 사회적 자본의 성장과 번영에 필수적이라고 주장한다. 사회적 자본은 사회의 모든 구성원 간 공동체, 대인관계 등과 연관이 있다. 따라서 사회적 자본은 사회의 지도계층에서부터 가난하고 주류사회에서 소외된 계층에 이르기까지 모든 계층에게 해당되는 인프라적 특성이 있다.[11]

사회적 자본은 개인의 배타적인 자산이라기보다는 사람들 간의 관계와 관련이 있고, 집단에 의해 공유된다는 점에서 공공재로 간주된다. 공공재로서 사회적 자본은 인적자본과 마찬가지로 외부효과를 지닌다. 사회 전체의 시간과 노력을 투자하여 생산되지만 인적자본이나 물적자본과 같이 직접적인 생산방식이 존재하는 것은 아니다. 사회적 자본은 문화와 행동규범의 산물로 간주된다. 사회적 자본은 개인보다는 개인 간의 관계에서 나타나는 사회적이며, 장기간에 걸쳐 사회 전체에 수익을 가져다주는 자본이라고 할 수 있다. 최근 사회적 자본은 실물자본이나 인적자본과 같이 개인이나 공공의 목적을 위해 가치를 창출할 수 있다는 점에서 전형적인 자본으로 간주되는 경향이 강하다.

사회적 자본은 사회적 네트워크, 규칙 준수, 상호 신뢰 등과 같이 사회구성원 간 상호이익을 위한 조정과 협력을 용이하게 하는 사회 조직적 특성과 연관이 있다. 스포츠는 상호 존중, 신뢰, 도덕성 등을 향상시킬 수 있다는 점에서 사회적 자본과 밀접한 연관을 지니고 있다. 특히, 스포츠는 사회성·정보 공유·사회적 유대 강화 등을 가능케 한다는 점에서 사회적 자본과 유사하다. 스포츠 활동은 여러 가지 긍정적인 외부효과를 창출한다. 참여스포츠의 경우 구성원 간 정보교환, 사회적 거래비용 감소, 공동사회 발

---

11 사회적 자본은 다음과 같은 점에서 유용하다고 주장되기도 한다. 첫째, 그동안 인적자본을 중시해 온 정책수단들은 현대사회의 복잡성과 상호연관성을 효과적으로 다루는 데 한계가 나타나고 있다. 인적자본은 현대사회의 복잡하고 다양한 문제를 다루기에는 편협했는데, 사회적 자본이 이를 포괄적이고 균형있게 다룰 수 있게 하였다. 둘째, 그동안 인적자본에 관심을 가지는 과정에서 일부계층과 집단들이 소외당해 왔으며, 이는 경제·사회발전의 장애요인으로 작용하였다. 사회적 자본은 사회적 통합과 관련이 있으므로 이를 해소할 수 있다. 셋째, 사회적 자본은 사회 내에서 각종 경제·사회적 비용을 줄이는 기능을 하며, 시장의 불확실성을 해소할 수 있다. 상호 신뢰를 바탕으로 하는 통합적인 사회는 내·외적인 충격에도 효과적으로 대응할 수 있다.

전 등의 긍정적인 외부효과를 기대할 수 있다. 관람스포츠의 경우에는 일체 감 조성, 국민적 단합, 질서의식 함양 등의 기대효과를 들 수 있다. 스포츠 시장을 통해 사회·문화적 구조를 바탕으로 상호신뢰와 규범 존중, 단결력, 집단적 활동과 협력, 사회적 응집력 등의 제고가 가능하다는 점에서 스포츠 는 사회적 자본을 구축하는 데 필수적인 요소가 되고 있다. 스포츠 시장에 서 더 많은 사회구성원들이 스포츠 활동에 참여하고 스포츠 시설을 더 많 이 이용할수록 개인은 물론 사회적 편익과 효용은 더 커지게 될 것이다.

사회적 자본이 올바로 형성되기 위해서는 경제·사회적으로 긴밀한 유 대관계가 중요하다. 스포츠 단체나 동호회 회원들 간 단합은 물론 공동체, 소속감, 일체감 등을 강화하는 동시에 상호 유대관계를 구축해야 한다. 특 히, 자발적으로 형성된 스포츠클럽이나 동호회는 회원들간·단체들간 새로 운 접촉을 하고 사회적 네트워크를 형성할 수 있어야 한다. 퍼트남(Putnam, R.)은 다양한 스포츠 조직이나 단체들 간 수평적 네트워크가 중요하다고 강조한다. 스포츠단체나 동호회가 사회적 자본의 기반이 되기 위해서는 사 회적 유대관계와 수평적 네트워크가 선행조건이다.

그러나 스포츠는 경쟁에서의 승리, 스포츠의 상업화, 프로스포츠화 등 의 특성도 가지고 있다. 또한 스포츠 시장에서는 남성 우월주의, 민족주 의 등이 강조되기도 하고, 인종차별과 폭력 등이 횡행하기도 한다. 일부 스 포츠 경기는 전통적 사고방식을 답습하기만 할 뿐 스포츠를 통한 존중·신 뢰·도덕성 향상 등을 사회적 자본으로 전환시키는 데 실패하고 있다고 지 적되기도 한다. 그리고 스포츠를 통한 자신감 구축, 사회적 약속, 상호존중 등 사회적 자본의 역할이 사회나 국가에 얼마나 효율적·효과적으로 기여 하는지조차도 사실은 확실치 않다는 지적도 제기되고 있다.

경제·사회적 발전 과제

전 지구적 차원에서 스포츠의 영향력이 증대함에 따라 스포츠의 경 제·사회적 책임에 대한 논의가 제기되고 있다. 스포츠의 경제·사회적 책임

참여스포츠 우리나라에서도 일주일에 3번씩 30분 이상 운동을 하자는 '7330운동'이 추진되고 있다.

은 시민단체나 일반 기업의 그것과 크게 다르지 않다. 스포츠기업은 일반 기업과 마찬가지로 사회구성원들에게 경제·사회적으로 다양한 편익을 제공하지만 특히 그 특성상 국가적으로도 다양한 편익을 제공한다. 스포츠기업, 스포츠조직이나 단체, 프로스포츠, 참여스포츠 등은 또한 상업성과 공익성을 동시에 지니고 있다. 이러한 의미에서 스포츠의 경제적·사회적 책임이 강조된다.

그동안 참여 및 관람스포츠는 지역사회나 주민들 간 원만한 관계를 유지하고 향상시키는 데 중요한 역할을 해왔다. 스포츠기업, 프로스포츠, 스포츠단체나 기구 등은 주로 영리를 추구하면서도 경제·사회적으로 지역이나 국가발전에 기여한다. 이들은 사회적 책임의 일부로 불우 이웃, 소외계층 등을 돕기 위해 친선경기를 하기도 한다. 또, 유익한 활동을 장려하기 위하여 캠페인 활동에 동참하기도 한다. 스포츠가 사회적 책임을 수행하는 것은 보다 건강하고 밝은 사회를 구현하고 삶의 질적 향상을 가능케 한다는 점에서 중요하다.

스포츠의 경제·사회적 책임은 더욱 중시되고 확산될 것으로 보인다. 몇 가지 이유를 살펴보자.

우선, 참여스포츠의 경제·사회적 책임이다. 스포츠는 건강에 대한 인식과 신체적 활동을 촉진시키기 위한 이상적인 행위이다. 참여스포츠 활동은 개인적으로 건강유지 및 증진, 생산성 향상 등에 기여함은 물론 지역사회의 정체성, 주민들 간 화합과 단결 등을 가능케 한다. 특히, 젊은이들은 스포츠 활동을 통해 독립심, 자제력, 불굴의 정신, 책임감 등을 키울 수 있

국제스포츠기구 국제올림픽위원회(IOC)는 가장 대표적인 국제스포츠기구로 스위스의 로잔에 위치하고 있다. 스위스 로잔의 IOC 본부 앞에서의 저자

다. 국가적으로는 스포츠 활동이 복지 및 후생 증진, 건강보험재정 건전화 등에 기여한다는 점에서 참여스포츠의 경제·사회적 책임이 강조된다.

둘째, 스포츠관련 기업들이다. 스포츠관련 기업들은 단순히 이윤극대화를 추구할 뿐 아니라 양질의 우수한 제품을 생산해야 한다는 책임이 있다. 이는 참여자들의 건강, 경기력, 부상, 심할 경우 목숨과도 연관이 있기 때문이다. 또한, 후발개도국가들에 생산기지를 두고 있는 다국적기업들에게는 근로환경 개선, 환경 보호, 생산현장의 지역사회발전 등의 경제·사회적 책임이 지속적으로 지적되고 있다.

셋째, 국제스포츠기구이다. 스포츠의 글로벌화·상업화와 더불어 국제스포츠기구들은 더욱 발전하고 있다. 국제스포츠기구들은 해당 스포츠의 보급 및 발전 외에도 다양한 역할을 맡고 있다. 즉, 환경보호와 지속발전 가능, 스포츠 이벤트를 통한 지역사회 발전, 차별금지, 세계 평화 등의 역할이 강조되고 있다. 특히, 국제스포츠기구들은 초대형 스포츠 이벤트를 통해 인류가 직면한 과제와 미래세계의 방향을 제시한다. 예를 들어 올림픽경기, 월드컵축구대회 등과 같은 초대형 스포츠 이벤트에서는 세계평화나 환경보호 같은 인류의 과제를 제시하기도 한다.

넷째, 프로스포츠이다. 프로스포츠 경기는 상업성 외에도 소비자들에게 열정과 관심을, 어린이들에게는 꿈과 희망, 용기 등을 제공한다. 또한, 경제적 가치 외에도 지역사회의 정체성, 단결과 통합 등의 기회를 제공한다. 프로스포츠 시장의 경제구조는 일반시장과는 다르다. 프로스포츠리그는 독점력을 행사하는 카르텔로서 어느 정도 독점적 행위가 용인되기도 하고, 스포츠 경기를 위한 초대형 경기장과 같은 시설들을 정부 등 공공부문

우리나라 프로야구와 프로축구 우리나라에서 프로스포츠가 출범한 지 30여 년이 지났다. 프로스포츠의 경제사회적 책임과 역할이 그 어느 때보다도 강조되고 있다.

에서 제공받기도 한다. 이와 같이 프로스포츠 시장은 정부로부터 보호와 지원을 받으며 상업성 외에도 공익성이 강조되고 있기 때문에 이들의 경제·사회적 책임 역시 강조된다.

다섯째, 미디어이다. 스포츠미디어는 스포츠관련 정보를 제공하고 커뮤니케이션의 역할을 한다는 점에서 사회적 책임이 점차 확산되고 있다. 과거에도 그래왔듯이 앞으로도 스포츠 시장에서 미디어의 영향력이 더욱 증대될 것으로 보인다. 스포츠미디어들은 스포츠참여 프로그램을 미래에도 더욱 확대시킬 것이고 스포츠와 미디어에 대해 많은 투자를 하고 있다. 특히 스포츠미디어는 초대형 스포츠 이벤트나 프로스포츠와는 불가분의 관계를 지니며 막강한 영향력을 행사하고 있다. 스포츠미디어는 스포츠 경기를 글로벌차원의 공공재로 가공하고 보급한다는 점에서 공정한 경쟁, 투명한 운영, 스포츠의 발전 등을 위한 경제·사회적 책임과 역할이 강조된다.

스포츠의 경제·사회적 책임은 모든 구성원이 평등하게 참여하는 공정한 경기를 가능케 하는 것에서 공정하고 양질의 경기가 가능하도록 자격있고 공인된 코치를 훈련·공급하는 것까지 다양하다. 〈표 4-3〉은 스포츠기업·정부·개인 등을 포괄하여 스포츠가 당면한 경제·사회적 책임과 과제를 요약해서 보여주고 있다.

| 표 4-3 | 스포츠의 경제 · 사회적 책임과 과제

경제·사회적 책임	주요 내용
공정한 경기 (rules of fair play)	• 모든 사회 구성원이 평등하게 이용 • 모든 사회 구성원이 평등하게 참여
안전 (safety)	• 스포츠 참여자들의 신체적 안전 • 정신적·감정적 안정
경기 및 경기결과의 독립 (independence of playing outcome)	• 도박 등 경기 외적인 요소 배제 • 경기결과 존중
투명한 운영 (transparency of governance)	• 정경유착 근절 • 직원 채용, 운영과정의 투명성
지역사회 발전정책 (community relations policies)	• 지역사회의 경제사회적 환경과 연관 • 지방정부와 지역사회의 요구와 이해
환경보호와 지속발전 가능 (environmental protection·sustainability)	• 환경피해에 대한 부담 최소화 • 환경과 공존할 수 있는 스포츠 정책
스포츠 참여 확대 (developmental focus of participants)	• 스포츠 참여의 중요성 • 스포츠 참여 확대 방안 모색
다양한 경기 프로그램 (pathways for playing)	• 사회적 발전 가능한 스포츠 프로그램 • 다양한 스포츠 참여 유인
자격있는 공인된 코치 (qualified and/or accredited coaching)	• 자격, 인증된 코치나 감독 제공 • 공정하고 양질의 경기 제공

자료: Smith, A. C. T. and H. M. Westerbeek(2007).

공정한 경기 시장이나 스포츠 경기에서 공정한 경쟁은 매우 중요하며 오래전부터 강조되어 왔다.

스포츠 수요와 소비

1. 개념과 유형

사람들은 저마다 다양한 종목의 스포츠 활동에 참여하며, 그 이유도 다채롭다. 스포츠 활동(수요)은 참여스포츠와 관람스포츠로 구분할 수 있다. 사람들은 동일한 종목의 스포츠라 할지라도 경기에 직접 참여하기도 하고 경기를 관람하기도 한다. 또한 스포츠 활동을 위해서 필요한 용품이나 장비를 구입하고 경기장 입장료, 시설사용료 등을 지불한다. 이러한 의미에서 스포츠 활동은 스포츠 소비에 직접적으로 영향을 미친다.

스포츠 소비는 스포츠 관련 재화와 서비스에 대한 지출이다. 스포츠 소비는 관람스포츠나 참여스포츠 활동을 하기 위해 스포츠 재화나 서비스를 소비하는 일련의 과정이다. 넓은 의미로 스포츠 활동을 스포츠 수요로 간주하기도 한다.[1] 수요는 소비자가 재화나 서비스를 소비하면서 주관적으로 느끼는 만족을 최대화하려는 합리적 의사결정 과정이다. 〈그림 5−1〉은 스포츠 활동의 참여 동기 및 목적, 자원 및 제약조건, 참여 유형 등과 스포츠 활동을 위한 소비·지출 내용을 정리한 것이다.

그림 5-1 스포츠 수요와 소비 과정

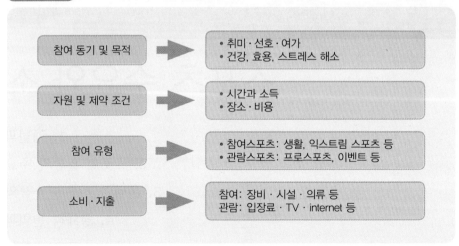

---

1 스포츠 활동을 스포츠 수요라고 단정하기에는 다소 논란의 여지가 있지만 여기서는 편의상 스포츠 활동을 스포츠 수요와 동일한 개념으로 사용하고자 한다.

참여스포츠

　　참여스포츠는 사람들이 스포츠 활동에 직접 참여하는 행위이다. 스포츠 시설이 갖추어진 특정의 장소에서 스포츠와 관련된 일정 수준 이상의 노력과 신체적 행위를 하는 것이다. 참여스포츠는 직접 스포츠 활동에 참여하는 신체적 활동으로, 건강 유지 및 증진, 자아실현, 친목도모, 일상탈출, 스트레스 해소, 레크리에이션(recreation) 등을 주요 목적으로 한다.

　　참여스포츠는 주로 운동장, 실내외 경기장, 생활체육시설 등 일정한 스포츠 시설이 갖추어진 장소나 야외에서 이루어진다. 산악 마라톤, 자전거, 등산, 워킹 등은 자연환경에서 행해진다. 건강유지 및 증진을 주요 목적으로 하지만 경쟁요소를 포함하거나 경쟁을 목적으로 하기도 한다. 그러나 참여스포츠는 프로스포츠 경기, 국가대항전 등과 같은 관람스포츠보다는 상대적으로 덜 경쟁적이라고 할 수 있다.

　　참여스포츠 활동이 하나의 조직이나 단체의 활동으로 인정받기 위해서는 다음과 같은 조건을 갖추어야 한다. 첫째, 스포츠 참여자들이 직접 신체적 활동을 해야 하고, 둘째, 신체적 활동이 경쟁요소를 포함하거나 레크리에이션을 위한 목적을 지녀야 하며, 셋째, 스포츠협회나 연맹과 같은 조직을 갖추어야 한다.

　　사람들은 다양한 이유로 스포츠 활동에 참여하는데, 생계유지가 주요 목적이 아닌 스포츠 활동을 참여스포츠 활동으로 볼 수 있다. 사람들은 성별·계층·나이·소득 등에 관계없이 스포츠 활동에 참여한다. 많은 국민들

참여스포츠 활동 참여스포츠는 건강유지, 친선도모 등을 목적으로 하지만 경쟁요소를 포함하기도 한다. KDI의 직장축구와 배드민턴 모습

| 표 5-1 | 주요 국가들의 참여스포츠 활동

순 위	한 국	일 본	프랑스	미 국	오스트리아	중 국
1	러닝, 조깅 등	산보	산보	수영	워킹	워킹, 러닝
2	등산	워킹	수영	워킹	에어로빅, 피트니스	배드민턴
3	피트니스	체조	사이클링	볼링	수영	수영
4	체조, 줄넘기	볼링	조깅	사이클링	사이클링	축구, 농구, 배구
5	수영	피트니스, 낚시	볼링	낚시	테니스	탁구
6	축구		체조, 요가	트레이닝	골프	체조
대상(이상) 조사(년)	15세 2003	20세 2004	15~75세 2000	16세 2003	15세 2003	16세 2002

자료: SSF 笹川スポーツ財團(2007).

이 스포츠 활동에 참여할 경우, 보다 건강한 삶을 영위할 수 있고 보다 건전한 사회를 만들 수 있다는 점에서 최근 참여스포츠에 대하여 국가·사회적으로 관심이 증대하고 있다.

참여스포츠에는 생활스포츠, 레저스포츠, 모험스포츠 등이 포함된다. 스포츠 동호회나 클럽 활동에서 이뤄지는 경쟁요소를 포함하는 축구, 야구, 농구, 배드민턴이나 등산, 워킹, 조깅, 사이클링, 낚시, 사냥 등과 같은 레크리에이션 활동도 참여스포츠로 볼 수 있다. 소득수준이 증가하고 산업구조가 고도화·첨단화되면서 참여스포츠 활동도 다양하게 나타나고 있다. 특히 인터넷 등을 이용한 참여스포츠 동호회가 확산되고 있다.

〈표 5-1〉은 주요 국가 국민들의 참여스포츠 활동 순위를 보여준다. 대체적으로 러닝·조깅, 워킹, 수영 등이 가장 참여도가 높은 스포츠로 나타나고 있다. 우리나라는 러닝·조깅에 이어 등산, 피트니스(fitness)에 대한 참여도가 높은 것을 알 수 있다.

관람스포츠

　관람스포츠는 월드컵, 올림픽 등 초대형 스포츠 이벤트나 프로스포츠 경기, 경마·경륜 등 경기를 관람하는 행위를 말한다. 스포츠 경기를 경기 장에서 직접 관람하는 행위뿐 아니라 TV, 인터넷, 라디오 등을 통해 간접 적으로 관람하거나 청취하는 행위도 포함된다. 관람스포츠는 생활스포츠 나 참여스포츠와는 달리 사람들이 직접 스포츠 활동에 참여하지는 않지만 스포츠 경기의 관람을 통해 즐거움과 감동, 선수나 팀과의 동질감, 승리에 대한 기쁨, 멋진 묘기에 대한 놀라움 등을 얻을 수 있게 한다.

　사람들을 관람스포츠에 참여하도록 하는 가장 중요한 주체는 프로스 포츠 선수들이다. 프로스포츠 선수들은 보다 멋진 묘기나 박진감 넘치는 경기라는 상품을 제공하기 위해, 그리고 보다 뛰어난 능력으로 보다 많은 수익을 얻기 위해 엄청난 노력과 훈련을 한다. 대부분의 프로스포츠 선수 들은 스포츠 경기를 생계수단으로 삼으며, 관련 용품과 시설을 이용하여 스포츠 경기나 스포츠 스타(star)라는 상품을 제공한다. 소비자들은 입장료 를 지불하고 정해진 스포츠 시설에서 경기를 관람하거나, 시청료를 지불하 고 TV 등을 통해 경기를 관람한다.

　대부분의 관람스포츠 시설은 주로 정부 등 공공 부문에 의해서 제공 되고 운영된다. 스포츠 경기는 공정한 규칙과 경쟁을 원칙으로 한다. 공정 한 경쟁과 규칙이 없는 스포츠는 관람스포츠로서의 매력이 떨어지고 상품 으로서의 가치가 하락할 수도 있다.

관람스포츠와 관중 관람 스포츠는 스포츠 경기 관 람을 통해 즐거움과 감동, 선수나 팀과의 동질감, 승 리에 대한 기쁨 등을 얻을 수 있게 한다. SK와이번스 경기장과 관중들

| 표 5-2 | 한국·미국·일본의 주요 관람스포츠 참여자   (단위: 천 명)

한국(2005년)		미국(2005년)		일본(2004년)	
종 목	관람자	종 목	관람자	종 목	관람자
경 마	16,185	MLB	74,385	프로야구	24,454
경 륜	5,455	대학미식축구(NCAA)	43,387	경 정	20,232
프로야구	3,641	대학남자농구(NCAA)	30,569	경 마	14,435
프로축구	2,873	NBA	21,369	경 륜	11,174
경 정	1,909	NHL	19,855	프로축구	7,176

자료: Humphrey, B. R. and J. E. Ruseki(2009) ; 체육과학연구원(2008) ; SSF 笹川スポーツ 財團(2007).

대부분의 스포츠 관람자들은 경기 결과가 분명하게 나타나기를 기대하는데, 스포츠 경기는 경쟁을 기본으로 한다는 점에서 많은 경우 경기결과가 분명하게 나타난다. 가끔 프로스포츠 선수들이 자선이나 불우이웃 돕기, 친선 도모 등을 위해 스포츠 경기를 하기도 하는데 이러한 유형의 스포츠 경기도 관람스포츠에 해당된다.

〈표 5-2〉는 우리나라와 미국, 일본의 주요 관람스포츠 참여자 수를 보여준다. 우리나라와 일본의 인기 관람스포츠는 경마, 경륜, 프로야구, 프로축구 등으로 매우 유사한 반면 미국은 야구와 미식축구, 농구 등이 인기가 높은 것을 알 수 있다.

한편, 벤리유셀(Vanreusel, B., 1990)은 국가경제 차원에서 볼 때 경쟁 중심의 관람스포츠는 결과적으로 제로섬(zero-sum) 활동에 불과하다고 주장한다. 벤리유셀이 주장하는 제로섬 게임이란 경기에서 승리한 팀이 있으면 반드시 패한 팀이 나타나게 된다는 사실에서 발생하는 것이다. 즉, 경기에서 승리한 선수나 관중들은 환희와 기쁨을 얻을 수 있지만, 경기에서 패배한 선수나 관중들은 좌절과 실망감을 느끼게 된다. 한 국가 내에서 팀들이 경기를 할 경우 이긴 팀과 진 팀이 나올 수밖에 없고, 경기에서 승리한 데 따른 기쁨과 패한 데 따른 실망이 서로 상쇄되어 사회 전체적으로 볼 때는 후생수준이 별다른 변화가 없게 된다. 즉 경기에서 승리한 팀과 팬들의 기쁨(＋)과 패한 팀과 팬들의 실망(－)을 합하면 사회 전체적으로는 영

(zero)이 되므로 제로섬(zero-sum) 활동이라는 것이다.

반면, 스포츠 참여와 활동 과정을 중시하는 참여(생활)스포츠는 참여자들의 건강유지 및 증진, 자기발전, 스트레스 해소 등을 추구한다는 점에서 비제로섬(non zero-sum)이라고 볼 수 있다. 보다 많은 사람들이 스포츠 활동에 참여하면 보다 많은 사람들이 건강을 유지할 수 있고 생산성을 향상시킬 수 있다. 이는 국가적으로 건강보험 재정 건전화에 기여할 수 있고, 이를 통해 참여자 간 단합, 지역발전, 사회적 교류 등도 가능해진다. 따라서 사회 전체적으로 볼 때 후생을 증진시킬 수 있다는 측면에서 관람스포츠보다는 참여스포츠가 더 바람직하다는 것이 벤리유셀의 주장이다. 그러나 관람스포츠를 통해 정체성 확립, 국론통일, 단합 등을 강화하거나, 경기 승패를 떠나서 스트레스 해소, 일상탈출, 감동과 즐거움 등을 추구한다면 이러한 주장은 적절하지 않을 수 있다.

2. 스포츠 활동과 수요 요인

사람들이 스포츠 활동에 참여하는 요인은 다양하다.[2] 스포츠 활동은 경제적인 동시에 비경제적인 속성을 지니고 있다. 전통적으로 스포츠 경제학자들은 스포츠 수요 요인을 분석하기 위해서 가격과 소득의 변화에 관심을 두었다. 그러나 가격과 소득의 변화는 스포츠 활동에 크게 영향을 미치지 못한다는 주장도 대두되었다. 특히, 스포츠 활동(참여)은 가격의 변화에 비탄력적이라는 연구 결과도 있다. 어떤 의미에서 스포츠 참여 배경에는 경제적인 측면보다는 비경제적 즉, 심리적인 요인이나 문화적 요인이 더 크게 작용한다고 할 수 있다. 그러나 비경제적 요인으로 인해 스포츠 활동

---

2 스포츠 수요에 대해 주류 경제학자들은 소득, 시간, 근로 등의 영향을 받고, 비주류 경제학자들은 상호 의존과 사회적 지위, 정체성 등의 영향을 받는다고 주장한다. 주류 경제학자들은 소득 수준이 변화함에 따라 스포츠 수요가 변화하는 것이 합리적이라고 보고 개인의 선호를 강조한다. 반면, 비주류 경제학자들은 스포츠 수요는 사회적 지위나 소비계층에 따라 다르게 발생한다고 보고, 개인의 선호보다는 사회적 지위, 정체성 등을 강조한다.

에 참여한다 하더라도 결과적으로 이러한 참여는 스포츠 산업의 발전에 기여하며 경제·사회적으로도 영향을 미치게 된다. 여기에서는 스포츠 활동의 경제적 요인과 심리적 요인 중 중요한 몇 가지만 살펴보기로 한다.

먼저 〈표 5-3〉은 우리나라 국민들의 스포츠참여 목적을 연도별로 정리한 것이다. 건강유지 및 증진이 모든 시기에 걸쳐 가장 중요한 목적으로 나타나고 있으며, 체중조절, 스트레스 해소 등이 그 뒤를 잇고 있다. 개인마다 다양한 목적을 위해 스포츠 활동에 참여하고 하고 있는 것을 알 수 있다.

| 표 5-3 | 우리나라 국민들의 스포츠 참여 목적 (단위: %)

구분 연도	건강 유지 및 증진	스트레스 해소	여가선용	자기만족	체중조절	대인관계 및 사교
1997	48.4	10.7	11.4	10.6	15.2	3.8
2000	45.1	10.5	11.0	12.9	14.7	5.7
2003	55.3	8.1	6.4	7.9	19.0	3.3
2006	55.4	9.5	7.6	8.4	15.4	3.7
2008	55.2	10.1	7.7	4.1	17.3	3.3

자료: 문화체육관광부(1998, 2003, 2006, 2009).

| 표 5-4 | 한국과 일본 프로축구 관람 동기

순 위	K-리그(관람 동기)	평 균	J-리그(관람 동기)	평 균
1	결과 불확실, 막상막하	5.66	승리에 대한 성취감	6.08
2	승리에 대한 성취감	5.59	오락적 요소	5.78
3	오락적 요소	5.5	결과 불확실, 막상막하	5.38
4	근심 등 일상탈출	5.29	선수의 뛰어난 경기력	5.29
5	지역에 대한 자부심	5.03	근심 등 일상탈출	5.17
6	가족동반	5.02	지역에 대한 자부심	4.98
7	선수의 뛰어난 경기력	4.75	가족동반	4.62
8	사회적 유대 강화	4.65	사회적 유대 강화	4.54
9	팀의 경쟁보다 개별 선수	3.91	팀의 경쟁보다 개별 선수	3.56

주: 한국 511명, 일본 593명, 7점 척도.
자료: Jung-uk Won and Kaoru Kitamura(2007).

〈표 5−4〉는 우리나라와 일본의 프로축구 관람동기를 비교한 것이다. 순서는 조금 다르지만 경기결과의 불확실성, 승리에 대한 성취감, 오락적 요소 등이 주요 동기로 제시되고 있다.

건강 유지 및 증진

그로스만(Grossman, M., 1972)은 사람들이 스포츠 활동에 참여하려는 것은 건강을 유지하거나 증진시키기 위해서라고 주장한다. 이는 스포츠 활동을 순전히 효용(utility)을 충족시키는 소비재가 아니라 일종의 투자재로 간주하는 것이라고 볼 수 있다. 투자재는 현재의 만족을 희생해서 미래의 이익을 얻는 것이다. 즉 스포츠 활동을 하는 것은 미래에 보다 나은 건강상태로 높은 수익을 얻기 위해서이며, 이는 인적자본에 대한 투자에 해당된다.

그러나 많은 사람들이 스포츠 활동에 참여하는 것은 단순히 건강 유지 및 증진뿐 아니라 생활을 풍요롭게 하고 삶의 질적 향상을 추구하기 위해서이다. 즉, 스포츠를 통해 보다 건강해지고 생활의 질적 향상을 추구하려고 스포츠 활동에 참여하는 것이다. 소득수준이 높아지고 의·식·주가 해결되면 사람들은 건강에 많은 관심을 갖기 시작한다. 이런 의미에서 본다면 스포츠에 대한 수요는 소득에 대해서 어느 정도 탄력적이라고 할 수 있다. 탄력적이란 어떤 재화나 서비스의 수요량이 소득의 변화에 대해 민감하게 반응한다는 의미이다.

그래튼(Gratton, C., 2000)은 스포츠 수요가 건강 유지·증진을 위해서라는 그로스만의 주장으로부터 다음과 같은 시사점을 도출하였다. 첫째, 전통적인 경제이론에 의하면 소비자의 소득수준이 스포츠 수요의 제약요인이다. 그러나 이는 스키·요트·골프, 승마 등과 같이 비용이 상대적으로 많이 드는 스포츠 활동에 대한 제약조건이라는 의미이지, 건강유지나 증진을 위해 필요한 달리기나 걷기와 같이 비용이 상대적으로 매우 적게 드는 스포츠 활동에는 소득 수준이 심각한 제약요인으로 작용하지 않는다.

둘째, 스포츠 활동 간의 대체재 관계나 보완재 관계를 알 수 있다. 만

투자로서의 스포츠 활동　스포츠 활동은 건강을 증진시키는 투자로서의 역할을 담당하기도 한다. 테니스에 열중하는 스탠포드 대학생들과 마라톤에 참가한 시민들

약 스포츠 수요의 동기가 건강이라는 자본에 대한 투자를 위해서라면 특정 스포츠에만 의존하기보다는 비슷한 스포츠 활동을 통해서도 건강을 유지할 수 있다. 즉, 건강을 위해서 조깅을 하는 사람이 조깅을 등산이나 에어로빅으로 대체할 수도 있다.

셋째, 소비자의 스포츠 수요가 투자와 소비 중 어느 것을 강조하느냐에 따라서 외부환경의 변화에 대한 반응이 서로 다르게 나타난다. 예를 들어, A와 B 두 사람이 스포츠 활동을 하는데 A는 효용(소비)에, B는 건강(투자)에 보다 더 큰 관심을 가지고 있고, 두 사람은 과중한 업무로 시간이 부족하고 스트레스를 많이 받고 있다고 가정하자. 이러한 상황하에서는 A는 스포츠 활동을 줄이려고 할 것이다. 스포츠 활동을 줄이더라도 운동에 대한 한계효용은 줄어들지 않는 대신에 업무시간 증가로 효용이 크게 증가할 것이기 때문이다. 반면에 B는 스포츠 활동을 꾸준하게 유지하거나 오히려 늘리려고 할 것이다. 스트레스의 증가는 건강이라는 자본에 대한 감가상각을 가속화시키고, 건강에 대한 투자는 건강이라는 자본의 한계생산(marginal product of health capital)을 늘릴 것이기 때문이다.

그로스만(Grossman, M.)의 스포츠 수요 모형에서는 사람들이 건강이라는 자본에 대한 수익률을 완전히 알고 있다고 가정한다. 그러나 대부분의 사람들은 건강이라는 자본의 수익률을 제대로 알지 못한다. 또 스포츠와 여가를 단순히 경제재(economic goods)로 가정하고 있으나, 스포츠는 금전적이면서 동시에 비금전적 속성을 지니고 있다. 금전적인 측면에서 건강상태를 개선시켜서 얻을 수 있는 유일한 편익은 임금 상승이다. 그러나

가계생산함수와 스포츠 수요

베커(Becker, G. S., 1965)는 가계생산함수(household production function)라는 개념으로 스포츠 수요를 분석한다. 가계의 스포츠 활동을 Q, 스포츠 활동에 필요한 스포츠 재화나 서비스 투입을 M, 시간을 T라고 한다면 가계의 스포츠 활동 생산함수는 $Q = f(M, T)$로 나타낼 수 있다. 즉 가계의 스포츠 활동은 이를 위해 필요한 재화나 서비스의 투입과, 시간의 투입으로 이루어지는 것이다. 그러나 스포츠 활동에 따라 그 특성이 다양하고, 가계에 따라 M, T가 다양하게 나타나게 되며, 가계

가 스포츠 활동을 할 경우 M과 T 중 어느 것을 더 중시하느냐에 따라서 가계의 생산함수가 달라질 수 있다. 예를 들어 상대적으로 소득이 높지만 시간이 부족한 가계는 투입재화나 서비스(M)를 집약적으로 사용하여 스포츠 활동을 생산하는 반면 소득은 낮지만 시간이 상대적으로 많은 가계에서는 시간을 많이 투입하는 방법으로 스포츠 활동을 생산하게 될 것이다. 즉 가계의 여건에 따라 스포츠 활동을 생산하는 형태가 다르게 나타나는 것이다.

비금전적인 측면에서도 스포츠 활동을 하더라도 결과적으로 가계의 생산활동을 더 향상시킬 수 있다. 즉, 현재의 스포츠 활동을 증가시킴으로써 미래에 더 큰 보상이나 효용을 얻을 수 있는 것이다. 이러한 편익은 나이가 들수록 증가하므로 스포츠 수요는 나이와 정(positive)의 관계를 지닐 것이다. 그러나 이 모형에 대해서는 스포츠 활동을 통한 편익을 건강이라는 자본에만 지나치게 제한적으로 적용하고 있다는 지적이 있다.

건강한 상태는 개인과 가정은 물론 사회적·국가적으로도 바람직하다. 일반적으로 건강한 사람이 생산성이 높고 일을 많이 하여 소득을 증대시킬 수 있으며, 보다 풍요로운 생활을 할 수 있고, 건강한 사람들이 많을수록 사회·국가도 건강해질 수 있기 때문이다. 사람들이 건강유지 및 증진과 여가선용을 위해 수행하는 생활스포츠는 사람들에게 즐거움과 만족을 주는 활동이라고 할 수 있다. 최근에는 스포츠 활동이 근로자들의 생산성 향상은 물론 국가의 건강보험재정 건전화에도 기여한다는 연구결과가 나오면서 기업이나 국가에서도 생활스포츠 참여를 적극적으로 장려하고 있다.

재미있는 스포츠경제

본원수요와 파생수요

그래튼(Gratton, C., 2000)은 스포츠 수요를 본원수요(本源需要, parent demand)와 파생수요(派生需要, derived demand)로 구분하고 파생수요가 본원수요에 어떠한 영향을 미치는지를 분석했다. 스포츠 본원수요는 스포츠 시설, 스포츠 장비, 스포츠 의류, 스포츠 신발 등을, 파생수요는 스포츠 활동을 하는 데 수반되는 각종 수요를 말한다. 그러나 스포츠는 특성상 본원수요와 파생수요가 동시에 발생하기도 하고, 본원수요와 파생수요 간의 관계를 분간하기가 어려운 경우도 있다. 예를 들어, 소비자가 스키라는 스포츠를 수요하기 위해 상품을 구입하면 이는 본원수요이다. 그러나 프로스키 선수가 이 스키를 구입하여 대회에 참가하면 이는 프로경기라는 본원수요를 위해 수반되는 수요이므로 파생수요에 해당하게 된다.

만족과 즐거움

사람들은 만족과 즐거움을 얻기 위해서 스포츠 활동에 참여한다. 사람들이 스포츠 참여를 통해 주관적으로 느끼는 만족이나 슬거움을 효용(效用, utility)이라고 한다. 경제적으로 설명하면 사람들이 스포츠를 수요하는 이유는 효용극대화를 추구하기 때문이다. 사람들은 스포츠 경기에서의 승리, 선수들의 수준 높은 경기와 멋진 묘기 등을 통해 효용과 즐거움을 얻는다. 또한 스포츠 경기의 공정한 규칙, 페어 플레이(fair play), 그리고 경기에서의 승리 등을 통해 생활의 지혜를 얻기도 한다. 어려운 역경을 극복하고 경기에서 승리했을 때 선수들에게는 커다란 영광과 보상이 주어진다. 그리고 자신이 응원하는 선수나 팀이 역경을 극복하고 승리하는 경기를 관람하는 팬들은 커다란 환희뿐 아니라 많은 교훈을 얻는다.

관람스포츠 참여자들은 프로스포츠 선수들의 뛰어난 묘기, 막상막하의 경기, 승리에 대한 스릴 등을 통해 즐거움을 얻기도 한다. 자신이 지지하는 팀이 경기에서 승리했을 때는 더 큰 즐거움을 얻는다. 경쟁이 치열할수록 승리에 대한 환희는 더 커진다.

스포츠 활동은 특히 많은 노력과 집중이 요구되기 때문에 이를 통해서 자신의 목표를 성취했거나 자신이 응원하는 팀이 경기에서 승리했을 경우 커다란 환희와 보상을 얻게 되는데 이러한 순간 효용이 매우 커다란 상태에 도달한다. 즉, 경기에서의 승리는 해당 팀을 응원하는 팬들만이 가질 수 있는 절정의 경험(peak experience) 또는 최적의 경험(optimal experience)이라고 할 수 있다.

절정의 경험 또는 최적의 경험은 사회심리학에서 나온 용어이다. 절정의 경험은 기쁨이 가장 커다란 상태와 유사하다. 최적의 경험이란 자아를 실현하는 것으로, '자신이 운명의 주인이라는 느낌' 또는, '어떤 활동에 너무 몰입해서 다른 것을 상관하지 않는 상태'를 말한다. 따라서 스포츠를 통해 자아실현을 성취할 경우 스포츠 활동에서 최적의 경험을 하게 되는 것이다.

스포츠 참여자나 관람자들은 자신이 지지하는 팀이 경기에서 승리했을 때 환희와 기쁨을, 패배했을 때 고뇌와 번민 등을 팀이나 팬들과 공유하려 한다. 이러한 일련의 행위를 위해 팬들은 기꺼이 비용을 지불하고 스포츠 활동에 참여하려고 한다. 요약하면 사람들이 스포츠에 참여하는 것은 효용을 얻기 위해서이고, 효용은 참여 및 관람 스포츠에서 발생되며, 이는 인간의 행복과도 연관이 있다.

자극추구

사람들은 새로운 자극을 추구하기 위해서 스포츠 활동을 하기도 한다. 이처럼 사람들이 전에 경험하지 못했던 새로운 자극을 추구하기 위해서 스포츠 활동에 참여하는 것을 자극추구행위(stimulation-seeking behaviour)라고 한다. 자극추구행위는 스포츠 수요의 이면에 있는 주요 동기이다. 자극추구행위이론에 따르면 스포츠 참여는 인간에게 주어진 도전과 모험, 신체적 한계와 난관을 극복할 수 있는 기술과 능력, 인내 등을 기를 수 있고 새로운 성취감과 자극을 얻을 수 있게 한다.

시토브스키(Scitovsky, T.)는 경제적으로 부유하고 풍요로운 국가의 국

자극추구 스포츠 참여는 인간에게 주어진 신체적 한계와 난관을 극복하는 기술과 능력, 인내 등을 기르고 성취감과 자극을 얻을 수 있게 한다.

민들이 행복을 제대로 느끼지 못하는 것은 주로 생산기술에만 관심을 가지고 있기 때문이라고 주장한다. 소비기술에 대한 중요성을 제대로 인식하지 못했다는 것이다. 생산 중심의 사회에서 소비자들은 자극추구보다는 욕구충족을 통해 즐거움을 추구해 왔다. 그러나 소비가 중시되면서 스포츠 활동에 참가하는 주요 동기도 점차 자극추구로 변화하고 있다. 사회가 부유해질수록 욕구충족을 통한 즐거움은 점점 사라질 것이다. 대신 새로운 스포츠에 대한 도전과 모험, 극기 등 자극추구를 통해 즐거움이나 기쁨을 얻게 될 것이다.

자극추구이론에 따르면, 숙련도가 낮은 스포츠 기술은 처음 시도할 때는 자극을 줄 수 있으나, 계속해서 반복되면 더 이상 자극을 주지 않을 수도 있다. 그러므로 스포츠 활동에 참여하는 사람들의 수요 성향은 자주 바뀔 수 있다. 즉, 과거에는 볼 수 없었던 새로운 종류의 스포츠 활동에 대한 수요가 발생하고 증가했다가 급속히 사라지는 것은 소비자들이 이러한 스포츠 활동에서 더 이상 새로운 자극을 추구하지 못했기 때문이다. 고도의 기술과 신체적 훈련을 필요로 하는 스포츠 활동은 지속적으로 자극을 주는데, 이는 소비자가 기술을 배워가면서 기쁨, 성취감, 자신감 등 새로운 자극을 추구할 수 있기 때문이다. 소비자들은 경쟁 위주의 스포츠에 몰입하면서 고난도의 기술을 배우고, 경쟁을 통해 새로운 기쁨을 맛볼 수도 있다. 그러나 이러한 자극은 스포츠 참여자들마다 서로 다르게 나타나는데, 이는 사람들마다 배경과 경험, 신체적 기량과 수준, 관심 정도 등이 서로 다르기 때문이다.

스포츠 참여 요인을 반전이론(reversal theory)으로 설명하기도 한다. 높은 각성(覺醒) 상태에서의 반전(反轉)은 스포츠 활동과 관련이 있다. 즉, 스포츠 활동에 참여하기 전에 느꼈던 높은 수준의 불안이나 초조감은 고도의 스포츠 활동을 성공적으로 수행함으로써 흥분이나 기쁨으로 일시에 반전된다. 이러한 이유 때문에 사람들은 보다 복잡하고 난이도가 높은 스포츠 활동에 참여하려 한다. 반전은 경기를 관람하는 관중에게도 일어날 수 있다. 막상막하의 경기에서 승리하거나 어려운 경기에서 극적으로 승리할 경우에 불안이나 초조함은 일시에 기쁨과 흥분으로 반전된다. 각성의 반전은 정서적인 변화를 가져오고 긍정적인 즐거움을 생성하기 때문에 많은 사람들이 스포츠에 참여한다.

새롭고 놀라운 경험은 언제나 자극적이다. 그러나 만약 기존의 경험과 완전히 유리된 것이라면 오히려 불안을 가져다 줄 수 있다. 그러므로 지나치게 새로운 자극보다는 어느 정도의 신선함이 있는 자극이 더 큰 즐거움을 준다. 사람들이 새롭다고 생각하는 것은 기존의 경험과 관련이 있다. 동일한 스포츠라도 개인 또는 스포츠 종목에 따라서 자극적인 스포츠 활동이 될 수도 있고 그렇지 않을 수도 있다. 예를 들어, 초보자들은 초보자용 스키 활강 코스를 무서워하겠지만 전문가들에게는 무척 따분한 코스가 될 수도 있다.

스포츠 자체

사람들은 스포츠 활동에 참여하기 위해 많은 노력과 비용, 시간을 투입한다. 스포츠 참여에 부상 위험이 존재하고 부대적인 보상(extrinsic rewards)을 기대하기 어려움에도 불구하고 스포츠에 몰입하는 이유는 스포츠 그 자체에 목적이 있기 때문이다.

산업사회가 고도화되면서 비생산적이라고 여겨왔던 스포츠 활동에 사람들이 관심을 갖게 됐다. 이는 사람들이 일과 중에 즐거움이나 기쁨 등을 즐길 수 있는 기회가 많지 않기 때문이다. 대부분 사람들의 일상생활은 거의 매일 반복되는 단조롭고 지루한 활동이라 인지적이고 정서적인 반응을 이끌어내기가 어렵다. 그러나 스포츠 참여는 사람들에게 새로운 도전과 모험을 가능케 한다. 스포츠 참여를 통해 새로운 자극에 관심을 집중하고, 지루하고 골치 아픈 문제들은 완전히 잊어버리게 된다. 이러한 이유로 인해 체험 또는 모험 스포츠 활동이 증가하고 있다. 또한 정보화 사회·지식산업 사회로의 발전과 더불어 스포츠참여에 대한 인식이나 가치관이 변화함에 따라 관람 위주의 프로스포츠와 함께 국민들이 직접 스포츠 활동에 참여하고 체험할 수 있는 참여스포츠가 증가하고 있다. 한편 사람들의 독특한 개성과 욕구를 충족시키기 위해 새로운 규칙에 근거한 다양하고 새로운 모험 스포츠가 지속적으로 출현하고 있다.

3. 온라인 스포츠 수요와 지출

온라인 스포츠 수요

정보통신 기술의 발달과 더불어 온라인 스포츠(on line sports)가 젊은 층을 중심으로 확산되고 있다. 특히, 평균 대역폭의 증가와 컴퓨터 소프트웨어 및 하드웨어의 질적 향상으로 온라인 스포츠 참여자들이 급증하고 있다. 온라인 스포츠는 기존의 스포츠와는 달리 구체적인 장소가 없이 가상공간에서 형성된다. 즉, 스포츠 참여자나 팬들은 특정의 연고지나 지역, 경기장이라는 구체적인 장소를 벗어나 인위적이고 가상적인 공간으로 옮겨가고 있다. 온라인 스포츠 참여자나 팬들은 지역연고가 없는 인터넷 등 가상의 공간에 보다 익숙해지고 있으며, 이는 스포츠 활동이 지역적 제한을 초월하고 있음을 의미한다.

경쟁적인 온라인 게임(online game)은 사이버 스포츠(cyber sports), e-sport라는 이름으로 알려져 있다. 사이버 스포츠 대회를 주최하는 조직이나 단체들이 증가하고 있으며, 경기에 따라서 상금도 수십만 달러에 달한

e-sports 문화축제 우리나라의 e-스포츠는 청소년 등 인터넷 세대를 중심으로 점차 확산되고 있다. 한국e스포츠 협회와 2011 천안 e-Sports 문화축제 포스터

다. TV 방송사와 미디어 그룹들의 사이버 스포츠 시장에 대한 관심도 증가하고 있다. 미디어 기업들도 디지털 가상 환경으로 이루어진 TV 컨텐츠를 제작하는 것이 수익성이 있다고 판단하고 온라인 스포츠 경기를 중계방송하고 있다.

이제 온라인 스포츠(on-line sports)는 또 다른 형태의 중요한 스포츠 사업이 됐다. 인터넷상에서 스포츠경기가 이루어지기도 하고 인터넷을 통한 스포츠 소비도 늘어났다. 특히, X세대, Y세대들에게는 인터넷을 통한 스포츠 참여가 생활화되었고, 이와 더불어 온라인 스포츠 소비가 중요한 소비형태로 떠올랐다. 한 조사결과에 따르면, 스포츠관련 제품의 85% 이상이 인터넷(internet)을 통해 거래되고 있다고 한다.

온라인 스포츠 수요가 급증하고 있는 이유는 주로 다음과 같다. 첫째, 편리성(convenience)이다. 소비자들은 구매하기를 원하는 스포츠 관련 제품이나 정보를 장소와 시간에 구애받지 않고 온라인에서 손쉽게 얻을 수 있다. 스포츠 팬들은 경기장이나 스포츠 용품 관련 매장을 직접 방문하지 않고도 입장권이나 관련 제품을 손쉽게 구할 수 있다. 이러한 편리함은 온라인 스포츠 참여와 소비를 촉진하는 데 크게 기여하고 있다.

둘째, 정보(information)를 용이하게 얻을 수 있다. 스포츠 팬들은 온라인을 이용하여 언제 어디서든 스포츠 팀, 선수, 스포츠경기, 스포츠 관련 용품이나 장비 등에 대한 정보를 얻을 수 있다. 많은 스포츠 관련 단체나 기업들이 인터넷 사이트를 통해 관련 정보를 소비자들에게 전달하고 있어 인터넷은 정보를 얻는 데 유용한 도구로 사용되고 있다.

셋째, 기분전환(diversion)이다. 스포츠 참여자들은 단조롭고 지루한 일상생활에서 벗어나기를 원하고, 인터넷을 통하여 즐거움, 잡담, 쾌락 등을 추구한다. 온라인 스포츠 활동은 일상생활로부터의 탈출과 기분전환을 가능케 한다. 기분전환은 온라인 스포츠 소비자들에게 또 다른 중요한 동기를 제공하는 것이다.

넷째, 사회성(socialization)이다. 스포츠 참여자들은 인터넷을 통하여 상호 비슷한 관심을 가진 사람들과 지식과 경험, 정보 등을 공유하고 이들과 인간관계를 유지하거나 발전시키기도 한다. 결국 인터넷을 이용하여 사회적 관계(social network)를 개선시킬 수 있다.

다섯째, 경제적 요인이다. 인터넷을 통해 스포츠 용품이나 장비에 대한 정보를 파악하고 보다 저렴하게 구매할 수 있다. 온라인 쇼핑의 장점은 제품이나 서비스의 가격, 품질 등에 대한 정보가 소비자들에게 용이하게 제공된다는 점이다. 소비자들은 스포츠 용품이나 장비, 입장료 등의 가격을 온라인을 통해서 비교할 수 있다.

한편, 온라인 스포츠 활동과 소비가 급격히 확산되면서 부작용도 적지 않게 제기되고 있다. 첫째, 소비자 안전에 관한 문제이다. 온라인 소비자들은 구매를 위해 신용카드나 개인정보를 제공하게 되며, 이때 자칫 신용정보 등 개인의 정보가 누출될 수도 있다. 둘째, 제품 배달 사고이다. 인터넷을 통해 상품을 주문할 때 제품이 잘못 전달되거나 계산이 잘못되기도 한다. 배달비용, 시간지연 등 배달과정에서 문제가 발생할 수도 있다. 이러한 이유 때문에 소비자들이 온라인 쇼핑을 기피하기도 한다. 셋째, 제품의 질(quality)을 평가하기가 어렵다. 제품을 구입하기 전에는 제품의 특성을 제대로 파악하기 어렵고, 구입한 제품의 사용방법도 숙지하기 쉽지 않다. 제품을 구입하기에 앞서 제품의 특성을 제대로 평가할 수 있는가 여부는 온라인 스포츠 소비의 중요한 요소이다. 넷째, 고객 서비스(service)이다. 제품 구입 이후 환불 조치, 책임 소재, 온라인 소매상과의 연결 등이 문제가 될 수 있다. 제품을 구입한 후의 서비스는 소비자들에게 심리적으로 매우 중요하다. 온라인을 통해 구입한 제품이 제 기능을 하지 못할 경우 반환이나 변제 등의 조치가 이뤄져야 한다. 모든 소비자들은 제품을 구입한 후 문제가 발생하였을 때 반환조치나 효과적인 기술 제공을 원하고 있기 때문이다.

스포츠 소비·지출의 특징

스포츠 소비는 스포츠 활동에 참여할 때 발생하는 일체의 비용을 의미한다. 스포츠 시장에서 소비자들은 스포츠 경기를 관람하거나 스포츠에 직접 참여하는 사람들로서, 스포츠 활동에 참여할 때 스포츠 관련 재화와 서비스를 소비한다. 스포츠 소비는 스포츠산업이 성장하고 발전하는 데 중요한 역할을 하며, 새로운 형태의 소비문화를 만들기도 한다. 스포츠 소비 활동, 특히 스포츠 경기나 이벤트 관람행위는 영화관, 전시회, 박물관, 공공도서관, 오페라 등과 같은 관람행위와 비교되기도 한다. 스포츠 소비 지출에 대해서는 다양한 연구가 진행되는데, 여기에서는 국내외 주요 연구를 중심으로 스포츠 관련 소비·지출의 특성을 살펴본다.

완(Wann, D. L., 2000)은 스포츠 소비를 직접소비와 간접소비로 구분한다. 직접소비는 스포츠 경기나 이벤트를 관람하거나 직접 스포츠 활동에 참여하는 과정이다. 간접소비는 스포츠 경기나 이벤트를 TV 등 미디어를 통해서 시청하는 과정이다. 한 국가 전체 국민들의 스포츠 소비 지출 중 직접소비를 파악하기는 쉽지만 간접소비를 파악하기는 쉽지 않다. 그러나 TV를 통한 스포츠 소비는 국민들을 하나로 통합하고 단합시킬 수 있다는 점에서 중요한 역할을 한다. 소비자들은 스포츠 소비를 통해 오락, 친목 도모, 일상 탈출, 자부심 강화 등의 효용을 얻는다. 최근에는 스포츠 직접소비와 경제·문화적 자본 간 관계가 연구되기도 하였다. 그 결과 경제적 자본과 스포츠의 직접소비 간에는 정(positive)의 관계가 있음이 증명됐다. 이는 국민들의 소득수준이 높은 선진국가일수록 스포츠관련 소비지출이 더 높다는 것을 의미한다. 그러나 문화적 자본과 직접소비 간의 관계는 복잡하다. 이는 스포츠 소비지출 종목이나 목적 등이 개인, 사회, 국가 내에서

**미디어를 통한 스포츠 소
비** TV, 라디오, 인터넷
등을 통한 스포츠의 간
접소비가 증가하고 있
다. 왼쪽은 TBS의 Steve
Heatherly Show에서의
스포츠관련 대담 모습

는 물론 국가에 따라서도 서로 다르기 때문이다. 예를 들어, 일반적으로 상
류계층은 골프·테니스·승마·요트 등 상대적으로 비용이 많이 드는 스포츠
를 소비하는 경향이 있다고 주장되나, 실제로는 개인이나 문화적·사회적
요인에 따라 다르게 나타난다.

레라 로페즈(Lera-Lopez, F., 2007) 등은 스포츠 참여에 따른 소비지출
을 다양한 경제변수들을 이용하여 분석하여 대체로 가계의 스포츠 소비지
출은 소득수준이 증가할수록 증가하는 경향이 있음을 보였다. 여성보다는
남성, 미숙련 근로자보다는 전문직 근로자, 교육 수준이 낮은 계층보다는
교육수준이 높은 계층들의 가계 스포츠 소비지출이 더 높았다. 또한 어린
이가 더 많은 집안이, 시골보다 도시지역에 사는 사람들의 스포츠 소비지
출이 더 높은 것으로 나타났다.

한편, 시브라(Seabra, A. F., 2007) 등은 스포츠 참여 및 소비지출은 국
가마다 지니고 있는 사회·문화적 요인의 영향을 받으므로 이러한 소비지
출을 일반적으로 분석하는 것은 무의미하다고 주장한다. 스포츠 소비지출
은 국가가 지니고 있는 사회적·문화적 요인을 감안해야 한다는 것이다. 시
브라는 또한 어린이와 청소년, 성인들의 스포츠 참여는 부모, 형제 또는 자
매, 교사, 동료나 친구 등에 주로 영향을 받는다고 강조한다.

디마지오(DiMaggio, P., 1987)는 문화적 유통활동으로서의 스포츠 소
비는 스포츠에 관한 지식, 대화 주제로서 이용되며, 이는 사회적 유대관계
를 강화하는 데 기여한다고 주장한다. 개인의 경제·사회적 지위는 사회적
유대관계·다양한 지식·스포츠 활동 등과 깊은 관계가 있다. 따라서 개인의

스포츠 소비지출은 사회·문화적 지위를 의미한다. 즉, 교육수준이 높고 사회적 유대관계가 다양한 사람일수록 스포츠 소비지출이 증가한다. 그러나 뜨레인(Thrane, C., 2001)은 직접스포츠 소비지출과 교육수준 간의 관계는 개인·사회·국가마다 다르다고 주장한다.

화이트와 윌슨(White, P & B. Wilson, 1999)은 경제·사회적 지위와 관람스포츠 간의 관계를 조사한 결과 참여자들의 소득과 교육수준은 직접 스포츠 소비에 긍정적인 영향을 미친다고 주장한다. 즉, 소득 및 교육수준이 높을수록 관람스포츠 활동에 더 많이 참여한다는 것이다. 그러나 교육수준보다는 소득수준이 더 높은 사람들이 스포츠 관람에 더 적극적인 영향을 미친다고 본다. 다만 교육수준이 높은 사람들이 관람하는 스포츠 이벤트들은 문화적 요소로 작용할 가능성이 더 크다고 주장한다.

이와 같이 대부분의 연구는 스포츠 소비에 영향을 미치는 요인을 성별, 나이, 교육수준, 소득수준, 참여비용, 직업, 인구 규모, 가구형태(독신, 부부) 등으로 구분하여 스포츠 소비를 파악하고 있으나, 결론은 다소 엇갈린다.

스포츠 소비는 스포츠 지출로 파악할 수 있다. 레라 로페즈(2005)에 따르면, 영국, 프랑스, 독일, 이탈리아 등 유럽 국가들의 가계 스포츠 소비지출이 가계소비지출에서 차지하는 비중은 1.5%~2%에 달한다. 특히, 2004년 영국, 스페인 등 국가의 가계 스포츠 소비지출은 가계의 총소비지출의 3% 정도까지 차지하고 있는 것으로 나타났다. 로페즈는 지난 20년간 유럽 국가들의 가계 스포츠 소비지출 비중은 점차로 증가하는 반면, 정부의 스포츠관련 지출은 감소하고 있다고 주장한다.

한편, 김예기(2007)는 일본(日本)의 경우 가계소비지출에서 스포츠 소비지출 비중은 1982년 이전부터 1.0%를 넘어서 1990년대 초반에는 1.9%까지 증가했지만, 2000년부터 감소 추세를 나타내며 1.6%를 차지하고 있다고 주장한다. 우리나라의 경우 1983년에는 0.3%에서 1996년에 1.03%까지 상승하기도 했으나 1998년을 전후한 경제위기의 영향으로 하락하였다가 2003년부터 다시 1% 수준을 넘어서고 있으며, 2008년에는 1.2%를 차지하고 있다. 우리나라 가계의 스포츠 소비지출은 일본이나 유럽의 주요 국가들에 비하면 아직 낮은 편이다. 〈그림 5-2〉는 우리나라 가계의 전체 스포츠관련 지출 중 각 스포츠 종목별 지출이 차지하는 비중을 시계열별로 보여주고 있다.

　　설수영(2009)은 우리나라 도시가계의 오락·스포츠관련 지출을 정량적으로 분석한 결과, 소득과 가격이 지출 수준에 유의한 영향을 미치는 변수임을 확인하였다. 특히 고소득계층의 소득탄력성이 높게 나타났는데, 전체적으로 소득탄력성이 1 주위에 있어 소득이 1% 증가할 때 오락·스포츠관련 지출도 1% 내외로 증가함을 보였다. 한편 가격탄력성도 매우 유의하게 나타나, 스포츠관련 상품의 상대가격 하락이 스포츠관련 지출 증가의 중요한 요인임을 지적하였다.

그림 5-2 **우리나라 가계의 스포츠 종목별 소비 지출**　　　　　　(단위: %)

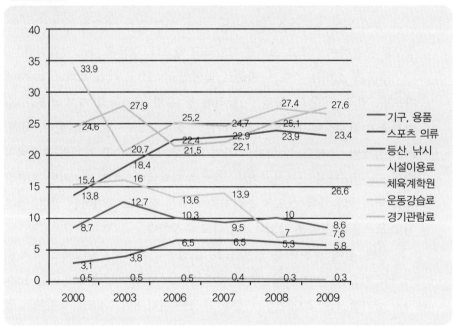

자료: 김예기(2009).

4. 경제적 편익과 자본

경제·사회적 편익

스포츠 활동은 경제·사회적으로 바람직한 효과를 제공할 수 있다. 특히 참여스포츠에 대한 중요성이 부각되면서 스포츠 참여에 따른 경제·사회적 편익도 새롭게 조명되고 있다. 스포츠 활동에서 기대할 수 있는 긍정적인 효과는 다음과 같다.

첫째, 스포츠 활동은 개인과 사회의 발전에 기여한다. 개인적으로 인간의 신체적·정신적 욕구를 충족시키고 신체를 건강하게 하며, 자기계발과 자아실현 기회를 제공하고 타인과의 연대감 등으로 보다 풍요로운 삶을 가능케 한다. 사회적으로는 스포츠 활동을 통해 한 사회에서 요구되는 원칙과 규범을 준수하도록 하며, 국민들 간의 단결과 화합, 국가 성체성 확립에 긍정적인 영향을 미친다. 즉, 사람들은 스포츠 활동을 통해 사회생활에 필요한 근면, 협동심, 타인 존중, 공정성, 자부심 등 다양한 가치와 규범을 습득하게 된다.

둘째, 스포츠 활동은 개인들의 건강 유지 및 증진을 가능케 하고, 이를 통해 생산성을 향상시키기도 한다. 개인의 건강 유지 및 증진은 국가적으로도 이득이 된다. 근로자들의 적극적인 스포츠 활동이 결근율 감소, 생산성 향상 등의 효과가 있음이 입증되기도 했다. 또한 고령화 사회가 진행될수록 스포츠 활동의 중요성이 점증하고 있다. 노인들의 스포츠 활동은 건강을 유지하는 동시에 건강비용을 절감할 수 있기 때문에 고령화 사회에서[3] 더욱 중요한 가치를 갖는다. 선진복지국가들은 노인이 되기 전에 국민들이 건강하고 활력 있는 생활을 영위할 수 있도록 스포츠 활동의 환경을 조성

---

3 일반적으로 65세 이상 고령자가 전체 인구의 7%를 초과하면 고령화사회(aging society), 14%를 초과하면 고령사회(aged society), 20%를 초과하면 초고령사회(hyper-aged society)로 분류한다. 통계청에 따르면 우리나라 전체 인구 중에서 65세 이상의 노인 인구가 차지하는 비중이 2000년에 7.2%로 고령화사회(aging society)로 진입하였으며, 2020년에는 그 비중이 15.1%, 2030년에는 23.1%에 달할 것으로 전망하고 있다.

하고 있으며, 특히, 노년기의 국민들이 스포츠 활동을 통해 건강을 지켜나
갈 수 있도록 노년기 국민들을 위한 다양한 스포츠 환경을 제공하고 있다.

셋째, 스포츠 참여는 삶의 질적 향상을 가능케 한다. 정보화·도시화
등은 생활의 편리함과 풍요로움을 제공하고 있지만, 개인화, 신체활동 기
회의 감소와 경쟁으로 인한 스트레스, 질병 등을 초래하기도 한다. 스포츠
참여는 이와 같은 부작용을 해소할 수 있는 기회를 제공한다. 개인 또는 단
체는 스포츠 참여를 통해 스트레스와 불만족을 해소하고, 타인과 상호작용
을 이루어 공동체 의식을 형성하기도 한다. 사람들은 시간적·물질적 여유
를 갖게 되면서 '얼마나 즐겁고 의미 있게 사느냐'를 중요한 가치로 인식하
며 이미지, 체험, 감성, 재미 등을 중시하고 스포츠나 여가활동을 통해 이
를 충족시키려고 한다. 스포츠 참여는 가족간 우의를 다지거나 이웃, 친구
들 간 친목도모를 기할 수 있는 기능을 수행하는 것이다.

넷째, 스포츠 활동을 통해 비행과 범죄행위 등을 줄여나갈 수 있다. 청
소년들이 스포츠 활동에 참가할 경우 비행과 범죄에서 벗어나 보다 건전
한 생활을 할 수 있다는 것은 이미 여러 가지 연구 및 조사를 통해 증명되
어 왔다. 스포츠 활동은 비행청소년들을 올바로 인도할 수 있을 뿐 아니라
그들에 의한 잠재적인 희생자들에게도 이득이 된다. 비행에 의한 희생자가
감소하는 것은 사회적·개인적 비용이 감소하는 것을 의미하며, 따라서 사
회적인 순편익이 증가하는 효과를 갖는다. 왜냐하면 잠재적 희생자들은 범
죄가 실제로 발생하기 전까지는 그들의 위험한 상태를 인식하지 못하고 이
를 예방하지 못한 상태에서 피해를 입게 되며, 사회 전체적으로 범죄를 예
방하거나 범죄발생을 줄이기 위한 조치를 취할 경우 이를 위한 비용을 지
불해야 하기 때문이다.

그래튼(Gratton, C., 2000)은 스포츠 활동이 여러 가지 자극이 가능한
대체재의 성격을 갖고 있으며 스포츠 참여가 사회적으로 용납될 수 있는
자극이나 재미라는 요소를 제공하여 폭력과 범죄를 감소시킬 수 있다고 주
장한다. 많은 나라에서 비행청소년들이 사회적으로 용납될 수 있는 자극이
나 재미를 즐길 수 있는 소비라는 기술이 부족하고, 이들의 반사회적 행위

에 대한 대안이 없다. 따라서 스포츠를 통해 반사회적인 행위를 예방할 수 있다면, 그 비용이 반사회적 행위에 따른 치료비용보다 덜 드는 한, 스포츠 활동을 제공하고 참여를 장려하는 것이 경제·사회적으로 유익하다.

참여스포츠와 사회적 자본

참여스포츠는 스포츠 클럽, 종목별 동호회, 스포츠단체 등을 통해 회원 간 사회적 유대 강화에 기여한다. 다양한 형태의 스포츠 활동은 다음과 같은 이유로 사회적 자본을 구축하는 데 필요한 요인들을 제공한다.

첫째, 참여스포츠는 교육적 기능, 단결력, 즐거움, 도덕·정신적 가치 향상 등을 가능케 한다는 점에서 사회적으로 긍정적 효과를 기대할 수 있다. 특히, 참여스포츠 활동은 젊은이들에게 독립심, 자제력, 불굴의 정신, 책임감, 공동사회의 일원으로서의 소속감 등을 인식시킬 수 있다. 이는 전통적으로 영국 등 유럽의 상류사회에서 참여스포츠를 통한 사회적 협력을 강조하는 것과 일맥상통한다. 우스레이너(Uslaner, E. M., 1999)는 스포츠가 사회적 자본을 구축하는 데 많은 역할을 한다고 주장한다. 참여스포츠는 규칙을 준수하고 자신감을 기르며 사회적 교류를 확대하기 때문이다. 또한, 스포츠 활동을 통해 공평과 평등에 대한 가치를 확산시키며, 국민들의 도덕적 가치를 지니게 된다는 점에서 스포츠의 사회적 자본으로서의 역할이 강조된다. 와렌(Warren. D. L., 2001)은 자발적으로 구성되는 각종 참여스포츠 단체나 조직은 상호 존중, 신뢰, 상호인정 등 민주시민의 가치를 증진시킨다고 했다. 이러한 가치들은 사회적 자본의 주요 요인으로 기능하고 있고, 따라서 참여스포츠의 확대는 사회적 자본의 형성과 밀접한 연관성을 지니고 있다.

둘째, 참여스포츠를 통해 참여자 간 정보 공유가 수월해진다. 참여자들은 자발적으로 결성되고 운영되는 각종 스포츠 클럽, 동호회 회원 간의 교류를 통해 다양한 정보를 손쉽게 얻을 수 있다. 참여스포츠 활동은 참여자 간 정보의 비대칭 문제를 해소하여 시장이 원활하게 작동하는 데 기여한다. 시장에서 정보의 비대칭이란 어떤 제품에 대해 수요자와 공급자 간 정보 차이가 발생한다는 의미이다. 이런 정보의 차이는 시장을 불완전하게 한다는 점에서 바람직하지 못한 것으로 간주된다. 만약 다양한 형태의 참여스포츠가 정보의 비대칭을 해결하는 데 기여한다면, 소비자나 생산자들이 시장에 대해 보다 완전한 정보를 가지고 경제생활을 할 수 있어, 시장이 보다 효율적으로 작동될 수 있고, 사회는 보다 투명해지고 건강해질 수 있을 것이다. 사회의 다양한 분야에 종사하고 있는 스포츠동호회 회원 간 상호교류는 스포츠 분야뿐 아니라 경제·사회·문화·정치적 이슈들에 대해서 보다 많은 지식과 정보를 교환할 수 있다. 동일한 종목의 참여 스포츠 회원들 간에도 다양한 분야에 대해 친목도모, 상호 이해 증진, 협력 등 다양한 교류가 가능하다. 또한, 회원 간 다양한 이슈들에 대해 논의하고 해결방안을 모색하기도 한다. 이러한 과정에서 문제 해결을 위한 의사소통이 가능해지고, 정보재로서 사회적 자본의 가치를 증가시킬 수 있다.

셋째, 참여스포츠 조직이나 단체에서 스포츠 활동을 하는 사람들은 상호 긍정적인 영향을 미칠 수 있다. 즉, 참여스포츠 클럽이나 동호회 회원 간 교류를 통해 상호신뢰와 존경은 물론 이해의 폭을 넓힐 수 있다. 상호 유대관계를 통해 지식, 기술을 교환하거나 보다 유연한 사고방식을 함양하여 풍요로운 생활을 가능케 한다. 이러한 긍정적인 영향은 개인은 물론 사회적으로도 바람직하다. 자발적 스포츠 활동은 다른 어떤 활동보다도 커다란 사회적 자본으로서의 가치를 지닌다. 이러한 메커니즘은 개인이 자발적 스포츠 조직이나 단체와 연관되어 있는 것이 독자적으로 활동하는 것보다 훨씬 더 풍요로운 공동체생활이 가능하다는 점을 시사한다. 또한 보다 적극적인 참여스포츠 활동과 경험은 경제사회적 질서, 윤리, 규범을 준수하고 이행하기 위한 의무와 책임의 중요성과 의미를 깨닫게 한다.

넷째, 참여자의 정체성과 서로에 대한 인식을 강화시킨다. 참여스포츠 단체는 개인이나 사회적 공동목표를 달성하기 위해 자발적으로 결성된다. 소속감은 회원상호 간 의사소통을 원활하게 하며, 상호 대화와 신뢰 등으로 일체감을 강화시킨다. 그러므로 경제·사회적 이슈에 대한 관심과 공감대 형성을 수월하게 할 수 있다. 참여스포츠 조직이나 단체의 일원은 이러한 과정을 통해 보다 많은 사회적 자본을 기대할 수 있다. 스포츠 조직, 단체, 클럽 등과 연계된 사회적 발전은 고립되고 독자적인 조직으로부터 나오는 사회적 자본보다 훨씬 더 가치가 있다. 상호작용이 많을수록 조직에 의한 사회적 자본의 영향은 더욱 증가할 수 있다.

5. 미래의 스포츠 수요와 소비

최근의 과학기술 발달과 더불어 소비자들은 스포츠 관련 정보에 손쉽게 접근할 수 있고 스포츠와 스포츠 엔터테인먼트를 대신할 다양한 대안들을 훨씬 쉽게 탐색할 수 있게 되었다. 스포츠 제품이나 서비스(경기)에 대한 소비자들의 알 권리도 더욱 강화되고 있다. 미래에는 소득수준 증대, 인구구조의 변화, 여성의 사회진출 확대 등으로 스포츠 참여 요인도 다양하게 변화할 것으로 기대되고 있다. 미래에 발생할 것으로 전망되는 주요 경제·사회적 변화와 이에 따른 스포츠 수요 및 소비변화를 요약하면 다음과 같다.

첫째, 사람들의 수명이 연장되고 평균연령이 증가함에 따라 스포츠참여 형태도 다양하게 변화할 것이다. 일부 선진국을 중심으로 고령화사회가 진행됨에 따라 전통적으로 높은 인기를 누려왔던 축구, 농구, 야구 등과 같은 경기의 팬들이 감소할 수도 있다. 따라서 전통적인 관람스포츠는 인구고령화 추세를 감안하여, 변화되는 수요에 부응할 수 있는 방안을 모색해야 할 것이다. 예를 들어 구체적으로 관람스포츠가 가능한 장소와 시간을 고려해야 한다. 보다 넓고 보다 안락한 자리에서 스포츠를 관람할 수 있어야 할 것이다. 또한 낮 동안이나 초저녁에 스포츠 경기를 볼 수 있어야 한다. 스포츠 관련 조직들은 특히 노인들이 보다 쾌적한 환경에서 스포츠를 즐길 수 있는 방안을 강구해야 할 것이다. 고령화에 따라 참여스포츠 수요도 변화할 것이다. 고령화사회가 지속됨에 따라 강인한 체력을 바탕으로 하는 격렬하고 힘든 참여스포츠 활동은 점차 줄어들고, 신체적 부담이 비

어린이 및 아기 스포츠단 아기 및 어린이들도 다양한 스포츠 활동에 참여한다. 왼쪽은 호주의 어린이들이 테니스를 배우는 모습

교적 적은 스포츠 활동이 증가할 것이다. 게이트 볼, 걷기, 요가, 탁구, 당구 등에 대한 참여가 늘어날 것으로 전망된다.

둘째, 출산율 저하, 소득 수준 향상 등으로 가족당 자녀수가 감소하게 되어 1자녀 중심의 소황제(小皇帝) 시대가 지속될 것으로 보인다. 최근 자녀들을 중심으로 하는 고가·고품질의 스포츠 소비가 이미 늘고 있고 이들을 위한 스포츠 참여도 증가하고 있다. 부모들은 자녀들을 축구교실, 야구교실 등에 참여토록 해 협동심, 인내력, 사교성, 사회성 등을 길러 주기도 한다. 최근에는 자신의 자녀들을 축구장, 야구장 등에 데려다주고 아이들의 경기를 지켜보면서 자녀들의 교육은 물론 각종 생활 및 경제관련 정보를 교환하는 '사커맘(soccer mom)'이라는 신조어도 생겨났다. 자녀들의 특성을 어린 나이에 발굴하기 위해 골프, 스케이팅, 체조, 댄스 등 개별스포츠에도 적극적으로 참여시키는 추세도 뚜렷해지고 있다.

셋째, 여성의 사회활동 증가 등으로 사회적 지위 및 영향력이 향상되고 있다. 이에 따라 여성에게 적합한 문화나 감성중심의 스포츠 참여와 소

가족 중심의 스포츠 가족들이 지지하는 팀의 경기복을 입고 경기를 관람하기도 한다. 건강한 가정은 건전한 사회의 초석이다.

여성스포츠 여성들도 다양한 스포츠 활동에 참여한다. 그림은 CJC의 여성헬스와 요가 Personal Trainer

비도 늘고 있다. 즉, 아름다움을 유지할 수 있고 건강유지 및 증진이 가능한 스포츠 참여가 늘고 있는 것이다. 여성들은 요가, 에어로빅, 헬스 등은 물론 스쿼시, 테니스, 복싱 등 격렬한 스포츠 참여에도 적극적이다. 일부 여성들은 극기와 인내, 인간의 한계에 도전하는 울트라 마라톤, 산악 등산 등은 물론 축구, 야구 등과 같이 경쟁적이며 격렬한 스포츠 활동에도 적극적으로 참여하고 있다. 여자월드컵축구대회, 여자 배구대회 등 여성 중심의 스포츠 경기에 대한 관심도 증가 추세이다. 스포츠 관련 조직이나 단체의 임원, 프로스포츠 경기의 심판, 코치 등 전문스포츠 분야에도 여성의 참여가 점차 늘어나고 있다. 또한, 여성 중심의 각종 국제스포츠 경기에 대한 관심이 증가하고 있다.

넷째, 엔터테인먼트 중심의 스포츠 소비가 증가할 것이다. 전통적으로 관람스포츠 소비는 막상막하의 프로스포츠 경기, 경기에서의 승리 등을 중시하지만, 최근에는 점차 오락적 요소에 대한 관심이 증가하고 있다. 스포츠와 오락적 요소가 결합된 '스포테인먼트(sportainment)'라는 새로운 개념도 등장했다. 소비자들은 스포츠 경기에서 반드시 승리하기보다는 경기에 어느 정도 영향력을 미치며 최고의 만족을 느끼기를 원한다.

관람스포츠 참여자들은 자신의 감정적 욕구를 충족시키기 위해 스포츠 경기 또는 선수들과 상호작용하거나 교류하기를 원한다. 앞으로는 스포츠 경기를 단순히 중계만 하는 스포츠 미디어는 상품 전달수단에 불과할 뿐 감정적 요소가 없기 때문에 팬들로부터 외면당할 것이다. 즉, 생동감이나 생명력이 없는 스포츠경기나 중계 상품은 스포츠가 지니고 있는 감정을

스포테인먼트 연예인 등 유명인의 피겨스케이팅 도전 프로그램인 SBS의 키스&크라이 준비 장면과 SK와이번스 이만수 코치가 팬서비스를 위해 팬티 차림으로 야구장을 돌고 있는 모습

소비자들에게 제대로 전달하지 못하고 시장 확보에 어려움을 겪게 될 것이다. 스포츠의 기능도 본래의 역할을 넘어서 계속 확대될 것이며 엔터테인먼트를 넘어 또 다른 욕구를 충족시켜야 할 것이다. 가령, 건강, 영성과 심리적 상호작용을 통해 웰빙 욕구를 추구하고, 훈련이나 기술 습득을 통해 학습 욕구나 사회적응 등을 추구하게 될 것이다. 따라서 스포츠 경기라는 상품을 소비자들이 소비하기에 적당한 규모와 내용으로 제작하여 수요에 부응할 수 있어야 할 것이다.

다섯째, 개인주의를 중시하는 라이프스타일로 인해 미래에는 개인의 효용과 만족을 중시하는 스포츠 소비가 증가할 것이다. 경기에서의 승리, 건강유지 및 증진 등을 목적으로 하는 스포츠 활동은 점차 개인이 중시하는 효용 가치를 우선시하는 방향으로 변모할 것으로 보인다. 즉, 미래의 소비자는 자신이 중시하는 가치를 제대로 구현한 스포츠 활동에 대해서 기꺼이 높은 가격을 지불하고자 할 것이다. 미래 스포츠 소비자들이 중시하는 가치는 건강한 삶, 쾌적한 환경, 편리하고 재미있는 스포츠 활동, 원활한

다양한 형태의 스포츠 경기관람 관중들도 다양한 활동을 하면서 프로스포츠를 관람하고 있다. SK 경기장에서 고기를 구워 먹으면서 경기를 관람할 수 있도록 한 바비큐 존과 연인들이 선수이름이 씌여진 경기복을 입고 관람하는 모습

커뮤니케이션 등이 될 것이다. 이에 따라 자신이 선호하는 스포츠 팀이나 선수가 등장하는 경기나 자신이 좋아하는 개별스포츠에 대한 관심이 증가할 것으로 기대된다. 또한 수많은 형태의 새로운 스포츠가 탄생하고 또 사라지는 등 극심한 변동이 계속될 것이다.

여섯째, 전통적 의미의 스포츠 수요 변화이다. 소득수준이 증가하고, 다양한 스포츠가 등장하고, 소비자들의 욕구가 변화함에 따라 기존의 스포츠에 대한 소비도 변화하고 있다. 우리나라에서 1970~80년대까지만 하더라도 인기가 높았지만 이제는 사람들의 뇌리에서 잊혀져가는 복싱, 프로레슬링 등이 대표적인 예이다. 이와 함께 골프, 승마, 요트 등과 같이 비용이 상대적으로 많이 드는 스포츠 참여가 증가하고 있다. 축구, 야구, 럭비 등 전통적인 스포츠에 대해서는 관람 행태가 변화하고 있다. 실제로 일부 스포츠 종목에서는 관람률이 계속 감소 추세다. 이는 스포츠 경기 방송중계기술이 발달하면서 소비자들이 경기장에서 직접 관람하지 않더라도 TV 등을 통해 현장감 있는 경기 관람이 가능하기 때문이다. 또한, 바쁜 일과 중에서 스포츠 경기를 관람하기 위해 많은 시간을 소비할 여유가 줄어들기 때문이다. 많은 관람스포츠는 소득수준이 증가할수록 참여가 감소하는 열등재(inferior goods)로 간주되기도 한다.[4] 사람들은 부유해질수록 축구와 같은 전통적인

승마 소득수준이 증가하고 소비자들의 욕구가 다양해짐에 따라 스포츠 소비도 다양해진다. 승마를 즐기는 시민들의 모습(서울승마협회 제공)

---

4 소득수준과 경기장의 관중 수는 역(逆)의 관계에 있다는 주장이다. 즉 다른 조건이 일정하다면 개인의 가처분소득이 증가함에 따라 경기장의 관중 수는 감소한다는 것이다. 최근의 축구 붐을 생각한다면 의외겠지만, 쿡(Cook, A., 1994)은 영국의 경우 1950년대부터 1980년대까지 소비자 지출이 매년 약 1% 정도 증가했는데, 축구관람에 대한 수요는 1% 하락했다고 주장한다. 전통적으로 축구는 노동자 계층이 즐긴다. 즉, 영국에서 축구는 저소득 계층들이 가장 즐기는 경기 중 하나로, 생활수준이 향상된 사람들은 축구 이외에 다른 여가스포츠를 탐닉한다는 것이다.

스포츠 참여는 줄이려 하고, 기존과는 다른 형태의 스포츠 활동에 참여하려 한다. 일반적으로 사람들은 소득수준이 향상됨에 따라 대중화된 스포츠보다는 고급 스포츠 활동에 관심을 가진다. 물론 소득수준이 증가하더라도 소비자들이 지속적으로 참여하는 종목도 있다. 유럽국가들에서 축구에 대한 인기는 아주 오래전부터 지속되고 있다. 그러나 전통적 방식으로 운영되고 있는 대부분의 스포츠들은 소비자들의 선호 변화를 인식해야 한다.

일곱째, 양질의 삶을 추구하기 위한 스포츠 참여 변화이다. 삶의 질적 향상을 추구하는 동시에 새로운 도전이나 모험, 경험 등을 통하여 보다 풍요로운 생활을 하려는 추세가 확산되고 있다. 사람들은 스포츠 활동을 통한 웰빙 실현, 오락과 즐거움 추구 등 삶의 질적 향상을 추구하려고 한다. 사람들은 보다 편리한 삶을 중시하면서, 보다 자연 친화적인 환경과 건강한 삶을 누리고 싶어 한다. 동시에 편안하면서도 지능화된 유비쿼터스를 동경하는 소비자가 늘고 있다. 스포츠 경기에서도 승리보다는 오락과 즐거움을 추구하고 참여를 중시하려는 경향이 점차 확대되고 있다. 쾌적한 환경에서 참여할 수 있는 양질의 스포츠에 대한 욕구가 늘어나면서 다양한 스포츠 문화 콘텐츠를 요구하는 소비자도 증가할 것이다. 한편, 각박하고 치열한 직장이나 사회생활을 벗어나 여유를 누리거나 일시적으로나마 도시를 떠나려는 욕구가 활발해질 것으로 보인다. 많은 사람들이 도전과 모험, 새로운 경험 등을 추구하고 있다. 이러한 현상은 주로 참여 스포츠에서 나타난다. 자신의 인내력을 증대시키고 한계를 극복하기 위해 산악 등반, 트레킹, 철인 3종 경기, 사막 마라톤, 대륙 횡단마라톤 등에 도전하기도 한

다양한 익스트림 스포츠
도전과 모험, 인내력, 체력의 한계극복 등을 위한 다양한 유형의 익스트림 스포츠가 점차 늘어나고 있다.

자본 중심의 스포츠 여가참여형태가 변화하고, 소득과 여가시간 증가로 요트, 경비행기 등 자본 중심의 스포츠에 대한 수요가 증가할 것이다.

다. 이러한 추세는 앞으로도 인간의 도전과 모험, 욕구 충족, 인내력 테스트 등과 맞물려 점차 다양한 익스트림 스포츠(extreme sports)에 대한 참여와 소비 증가로 이어질 것이다.

여덟째, 비커맨(Vickerman. R. W., 1980)은 앞으로는 자본 중심의 스포츠 수요가 증가할 것이라고 주장한다. 자본을 중시하는 현상이 심화될수록 상대적으로 비용이 적게 드는 스포츠에 대한 가치는 하락할 것이며, 소비자들은 보다 비싼 자본 중심의 스포츠를 수요하려 할 것이다. 이는 앞에서 살펴본 베커(Becker. G.)의 가계생산함수와 유사하다. 임금이 상승함에 따라 시간이 재화보다 상대적으로 더 비싸기 때문에 자본 중심의 스포츠 수요가 합리적일 것이다. 그렇다고 해서 축구·농구·야구 등과 같이 시간을 중시하는 스포츠 수요가 반드시 줄어들지는 않을 것이다. 왜냐하면, 시간이 재화보다 상대적으로 더 비싸져서 시간이 많이 소요되는 스포츠에 대한 수요가 감소하더라도(대체효과), 소득의 증대에 따라 이러한 스포츠에 대한 수요(소득효과)가 충분히 증가한다면 이 두 효과를 종합한 결과는 시간이 많이 소요되는 스포츠에 대한 수요를 증가시키는 방향으로 나타날 수 있기 때문이다. 즉, 스포츠가 정상재(normal goods) 또는 상급재(superior goods)라면, 소득이 증가함에 따라 스포츠 수요는 증가할 것이고, 이는 소득효과가 대체효과보다 더 크기 때문에 나타나는 결과이다.

아홉째, 린더(Linder. S., 1970)는 미래의 스포츠 수요는 자기중심적으로 변화할 것이라고 내다보고 시간에 대한 가치가 어떻게 변화하는가에 관심을 가졌다. 생활의 풍요로움은 고가의 재화나 서비스 중심의 소비활동을 조

자기중심의 스포츠 개인
은 건강과 인내, 부부간
건강과 화목 등을 위한
스포츠 활동이 증가하고
있다. 한겨울에 수영을 하
는 노인과 카약을 즐기는
부부

장하여 소비자들은 더 많은 재화나 서비스를 구입하게 된다. 또한 풍요로움
은 스포츠 수요를 더욱 자기중심적으로 변화시키고 시간에 대한 가치를 더
욱 증대시켜 시간을 더욱 희소하게 할 것이다. 그러나 풍요로움과 더불어
시간에 대한 가치를 지나치게 높게 평가한다면, 극단적으로는 스포츠 수요
를 박탈당하는 계층이 발생할 수도 있다. 또 시간에 대한 가치가 증대하면
서 스포츠 수요에 대한 부정적 인식이 유발되어 휴식시간에도 업무를 강요
당한다면, 스포츠 수요가 오히려 줄어들 수도 있다고 린더는 주장한다.

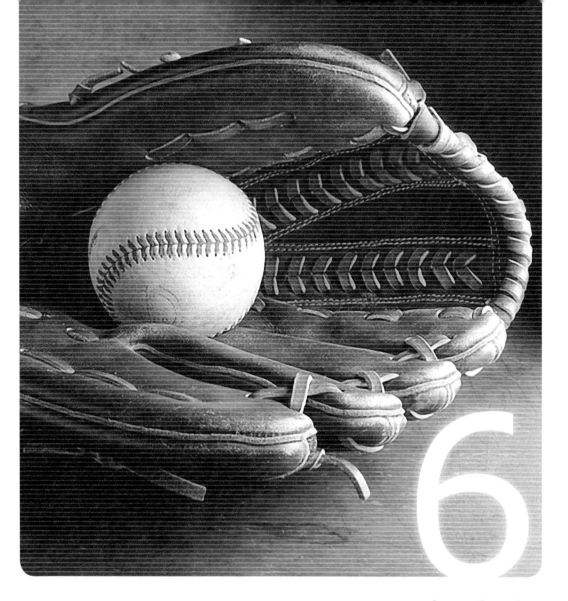

스포츠 공급과 산업

1. 스포츠 산업의 개념과 유형

개 념

산업구조가 고도화·선진화되면서 다양한 형태의 산업이 출현하고 있다. 그리고 다양한 산업의 규모, 효율성, 동향, 미래 등을 분석하기 위한 필요성이 생겨나면서 산업은 여러 가지 목적 및 기준에 따라 분류되고 있다. 분류 목적상의 산업(industry)이란 경제적 특성이 동일하거나 유사한 성질을 갖는 산업활동에 종사하는 생산단위의 집합을 말한다. 산업활동은 각각의 생산단위가 노동, 자본, 토지, 경영, 기술 등의 생산요소를 투입하여 재화나 서비스를 생산하거나 제공하는 일련의 활동과정이다.

「체육백서」(2010)에서는 스포츠 산업을 스포츠 활동과 관련된 제품이나 서비스를 생산하는 산업 활동으로 지칭한다. 좀 더 구체적으로는 스포츠 활동에 참가하는 소비자들의 욕구를 충족시키기 위해서 각종 스포츠 재화나 서비스를 공급하는 스포츠 관련 개인, 기업, 단체 등의 생산활동이다. 따라서 스포츠 산업은 스포츠 활동에 필요한 용품과 장비, 스포츠 시설과 서비스, 스포츠 경기, 이벤트, 스포츠 강습 등과 같이 유·무형의 재화나 서비스를 생산·유통시켜 부가가치를 창출하는 산업이라고 정의된다.[1]

산업 구조의 고도화, 소득수준의 향상, 여가시간 증대, 스포츠 가치의 증대, 새로운 스포츠 출현, 스포츠의 상업화 등으로 스포츠 산업의 범위도 점차 확대되고 있다. 사람들이 스포츠 산업에 대해 인식하기 시작한 것은 그리 오래되지 않으나 점차 다양한 형태의 스포츠 산업이 등장하고 있는 것이다.[2]

---

[1] 우리나라에서 스포츠 산업의 법률적 근거는 「국민체육진흥법」, 「체육시설의 설치 및 이용에 관한 법률」, 「스포츠산업진흥법」 등에 규정되어 있다.

[2] 우리나라는 제2차 국민체육진흥계획(1998~2002)에서 처음으로 스포츠 산업이라는 용어를 사용하였다. 우리나라는 또한 '2009~2013 스포츠산업중장기 계획(2008)'을 세우고 3대 목표와 5대 추진 전략 및 15대 추진 과제를 마련하였다. 3대 목표는 스포츠 산업의 글로벌 경쟁력 강화, 대표적 융·복합산업으로서 신성장 동력, 선순환구조 형성을 통한 지역경제 활성화 등이다. 5대 추진 전략으로는 스포츠 용품 대표 브랜드 육성, 스포츠융합 신서비스 창출, 프로스포츠 경쟁력 제고, 지역의 스포츠 산업 수요

재미있는
스포츠경제 ## 산업과 시장

산업(industry)은 동일한 상품과 대체성이 높은 상품, 즉 같은 종류의 재화나 서비스를 생산하는 기업들의 집합으로 정의된다. 산업이 동일한 상품과 대체성이 높은 재화나 서비스를 생산하는 기업들의 집합이라고 한다면, 어떤 산업 내에는 많은 시장이 존재할 수도 있다. 예를 들어, 자동차 산업은 자동차 생산부문을 지칭하고 자동차 산업 내에는 여러 가지 자동차 부품시장이 존재할 수 있다. 또 여러 개의 산업이 모여서 하나의 시장을 형성할 수도 있다. 예를 들어, 여러 개의 부품산업이 모여서 자동차를 생산하고 자동차시장을 형성하기도 한다.

일반적으로 시장(market)은 재화와 서비스가 교환되고 거래되는 장소를 의미한다. 따라서 시장에서는 공급자인 생산자와 수요자인 소비자가 재화나 서비스를 거래한다. 시장은 수요자와 공급자 간에 재화나 서비스를 사고 팔게 해 주는 매개체이다.

시장이 수요자와 공급자를 모두 반영하는 개념이라면 산업은 생산활동을 중심으로 정의된 개념이라고 할 수 있다. 예를 들어, 자동차 산업이라고 할 경우 자동차라는 재화가 생산되는 산업활동을 모두 포함하는 개념일 뿐 수요를 고려하지는 않는다. 반면 자동차시장이라고 할 경우에는 자동차를 생산하는 공급자와 수요자 모두를 고려한다.

스포츠 산업의 범위

스포츠는 월드컵·올림픽과 같이 전 세계적으로 진행되는 관람스포츠뿐 아니라 비공식적으로 진행되는 경기까지 아주 복잡하고 다양하게 이루어져 있다. 예를 들어, 골프(golf)라는 한 가지 종목만 하더라도 다양한 형태의 스포츠가 가능하다. 먼저 골프는 참여스포츠나 관람스포츠로 기능할 수 있다. 즉, 건강유지 및 증진을 위한 참여, 세계챔피언 대회에서의 경쟁, 챔피언 경기대회 관람 등으로 구분될 수 있다. 또한 골프용 신발·의류 등 스포츠 용품 제조업, 골프채·골프공 등 스포츠 장비업, 골프장 등 스포츠 시설업이 있어야 골프라는 경기에 참여할 수 있고 경기를 관람할 수도 있다.

창출 및 인프라 구축, 스포츠산업진흥기반 구축 등을 제시했다.

이러한 스포츠 활동 중 어디까지를 스포츠 산업으로 규정해야 하느냐가 논란이 되기도 한다. 스포츠는 후발산업일 뿐 아니라 정치·경제·사회·문화 등이 함께 작용하는 일종의 혼합형 산업인 까닭에 스포츠 산업의 범위는 다양하게 정의될 수 있다. 좁은 의미로 스포츠 산업을 스포츠 서비스업으로만 국한해야 한다는 주장도 있다. 스포츠 산업을 스포츠 용품업과 스포츠 서비스업만을 지칭하는 것으로 정의하기도 한다. 반면 스포츠 산업의 범위를 스포츠 용품제조업, 스포츠 시설업, 스포츠 서비스업으로 확대하기도 한다.

포트(Fort, D., 2006)는 달리기, 조깅, 맨손체조 등과 같이 스포츠 용품을 거의 사용하지 않거나 라켓, 배트, 볼 등과 같이 단순한 장비를 가지고 하는 스포츠 활동도 스포츠 산업으로 간주한다. 한편 그래튼(Gratton, C., 1988)은 스포츠 산업의 개념은 단순히 엘리트 스포츠 경기라는 범위를 넘어서야 한다고 주장한다. 프로스포츠 경기, 국가 대항전 등 엘리트 스포츠도 중요하지만, 참여스포츠 활동도 스포츠 산업에 중요한 역할을 한다는 것이다. 개인의 스포츠 활동은 스포츠에 직접 참여하거나, 스포츠 이벤트를 직접관람하거나, 스포츠 이벤트를 TV·라디오·인터넷 등을 통해 시청하거나 관람하는 것인데, 이런 모든 스포츠 활동이 스포츠 산업에 영향을 미치기 때문이다.

험프리와 루세스키(Humphreys, B. R. & J. E. Ruseski, 2010)는 에어로빅(aerobic)·걷기 등과 같은 참여스포츠 활동과 사격·낚시·카약·승마 등과 같은 레저스포츠 활동, 프로스포츠 경기·올림픽 경기·월드컵 대회 등과 같은 관람스포츠 활동도 스포츠 산업으로 간주한다. 이러한 스포츠 활동을 위해서 해당 스포츠 장비나 용품은 물론 일정한 조건을 갖춘 시설도 필요로 하며, 이러한 것들은 스포츠 산업뿐 아니라 스포츠관련 산업과도 깊은 연관이 있다는 점에서 스포츠 산업으로 간주되는 것이다.

이렇게 스포츠 산업에 대한 개념이나 범위는 학자에 따라, 그리고 국가에 따라 다르다. 또한 과학기술의 발달, 인간의 호기심과 도전정신, 산업구조변화 등으로 새로운 형태의 스포츠가 계속 등장하고 있다. 스포츠 산업은 이러한 변화 속에서 스포츠 용품과 장비업, 시설업, 서비스업이 상호 유기적인 관계를 지니면서 성장하고 발전하고 있다. 또한, 스포츠 용품업과 장비업, 시설업, 서비스업이 혼합되어 새로운 형태의 스포츠 산업을 만들어 내기도 한다.

스포츠 산업의 유형

스포츠 산업은 학자에 따라 다르게 정의되고 국가마다 통계적 목적에 따라 다르게 구분되어 있다. 체육백서(2010)에서는 스포츠 산업을 스포츠 용품업, 스포츠 시설운영업, 스포츠 서비스업으로 구분한다.[3] 〈그림 6 – 1〉은 체육백서에서 분류하는 스포츠 산업 유형이다. 스포츠 용품은 사람들의 스포츠 참여나 스포츠 활동을 위해 필요한 유형의 제품을 말한다. 경기용 상하의·경기용 신발·모자 등과 같은 스포츠 의류, 등산·캠핑·스쿠버·수상 스키 등 모험스포츠 용품, 골프채·골프공·골프용 가방 등 골프장비, 각종 피트니스 장비 등 스포츠 활동을 위해 필요한 용품들이 여기에 해당된다.

스포츠 시설은 스포츠 활동에 필요한 공간이나 장소를 의미한다. 스포츠 시설은 스포츠 경기라는 서비스를 생산하는 데 필수적이며, 소비자들이 실제로 이용하는 유형의 실체이다. 대부분의 스포츠 활동은 주로 실내·외 스포츠 시설에서 이루어진다. 주요 스포츠 시설로는 올림픽경기장, 월드컵 경기장, 실내체육관, 인조 구장, 스키 슬로프, 육상경기장, 골프코스, 스포츠 홀, 수영장, 체육공원, 아이스링크 등이 있다. 스포츠 시설업을 스포츠 시설운영업이라고도 한다.

스포츠 서비스는 스포츠 경기, 스포츠 활동이라는 무형의 제품이다. 스포츠 서비스업은 스포츠 경기업, 스포츠 마케팅, 스포츠 정보업 등으로

---

3 한국표준산업분류(2008, 통계청)에서는 산업을 21개로 분류하고 있다. 이 중 실내외 경기장 운영업, 유원지 및 테마파크 운영업, 낚시장, 골프장 및 스키장 운영업, 갬블링 및 베팅업 등의 스포츠 서비스업은 '(R) 예술, 스포츠 및 여가관련 서비스업'(대분류)에 포함되어 있다. 제조, 육상 및 체력단련용 장비, 각종 경기용 공을 비롯한 운동 및 경기용구 제조업은 '(C) 제조업'에 포함되어 있다. 경기장 및 유사오락시설 공사 등은 '(F) 건설업'에 포함되어 있다.

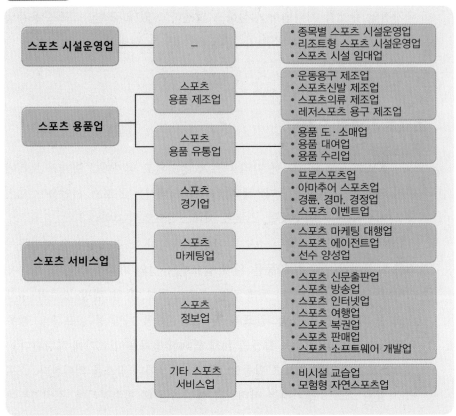

그림 6-1 스포츠 산업의 유형

자료: 문화체육관광부, 『2009 체육백서』(2010).

세분된다. 산업구조의 고도화와 소비자들의 도전과 모험, 호기심 등으로 새로운 형태의 스포츠 서비스업이 출현하기도 한다. 스포츠 서비스업은 스포츠 산업 가운데 규모가 가장 크며 스포츠 산업의 성장과 발전에 가장 중요한 역할을 한다. 일반적으로 경제가 고도화·선진화할수록 산업구조가 서비스업 중심으로 발전하는 것과 마찬가지로 스포츠 산업도 스포츠 서비스업 중심으로 발전한다. 즉, 경제구조가 선진화할수록 스포츠 산업 가운데 스포츠 용품업이나 시설업보다는 스포츠 서비스업의 규모가 더 빠른 속도로 확대된다. 특히 경제구조가 고도화·복잡화됨에 따라 점차 다양하고 새로운 형태의 스포츠 서비스업이 지속적으로 창출되고 있다.

스포츠 산업 스포츠 산업은 시설운영업, 용품업, 서비스업 등으로 구분된다.

2. 스포츠 산업의 특징과 역할

　스포츠가 정치·경제·문화·사회적으로 다양한 특징을 지니고 있듯이, 스포츠 산업도 다른 산업과는 달리 여러 가지 특징을 지니고 있다.

　첫째, 스포츠 산업은 종합산업이다. 클라크(Clark, C. G.)의 산업분류에 따르면 스포츠 시설업과 스포츠 용품업은 2차 산업으로, 스포츠 서비스업은 3차 산업으로 분류된다. 또한 스포츠 산업은 후발산업으로 기존의 산업과 혼합되어 있다. 예를 들어, 스포츠 용품업은 제조업, 스포츠 시설업은 건설업 및 토목업, 스포츠 서비스업은 기존의 서비스업에 포함되어 있다. 스포츠 산업은 이들 산업에서 파생되기도 하고, 이들 산업과 혼합되어 새로운 형태의 스포츠 산업을 만들어 내기도 한다. 또한, 대부분의 스포츠 서비스업은 스포츠 시설이라는 특정의 장소에서 이루어진다. 스포츠 시설업과 서비스업이 동시에 이루어지고 있는 것이다. 축구장, 야구장, 헬스장, 당구장, 탁구장, 수영장 등이 여기에 해당된다. 이러한 특성으로 인해 스포츠 산업은 복합적인 산업구조를 지니고 있다.

　둘째, 스포츠 산업은 주로 일정한 공간이나 장소를 기반으로 이루어진다. 특히 스포츠 시설업이나 서비스업이 그러하다. 스포츠가 산업화되기 위해서는 스포츠 경기나 스포츠 활동을 위한 시설이나 일정한 장소를 필요로 한다. 즉, 실·내외 스포츠 시설이 필요하다. 스포츠 경기나 스포츠 활동

시설의존적 스포츠 서비스업 스키, 골프 등 대부분의 스포츠 서비스업은 시설을 이용하여 스포츠 서비스를 생산한다.

은 시설이나 장소에 따른 제약이 있으며 대부분의 경우 수송과 운반이 불가능하다. 특히, 스포츠 경기 등 스포츠 서비스는 입지조건이나 시설에 대한 의존도가 상당히 높다. 예를 들어, 프로스포츠 경기장, 스키장, 골프장, 경마장, 경륜장 등은 소비자들이 얼마나 쉽게 접근할 수 있으며, 어느 정도의 규모나 시설을 갖추고 있느냐가 소비자들의 실제 수요를 결정짓는 매우 중요한 요인 중 하나이다. 뿐만 아니라 해양 스포츠나 스키, 골프 등은 제한된 장소에서만 활동이 가능하기 때문에 입지나 계절 등과 같은 제약을 받는다. 대부분의 스포츠 서비스업은 스포츠 장소와 공간이라는 시설을 이용하여 스포츠 서비스를 생산한다는 점에서 시설 의존적 스포츠 서비스업(facility dependent sports service)이라고도 한다.

셋째, 스포츠 산업은 소비자들에게 감동과 건강을 동시에 제공한다. 스포츠는 다른 산업과 달리 스포츠 관람자들에게는 감동과 쾌감을, 스포츠 참여자에게는 건강을 제공한다. 영화나 드라마에서 제공되는 각본에 의한 감동과는 달리 스포츠는 '각본 없는 감동'을 제공한다. 건강과 감동을 동시에 제공하는 것은 스포츠 산업뿐일 것이다. 스포츠 산업이 각광받는 이유는 사람들이 스포츠에 참여하여 정신적 만족과 감동, 그리고 건강을 얻을 수 있기 때문이다.

최근에는 스포츠 산업의 특성에 오락이나 즐거움이 추가되기도 한다. 오늘날 스포츠가 하나의 산업으로 자리잡을 수 있는 중요한 이유는 스포츠가 소비자들의 생활에 필수적인 필요보다는 재미나 오락 등에 더 연관되어 있기 때문이기도 하다. 즉, 소득수준이 향상됨에 따라 소비자들은 의식주와 관련된 것보다는 보다 여유있는 생활, 보다 건강한 생활, 보다 재미있는 생활 등을 추구하게 되며, 이를 이루기 위해 스포츠 활동을 하게 되는 것이다. 많은 사람들이 스포츠 활동에 참여하고 관람하는 것은 결과도 중요하지만 경기 자체가 재미있기 때문이다. 미국의 프로레슬링은 스포츠 경기를 통해 스릴과 감동, 반전 등과 오락적 요인을 가미한 대표적인 스포츠 산업이다.

넷째, 스포츠 산업에서는 상업성뿐 아니라 공익성도 강조되기도 한다. 스포츠는 어떤 개인이나 특수한 계층만을 위한 것이 아니다. 스포츠 산업은 인종이나 계층, 성별, 나이 등에 상관없이 모든 국민들의 후생 및 복지증진 차원에서 추진되기도 한다. 즉, 공공스포츠 시설, 초대형 스포츠 시설, 국제 스포츠 이벤트 등은 건강 유지 및 증진, 삶의 질 향상 등을 추구할 뿐 아니라 넓게는 지역주민의 소득 증대, 지역경제 활성화 등을 목표로 하고 있다. 프로스포츠 경기는 상업성을 주요 목표로 하지만 때에 따라서는 모든 사람이 참여하고 즐길 수 있다는 점에서 상업성과 공공성을 동시에 지니고 있다. 올림픽경기대회나 월드컵 축구대회와 같은 초대형 스포츠 이벤트는 상업성과 공익성을 동시에 추구하는 대표적인 사례라고 할 수 있다.

다섯째, 스포츠는 '창조적 파괴(creative destruction)' 과정을 통하여 다양한 형태의 스포츠 산업을 만든다. 즉, 스포츠는 속성상 종목별로 나름대로 문화를 지니고 있으며, 이질적인 문화를 흡수하기도 한다. 스포츠는 문화, 관광, IT기술 등과 결합하여 새로운 형태의 스포츠 산업을 만들어 내기도 한다. 특히, IT기술과 스포츠의 융합으로 디지털세대에 걸맞은 스포츠 산업을 발전시키고 있다. 2002년 한일 월드컵은 스포츠 산업의 활성화를 촉진시켰을 뿐 아니라 '길거리 응원'이라는 새로운 응원문화를 탄생시켰다. 또한, 스포츠 경기나 활동이 영화, 드라마, 만화, 소설, 음악 등과 혼합되어 소비자들에게 감동을 제공하는 스포츠 문화산업으로 등장하고 있다. 기존의 시장에 안주하지 않고 도전과 모험, 호기심, 창조적 사고 등으로 새로운 스포츠 산업을 만들어내고 있는 것이다.

여섯째, 스포츠 경기는 관련된 제품이나 서비스에 대한 부가가치(value added)를 높인다. 부가가치는 생산자가 생산과정에서 새로이 창출한 가치를 말한다. 선수들의 멋진 기술과 묘기로 관중을 매료시키는 수준 높은 스포츠 경기는 그 자체만으로도 고부가가치 산업이 되고 있다. 또한 스포츠 경기에 필요한 용품이나 시설, 그리고 관련 서비스는 최첨단 과학과 기술을 필요로 하고 있어, 이러한 스포츠 용품이나 시설들은 관련 산업의 발전을 가속화시키기도 한다. 첨단과학기술은 시청자들에게 경기장면을 보다 생동감 있고 자세하게 보여주는 첨단 중계방송기술을 가능하도록 하고 있지만, 동시에 더욱 높은 수준의 중계방송을 가능하게 하기 위한 노력이 과학기술의 발전을 앞당기고 있다.

3. 스포츠 산업활동

산업은 인간이 생활을 유지하기 위하여 일상적으로 종사하는 생산활동이다. 스포츠 산업활동은 노동·토지·자본·경영·기술 등 생산요소를 투입하여 스포츠 재화나 서비스를 생산하거나 제공하는 과정을 말한다. 스포츠 산업활동은 여러 가지 목적과 다양한 형태로 수행되며, 영리는 물론 비영리 스포츠 활동을 모두 포함한다. 산업 측면에서 한 나라의 스포츠 산업활동은 추구하는 바에 따라 크게 영리(상업성), 비영리(공익성), 자발적·비영리의 세 가지 형태로 구분할 수 있다.

첫째, 영리를 추구하는 상업스포츠(commercial sports) 산업활동이다. 영리 중심의 스포츠 산업활동은 개인이나 기업이 이윤 추구를 주요 목적으로 스포츠 재화나 서비스를 공급하는 것이다. 영리 중심의 스포츠는 스포츠 산업이 성장하고 발전하는 데 결정적인 역할을 한다. 주로 스포츠 용품이나 장비, 시설이나 서비스 등을 제공하는 기업과 프로스포츠 경기를 제공하는 구단 등이 이 범주에 속한다. 상업스포츠는 소비자들의 반응에 크게 의존한다. 상업스포츠 산업활동은 소비자들에게 스포츠 기회를 제공한다는 점에서 여가 활용, 건강 증진, 사회 후생 증대 등을 주요 목적으로

하는 공공 부문의 비영리스포츠 산업활동과 별 차이가 없다. 그러나 상업
스포츠는 이윤 추구를 주요 목적으로 하며, 적정 수준의 이윤이 발생할 가
능성이 있을 때 활동한다는 점에서 공익성을 추구하는 스포츠와 차이가
있다. 따라서 상업스포츠는 국가나 지역사회의 모든 사람을 대상으로 하지
않는다. 또한 이윤 추구를 목적으로 하므로 첨단시설에서 쾌적하고 양질의
스포츠 재화나 서비스를 제공하고 높은 비용을 요구하기도 한다. 소비자
들은 소득이 증가하고 시간에 대한 가치가 증가할수록 가격이 더 비싸더
라도 보다 쾌적하고 안락한 스포츠 재화나 서비스를 선택하려 한다. 상업
스포츠는 특정의 소비자를 위한 스포츠만을 제공하기도 한다. 상대적으로
시간·비용 등의 제약을 덜 받고 보다 양질의 상업스포츠를 이용하려 하는
소비자들을 위해 이들의 기호에 맞는 스포츠 재화나 서비스를 공급하는
것이다.

둘째, 공공스포츠(public sports) 활동, 즉 공공의 이익을 위한 비영리
스포츠(non-commercial sports) 활동이다. 스포츠가 지니고 있는 경제·사회
적 가치에 대한 인식이 달라지면서 스포츠의 공공성이 부각되고 공공스포
츠가 주목받게 되었다. 공공스포츠는 사회복지 및 후생 증진, 공공의 이익
을 위한 정책수단으로 이용되기도 한다.

정부 등 공공 부문에서 공급되는 스포츠는 상업성보다는 공익성을 우
선한다. 스포츠는 국가나 사회적으로 바람직하지만 공공재나 가치재라는
특성을 지니고 있으므로 시장이 불완전하거나 적정수준의 이윤이 발생하기
어려워 국가나 사회적으로 소망스러운 수준까지 충분히 제공되지 않을 수
도 있다. 특히, 생활스포츠 시설이나 초대형 스포츠 시설, 공공스포츠 시설,
비인기 종목 등에 대해서는 시장이 효율적으로 기능하기가 쉽지 않다. 따라
서 정부 등 공공부문이 공공의 목적을 위해 직간접적으로 스포츠 산업활동
에 참여하게 된다. 요약하면, 정부 등 공공 부문이 공공스포츠 활동을 하는
이유는 보다 많은 사람들이 스포츠 활동에 참여하여 건강유지 및 증진을 기
하고 양질의 생활을 할 수 있도록 한다는 공공의 이익을 위해서이다.

셋째, 자발적(voluntary)·비영리(non-commercial sports) 형태의 스포

초대형 스포츠 시설 정부는 공공의 목적을 위해 초대형 스포츠 시설 공급 등 스포츠 산업활동에 직간접적으로 개입한다.

츠 활동이다. 자발적·비영리 스포츠는 사회복지, 인격 형성, 사회병리 현상 해소, 교육기회 확대, 지역 간 결속 강화 등을 주요 목적으로 한다. 자발적·비영리 스포츠조직으로는 장애인 스포츠, YMCA, YWCA를 비롯한 각종 스포츠 관련 조직이나 단체 등이 있다.

자발적·비영리 스포츠는 일종의 자선단체 형태를 지닌다. 이들은 주로 후원자들의 후원금이나 기금 등으로 운영된다. 자발적·비영리 스포츠는 공공스포츠나 상업용 스포츠에 비해 자금, 조직, 운영, 활동 등이 상대적으로 체계적이지 못하고 효율성이 떨어진다. 그래서 가끔 정부 등 공공 부문이 자발적·비영리 스포츠에 재정지원을 하기도 한다. 이런 면에서 자발적·비영리 스포츠는 제3의 정부와 다를 바 없다고 지적되기도 한다. 정부가 이들을 재정적으로 지원하면서 운영이나 관리에 지나치게 개입하게 된다면 자발적·비영리 스포츠가 지니고 있는 본질을 왜곡시킬 수도 있다. 또한 자발적·비영리 단체들이 재정이나 운영면에서 공공부문에 지나치게 의존하려 한다면 이들의 활동은 또 다른 정부활동에 불과하게 될 우려가 있다.

비영리·자발적 스포츠는 가끔 상업스포츠와 같은 역할을 하기도 한다. 특히 회원들의 수요에 부응하기 위해서 고가의 스포츠 시설과 서비스를 제공하고 높은 사용료를 받는다면 상업스포츠와 다를 것이 없다. 따라서 자발적·비영리 스포츠가 이윤을 추구할 경우, 이들이 공급하는 스포츠는 사적재(private goods)로 보아야 하고 상업스포츠로 규정해야 한다는 주장도 있다. 공공스포츠와 자발적·비영리스포츠가 공익성 추구라는 본래의 목적을 벗어나 이윤만 추구하려 하고, 상업스포츠와 경쟁하려 한다면 스포츠 시장발전에 도움이 되지 않을 것이다. 특히, 이들은 정부나 후원자들의 지원을 통해 상업스포츠보다 유리한 조건에서 이윤을 추구할 수 있으므로 상업스포츠의 발전을 저해할 수도 있다.

4. 국내스포츠총생산

개 념

국내총생산(GDP, gross domestic product)이란 한 나라의 가계·기업·정부 등 모든 경제주체가 일정기간 동안 생산한 최종재(재화와 서비스)의 가치를 모두 더한 것이다. GDP는 한 나라의 경제수준과 국민들의 생활수준을 종합적으로 파악할 수 있는 지표이다. 경세수준이 과거에 비해 얼마나 발전되어 왔는지 또 다른 나라와 비교할 때 어느 정도 수준인가를 파악할 수 있다. GDP는 또한 한 나라의 경제현상에 대한 다양한 정보를 제공함으로써 경제정책의 수립 및 집행에 중요한 기준이 된다.

국내스포츠총생산(GDSP, gross domestic sports product)은 국내총생산(GDP) 개념을 이용한 것으로 일정기간 동안(주로 1년) 국내에 거주하는 모든 생산자가 생산한 스포츠 재화나 서비스의 부가가치를 합계한 것이다. 주로 한 나라에서 스포츠 용품업, 스포츠 시설업, 스포츠 서비스업 등이 1년간 생산한 스포츠 재화나 서비스의 부가가치를 말한다. GDSP는 스포츠 생산물의 가치이며, 스포츠 시장을 통해 이루어지는 생산적 활동의 결과이다. 스포츠 재화와 서비스는 사람들이 스포츠 활동을 하는 데 필요한 스포츠 용품이나 장비 등 스포츠 재화와 스포츠 경기나 관람 등 스포츠 서비스를 말한다. 생산적 활동이란 새로운 가치를 창출하는 경제행위이고, 시장을 통한다는 것은 정상적인 거래가 이루어지는 스포츠 재화와 서비스만이 고려대상이 됨을 의미한다.

GDSP도 GDP와 같이 최종단계에서의 생산물의 가치를 측정하며 시

| 표 6-1 | 한국·미국·일본의 GDP 및 GDSP

	한국(2007년)	미국(2005년)	일본(2008년)
GDP(A)	1조512억 달러	12조4,872억 달러	4조4,530억 달러
GDSP(B)	258억 달러	2,130억 달러	1,135억 달러
B/A(%)	2.45%	1.71% (레저스포츠 제외)	2.54%

자료: 문화체육관광부, 『2008 체육백서』(2009).

장가치는 화폐가격으로 평가한다. 최종단계에서 생산물을 측정한다는 것은 매 생산단계마다 부가가치의 합계를 구한다는 의미이다. 부가가치란 각각의 생산자가 생산과정에서 새로 창출한 가치를 말한다. 즉, 생산된 상품의 가치에서 사용된 중간투입물의 가치를 빼면 부가가치를 구할 수 있다. GDSP는 GDP의 일부분으로 한 나라의 국내총생산(GDP) 중 스포츠 산업이 차지하는 규모와 발전 과정, 스포츠 산업별 추세 등을 파악할 수 있어 스포츠 산업 발전 정책 수립 등에 중요한 역할을 한다.[4] 우리나라와 미국, 일본의 GDP와 GDSP는 〈표 6-1〉에 정리되어 있다. GDSP 규모는 미국이 질대적으로 크지만, GDP에 대해서 GDSP가 차지하는 비중은 한국과 일본이 미국보다 높은 것으로 나타났다. 이는 국가간 GDSP의 정의 차이에서 비롯된 것으로 보인다.

〈그림 6-2〉는 김예기(2010)가 우리나라 산업연관표를 이용하여 실제로 측정한 우리나라의 GDSP이다.[5] 1985년부터 2008년까지 우리나라 GDSP 규모와 그 구성을 스포츠 시설·서비스업, 스포츠 용품업으로 구분

---

4 1987년 미국 와튼 경제연구소는 미국의 GNSP(gross national sport product)가 502억 달러로 담배 산업, 석유 산업보다 크며, 미국에서 23번째로 큰 산업이라고 발표하였다. 그 후 미크(Meek, A.)가 1995년 미국의 GDSP가 1,519억 64백만 달러로 미국 GDP의 2%를 차지하며, 11번째로 큰 산업이라고 주장하면서 스포츠 시장에 대한 관심이 증대하기 시작하였다.

5 산업연관표는 국민경제내 재화와 서비스의 흐름을 체계적으로 파악하기 위해서 작성된다. 국민경제를 여러 가지 산업으로 구분하여 일정기간 동안(통상 1년) 각각의 산업부문 간에 거래되는 재화와 서비스의 흐름을 파악한 통계표이다. 따라서 국민계정상의 GDP 규모와는 차이가 있다. 산업연관표를 이용하여 우리나라의 스포츠 시장규모를 파악하는 데에는 한계점이 있다. 2000년 이후부터는 스포츠 시설에 관한 통계가 구축되지 않고 있기 때문이다. 스포츠 시설의 경우 건설, 토목 등에 포함되는 걸로 추정된다. 산업연관표는 통상 2~3년 정도 늦게 발표되고 있어 시의성이 떨어진다고 지적된다. 실제로 2010년에 2008년도 기준 산업연관표가 공표되었다.

그림 6-2 산업연관표를 이용한 우리나라의 GDSP   (단위: 100억원)

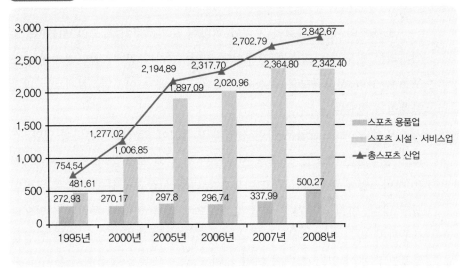

자료: 한국은행, 『산업연관표』(1988, 1993, 1998, 2003, 2008).

하여 나타낸 것이다. 우리나라의 스포츠 산업은 지속적으로 높은 성장률을 나타내고 있음을 알 수 있으나, 전체산업에서 차지하는 비중은 1% 내외에 불과한 실정이다.[6]

　　같은 방법으로 추정한 미국·일본 등 선진국가의 스포츠산업이 전체산업에서 차지하는 비중이 1.4%~2.5%임을 감안할 때 우리나라의 스포츠 산업은 아직 유치산업(infant industry) 단계에 있음을 알 수 있다. 그러나 스포츠 산업의 성장률은 전체산업의 성장률보다 높은 수준으로 증가하고 있다. 또한, 전체 스포츠 산업에서 스포츠 시설·서비스업이 차지하는 비중은 1995년 57%에서 2007년에는 87%로 스포츠 산업의 성장을 주도하고 있음을 알 수 있다. 즉, 우리나라 산업이 고도화·선진화됨에 따라 산업구조가 서비스 산업화되듯이 우리나라 스포츠 산업도 스포츠 서비스 산업화되고 있는 것이다. 특히 스포츠 시설을 바탕으로 하는 스포츠 서비스업이 큰 폭으로 성장하고 있음을 알 수 있다.

---

6 한국과 일본의 산업연관표를 이용하여 스포츠 산업이 전체산업에서 차지하는 비중을 파악한 결과, 한국은 1990년 1.18%, 1995년 0.78%, 2000년 0.75%, 2005년 0.82%, 2008년 0.85%로 1% 미만인 데 비해 일본은 1990년에 이미 2.1%를 차지하였으며, 1995년 1.9%, 2000년 1.7%, 2005년 1.4%로 나타났다.

GDSP의 한계

스포츠의 경제·사회적 가치와 역할이 증가하면서 각국의 GDSP를 파악하려는 시도가 다양하게 전개되고 있다. 그러나 한 나라의 경제에서 스포츠 산업의 시장규모를 측정하는 일은 단순해 보이지만, 실제로는 많은 한계점을 지닌다.

우선, 스포츠 산업은 관련 산업과 혼합되어 있거나 중복되어 있다. 스포츠 용품업은 제조업, 스포츠 시설업은 건설 및 토목업, 스포츠 서비스업은 서비스업에 포함되어 있고 이들을 분리해서 스포츠 산업으로 묶는 것이 쉽지 않다. 아직도 많은 나라들이 스포츠 산업을 하나의 독립된 산업으로 간주하지 않고 있기 때문이다. 스포츠 산업이 후발산업이고 다른 산업과 밀접한 연관이 있기 때문에 여러 개의 스포츠 항목을 통합해서 통계를 작성하거나 기존의 관련 산업에 포함시키기도 한하고, 스포츠 용품업과 시설업을 혼합해서 서비스업을 만들기도 한다. 또한 스포츠 시설업에 사용되는 많은 재화들의 경우 어느 것이 스포츠 산업에 포함되는지 구분하기가 불가능한 경우도 있다. 이러한 이유로 사실은 스포츠 산업임에도 스포츠 산업으로 추정하기가 어려운 경우가 발생하여 GDSP가 실제 스포츠 산업 규모를 과소평가하기도 한다.

둘째, 스포츠 산업은 시장가치를 제대로 반영하기가 어렵다. 예를 들어, 생활 스포츠, 익스트림 스포츠(extreme sport) 등의 참가자들은 경제적인 측면보다도 스포츠 자체를 즐기려는 성향이 크기 때문에 단순히 경제적인 측면에서만 시장가치를 측정하는 것은 실제의 GDSP를 과소평가할 가능성이 높다. 사람들이 스포츠 활동을 통하여 얻을 수 있는 건강유지 및 증진, 스트레스 해소, 생활의 활력 및 재충전, 여가 등 개인적·사회적 편익은 시장가격으로 계산하기가 불가능하다. 이러한 이유로 GDSP를 집계할 경우 사람들이 스포츠를 통해 얻을 수 있는 효용과 만족 등은 계산하지 않고 사용료, 입장료만 계산하여 GDSP에 포함시킨다. 사람들이 관람스포츠나 참여스포츠를 통해서 얻은 효용이나 만족감이 사용료나 입장료보다 훨씬 더 클 수 있지만, 이러한 가치를 GDSP가 반영하지 못하는 것이다. 더욱이 GDSP 측정과정에서 스포츠의 문화적·역사적 가치 역시 시장가치로 평가되지 않는다. 올림픽, 월드컵과 같은 초대형 스포츠 경기는 승리에 대한 기쁨과 환희, 국가이미지 제고, 자부심, 국론통일 등 엄청난 무형의 편익을 제공한다. 그러나 이러한 편익은 실체가 없는 무형(無形)의 가치로 객관적인 기준을 마련하거나 측정하기가 불가능하기 때문에 GDSP에 포함되지 않는다. 이들에 대한 시장규모를 객관적으로 파악할 수 있다면 스포츠 시장규모는 엄청나게 증가할 가능성이 높다.

셋째, TV를 통해 스포츠 경기를 시청할 경우 TV, 컴퓨터 등 장비를 구입해야 하며, 케이블, 위성TV의 경우 시청료를 지불해야 한다. 그러나 TV를 통해 스포츠 경기를 관람함으로써 편익도 발생한다. 스포츠 산업에서 TV, 라디오, 신문 등 미디어가 차지하는 비중은 상당히 크다. 많은 사람들이 거의 매일 신문을 통해서 스포츠 관련 기사를 읽고, TV, 인터넷, 라디오 등을 통해서 스포츠 경기를 관람하거나 청취한다. 이와 같이 스포츠 이벤트를 시청하거나 청취하고 스포츠 관련 신문을 읽는 행위도 스포츠 산업에 해당된다. 그러나 스포츠를 시청하거나 청취하는 소비자의 수를 측정하고 이를 체계적으로 관리하고 경제적 가치를 계산한 자료는 거의 존재하지 않는다. 최근 북미 등 일부 국가에서는 특별한 스포츠 경기가 독점적으로 운영되며 입장료나 중계료도 아주 비싸게 책정되고 있다. 이러한 경우에는 TV시청률을 이용하여 스포츠 산업 규모를 조사하기도 한다. 그러나 스포츠 경기 시청률 전체를 단순히 합산할 경우 실제 스포츠 산업규모가 과대평가되거나 과소평가될 수 있다. TV시청률을 이용한 통계에 체계성이 없다는 것도 문제다. 관중들이 스포츠 경기를 얼마나 시청했는지, 일주일 또는 한 달 평균 몇 시간 시청했는지를 제대로 파악하기가 어렵다. 그리고 TV에서 스포츠 경기 시청을 위해 시청자들이 소비한 실제시간을 측정하기도 쉽지 않다. 사람들은 TV를 시청하면서 다양한 행동을 할 수 있다. 집안에서 다른 일을 하면서 스포츠 경기를 시청한 경우 가사활동으로 보아야 할지, 스포츠 시청행위로 보아야 할지가 분명하지 않다. 이와 같이 TV시청

우리나라 스포츠 산업 우리나라에서는 스포츠 산업 활성화를 위해 해마다 스포츠산업전시회를 개최한다. 체육진흥공단에서 주최하는 서울국제스포츠레저산업전

등 미디어와의 관계를 객관적으로 설정하고 기준을 수립하기 어려워 스포츠 산업의 규모를 측정하기가 쉽지 않다.

넷째, 대부분의 통계는 보수적으로 작성되고 있다. 그런데 스포츠 산업에서는 부단한 기술혁신과 창조적 파괴 과정을 통해서 새로운 형태의 스포츠 산업이 등장하기도 하고 이내 사라지기도 한다. 그러다보니 새롭게 등장하는 스포츠 산업들이 제대로 공식통계에 포함되지 않기도 한다. 우리나라의 스포츠 산업은 아직 유치산업으로 종목·품목에 따른 변동이 상대직으로 심하다. 최근에 급성장하고 있는 스크린 골프장, e-스포츠, 운동방 등에서 창출되는 스포츠 산업의 부가가치도 제대로 측정하기가 쉽지 않은 실정이다. 또한, 체육백서에서 스포츠 산업으로 구분하고 있는 선수양성, 에이전트 등 스포츠 마케팅업, 스포츠신문·출판업, 스포츠 인터넷업 등 스포츠 정보업, 스포츠 도소매업 등 스포츠 용품 유통업 등에 대한 시장 규모도 구체적으로 일관성있게 파악하기가 쉽지 않다.

5. 스포츠 산업의 미래와 과제

산업구조 변화

통신 및 과학기술 발전, 인구구조 변화, 소득의 증가 등과 더불어 스포츠 산업의 경제·사회적 기능과 역할이 점차 증대함에 따라 스포츠 산업의

생산의 글로벌화 보호무역의 시대가 지나고 자유무역과 생산의 글로벌화가 진행됨에 따라 스포츠 용품생산에서도 국제적 분업이 가속화되고 있다.

구조나 범위가 크게 변화될 것으로 전망된다. 특히 스포츠 산업과 여가, 레크리에이션, 엔터테인먼트 등의 구분이 애매모호해지고 있고 글로벌화가 진행됨에 따라 다음과 같은 여러 변화가 예상된다.

첫째, 스포츠 용품·장비산업의 글로벌 생산 체제변화이다. 노동집약적이고 단순조립 형태의 스포츠 용품업 생산기지가 임금이 상대적으로 낮은 후발개발도상국으로 이동하고 있다. 스포츠 산업 선진국에서는 스포츠 제조업 공동화 현상이 이미 오래전부터 나타났다. 스포츠 의류·신발 등 상대적으로 부가가치가 낮으며 대량생산이 가능한 스포츠 용품은 저임금의 풍부한 노동력이 있는 개발도상국에서 생산되고 있다.

앞으로 이러한 현상은 더욱 심화될 것이다. 스포츠 용품업은 소수의 다국적기업들이 기술과 경쟁력, 네트워크 등으로 전 세계 시장을 계속 주도해 나갈 것으로 보인다. 이들 기업은 독과점시장에서와 같이 가격경쟁보다는 제품의 질 향상, 디자인과 마케팅의 차별화 등을 위해 치열하게 경쟁할 것이다. 상대적으로 고부가가치이며 독점적 요소가 강한 스포츠 장비업은 과학기술이 상대적으로 발달한 스포츠 선진국에서 주로 생산될 것이다.

둘째, 스포츠 시설과 서비스업의 중요성이 부각된다. 거의 모든 스포츠 경기는 특정 스포츠 시설에서 생산되고 소비된다. 따라서 스포츠 시설이 얼마나 쾌적하고 편안하고 환경친화적이고 안전한가 등에 따라 스포츠 참여자들의 반응이 달라진다. 스포츠 시설은 참여 및 관람스포츠 서비스의 질(質)을 평가하는 데 중요한 요소로 작용한다. 참여 및 관람스포츠 시설이 보다 쾌적하고 안락하고 환경친화적이라면, 스포츠 서비스를 질적으로 향상시키는 데 커다란 도움이 될 것이다. 스포츠 용품이나 장비, 스포츠 서비스 등은 스포츠 시설에서 소비되거나 생산된다는 점에서 스포츠 시설·서비스업으로 간주해야 한다는 주장도 있다.

셋째, 다양한 형태의 스포츠 서비스 산업의 등장이다. 스포츠와 문화·관광 등이 혼합된 새로운 스포츠 산업이 나타나고 있다. 특히, 스포츠 문화산업의 성장이 가속화되고 있다. 스포츠 경기에서의 승리, 고난과 역경 극복 등의 주제가 영화, 드라마, 음악, 만화 등과 결합해 새로운 스포츠 문화컨텐츠를 만들어 내기도 한다. 스포츠 영화, 드라마, 만화 등의 스포츠 문화산업은 소비자들에게 커다란 감동을 제공할 뿐 아니라 부가가치가 높은 산업이 됐다. 감동적인 스포츠 문화는 개인주의가 만연하고 있는 시대에 공동체 정신, 사회적 통합, 국가정체성 등에 대한 인식을 강화시킬 수 있으며, 국가·사회적으로 유익한 스포츠 문화산업은 시민의식을 보다 성숙시키는 데 기여한다. 즉 스포츠 문화산업을 적절하게 활용할 경우 국가에 대한 정체성 확립, 국론통일, 사회적 자본 형성 등에도 긍정적인 영향을 미칠 것이다. 그럼에도 불구하고 일부 국가의 성부는 물론 스포츠 산업관련 연구자들도 스포츠 문화산업에 대한 개념조차 제대로 인식하지 못하고 있는 실정이다.

넷째, 미래의 스포츠 산업은 과학기술과 스포츠 시설을 바탕으로 스포츠 용품과 장비산업과 스포츠 서비스업이 합쳐진 새로운 형태의 스포츠 산업으로 발전할 것이다. 스크린 골프(screen golf)가 대표적인 예이다. 스크린

스포츠 문화산업 야구를 주제로 한 만화를 영화, 드라마로도 제작되었던 '공포의 외인구단'과 태권도와 무용을 결합한 태권무무 달하

스크린 골프 과학기술의
발달과 더불어 새로운 형
태의 스포츠 산업들이 등
장하고 있다. 스크린 골프
장 광고와 스크린 골프를
즐기는 저자

골프는 일정한 장소에서 첨단 과학기술을 이용하여 가상공간에서 골프를
할 수 있도록 한 스포츠이다. 야외 골프장보다 현실감은 떨어지지만, 참여
자들은 시간을 절약하고 기후에 관계없이 보다 싼 가격에 골프를 즐길 수
있다. 또한 실제와 비슷한 전국의 골프장을 선택할 수 있다. 스크린 골프장
은 다시 당구, 다트(dart), 와인바(wine bar) 등과 결합돼 새로운 스포츠 문
화 공간을 만들고 있다. IT기술과 스포츠 간의 접목은 시뮬레이션 스포츠,
U-스포츠 등 새로운 형태의 스포츠 산업을 지속적으로 창출할 것이다.

　　다섯째, 온라인 스포츠 산업의 활성화이다. 평균 대역폭의 증가[7]와 컴
퓨터 기술발전으로 온라인 스포츠 참여자들이 급증하고 있다. 전 세계적
으로 온라인 스포츠 선수만 수만 명에 달한다. 이제 온라인 스포츠는 스포
츠 산업의 한 부분을 차지하고 있다. 사이버 스포츠 대회를 주최하는 조직
이나 단체들이 증가하고 있으며, 상금이 수백만 달러에 달하기도 한다. 상
금은 주로 참가비와 관련 기업들의 협찬으로 조달된다. TV 방송사와 미디
어 그룹들도 온라인 스포츠 산업에 관심을 높이고 있다. 미디어 기업들은
디지털 가상 환경으로 이루어진 TV 콘텐츠를 제작하는 것이 수익성이 있
다고 판단하고 있으며, 이미 오래전부터 온라인 스포츠 경기를 TV, 인터넷
등을 통해 중계하고 있다.

---

7 대역폭(bandwidth)은 네트워크에서 이용할 수 있는 신호의 최고 주파수와 최저 주파수의 차이를 말
한다. 일반적으로는 통신에서 이용 가능한 최대 전송 속도, 즉 정보를 전송할 수 있는 능력을 말하며,
그 기본 단위로는 bps(bit per second, 초당 전송단위)를 사용한다. 인터넷 속도가 10M(Mega)bps에
서 100M(mega)bps(일반적 광랜)로, 1G(giga)bps로 전송량이 증가하고 있다. 최근에는 1Gbps보다
용량이 10여 배나 더 큰 1T(tera)bps의 사용에 대해서도 논의되고 있다.

여섯째, 웨스터비크와 스미스(Westerbeek, H. & A. Smith, 2003)는 미래의 스포츠 산업은 인간의 정신적·심리적 편익에도 영향을 미칠 것이라고 주장한다. 스포츠 교육 및 훈련으로 건강한 신체와 건전한 사고방식을 가지고 생활한다면 정신적·심리적 안정을 기할 수 있기 때문이다. 스포츠를 통한 정신적·심리적 편익은 개인은 물론 국가·사회적으로 커다란 편익을 제공할 수 있고 스포츠 관련 산업으로도 발전이 가능하다. 최근 일부 선진 국들은 스포츠 활동을 통한 정신적·심리적 안정의 중요성을 인식하고 있으며, 이에 따라 교육·문화 등과 결합한 새로운 형태의 스포츠 산업이 출현하고 있다.

〈그림 6-3〉은 미래의 스포츠 산업과 관련산업 및 이들의 상호관계를 보여준다. 스포츠 산업은 스포츠 용품·장비업과 스포츠 시설업·서비스업으로 구분할 수 있다. 이들은 미디어, 문화, 관광, 교육, 환경, 위락, 인터넷 등과 결합하고 영향을 주고받으며 새로운 스포츠관련 융합산업을 창출할

그림 6-3 미래의 스포츠 산업과 역할

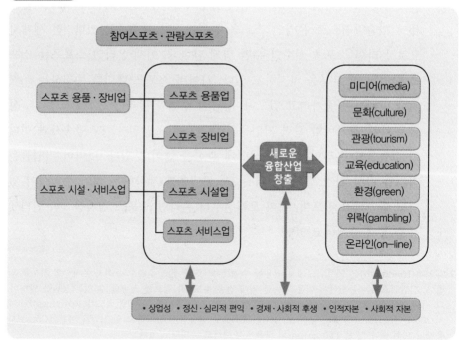

것이다. 그리고 이러한 융합과 창의의 기제(mechanism)에는 스포츠관련 융합산업의 상업성과 더불어 정신적·심리적 편익과 사회적 자본과 같은 공익성이 자리하고 있다.

발전 과제

다음으로 스포츠 서비스업을 중심으로 미래 스포츠 산업의 문제점과 발전 과제를 살펴보자.

첫째, 새로운 형태의 스포츠들이 등장하고 사라질 것이다. 최근에는 레슬링을 비롯하여 UFC(ultimate fighting championship) 등의 격투기 경기가 많은 팬들로부터 인기를 끌고 있다. 이는 인간이 생존을 위해 필요로 했던 가장 원초적인 형태의 스포츠이다. 이러한 스포츠들은 소비자들의 호기심, 새로움에 대한 추구, 남성다움 등을 자극하면서 원시적인 경기에 시대적 상황을 고려한 경기 규칙, 현대적 마케팅 기술 등을 동원하여 수익을 창출한다. 선수들은 돈과 명예를 위해 경기를 하면서 신체적으로 부상을 입기도 하고 피를 흘리기도 한다. 관중들은 이러한 행동에 열광하고 대리만족을 통해 스트레스를 해소하거나 즐거움을 추구한다.

일부 국가에서는 투계, 투견, 투우 등 동물을 이용한 경기가 운영되고 있다. 사람들은 동물 간 싸움에 내기를 걸어 금전적 이득을 얻고 대리만족을 추구한다. 이러한 동물 간 경기는 동물학대라는 비난에도 불구하고[8] 일부 국가에서 점차 산업 형태로 자리잡아 가고 있다. 하지만 이러한 스포츠는 철저한 상업주의를 기반으로 하고 있어 관중들의 인기 여부가 흥행의 관건이다. 따라서 이는 순수한 의미에서 스포츠 정신에 위배되며 교육·도덕적으로도 바람직하다고 보기 어렵다. 그럼에도 불구하고 이러한 유형의 스포츠는 상당기간 지속될 것으로 보인다. 이러한 스포츠 경기에 대해

---

8 스페인의 투우경기는 711년 알폰소 8세 대관식 때 등장하였다고 한다. 그동안 투우경기는 동물을 학대하는 잔혹한 스포츠이므로 중지해야 한다는 주장과 수세기 동안 이어져 온 문화유산이기 때문에 보존되어야 한다는 주장이 팽팽하게 맞서왔다. 2010년 7월 28일 스페인 카탈루냐주에서는 투우를 금지하는 법안이 통과되었고, 이 법은 2012년부터 발효된다.

동물과 스포츠 말, 소, 개 등 동물을 이용한 스포츠 경기는 오래전부터 많은 관심을 끌고 있다. 경마 대회와 소싸움

서 단순히 비난만 하기보다는 이러한 스포츠 경기가 지니고 추구하는 문화적·역사적 가치를 보존·유지하면서 동물 학대라는 비난을 최소화할 수 있는 방안을 모색할 필요가 있다.

둘째, 스포츠 서비스업에서는 스포츠 경기에 오락적인 요소를 추구하려는 성향이 증가하고 있다. 스포츠 팬들은 스포츠 경기를 관람하면서 자신의 감정적 욕구를 충족시키려 한다. 특히 프로스포츠 경기는 팬들에게 어느 정도 의도적으로 오락적 요인을 제공하려 한다. 스포츠 경기에서 오락적 요소는 관람스포츠의 부가가치를 높이기도 한다. 경기에서 선수들이 아주 뛰어난 묘기나 실력을 보여 주거나, 박상믹하의 수준으로 상대 팀과 경쟁하는 것도 오락적인 요소 중 하나이다. 스포츠 경기가 박진감과 생명력이 없고 지루한 장면만 반복할 경우 팬들로부터 외면당하기 쉽다. 스포츠를 오락적 요소로만 대하는 사람들은 스포츠의 오락적 가치만을 중시한다. 이들은 발전된 경기능력이나 기술도 오락적 요인으로 간주하고 관람을 즐긴다. 순수한 의미에서 스포츠 경기를 단순히 오락적 요인으로만 간주하는 것은 바람직하지 못하지만 현실적으로 많은 팬들이 스포츠의 오락적 요인들을 추구한다. 미국의 프로레슬링과 같이 극단적으로 오락적 요소를 가미한 스포츠는 아시아나 남아메리카에서도 인기를 끌고 있다. 그러나 인간의 욕구 충족만을 위한 스포츠는 스포츠 경기가 지니고 있는 본질을 왜곡시킬 수 있다. 스포츠가 추구하는 가치와 본질이 지속되는 가운데 오락적 요소를 추가할 수 있는 방안이 필요하다.

셋째, 사람들이 새로운 도전과 모험을 추구하면서, 다양한 형태의 익스트림 스포츠(extreme sport)가 등장하고 있다. 스릴, 모험, 짜릿함, 최고의 절정, 새로운 자극 등을 경험할 수 있기 때문이다. 일부 익스트림 스포츠는 기존에 전혀 존재하지 않았던 무(無)의 상태에서 창조되거나 아니면 기존의 스포츠에서 점진적으로 변형·발전되기도 한다. 이러한 스포츠는 참여자로 하여금 새로운 도전과 관심을 갖게 하며 과거와는 다른 성취감을 맛보게 한다. 익스트림 스포츠는 주로 젊은 층을 중심으로 활성화되고 있는데 기존의 스포츠와는 다르다는 이유 등으로 참여자들이 점차 증가하고 있다. 익스트림 스포츠 용품이나 장비는 새로운 아이디어를 필요로 하며, 종목에 따라서는 고부가가치의 장비개발이 필요하고 독점기업이 출현하기도 한다. 따라서 새로운 형태의 틈새시장(niche market)으로서 성장과 발전을 모색할 필요가 있다.

넷째, 참여스포츠의 공익성과 산업화이다. 참여스포츠는 지역의 클럽이나 동호회 등을 중심으로 발전할 것이다. 참여스포츠 활동은 지역주민들의 건강유지 및 증진 외에도 사회적 유대 강화, 정보 교환, 지역사회 발전, 선진시민 의식제고 등의 역할을 한다는 점에서 국가의 기간산업으로 인식되고 있다. 사람들이 스포츠 활동을 위해 모이는 곳을 제3의 장소(the third place)라고도 한다.

스포츠 산업 차원에서 볼 때, 스포츠 활동 참여자의 규모와 종목에 따라 참여스포츠 산업 간 격차가 확대될 것이다. 예를 들어, 우리나라의 경우 골프, 헬스, 등산, 조깅이나 달리기 등의 스포츠 참여자들이 증가하고 있지만, 종목별 산업의 발전 정도나 효과, 규모는 다양하다. 등산, 조깅, 달리기 등의 스포츠 산업 규모나 비중은 골프나 헬스 등에 비하여 작지만 참여자들의 건강유지 및 증진, 자발성, 지역사회 발전, 심리적 편익 등은 더 크다고 할 수 있다. 참여스포츠는 건강유지 및 증진, 사회적 유대 강화, 정보 교환, 지역의 정체성 등 사회적 자본 또는 국가의 기간산업(基幹産業)이라는 측면에서 긍정적인 부분이 많아 성장과 발전이 바람직하며, 이를 위해 산업적 특성을 적극적으로 고려하고 발전을 장려하는 방안이 필요하다.

다섯째, 올림픽·월드컵, 프로스포츠 경기 등에 대한 인터넷 중계가 새

재미있는 스포츠경제

제3, 제4의 장소

사람들은 서로를 필요로 하며 상호관계를 쌓아가고 소속감을 느끼고 친목을 증진시키는 등 공동체 의식을 탐구할 장소(집이나 직장을 제외한)를 찾는다고 한다. 올덴버그는(Oldenburg, R., 1989)는 이와 같은 장소를 제3의 장소(the third place)라고 불렀다. 그는 당구장·커피숍·스포츠클럽 등과 같은 여가선용의 장소가 집, 직장, 학교만큼이나 중요하다고 강조한다. 실제로 스포츠 동호회나 클럽은 강력하고 인기있는 제3의 장소가 되어 왔다. 제3의 장소는 온라인 스포츠, 판타지 스포츠 등 가상의 공간에서도 형성되어 왔다.

스미스와 위스터비크(Smith, A. & H. Weesterbeek)는 『스포츠 비즈니스의 미래(The Sport Business Future)』(2004)에서 정보통신 및 과학기술의 발달은 제3의 장소에 대한 인식을 바꾸어 놓을 잠재력이 있다고 강조한다. 제3의 장소에서 이루어지던 사람들 간의 직접 접촉에서 벗어나 인위적인 플렛폼이라는 제4의 장소를 통해 사람들이 물리적·사회적 욕구를 탐구하게 될 것이라는 것이다. 이들은 이러한 제4의 장소가 레저와 엔터테인먼트의 중심이자 스포츠 비즈니스의 핵심이 될 것이라고 주장하였다.

로운 사업으로 대두되고 있다. 주요 스포츠 경기를 인터넷을 이용해 동영상으로 중계방송하는 것은 TV수준에 필적할 만큼 기술이 발전했으며, TV를 대체할 수 있는 많은 기술들이 개발되고 있다. 특히 젊은 팬들의 인터넷 중계수요가 지속적으로 증가하고 있으며, TV와 인터넷의 기능적 차이가 불분명해지는 시대가 도래하고 있다. 인터넷을 통한 스포츠 경기 관람이 가능해지면 이와 관련된 기업들은 새로운 수익을 창출하게 될 것이다. 유료TV처럼 가상현실 참여자의 수가 수익성을 결정할 것이다. 또한, 인터넷 등 첨단 기술의 발달은 실제 경기에 대한 중계뿐 아니라 온라인 스포츠(on-line sport)와 같은 가상공간에서의 스포츠 경기를 가능케 한다. 그러나 가상의 공간을 통한 스포츠 경기는 스포츠 본래의 목적과 전통을 약화시킬수도 있다고 지적된다. 인터넷 중계에 의한 경제적 성과를 극대화하고 인터넷 온라인 스포츠 소비자들이 팀에 대한 정체성, 충성도 등을 지속할 수 있는 방안을 모색할 필요가 있다.

| 표 6-2 | 미국의 주요 판타지 스포츠(축구) 제공 사이트와 참여 시간 (2006년 4월 현재)

판타지 축구 경기 주요 사이트	웹사이트 방문객(백만 명)	사이트 체류 평균시간(분:초)
ESPN	14.5	42:03
Yahoo! Sports	11.4	45:30
Fox Sports	10.5	22:25
CBS Sports Line	9.2	33:56
Sports Illustrated	6.5	17:03
AOL Sports	5.4	16:46
The Sporting News	0.67	20:57

자료: *Sport Business Journal*(2006.6).

여섯째, 가상공간에서 경기가 이루어진다는 점에서 온라인 스포츠의 일종으로 볼 수 있는 판타지 스포츠(fantasy sports)도 그 규모가 급성장하고 있다.[9] 현대 판타지 스포츠는 인터넷 이용자가 구단주가 되어 선수를 드래프트(draft)하며, 리그(league)전을 치르고, 경기 결과에 따라 우승 팀을 결정하기도 한다. 초고속 컴퓨터와 인터넷의 발달은 리그경기, 드래프트, 선수 이적, 트레이드(trade), 선수 라인업(line up) 변경 등 다양한 행태의 소비자 참여를 가능하게 하고 있다. 이제 판타지 스포츠는 축구, 야구, 농구, 미식축구, 골프 등 많은 스포츠에서 가능하다.[10]

디지털 시대에 새로운 스포츠 문화 산업으로 등장한 판타지 스포츠산업은 게임산업, 방송, 콘텐츠산업, 전자산업 등의 발전에도 기여할 것이다.

그러나 이와 같은 판타지 스포츠가 과연 스포츠가 지니고 있는 본래의 목적에 얼마나 부합하느냐에 대해서 논란이 제기된다. 즉, 많은 사람들이 운동장에서 신체적 활동을 통한 스포츠 경기를 하는 대신 컴퓨터를 이용해 가상적으로 스포츠 경기에 참여하거나 스포츠 경기를 향유하는 것이 바람직한가의 문제이다.

---

9 최초의 판타지 스포츠는 1980년대 초 미국에서 야구리그로 시작되었다.

10 미국의 경우 미식축구가 가장 인기 있는 것으로 나타났다. 2006년에는 약 1,200만 명이 15억달러 이상을 소비하는 등 연간 7~10% 정도 성장하고 있다. 판타지 야구시장의 참여자도 2006년에는 600만 명으로 증가했다.

그럼에도 불구하고 판타지 스포츠 참여자들은 점차 증가하고 있어 이러한 스포츠가 건전한 스포츠문화·오락산업으로 정착될 수 있는 정책과 방안을 제시할 필요가 있다.

그렇다면 우리나라 스포츠산업이 지닌 강점과 약점, 도전과 기회요인은 무엇일까? 정부는 〈그림 6-4〉와 같이 우리나라 스포츠 산업의 SWOT 분석 결과를 제시하고 있다. 우리나라는 IT기술 등이 발달되었고 초대형 스포츠이벤트 유치나 대회성적도 뛰어난 편이다. 그리고 스포츠 산업에 대한 중요성이 잘 인식되고 있다. 반면 자원과 전문가가 부족하고 시장이 작아 영세성이 심각한 문제로 대두되고 있다. 따라서 대표 브랜드가 부족한 데다가 글로벌화로 인해 해외기업의 경쟁압력이 심화되고 있다. 스포츠 산업의 미래를 고려할 때, 이러한 문제점들을 어떻게 극복하고 스포츠 산업의 성장을 가속화할 수 있을까에 대한 고민과 연구분석이 계속되어야 할 것이다. 〈그림 6-5〉는 우리나라의 스포츠 정책방향과 스포츠 산업 발전과제의 연관성을 도표화한 것이다.

그림 6-4 우리나라 스포츠 산업의 SWOT 분석

강점 요인(Strength)	기회 요인(Opportunity)
• 국제스포츠 이벤트 우수한 성적 • 국제스포츠 이벤트 지속적 유치 • IT·BT 등과 스포츠 산업 융합 • 스포츠 산업의 경제·사회적 효과	• 스포츠에 대한 경제·사회적 관심 증가 • 참여스포츠 활성화 및 증가 • 용품·장비업체의 기술개발 노력 • 지방 정부의 스포츠 산업화 관심
약점 요인(Weakness)	**위협 요인(Threat)**
• 스포츠 산업 종사 기업 영세성 • 스포츠자원 산업화 미숙 • 스포츠 서비스업 전문가·기업 부재 • 프로스포츠 시장 협소, 운영 미숙	• 다양한 entertainment 산업 등장 • 해외 프로스포츠의 국내 시장 잠식 • 해외 브랜드 제품 맹목적 선호 • 대표적인 용품·장비업 부재

자료: 문화체육관광부(2008)

그림 6-5   2011년 우리나라 스포츠정책 방향

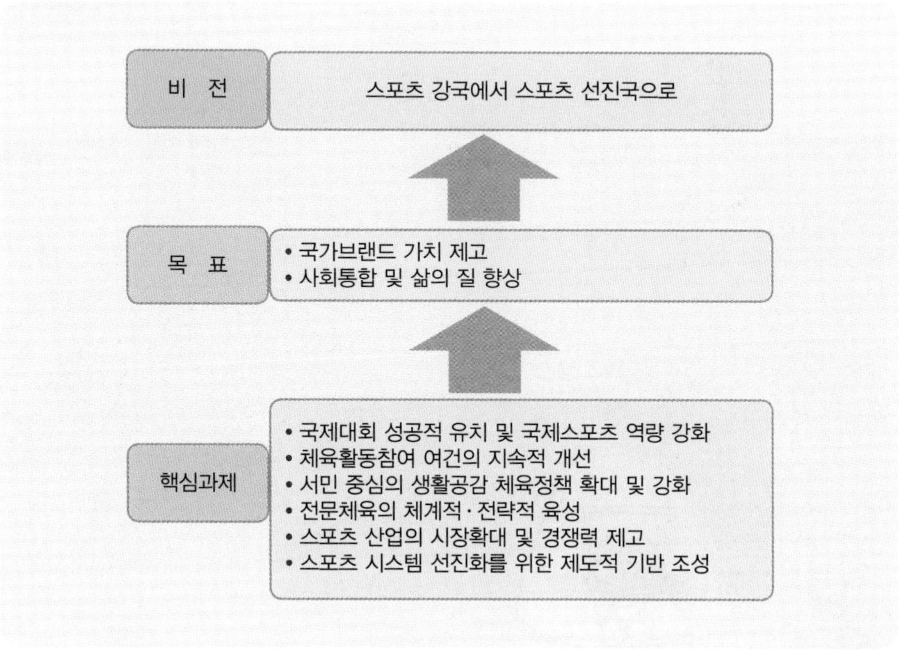

비 전   스포츠 강국에서 스포츠 선진국으로

목 표
- 국가브랜드 가치 제고
- 사회통합 및 삶의 질 향상

핵심과제
- 국제대회 성공적 유치 및 국제스포츠 역량 강화
- 체육활동참여 여건의 지속적 개선
- 서민 중심의 생활공감 체육정책 확대 및 강화
- 전문체육의 체계적·전략적 육성
- 스포츠 산업의 시장확대 및 경쟁력 제고
- 스포츠 시스템 선진화를 위한 제도적 기반 조성

자료: 문화체육관광부(2011).

Sports Economics

part III

프로스포츠
시장과 리그

프로스포츠 시장과 수요 · 공급

1. 프로스포츠 리그의 등장

프로스포츠의 등장

1970년대까지만 하더라도 프로스포츠 경기는 영국 등 유럽과 미국 등 북미의 일부 선진국가에서 축구, 농구, 야구, 미식축구 등을 중심으로 발전했다. 프로스포츠는 TV, 신문, 라디오 등 매스미디어와 결합하면서 발전이 가속화되었다. 특히, 1990년대에 들어서 IT 등 과학기술의 발달로 다양한 형태의 중계방송이 보편화되면서 프로스포츠 경기의 인기가 날로 높아져 이제는 생활의 한 부분으로 깊숙이 자리 잡았다. 프로스포츠 경기 중계방송은 또한 방송뿐 아니라 광고산업의 발전도 가속화했고 기업 홍보, 제품 광고에도 커다란 영향을 미치고 있다.

프로축구·야구 등과 같은 팀 중심의 프로스포츠 경기는 상대팀과의 경쟁을 통해 스포츠 경기 또는 경기에서의 승리라는 상품을 생산하고 거래한다. 즉, 프로스포츠 경기는 시장(경기장)에서의 스포츠 경기, 경기에서의 승리, 환희와 즐거움이라는 상품을 거래한다.

프로스포츠는 기본적으로 일정한 규칙에 따라 정해진 장소에서 시간, 규칙 등에 따라 공정한 경쟁을 통해 스포츠 경기라는 상품을 생산한다. 선수, 코치, 감독 등이 한 팀(team 또는 club)이 되고 대부분이 리그(league)를 통해 경기라는 상품을 생산한다. 또한 리그전에 참가하는 도중이나 리그전이 끝난 후에도 챔피언전, 순회경기 등 다양한 형태의 스포츠 경기라는 서비스를 판매한다.

프로스포츠 리그는 스포츠 경기라는 제품을 공동으로 생산하고 판매하여, 팀을 유지하고 생존하기 위해 자발적으로 형성된 프로스포츠 팀(구단)들의 집합체이다. 프로스포츠 시장에서 리그나 구단은 스포츠 경기라는 서비스를 판매하여 수익극대화를 추구한다. 프로스포츠 선수들은 주로 경제적 이득을 위해 스포츠 경기라는 서비스를 판매한다. 즉, 프로스포츠 선수들은 경기라는 서비스를 제공하고 임금(연봉), 상금, 보너스, 광고 출연료 등의 형태로 소득을 얻는다. 금전적 소득을 위해 경기라는 서비스를 제공한다는 의미에서 프로스포츠는 아마추어스포츠와 대비되는 개념이다. 그러나 국가대표 선수나 아마추어 선수들도 스포츠 경기라는 서비스를 제공하고 직·간접적으로 금전적 대가를 받아 생계를 유지한다는 점에서 이들 사이에 분명하게 차이가 있다고 하기 어렵다. 다만 프로스포츠 선수들이 스포츠 경기에 참여하는 주요 이유가 금전적 소득을 얻기 위해서라면, 국가대표 또는 아마추어 선수들은 국위선양, 스포츠 정신 등을 강조한다고 할 수 있다.

오늘날 많은 국가들의 주요 프로스포츠 구단들은 엄청난 자산가치를 지니는 산업으로 성장하였고, 이런 과정을 통해 관련 산업을 발전시키고 있다. 또한 이들은 프로스포츠 경기를 통해 국민 통합, 지역발전, 정체성, 환희와 기쁨, 스트레스 해소 등 경제사회적으로 다양한 편익을 제공할 뿐 아니라 정치, 사회, 문화 등에도 긍정적인 역할을 수행하고 있다.

대부분의 프로스포츠 경기는 영국 등 유럽과 북미에서 시작되어 활발하게 운영되고 있다. 〈표 7-1〉은 전 세계적으로 인기가 높은 북미의 메이저리그와 유럽의 프로 축구리그들의 출범 연도, 팀의 수, 시즌경기 수 등을

| 표 7-1 | 북미와 유럽의 주요 프로스포츠 리그

	리 그	출 범	팀	경기수	주요 팀의 시장가치(백만$)
북 미	MLB(Major League Baseball) (NL: 1876, AL: 1901)*	1903	NL:16 AL:14	162	NY Yankees: 1,600 LA Dodgers: 727
	NHL(National Hockey League)	1917	30	82	Maple Leafs: 448
	NFL(National Football League)	1920	32	16	Dallas Cowboy: 1,650
	NBA(National Baseball League)	1946	29	82	LA Lakers: 613
영 국	Premier League	1888	20	38	Manchester United: 1,835
스페인	Primera Liga	1929	20	38	Real Madrid: 1,353
이탈리아	Seria A	1898	20	38	AC Milan: 990
독 일	Bundes-Liga	1962	18	34	Bayern Munich: 1,110

자료: *Sports Marketing*(2011); M. Leeds & P. v. Allmen(2010).
　　* NL: National League, AL: American League.

야구와 축구의 전파 축구는 1882년, 야구는 1905년 우리나라에 전파되었다. 초창기 야구단에 대한 영화 포스터와 월드컵 기념관에 전시된 옛 축구공

보여준다.

한편, 우리나라에서 야구가 시작된 것은 YMCA에 파견된 선교사 필립 질레트(Phillp Gilett)가 1905년에 청년회 회원들에게 야구를 가르친 것이 효시라고 한다. 1920년 11월 조선체육회가 주최하는 제1회 전조선야구대회가 열렸고 1922년 12월에는 미국의 프로야구 선수들이 초청되어 시범경기를 하기도 하였다. 1923년 5월 조선야구협회가 창립되었다.

축구가 한국에 전파된 것은 1882년 인천항에 상륙한 영국 군함 플라잉 피시(Flying Fish)호의 승무원들을 통해서이다. 1905년 외국어 학교에서 프랑스인 교사가 학생들에게 축구를 지도하기 시작하면서 체계화되기 시작되었고, 1920년대 들어 국제적으로 통용되는 규칙으로 경기가 열리기 시작하였다. 1933년에 조선축구협회가 창립되었으나 해방과 더불어 1948년 대한축구협회로 개칭하였다. 동시에 FIFA(국제축구연맹)에 가입했고, 1954년에는 AFC(아시아 축구연맹)의 정식 회원국이 되었다.[1]

우리나라에서 공식적으로 프로스포츠 경기가 시작되기 시작한 것은 1980년대부터이다. 1982년에 6개 팀으로 구성된 프로야구리그가 출범하여 현재 8개 팀이 운영되고 있고, 제9구단이 창단을 준비 중에 있다. 1983년에는 5개 팀으로 구성된 프로축구 리그가 출범하였으나,[2] 현재는 15개 팀

---

1 1971년에는 한국 최초의 국제축구대회인 '박대통령배 아시아 축구대회'를 개최하였다. 이 대회는 1976년부터는 '박대통령배 국제축구대회', 1980년부터는 '대통령배 국제축구대회'로 명칭이 변경되었다가, 1995년부터 '코리아컵'으로 불리어지고 있다.

2 1982년에 할렐루야팀과 유공팀이 창단되었다.

| 표 7-2 | 우리나라 주요 프로스포츠 구단 및 선수

종 목	구단(수)	등록선수(명)	사업자 단체	출범 연도
야 구	8	471	(사)한국야구위원회	1982
축 구	15	541	(사)한국프로축구연맹	1983
농구(남)	10	146	(사)한국농구연맹	1997
농구(여)	6	89	(사)한국여자농구연맹	1998
배구(남)	7(상무 포함)	112	(사) 한국배구연맹	2006
배구(여)	5	80	〃	〃

자료: 문화체육관광부(2009).

으로 늘어났다. 프로농구는 1997년 2월에 시작되었다. 현재 우리나라에서 진행되고 있는 주요 프로스포츠로는 야구, 축구, 농구, 배구 등이 있다. 〈표 7－2〉는 우리나라 주요 프로스포츠 구단의 수와 등록선수 수, 프로리그 출범 연도를 보여준다.

2. 프로스포츠 시장과 수요·공급

시장의 구조

스포츠 경기는 공정한 규칙, 페어 플레이, 경쟁, 경기에서의 승리 등을 중시하는데, 이는 시장경제가 추구하는 가치나 목표와 유사한 면이 있다. 또 프로스포츠 경기에서는 스포츠 팬(소비자), 선수와 구단, 심판 등이 가계, 기업, 정부 등의 경제주체와 유사한 역할을 한다.

시장은 상품에 대한 수요와 공급에 관한 정보가 교환되고, 그 결과 상품이 매매되는 매개의 장이다. 시장에서는 상품을 판매하려는 공급자와 상품을 사려는 수요자 간의 서로 상반되는 이해관계가 작용한다. 공급자들은 양질의 제품을 생산·판매하기 위해서 상호 경쟁관계에 있으며, 수요자들도 보다 좋은 제품을 구입하기 위해 서로 경쟁관계에 있다. 그리고 수요와 공급이 일치할 때 거래가 이루어진다. 시장에서 수요·공급자 간 상호 이해 관계에 따라 거래가 성립되면 거래당사자들에게는 상호 이득이 된다. 이는 시장에서 공급자와 수요자들이 양질의 제품을 생산·수요하기 위해서 경쟁하기 때문이다. 예를 들어, 어느 한 공급자가 양질의 제품을 저렴한 가격에 판매할 수 있다면 보다 많은 이득을 얻을 수 있고, 수요자는 양질의 제품을 저렴한 가격에 구입할 수 있기 때문에 이득이 될 것이다. 따라서 시장에서의 경쟁은 결과적으로 수요자나 공급자 모두에게 이득(win-win)이 된다.

그러나 스포츠 경기에서 경쟁의 결과는 다르게 나타난다. 프로스포츠 경기에서는 경기 결과에 따라 승자와 패자가 분명하게 나타난다. 두 팀이 상호 경쟁을 통해서 양질의 경기라는 서비스를 제공하므로 소비자에게는 이득이 되지만, 경쟁의 결과에 따라 승자에게는 영광과 명예를, 패자에게는 좌절을 안겨주게 된다.

그러나 일반적으로 스포츠 팀은 경기에서 패했거나, 리그에서 최하위를 했다고 해서 쉽게 시장에서 퇴출되지는 않는다. 프로스포츠는 리그라는 독점 형태의 시장을 인위적으로 조직하여 운영하기 때문에 리그에 소속된 팀들은 상대적으로 그 지위가 보장되어 있나. 〈그림 7−1〉은 프로스포츠 시장의 구조를 개략적으로 설명한다. 프로스포츠 시장은 크게 경기라는 서

그림 7-1 프로스포츠 시장의 구조

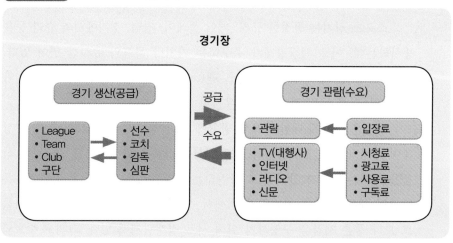

비스를 생산하는 공급자들과 이 서비스를 수요·소비하는 수요자들로 구성되어 있으며, 이들의 활동은 주로 경기장을 매개로 이루어짐을 보여준다.

경기 수요

프로스포츠 시장에서 수요(demand)란 소비자(fan)가 스포츠 경기를 구매하고자 하는 욕구를 말한다. 프로스포츠 경기에 대한 수요는 직접수요(direct demand)와 간접수요(indirect demand)로 구분된다. 직접수요는 소비자가 입장료를 내고 스포츠 경기를 직접 관람하는 경우 발생하는 수요이다. 팬들이 경기장을 찾는 것은 프로스포츠 선수들만이 지니고 있는 재능·기량이 발휘되고 승패가 결정되는 경기를 직접 보기 위함이다. 경기장을 찾는 팬들은 자신이 선호하는 팀이나 클럽의 경기를 관람하면서 효용과 만족을 추구한다.

간접수요는 다양하게 발생한다. TV·라디오·인터넷 등을 통해 스포츠 경기를 간접적으로 관람(수요)하는 경우가 이에 해당한다. TV 등 미디어를 통해 스포츠 경기를 간접적으로 수요(시청)하려는 소비자들은 시청료를 지불해야 한다. TV·라디오·인터넷 등을 통한 광고는 스포츠 경기에 대한 일종의 파생효과이다. 기업은 광고나 스폰서십을 통하여 제품을 광고하거나 브랜드 가치를 높일 수 있다. 소비자들이 팀이나 선수 등의 로고가 붙은 스포츠 의류 등을 수요하는 경우도 마찬가지다. 스포츠경기가 지역주민들의 생활의 질적 향상을 기하고, 주민들간의 원활한 의사소통을 가능케 하고, 스포츠관광객을 끌어 들이는 등 지역경제를 활성화시키거나 스포츠 경기가 TV나 라디오의 뉴스로 기능을 하는 것도 간접수요에 해당된다.

스포츠 팬들은 스포츠 경기를 소비함으로써 효용 극대화를 추구한다. 소비의 주체인 가계가 기업이 생산하는 재화나 서비스를 소비하는 것과 마찬가지로 스포츠 팬들은 스포츠 경기라는 서비스의 소비주체로서 팀이 생산하는 스포츠 경기를 소비한다. 프로스포츠 리그는 팬들의 수요에 따라 그 생존 여부가 결정되기도 한다. 아무리 기량이 뛰어나고 훌륭한 프로스포츠 경기라고 하더라도 수요가 없으면 더 이상 존속되기 어렵다. 리그나 구단들이 스포츠 경기 전후에 다양한 형태의 팬서비스를 제공하는 것도 수 요를 지속시키기 위한 방안 중 하나이다. 프로스포츠 경기에 대한 수요는 팀의 이동, 새로운 팀의 리그 진입 등을 결정하는 데 고려되어야 하는 가장 중요한 요인 중 하나이다. 또한 정부가 프로스포츠 경기를 통해 사회후생 을 극대화하려 하거나 바람직한 정책을 수행하려 할 때에도 소비자들의 관 심(수요) 정도가 중요한 역할을 한다.

경기 공급

프로스포츠 시장에서 공급(supply)은 리그나 협회, 팀 등 프로스포츠 경기 생산자가 판매하고자 하는 욕구를 말한다. 구단 또는 리그는 선수들 의 재능(노동력)을 활용하여 스포츠 경기라는 서비스를 생산한다. 구단은 스포츠팬들이 기꺼이 돈을 지불하고 즐길 수 있도록 양질의 경기라는 제품 을 생산 또는 공급하는 주체이다. 프로스포츠 리그나 구단들이 양질의 스 포츠 경기라는 서비스를 생산·판매하려고 노력하는 것은 보다 많은 수익 을 얻고 팀과 리그를 지속시키기 위해서이다.

프로스포츠 경기라는 제품을 생산하기 위해서는 많은 사람들의 참여 가 필요하다. 우선, 선수, 코치, 감독 등은 경기라는 상품을 생산하기 위한 역량(노동력)을 제공한다. 스포츠 경기를 생산하기 위한 경기장도 필요하 다. 스포츠시설은 리그나 팀, 협회 등이 스포츠 경기를 공급하는 데 중요한 역할을 한다. 특정 리그와 리그에 소속된 구단(팀)들은 상호경쟁을 통하여 스포츠 경기라는 제품(contents)을 판매한다. 스포츠 관련 기구, 스포츠 리 그, 협회 등은 스포츠 경기라는 제품을 공급하는 독점자 역할을 하기도 한 다. 또한 리그나 협회는 스포츠 경기라는 제품을 배분하는 과정에서 팀이 나 구단을 대표하기도 한다. 일부 협회나 리그에서는 대행사를 앞세워 방 송사에 중계권을 판매한다.

한편, 스포츠 경기 중계방송사는 수요자가 되기도 하고 공급자가 되기

도 한다. 중계방송사가 리그나 협회, 팀 또는 대행사 등에게 중계료를 지불
하고 스포츠 경기를 구매할 경우에는 수요자가 되지만, 스포츠 경기를 시청
자들에게 공급할 경우에는 공급자의 역할을 하게 되는 것이다. 이러한 의미
에서 프로스포츠 시장에서 중계방송사를 중간수요자(中間需要者)라고도 한
다. 중계방송사들은 기업에 제품광고 기회를 제공하고 수익을 얻는다.

| 표 7-3 | 한국·미국·일본의 프로야구 시즌별 경기 및 관중 수   (단위: 천 명)

구 분	KBO		MLB		NPB	
	경기 수	관중 수	경기 수	관중 수	경기 수	관중 수
2002	546	2,635	2,412	67,899	840	22,953
2003	545	2,950	2,413	67,568	840	23,665
2004	548	2,638	2,402	73,023	813	24,454
2005	517	3,641	2,419	74,926	846	19,925
2006	518	3,241	2,421	76,044	846	20,407
2007	517	4,410	2,425	79,503	864	21,187
2008	518	5,256	2,415	78,624	864	21,638
2009	532	5,925	2,420	73,419	847	22,400

자료: *Journal of Sport Business Review*(2009).

| 표 7-4 | 한국·영국·일본의 프로축구 시즌별 경기 및 관중 수   (단위: 천 명)

구 분	K-리그		EPL		J-리그	
	경기 수	관중 수	경기 수	관중 수	경기 수	관중 수
2002	181	2,652	380	13,477	120	2,018
2003	265	2,449	380	13,183	120	2,142
2004	240	2,429	380	12,879	120	2,252
2005	240	2,873	380	12,873	306	5,742
2006	278	2,448	380	13,089	306	5,597
2007	254	2,747	380	13,709	306	5,839
2008	253	2,945	380	13,511	306	5,899

자료: *Journal of Sport Business Review*(2009).

프로스포츠 리그나 구단의 수익에서 TV 등 미디어 중계방송료가 차지하는 비중은 증가하는 추세를 보이고 있다. 국가, 리그, 종목에 따라서 다르지만, 이렇듯 프로스포츠 경기의 생산과 소비는 시장경제라는 큰 틀 안에서 이루어진다. 〈표 7-3〉은 우리나라와 미국, 일본의 프로야구 경기 수와 관중 수(수요)를, 〈표 7-4〉는 우리나라와 영국, 일본의 프로축구 경기 수와 관중 수를 보여준다.

3. 프로스포츠 시장의 주요 요소

경기 생산과 선수

프로스포츠 선수는 프로스포츠 경기라는 제품을 생산하는 핵심 요소이다. 선수들은 자신의 경기능력(노동력)을 스포츠 경기라는 제품을 생산하는 데 투입한다. 선수들이 자신의 역량을 얼마나 효과적으로 투입하느냐에 따라 소득이 달라지기도 한다. 구단이나 팀은 선수들이 지니고 있는 생산요소(노동력)를 구입하여 교육, 훈련 등을 통해 경기라는 제품을 생산한다. 주로 리그를 운영하면서 도중에 챔피언 결정전, 각종 대회 등의 다양한 이름으로 경기를 생산하고 판매한다. 선수들은 경기능력, 경기에서 승리, 팀 기여도 등에 따라 가치가 달라진다. 즉, 승리에 얼마나 기여하고 얼마나 멋진 묘기를 보여주느냐에 따라 스타 선수가 되기도 하고 평범한 선수가 되기도 한다. 선수들은 체계적이고 과학적인 체력 훈련과 전술 등을 통해 경기에서 승리하거나 양질의 경기(제품)를 생산하기 위해서 코치나 감독 등을 필요로 한다.

구단 또는 리그는 팬들이 기꺼이 돈을 지불하고 즐길 수 있도록 양질의 경기라는 서비스를 제공하는 생산 또는 공급의 주체이다. 프로스포츠 구단은 선수라는 생산요소(경기 능력)를 활용하여 스포츠 경기라는 서비스를 생산하고 이를 리그를 통해 판매한다. 이와 같이 프로스포츠 구단들이

프로스포츠의 구성요소 프로스포츠의 주요 구성요소로는 선수, 구단, 리그, 팬 등이 있다.

스포츠 경기라는 서비스를 생산하여 판매하는 가장 중요한 목적은 이윤을 극대화하기 위해서이다.[3] 구단은 보다 수준 높은 경기라는 제품을 생산하기 위해 기량이 뛰어난 선수들을 채용하고, 선수들은 보다 멋진 기량으로 보다 많은 대가를 받기 위해 강도 높은 훈련과 전술의 습득을 체계적으로 수행한다. 구단과 구단 사이에서는 소비자들에게 보다 좋은 품질의 스포츠 경기라는 서비스를 제공하고 보다 많은 수익을 얻기 위해 경쟁이 이뤄진다. 리그는 경기 계획을 수립·운영하고, 규칙을 제정하고, 경기 관련 각종 분쟁을 조정한다.

경기 소비와 팬

스포츠 팬, 시청자 등 소비자들은 프로스포츠 선수와 팀이 리그를 통해 생산하는 경기를 수요(관람)하는 소비의 주체이다. 팬들은 즐거움이나 환호, 기쁨, 스트레스 해소 등을 누리기 위해서 스포츠 경기를 관람한다. 경제학에서는 팬들이 어떤 재화나 서비스의 소비를 통해 얻는 즐거움이나 만족감 등을 효용이라고 한다. 즉, 효용이란 소비자(팬)가 어떤 재화나 서비스를 소비함으로써 주관적으로 느끼는 만족이다. 프로스포츠 시장에서는 소비자들의 관심 정도에 따라 프로스포츠의 생존 여부가 결정되기도 한다. 사회적으로 유익하고 박진감 넘치고 아무리 재미있는 스포츠 경기라고

---

3 그러나 제Ⅲ편 제8장에서 논의하는 바와 같이 최근 일부 학자들은 영국 등 유럽의 프로스포츠 구단들이 이윤극대화가 아닌 다른 목적을 추구하는 성향이 있다고 주장하기도 한다.

하더라도 소비자(팬)들이 외면하는 프로스포츠 경기는 생존하기가 어렵다.

프로스포츠 경기에서 팬들이 지불하는 입장료는 팀의 주요 수입원 중 하나이다. 팬들은 경기를 관람하기 위해 입장권을 구입한다. 구단은 또한 팬들에게 팀과 관련된 제품을 판매하여 수익을 올린다. 팬들은 팀의 로고가 붙은 의류, 모자 등을 구입하기도 한다. 심지어 충성도가 아주 높은 팬들은 자신이 좋아하는 경기나 스타 선수의 경기를 관람하기 위해 해외경기장을 찾기도 한다. 즉 스포츠관광을 하기도 한다.

스포츠 경기를 직접 관람하지 못하는 팬들은 TV나 인터넷 등을 통해 경기를 시청한다. 최근에는 주요 프로스포츠 경기에 대한 방송중계권 수입이 경기장의 입장수입보다 더 많은 경우도 있다. 경기장에서 경기를 직접 관람하거나 TV 등을 통해 경기를 시청하는 행위도 모두 소비행위로 간주된다. 프로스포츠 관중들도 그 특성에 따라 여러 유형으로 분류할 수 있다. 스포츠 관중(팬)들의 유형은 〈표 7 – 5〉에 요약되어 있다.

| 표 7-5 | **프로스포츠 경기 관중 유형**

팬의 유형	특 징
열성적 팬 (passionate partisans)	• 팀에 대한 충성도 높음 • 팀의 전통, 역사, 문화 등을 잘 알고 있음 • 팀의 제품을 모두 구입
챔피언 추구형 (champ fellower)	• 지지하는 팀의 승리와 경기에만 관심 • 열성적 팬처럼 맹목적이 아님
은둔추구형 (reclusive partisans)	• 지지하는 팀의 경기에 관심을 가짐 • 경기장에 잘 나타나지 않음 • 팀에 대한 충성도
단순관람형 (theatregoers)	• 오락적 요소를 추구 • 편안함, 즐거움, 경기결과에 대한 불확실성 추구 • 즐거움, 흥분 등이 없으면 팀을 떠남
열광적 팬 (aficionado)	• 경기나 훈련에 대한 애착이 강하고 경기장을 자주 찾음 • 정교한 기술, 미적 즐거움 추구 • 경기결과보다는 경기 자체를 중시

자료: Westerbeek, H. & A. Smith(2004).

경기 운영과 심판

경기장에서 심판은 경기가 원활히 진행되도록 감독하고 규율한다. 공정한 판정과 매끄러운 경기운영으로 선수들이 최고의 기량으로 양질의 경기를 생산할 수 있도록 한다. 심판이 경기에서 선수들의 반칙 행위, 속임수 등을 방관하거나 어느 한 팀에게 유리한 판정을 내린다면 선수들이 정정당당한 경기를 펼치기 어려울 뿐 아니라 경기라는 제품의 질도 떨어뜨릴 수 있다. 이로 인해 스포츠 팬들로부터 비난과 야유를 받게 될 뿐 아니라 심지어 외면당할 수도 있다. 반면 경기를 진행하는 심판이 지나치게 시시콜콜한 것까지 규제하고 감독할 경우 경기는 재미가 없어지고 양질의 경기라는 서비스를 생산하기 어렵게 된다. 특히, 편파적 판정이나 오심(誤審)은 경기의 흐름을 바꾸고 경기의 질적 저하를 초래할 수 있다. 스포츠 경기에서는 프로선수들의 경기력이나 묘기, 박진감 넘치는 경기 등도 중요하지만 심판이 경기를 어떻게 운영하느냐에 따라 서비스의 질이 달라질 수 있다. 스포츠 경기라는 제품의 질적 향상 여부에는 심판의 역할도 중요한 것이다.

이상의 논의를 요약하면 스포츠 경기 주체로는 크게 선수 및 구단, 팬(관중), 심판 등 세 종류로 나누어 볼 수 있다. 이들 주체들의 역할과 목적을 고려할 때 일반적인 경제주체들과 비교가 가능하다. 〈표 7-6〉은 이러

경기운영과 심판 심판은 공정한 판정과 매끄러운 경기운영으로 선수들이 최고의 기량으로 양질의 경기를 생산하도록 돕는다.

| 표 7-6 | 스포츠 경기 및 경제 주체

경기 주체	경제 주체	역 할	목 적
선수, 구단	기 업	양질의 경기 생산	이윤 극대화
팬	가 계	양질의 경기 소비	효용 극대화
심 판	정 부	생산과 소비, 감독과 지원	페어 플레이, 양질의 서비스

한 스포츠 경기 주체와 경제 주체의 역할과 기능, 목적 등을 비교·정리하였다.

경기장과 시설

프로스포츠 경기라는 제품을 생산하고 소비하기 위해서는 경기장(競技場)과 같은 스포츠 시설이 필요하다. 즉, 모든 프로스포츠 경기는 시간과 공간의 제약을 받는다. 프로스포츠 경기라는 제품은 리그나 구단이 선수들을 이용하여 생산하지만, 때로는 선수와 팬들이 공동으로 생산하여 제품의 질적 향상을 기하기도 한다. 이 모든 것들은 스포츠 경기장이라는 시설에서 이루어진다. 즉, 팬들은 경기장에서 선수나 팀을 응원하면서 경기라는 제품을 소비하고 선수나 팀과의 동질감으로 제품의 가치를 높이기도 한다. 그리고 보다 쾌적하고 안락한 시설에서 스포츠 경기를 관람하게 될 경우 경기의 가치는 더욱 높아질 것이다. 이와 같이 첨단 경기장과 시설은 스포츠 경기라는 제품의 가치를 높이는 데 중요한 역할을 한다.

경기장과 시설 안락한 경기장은 스포츠 경기의 가치를 높이는 데 중요한 역할을 한다.

구단은 스포츠 경기장을 자체적으로 보유하기도 하고, 경기장을 임대하여 사용하고 비용을 지불하기도 한다. 미국 등 북미의 일부 프로스포츠 팀은 스포츠 경기라는 제품을 생산하는 데 필요한 경기장을 무료 또는 아주 싼 가격에 사용하기도 한다. 특히, 미국의 일부 지방정부들은 지역경제 활성화를 위해 프로스포츠 팀에 스포츠 경기장을 거의 무료로 제공하는 경우가 많다. 반면, 영국 등 유럽의 프로스포츠 리그의 많은 구단들은 경기장을 구단이 직접 소유하고 운영하기도 한다.

경기 중계방송

프로스포츠의 발달은 라디오·TV 등 미디어 산업의 발전과 궤를 같이 한다. 경기에 관심이 있는 팬들도 경기가 있을 때마다 경기장을 찾기보다 방송 등 미디어를 통해 스포츠 경기를 시청하거나 청취한다. 프로스포츠 경기는 방송중계를 통해 많은 시청자들을 유인한다. 프로스포츠 경기는 TV산업의 발전을 가속화시켰으며, 동시에 TV도 프로스포츠 산업의 발전에 기여하고 있다. 스포츠 경기 중계는 드라마와 달리 예측 불가능하고 박진감 넘치는 방송콘텐츠를 제공한다. 스포츠 경기 중계방송은 방송사들이 광고수입을 올리는 데 가장 이상적인 프로그램이다.

프로스포츠 리그나 구단(팀)은 수입의 상당 부분을 방송 등 중계수입에 의존하고 있다. 방송사들은 스포츠 경기라는 제품을 중계하고 광고 수입을 얻을 수 있다. TV방송사들은 중계권을 획득하기 위해 프로스포츠 팀과 개별적으로 협상을 하기도 하고, 리그 차원에서 공동으로 협상하기도 한다. 최근에 일부 리그나 구단에서는 더 많은 수입을 올리기 위해 자체 방송을 시도하기도 한다. TV중계방송은 스포츠팬들을 유인하기 위해 다양한 방법을 동원한다. 즉, 선수와의 인터뷰, 클로즈업, 카메라 앵글 조정 등으로 팬과 선수와의 관계를 더욱 밀착시키려 한다.

프로스포츠 경기는 방송중계와 밀접한 관계를 유지하며 상호공생하고 있다. 그러나 방송사는 스포츠 경기를 직접 생산하는 것이 아니라 경기를 중계할 뿐이다. 즉, 방송사는 프로스포츠 리그나 구단이 생산하는 경기를 방송이라는 매개체를 통하여 시청자들에게 전달한다. 이를 통해 시청료, 광고수익 등을 얻는다. 따라서 프로스포츠 시장에서는 방송사를 중간수요자라고도 한다. 방송사는 프로스포츠 리그나 구단이 생산한 프로스포츠 경기라는 제품을 중계하면서 시청자를 생산하고, 이렇게 생산된 시청자를 기업이나 광고주에게 판매한다고 해석할 수 있다. 이런 의미에서 본다면 TV 등을 통해 스포츠 경기를 관람하는 시청자는 리그와 방송사의 공동 생산물이다.

스폰서십

스폰서십(sponsorship)은 기업 등이 스포츠 경기나 스포츠 이벤트에 현금 또는 현물을 제공한 대가로 기업의 이미지 제고, 제품 광고 등의 기회를 얻는 것을 말한다. 스폰서십은 스포츠 경기를 활용한 마케팅의 일종이다. 스포츠 단체나 리그는 스폰서십에 참여한 기업에게 이미지 강화, 인지도 제고, 제품 광고 등의 기회를 제공한다. 스폰서십은 스포츠협회나 리그 또는 구단의 중요한 수입원이다. 프로스포츠 경기에 대한 스폰서는 주로 기업들이다. 스폰서십의 본질은 상업활동이고, 그러한 활동은 투자에 대한 기대수익이 존재하기 때문에 이루어진다. 스폰서십은 개별기업이 자발적으로 참여한다는 점에서 또 다른 형태의 마케팅(marketing) 수단으로 간주된다.

기업의 스폰서십은 기업의 기부와는 다르다. 기업이 스폰서를 하려는 것은 투자에 대한 기대수익을 얻기 위해서이고, 기부는 기업이 사회적 책임이나 의무감에서 사회에 어떤 것을 무료로 제공하는 행위이다. 그러나 수익을 기대하지 않고 경제적 이득 여부에 상관없이 행해지는 스폰서십이 있는가 하면, 경제적 편익을 기대하고 행해지는 기부도 있다는 점에서 스폰서십과 기부 간의 구분이 점차 애매모호해지기도 한다.

스폰서십의 성과나 가치는 구체적으로 평가하기가 어려워, 주로 서베

프로스포츠와 스폰서십 스포츠 리그는 스폰서로 참여한 기업에게 이미지 강화, 인지도 제고 등의 기회를 제공한다. 뉴욕 양키즈 스타디움의 스폰서십

이(survey)를 통해서 스폰서기업이나 제품의 브랜드에 대한 인식이나 인지도, TV·라디오 등 미디어 노출빈도 등으로 측정하기도 한다. 그러나 이러한 것들이 실제로 제품판매에 얼마나 기여하는지 평가하기는 쉽지 않다.

일부에서는 스폰서십이 스포츠 경기의 본질을 파괴시킨다고 주장한다. 대부분 스폰서들은 유명한 스포츠 경기, 스타선수, 인기 높은 스포츠 경기 등에 관심을 가지고, 여기에 자사(自社) 제품을 광고함으로써 효과를 극대화하려 하기 때문이다. 심할 경우 경기일정 조정, 규칙 개정 등을 요구하는 등 스포츠의 본질을 왜곡시키기도 한다고 비난을 받기도 한다. 프로스포츠 경기와 아마추어 스포츠 경기, 인기 스포츠와 비인기 스포츠 간 스폰서십에 대한 차이도 발생한다. 인기 있는 스포츠 경기나 종목은 스폰서를 손쉽게 구할 수 있지만, 아마추어나 비인기 스포츠 종목은 스폰서를 구하기가 어렵다.

또 다른 문제는 스포츠 스폰서십 시장이 안정적이지 못하다는 점이다. 많은 스폰서 기업들은 경제가 불황이거나 기업 장래가 불투명할 경우 스폰서십을 취소하거나 관련지출을 줄이기도 한다.

국제적으로 인기가 높은 프로스포츠 경기에 대한 스폰서십의 가치는 TV중계방송과 더불어 엄청나게 증가하고 있다. 스폰서십은 다양한 형태로 발전하고 있는데, 최근 북미에서 활발하게 거래되고 있는 유명 프로스포츠 경기장에 대한 명칭권(naming right)을 이용한 스폰서십이 그 대표적인 예이다.

4. 프로스포츠 시장의 경제적 특징

희소성

많은 스포츠팬들이 프로스포츠 경기에 관심을 가지고 열광하는 이유는 다른 경기에서는 볼 수 없는 희소성(scarcity)이 존재하기 때문이다. 희소성은 사람들이 가지고 싶은 만큼 가질 수 없다는 것을 의미한다. 프로스포츠 경기에서는 보통 경기에서는 보기 어려운 선수들의 뛰어난 묘기, 막상막하의 경기, 승리에 대한 스릴, 스타 선수의 모습 등을 볼 수 있다. 이러한 희소성으로 인해 소비자(팬)들은 스포츠 경기라는 상품을 소비하기 위해 기꺼이 가격을 지불하려고 한다.

프로스포츠 시장에 희소성이 존재한다고 주장하는 근거는 다음과 같다. 첫째, 프로스포츠 선수들의 묘기이다. 사람들은 프로스포츠 선수들의 경기를 관람할 때 오로지 프로스포츠 선수들만이 지니고 있는 묘기에 저절로 감탄하고 탄성을 지르게 된다. 멋진 묘기라는 희소성 때문에 팬들은 많은 비용을 들여서라도 경기를 관람하려고 한다.

둘째, 경기에서의 승리이다. 경기에서의 승리는 한 팀만이 누릴 수 있기 때문에 희소성이 높다고 할 수 있다. 많은 스포츠팬들이 홈경기를 더 좋아하는 이유 중 하나는 홈 팀이 승리할 가능성이 더 크기 때문이다. 경쟁이 치열할수록 승리에 대한 환희는 더 커진다. 자신이 응원하는 홈 팀이 상대 팀과 치열하게 경쟁하여 승리할 경우 홈 팀을 응원한 스포츠팬들은 커다란 기쁨과 환희를 느낄 수 있다. 즉, 경기에서의 승리는 해당 팀을 응원하는 스포츠팬들만이 가질 수 있는 희소성이 높은 제품이다.

셋째, 인위적인 프로스포츠 경기 공급의 제한이다. 프로스포츠 리그가 인위적으로 구단의 수를 제한하고 경기의 수를 조정하는 것은 희소성을 높이기 위한 수단이라고 할 수 있다. 프로스포츠 경기의 공급을 제한할 경우, 스포츠 경기에 대한 희소성을 증가시키고 궁극적으로는 경기의 가치를 높일 수 있기 때문이다. 프로스포츠 경기라는 제품은 경기능력이 뛰어난 선택된 선수들을 중심으로 이루어진다. 이들은 보통의 선수들이 하기 어려운 경기능력을 지니고 있다. 프로스포츠 경기는 다른 제품과 같이 생산과정에서 자동화·첨단화 등으로 노동력을 쉽게 줄이거나 늘릴 수 없다. 축구는 11명, 야구는 9명만이 게임에 참가하여 경기라는 제품을 생산한다. 또한 스포츠 경기라는 제품은 다른 제품과는 달리 정해진 장소에서, 정해진 시간에, 소비자들과 함께 생산해야 제품으로서의 가치가 더 높아진다. 이런 이유로 프로스포츠는 팀, 경기, 선수 등의 공급을 제한한다.

경 쟁

경쟁은 사람이나 집단 간의 대항이다. 경쟁은 서로 앞서거나 이기려고 다투는 것을 의미한다. 경쟁은 참여한 사람 모두가 얻을 수는 없는 어떤 것을 추구할 때 발생한다. 만약, 경쟁에 참여한 사람들 모두가 원하는 것을 모두 얻을 수 있다면 그 경쟁은 의미가 없을 것이다. 승리한 사람만이 가질 수 있는 것이 유한할 때 경쟁은 의미가 있다. 시장에서 경쟁은 사람들이 서로 많은 이득을 얻으려고 노력하기 때문에 발생한다. 개인 간 선의의 경쟁 관계가 형성될 경우 개인은 물론 국민경제적으로도 조화로운 발전을 이루게 된다.

마찬가지로 프로스포츠 시장에서도 선수나 팀 등은 치열하게 경쟁하면서 선수 개인은 물론 팀의 발전을 도모한다. 특히, 프로스포츠 시장에서 팀 간 경쟁은 선수들의 소득에 영향을 미치고, 팀 내에서 선수 간 경쟁은 선수의 경기력 향상에 영향을 미치기도 한다. 예를 들어, 우리나라 프로야구 구단은 소속 선수를 63명까지 고용할 수 있다. 그러나 야구경기에 직접 참가할 수 있는 기본적인 선수는 9명이다. 이외에 몇 명이 더 추가되기도 한다. 이들 소속선수들이 경기에서 선수로 참가하기 위해서는 팀내 동일 포지션의 동료들과 경쟁을 해야만 한다. 즉, 포지션에 따라 동료선수들끼리 치열한 경쟁을 통해서 가장 뛰어난 선수만이 경기에 참가할 수 있다. 이와 같이 같은 팀 선수들끼리 경쟁하는 것을 '팀 내 경쟁'이라 한다. 팀에

선수간·팀간 경쟁 프로
스포츠 선수는 팀 내의 선
수들 간, 팀 간 경쟁을 통
해 스포츠 경기라는 서비
스를 생산한다.

서 엔트리(entry) 선수로 선발된 후에 선수들은 상대팀과의 경기에서 승리
하기 위해 치열하게 경쟁한다. 프로스포츠 구단이나 팀이 외국의 유명하고
능력 있는 감독이나 코치를 채용하려는 것도 경쟁에서 이기기 위해서이다.
선수들이 체계적이고 강도 높은 훈련을 하고 철저한 전략을 세우는 것도
같은 목적에서이다. 이와 같이 프로스포츠 시장에서 선수·팀은 경쟁을 기
본으로 하고 경쟁을 중시한다.

미완성 제품

일반적으로 대부분의 재화나 서비스는 완성된 상태로 시장에서 소비
자들에게 판매된다. 그러나 프로스포츠 시장에서 스포츠 경기라는 제품은
완성되지 않은 상태에서 소비자들에게 판매된다. 즉, 프로스포츠 시장은
완성되지 않은 상태의 경기결과에 대한 불확실성을 판매한다. 스포츠 경
기에서 경기결과에 대한 불확실성은 팬들의 관심을 유인할 수 있는 중요
한 요소이다. 일반적으로 스포츠 팬들은 라이벌 팀 간의 막상막하의 경기
에 열광한다. 실력이 엇비슷하여 경기결과를 정확하게 알기 어려울수록 팬
들의 관심은 더 높아진다. 이를 '경기결과에 대한 불확실성 가설(uncertainty
hypothesis of game outcome)'이라 한다. 라이벌 팀 간의 전력이 엇비슷하여
경기결과를 예측하기가 어렵다면 박진감 넘치는 경기를 기대할 수 있으며,
팬들은 다른 경기에서 느낄 수 없는 스릴이나 쾌감을 얻을 수 있다.

일반적으로 시장에서 기업들은 경쟁사의 제품보다 훨씬 더 값싸고 질

좋은 제품을 생산하여 판매하고자 노력한다. 기업들은 자신의 제품이 독점적 상태가 되기를 원한다. 하지만 프로스포츠 시장에서는 어느 한 팀의 전력이 막강하여 팀 간의 경기력의 차이가 아주 클 경우 관중들의 관심이 줄어들고, 이는 결국 전력이 강한 팀의 수익도 감소시킬 수 있다. 경기 결과를 어느 정도 예측할 수 있어 팬들의 흥미와 관심이 떨어지기 때문이다. 따라서 대부분의 프로스포츠 리그는 팀 간의 전력이 엇비슷하게 유지될 수 있도록 다양한 정책을 사용한다. 그리고 전력이 엇비슷해질 경우 경기결과의 불확실성은 증가한다. 이러한 이유로 스포츠 경기라는 제품은 일반제품과 달리 미완성된 제품 즉, 경기결과가 불확실한 제품을 판매한다. 그리고 관중은 경기결과를 제대로 알지 못하는 미완성된 제품을 구매한다.

독점적 요소

프로스포츠 시장에는 다른 산업과는 달리 독점적 요소가 작용한다. 각각의 팀들은 리그가 지정한 지역에서 독점기업처럼 행동한다. 독점은 하나의 재화나 서비스의 공급이 하나의 기업에 의해 이루어지는 시장조직을 말한다. 이러한 독점기업은 시장에서 가격이나 공급량을 임의대로 조절하는 등 시장지배력을 행사한다. 독점시장은 소비자의 선택의 자유가 제한되고 독점기업이 시장지배력을 행사할 수 있어 결국 소비자의 효용이 감소하게 된다는 점에서 바람직하지 못한 것으로 간주된다. 그러나 프로스포츠 시장에서는 독점적 요소들이 어느 정도 용인되고 있다. 프로스포츠 시장에서는 팀의 수, 경기 수 등 독점적 요소들이 작용하는 것이 시장 활성화를 위해 바람직하다고 본다. 만약 팀의 수, 경기 수 등이 자유롭고 어느 팀이든 프로스포츠 리그에 참가할 수 있다면 희소성, 경기결과에 대한 불확실성 등은 기대하기 어렵고, 프로스포츠 시장도 존재하기 어려울 것이다.

프로스포츠 시장에서는 종목별로 리그라는 조직이 결성되어 연고지역 지정, 경기 수 조정 등 독점기업처럼 행동한다. 프로스포츠 시장은 반독점 규제에서 예외적 지위를 누리고 있다. 프로스포츠 시장에서 흔히 발견되는 선수들의 연봉제한, FA제도, 드래프트 역시 다른 산업에서는 찾아볼 수 없는 반경쟁적 행위이다. 우리나라와 미국의 많은 프로스포츠 팀들은 지역적으로 독점적인 권리를 갖고 있다. 미국의 경우 프로스포츠 경기 종목당 한 도시에 한 개의 팀이 원칙이다. 인구가 많은 거대 도시는 동일 리그의 2개 팀을 갖고 있지만 이는 예외적이다.[4] 동일 종목의 프로스포츠 리그에 소속한 구단들의 승인 없이는 새로운 팀이 리그에 진입하기가 쉽지 않다.

파생시장

프로스포츠 시장은 다양한 파생시장(derived market)을 만들어 내기도 한다. 종종 이들 파생시장의 규모는 프로스포츠 시장을 상회하기도 한다. 전형적인 파생시장으로는 경기결과를 예측하고 내기를 하는 스포츠 베팅(betting) 산업을 들 수 있다.[5]

사우어(Sauer, R., 1988)는 스포츠 경기에 대한 내기가 이미 고대 로마 시대에 초대형 경기장(circus maximus)에서 암암리에 이루어졌다고 주장하고 있고, 역사학자인 문팅(Munting, R., 1996)에 따르면, 18~19세기에 영국과 미국에서도 크리켓이나 야구경기에서 내기가 이루어졌다고 한다.

현대적 의미의 스포츠 베팅은 1923년 영국에서 최초로 시작되었으며, 현재에는 전 세계 많은 국가에서 시행되고 있다. 스포츠 베팅은 스포츠 경기 결과에 돈을 걸고 내기를 한다는 측면에서 사행산업으로 간주된다. 우리나라에서 시행되고 있는 체육진흥투표권과 같은 내기는 사행심 조장, 중독 등

---

4 예를 들어, LA와 뉴욕, 시카고 등의 대도시에서는 각각 2개의 야구팀이 운영되고 있으며, 뉴욕과 LA에는 2개의 농구팀이 있다. 또한 뉴욕에는 3개의 하키 팀이 있다. EPL에서는 맨체스터유나이티드(Manchester United)와 맨체스터시티(Manchester City)의 연고지가 같다. 또한, 첼시(Chelsea), 아스널(Arsenal), 토트넘(Tottenham), 풀햄(Fulham), 웨스턴(Western) 등을 비롯해 모두 5개의 프로축구팀이 런던을 연고지로 두고 있다.

5 우리나라에서 운영되고 있는 체육진흥투표권도 스포츠 베팅의 일종이다. 우리나라는 2002년 월드컵 개최를 위한 경기장 건설 및 재원 조달, 각종 체육 관련 공익사업을 위한 기금 조성 등을 위해 1999년 8월 「국민체육진흥법」을 제정했다. 2001년 10월부터 축구, 농구, 2004년부터 골프, 야구 경기에서 스포츠 토토를 발매하고 있다. 스포츠 토토 매출액의 25%는 스포츠 발전기금으로 사용된다.

스포츠 불법베팅 프로스포츠 경기에서 승부조작은 팬들로부터 외면당하고 사회적으로도 지탄을 받으며, 프로스포츠의 존립을 위태롭게 한다.

부정적 요인으로 스포츠 정신은 물론 스포츠에 대한 국민의 신망을 위협하고 있다고 지적되기도 하지만,[6] 소비자들에게 또 다른 즐거움과 재미를 제공하면서 시장규모가 점차 확대되고 있다. 일부 국가에서는 경마, 경견(dog racing) 등 내기를 중심으로 하는 경기를 허용해 오고 있으나, 대부분의 국가에서 팀 중심의 프로스포츠 경기에 대한 내기는 법률적으로 금지되어 있다.

그럼에도 북미나 유럽의 주요 프로스포츠 경기에서도 소비자들 간에 내기가 이루어지고 있다고 보고되기도 한다. 프로스포츠 경기에서 내기는 참여자들에게 또 다른 형태의 즐거움과 추가적인 소득을 제공한다는 점에서 긍정적 외부효과를 기대할 수 있다고 주장되기도 한다. 그러나 프로스포츠 시장에서 팀 간의 경기가 내기와 연관되어 있는 경우 팀(선수) 간의 담합에 의해 경기결과가 사전에 정해지는 승부조작의 가능성이 있다. 이로 인해 소비자들의 경기에 대한 신뢰성이 하락하게 되면 방송중계 수요가 줄어들 것이며, 기업들이 이미지 실추를 우려하여 스폰서를 기피하게 되는 등 프로스포츠 리그는 상업적, 도덕적으로 커다란 타격을 받게 될 것이다. 결국 관중이 없는 프로스포츠 경기를 하게 될 것이며, 이는 리그의 생존에 위협 요인이 될 것이다. 이런 이유로 많은 나라들은 스포츠 베팅과 같은 스포츠 파생시장에 대해서 규제를 강화하고 있다. 그러나 스포츠 베팅은 스포츠 경기를 관람하는 문화 외에도 소비자들이 직접 참여하여 재미를 더하

---

6 1992년 미국 의회는 모든 스포츠에 대한 '베팅행위 금지법(the amateur and professional sports betting facilities)'을 통과시켰다. 일명 '브래들리법(Bradlely Bill)'이라고도 한다. 그러나 오리곤 주와 네바다 주는 예외적으로 스포츠 베팅이 시행되고 있다.

재미있는 스포츠경제 승부조작과 불법베팅

세계적인 베팅업체인 '윌리엄 힐'은 2002년 한일월드컵의 베팅 규모가 29억 달러(3조4천여억원), 2006 독일월드컵 85억 달러(10조원), 2010 남아공월드컵 124억 달러(14조6천여억원)에 달한다고 밝혔다. 이렇게 시장규모가 큰 만큼 승부조작의 유혹이 항상 존재한다. 스포츠 경기에서 승부조작에 대한 의혹은 오래전부터 있어 왔다. 최근 프로축구 리그 등에서 승부조작에 대한 연루설은 프로축구팀, 축구연맹, 국가간 A매치 등으로 확산되고 있는 추세이다.

2006년 이탈리아 축구리그 세리에 A의 유벤투스는 승부조작과 연루되어 챔피언 자격을 박탈당하고 2부 리그로 강등되기도 하였다. 2009년에는 챔피언스리그(champions league), 유로파리그(UEFA) 등 유럽의 프로축구 경기에서도 승부조작에 대한 의혹이 제기되기도 하였다. 2011년에 브라질 법원은 2005년 코린티아스 팀이 리그에서 우승하도록 도와준 브라질축구연맹과 해당 심판에게 1천79억원의 벌금을 부과하기도 하였다. 이러한 강력한 제재 조치에도 불구하고 승부조작에 대한 의혹은 계속 제기되고 있다.

2011년 FIFA에서는 앞으로 10년 동안 312억원을 들여 인터폴과 공동으로 승부조작을 퇴치하기로 하였다. FIFA가 인터폴과 손을 잡은 것은 프로축구 리그는 물론 국가간 A매치에서도 승부조작에 대한 의혹이 제기되고 있어, 더 이상 방치할 경우 인기하락과 수입감소는 물론 프로축구 경기에 대한 신뢰가 무너질 수 있기 때문이다.

우리나라에서도 인터넷의 발달과 더불어 인터넷상에 불법 토토 사이트도 성행되고 있다. 불법 토토 사이트는 스포츠 토토와 달리 베팅 금액에 제한이 없어 일확천금을 노리는 참여자들이 깊이 빠져들고 있다. 특히 연봉이 적은 프로선수나 임의탈퇴 선수들은 이러한 유혹을 이기기가 쉽지 않다고 한다. 우리나라에서도 2010 남아공월드컵 기간 동안 국내 불법사이트 197곳이 적발되었으며, 2008년에는 국내 프로축구 K3리그에서 중국의 불법베팅업체가 연루된 승부 조작 사건이 발생하기도 하였다.

2011년에는 프로축구 선수들이 포함된 승부조작 사건이 발견되었다. 이에 프로축구연맹에서는 등록 선수들을 대상으로 불법베팅 사이트의 문제점과 실태를 교육하고, 적발될 경우 해당 선수에게 벌금 5천만원과 영구제명 조치를 취하기로 하였다.

그러나 승부조작에 대한 실체를 파악하기가 쉽지 않으며, 대부분의 불법 사이트들이 서버를 해외에 두고 있어 이들을 철저하게 관리하고 처벌할 마땅한 대책이 없다는 것도 문제이다.

는 스포츠 엔터테인먼트로 인식되기도 한다. 이러한 이유로 정부의 규제에
도 불구하고 스포츠 베팅 산업은 점차 확산되고 있고, 동시에 해당 스포츠
를 활용하거나 베팅을 통해 얻어진 수익금을 활용하여 수행하는 공익사업
의 범위도 점차 확대되고 있다.

외부효과

　　프로스포츠 경기는 상당한 외부효과(外部效果, externality)를 발생시킨
다. 대체로 프로스포츠 경기 결과는 승리와 패배가 명확하게 구분된다. 팬
들이 응원하는 팀이 경기에서 승리할 경우 기쁨과 환희, 즐거움 등을 얻는
다. 앞에서 논의한 바와 같이 외부효과란 어떤 사람의 행동이 제3자에게
의도하지 않은 혜택이나 손해를 가져다주면서 이에 대한 대가를 받거나 지
불하지도 않을 때 발생한다. 외부효과는 생산 또는 소비과정에서 발생할
수 있으며, 이로운 것뿐 아니라 해로운 것도 있을 수 있다. 경기에서의 승
리로 선수의 소득이 증가하는 것은 외부효과가 아니다. 선수가 자신의 기
량을 제공하고, 그 결과로 보상을 받는 것이기 때문이다. 마찬가지로 경기
입장료와 같이 가격을 지불한 팬이 경기결과로부터 얻는 즐거움은 외부효
과가 아니다. 그러나 비용(가격)을 지불하지 않은 팬이 경기결과로 즐거움
을 얻는다면 이것을 외부효과라고 할 수 있다.

　　지역이나 국가에서는 소속감, 정체성, 단합 등도 기대할 수 있다. 프로
스포츠 경기에서의 승리 외에도 박진감 넘치는 막상막하의 경기, 스타선수

외부효과 팬들은 흥미로운 경기, 선수들의 묘기, 주위 사람들의 응원 등을 통해 즐거움과 기쁨이라는 외부효과를 얻는다.

들의 묘기와 자신이 응원하는 팀을 주위 사람들과 함께 응원하는 행위 등은 관중들에게 커다란 즐거움과 기쁨을 제공한다. 프로스포츠 경기는 이러한 다양한 외부효과를 창출하며, 이는 선진경제질서나 사회적 자본을 구축하는데 중요한 요소로 작용하기도 한다. 그러나 스포츠 경기에서 승리하는 팀이 있으면 반드시 패하는 팀이 있게 마련이다. 경기에서 승리한 팀의 팬들은 긍정적인 외부효과를 얻을 수 있는 반면에, 경기에서 패한 팀의 팬들은 부정적인 외부효과를 얻기도 한다.

5. 리그의 기능과 역할

규칙·스케줄 조정

리그는 프로스포츠 경기에 관한 규칙을 도입하거나 개정하기도 한다. 보다 박진감 넘치고 활기있는 경기로 많은 스포츠 팬들의 관심과 흥미를 유발하기 위해서다. 예를 들어, 프로농구 경기에서 숏 클락(shot clock),[7] 3초 룰(three second rule),[8] 3점 숏 등을 새로 채택하거나 기존의 룰을 변경하기도 한다.[9] 프로야구 경기에서는 스트라이크 존(strike zone)을 개정하거나, 12초 규칙 등을 도입하기도 한다.

스포츠 리그에서는 공정하고 객관적인 경기를 할 수 있도록 통일된 규칙을 적용한다. 통일된 규칙은 프로스포츠 경기에 대한 팬들의 관심을

---

7 프로농구 경기에서 24초 규칙을 측정하기 위한 시계를 말한다. 농구 경기에서 공을 가진 팀이 24초 이내에 숏을 시도하지 않으면 공격권을 잃는다.

8 농구경기에서 볼을 가지고 있는 팀의 선수는 상대편 바스켓(basket)에 가까운 프리 드로우 라인(free throw line) 안에 3초가 지나도록 머물지 못한다는 규칙이다. 이를 위반한 경우를 3초 바이얼레이션 (three second violation)이라고 하며, 공격권을 잃는다.

9 KBL에서는 FIBA(국제농구 연맹)의 국제농구 규칙 개정에 맞추어 2009~2010시즌부터 3점 숏 거리를 6.25m에서 6.75m로 조정하고 페인트 존을 현재의 사다리꼴에서 직사각형으로 바꾸기로 했다. 또 바스켓을 중심으로 1.25m 반원구역을 노차지 구역(no charge semicircles)으로 설정하여 이 구간에서는 공격자가 수비자에게 범하는 오펜스 차징은 무시하기로 하였다. 공격자에게 유리하도록 하여 규칙을 개정하여 득점을 쉽게 하기 위해서이다.

지속시키고 확대시키는 데 중요하다. 어느 한 팀에게만 유리하거나 불리한 경기규칙이 적용될 경우 공정한 경기가 될 수 없기 때문이다. 통일된 경기 규칙은 국제적으로 아주 중요하다. 다른 국가에서 이적해 온 선수들이 새 로운 시장에서 제대로 적응하지 못하는 이유 중의 하나도 국제적으로 규칙 이 다르게 적용되기 때문이다.[10]

스포츠 종목에 따라 다르지만 스포츠 리그는 새 규칙을 고안하기도 한다. 야구, 풋볼, 아이스하키 등의 경기에서는 경기 도중 선수들의 부상을 방지하기 위해 헬멧(helmet) 착용을 의무화하기도 한다. 리그는 또한 관중 과 관련된 여러 규칙을 제정하기도 한다. 보다 많은 관중들을 유인하기 위 해 일부 야구장에서는 일요일에 맥주 판매를 허용하기도 한다. NFL의 경 우 팬들이 경기장에 오물을 던져 경기를 지연시킬 경우 해당 홈 팀에 벌칙 을 가할 수 있게 하는 등 경기장에서의 관중들의 불미스러운 행동을 금지 하기 위해 노력해왔다.

또한, 프로스포츠 리그에서는 시즌의 경기 또는 챔피언십에 관한 일정 을 조정한다. 일정 조정은 구단(팀) 간의 공동사업 중 가장 기본적인 단계 이다. 팬들이 시즌의 경기를 보다 더 재미있게 즐길 수 있도록 일정을 조정 한다면, 각 구단들은 보다 많은 이윤을 얻을 것이다. 따라서 구단들은 팬들 에게 효용과 만족을 제공하고 보다 많은 이윤을 얻기 위해서 리그의 경기 일정 조정에 협력한다.

배타적 연고지 결정

대부분의 프로스포츠 리그는 구단들 간의 배타적 연고지(exclusive territory)를 지정하고 관리한다. 특히, 북미의 메이저리그에서는 구단의 연고

---

10 미국 MLB에서 오랫동안 활약하다가 2011년에 일본 NPB의 오릭스 버펄로스 팀으로 이적한 박찬호 선수는 경험이 풍부하고 노련한 선수임에도 구단의 연습경기에서 보크(투수기만행위)를 여러 차례 범하였다. 이는 MLB와 NPB의 보크관련 규칙 적용이 상이하여 발생한 결과이다. 미국에서는 투수가 투구 동작에서 셋 포지션을 오래 끌지 않아도 되지만, NPB에서는 약 5초 정도 셋 포지션에 상태에 있지 않으면 보크로 처리하기 때문이다.

지를 지정하고 다른 구단이 그 지역을 연고지로 삼지 못하도록 보호해 주기도 한다. 리그에서의 배타적 연고지 결정은 구단주가 누리게 될 각종 경제적 이득을 보호해 준다는 의미이기도 하다. 북미에서 프로스포츠 구단이나 팀이 리그에 가입하려는 근본적인 이유는 지역에 대한 독점권 때문이라 할 수 있다. 예를 들어, 북미의 MLB, NFL, NBA 등과 같은 프로스포츠 리그는 구단들과 프랜차이즈 계약(franchise agreement)을 통해 배타적 연고지를 관리한다. 프랜차이즈 계약은 리그와 구단주 간에 프로스포츠 팀을 소유한다는 점을 명확하게 규정한 일종의 계약서이다. 프랜차이즈 계약은 또한 리그 운영 규칙을 강제하고 연고지를 보호해 줄 리그의 권리와 의무를 규정한다. 리그는 경기방송 중계독점권·로고(logo) 사용권 등을 리그차원에서 판매하고 수익을 구단에게 적절히 배분한다.

구단은 리그에서 결정한 배타적 연고지에서 시장지배력을 행사한다. 리그에서 어떤 지역을 연고로 하는 팀을 지정하면, 해당 지역에 다른 팀이 진입하기가 쉽지 않다. 리그의 이러한 행위는 팀에게 지역에 대한 독점적 지위를 부여해 이윤을 극대화할 수 있도록 해준다. 이는 기업이 독섬시상에서 생산량을 감소시키고 가격을 상승시켜서 독점이윤을 얻으려는 행동과 같다.[11]

프로스포츠 리그는 리그를 확산시키거나 구단의 연고지를 재조정하기도 한다.[12] 팀의 연고지 이동은 리그에 소속되어 있는 다른 팀들로부터 승인을 얻어야 가능하다. 리그는 팀이 연고지를 바꾸는 것을 통제하기도 한다. 이러한 이동은 때때로 리그 내 팀 간의 격렬한 논쟁을 불러오기도 하며 승인이 거부되기도 한다. 특정 팀의 연고지 이동이 다른 팀들의 성적이나 수익에 영향을 미칠 수 있기 때문이다. 리그는 주로 경제적 요인에 의해 팀의 연고지역을 결정한다. 리그에서 공동행위로 리그를 확산시키거나 연고

---

11 일반적으로 독점시장은 재화의 가격을 상승시키고 생산량을 감소시켜 소비자 후생을 저해하므로 정부는 독점시장을 규제하고 경쟁을 도입하기 위한 각종 정책을 사용한다. 그러나 프로스포츠의 경우 팀들의 전력강화와 흥미유발 등을 이유로 지역적 독점이 형성되는 것을 용인하려는 경향이 있다.

12 2003년 NBA의 샬롯 호르넷(Challotte Hornets)의 뉴올리언즈(New Orleans)로의 연고지 이동, 영국의 축구팀인 윔블든(Wimbledon)의 밀톤 케인즈(Milton Keynes)로의 이동 등이 대표적이다.

지를 조정하는 것은 기존 팀들이 시장에서 어느 정도 시장지배력을 행사할 수 있을 때 가능하다. 리그 확산과 연고지 조정으로 어떤 지역에 2개 이상의 팀을 배정하는 것은 해당 지역의 시장이 충분히 커서 2개 이상의 구단을 운영하는 것이 가능할 때만 허용된다.

리그는 또한 수입을 극대화하기 위해서 팬들의 지출을 늘릴 다양한 수단을 사용한다. 경기장 입장료를 조정하기도 하고 경기장 좌석 위치, 경기 시간, 경기 요일 등에 따라 다양한 가격을 제시하기도 한다.

북미의 메이저리그에서 새로운 팀의 리그진입은 아주 제한적이다. 새로운 팀이 리그에 진입하고자 할 경우 막대한 가입비를 요구하기도 한다. 기존 팀들이 리그의 수익을 신생팀과 배분해야 하고, 기존 팀의 경기를 관람하는 관중이나 팬의 일부가 신생팀으로 옮겨 갈 수도 있기 때문이다. 시장규모가 일정한 상황에서 팀의 수가 증가하게 되면, 각 팀의 평균 관중 수는 감소할 수 있다. 즉, 전체 관중의 수가 일정한 가운데 새로운 팀이 진입할 경우 기존 팀들의 관중들이 감소하게 되는 것이다. 따라서 새로운 팀이 진입할 경우 기존 팀들의 수익이 감소할 수 있다. 이러한 이유로 리그는 새로운 팀이나 구단의 시장진입을 철저히 제한하고 있다. 새로운 팀이나 구단에 대한 진입제한은 기존 구단들이 독점의 지위를 잃지 않으려고 하는 노력이다. 그러나 구단이 이와 같은 독점적 지위를 유지하기 위해서는 수준 높은 경기를 제공할 수 있도록 부단한 노력을 해야 한다. 만약 독점적 리그를 통해 기존의 팀들이 수준 높은 경기를 제공하지 않고도 지나치게 많은 이익을 얻는다면 새로운 팀들이 리그에 진입하거나 새로운 리그가 출현하게 될 것이다.

적정 팀 수 결정

리그는 적정 수의 팀으로 스포츠 경기라는 제품을 생산·판매한다. 그러나 리그에서 바람직한 팀의 수에 대한 특별한 규정이나 원칙은 없다. 경제학적으로는 새로운 팀이 추가적으로 진입함으로써 리그 전체에 추가적으로 발생하는 순수익이 0(zero)이 될 때까지 팀이 진입하는 것이 적절할 것이다. 독점적 리그로 초과이윤이 존재하고 새로운 팀이 독점적 리그에 진입하려 한다는 것은, 기존의 리그에게는 현재 가격을 낮추고 이윤을 줄이라는 무언의 압력이라고 할 수 있다. 경제학에서는 완전경쟁시장이 가장 바람직하다고 간주하기 때문이다. 그러나 프로스포츠 시장은 독과점시장 형태이다.

대부분의 프로스포츠 리그에서는 팀의 수를 일정 수준으로 정하고 리그를 운영한다. 리그는 상황에 따라 팀의 수를 줄이거나 늘이기도 한다. 실제로 영국 프리미어리그는 팀을 22개에서 20개로 줄였고, 미국의 MLB는 30개 팀을 28개로 줄이려고 논의하기도 했다.

그러나 그동안 대부분의 프로스포츠 리그는 팀의 수를 확대시켜 왔다.[13] 리그에서 활동할 팀의 적정 수를 팬들의 반응, 팀의 수익, 지역 여건 등을 감안하여 결정한다. 영국은 단일 종목의 여러 개 프로스포츠 팀들이 하나의 도시 지역에 연고지를 두기도 한다. 반면 미국은 인구가 수백만 명이나 되는 도시 지역에 프로스포츠 팀이 하나도 없는 경우도 있다. 국가나 사회적으로 가장 바람직한 프로스포츠 팀에 대한 명확한 원칙이나 규정은 없다.

새로운 리그나 구단이 시장에 진입하거나 연고지를 이동할 경우 다음을 고려할 필요가 있다고 주장된다. 첫째, 바람직한 리그 규모를 결정할 때에는 얼마나 많은 팀들이 경제적으로 생존가능한가를 고려해야 한다. 이를 위해서 적어도 한 팀이 생존가능한 시장규모가 얼마나 되는지를 파악해야 한다.

이에 더하여 리그에서 바람직한 팀의 규모는 리그의 운영방식과 정책에 의해서 결정된다. 만약 현재의 리그에 새로운 팀이 진입하더라도 기존의 팀들이 과거와 유사한 수준의 수익을 올릴 수 있고, 재정적으로도 어려움이 없다면 새로운 팀이 더 늘어나도 별 문제가 되지 않을 것이다. 그러나 어느 한 지역에 새로운 팀이 진입할 경우 기존의 팀은 불가피하게 외부비

---

13 영국의 프로축구 시장은 지난 30여년 간 12개 팀에서 92개 팀으로 늘어났다. 1953년 미국의 주요 프로스포츠 리그는 미식축구 12팀, 야구 16팀, 하키 6팀, 농구 8팀이었다. 그러나 2003년에는 미식축구 32팀, 야구와 하키 각 30팀, 농구 29팀 등으로 증가했다. 1년에 평균 1개 팀 이상 증가한 것이다.

재미있는 스포츠경제	완전경쟁시장과 기업의 이윤

완전경쟁시장에서 기업들은 시장에의 진입(entry)과 퇴출(exit)이 자유로우며 기업의 이윤은 장기적으로 0(zero)이 된다. 완전경쟁시장에서 기업들의 이윤이 장기 균형 상태에서 0이라는 점을 잘 이해 할 필요가 있다. 이윤은 총수입에서 총비용을 뺀 나머지이다. 총비용은 기업의 모든 기회비용을 포함하는 개념이다. 따라서 이윤이 0이라는 의미는 총수입이 사업가가 사업을 지속하기 위해 투입한 시간과 자본의 기회비용(opportunity cost)을 충분히 보상할 수 있는 수준이라는 것이다. 이는 경제학에서의 비용개념이 회계학의 비용개념과 다르기 때문이다. 회계학에서는 현금지출을 필요로 하는 명시적 비용(explicit costs)만을 비용으로 파악하고 현금지출을 필요로 하지 않는 암묵적 비용(implicit costs) 또는 기회비용은 포함하지 않는다.

따라서 경제학적으로 기업의 장기적 이윤이 0이라고 할 때는 경제적 이윤이 0

이라는 의미이며, 실제 회계장부상 기업의 이윤 0보다 큰 것이다. 경제적 이윤(economic profit)은 기업의 총수입에서 그 기업이 판매하는 재화와 서비스 생산에 따르는 모든 기회비용(명시적 비용＋암묵적 비용)을 뺀 금액이다. 회계학적 이윤(accounting profit)은 기업의 총수입에서 명시적 비용을 뺀 금액이다. 예를 들어, A라는 사람이 사업을 하기 위해 10억원을 투자했다고 하자. 그런데 이 돈을 은행에 예금을 한다면 1년에 1억5천만원의 이자를 받을 수 있다고 하자. 또 A가 사업을 하기 위해 1년에 1억원의 연봉을 받을 수 있는 일자리를 포기해야 한다고 하자. 그러면 A가 사업을 하기 위해 포기한 기회비용은 은행의 이자수입(1억5천만원)과 임금소득(1억원)을 합친 2억5천만원이 된다. 경제적 비용에는 2억5천만원이 모두 포함되어 있다. 따라서 경제적 이윤이 0(zero)이 된다고 해도 총수입은 기회비용을 보상하는 수준이 된다.

용을 지불해야 한다. 새로운 팀으로 인해 기존의 팀을 응원하는 팬들이 줄어들 수 있으며, 리그전이나 챔피언십에서의 경쟁이나 승리할 가능성은 그만큼 줄어들기 때문이다. 그러나 어느 한 지역에서 두 팀이 라이벌 관계를 지닌다면 경기결과가 불확실해지게 되고 팬들의 관심이 증가할 것이며 이에 따라 팀의 수익도 증가할 수 있다.

둘째, 새로운 팀이 연고 지역의 경제·사회적 발전에 얼마나 긍정적으로 기여하느냐이다. 즉, 새로운 팀이 연고지역에 외부효과를 얼마나 발생시킬 수 있는가이다. 지역의 스포츠 팀은 지역사회나 주민들에게 시장에서 거래되지 않은 의도하지 않은 혜택을 제공하기도 한다. 예를 들어, 지역의 신문이나 방송사들은 프로스포츠 경기를 통해서 이윤을 얻을 수 있고, 지역의 독자나 시청자들은 편익을 얻을 수 있다. 지역의 프로스포츠 팀과 경기는 지역 주민들 간 협력과 단합, 정체성, 의사소통 채널 등 다양한 기능을 수행한다. 또 프로스포츠 팀의 지역에 대한 긍정적 외부효과는 해당 지역뿐 아니라 인근 지역에 있는 프로스포츠 팀을 통해서도 발생할 수 있다. 인근 지역에 있는 팀이 자신의 지역에 있는 팀과 라이벌 관계에 있다면 두 팀 간 경기에 대한 수요가 증가하여 경제적 효과를 기대할 수 있으며, 두 지역 간 협력과 상생 등의 효과도 기대할 수 있을 것이다. 그러나 적대감을 지닌 라이벌 관계는 오히려 외부비용만 초래할 수도 있다.

셋째, 바람직한 프로스포츠 리그의 규모에 관한 또 다른 고려사항은 시장에서의 여건이 리그에 소속된 팀들에게 우수한 프로선수들을 지속적으로 공급할 수 있는가이다. 프로스포츠 경기는 기량이 아주 뛰어난 우수한 선수들이 경기라는 서비스를 생산하고 판매한다. 그런데 우수한 선수들이 제대로 공급되지 못하여 경기능력이 모자라는 선수들로 대체한다면 경기의 질이 떨어지게 되고 팬들도 경기를 외면하게 되어, 결국에는 리그의 생존에도 영향을 미칠 수도 있다. 특히, 현대에는 다양한 종목의 프로스포츠 리그들이 운영되고 있어 종목 간, 리그 간 경쟁을 위해서라도 경기능력이 뛰어난 우수한 선수들의 지속적인 공급은 필수적이라고 할 수 있다.

일부에서는 그동안 대부분의 프로스포츠 리그에서 팀의 증가율이 선수증가율보다 낮았다고 주장한다. 프로스포츠 선수로서 손색이 없는 뛰어난 경기능력을 갖춘 선수들이 해마다 증가하고 있지만 팀의 수는 이에 맞춰 증가하지 못하고 있다는 것이다. 그러나 이러한 주장은 우수한 선수에 대한 기준을 객관적으로 설정하기 어렵다는 데 문제가 있다. 또 우수한 선수들이 점점 증가한다고 해서 팀의 수를 무작정 늘릴 경우 프로스포츠 경기에 대한 인기와 관심이 줄어들어, 결국에는 리그의 생존 자체를 어렵게

우수선수의 공급 우수선수의 공급 가능성은 리그의 적정 팀 수를 결정하는 데 중요한 고려 사항 중의 하나이다. 우수선수들의 사인과 기념물이 전시된 뉴욕 양키즈 팀의 기념관

할 수도 있다.

넷째, 인구 규모이다. 연고지의 인구 규모는 프로스포츠구단의 수익과 연관이 깊다. 특히, 지역주민들이 프로스포츠 경기에 대해 관심이 얼마나 높고 충성도 높은 팬들이 얼마나 있느냐가 중요하다. 리그 내 팀의 수를 정하거나 각 팀의 연고지 규모를 결정할 때 해당 프로스포츠를 선호하는 지역주민, 연령층, 소득수준 등을 충분히 감안할 필요가 있다. 또한 인구 이외에도 해당 지역이나 국가의 사회·문화적 특성도 충분히 감안해야 할 것이다.

다섯째, 만약 재정이 취약한 팀이라고 하더라도, 리그차원의 수익배분, 정부나 지역사회로부터 지원을 받고, 팀의 운영비용도 적게 든다면 리그 내의 팀의 수가 증가해도 될 것이다. 경제적으로는 팀이 지역연고 등에 제한을 받지 않고 여러 개의 팀이 동일한 지역에서 동시에 운영될 경우 경쟁을 촉진시킬 수 있어 바람직하다고 할 수 있다. 그러나 프로스포츠 시장이라는 특수성도 감안해야 할 것이다. 특히, 시장규모가 작은 국가나 지역에서는 리그나 정부 등의 지원이 있다고 해도 팀의 수를 지나치게 늘릴 경우 경기라는 서비스의 질을 저하시킬 수 있다.

공동마케팅

구단들은 리그를 통해 공동마케팅(co-marketing)을 벌이기도 한다. 스포츠 팀이 개별적으로 마케팅에 나설 때 그 효과는 그리 크지 않거나, 연고지역에만 미치게 될 가능성이 높다. 개별 팀은 주로 홈구장에서만 광고를 할 것이다. 개별 팀 차원의 마케팅은 지역방송의 시청률 증가에 크게 영향을 미치지 못하기도 한다. 이와 반대로 리그는 다양한 방법을 사용하여 전국적으로 마케팅을 실시할 수 있다. 일부 리그나 팀에서는 지역 연고를 이용하기도 하지만 대부분의 프로스포츠 팀은 리그 차원에서 공동으로 광고한다. 대부분의 경우 각 팀들은 리그의 광범위한 마케팅에 동참하게 된다.

또한 리그는 스포츠 경기중계를 위해 방송사와 협상한다. 물론 구단이 직접 협상에 나설 수도 있다. 실제로 북미의 NFL, MLB의 경우 전국 중계방송권은 리그차원에서 협상하고 지역의 방송중계권은 구단차원에서 이루어지기도 한다. 그러나 리그 차원에서 협상하는 것이 개별 구단에게 훨씬 유리할 수 있다. 리그 차원의 협력을 통해 개별 팀들은 서로 경쟁하지 않고 협상력을 제고하여 중계방송의 가격을 높일 수 있기 때문이다. 즉, 리그 차원의 협력은 구단에 더 많은 입장료나 방송중계료를 보장해 줄 가능성이 높다.

리그 차원의 협력은 또한 선수들과의 협상에서도 긍정적이다. 예를 들어, 선수노조에 대해 구단주가 개별적으로 대응하기보다는 리그 차원에서 대응하는 것이 협상에서 유리한 결과를 얻을 가능성이 크다.

전력불균형 시정

프로스포츠 리그의 성공 여부는 팀 간의 전력균형에 따른 경기결과의 불확실성에 의존한다.[14] 즉, 팀 간의 전력균형은 리그에서 중요시하는 성공요인 중 하나이다. 따라서 리그에서는 팀 간 전력불균형(competitive imbalance)을 해소하기 위한 장치를 운영하기도 한다. 팀 간의 전력불균형은 배타적 연고지역, 시장규모, 재정능력, 팬들의 관심, 구단의 운영능력 등 최초의 연고지역 배정이나 구단을 운영하는 과정에서 불가피하게 발생한다. 예를 들어, 열성적인 팬들과 인구가 많은 대도시 지역에 연고를 두고 있는 팀들은 그렇지 못한 팀들에 비해 전력강화에 더 유리할 것이다. 더 많은 팬

---

14 전력균형은 프로스포츠 경기에서 매우 중요한 개념이다. 전력균형에 대해서는 제Ⅲ편 제9장에서 구체적으로 논의한다.

을 확보하여 보다 많은 수익을 얻을 수 있으며 상대적으로 더 우수한 선수들을 채용할 수 있기 때문이다. 구단의 재정능력도 마찬가지이다. 이러한 팀간 전력의 차이는 박진감 넘치는 양질의 경기를 생산하기 어렵기 때문에 팬들의 관심을 감소시키고 나아가서 구단의 수익에도 부정적인 영향을 미치게 된다. 프로스포츠 경기에서 강조되는 경기결과에 대한 불확실성이 없기 때문이다.

리그에서는 이러한 전력불균형의 심화를 방지하고 팀 간의 전력 평준화로 경기결과의 불확실성을 높이기 위해 다양한 방안을 강구한다. 팀 간의 전력이 어느 정도 평준화될 수 있도록 수익배분, 선수보류조항, 자유계약제, 연봉상한제, 드래프트 등 다양한 방안들을 도입하기도 하는데, 이는 팀 간 전력 격차가 큰 경기는 팬들로부터 외면당할 수 있기 때문이다. 그러나 북미의 메이저리그 선수노조들은 리그에서 전력균형의 일환으로 운영되는 일련의 조치들에 대해서 선수들의 연봉 상승을 억제하고 자유로운 이적을 제한시키는 조치라고 비난하기도 한다.

상호경쟁과 협력

리그는 팀 간 경쟁을 통해 스포츠 경기라는 제품을 생산한다. 프로스포츠는 경기라는 서비스를 소비자(팬)에게 판매한다는 점에서 다른 서비스와 다를 바가 없다. 그러나 이러한 서비스는 독특한 특성을 지니고 있다. 스포츠 경기라는 서비스는 상대팀과의 경기 특히 전력이 엇비슷한 상대팀과의 결과를 예측할 수 없는 경기를 통해서 판매할 경우 그 가치가 더 높아진다. 일반적으로 기업들은 자신들이 생산하고 판매하는 제품이 아주 뛰어나 시장을 지배하기를 원한다. 즉, 대부분의 기업들은 경쟁기업이 더 이상 존재하지 않고 자신의 제품이 시장에서 독점적 지위를 누리기를 원한다. 그러나 스포츠 경기라는 서비스를 생산하기 위해서는 경쟁 팀과 선수들이 필요하다. 프로 축구, 야구, 농구 등 팀 중심의 프로스포츠 경기는 물론, 골프, 테니스, UFC, 경마 등과 같은 개별 스포츠 경기에서도 경쟁 상대가 있어야 팬들로부터 더 많은 관심을 받을 수 있다. 특히, 스포츠 경기에서는 전력균형과 경기 결과에 대한 불확실성으로 경기가 막상막하로 진행될 경우 팬들의 관심이 더욱 증대된다. 프로스포츠 시장에서는 일반적인 시장과는 달리 경쟁 상대 없이 생산되는 스포츠 경기라는 제품은 가치가 하락하고 결국 그 팀에도 낮은 이윤을 제공하게 되는 것이다.

리그 내에서 팀 간 경쟁을 유지하기 위해서는 경기 수준, 입장료, 경기 수 등에 대해 어느 정도 협력이 필요하다. 프로스포츠 시장에서 리그 간 또는 팀 간의 담합이 어느 정도 용인되는 이유가 여기에 있다. 만약 프로스포츠 리그가 완전경쟁시장 형태로 운영되어 새로운 팀들이 리그에 자유롭게 진입하거나 퇴출할 수 있고, 프로스포츠 경기나 선수들이 아주 많다면, 소비자들로부터 인기가 높고 가치 있는 프로스포츠 시장은 존속되기 어려울 것이다.

리그에 속해 있는 팀들은 상호협력을 통해 공동행위를 한다. 이를 동업 또는 공동생산이라고 한다. 이 경우 리그에 가입한 모든 팀들이 자신들의 결정권 일부를 리그에 위탁하게 된다. 물론 팀들은 개별적으로 생산을 추구하기도 하지만, 경제적인 의미에서는 수익증대를 위해 공동생산에 나선다고 할 수 있다. 공동생산은 스포츠 경기라는 제품을 생산하기 위해 팀(구단)들이 공조한 결과이다. 이러한 공조는 경기일정, 경기규칙, 공동의 규칙 등 다양하다. 공동행위는 일정과 경기 규칙, 챔피언십을 효율적으로 운영하는 데 기여한다. 팀들은 독자적으로 행동할 때보다 공동으로 행동할 때 경제적으로 더 유리하기 때문에 리그에 가입하는 것이다.

카르텔과 시장지배력

스포츠 구단들이 리그를 통해 경기를 생산하는 행위는 카르텔(cartel)에 비유되기도 한다. 경제적으로 스포츠 팀들은 리그라는 카르텔을 결성하고 시장지배력을 행사한다. 프로스포츠 팀들의 공동행위는 프로스포츠 리그의 일정과 경기 규칙, 챔피언십을 효율적으로 운영하여 이윤 극대화에 기여하고 있다. 프로스포츠 시장에서 시장 지배력이란 리그 차원에서 경기 입장료, 방송중계료, 경기 수, 구단 수 등을 임의로 좌우하는 능력이다. 시장 지배력의 영향력은 매우 크다. 예를 들어, 프로스포츠 리그에 속해 있는 팀(구단)은 리그의 멤버로써 특정 지역에 경기를 공급할 수 있는 독점적 권한을 가지게 된다. 입장료, TV중계료, 광고 등 각종 수익이 독점적 권한에 수반된다. 이러한 독점적 권한은 프로스포츠 리그에 의해 각 팀에 부여된다. 리그는 스포츠 경기라는 생산을 통제할 수 있는 카르텔처럼 행동하고 있는 것이다. 이러한 구조로 인해, 리그를 통해 스포츠 경기라는 제품의 생산을 제한할 경우, 입장료·방송중계료 등의 가격이 완전경쟁시장보다 훨씬 높아지고 팀들의 수입도 증가하게 된다. 스포츠 경기장 입장료가 높은 것은 동일한 지역에서 입장료를 낮추도록 유도할 만한 경쟁적인 스포츠 경기가 없기 때문이다. 또 지역별로 가격경쟁이 제대로 이루어지지 않는 것은 리그가 개별 팀의 이익을 보장하기 위해 팀의 수를 제한하기 때문이다. 경제적인 의미로 볼 때 프로스포츠 리그는 리그의 이윤을 극대화하기 위해 담합을 통한 카르텔 구조로 운영되고 있다고 할 수 있는 것이다.

　스포츠 리그의 공동행위는 경제적으로 볼 때 바람직하지 않다. 소비자 잉여가 감소하는 것을 바탕으로 리그와 구단들이 이윤을 증가시키기 때문이다. 프로스포츠 리그의 시장 지배력은 영향력이 매우 크다. 구단주가 팀을 샀을 때 그 가격에는 자본과 선수들을 통제할 수 있는 것 이상의 권한이 포함되어 있다. 새로운 구단주는 리그의 멤버로서 특정한 지역에만 스포츠 경기를 공급할 수 있는 독점적 권한을 사는 것이다. 이러한 권한에는 입장료, 경기장 좌석 배정, 주차장 수입, 매점 수입, TV중계료 등이 포함된다. 구단은 배타적인 연고 지역을 통해 시장 지배력을 행사할 수 있으며, 리그는 카르텔을 통한 독점적 지배권을 바탕으로 방송사, 선수, 연고 도시와의 협상에서 우월한 지위를 획득할 수 있다.

　프로스포츠리그에 대해 일반시장과 달리 독과점에 대한 규제가 상대적으로 느슨한 것은 프로스포츠 시장에서는 일반시장과는 달리 카르텔과 같은 공동행위가 사회적으로 오히려 후생을 증가시킬 수 있다는 주장에 근거를 두고 있다. 프로스포츠 시장에서 리그의 카르텔과 같은 공동행위는 팀 간 지나친 경쟁을 방지하여 사회적으로 바람직한 결과를 가져올 수도 있다는 것이다.

　팀 간 경쟁이 지나치게 과열되어 엄청나게 많은 금액을 투자하였음에도 불구하고 수익은 기대 이하로 떨어지는 경우가 있다. 이를 '파괴적 경쟁 (destruction competition)'이라 한다. 프로스포츠 시장에서 파괴적 경쟁이 발생하게 되면 팀을 정상적으로 운영할 수 없을 뿐 아니라 프로스포츠 시장 자체가 생존하기 어려워질 수 있다. 따라서 프로스포츠 시장에서 팀 간의 지나친 경쟁은 오히려 카르텔 형태의 독점시장보다 더 비효율적일 수 있다. 또한 카르텔을 통해 팀 간 경기 수를 제한하거나 새로운 팀의 시장진입을 조정하게 되면 팀들은 보다 안정적으로 운영될 수 있다. 따라서 구단들 간의 공동행위는 프로스포츠 경기를 안정적으로 유지시켜 주며 구단의 경제적 위험을 감소시킬 수 있다는 것이다.

재미있는 스포츠경제　카르텔의 특징

　카르텔(cartel)이란 동일 종류의 제품을 생산하는 기업들이 시장을 지배할 목적으로 결성하는 기업의 연합체이다. 기업들이 가격과 수량을 협의하여 결정하는 행위를 담합(collusion)이라 하고, 담합행위에 참여한 기업들의 연합체를 카르텔(cartel)이라고 한다. 카르텔이 성립되면 시장은 사실상 독점화된다. 기업들이 담합행위를 통해 독점과 같은 시장 지배력을 행사하기 때문이다. 기업들이 카르텔을 결성하여 담합행위를 통해 가격과 생산량을 결정하는 것은 공동이익의 극대화를 도모하기 위해서이다. 카르텔과 같은 담합행위를 통해 독점이윤이나 초과이윤을 얻을 수 있기 때문이다.

　그러나 기업들의 이러한 이윤은 사회 전체적으로는 손실을 가져온다. 즉, 카르텔이라는 담합행위는 독점가격을 설정함으로써 경쟁력 없는 한계기업의 퇴출을 지연시키고 소비자 후생을 감소시키는 등 여러 가지 폐해를 유발하게 된다. 이런 이유로 많은 국가들이 카르텔과 같은 담합행위를 시장경제의 원활한 작동을 저해하고 공정한 경쟁을 원천적으로 부정하는 행위로 간주하고, 여러 법령을 통해 강력히 규제하고 있다.

재미있는 스포츠경제

카르텔의 장단점

카르텔은 '공동(담합)행위'를 통해 '공동이익'을 극대화한다는 점에서 구조적으로 취약한 면이 존재한다. 즉 카르텔에 참여한 자들이 카르텔에서 결정된 사항을 준수하지 않음으로써 '공동이익'을 저해하는 대신 자신의 이익을 극대화할 수 있는 것이다.

아래 표에서는 카르텔에 참여한 기업들이 공동행위를 준수하지 않을 경우 더 큰 이익을 얻을 수 있음을 보여준다. 표에서는 카르텔을 형성한 기업 A와 기업 B가 선택가능한 전략과 그 결과가 제시되어 있다. 첫째, 기업 A와 기업 B가 공동행위를 준수(준수, 준수)할 경우 기업 A와 기업 B는 각각 8만큼의 이익을 얻을 수 있다. 둘째, 기업 A는 공동행위를 준수하고 기업 B가 배신(준수, 배신)하는 경우이다. 예를 들어, 기업 A는 담합계약을 준수하여 생산량을 낮은 수준에서 유지하지만, 기업 B는 계약을 위반하여 생산량을 증가시킨다고 하자. 그 결과 총생산량이 증가하여 시장가격은 원래 담합에서 의도했던 수준보다 낮아지게 되므로, 생산량이 적은 기업 A의 이윤은 감소하고, 생산량을 증가시킨 기업 B는 많은 이윤을 차지하게 된다. 즉 기업 A는 2, 기업 B는 10의 이익을 얻을 수 있다. 마찬가지로 기업 A가 배신하고 기업 B가 준수할 경우(배신, 준

수), 기업 A는 10, 기업 B는 2만큼의 이익을 얻을 수 있다. 셋째, 기업 A와 기업 B가 모두 배신한다면(배신, 배신), 기업 A와 기업 B는 경쟁상태에 돌입하게 되며 생산량을 증가시키게 되어 가격하락을 초래하고, 결국 각각 담합 때보다 낮은 4만큼의 이득을 얻을 수 있다.

이와 같은 경우에 기업들은 상대방이 공동행위를 준수하든 배신하든 관계없이 공동행위를 준수하지 않고 배신하는 경우 더 큰 이익을 얻을 수 있는 유인이 존재함을 알 수 있다. 카르텔에서 결성한 공동행위를 준수하지 않을 경우에 더 큰 이득이 발생하기 때문에 이를 준수하지 않으려고 하는 것이다. 그러나 그 결과 두 기업이 얻는 이윤은 카르텔을 형성해서 얻는 이윤보다 낮아지게 된다.

이러한 문제점을 극복하기 위해서는 카르텔에 참여한 기업들이 카르텔의 권한을 강화하고 공동행위를 준수하지 않는 기업에게는 강력한 제재조치를 내려야 한다. 프로스포츠 리그에서 규정을 위반한 구단을 강력하게 제재하는 이유도 이 때문이다.

		기업 B	
		준수	배신
기업 A	준수	(8, 8)	(2, 10)
	배신	(10, 2)	(4, 4)

부 록

MLB·EPL·NFL의 등장과 과제

MLB(Major League Baseball)

MLB MLB는 구단들에 대한 지역독점권, 리그 분할 등 독특한 운영으로 전세계 프로스포츠 리그의 표본이 되고 있다. MLB는 1903년에 출범하였으며 AL과 NL로 이루어져 있다.

북미의 야구경기도 초창기에는 상업적 목적보다는 상류층들 간의 친목도모로 이용되었다고 한다. 야구는 미국의 대표적인 관람스포츠 중 하나이다.[15] 최초의 야구클럽은 1842년 알렉산더 카트라잇(Alexander Cartwright)이 설립한 뉴욕(New York)의 닉커보커 클럽(Knickerbocker Club)이다.[16] 당시의 경기는 크리켓(cricket) 경기만큼 인기가 높았다. 1858년 NAPBBP(National Association of Professional Baseball Players)가 설립되었는데, 경기 규칙은 주로 메리 레본 크리켓 클럽(Marylebone Cricket Club)을 모

---

15 1850년대 미국에서도 크리켓(cricket)경기가 인기가 높았는데, 이는 영국에서 건너 온 것이다. 1859년 경에는 미국에 약 천여 개의 크리켓 클럽이 있었으며 많은 인기를 끌었다. 미국에서도 크리켓 경기는 주로 상류층들이 즐겼으며 경기는 길게는 3일이나 지속되기도 하였다. 크리켓은 친목도모 등을 위해서는 좋을지 몰라도 사업이라는 측면에서 한계가 있었다. 이에 대한 대안으로 경기를 9이닝으로 하고 경기는 3시간 이내로 줄여서 등장한 것이 야구경기라고도 한다.

16 1744년 런던에서 발행된 *"The Pretty Little Pocket Book"*에 의하면 원래 야구경기는 1700년 경에 영국에서 시작되었으며, 현대의 야구경기와 비슷한 룰이 적혀 있다고 주장되기도 한다. 이 책은 1750년 경에 미국에서 다시 출판되었다.

델로 하였다. 산업화와 더불어 소득이 증가한 반면 마땅한 여가수단이 없던 당시에 야구 경기는 많은 관심을 끌었다. 야구 경기가 관람스포츠로 인기가 높아지자 선수들을 고용하여 경기를 하기에 충분하다고 판단하기에 이르렀다. 1869년 신시네티(Cincinnati) 팀은 돈을 주고 선수를 채용한 최초의 프로야구팀이다. NAPBBP에서는 챔피언십(National Championship)을 개최하였으나 조직적이지 못하였고 각종 스캔들에 휘말렸다. 당시의 야구 경기에서 상대 팀과 짜고 경기결과를 사전에 정하고 일부러 패하거나 비기는 등 부정행위(match-fixing)가 만연하여 결국 팬들이 외면하였고, 리그는 붕괴위기에 직면하였다.

그러자 1876년 윌리엄 헐버트(William Hulbert)가 NAPBBP에서 탈퇴한 6개 팀으로 독자적인 리그인 NL(National League)을 설립하였다. 구단주들에게 투자유인을 제공하기 위해 인구 7만5천 명 미만의 도시는 지역연고(franchise)를 주지 않는 등 구단의 수를 엄격히 제한하고 지역에 대한 독점권을 보장하였다. 또한 구단주들이 경기를 통해 수입을 얻을 수 있도록 선수들에 대한 수요독점권, 보류조항(reserve clause) 등을 채택하는 등 혁신적인 조치를 도입하였다. 보류조항은 1879년에 도입되었는데, 이는 구단이 원하는 기간 동안 선수를 효과적으로 보유할 수 있도록 한 제도로서 선수의 임금 상승을 억제하고 구단의 수익을 높일 수 있었다. NL은 선수들의 권리를 보호하고 리그를 조직화하면서 메이저리그(major league)와 마이너리그(minor league) 제도를 도입하였다.

이를 전후하여 미국의 프로야구시장에는 1882년 선수협회(The American Association), 1884년 선수연합(The Union Association), 1890년 선수리그(The Players League) 등의 리그들이 시장에 진입하였으나 제대로 생존하지 못하였다. 1899년 선수들에게 파격적인 임금을 제공하면서 AL(American League)이 시장에 진입하여 라이벌 리그로 등장하였다. 결국 당시 북미의 프로야구시장에는 NAPBBP, NL, AL 3개의 리그가 운영되었는데, NAPBBP는 경쟁력이 약화되면서 NL에 통합되었으며, 1903년 NL과 AL 두 리그는 협상을 통해 MLB(Major League Baseball)를 출범시켰다. 북미의 MLB에서는

1905년부터 NL과 AL의 우승 팀들 간 겨루는 최종 챔피언십(World Series)을 개최하고 있다. 월드시리즈는 7전 4선승제의 경기로 매년 열리는데, 1994년에는 선수들의 파업으로 중단되기도 하였다.

1913년에 FL(Federal League)이라는 새로운 리그가 프로야구시장에 진입하여 또다시 3개의 리그가 운영되었다. FL에서는 1914년에 페넌트레이스(pennant race)라는 새로운 경기운영 방식을 도입하였으며, 최종결승전까지 막상막하의 경기로 관중들로부터 많은 인기를 얻기도 하였다. 그러나 FL은 선수연봉 상승 등 재정적인 문제로 어려움을 겪게 되자 NL과 AL로 흡수·합병되었다.

1922년 미국연방법원이 MLB는 독점금지법(antitrust law)으로부터 예외조항에 해당된다고 판결함으로써 MLB는 독점시장 체제를 더욱 강화시킬 수 있는 계기가 되었다. MLB가 독과점시장 체제를 구축함에 따라 새로운 리그의 시장진입이나 경쟁은 더 이상 발생하지 않았으며, 리그는 많은 수입을 올릴 수 있었다. 도시나 지방정부들은 프로야구 구단(franchise)을 존속 또는 유치하거나 리그에 진입하기 위해서 치열하게 경쟁을 해야 했다.

MLB는 독과점체제를 유지하기 위해서 구단의 지역연고 등 지역에 대한 독점권을 확대하거나 유지할 필요가 있었다. 시장을 확대하기 위해서 구단의 재배치보다는 구단을 더 확대할 필요성을 인식하고 새로운 팀을 진입시켰는데 이러한 현상은 1998년까지 계속되었다. MLB는 1903년 출범 당시 16개 팀이었으나, 1961년, 1962년 각 2개팀, 1969년 4개팀, 1977년, 1993년, 1998년 각 2개 팀이 진입하여 현재는 30개 팀이 운영되고 있다.

야구경기의 TV중계방송은 1939년에 시작되었는데, 당시에는 야구경기보다는 TV를 더 많이 판매하기 위해서였다고 한다. 그러나 1950년대 들어 야구경기 중계방송에 대한 인기가 높아지면서 TV중계방송은 프로스포츠 시장활성화에 크게 기여하였다. 스포츠 경기 중계방송은 상대적으로 작은 비용으로도 시청자들에게 커다란 관심과 즐거움을 제공한다는 점에서 방송사들에게는 매력적인 상품이 되었다. 그 결과 방송중계료는 급등하였고 MLB의 수입도 크게 증가하였다. 1940년대 중반 MLB의 야구경기중계료는 88만

5천 달러에 불과하였으나 1952년에는 540만 달러로 크게 증가하였다.

MLB는 전국네트워크방송사와의 방송중계권은 리그차원에서 판매하여 구단에 배분하고, 지역의 케이블방송 등에 대한 방송중계권은 구단이 개별적으로 판매하여 총수입의 일부만 리그의 구단들과 배분하도록 하였다. 이러한 방식이 적용되자 구단의 시장규모에 따라 소득격차가 발생하기 시작하였다.

최근 뉴욕양키스, 보스턴레드삭스, LA다저스 등 시장규모가 상대적으로 큰 구단에서는 자체 케이블방송을 운영하여 많은 수입을 얻고 있다.[17] 이러한 이유로 TV방송중계료의 증가는 구단간의 소득격차를 더욱 확대시킨다고 주장된다. 또 특별지정석, 매점, 주차료, 라이선싱 등을 개별 구단이 소유하면서 구단간 소득격차가 더욱 커지고 있다.

1960년대 들어 야구가 대중적인 인기를 얻으면서 선수노조가 호전적으로 변하기 시작하였으며, 1972년에는 보류조항에 대해서 개정을 요구하며 파업을 하였다. 리그에서는 1972년에 7년을 활동한 선수들을 대상으로 FA(free agency)를 허용하였다. 그러나 일부 구단에서는 시장규모가 큰 대도시에 연고를 둔 팀들이 상대적으로 우수한 선수들을 더 많이 채용할 수 있으므로 FA는 팀 간의 전력불균형을 더욱 확대시킬 것이라고 반발하기도 하였다.

1980~1990년대 들어 MLB노조들의 두 번에 걸친 파업에도 불구하고 야구에 대한 인기는 날로 높아졌으며 관중도 해마다 증가하였다. TV방송중계료 수입도 대폭 증가하였으며, 특별석 등 수입증대를 위한 다양한 방안을 강구하였다. 한편으로는 구단들이 독점적 지위를 이용하여, 구단을 존속시키거나 유치하려는 지방정부 등으로부터 경기장 신설 및 개보수 등 재정적 지원을 받아 왔다.

MLB는 독점시스템으로 시장규모가 큰 팀은 재정적으로 여유가 있으며 상대적으로 우수한 선수들을 채용할 수 있었다. 그 결과 팀 간 전력불균

---

17 양키스의 경우 2002년에 YES(Yankees Entertainment & Sports)라는 케이블방송을 설립하고 양키스의 모든 경기를 독점으로 중계방송하여 엄청난 수익을 올리고 있다.

형이 심화되자, 이를 해소하기 위한 방안으로 사치세(luxury tax)를 도입하였다. 사치세는 선수들의 전체 임금이 일정 수준을 초과할 경우 세금을 부과하여 재정이 빈약한 팀에게 재분배하는 것이다. 그러나 사치세는 노동시장에서 공정한 거래와 팀의 능력을 제한시키고, 결과적으로 선수들의 임금을 감소시킨다고 비난받기도 한다.

　　MLB에서는 NL과 AL이 주로 국내에서 정규시즌 경기를 하고 정규시즌이 끝나면 챔피언 결정전을 치른다. MLB는 리그 내 팀 간의 리그전을 하거나 리그 간 최상위 팀 간 경기를 하기도 하는데, 대부분이 주로 국내경기이다.

　　MLB의 독특한 운영 모델이 성공적으로 운영되면서 전 세계 프로스포츠 리그의 표본이 되고 있을 뿐 아니라 미국 등 북미를 대표하는 레저스포츠로 자리매김하고 있다.

| 부표 7-1 | MLB의 팀별 평균 관중과 수입(2009 시즌)

순 위	팀	홈관중(명)	팀	수입(백만 달러)
1	Los Angeles Dodgers	46,440	New York Yankees	441
2	New York Yankees	45,364	New York Mets	268
3	Philadelphia Phillies	44,453	Boston Red Sox	266
14	Minnesota Twins	29,466	Seattle Mariners	191
15	Atlanta Braves	29,304	Minnesota Twins	162
16	Chicago White Sox	28,199	San Diego Padres	157
28	Pittsburgh Pirates	19,479	Tampa Bay Rays	156
29	Florida Marlins	18,770	Oakland Athletics	155
30	Oakland Athletics	17,392	Pittsburgh Pirates	145

자료: *Sport Marketing*(2011).
출처: Szymanski, S.(2009, 2010); Gems, G. R. & P. Gertrud(2009); Ferguson, D. G., J. C. H. Jones. & K. G. Stewart(2000); Knowles, G., K. Sherony & M. Haupert(1992); DeBrock, L. M. & A. E. Roth(1981).

EPL(English Premier League)

EPL 1992년 FA에서 가장 성공적인 20개 팀을 중심으로 프리미어리그가 출범되었다. 유럽뿐 아니라 전 세계에서 가장 활성화된 프로 축구 리그이다.

축구는 19세기 중반 영국의 이튼(Eton), 해로우(Harrow), 럭비(Rugby) 등 공립학교에서 상호존경과 신뢰, 협동, 스포츠 정신 등을 목적으로 시작되었고, 이후 보다 공정한 경기를 위해 1848년에 규칙이 제정되었다. 그 후 영국 캠브리지 대학교 졸업생들이 클럽을 만들어 축구경기를 하였으나 체계적이지 못했고 챔피언십도 없었다.

1863년 런던에서 FA(Football Association)가 설립되어 보다 공정한 경기를 할 수 있도록 경기 규칙을 제정하였다. 처음에는 몇몇 소수의 클럽들만 참가하였으나, 1871년 FA Cup대회를 창설하면서 FA에 가입한 모든 팀들이 출전할 수 있도록 하여 축구경기가 대중화되는 계기를 마련하였다. FA Cup대회는 FA에 가입된 모든 축구팀이 참가할 수 있었으며 토너먼트(knockout tournament)방식으로 진행되었는데, 지금까지도 지속되고 있다. 최초의 FA Cup대회이자 국제경기는 1872년 스코틀랜드와 잉글랜드 간의 경기였다.

관람스포츠로서 축구 경기는 1870~1880년에 영국의 제조업 중심의 공업도시에서 근로자들을 주축으로 대중화되기 시작하였는데, 이는 축구경기가 프로스포츠로 성장하는 계기가 되었다. 1888년에 FL(Football League)이 출범하였는데, 이는 미국의 프로야구 NL의 모델을 따른 것이다. 그러나 당시의 FL은 미국의 프로야구리그와는 달리 상업적 목적보다는 스포츠 정신이나 윤리가 강조되었으며, 구단은 선수나 감독 등에 대한 보수도 제한적으로 지급하였다. 1888년~1914년에 아마추어와 프로스포츠가 분리되면서부터 영국의 프로축구시장은 미국의 프로야구시장과 같이 상업적 구조를 갖추기 시작하였다. 프로축구의 대중화는 급속하게 확산되어 인기 높은 일부 구단들은 많은 수입을 얻을 수 있었으나 나머지 구단들은 재정적 어려움에 직면하였다.

영국의 프로축구리그에서는 1891년에 미국의 프로야구리그에서 적용하고 있는 선수보류조항(reserve clause)과 유사한 선수이적시스템(transfer system)을 도입하였고, 프로축구팀들 간 경쟁구조를 유지하기 위해 가장 강력한 팀을 중심으로 1부 리그, 2부 리그 등으로 나누어 운영하였다. 이러한 제도는 1892년~1897년까지 시험적으로 운영되었는데, 시즌 말 경기 결과에 따라 1부 리그의 하위 3개 팀과 2부 리그 상위 3개 팀들 간 상호 경기를 하여 승리한 팀이 1부 리그로 진입할 수 있도록 하였다. 당시의 경기 방식은 1부 리그의 16위 팀은 2부 리그의 1위 팀, 1부 리그의 15위 팀은 2부 리그의 2위 팀, 1부 리그 14위는 2부 리그 3위 팀과 각각 경기를 하여 1부 리그 진입 또는 2부 리그 강등을 결정하는 식이었다. 이러한 시스템은 1897년까지 지속되다가, 1898년에 시즌의 경기결과에 따른 승강제도(promotion and relegation)로 대체되었다. 그 후 승강제도는 프로축구 리그가 운영되는 유럽의 대부분 국가에서 채택되었으며 럭비, 크리켓과 유럽에 도입된 농구리그에서도 채택되었다.

1924년에는 4개 디비전(division)에 모두 88개 팀이 있었으나 1960년대까지 92개 팀으로 늘어났다. 영국의 프로축구는 2차 세계대전이 끝난 1940년대에 절정에 달하였다. 그러나 리그는 전형적인 카르텔(cartel) 방식으로 운영되었으며 팀들 간 협력은 제대로 이루어지지 않았고 제각기 서로 다른 견해를 주장하여 리그가 제대로 발전하기에는 어려움이 많았다. 또한, 제조업의 쇠퇴 등 산업구조의 변화와 더불어 소비자들의 소득수준이 향상되면서 다양한 여가생활이 가능해진데다가, 프로축구시장의 낡은 경기장 시설, 훌리건(hooligan)의 등장, TV중계방송 기피, 구단의 투자 외면 등으로 많은 구단들의 수익이 대폭 감소하여 재정난을 경험하기도 하였다.

1980년대 초반에 팀들은 관중 감소와 선수들의 연봉상승 등으로 재정적 어려움에 직면하였다. 클럽들의 재정난은 소규모 클럽들을 중심으로 발생하였으나, 일부 대규모 클럽들도 재정난을 경험하였다. 경기장을 임대하여 경기를 하던 팀들은 임대료도 제대로 지불하지 못했으며, 클럽들은 재정난을 극복하기 위해 구단이 소유하고 있던 경기장을 판매하기도 하였다. 1980년대 경기장의 관중은 절반으로 줄어들었고, 정부는 리그가 이러한 문제점을 해결하지 못할 경우 리그를 폐쇄하겠다고 경고하기도 하였다.

1980년대 중반 들어 스폰서십, TV중계료 등으로 구단의 수입이 증가하였다. 특히, TV에서 축구경기 중계방송을 시작하면서부터 관중들도 증가하였으며 구단들의 재정난도 어느 정도 해소되었다. 당시 TV중계수입은 Division 1은 50%, Division 2는 25%, Division 3과 4는 각각 12.5%로 차등배분되었다. 그러나 Division 1의 인기 높은 상위 팀들의 불만이 제기되자 이러한 수입배분 방식은 FA Cup을 제외하고는 1985년에 폐지되었었다.

1992년 FA에서는 리그를 차등하여 운영할 경우 더 많은 수입을 올릴 수 있다고 판단하고, FA에서 가장 성공적인 클럽 20개 팀을 1부 디비전(first division)으로 만들었는데 이것이 영국 프리미어리그(FAPL, Football Association Premier League 또는 EPL, English Premier League)의 출발이다. TV방송중계료는 폭발적으로 증가하였는데, 1993~1994시즌 국내 방송중계료는 3억 8천만 파운드에 달하였으며, 2002~2003시즌에는 16억 파운드에 달하였다.

1990년대 들어 구단들간 경쟁이 격화되자 경기에서의 승리와 보다 많은 수입증대를 위해 선수들을 경쟁적으로 채용하기 위해 많은 자금을 투자를 하였다. 이 때 많은 외국인 선수들도 EPL에 진출하게 되었다. 프리미어리그 구단들은 MLB와 달리 자체 자금으로 낡은 경기장 시설을 증·개축하기도 하였다. 1992년~2002년까지 시설 증·개축을 위해 약 15억 파운드를 투자하였는데, 그 중 2억 파운드만 정부에서 지원하였다.

그리고 기업들의 프로축구 구단에 대한 관심이 증가하기 시작하였다.[18]

---

18 1999년 영국의 프로축구 구단 중 최초로 UEFA(European Championship Cup), FA Cup, Premier League Title 등을 차지하였고, 상업적으로도 세계에서 가장 성공적이라고 알려진 MU(Manchester

한편 영국의 프리미어리그가 급속하게 상업화하자 보수적인 팬들이 반발하기도 하였다. 1990년대 중반에는 일부 프리미어리그 팀들이 주주들의 요구에 따라 주식시장에 상장하기도 하였으나 소수의 팀을 제외하고 큰 성과를 거두지 못하였다. 일부 구단들은 많은 수익을 얻고 있었으나, 많은 구단들은 선수들에 대한 지나친 투자로 재정난을 겪었으며, 파산직전까지 경험한 일부 구단들은 뼈를 깎는 구조조정을 해야만 했다. 재정난을 겪고 있는 구단들에 대해 정부는 제한적으로 지원하였으며 일부 충성도 높은 팬들은 지원운동(supporter trust movement)을 벌이기도 했다.

영국의 프로축구 리그에서는 경기결과에 따라 상위리그나 하위리그로 이동되는 승강제도가 운영되며, 구단들이 지역에 대한 독점권을 행사하지 않는다. 라이벌 팀들이 아주 가까운 거리에 연고지를 두고 있다. 새로 창단된 팀은 축구리그의 리그에 등록만 하면 되고, 아주 가까운 거리에 경쟁 팀이 있어도 리그 진입이 가능하다. 강등된 팀은 지역연고를 옮길 수 없다.

영국 프리미어리그는 열성적이고 충성도 높은 팬, 엄청난 방송중계료, UEFA에 대한 열기 등으로 성공적으로 운영되고 있다. 현재 프리미어리그는 세계 200여 개 국가에서 5억 명 이상이 시청하는 등 인기가 높으며, 특히 중국, 한국 등 아시아에서도 많은 팬들을 보유하고 있다. 프리미어리그는 20개 팀이 한 시즌(통상 8월부터 이듬해 5월까지) 동안 홈 앤드 어웨이(home and away) 방식으로 팀당 38경기를 치른다.

EPL은 유럽 국가들은 물론 전 세계 프로축구 리그의 표본이 되고 있다. 〈부표 7-2〉는 EPL을 비롯한 유럽의 주요 국가들의 시장가치와 운영수입을 나타낸 것이다.

그러나 영국 프로축구시장이 인기 상승, 수입 증대, 경기 수준 향상,

United)구단을 BSkyB사가 인수하려 하자 팬들과 정부가 반대하기도 하였다. 그러나 2005년 미식축구(US National Football League) 템파베이 부케니어스(Tampa Bay Buccaneers)의 구단주인 말콤 글레이져(Malcolm Glazer)가 MU구단을 인수하였다. 1990년대 중반에는 블랙번즈(Blackburn Rovers)의 월커(Jack Walker)경이 자신의 재산으로 우수한 선수들로 팀을 구성하여 FAPL 챔피언십에 도전하였으며, 2003년에는 러시아의 석유재벌인 로만 아브라모비치(Roman Abramovich)가 첼시(Chelsea Football Club)구단을 약 5억 파운드에 인수하였다. 2008년에는 석유재벌인 만수르 빈 자이드 알 나하얀이 맨체스터시티 FC(Manchester City Football Club) 구단주로 취임하였다.

| 부표 7-2 | 유럽 주요 프로축구 구단의 시장가치와 수입(백만$)

팀	국 가	시장가치	수 입	운영소득
맨유(Manchester United)	영 국	1,870	512	160
아스널(Arsenal)	〃	1,200	349	80
리버풀(Liverpool)	〃	1,010	332	50
첼시(Chelsea)	〃	800	424	-13
레알마드리드(Real Madrid)	스페인	1,353	576	81
바르셀로나(Barcelona)	〃	960	487	108
바이에른 뮌헨(Bayern Munich)	독 일	1,110	465	59
샬케(Schalke 04)	〃	510	234	41
AC밀란(AC Milan)	이탈리아	990	330	58
유벤투스(Juventus)	〃	600	264	46

자료: M. Leeds & P.v. Allmen(2010).

시설 증개축 등 많은 개선이 이루어져 왔음에도 불구하고 많은 구단들이 재정난으로 어려움을 겪고 있다. 1995년 보스만 판결 이후 선수의 자유로운 이적, 구단의 부채 증가 등도 또 다른 위기요인이 될 수 있다고 우려되기도 한다. 일부에서는 막강한 자금력을 지닌 재벌기업들이 거대한 자금을 앞세워 유럽의 축구시장을 지배하지 않을까 우려하기도 한다. 또한 프리미어리그 20개 팀 가운데 맨유, 아스널, 첼시 등 소수의 팀이 주로 경기에서 승리하는 과점현상이 나타나고 있어 팬들의 관심이 줄어들 수 있다고 지적되기도 한다.

유럽에서는 많은 스포츠 경제학자들이 있음에도 불구하고 프리미어리그가 북미의 MLB, NFL과 같이 경제적 이득이나 팀 간의 전력균형을 위한 조치에 관심을 가지지 않는 이유를 제대로 밝히지 못하고 있으며, 프리미어리그에 대한 경제적 기여도 승강제도 등 아주 제한되어 있다고 지적된다.

〈부표 7-3〉은 북미를 대표하는 MLB와 유럽을 대표하는 EPL 간의 운영과정에서 나타난 경제적 차이를 정리한 것이다.

| 부표 7-3 | MLB와 EPL의 경제적 특징과 차이

	MLB	EPL
독립성	국내리그의 관리상 독립성	축구협회, FIFA 등의 하위 조직
팀의 수	팀의 수 고정	승강제도를 통한 팀의 이동
시장진입	프랜차이즈(franchise) 진입	승강제도를 통해 진입
지역독점	지역독점, 프랜차이즈 이동 가능	지역독점 없음
구단의 수요독점	선수채용 등 수요 독점적 권리	드래프트제 없음
등록선수	등록선수 제한	등록선수 제한 없음
선수이적	선수이적 가능성 낮음	선수 이동가능성 높음
현금거래	톱스타 현금거래 제한	톱스타 현금거래 일반적
단체협상	선수 경기조건 단체협상	선수들 단체협상·노조활동 제한적
방송중계권	중앙방송중계권 공동판매(반독점 예외)	방송중계권 공동판매 제한적
주식시장 상장	구단의 주식시장 상장 제한	구단의 주식시장 상장 가능

자료: Szymanski, S.(2010).

NFL(National Football League)

NFL NFL은 MLB와 달리 중앙집권적인 시스템으로 운영되며, 미국에서 가장 인기 있는 스포츠로 각광받고 있다.

영국의 프로축구의 기원이 공립학교에 있듯이 NFL(National Football League)도 19세기 중반 미국의 대학스포츠에서 출발하였다. 최초의 미식축구는 1869년 럿거스대학(Rutgers University)과 프린스턴대학(Princeton University) 간의 경기로 알려져 있다. 당시의 경기 룰은 현대의 미식축구라기보다는 영국의 축구경기에 가까웠다고 한다. 선수들은 손으로 공

을 잡을 수 없었으며 24야드의 골 포스트(goal post)를 발과 머리만 이용하
여 득점할 수 있었다.

　1874년 하버드대학교(Harvard University)와 캐나다 맥길대학교(McGill
University) 간의 경기를 앞두고 룰에 대한 협상이 결렬되자 전반전은 하버
드대학교가 주장한 축구 중심의 룰로, 후반전은 맥길대학교가 주장한 럭
비 중심의 룰에 따라 경기를 하기도 하였다. 1876년에 IFA(Intercollegiate
Football Association)가 출범하여 대학간 축구 경기를 위한 규칙 등을 제정
하였다. 1880년에 IFA에서는 럭비 경기에서의 스크럼(scrum)을 스크럼 라
인(line of scrimmage)으로 구분하여 대체하고, 공을 소유한 팀에게 공격권
을 부여하고, 공격 팀과 수비 팀을 명확하게 구분하는 등 미식축구의 독자
적인 룰을 만들었다. 이러한 룰 변경이 당시 미국에서도 인기가 높았던 럭
비 경기를 제치고 미식축구 경기가 발전할 수 있는 계기를 만들었다.

　1892년 예일대 출신의 윌리엄 헬핑거(William Heffelfinger)가 이끄는
앨러게니 스포츠협회(Allegheny Athletic Association)와 피츠버그 스포츠클럽
(Pittsburg Athletic Club) 사이에 처음으로 미식축구 경기가 열렸다. 이후 경
기가 과열되면서 각 팀들은 점차 프로선수들을 채용하기 시작하였다. 그
러나 1905년 경기 도중 폭력사태로 18명이 사망하고 159명이 부상을 당하
는 사건이 발생하자, 당시 루즈벨트(Theodore Roosevelt) 정부는 폭력사태
를 근절하지 않으면 미식축구 경기를 추방할 것이라고 경고하였다. 그 후
13개 대학이 미국대학 스포츠협회(Intercollegiate Athletic Association of the
United States)를 결성하여 경기장에서 폭력근절 등의 규칙을 강력하게 시
행하였으며, 후에 NCAA(National Collegiate Athletic Association)로 개명하여
현재 미국 대학의 모든 스포츠를 관할하고 있다.

　당시 대학 간 경쟁이 치열해지면서 외부의 선수들을 채용하기도 하였
다. 처음에는 경기에서 승리한 팀에게 트로피나 금시계 등과 같은 물품을
주로 지급하였는데, 당시 소득이 일정치 않았던 선수들이 물품들을 전당포
에 팔면 구단이 되사기도 하였다.

　1918년 오하이오(Ohio)에서 11개의 미식축구 팀들이 각각 100달러

씩 내기로 하고 APFA(American Professional Football Association)를 결성하였으며, 1920년에 오늘날의 NFL(National Football League)로 개명하여 오늘에 이르고 있다.

NFL은 MLB와 같이 독점체제를 갖추고 독점력을 행사하였다. 리그에 소속된 팀을 지역별로 할당하여 새로운 팀이나 기존 팀의 리그 진입을 금지하였다. 팀이 다른 리그에서 선수를 채용하는 것도 금지하였다. 그러나 미식축구가 미국에서 처음부터 인기가 높았던 것은 아니었다. 출범 당시에는 프로야구, 경마, 복싱 등이 미식축구보다 훨씬 더 인기가 높았고 수익도 훨씬 더 높았다.

NFL은 MLB와는 달리 강력한 중앙집권적 체제를 유지하면서 공동생산, 공동분배라는 구조로 운영하였다. 1960년대 초반에는 팀이 개별적으로 판매하던 방송중계권을 리그차원에서 공동으로 판매하고 수익을 배분하기로 하였다. 수익배분은 전력균형과 경기결과에 대한 불확실성을 증대시키면서 리그가 성장하는 데 결정적으로 기여하였다. 한편으로는 NFL에서는 TV방송사들이 경기 도중에 보나 많은 광고를 할 수 있노록 경기 툴을 개성하기도 하였다. 즉, 경기 하프타임(half time)을 15분에서 12분으로 줄이고 경기 촉진 룰을 만들어 경기가 빠르게 진행되도록 하였으며, 경기 도중에도 광고를 할 수 있도록 타임 아웃제(time out)를 도입하였다. NFL은 방송사와의 협력으로 1970년대 들어 관중이나 수익면에서 MLB를 능가하기 시작하였다.

선수노조인 NFLPA(National Football League Players' Association)는 1956년에 설립되었으며, 1963년 FA선수를 경기에서 진 팀에게 공정하게 배분하는 내용의 로젤룰(Rozelle Rule)의 도입이 1968년 최초로 단체교섭을 하게 된 계기가 되었다. NFL 노조들은 MLB 노조들과 마찬가지로 선수들의 임금상승을 억제하는 보류조항들을 변경시키기 위해 노력하였다. 그러나 NFL은 MLB와 달리 반독점법(antitrust law)에 대한 예외조항으로 인정되지 않아 노동분쟁은 대부분 법정에 의존하였다. 리즈(Leeds, M., 2006)는 NFL이 메이저리그 중 수입은 가장 높지만 선수들의 평균연봉은 가장 낮다고 주장한다. 그동안 NFL은 케이블 방송, Fox network 등의 덕택에 고도의 성장을 하였으나 방송중계수입이 예전과 같이 크게 증가하지 않고 있다. 또 경기 장 시설을 이용한 구단 간 수익격차가 점차 증가하고 있다. 폴크(Falk, G., 2005)에 따르면 21세기에는 미국인의 약 48%가 미식축구 경기를 TV 등을 통해서 관람하며 35%가 미식축구 경기에 직접 참가한다고 한다. 미식축구 는 특유의 공격력과 적극성, 협력, 복잡한 전략 등이 미국의 문화를 대변한 다고 주장되기도 한다. 아마도 북미에서 NFL이 가장 인기있는 스포츠 리그 라는 데 이의를 제기하는 사람은 아무도 없을 것이다.

　　미식축구가 인기가 높은 이유는 경기 룰이나 진행방식이 간단하기 때 문이라고 주장되기도 한다. 즉 축구처럼 발로 공을 잘 다루거나, 야구처럼 공을 잘 치거나 잘 던지거나, 농구처럼 공을 잘 넣을 필요도 없다는 것이 다. 공을 가지고 무조건 잘 달리고 힘있는 태클로 상대방을 제지하면 된다 는 것이다. 그러나 실제로 미식축구는 매우 룰이 많고 작전이 다양하며 선 수들 간 포지션별 분업이 철저하다. 구기경기로서는 드물게 심판들의 협의 나 비디오를 통한 판독을 도입하는 등 경기운영에 객관성과 과학성을 유 지하고 있다. 또 경기장에서 끊임없이 펼쳐지는 격렬하고 폭력적인 장면도

| 부표 7-4 | **NFL의 평균 관중과 수입(2009)**

순 위	팀	홈 관중(명)	팀	수입(백만 달러)
1	Dallas Cowboys	89,756	Dallas Cowboys	420
2	Washington Redskins	84,794	Washington Redskins	353
3	New York Giants	78,701	New England Patriots	318
15	Cleveland Browns	68,888	Miami Dolphins	247
16	New England Patriots	68,756	Pittsburgh Steelers	243
17	Atlanta Falcons	68,173	Cleveland Browns	242
30	Jacksonville Jaguars	49,651	Minnesota Vikings	221
31	Detroit Lions	49,395	Oakland Raiders	217
32	Oakland Raiders	44,284	Jacksonville Jaguars	220

자료: *Sport Marketing*(2011).
출처: Leeds, M.(2006); Gems, G. R. & P. Gertrud(2009); Conrad, M.(2009).

미식축구경기장 미국에서는 미식축구에 대한 인기가 높지만 다른 나라에서는 야구나 축구만큼 인기가 높지 않다. 미국의 미식축구경기장은 첨단시설을 자랑한다.

미식축구가 높은 인기를 끌고 있는 요인이다.

하지만 미식축구는 미국인들에게는 높은 인기를 누리고 있으나 축구나 야구처럼 전 세계적으로 보편화되지는 못하고 있다. 시장자본주의를 신봉하는 미국인들이 NFL의 공동생산·공동분배라는 공산주의 시스템 방식을 선호한다는 비판이 제기되기도 한다.

재미있는 스포츠경제 메이저리그의 시장가치와 운영소득

2008년 기준 NFL 구단들의 평균 시장가치는 1,024백만 달러로 MLB(403), NBA (351.5), NHL(202.5)보다 훨씬 높은 것으로 나타났다. NFL의 Dallas Cowboy팀의 시장가치는 1,612백만 달러로 MLB의 New York Yankees(1,500), NBA의 New York Knicks(613), NHL의 Maple Leafs(448)보다 높았으며, NFL 구단들의 평균 운영소득도 22.6백만 달러로 MLB(17), NBA(6.8), NHL(1.2)보다 높은 것으로 나타났다. 그러나 구단들의 운영소득은 반대인 것으로 나타났다. NHL의 Maple Leafs의 2008년 운영소득은 66.4백만 달러로 NFL의 Washington Redskins(58.1), NBA의 Chicago Bulls(55.4), MLB의 Florida Marlins(43.7)보다도 높은 것으로 나타났다. 경제적 측면에서 프로스포츠 구단의 시장가치도 중요하지만 얼마나 효율적으로 운영해 보다 많은 소득을 올릴 수 있는가가 더 중요하다고 할 수 있다. 특히, MLB의 월드시리즈에서 6차례나 우승하였으며 가장 많은 홈 관중(2008년 4만 6천 명)을 기록하기도 한 명문구단 LA 다저스(LA Dodgers)가 최근에 재정난을 견디지 못하고 파산보호 신청을 하였다는 점을 감안할 때 효율적 운영은 더욱 중요해지고 있다.

리그의 운영과 목적

1. 경기와 리그 운영

패넌트레이스와 토너먼트

프로스포츠 리그에서는 팀 간의 경기를 개최하여 경기결과에 따라 팀들의 순위를 결정하는데, 주로 페넌트레이스(pennant race or a round robin)와 토너먼트(elimination tournaments) 방식이 사용된다.

페넌트레이스는 프로스포츠 리그에서 각 팀이 경기의 우승을 위해 승률을 쌓는 일종의 장기 리그전이다. 정규시즌이라고도 한다. 토너먼트는 경기에서 패한 팀은 탈락하고 승리한 팀끼리 경기를 하는 방식이다. 경기를 할수록 승리한 팀끼리만 경기할 수 있기 때문에 팀 간의 경기 수가 줄어든다. 우리나라의 프로축구 리그와 프로야구 리그, 북미의 프로스포츠 리그, 유럽의 FA컵 대회, 프로축구 리그, 유럽의 프로농구 리그, 프랑스의 럭비 등은 페넌트레이스와 토너먼트 방식을 혼합하여 운영한다. 즉, 주로 시즌 중 페넌트레이스 결과에 따라 경기성적이 좋은 상위 팀들을 결정한 후, 이 팀들 간에 토너먼트 방식의 경기를 치뤄 챔피언을 결정한다.

토너먼트는 단판승부, 3전 2승제, 5전 3승제, 7전 4승제 등 다양한 방식으로 운영된다. 토너먼트 방식의 경기는 대체로 리그의 상위에 있는 팀들 간 단기간의 경기결과에 따라 승패가 결정된다. 각 팀이 매 경기마다 최선을 다해야 하기 때문에 박진감 넘치는 경기가 가능하며 스포츠 팬들로부터 많은 관심을 끌 수 있다. 이런 이유로 일부에서는 페넌트레이스 방식보다 토너먼트 방식이 더 많은 관심을 끌 수 있어 경제적으로 더 유리하다고 주장한다. 그러나 토너먼트 방식은 경기에서 패한 팀이 그 이후의 경기에 참가할 수 없어 장기적인 리그운영에는 적절하지 않다는 문제점이 있다. 일반적으로 리그의 약체 팀들은 페넌트레이스 방식을 더 선호한다. 전력이 약한 팀의 경우 토너먼트에 비하여 페넌트레이스에서 경기에 참가할 기회가 더 많아지기 때문이다.

강팀들에게도 토너먼트보다는 페넌트레이스가 더 선호되는 경향이 있

재미있는
스포츠경제

토너먼트와 FA Cup

영국, 프랑스, 한국 등의 국가에서 운영되고 있는 FA Cup 축구대회가 대표적인 토너먼트 방식이다. FA Cup 대회는 프로축구팀은 물론 아마추어 팀들이 참가하여 토너먼트 방식으로 최강팀을 가리는 축구 경기로 하위 리그 팀이 상위 리그 팀을 꺾거나 아마추어 팀이 프로팀을 이기는 이변이 자주 일어나 팬들이 많은 관심과 흥미를 갖게 된다.

FA Cup은 잉글랜드축구협회에 소속된 모든 클럽들이 경기에 참가하여 챔피언을 가리는 대회로 1871/72시즌에 시작되었다. 영국 프리미어리그의 프로팀은 물론 아마추어 팀들이 단판 토너먼트 방식으로 승패를 가른다. 프리미어리그의 강팀들이 초반에 경기에 탈락하는 이변을 방지하기 위해서 예선 경기는 아마추어 클럽들 간에, 본선 1~2라운드 경기는 3~4부 리그프로 팀들 간에 진행하고 프리미어리그 팀들은 본선 3라운드(64강) 경기부터 참가한다. 토너먼트 방식으로 무명의 아마추어 팀이 유명프로 팀을 격파하여 팬들에게 관심과 재미를 더해 준다. 2008년 2부 리그의 반슬리 팀이 16강에서 리버풀, 8강에서 첼시를 격파하고 4강까지 진출하는 이변을 연출하기도 하였다.

영국 이외의 다른 나라에서도 FA Cup 대회가 열리고 있다. 프랑스 FA Cup 축구대회의 가장 큰 이변으로는 칼레(Calais) 팀을 꼽는다. 2000년 프랑스 FA컵에서 4부 리그에 소속된 칼레팀은 칸, 스트라스부르, 보르도 등의 강팀을 격파하고 결승까지 진출하였으나, 결승전에서 1부 리그의 낭트(Nntes) 팀에게 1 대 2로 패하여 준우승에 머물렀다. 체육교사, 항만 노동자, 이발사 등이 선수로 활약하여 준우승까지 달성했다는 점에서 이를 '칼레의 기적'이라고 한다.

우리나라에서도 1996년부터 대한축구협회 주최로 'FA Cup 축구대회'가 열리고 있다. FA Cup 우승팀에게는 K리그 우승팀 및 2, 3위 팀들과 함께 이듬해 AFC(아시아축구연맹) 챔피언스리그에 한국 대표로 참가할 자격이 주어진다.

다. 스포츠 경기에서는 항상 실력 외적 요소가 경기결과에 영향을 미칠 수 있어, 몇 번의 경기로 승부가 결정되는 토너먼트에서는 강팀도 전력이 약한 팀에게 패해 초반에 탈락할 가능성이 높아지기 때문이다. 특히, 팬들에게 인기가 많은 강팀이 토너먼트 경기에서 초반에 패하여 탈락한다면, 그 팀뿐 아니라 리그나 팬들도 여러 가지로 손실을 볼 수 있다.

등급별 리그

대부분의 팀 중심의 프로스포츠 리그는 등급별로 운영된다. 팀 스포츠 리그는 경기 결과에 따라 등급을 정하고 같은 등급에 있는 팀들 간 경기로 리그를 운영된다. 국가마다 다르지만 최고의 리그를 메이저리그(the major league), 프리미어리그(premier league), 1부 리그(first division) 등으로 부르고 그 아래 리그를 마이너리그(minor league), 하위 리그(lower division)로 부르기도 한다.

실제로 미국 프로야구시장은 다섯 등급으로 구분하여 운영한다. 메이저리그(major league)가 최상위 리그이다. 하위 리그로 'AAA', 'AA', 'A', 'Rookie' 등이 있다. 미국의 대학스포츠협회인 NCAA(National Collegiate Athletic Association)에서는 미식축구를 4개 등급으로, 나머지 종목들은 3개 등급으로 나누고 있다. 미국의 메이저리그에서는 리그전에서 최하위를 한 팀이라도 유럽의 프로축구 리그와 같이 하위 리그로 강등되지 않는다.

유럽 주요 국가들의 프로축구의 경우 영국의 프리미어리그(Premier League), 스페인의 프리메라리가(Primera-liga), 독일의 분데스리가(Bundesliga), 이탈리아의 세리에A(Serie A) 등이 각 국가의 최상위(1부) 리그이다. 팀스포츠리그를 등급별로 운영하는 것은 수요의 성격에 따른 것이다. 지역

유럽의 주요 프로축구 리그 유럽의 주요 프로축구 리그로는 프리미어리그, 프리메라리가, 세리에A, 분데스리가 등이 있다.

에 따라 프로스포츠 팀이 생존할 만큼 수요가 충분치 않은 곳이 있는 반면에, 원래부터 수요가 충분하며 재정적으로 여유가 있고 경기능력이 우수한 팀이 있다. 예를 들어, 영국의 축구리그(English Football League)에는 프리미어리그를 포함해 전부 92개 팀이 있다. 그런데 하위 팀들은 선수나 코치를 채용하기 위해 많은 돈을 지출해야 함에도 불구하고 경기에서 승리할 가능성이 아주 작고 챔피언 결정전에 출전도 어려운 상황이다. 이러한 팀들은 재정이 여유가 있고 경기력이 뛰어난 팀들과 현격한 전력격차가 있어 상위 리그에서 생존하기가 불가능하다. 이런 팀들은 명문 팀과 경기를 해도 현격한 전력차이로 팬들로부터 외면당할 가능성이 높다. 따라서 경기력이나 재정능력이 엇비슷한 팀끼리 리그를 만드는 게 더 효과적이다.

프로스포츠 리그를 등급별로 운영할 경우 다음과 같은 편익을 기대할수 있다. 아무리 약한 팀이라 하더라도 최상위 팀과 직접 경기를 하거나 친선 또는 시범경기를 할 수 있는 기회를 얻을 수 있다. 게다가 하위 리그 팀은 최상위 리그에 참가하기에는 경기력이 부족하지만 장래가 유망한 선수들이 훈련할 수 있는 기회와 장소를 제공한다. 장래가 유망한 젊은 선수들을 충분히 훈련시켜 상위 리그에 이적시킬 수 있는 것이다. 이는 하위 리그뿐 아니라 해당 선수에게도 이득이고, 상위 리그에도 우수한 선수를 체계적으로 공급할 수 있다는 장점이 있다. 〈표 8 - 1〉은 유럽 주요 국가들의 프로축구리그를 수준에 따라 구분한 것이다.

| 표 8-1 | 유럽 주요 국가들의 프로축구리그

	잉글랜드		스페인		이탈리아	
	리그 이름	클럽수	리그 이름	클럽수	리그	클럽수
1부 리그	프리미어리그	20	프리메라리가	20	세리에A	20
2부 리그	챔피언십 리그	24	세군다 디비전A	22	세리에B	22
3부 리그	리그 원	24	세군다 디비전B	80	세리에C1	36
4부 리그	리그 쓰리	24	테르세라 디비전	340	세리에C2	72

리그 분할

프로스포츠 리그는 동일 종목에서 같은 등급의 리그를 나누어 운영하기도 한다. 리그 분할은 시장 규모가 크고 팀의 숫자가 많은 경우에 가능하며 보다 많은 팬을 확보할 수 있다는 장점이 있다. 동일한 등급의 리그를 나누어 운영할 경우에 보다 많은 팀이 리그에 참여할 수 있다. 또한 포스트 시즌(post season) 진출을 앞두고 경기결과에 대한 불확실성을 증가시키며, 여러 가지 형태의 챔피언십이 가능하므로 관중들로부터 보다 많은 관심을 유도할 수 있다.

미국의 프로야구 메이저리그(MLB)에서는 아메리칸리그(American League)와 내셔널리그(National League), 일본의 프로야구리그(NPB)에서는 센트럴리그(Central League)와 퍼시픽리그(Pacific League)로 분리하여 운영한다.[1] 서로 다른 리그 간에는 약간의 규정 차이도 존재한다. 예를 들어, MLB의 아메리칸리그(AL)와 NPB의 센트럴리그(CL)에는 지명타자제도가 있어 투수는 타격에서 제외되는 데 반해 MLB의 내셔널리그(NL)와 NPB의 퍼시픽리그(PL)는 지명타자제도가 없어 투수도 타격을 한다는 차이가 있다.

공동 및 개별 사업

대부분의 프로스포츠 팀은 해당 스포츠 리그에 소속돼 있다. 프로스포츠 리그는 그 리그에 소속된 팀들 간 공동사업(joint venture) 형태로 운영되기도 하고, 개별 사업형태(single entity)로 운영되기도 한다. 공동사업 형태의 경우 프로스포츠 리그의 팀들은 독립적으로 소유되고 운영되나, 경기 일정, 광고, 경기 규칙 등 스포츠 경기와 관련된 사업들은 리그 차원에서 조정하는 형태를 취한다.

---

1 북미의 아메리칸리그는 14개 팀으로 동부(5팀), 중부(5팀), 서부(4팀) 등으로 세분하며, 내셔널리그는 16개 팀으로 동부(5팀), 중부(6팀), 서부(5팀) 등으로 세분한다. 일본의 센트럴리그에는 지바롯데 마린스, 니혼햄 파이터스, 오릭스 버펄로스 등 6개 팀이, 퍼시픽리그에는 요미우리 자이언트, 한신 타이거즈, 주니치 드래건스 등 6개 팀이 있다.

북미의 주요 프로스포츠 리그 북미의 MLB, NFL, NHL, NBA 등 주요 리그는 세계 프로스포츠리그의 표본이다.

　이러한 리그에서는 리그가 경기중계방송 계약, 입장료, 라이선스, 로고 등을 통해 얻은 수익의 일부를 다른 팀들과 공유한다. MLB, NFL, NBA, NHL 등이 이러한 형태를 지니고 있고, 선수들은 개별 팀과 계약한다. 이와 같은 리그 차원의 공동사업은 카르텔에 비유되기도 한다. 팀 간의 빈부격차를 줄일 수 있어 수입이 적은 팀들은 재정적 안정을 기할 수 있으며 전력균형이 가능하지만, 수입이 많은 팀이나 선수들로부터 불만을 사기도 한다.

　반면, 리그에 소속되어 있지만 각 팀들이 독자적으로 사업을 하기도 한다. MLB의 경우 중앙방송과의 계약은 리그차원에서 수행하지만, 팀의 연고지에 있는 지방방송이나 케이블TV 등과 경기중계 계약은 각각의 팀이 독자적으로 수행한다. NBA의 경우 입장수입을 원정팀과 분배하지 않는다. 이는 리그내 팀들 간 수입증대를 위한 유인을 제공할 수 있으나 팀 간에 빈부격차가 증가할 수 있으며 전력격차가 커질 수 있다는 문제가 있다. 결국 리그에서 공동사업과 팀 간의 개별사업 형태는 리그의 특성에 따라 운영된다고 할 수 있다.

재미있는 스포츠경제   단일리그

단일리그(single-entity league)에 대한 개념은 명확하지 않으나 리그에서 모든 것을 관리하고 통제하는 등 기존의 리그시스템에 비해 훨씬 더 중앙집권적으로 운영되고 있다. 단일리그시스템에서는 리그가 리그나 팀에서 발생하는 모든 수입과 지출을 관리하고 통제한다. 리그가 리그 내 모든 팀이 공유하고 선수 연봉과 선수거래 등을 조정하므로, 소수의 특정 팀들이 부유해지고 전력이 막강해져 높은 승률을 올리는 것을 방지할 수 있다. 따라서 리그 내 어느 한 팀의 이윤이나 적자가 발생하게 되면 리그 내 모든 팀에게 영향을 미칠 수 있다. 또한 리그는 팀을 개별적으로 소유하지 않기 때문에 기존의 리그에 비해 방송중계료, 스폰서십 등을 수월하게 협상할 수 있으며 다양한 수익 모델을 일사분란하게 추진할 수 있다. 단일리그시스템은 단일 사업 형태이므로 구단주와 리그 간의 정보의 비대칭을 줄일 수 있으며, 전력이 약한 팀에서 나타나는 도덕적 해이를 줄일 수 있다.

그러나 단일리그에서는 팀의 경영과 관련한 의사결정 과정에서 투자자들과의 협상과 논의에 많은 비용과 시간이 소요된

다. 또한, 팀에서 독자적으로 처리할 수 있는 사소한 업무도 리그차원에서 결정하고 수행하므로 많은 시간이 소요된다. 그리고 특정사항에 대한 의사결정 과정에서 팀들의 능력이 제한되고 억압될 수 있다는 문제점이 있다. 또한 단일리그시스템에서 팀 간의 전력균형을 위해 선수거래 등 강력한 조치를 취할 경우 전력이 강한 팀만 상대적으로 손해를 보게 되므로 전력이 강한 팀의 팬들로부터 반발을 살 수 있다.

단일리그체제는 미국의 MLS(Major League Soccer)가 대표적인 예로시, 1994년 미국 월드컵(World Cup)을 개최하기 위해서 로텐버그(A. Roternberg)가 창설하였다. 이외에도 미국 여자프로농구협회(WNBA, Women's National Basketball Association), 여성축구협회(WUSA, Women's United Soccer Association), 라크로스리그(MILL, Major Indoor Lacrosse League) 등이 단일리그시스템을 채택하였었다. 그러나 최근에 WUSA는 단일리그시스템으로 운영되지 않고 있으며, MLB, WNBA 등은 단일리그시스템에서 프랜차이즈 형태로 전환하였다.

2. 리그와 지배구조

지배구조

프로스포츠 시장에서 리그의 기능이나 역할은 국가나 종목에 따라 다양하다. 유럽의 주요 국가들에서는 최상위의 프로축구 리그(1부 리그)가 하나씩 운영된다. 북미에서는 종목에 따라 다르게 운영되는데, MLB의 경우 NL과 AL이라는 두 개의 최상위 리그가 있으나, NBA, NHL 등은 최상위 리그를 하나만 운영한다.[2]

유럽에는 FIFA의 산하로 유럽을 대표하는 유럽축구연맹(UEFA)이 있다. 유럽국가의 축구리그는 자국의 축구협회 NFA(National Football Association)에 소속되어 있기도 하고 분리되어 있기도 하다.

영국에는 자국의 축구를 관리하는 EFA(English Football Association)가 있으며, 리그를 관리하는 FL(Football League)이 있다. 이탈리아의 경우 FIGC(Federazione Italiana Giococalcio)는 국내 축구를 관리하고 LNP(Lega Nazionale Professionisti)는 세리에A(serie A)와 챔피언십 등을 관리하는 등 이중구조를 지닌다. 독일은 DFB(Deutsch Fussbalbund)가 있는데 경기 룰, 정관 등을 관리하며, 독일의 최상위 프로축구 리그인 분데스리가(Bundesliga)에서도 이를 엄격하게 준수하도록 하고 있다.

이와 같이 유럽의 프로축구 리그는 피라미드 구조라고 할 수 있다. 유럽의 프로축구 리그와 국내축구협회는 UEFA의 지배를 받고, UEFA는 FIFA의 지배를 받는다. 유럽의 프로축구 리그의 지배구조는 국가마다 약간씩 다르지만, 대부분의 유럽 국가들의 스포츠 리그는 정부로부터 관리와 규제를 받는다. 즉, 유럽의 주요 국가들의 정부에서는 아마추어 스포츠는 물론 프로스포츠 시장도 관리하고 규제한다. 정부는 스포츠 리그를 인가 또는

---

2 NFL은 내셔널풋볼 컨퍼런스(National Football Conference) 16개 팀과 아메리칸풋볼 컨퍼런스(American Football Conference) 16개 팀 등 모두 32개 팀이 동부, 서부, 남부, 북부 등으로 나뉘어 16경기씩 치룬다.

리그의 운영 미국 메이저리그에 소속된 팀들은 상호 간의 협의를 통해 규제되고 운영된다. LA 에인젤스와 뉴욕 양키즈 스타디움 내부

승인하며, 정부의 지배를 벗어나 독립적으로 운영되는 프로스포츠 리그는 거의 없는 실정이다.

또한, 북미의 프로야구리그인 AL과 NL은 독자적으로 운영되지만 MLB의 관리와 지배를 받는다. 미식축구의 AC와 NC도 NFL의 관리와 지배를 받는다. 프로야구와 미식축구의 리그 간 최종 결정전과 같은 경기에서 MLB와 NFL은 유럽의 UEFA과 같은 역할을 한다고 할 수 있다.

미국에서는 야구시장을 전반적으로 관리하고 지배하는 PBA(Professional Baseball Agreement)가 있다. 포트(Fort, R., 2000)는 PBA가 신인리그(Rookies League)에서 MLB는 물론 리그간 지역에 대한 논쟁, 수평적 소유구조, 선수이적, 마이너리그 야구장의 시설 등을 관리하고 지배한다는 점에서 유럽국가들의 축구협회와 비슷한 역할을 한다고 주장한다. 미식축구는 세계 챔피언전은 없고 국내 챔피언만 있는 반면 야구, 하키, 농구 등은 세계 챔피언전이 있지만 IOC의 지배를 받는 협회에 소속되어 있다.

유럽의 프로스포츠 리그는 출범 당시부터 사회적 임무나 역할을 지니고 있었으며, 구단에 대한 소유권이나 이윤창출을 위한 목표가 분명하지 않은 경우도 많다. 실제로 스페인, 독일 등의 많은 프로스포츠 팀들은 구단에 대한 소유권이나 이윤을 창출하는 데 필요한 명백한 규정도 없이 운영되기도 한다.

반면, 북미의 스포츠 리그는 자체적으로 운영되며 독립적이고 자발적이며 독점적 형태를 지닌다. 즉 구단들은 자본가들이 투자한 독립적인 사업체의 일종으로 상업성을 중시한다. 프로스포츠 리그는 마치 하나의 스포츠 경기라는 제품에 대해 다양한 브랜드를 가지고 있는 구단의 모임이라고 설명되기도 한다. 구단에 따라서 운영방식이 약간씩 차이가 있기 때문이다. 메이저리그에 소속된 구단들은 상호간 동의와 협의를 통해 규제되고 운영되며 정부의 지배를 거의 받지 않는다. MLB, NBA, NFL, NHL 등과 같은 북미의 프로스포츠 리그는 전통적으로 구단주가 독자적으로 운영하며 소유권도 명확하다.

리그와 GSO

프로스포츠 리그는 프로스포츠 경기라는 제품을 공동생산·판매하기 위해 결성된 조직체이며, 팀에 대한 소유구조도 비교적 명확하다. 동일 종목의 프로스포츠 팀들은 자금을 모아 리그를 공동으로 운영하지만, 팀들 간 경기에서는 라이벌 관계를 유지한다. 리그나 협회는 구단이 단독으로 추진하기 어려운 역할을 대신 수행하여 구단들이 경제적 이득을 얻을 수 있게 해준다. 리그에 가입한 구단들은 경기장뿐 아니라 경기장 밖에서도 수익을 얻을 수 있다.

또한, 프로스포츠 리그나 구단이 국제경기를 하기 위해서는 국제적으로 통일된 룰과 관련 규정이 필요하고, 이를 준수해야 한다. 종목에 따라 다르지만 대부분의 프로스포츠 리그는 국제스포츠기구(GSO, Global Sports Organization)에 의해서 통제받고 감독을 받는다. 국제스포츠기구는 아마추어는 물론 프로스포츠를 포함한 일체의 경기에 영향력을 행사하는 비정부조직이다. 이들 스포츠기구는 일종의 국제 비정부 스포츠기구(International Nongovernment Sport Organization)라고 할 수 있다.

국제스포츠기구는 스포츠 리그를 통제하기 위해 경기규칙을 새로 만들거나 수정하기도 한다. 이는 해당 스포츠를 보다 효율적으로 운영하고 전 세계적으로 보급·발전시키기 위해서이다. 대부분의 국제스포츠기구는 해당 종목의 규칙을 정하고 선수에게 필요한 규칙이나 복용금지 약물 등을 규정한다. 프로스포츠 리그에서는 경기 규칙과 선수자격 등을 개정하기

도 한다. 동일 스포츠 종목이라 하더라도, 국내 프로스포츠 리그와 국제스
포츠기구 간 규칙이 다르다면 국가 간 선수이동이 원활하지 못할 뿐 아니
라 국제경기도 진행되기가 어렵다. 국제스포츠기구는 국제경기의 중요성
을 강조하며, 국제적으로 통용되는 경기규칙을 제정하고 챔피언십에서 선
수와 팀의 자격 등에 대한 결정 권한을 행사하기도 한다.

특히, FIFA(Fédération Internationale de Football Association), FIBA(Fé-
dération Internationale de Basketball Association) 등은 강력한 국제스포츠기
구로 프로스포츠 리그의 규제자로서의 역할을 수행하기도 하며, 이 과정에
서 갈등이 야기되기도 한다. FIFA와 UEFA 또는 유럽 국가들의 프로축구 리
그, 미국 NBA와 FIBA 간 갈등이 그 예이다. 국제스포츠기구들은 주요 프
로스포츠 리그들이 추구하는 이윤극대화나 효용극대화 외에도 다양한 목
표와 동기를 추구한다. 이들은 전 지구적 차원에서 다양한 역할을 하며 프
로스포츠 리그를 지배하기도 한다. 스포츠에 보다 많은 사람들이 참여하도
록 노력하고 있으며, 리그 간 분쟁을 해결하기도 한다. 이들은 또한 해당
스포츠종목의 경기 규칙 수정 및 조정, 선수시장의 규칙과 선수자격 제정,
방송중계권 판매 외에도 환경, 분쟁, 평화 등 전 지구적 차원에서 다루어야
할 과제를 제시하기도 한다.

3. 폐쇄형과 개방형 리그

프로스포츠 시장에서 리그는 다양한 방식으로 운영되고 있으나 크게
북미형과 유럽형으로 구분되는데, 북미의 메이저리그는 주로 폐쇄형, 유럽
은 개방형 리그라고 한다. 이들 두 리그는 각 대륙에서 프로스포츠 리그가
출범할 당시의 지역적·경제적·문화적 특성을 감안하여 운영되고 있는데
그 특징을 살펴보자.

폐쇄형 리그

많은 스포츠 경제학자들은 북미의 메이저리그가 지역에 대한 독점권, 전력균형과 수익배분 등의 조치를 운영하고, 리그에 소속된 팀들 간 국내 경기를 주로 한다는 점을 들어 폐쇄형 리그(closed league)라고 한다. 북미의 프로스포츠 리그를 폐쇄형이라고 하는 근거를 몇가지 살펴본다.

첫째, 북미의 프로스포츠 리그는 팀에게 지역에 대한 독점권(exclusive territory)을 행사할 수 있도록 하고 동일 종목의 팀이 동일 지역에 진입하는 것을 원칙적으로 허용하지 않는다. 북미의 프로스포츠 리그에서는 오로지 제한된 수의 팀들만 경기를 할 수 있으며, 리그는 새로운 팀의 리그 진입을 엄격하게 통제한다. 새로운 팀이 리그에 진입하기 위해서는 리그의 승인을 받고 엄청난 가입비를 내야 한다. 또한 리그에 소속돼서 활동하는 기존의 팀들이 드래프트한 선수들을 채용하거나 경기관련 유형의 자산을 사용하는 것에 대해서 높은 비용을 지불해야 한다. 새로운 팀이 지불하는 가입비는 리그 차원에서 결정되며, 기존의 팀들에게 분배된다. 리그에서 엄청난 가입비를 요구하는 것은 새로 진입한 팀이 해당 지역에서 희소성을 유지할 뿐 아니라 독점적으로 운영될 수 있기 때문이다.

둘째, 북미의 메이저리그는 일반적으로 영구적인 지역독점자들로 구성되어 있다. 이는 프로스포츠 리그가 시장에서 실패할 가능성을 줄이며, 투자자들이 프로스포츠 팀에 대한 투자를 매력적인 사업으로 느끼게 한다. 물론 동일 지역 내에 동일 종류의 스포츠 리그에 소속된 팀이 서로 다른 경기장을 사용하기도 한다. 그러나 뉴욕, 로스엔젤레스, 시카고와 같은 미국의 일부 대도시를 제외하면, 대부분의 지역들은 보통 하나의 스포츠 종목에 하나의 메이저리그 팀을 가지고 있다. 지역연고권을 지니고 있는 프로스포츠 팀들은 일단 리그에 소속되면 리그에서 퇴출당할 위험이 거의 없다. 즉 유럽의 프로축구 리그와 같이 시즌의 경기 결과에 따라 1부 리그의 하위 팀이 2부 리그로 강등되지 않는다.

셋째, 메이저리그들은 팀의 희소성을 이용하여 높은 수익을 얻으며 시장에서 독점자처럼 행동한다. 그러나 어떤 도시지역에 프로스포츠 팀이 없지만 새로운 팀이 만들어져도 생존가능하다고 판단되는 경우에 리그에서는 지방정부 등으로부터 많은 지원을 받고 팀의 연고지를 정하거나 가입시키기도 한다. 메이저리그 팀들은 만약 지방정부 등의 지원이 미흡할 경우에는 기존의 팀이 다른 지역으로 이동하겠다고 위협하기도 한다. 이러한 이유로 지방정부들은 지역에 팀을 유지시키거나 유치하기 위해 많은 지원을 하고 있다. 북미는 엄청나게 큰 시장임에도 불구하고 프로스포츠 팀들이 MLB 30개 팀, NFL 32개 팀, NBA 30개팀, NHL 30개팀에 불과하여, 지방정부들이 프로스포츠 구단을 유치하기 위해서는 치열하게 경쟁할 수밖에 없는 것이다. 기존의 팀이 연고지를 옮긴 지역에 팀을 다시 유치하기란 쉽지 않다. 실제로 워싱턴(Washington D.C)은 거의 25여 년 동안 MLB 팀이 없이 지내다가 2005년에야 겨우 유치하였으며,[3] 미국에서 두 번째로 큰 시장인 LA에서도 10여 년 동안 NFL에 소속된 팀이 없었다.

넷째, 북미의 프로리그에서는 경생이라는 측면에서 리그 내 팀들 간 경쟁보다 리그 차원의 경쟁을 더욱 치열하고 중요하게 여긴다. 리그에 진입을 하지 못한 팀들이 새로운 형태의 리그를 만들어 시장에 진입하기 때문이다. 예를 들어, 2차 세계대전 이후 미식축구시장에 4개의 새로운 리그가 진입을 시도하였으나, 3개는 파산하였고 1개는 NFL에 흡수되었다. 북미의 프로스포츠 시장에는 기존의 리그 외에도 새로운 리그들의 시장진입 가능성이 항상 존재하기 때문에 기존의 리그들은 리그 간 경쟁이라는 부담을 항상 지니고 있다. 그러나 새로운 형태의 리그들이 가끔 출현하기는 하지만 성공한 사례는 찾아보기 어렵다. 최근에 농구, 하키 팀들이 새로운 리그를 시도하기도 하였으나 기존의 리그에 흡수되거나 파산하였다.

다섯째, 북미의 리그들은 팀 간 수입배분, 노동시장 개입 등을 통하

---

3 워싱턴 내셔널스(Washington Nationals)는 MLB의 NL 소속이다. 원래는 1969년 창단된 몬트리올 엑스포스(Montreal Expos)로, 2005년 연고지를 워싱턴 DC로 이전하면서 팀명을 변경하였다. 몬트리올 시절인 1994년 파업으로 연고지 팬들로부터 외면을 받았으며, 1999년에는 메이저리그에서 최저 연봉 팀으로 기록될 정도로 구단의 투자가 줄어들면서 침체기를 맞았다. 2002년에는 관중 감소와 재정난으로 AL의 미네소타 트윈스와 함께 MLB의 퇴출대상에 들기도 하였다. 2005년 워싱턴 DC로 연고지를 이동하였다.

여 리그 내 팀 간의 전력균형을 유지하려고 한다. 팀 간의 수입배분 조치로는 선수임금 총액에 대한 연봉상한제, 방송중계료와 입장료 배분 등이 있다. 노동시장 개입의 사례로는, 신인선수 드래프트(rookies draft), 연봉상한제(salary caps), 보류조항(reserve clause), 자유계약제(free agency), 사치세(luxury tax) 등을 들 수 있다.

여섯째, 북미의 프로스포츠 팀들은 시즌기간에는 다른 형태의 국제경기에 참가하지 않으려는 성향이 강하다. 1996년 올림픽 농구팀과 같이 아주 특별한 경우를 제외하고는 국가대표팀에 선수를 내보내려 하지 않는다. 또 리그의 규칙에는 등록선수에 대한 규정이 있으나 일부 야구나 아이스하키 팀들은 규정보다 많은 선수들을 등록하기도 한다. 또 동일 수준의 리그에 선수를 임대할 수 없고, 팀은 선수와 계약은 할 수 있어도 현금거래를 할 수 없으며, 적발될 경우 계약은 무효가 된다.

개방형 리그

유럽의 프로스포츠 시장은 지역에 대한 독점권이 없고, 승강제도(promotion and relegation)가 운영되며, 리그의 팀은 국내리그뿐 아니라 국제경기에도 참여할 수 있다는 점에서 개방형 리그(open league)라고 불린다. 유럽위원회(the European Commission, 1998)에서는 영국을 비롯한 유럽의 프로축구시장에서 운영되고 있는 승강제도가 유럽스포츠 모델의 특징 중 하나라고 강조한다. 영국은 1892년 프로축구리그를 창설한 이후부터 지금까지 승강제도를 운영해오고 있다.

승강제도는 시즌의 경기결과에 따라서 상위 리그의 하위 팀들은 하위 리그로, 하위 리그의 상위 팀들이 상위 리그로 각각 이동하는 것이다. 예를 들어, 영국 프리미어리그에는 20개 팀이 있는 데 시즌 말 경기결과에 따라 하위 3개 팀은 2부 리그로, 2부 리그의 상위 3개 팀은 1부 리그로 이동된다.[4]

---

4 영국의 프로축구의 경우 Premier League(1부), League Championship(2부), League One(3부), League Three(4부) 등으로 구분한다. 과거에는 Premier League, First Division, Second Division 등으

| 표 8-2 | **프리미어리그의 국내외 경기**

리 그	자격 조건	경 기
프리미어리그(Premier League)	20개 팀	국 내
풋볼리그(Football League)	4개 리그에서 92개 팀	〃
풋볼협회(Football Association)	500+모든 리그의 팀	국 제
UEFA(Union of European Football Association)	유럽 국가들의 축구팀	〃
챔피언즈리그(Champions League)	UEFA의 상위 32개 팀	〃

영국뿐 아니라 유럽의 주요 축구리그에서는 시즌의 경기 결과에 따라서 몇몇 팀들은 상위 리그 또는 하위 리그로 갈 수 있다. 즉, 하위 리그의 최상위 팀은 그 다음 시즌에 최상위 리그로 진출할 수 있는 반면, 최상위 리그의 최하위 팀은 다음 시즌에는 하위 리그로 강등된다.

또 영국 등 유럽의 프로축구 리그는 국가마다 1부 리그가 운영되고 1부 리그의 최상위 팀들 간 국제경기를 개최한다. 예를 들어, 영국 프리미어리그의 팀들은 국내 리그경기뿐 아니라 국제경기도 참가할 수 있다. 매년 열리는 UEFA는 유럽 각 국가리그에서 상위팀들이 참가할 수 있으며, 상위 32개 팀들이 유럽챔피언전에도 참가한다. 〈표 8-2〉는 영국 프리미어리그 팀들이 참가가 가능한 국내외 경기이다.

이외에도 영국에서는 새로 축구팀을 창단할 경우 리그에 등록만 하면 된다. 아주 가까운 거리에 라이벌 팀이 있어도, 북미와 같이 리그의 팀들로부터 동의를 받지 않아도 신생팀의 리그 진입이 가능하다.

2부 리그로 강등된 팀은 지역연고를 옮길 수 없다. 구단이 선수를 다른 구단에 판매할 때 현금거래로 하며, 잉여선수들은 다른 구단 또는 다른 등급의 리그에 대여하기도 한다. 〈표 8-3〉에서는 유럽 주요 국가들의 프로축구 리그에서 운영되고 있는 승강제도를 보여준다.

영국 등 유럽의 프로축구시장에서 운영되고 있는 승강제도는 다음과 같은 특징이 있다.

로 구분하였다.

| 표 8-3 | 유럽 주요 국가들의 프로축구 승강제도

국 가	승 강	승강 조건
영 국	승 격	• 챔피언십 1, 2위 팀 • 챔피언십 3~6위 팀 중 토너먼트로 한 팀 선발
	강 등	• 프리미어리그 하위 3개 팀(18~20위)
스페인	승 격	• 스페인 2부 리그 상위 1~3위 팀
	강 등	• 프리메라리가 하위 3개 팀(18~20위)
이탈리아	승 격	• 세리에B 1, 2위 팀 자동 승격 • 3~6위는 플레이오프 거쳐 1개 팀만 승격
	강 등	• 세리에A 하위 3개 팀(18~20위)
독 일	승 격	• 분데스리가 2부 상위 2개 팀(1~2위) • 1부 리그 16위 팀과 2부 3위 팀 간 승자
	강 등	• 분데스리가 2부 하위 2개 팀(17~18위)
프랑스	승 격	• 프랑스리그 2의 상위 3개 팀(1~3위)
	강 등	• 프랑스리그 1의 하위 3개 팀(18~20위)

첫째, 영국 등 유럽의 프로축구리그는 북미의 프로스포츠 리그와는 달리 지역에 대한 독점권을 행사하지 않는다. 한 지역에 여러 개의 팀이 있는가 하면 기존의 팀이 있음에도 불구하고 또 다른 팀이 리그에 진출할 수도 있다. 유럽의 프로축구리그에 소속된 팀들은 아주 가까운 거리에 위치해 있고 1부 리그의 라이벌 팀들이 가까운 거리에서 경기를 하기도 한다. 실제로, 런던에는 아주 가까운 거리에 다섯 개의 프리미어리그 팀들이 있는 등 런던의 순환도로를 중심으로 많은 팀들이 존재한다.

둘째, 승강제도는 팬들의 관심과 열기를 지속시킬 수 있다. 팬들은 2부 리그의 팀이 1부 리그로 진출할 가능성에 관심을 가질 뿐 아니라 2부 리그로의 강등 가능성에도 관심을 가지기도 한다. 하위 리그의 상위 팀들은 1부 리그로 승진하기 위해서, 또 시즌성적이 좋지 않은 1부 리그의 하위 팀은 2부 리그로 강등하지 않으려고 치열하게 경쟁한다. 하위 리그에서 1부 리그로 승진하는 팀은 보다 많은 수입을 얻을 수 있다. 반면 폐쇄형 리그에서는 신인선수 드래프트에서 우수한 선수를 채용하기 위한 기회를 얻기 위해 시즌 후반부에는 경기에서 일부러 패배하는 등 경기에 최선을 다하지 않는 경우도 발생한다.

셋째, 구단들의 투자유인을 향상시킬 수 있다. 예를 들어, 영국 프로축구 리그의 1부 리그에서 2부 리그로 강등당한 팀이나 2부 리그에서 1부 리그로 승진한 팀들은 전력을 강화하기 위한 투자를 증가시킬 가능성이 높다. 보다 많은 비용으로 보다 우수한 선수를 채용하여 경기에서 승리하려는 유인이 존재하기 때문이다. 이러한 투자유인은 리그 전체적으로 경기의 질적 향상을 가져올 수 있다. 특히, 2부 리그의 최상위 팀은 프리미어리그로 승진할 경우 보다 많은 수입을 올릴 수 있다는 점에서 투자 유인이 클 것이다.

넷째, 1부 리그로의 진입이 상대적으로 자유로워, 경제적 지대를 줄일 수 있다. 어떤 팀이 현재는 2부 리그에 있다고 하더라도 시즌의 경기 성적만 좋으면 1부 리그로 승진할 기회가 주어지므로 이는 폐쇄형 리그와 달리 '1부 리그의 팀'이라는 희소성을 감소시킬 수 있으며, 팀이 희소하다는 이유로 얻으려고 하는 경제적 지대(economic rent)를 줄일 수 있다. 경제적 지대란 생산요소의 공급이 가격에 대해 비탄력적이기 때문에 추가로 발생하는 소득이다. 북미형 리그와 같이 지방정부가 경기장 시설 등을 제대로 지원해 주지 않을 경우의 팀의 연고지를 옮기겠다고 위협하여 경기시설을 아주 싼 가격(거의 무료)으로 이용하는 것은 경제적 지대에 해당된다. 경제적 지대는 사회적으로 낭비이다. 북미의 폐쇄형 리그에서 팀의 수가 고정되어 있고 새로운 팀이 리그에 진입이 제한되어 있다는 사실을 이용하여 지방정부로부터 재정적 지원을 받아내어 경제적 지대를 누리기도 하지만, 개방형 리그인 승강제도하에서 이러한 가능성은 낮다.

다섯째, 팀간의 전력균형을 가능케 한다. 승강제도가 운영되는 리그는 팀 간의 전력균형에 긍정적인 영향을 미친다. 유럽 국가들의 프로축구 1부 리그에 속해 있는 팀의 수는 북미의 메이저리그 팀의 수보다 적으며, 팀 간의 전력격차도 크게 나지 않는다고 주장된다. 만약 2부 리그에 있는 팀이 1부 리그로 승진하여 보다 많은 수익을 얻게 되고, 1부 리그에 있는 팀이 2

부 리그로 강등하여 재정적으로 손실을 보게 된다면, 2부 리그에 있는 팀들은 그 리그에 머물려 하기보다는 경기력 향상을 통해 1부 리그로 승진하려는 유인이 더 커질 것이다. 승강제도하에서 팀들의 경기력 향상에 보다 많은 관심을 가지는 것은 1부 리그에 속함으로써 현재 시즌뿐 아니라 다음 시즌에서도 보다 많은 수익을 얻을 수 있다는 가능성 때문이다.

그러나 승강제도에서는 다음과 같은 문제점이 발생할 수도 있다고 주장된다.

첫째, 팀이 재정적으로 어려움을 겪을 수도 있다. 이는 1부 리그의 팀이 2부 리그로 강등될 경우 팀의 수익이 줄어든다는 의미이며, 많은 투자를 한 팀이 하위 리그로 강등할 경우 투자는 무의미해질 수 있다는 것을 뜻한다. 만약 팀이 미래의 보다 많은 수익을 기대하고 자금을 빌려서 투자했음에도 하위 리그로 강등될 경우 재정적으로 어려움을 겪을 수도 있다. 실제로 1990년대 유럽축구 구단들이 이러한 어려움을 경험하기도 하였으며, 유럽 각국의 축구협회는 구단들의 지나친 투자를 줄이기 위해 규제를 가하기도 하였다.

둘째, 구단의 투자 유인이 줄어 들 수도 있다. 만약 1부 리그에 있는 팀이 2부 리그로 강등당할 위험에 처할 경우 경기장 시설 확충, 우수한 선수 채용 등에 대한 투자유인이 감소할 수 있다. 구단주가 팀을 위해 투자하려고 해도 미래의 수입이 불투명하고 투자비용이 많이 들 경우 자금을 구하기도 쉽지 않을 것이다.

셋째, 1부 리그의 최상위 팀들에게는 승강제도가 별 의미가 없을 수도 있다. 1부 리그의 최상위 팀들은 2부 리그의 팀들에 비해 재정적으로 여력이 있고 전력도 막강하므로 2부 리그로 강등될 가능성은 거의 없다고 할 수 있다. 만약 승강제도가 MLB에 도입된다면, 뉴욕 양키스와 같은 팀은 거의 강등되지 않을 것이며, 비록 강등되더라도 다음 시즌에는 다시 승격될 것이다. 따라서 메이저리그의 상위팀들에게는 승강제도가 별 의미가 없다. 마찬가지로 유럽프로축구 1부 리그에 있는 팀들 가운데 몇몇 상위 팀들에게도 승강제도는 별 의미가 없다.

넷째, 승강제도가 효과적으로 운영되기 위해서는 제도적 정비가 필요하다. 우선, 2부 리그에서 1부 리그로 승격한 팀은 과거보다 전력을 강화해야 하므로 선수거래 시장이 활발하게 운영되어야 한다. 전형적으로 선수들의 임금은 1부 리그에서 더 높아지고 2부 리그에서 승급한 팀이 1부 리그의 팀에서 다른 팀과 경쟁하기 위해서는 보다 우수한 선수들이 필요한 반면, 2부 리그로 강등된 팀은 재정적인 문제를 감안하여 스타선수들을 방출할 필요가 있기 때문이다. 반면 1군 선수를 양성하기 위해 2부(farm team) 리그를 운영하는 곳에서는 승강제도가 제대로 작동되기 어렵다.

지역적 특성

유럽의 승강제도는 대도시 지역의 팀을 여러 개로 확대하려는 성향이 있는 반면에, 북미의 폐쇄형 리그에서는 소수의 팀으로 시장을 독점화하려는 성향이 있다고 요약할 수 있다. 유럽의 개방형 리그와 북미의 폐쇄형 리그 중 경제적으로 어느 것이 더 바람직한 시스템인가에 대해서는 다양한 주장이 제기된다. 지역독점권을 허용하여 리그를 운영하는 북미형 모델이 유럽의 승강제도보다 더 우수하다고 주장하는 근거는 북미에서는 리그에 참여할 수 있는 권리를 더 효율적으로 배분하고 구단의 투자에 대한 위험을 줄일 수 있기 때문이다. 반면, 승강제도는 리그 내 팀들 간의 경쟁을 효율적으로 촉진시킬 수 있으며 결과적으로는 소비자후생을 증진시킬 수 있기 때문에 더 바람직하다고 주장된다. 또 다른 견해는 결과적으로는 어떤 방식이든 크게 다를 바가 없다고 강조한다. 즉, 승강제도를 운영하는 개방형 리그이든 팀의 독점력을 중시하는 폐쇄형 리그이든 지역연고를 기반으로 하며 경제적으로는 커다란 차이를 발견하기 어렵다는 것이다. 일부에서는 북미 리그의 독점적 운영은 바람직하지 못하며 프로스포츠 리그에 대한 반독점법의 예외조항을 철폐해야 한다고 주장하기도 하고, 어떤 이들은 현재의 리그를 더욱 확대하든가 분할하여 독립적인 리그로 운영해야 할 것이라고 주장하기도 한다.

인구　3억 1백만명　6천 1백만 명
면적　952 만 Km²　24만 5천 Km²

K.E.TCHA

리그의 구조적 차이　미국과 영국의 프로스포츠 리그는 지역적 특성에 따라 서로 다른 형태로 발전해왔다. 미국과 영국은 인구, 면적 등에 커다란 차이가 있으며, 인기 높은 스포츠 종목도 다르다.

한편, 카인과 하드독(Cain, L. P. & D. D. Haddock, 2005)은 북미와 유럽의 프로스포츠 리그의 구조적 차이는 리그가 출범할 당시에 지역 및 경제·사회적 환경에 따른 것이라고 주장한다.[5] 즉, 북미의 프로야구가 독점체제로 유지되는 것이나 영국의 프로축구 리그에 승강제도를 도입하게 된 배경에는 지리적 요인과 당시의 시대적 상황이 반영된 것이라고 주장한다.

영국 등 유럽은 도시 간의 거리가 가깝고 인구가 밀집되어 있는 반면에 미국 등 북미는 도시 간 거리가 멀고 인구밀도가 낮다. 영국 등 유럽 국가들의 경우 가까운 인근지역에도 라이벌 팀들이 있어 원정경기도 하루에 가능하므로 비용이 상대적으로 적게 든다. 팬들도 시간을 조금만 들이면 경기를 쉽게 관람할 수 있다. 영국의 프로축구 팀이 원정경기를 떠날 경우에도 토요일 오전에 떠나서 오후에 경기를 하고 저녁에 돌아올 수 있다. 따라서 영국 등 유럽의 프로축구 리그에서는 지역적 독점 형태를 유지할 필요가 없었다.

이에 비해, 북미의 경우 팀 간의 거리가 멀기 때문에 원정경기를 하루만에 끝내기가 쉽지 않으며 비용도 상대적으로 많이 든다. 팀들이 지역적 독점형태를 유지하며 아주 멀리 떨어져 있다. 원정경기에 참가하는 선수들은 시간이 많이 소요되기 때문에 다른 일을 할 수가 없다. 이는 선수들에게 더 많은 보수를 지불해야 한다는 의미이기도 하다. 또한 팀 간의 거리가 멀리 떨어져 있어 팬들이 원정경기를 관람하기가 쉽지 않다.

---

5 반면 포트(Fort, R., 2000) 등은 유럽과 북미의 프로스포츠 리그의 스포츠 팬, 리그 조직, 리그 목적 등을 면밀히 분석한 결과 구조적인 차이는 크게 발견할 수 없다고 주장한다.

북미의 프로스포츠 경기는 영국이나 유럽에서처럼 야간경기가 많지 않은데, 이는 팬들이 야간에 열리는 원정경기를 관람하려면 하룻밤을 외지에서 보내야 하기 때문이다. 북미에서 원정경기를 하기 위해서는 리그에 등록된 전문적인 프로선수가 필요하였고, 따라서 선수들은 시즌 중에는 다른 직업을 가질 수 없었다. 북미의 프로스포츠 리그 경기를 관람하는 팬들은 대부분이 홈팀의 팬들이며, 원정팀을 응원하는 팬들은 유럽에 비해 훨씬 적은 편이다. 비용을 절감하고 이익을 올릴 수 있는 방법은 지역적 독점을 활용하는 것이 거의 유일하였다. 과학기술의 발달과 더불어 항공기 이용이 보편화되면서 양대륙 간의 원정경기 비용 차이는 크게 줄어들었으나, 아직도 북미의 원정팀이나 팬들은 적어도 하룻밤을 외지에서 보내야 한다.

4. 리그의 수입과 지출

수 입

프로스포츠 리그가 지속적으로 운영되기 위해서는 리그나 구단은 수입을 지속적으로 창출해야 한다. 선수채용, 구단운영 등에 많은 비용이 필요하기 때문이다. 프로스포츠 리그나 구단이 안정적으로 운영되고 생존하기 위해서는 수입이 가장 중요하다. 따라서 프로스포츠 구단이나 리그는 시장에서 생존하는 데 필수적인 수입증대를 위해서 다양한 방안을 모색하고 있다.[6] 프로스포츠 리그나 구단의 전통적 의미의 수입증대 방안으로는 크게 입장료, 방송중계료, 경기장관련 수입, 지적재산권 판매 등이 있다.[7]

---

6 안드레프(Andreff, W., 2006)는 1960~1970년대 프로스포츠 리그나 구단들이 재정확충 방안으로 주로 관중(spectator), 보조금(subdisidies), 스폰서(sponsor), 지방정부(local government)의 지원 등에 의존하였다고 주장하는데, 이를 SSSL모형이라고 한다. 그 후 TV 등장과 더불어 산업구조의 고도화, 글로벌화 등과 더불어 새로운 방안을 추구하고 있는데, 주로 미디어(media), 기업(corporation), 상품화(merchandising), 시장 확대(markets), 해외시장개척(globalised) 등에 의존하며, 이를 MCMMG모형이라고 부른다.

7 미국 메이저리그의 수익은 경기장 입장료 51%, 방송중계권 23%, 스폰서 26% 등으로 이루어진다. 우

첫째 입장수입(gate revenue)이다. 티켓 등 입장수입은 모든 프로스포츠 구단의 중요한 소득원이다. 경기장 입장객은 리그의 안정적 운영에 가장 필수적인 요인이다. 만약 프로스포츠 경기에 입장객이 별로 없다면 입장수입이 적어 리그운영에 어려움을 겪을 수 있으며, 이는 TV 등 방송중계에도 부정적인 영향을 미칠 수 있다. 유럽의 일부 프로스포츠 리그에서는 입장수입 증가율이 감소추세를 보이고 있다고 주장되기도 하나, 대부분의 프로스포츠 팀들은 입장수입을 명확하게 공개하지 않고 있다. 또 입장수입 증가율이 감소하는 대신 TV등 방송중계료가 상승하였다고 주장도 있다. 프로스포츠 경기는 리그, 선수와 팬(소비자)를 기반으로 한다는 점에서 경기장 입장료 수입은 팬들의 관심도를 반영하며 프로스포츠 리그의 성패를 결정하는 중요한 요인이다. 경기장을 찾는 팬들이 많아야 TV중계방송도 관심을 가지게 되고 프로스포츠도 발전할 수 있기 때문이다.

둘째, TV 등 방송중계료이다. 프로스포츠 구단의 재정여건은 TV중계방송이 등장하면서 크게 향상되었다. 미국의 메이저리그는 스포츠경기 중계방송으로 많은 수입을 올리고 있다. 프로스포츠 경기는 TV 등 방송중계를 통해서 발전해왔으며, 이들은 불가분의 관계를 지닌다. 1960~80년대 초반만 하더라도 유럽의 일부 프로축구 리그에서는 TV 등 방송중계료는 수입에 크게 도움이 되지 않는다는 이유로 거절하기도 하였다.[8] 그러나 유럽의 프로축구리그나 구단이 TV경기 중계방송을 거절한 진짜 이유는 경기장에 관중석이 비어 있는 곳을 TV를 통해 방송할 경우 오히려 입장수입이 감소할 것이라는 두려움 때문이었다. 당시 유럽국가에서는 주로 공영방송사가 스포츠 경기를 중계방송하였는데, 이들은 대부분이 스포츠 경기 중계방송에 대한 수요독점적 지위를 차지하고 있어 방송중계료가 그리 높지 않았다. 방송중계료가 높지 않았던 또 다른 이유는 프로축구 경기는 야구, 농

리나라 프로스포츠 야구의 경우 경기장 입장료 6%, 방송중계료 7%, 스폰서십 14%이다. 나머지 73%는 모기업이 스폰서라는 명목으로 적자를 지원하고 있는 실정이다(정희윤, 2009).

8 실제로 1967년 영국 프리미어리그(EPL)는 BBC가 챔피언 경기중계 방송료로 1백만 파운드를 제시하였으나 거절하였다. 1965년 프랑스 레니스 클럽(the Stade Rennais Club)은 싱글매치 경기 중계료로 5만 프랑을 제의받았으나 거절하였다.

구 경기와는 달리 광고할 시간이 상대적으로 부족하기 때문이기도 하였다. 야구경기는 공수교대, 투수교체 등 라운드가 바뀔 때마다 손쉽게 광고를 할 수가 있는 데 비해, 축구경기는 전반전이 끝나고 경기가 중단될 때만이 광고를 할 수 있다. 미식축구와 농구 등이 경기운영 방식을 바꾼 것은 방송 사들이 좀 더 많은 광고를 할 수 있도록 하기 위해서이다. 1970년대 이미 북미의 메이저리그들의 주요 수입원은 TV중계방송 중계료였으나, 영국과 프랑스 축구리그에서는 전체수입의 80% 이상을 입장수입에 의존하고 있었 다. 그러나 1990년대 들어 유럽의 프로축구시장에도 케이블 방송 등 민간 방송사들이 증가하면서 리그들의 방송중계수입이 크게 증가하였다. 최근 에는 영국, 이탈리아, 스페인, 독일, 프랑스 등의 프로축구 팀 수입의 50% 이상을 방송중계수입이 차지하고 있다.[9]

프로스포츠 경기와 TV중계방송은 상호원원 전략을 추구하면서 불가 분의 관계를 지니고 있다. 특히, 글로벌화와 더불어 북미의 메이저리그 경 기와 유럽의 프로축구 경기의 소비자(fan)들은 전 세계로 확대되고 있는데 이는 TV, 인터넷 등을 통한 생중계방송의 덕분이다. 북미나 유럽의 주요 프로스포츠 경기 방송중계료는 해마다 큰 폭으로 상승하고 있다.

〈표 8−4〉에서는 미국의 메이저리그와 영국 프리미어리그의 경기를 중계방송하는 방송사들과 방송중계료 수입을 보여준다. 프로스포츠 리그

프로스포츠와 중계방송
프로스포츠와 TV중계방 송은 상호 win-win을 추 구한다. 북미와 유럽의 주 요 프로스포츠는 모두 중 계방송되고 있으며 중계료 는 해마다 상승하고 있다.

9 딜로이트(Deloitte, 2005, 2007)사에 의하면 2005~2006년 시즌 전체수입 중 입장수입의 비중은 프리 미어리그 33%, 세리에A 13%, 분데스리가 25%를 차지하였다. 유럽의 5개 빅 리그의 방송중계료는 전 체 수입의 약 68%를 차지하였으며, 2005~2006시즌 전체수입 중 방송중계료가 차지하는 비중은 각각 세리에A 62%, 분데스리가 27%, 프리미어리그 42%에 달한다고 보고되었다.

| 표 8-4 | 미국 메이저리그의 방송중계료

스포츠 리그	기간(년)	방송사	총수입 (billion$)	연평균 수입 (million$)
NFL	2006~2031	ESPN, CBS, Fox, NBC, direct TV	23.9	3,735
NBA	2009~2016	ABC/ESPN, TNT	7.44	930
MLB	2006~2013	ESPN, Fox	4.87	713
NHL	2009~2011	Vrersue, NBC	0.21	72.5
EPL	2010~2013	British Sky Broadcasting	2.85	950

자료: Leeds, M. & P. v. Allmen(2010).

에 따라 방송중계료 수입에 큰 차이가 있음을 알 수 있다.

셋째, 경기장 시설을 이용한 수입이다. 주로 구내매점, 주차장, 시설임 대 등에서 얻는 수입이다. 주차장이나 구내매점의 수입은 경기장에 얼마나 많은 관중들이 입장하느냐에 따라서 달라진다. 스포츠 경기 종목에 따라 경기를 관람하기에 가장 좋은 곳을 특별지정석으로 지정하여 높은 수입을 올리기도 한다. NFL에서는 특별지정석 제도를 운영하여 많은 입장수입을 올리고 있다. 일례로, 미국 텍사스 경기장(Texas Stadium)은 연간 50만 달러 짜리 특별지정석 20개를 운영하기도 한다. 또한, 프로스포츠 경기장 이름 을 판매하는 명칭사용권도 프로스포츠 팀의 새로운 수입원으로 등장하고 있다.[10]

넷째, 트레이드 마크(trade mark), 라이선스(license) 등 지적재산권 판 매수입이다. 지적재산권(知的財産權)은 광범위한 권리를 의미하는데 프로 스포츠 시장에서는 트레이드 마크와 라이선싱이 중시되고 있다. 트레이드 마크는 판매를 위한 제품의 디자인, 심볼, 모양, 색깔, 슬로건 등의 상표가 붙은 제품이다. 예를 들어, 슈퍼볼(Super Bowl)은 NFL의 트레이드 마크이 다. 축구나 야구와 같은 일반적인 언어는 법적으로 보호받지 못하므로 허 락없이 상업용으로 사용할 수 있으나 NFL, MLB 등은 함부로 사용할 수 없

---

10 리치프로덕트사(Rich Product Inc)가 1973년 버펄러 빌스(Buffalo Bills)경기장의 명칭권을 25년간 150만 달러에 구입한 것이 명칭사용권 거래의 효시라고 할 수 있다.

다. 일단 어떤 이름이 트레이드 마크로 등록되면 소유권자의 허락없이 상업용 목적으로 함부로 사용할 수 없게 되는 것이다.

라이선스는 스포츠 의류, 신발, 장비 등에 리그나 구단, 선수의 이름이나 초상화, 로고, 디자인 등을 사용하여 판매하는 방식이다. 라이선서 (licensor)는 상품판매액의 일정비율을 수수료로 받으며 제품 생산량이나 질, 디자인 등을 통제한다. 리그나 구단에서는 트레이드 마크, 로고, 디자인 등에 대한 라이선싱(licencing) 권리라는 무형의 자산을 판매한다. 최근 프로스포츠 시장에서 라이선싱 사업이 활기를 띠고 있다. 소스노스키(Sosnowski, T., 2005)는 2004년 NFL 32억 달러, NBA 26억5천만 달러, MLB 22억 달러, NHL 15억 달러의 라이선스 수입을 올렸다고 보고하였다.

비용과 지출

프로스포츠 구단을 운영하기 위해서는 선수연봉, 원정 경기 또는 전지훈련 비용, 기타 행성비용 등과 같은 다양한 비용이 지출된다. 메이저리그의 대부분의 프로스포츠 팀에서는 선수연봉, 보너스, 보상비용, 선수들 연금 등 선수와 관련된 임금이 구단수입의 절반 이상을 차지한다. 소수의 선수를 제외하고 대부분의 선수들은 구단과 1년 단위로 계약한다. 그리고 이외에도 리그나 챔피언결정전에서 원정경기 비용, 전지훈련 비용, 마케팅 비용, 행정 비용, 경기장 사용료 등이 지출된다. 원정경기비용은 팀의 규모가 클수록, 원정경기가 많을수록, 또 먼 거리일수록 증가한다. 마케팅 및 행정비용은 각 구단이 자신을 위해 마케팅을 하며 팀을 운영하는 데 지불하기도 하고, 리그차원에서 공동으로 마케팅을 수행하는 데 들기도 한다. 마케팅 비용은 프로스포츠 경기라는 제품을 판매하기 위해서, 행정비용은 리그나 구단을 운영하는 데 필요한 비용이다.

또한 자체적으로 경기장을 소유하지 못한 구단은 경기장 사용료를 지불해야 한다. 지방정부에서 소유한 경기장에서 경기를 할 경우 구단은 임대료를 지불한다. 북미의 메이저리그나 유럽의 일부 프로축구 구단들은 경기장을 거의 무료 또는 아주 저렴한 비용을 지불하고 사용하기도 한다. 또 경기장을 직접 보유하고 있는 구단의 경우에는 경기장 수리나 보수, 운영 비용이 소요된다.

일부 프로스포츠에서는 마이너리그 팀 또한 하위 팀을 운영하는 데 비용을 지출하기도 한다. MLB의 경우 AAA, AA 등 여섯 개의 마이너리그 팀을 운영하고 있다. 짐발리스트(Zimbalist, A)는 2007년 MLB의 팀들이 선수개발에 연간 2천만 달러를 사용하였다고 주장하였다. 마이너리그 또한 하위 팀의 많은 선수들 가운데 아주 소수의 선수들만 메이저리그 또는 1부 리그에서 활동이 가능하다는 점을 감안할 때 마이너리그나 하위 팀의 선수들에 대한 교육 및 훈련 비용은 엄청나고 할 수 있다. 이러한 사실은 1부 리그에 진입한 선수들에게 일정기간 동안 낮은 보수를 지급하는 것이 가능한 제도를 통해 이러한 비용을 회수해야 한다는 논리의 근거가 되기도 한다.

구단의 재정 운영에 대한 논의

프로스포츠 리그와 구단의 수입은 프로스포츠 리그나 구단이 운영되고 생존하는 데 가장 중요한 요소이다. 프로스포츠 시장은 다른 형태의 사업과 달리 상대팀과 경쟁을 통해 스포츠 경기라는 서비스를 판매하므로, 어느 한 팀이 수입이 적어 구단을 운영하기가 어려워질 경우, 리그 내 다른 팀과 경기력이 크게 차이가 나게 되고 경기에 대한 상품의 가치는 떨어지게 되며, 그 결과 상대 팀도 어려워질 수 있는 구조를 지니고 있다. 일반적으로 시장에서 어느 한 기업의 재정난은 경쟁기업을 유리하게 할 수 있다. 즉, 어느 한 기업이 수입이 부족하여 파산하게 되면 경쟁기업의 제품에 대한 수요가 증가할 것이고, 시장에서 독점적 지위를 행사하여 보다 많은 수입을 얻을 수 있다. 그러나 프로스포츠 시장에서는 상대팀과 경쟁을 통해서 경기라는 제품을 생산하고 수입을 얻게 되므로, 특정팀이 재정적 문제로 경기를 할 수 없다면 다른 팀에게도 영향을 미친다.

프로스포츠 리그나 구단의 수입실태는 리그와 팀에 따라 다양하다. 특히, 영국 등 유럽국가들의 프로축구 리그에서는 1990년대만 하더라도 대부분의 팀들이 많은 수입을 올렸으나, 2000년대 들어 일부 구단들은 재정난에 직면하기도 하였는데, 그 주요 요인은 다음과 같다.

첫째, 프로스포츠 경기 관중 증가율이 감소 추세를 나타내고 있다. 유럽의 프로축구리그뿐 아니라 미국의 NFL, NBA 등에서도 경기장 관중 증가율이 침체 또는 정체를 보이고 있다. 경기장 관중 증가율이 감소추세를 나타내는 것은 TV시청자들이 증가하기 때문이라는 주장도 있다. 과거보다 많은 스포츠 경기들을 방송, 케이블TV, 인터넷 등 다양한 매체를 통해서 볼 수가 있기 때문이다. 케이블 방송과 ESPN 등은 24시간 스포츠 경기를 중계방송하고, VOD 등의 대중화로 팬들은 자신이 좋아하는 스포츠 경기나 프로그램을 시청하기가 훨씬 쉬워졌다. 특히, 일부 국가에서는 근로자 또는 중산계층들이 주로 즐기는 축구, 야구, 농구 등의 프로스포츠 경기장 관람증가율이 감소 징후를 보이고 있다. 이들을 경기장으로 끌어들일 만한 유인이 부족한 것이다.

둘째, 북미나 유럽 등 일부 선진국가에서는 프로스포츠 시장이 이미 포화상태에 달했다는 주장도 있다. 그동안 프로스포츠 시장은 고도의 성장세를 나타냈으나 이제는 시장이 포화상태에 이르렀고 인기가 없는 일부 프로스포츠 구단들은 심각한 어려움에 직면해 있는 것이다. 또한 인터넷 등 과학기술의 발달과 더불어 영화, 온라인 스포츠, 테마파크 등 다양하고 새로운 형태의 스포츠와 엔터테인먼트들이 등장하면서 전통적인 프로스포츠 경기에 대한 소비자들의 관심이 줄어들고 있다. 디즈니(Disney), 타임워너(Time Warner), 비아컴(Viacom) 등과 같은 엔터테인먼트나 미디어사들은 영화, 방송, 케이블 네트워크, 온라인 사업, 테마파크 등에 엄청난 투자를 하고 있다. 또한 라크로스(Lacross), UFC(Ultimate Fighting Championship) 등 새로운 종목의 프로스포츠가 등장하면서 기존의 프로스포츠는 이들과 치열한 경쟁을 해야 하는 것이다.

셋째, 일부 프로스포츠 구단들은 수입보다 지출이 더 많이 발생해 재정난을 겪고 있다. 많은 프로스포츠 구단들이 재정난을 겪고 있는 가장 근본적인 문제는 수입이 증가함에도 불구하고 비용이 더 큰 비율로 증가한다는 것이다. 즉 입장료, TV중계료, 지적재산권 판매 등의 수입이 증가했음도 불구하고 일부 구단들은 지나치게 높은 선수 연봉, 무리한 시설투자 등으로 더 많은 비용이 지출되기 때문이라는 주장도 있다.

한편, 일부에서는 프로스포츠 구단들의 재정난은 실제와 다르다고 주장하기도 한다. 첫째, 많은 프로스포츠 구단들이 손실이 지속적으로 발생하고 있다고 주장하지만, 실제로 손실이 얼마나 어떤 이유로 발생하는지를 구체적으로 설명하지 않는다. 아주 소수의 구단만이 재정실태를 공개하고 있을 뿐이다. 대부분의 구단들은 개별기업 형태로 운영하고 있으며 이들은 구단운영에 관해 세부적인 재정실태를 공개할 의무가 없기 때문이다.

둘째, 프로스포츠 구단들이 주장하는 재정적 어려움에 대해서 신뢰하기가 어려우며 구단들의 재정적 어려움은 장부(회계)상의 어려움이지 실제로는 그렇지 않을 것이라는 주장도 있다. 프로스포츠 구단에 대한 과세는 리그 운영비용, 감가상각, 이자비용 등을 공제한 장부상의 수익을 기초로 한다. 이에 따라 프로스포츠 구단들이 세금을 감면받기 위해 부채와 비용을 늘리고 수입을 줄인다는 것이다. 또한, 구단들은 주식의 가치보다는 채무에 의한 자산가치 상승을 더 선호하기도 한다고 주장된다.

셋째, 그동안 북미 메이저리그의 구단이나 유럽의 주요 축구구단들의 경제적 가치는 엄청나게 상승하였으며 구단은 운영비용을 공제하고서도 충분한 이윤획득이 가능하게 되었다. 특히, 메이저리그는 독립적인 형태의 카르텔 구조를 지니고 새로운 팀의 시장진입을 철저히 제한하고 있으며 구단을 유치하려는 도시들이 많이 있기 때문에 높은 이득 획득이 가능하다. 구단을 유치하려는 도시들이 많은 초과수요 상태가 지속되다보니까 구단의 가치는 계속 상승하고 있기 때문이다. 구단의 경제적 가치가 엄청나게 상승하고 있음에도 불구하고 재정난을 주장하는 것은 이치에 맞지 않는다.

5. 리그의 운영 목적

프로스포츠 리그의 구단주들이 팀을 운영하는 주요 목적이 무엇일까? 프로스포츠 구단들이 프로스포츠 팀을 운영하는 목적을 명확하게 파악하기는 쉽지 않다. 경기에서의 승리를 중시하고 그 다음에 이윤을 추구하는가 하면, 이윤극대화를 가장 중요하게 간주하기도 하고, 팀의 승리와 이윤극대화를 구분하지 않기도 하며, 그 이외의 목적을 추구하기도 한다. 특히, 구단주들이 리그를 운영하는 목적이 효용·이윤 극대화인가, 아니면 지역의 특성에 대한 고려 등 다른 목적이 있는가에 대해서는 논란이 지속되고 있다.

이윤극대화

경제적으로 볼 때 프로스포츠 구단도 하나의 기업으로 이윤극대화[11]를 주요 목적으로 하고 있다고 할 수 있다. 특히, 미국의 프로스포츠 구단들은 스포츠 경기를 통해 보다 많은 이윤을 얻으려고 노력한다. 경제학자들은 기업의 일차적인 목적은 이윤극대화에 있다고 본다. 리그가 클럽의 수, 게임의 수, 가격 경쟁, 선수연봉 등에 제한을 가하고 카르텔처럼 행동하는 것도 궁극적으로는 이윤 극대화를 위해서라고 할 수 있다. 리그에서 팀 간의 전력균형이나 경기결과에 대한 불확실성을 유지하려고 하는 것도 이윤극대화를 위해서이다.

미국의 MLB에서는 구단들이 지방정부의 경기장 지원 여부에 따라 다른 지역으로 연고지를 옮기기도 하는데, 이러한 행위도 궁극적으로는 보다 많은 이윤을 얻기 위해서이다. 프로스포츠 구단들이 지방정부로부터 지원을 받으면, 비용을 줄이면서 전력을 강화할 수 있고 보다 많은 수익을 얻을 수 있기 때문이다. 그러나 이러한 팀들 가운데 실제로 전력이 강화된 팀은 별로 없었다. 따라서 연고지 재배치는 이윤극대화 이외에 전력강화와 같은

---

11 경제학에서는 분석의 편의를 위해 기업의 주요 목표는 이윤극대화이며, 기업의 모든 의사결정은 이윤극대화를 위해 이루어진다고 가정하는 경우가 많다.

기업으로서의 구단 프로스포츠 구단도 하나의 기업으로 이윤극대화를 추구한다. 과거 텍사스 레인저스의 구단주였던 부시 전 미국대통령과 아버지 부시 전 미국대통령

다른 동기를 찾기 어렵다는 주장이 설득력을 얻고 있다.

일반적으로 미국의 지방정부들은 일반기업들이 고층건물을 건설하는 데 공공자금을 제공하지 않으며, 기업들이 지역 경제에 긍정적인 영향을 미치더라도 무상으로 기업들을 지원하지 않는다. 그러나 미식축구나 야구팀을 위한 경기장, 프로하키나 프로농구 등의 경기장을 건설하는 데에는 공공자금을 사용했다. 이와 같은 행위로 몇몇 지역에서는 다른 기초시설이 열악해졌으며, 재정적인 어려움을 겪기도 했다고 보고되고 있다.[12] 일반기업에는 지원을 하지 않는 지방정부가 프로스포츠 구단의 이윤을 위해 엄청난 보조금을 지원해 준다는 사실은 다소 비논리적으로 보일 것이다. 지방정부가 프로스포츠 구단에게 막대한 보조금을 지원하는 것은 프로 팀들이 경기를 하게 되면 많은 관중들이 모이게 되고, 이들의 소비에 따른 편익을 얻을 수 있기 때문이다. 또한 주민들의 일체감이 향상되고 지역인지도가 제고되는 효과가 강하기 때문이다. 구단들 역시 보다 많은 이윤을 얻기 위해서 최상의 스포츠 시설을 제공하는 지역으로 연고지를 옮기려 한다.

미국에는 인구가 백만 명이 넘는 도시지역임에도 그 지역을 연고로 하는 스포츠 구단이 없는 도시들이 많다. 이러한 여건하에서 팀들은, 자신들에게 유리한 지역으로 연고를 옮기기가 쉬우므로 지방정부에 새로운 스포츠 경기장을 요구하기도 한다. 이러한 차이점으로 인해 유럽 팀들이 손실을 보고 있는 것과 반대로 거의 모든 미국의 메이저리그 팀들은 그들이

---

12 놀과 짐발리스트(Noll, R & A. Zimbalist, 1997)에 따르면, 1997년 미국의 축구, 야구, 농구, 하키 등의 프로스포츠 프랜차이즈가 113개였는데, 1989~1997년 기간 중 이들 중 31개가 새로운 시설을 건설했다고 한다. 1997년에는 39개 팀이 새로운 시설을 찾거나 건설을 마무리하거나, 새로운 지역으로 이전했다.

어떻게 경기하느냐와 상관없이 이윤을 창출하고 있다. 즉, 적어도 미국의 구단들은 이윤을 극대화할 수 있는 가능성을 가지고 있다.

결론적으로 북미의 프로스포츠 시장은 문화적 가치보다 상업적 가치를 더 중시하며, 스포츠 경기를 하나의 상품으로 간주하는 성향이 크다. 많은 프로스포츠 팀은 개인이나 기업 형태로 운영되며, 연고 지역에서 소비자들로부터 보다 많은 수익을 얻기 위해 노력한다. 지역에 연고를 두고 있는 팀은 메이저리그를 개최하는 도시라는 이미지를 얻을 수 있다는 이유로 해당 지방정부로부터 재정적 지원을 받기도 한다. 스포츠 경기는 주로 TV 중계방송을 통해 많은 소비자들에게 상품으로 판매된다. 경기 시간이나 규칙이 TV중계에 맞게 조정되기도 한다. 북미의 프로스포츠 팀들은 많은 소비자들을 유인하여 많은 이윤을 얻으려고 다양한 방법으로 노력하고, 더 많은 수익을 얻기 위해 연고지를 옮기기도 한다. 따라서 북미 지역에서는 프로스포츠에 대한 투자를 다른 사업에 대한 투자와 마찬가지로 취급하는 경향이 크다고 할 수 있다.

효용극대화

경제학에서 효용은 소비자가 어떤 상품을 소비함으로써 얻는 주관적인 만족감이다. 일반적으로 소비자들의 욕망은 무한하지만 그 욕망을 충족시켜 줄 수 있는 소득은 제한되어 있다. 따라서 소비자들은 제한된 소득으로 재화나 서비스를 구입하여 효용을 극대화하려고 한다. 효용극대화는 소비자 행동의 목표이며 소비자 이론의 대전제이다.

유럽은 대부분의 프로스포츠 팀을 비영리 조직으로 생각하는 경향이 있다. 영국의 일부 프로축구 팀들은 수익을 얻기 위해 주식시장에 상장하기도 하지만, 대체로 유럽의 프로스포츠 팀들은 단순히 이윤극대화만을 추구하는 기업이라고 간주되지 않는다. 유럽의 프로축구 팀들은 목적이 다양하다. 팀의 경기에서의 승리나 리그에서의 우승을 이윤보다 더 중시하는 경향이 있다. 유럽의 프로축구 구단들은 이윤 극대화보다는 명예, 권위, 정체성,

승리 등 효용극대화   유럽의 프로스포츠 구단들은 이윤극 대화보다는 승률이나 리그 우승과 같은 효용극대화를 추 구한다고 주장되기도 한다. 리그 우승 후 기뻐하는 맨체스 터 유나이티드 선수들과 퍼거슨 감독

팬들의 충성도 등을 더욱 중시하는 것이다.[13] 즉, 미국의 프로야구 구단들이 이윤극대화를 추구한다면, 유럽의 프로스포츠 구단들은 효용극대화를 추구하려는 성향이 더 크다고 할 수 있다.

유럽의 프로스포츠 구단 중 일부는 이윤극대화를 제일의 목표로 하지 않는다는 것이 실증적 연구에 의해 증명되기도 하였다.[14] 유럽의 많은 프로축구 구단들은 지속적으로 손실을 보고 있으며, 이러한 손실은 구단주의 부담으로 충당된다.[15] 또한 인구 규모가 아주 작은 지역에서 프로스포츠 구단을 운영하는 것 역시 단순히 이윤 극대화를 추구하기 때문이라고 보기 어렵다.[16]

유럽의 프로스포츠 구단들이 이윤극대화보다는 효용극대화를 중시하는 성향이 있다고 보는 이유는 다음과 같다.

첫째, 구단의 장기적인 손실이 어느 정도 용인된다. 기업의 경우 일정 기간의 손실은 장래의 이윤을 기대하면서 시장이 활성화되기 위한 기반, 즉

---

13 미국에서도 일부 구단주들은 자신들의 팀을 명예나 취미로 운영하기도 한다. 이들은 자신의 팀이 미래에 얻을 수 있는 이윤에 비해 적정수준 이상의 자금을 투자하고, 이윤 창출보다 경기에서의 승리에 보다 큰 관심을 가지고 있다. NFL의 샌프란시스코 포티나이너스(San Francisco Forty-Niners)를 소유하고 있는 프레디 디버텔로(Freddie Debartelo)가 대표적인 예이다.

14 실제로 지멘스키(Szymanski, S., 1999)와 커퍼스(Kuypers, T., 1999)는 1978년부터 1997년에 걸쳐 40개의 영국 축구팀을 연구한 결과, 프로스포츠 팀의 이윤과 경기에서의 승리 간에는 어떠한 관계도 존재하지 않는다고 결론을 내렸다.

15 영국 FA 의장인 데이비드 트라이스먼은 영국 프리미어리그에 참여하고 있는 구단들의 부채 총액이 약 30억 파운드(약 6조8,420억원)에 달한다고 밝혔다. 트라이스먼은 "각 구단들이 자금 투명성을 제고하지 않는다면 더 많은 클럽들이 어려움을 겪을 것"이라며 "현재의 영국 프리미어리그가 재정적 위기에 봉착"했고, "잉글랜드 축구계가 떠안고 있는 30억 파운드의 전체 부채 중 약 1/3을 프리미어리그(EPL)의 '빅4'라고 불리는 맨체스터 유나이티드, 리버풀, 첼시, 아스널 팀들이 안고 있다"고 밝혔다(한국스포츠산업진흥협회, 2008).

16 스코틀랜드 프리미어리그의 두 개 팀은 14만5천 명의 인구를 가진 아주 작은 지역(Dundee)에 연고를 두고 있다.

장기간 투자로 간주된다. 그러나 만약, 이윤극대화를 주요 목표로 하는 기업이 지속적으로 손실을 기록한다면, 그 기업은 매각되거나, 파산하거나, 그 시장에서 퇴출당해야 할 것이다. 하지만 많은 유럽의 축구 구단들이 지난 20년 동안 많은 손실을 보고 있고 이러한 손실이 조만간 회복될 것이라는 근거 역시 찾아보기 어렵다. 케이블과 위성방송을 통한 스포츠 경기 중계수익은 투자자들이 기대하는 것만큼 크지 않고, 구단들은 유망한 선수들에게 고액의 연봉을 지불하고 선수들의 이적에도 엄청난 비용을 지출하고 있다.

이와 같이 유럽의 프로축구 구단들이 많은 부채를 지고 있음을 감안할 때, 이들 구단들이 이윤극대화를 제일의 목표로 추구한다고 보기는 어렵다. 〈표 8-5〉는 유럽의 주요 프로축구단들의 시장가치와 부채비율을 보여준다. 맨유(MU), 아스널(Arsenal), 리버풀(Liverpool) 등 프리미어리그를 대표하는 명문구단들의 부채비율도 40%를 훌쩍 넘어서고 있다.

둘째, 프로스포츠 구단들이 지나치게 많은 선수들을 고용하고 있다. 미국 야구와 하키 팀은 대부분 2군 팀(farm team)을 운영하고 있으며, 여기에서 필요하다면 메이저리그 수준의 선수를 선발하여 메이저리그에 기용할 수 있다. 2군 선수를 많이 보유하고 있다는 의미는 이 팀들이 2군 선수들의 팀 수익에 대한 기여도보다 많은 비용(임금)을 지출하고 있다는 것을 의미한다. 즉, 프로스포츠 구단을 기업의 입장에서 보면 기업을 운영하는

| 표 8-5 | **주요 축구구단의 가치와 부채비율**

팀	국 가	추정가치($)	부채비율(%)
맨유(Manchester United)	잉글랜드	18억	46
아스널(Arsenal)	″	11억	41
리버풀(Liverpool)	″	8억2천만	47
토트넘(Tottenham)	″	3억7천만	29
샬케04(Schalker04)	독 일	3억8천만	50
도르트문트(Borussia Dortmund)	″	2억6천만	32
바이에른 뮌헨(Bayern Munchen)	″	9억9천만	14
레알마드리드(Real Madrid)	스페인	13억	54

자료: *Sports On*(2010.7).

구단의 부채   유럽의 일부 구단들은 선수들의 과다한 연봉이나 이적료 등으로 인해 많은 부채를 지고 운영에 어려움을 겪기도 한다.

데 비효율일 정도로 많은 근로자들을 두고 있다고 할 수 있다.

셋째, 많은 프로스포츠 선수들이 자신의 가치보다 더 낮은 생산물을 생산하기도 한다. 많은 팀들이 경기에서 승리하기 위해 경기 능력이 뛰어난 선수들을 높은 금액을 들여 고용하고 있다. 하지만 구단이 아주 비싼 가격으로 고용했음에도 불구하고 경기에서 제대로 능력을 발휘하지 못하는 선수들이 나타나기도 한다. 고액 연봉을 받으면서도 승리에 대한 기여도가 낮은 선수들이 자주 목격되는 것은 팀이 이윤을 극대화하는 전략을 엄격하게 적용하지 않고 있다는 간접적인 증거가 된다.

넷째, 스포츠 경기라는 제품을 생산하는 비용보다 제품의 가격이 낮은 경우가 발생한다. 즉, 생산 원가가 판매가격보다 더 높다는 의미이다. 경기에 참여하는 선수나 감독들의 연봉과 경기입장료, 방송중계료 등을 비교해 보면 알 수 있다. 유럽의 축구, 미국의 NFL 등 일부 프로스포츠의 경우 여러 해 동안 입장권을 구입하려고 하는 사람들이 대기하고 있으므로, 이윤을 극대화하기 위해서는 경기장 시설을 확충하거나 입장료를 올리는 것이 합리적이다. 그러나 이러한 전략을 선택하지 않는 것은 구단이 추구하는 가치가 이윤극대화가 아닐 것이라는 추측을 가능하게 한다.

지리적·문화적 특징

유럽의 프로스포츠 시장은 스포츠 자체를 좋아하고 스포츠의 문화적 가치를 더 중시하는 성향이 있다. 즉, 프로스포츠 시장이지만 스포츠의 비상업적 가치가 상대적으로 중시된다. 유럽 프로스포츠 시장의 본질은 팀 간의 상호경쟁을 통해 충성도 높은 팬을 확보하는 동시에 성장하고 발전한다는 것이다. 또한 프로스포츠 경기의 가치는 스포츠 자체와 사회나 지역을 위한 것이며, 수익은 부수적인 것으로 간주하려는 성향이 있다. 역사적으로 유럽의 프로축구 시장에서는 경기를 통해 이윤을 얻는 것이 제한적이었으며, 프로축구 팀에 대한 투자도 그다지 매력적이지 못했다. 특히, 영국에서는 축구의 상업적 목적보다 축구의 보급이나 대중화에 더 큰 관심을 두었다. 대부분 프로스포츠 팀은 법인화되지 않은 조직체이며, 개인 회원을 통해 운영된다. 본질적으로 가장 중요한 목적으로서의 이윤을 추구하는 형태가 아니라고 할 수 있다. 럭비 등 일부 스포츠 종목은 아직도 스포츠 경기를 통한 상업화를 거부하며 스포츠의 사회적 가치를 보다 우선시한다. 상대적으로 이윤극대화를 덜 중요하게 생각함에 따라 유럽의 많은 프로축구팀들은 적자 상태로 운영되고 있는데, 이는 통상적으로 기업이 운영되는 모습과는 다르다. 스포츠 팀을 소유한 기업들이 스포츠 팀을 중요한 자산으로 취급하지 않는 이유가 여기에 있다. 그럼에도 불구하고 스포츠의 경제·사회적 역할은 지속되고 있으며, 일부 프로축구 구단과 선수들의 가치는 천문학적 수준에 이르고 있고 많은 젊은이들이 스포츠를 통한 성공을 꿈꾸고 있다.

반면, 미국의 프로스포츠 리그는 지역에 대한 일체감이나 소속감이 유럽에 비하여 상대적으로 적다. 스포츠 팀은 주로 경제적 목적에 따라 다른 지역으로도 손쉽게 이동하기도 하며, 일부 스포츠 팀은 상업적 목적을 중시하는 기업의 체인점과 같이 운영되기도 한다. 서포터들의 정체성은 찾아보기 어렵고, 팬들은 단순히 고객 중의 하나로 간주된다.

그러나 일부에서는 유럽과 미국의 프로스포츠 구단들이 이윤극대화나 효용극대화를 염두에 두기보다는 지역적 특성에 따라 자연스럽게 운영되고 있다고 주장한다. 유럽 프로축구시장의 경우 인구에 비해 너무 많은 팀이 활동하고 있기 때문에 경기에서의 승리를 통해 이윤을 창출하기가 쉽지 않기 때문이다. 스포츠 경기를 통해서 수익을 낼 만한 지역은 더 이상 존재하지 않고, 리그의 규칙이 유연하지 못하기 때문에 지역적 재배치도 어렵다. 이러한 상황에서 유럽의 프로축구 구단들은 손실을 최소화하거나 효용을 극대화하려고 노력한다고 주장한다.

　　그러나 사실상 손실의 극소화는 이윤극대화와 같은 논리이고 효용의 큰 부분 역시 이윤이 차지하고 있음을 고려한다면 이윤은 여전히 팀 운영에 가장 중요한 요인 중 하나라고 할 수 있다. 결론적으로 각 구단들이 프로스포츠 팀을 운영하는 목적을 명확하게 구별하기는 쉽지 않다. 이윤을 가장 중요하게 생각하는가 하면 경기에서 승리를 중시하고 그 다음에 이윤을 추구하거나, 팀의 승리와 이윤극대화를 구분하지 않기도 하고, 어떤 경우에는 그 밖의 다른 목적을 추구하기 때문이다. 〈표 8-6〉은 지금까지 설명한 유럽과 북미의 프로스포츠 리그들의 특징과 개략적 차이를 정리한 것이다.

| 표 8-6 | 유럽과 북미 프로스포츠 시장의 특징

구 분	북 미	유 럽
분석 대상	• MLB, NFL, NBA, NHL	• EPL 등 프로축구
목 적	• 이윤극대화	• 효용극대화(경기 승리)
리그 시스템	• 폐쇄형 • 팀간, 리그간 경쟁	• 개방형(승강제도) • 팀간, 리그간, 국가간 경쟁
규모와 형태	• 구단의 수 엄격제한 • 지역독점, 연고지 이동 가능 • 주식시장 상장 금지	• 구단제한 상대적으로 약함 • 연고지 이동 제한 • 주식시장 상장(영국)
선수시장	• 신인선수 드래프트 • 연봉상한제(NFL, NBA) • 공동협상(선수노조) • 선수 현금판매 엄격제한	• 선수 이적시장 • Bosman Case • 개별협상 • 선수 현금판매 가능
수입배분	• 입장수입(NFL), • 중앙방송 수입(MLB) 배분 • 사치세(MLB) • 연봉상한제(NFL, NBA)	• 입장수입 배분 작거나 없음 • TV수입배분 • FA Cup 입장수입 배분
노조활동	• 적극적(호전적)	• 소극적
가치관	• 상업성 중시	• 스포츠 자체, 문화적 가치 중시
일체·연대감	• 소속감·일체감 적음	• 소속감·일체감 큼
정부 지원	• 소극 개입 • 시설 등 간접지원	• 적극 개입(아마, 프로 등) • 시설지원 적음

자료: Hoehn, T. & S. Szymanski(1999)；Andreff, W. & S. Szymanski,eds(2006).

부 록

북미와 유럽 리그의 재정 운용 특징

현대적 의미의 프로스포츠 시장은 주로 미국과 영국에서 시작되었다. 미국을 비롯한 북미에서는 MLB, NFL, NBA, NHL 등 메이저리그와 영국을 비롯한 유럽국가에서는 프로축구 리그가 성행하고 있다. 이들은 출범 이후 파산, 통합 등을 경험하면서 생존에 필요한 수입을 확충하기 위해 많은 시행착오를 경험하면서 다양한 방안을 모색해 나가고 있다. 프로스포츠 선진 리그들이 많은 소비자들로부터 지지를 받으면서 재정수입을 확충하기 위한 노력들은 유치산업단계를 벗어나지 못하고 있는 후발 프로스포츠 리그들에게 교훈이 될 것이다. 여기서는 북미의 메이저리그와 유럽의 프로축구 리그들의 재정확충 방안과 과제를 살펴보고자 한다.

북미 리그

북미의 메이저리그와 구단은 파산, 통합 등을 경험하면서 생존해오고 있다. NBA의 경우 1949년에 17개 팀이 프로리그가 출범하였으나 1954~5년 시즌에는 9개 팀만 남았다. 당시에 프로스포츠 리그나 팀의 파산 비율은 일반기업의 파산 비율보다 훨씬 더 높았다고 주장된다. 스컬리(Scully, G. W., 1989)는 1876년부터 1900년까지는 북미의 야구 메이저리그에서는 1년에 평균 한 팀 정도가 파산하였다고 주장한다.

또한, 북미의 프로스포츠 시장에서는 동일 종목의 프로스포츠 시장에서 여러 개의 리그가 등장하였으며, 경쟁에서 패할 경우 파산하거나 다른 리그로 통합되기도 하였다. 미식축구시장에서는 1920년에 AFL(American Football League)이라는 또 다른 리그가 출범하였으나 1966년 NFL(National Football League)에 통합되었다. 1980년대에 WFL(World Football League)가 등장하였으나 재정난으로 파산하였으며, 최근에는 XFL이 시장에 진입하였으나 한 시즌만에 파산하였다. MLB는 초기에는 NAPBBP, NL, AL, FL 등의 리그가 있었으나 재정난으로 파산하거나 다른 리그에 흡수되어 NL과 AL이 운영되고 있다.

리그는 구단의 수익을 위해 지역독점권, 선수시장 개입 등 다양한 조치를 시행하고 있다. 메이저리그에서는 초창기에 많은 구단들이 재정난으로 파산하기도 하고 리그가 중단되기도 하는 등 시행착오를 경험하면서 리그나 구단이 안정적으로 생존할 수 있는 다양한 방법을 모색하였다. 최근에는 북미의 메이저리그들이 유럽의 프로축구 리그에 비해 상대적으로 안정적으로 운영되고 있다고 주장되는데, 그 근거를 살펴보자.

첫째, NFL, NBA, NHL, MLB 등의 메이저리그에서는 입장수입, 방송중계료 등의 수입을 배분하고 부유세를 부과하는 등 팀 간의 전력균형을 위한 조치들을 운영하고 있다. 전력균형에 대한 개념은 분명하지는 않지만 미국의 프로스포츠 리그에서는 팀 간의 수입배분을 통해 전력을 균형시키고자 한다.[17] 수입배분은 상대적으로 전력이 약하고 수입이 적은 구단들도 재정적으로 안정을 기할 수 있을 뿐 아니라 전력을 강화할 수 있어 리그 내 팀들 간 전력차이를 줄일 수 있다. 경기에서 상대팀과의 전력이 엇비슷할 경우 경기결과에 대한 불확실성이 증가하게 되고, 팬들은 보다 많은 관심을 가지게 되는 것이다. 이러한 수입배분 조치들은 리그가 보다 많은 수입을 올릴 수 있을 뿐 아니라 리그나 구단이 생존하는 데 도움이 된다. 오늘날 미국의 프로스포츠 리그들이 재정적으로 안정되고 있는 가장 중요한 이유는 구단들 간 수입을 공유하기 때문이다.

둘째, 선수들에 대한 감가상각(減價償却, depreciation)을 인정한다. 감가상각은 공장이나 기계설비와 같은 고정자산이 제품을 생산하는 데 사용(마모)된 가치를 인정하여 기업들이 세금을 부과할 때 일정부분을 공제하는 것이다. 이러한 유형의 고정자산들은 모든 기간에 걸쳐서 평균적으로

---

17 전력균형에 대해서는 제Ⅲ편 제9장에서 자세히 논의한다.

프로스포츠 팀의 연고지 이동 미국의 프로스포츠 팀들은 조건에 따라 연고지를 옮기는 경우가 많다. NFL의 레이더스 경기장 내부와 MLB의 애틀랜타 브레이브스 경기장

감가되며 기간마다 일부 가치가 제품에 이전된다는 점을 감안하여 일정기간 비용으로 처리하는 방식이다.

마찬가지로 미국의 프로스포츠 구단에서는 선수들의 경기력(노동력)도 계속해서 사용하게 되면 기업의 고정자산과 마찬가지로 결국에는 마모되므로 감가상각이 필요하다고 주장하였다. 감가상각은 1940년대 말 클리블랜드 인디언스(Cleveland Indians)의 구단주인 빌 비크(Bill Veeck)가 최초로 자신의 선수들을 대상으로 적용하였다. 예를 들어, 프로스포츠 선수생활 기간이 10년이라면 선수의 자산가치를 매년 10%씩 인하하고 그만큼을 비용으로 처리하는 것이다. 메이저리그에서는 선수들에 대한 감가상각을 인정받음으로써 수백만 달러의 세금감면 혜택을 보고 있다.

셋째, 메이저리그의 스포츠 경기장은 대부분 지방정부가 건설하고 관리한다. 구단들은 경기장을 무료로 사용하거나 아주 적은 사용료를 지불한다. 구단들은 지방정부가 경기장 시설을 충분히 제공하지 않을 경우 다른 지역으로 연고지를 옮기기도 한다. 또 보다 많은 관중과 수입이 가능한 곳으로 이동하기도 한다.[18] 실제로 2002년 NBA의 샬롯 호르넷츠(Charlotte Hornets)는 뉴올리언스(New Orleans)로 이동하였는데, 이는 관중이 적었고 재정적자가 발생하였으며, 새로운 경기장 시설에 대한 재정적 지원을 유권

---

18 MLB의 보스톤 브레이브스(Boston Braves)는 밀워키(Milwaukee)로, 그리고는 밀워키에서 아틀란타(Atlanta)로 연고지를 옮기고 애틀랜타 브레이브스(Atlanta Braves)로 이름을 바꾸었다. 또 필라델피아 애틀레틱스(Philadelphia Athletics)는 캔사스 시티(Kansas City)와 오클랜드(Oakland)로 이동하였다. NFL의 레이더스(Raiders)는 오클랜드(Oakland)에서 로스앤젤레스(Los Angeles)로, 또 오클랜드(Oakland)로 이동하였다.

자들이 거절했기 때문이다. 구단들이 연고지를 쉽게 옮길 수 있는 것은 미국에는 프로스포츠 구단을 유치하려는 도시들은 많이 있는 데 비해 메이저리그의 구단 수는 제한되어 있기 때문이다.

지방정부가 경기장을 건설하여 구단을 유치하는 것이 지역의 경제 성장에 크게 도움이 되지 않는다는 주장에도 불구하고 많은 지방정부들은 경기장을 건설하여 프로스포츠 구단을 유치하려고 한다. 지방정부에서는 프로스포츠 구단의 유치로 주민의 자부심을 제고하고 지역의 이미지를 개선하여 기업을 유치할 수 있다고 주장한다. 미국의 경우 많은 지방정부에서 경기장 시설을 아주 싼 비용으로 제공하고 있어 메이저리그의 구단들은 상대적으로 많은 수입을 올릴 수 있다.

반면, 영국의 프로축구 구단이나 럭비구단의 경우 대부분이 자체적으로 경기장을 소유하고 있으며, 시설관리 및 유지 등에 많은 비용이 지출되고 있다. 〈부표 8-1〉은 북미 메이저리그와 유럽의 프로축구 리그의 경기장 소유실태를 보여준다. 북미 메이저리그의 경우 경기장에 대한 지방정부 등의 지원 비중이 유럽의 경기장에 비해 훨씬 높음을 알 수 있다. 물론 북미에서도 NFL의 보스턴 MA(Boston MA), MLB의 마이애미 FL(Miami FL)의 경기장과 같이 지방정부의 지원이 없이 운영되는 곳도 있다.

| 부표 8-1 | 북미와 유럽 프로스포츠 리그의 경기장(1995년 기준)

구 분	리 그	지방정부(A)	사적 소유	합계(B)	비중(A/B)
북 미	MLB	24	4	28(30)*	82.1%
	NFL	26	3	29(32)	90.0%
	NBA	20	9	29(29)	69.0%
	NHL	19	7	26(30)	73.1%
영 국	Premier League	대부분 구단이 직접 소유			
스페인	Primera Liga	20개 경기장 중 12개는 구단이 직접 소유			
이탈리아	Serie A	지방정부			
독 일	Bundes-Liga	1/3 구단 직접 소유, 2/3 지방정부			

주: *는 2011년 수치임.
자료: Durand, C. & E. Bayle(2002) ; Coates, D. & B. R. Humphreys(2003).

유럽 리그

20세기 초 유럽의 프로스포츠 리그나 구단의 운영 수입은 주로 입장 수입, 후원금, 스폰서, 지방정부 지원 등에 의존하였으나 이러한 수입만으로는 운영이 어렵게 되자 경기 수를 늘리고, 입장료를 올리고, 보다 많은 후원과 스폰서를 끌어들이려고 노력하였다. 그러나 이러한 방법은 결과적으로 경기의 질적 저하를 초래하였고 구단의 재정난은 더욱 심화되기도 하였다. 최근 유럽의 프로축구 구단들은 다양한 방법을 동원하여 재정적 어려움을 극복하기 위해 노력하고 있다.

첫째, 프로축구리그나 구단의 재정지출에 대한 정부의 철저한 규제이다. 구단의 재정지출에 대해서 철저히 감시할 경우 구단은 외부의 허락없이 구단의 수입을 넘어서는 지출을 하기가 어렵게 된다. 이는 1990년대 초반 유럽의 일부 구단들이 재정난을 경험하면서 얻은 교훈이다. 예를 들어 어느 구단이 선수를 채용하는 데 있어, 구단의 재정능력을 넘어서면 리그나 정부에서는 선수채용을 합법적으로 무효로 할 수 있다. 이러한 규제는 구단이 재정위기에 빠지지 않도록 하는 데 효과적으로 작용하였나. 프링스 프로축구 리그가 대표적이다. 그러나 이탈리아, 영국, 스코틀랜드 등에서는 이러한 규제가 없었으며, 그 결과 이들 국가 팀들이 국가간 스포츠 경기에서 보다 많은 승리를 할 수 있었다. 이런 면에서 프로스포츠 리그에 대한 규제는 역설적이라고 주장된다. 대체로 규제가 적은 리그에서는 선수를 위한 비용이나 지출이 많아지고 그 결과 리그간 또는 국가간 경기에서 승리할 가능성이 높아지기 때문이다. 영국, 이탈리아, 스페인 등의 리그가 UEFA나 챔피언 리그에서 자주 승리하는 이유이다. 이에 따라 이들 국가에서 해당 스포츠의 인기는 높아지는 반면 프랑스와 같이 규제가 심할 경우 선수에 대한 지출이 줄어들게 되고 그 결과 경기에서 승리할 가능성이 낮아지게 되어, 궁극적으로 팬들로부터 외면을 당할 수도 있다.

둘째, 구단의 자금대출 규제를 강화하는 것이다. 독일에서는 구단의 대출능력을 철저히 제한하고 있으며, 대출을 할 경우 구단주가 개인적으로 보증을 하도록 하여 구단이 무리한 재정적 투자를 할 유인을 감소시켰다. 반면 은행으로부터 많은 자금을 빌려 투자해 온 이탈리아, 영국, 스코틀랜드 등의 구단주들은 개인적 위험에 직면하기도 하였다. 주주들이 구단주의 과도한 지출에 대해 적절한 제한을 가할 수 있다면 구단의 과도한 투자 행위는 줄어들 것이다. 그러나 유럽에서는 주주들의 영향력이 상대적으로 제한적이라는 문화적 특성이 있다는 데 문제가 있다.

셋째, 구단을 주식시장에 상장하는 것이다. 영국의 프로스포츠 구단들의 주식시장 상장은 프로축구 구단에 대한 팬들의 인식을 변화시키기도 하였다.[19] 프로스포츠 구단도 비영리조직이 아니라 일반적인 기업과 같이 이윤극대화를 추구하는 조직이라는 것이다. 즉, 프로스포츠 구단도 이익을 추구해야 생존할 수 있다는 사실을 일깨워 주었다. 1990년대 중반 프로축구 구단들의 주식시장 상장은 투자자들에게 높은 수익을 기대하게 했으며, 특히 미래가치에 관심을 갖게 하였다. 그리고 투자자들은 구단이 선수들에게 지나치게 높은 연봉을 주지만 않는다면 구단에 대한 투자는 고수익이 가능할 것이라고 전망하기도 하였다.

초기에 주식시장에 상장했던 맨유(MU) 등 소수 팀은 주식의 가치가 상승하였다. 또한 축구 클럽의 주식시장의 상장은 구단주들의 부를 증식시키기도 하였다.[20]

1997년 중반 들어 선수들의 연봉상승률이 투자수익률을 넘어서면서 투자에 대한 관심이 줄어들었다. 많은 팀들이 수입의 대부분을 선수채용 등에 사용하면서 주주들에 대한 이익배분이 제대로 이루어지지 않으면서

---

19 프리미어리그에서는 1983년 토튼햄 핫스퍼(Tottenham Hotspur)팀이 최초로 런던 주식시장(London Stock Exchange)에 상장하였으며, 1989년 밀월(Millwall), 1991년 맨유(Manchester United) 등이 상장하였다. 맨유 주식의 가치는 2002년에 90펜스(pence)였으나 2004년 초에 265펜스로 거의 세 배나 증가하기도 하였다. 그러나 2005년 글레이저가 구단을 인수하면서 상장을 폐지하였는데, 영국의 선데이 타임즈는 구단주가 맨유를 인수할 당시 대출금을 해소하기 위해서 맨유를 홍콩증시에 상장한다고 보도하였다(매경, 2011.6.13).

20 맨유의 에드워드(Edwards)는 1978년 60만 파운드를 투자하여 1997년에 약 3천3백만 파운드를, 뉴캐슬 유나이티드의 홀(hall)은 1990년대 초반에 3백만 파운드를 투자하여 1990년대 말에는 1억 파운드의 이득을 얻었다.

맨유와 토튼햄 핫스퍼 최근 싱가포르에서 10억 달러 규모의 주식시장 상장을 추진하고 있는 맨유와 주식회사 형태의 토튼햄 핫스퍼

투자자들로부터 외면을 당하였다. 또 일부 구단들은 재정적자 누적, 파산 등으로 구단주가 바뀌기도 하였다. 많은 클럽들이 주식시장에 상장하였으나 선수들의 높은 연봉 등으로 이익을 창출하기가 어렵다는 것을 알게 되자 축구클럽의 주가는 하락하였고 많은 구단들이 상장폐지를 경험하였다.

넷째, TV방송사 등 미디어사들의 전략적 투자이다. 프로축구팀에 대한 미디어의 전략적 투자는 주로 지분공유를 위해 위성방송사들에 의해 이루어졌는데[21] 프리미어리그에서는 스포츠 경쟁의 순수성을 보호한다는 이유로 팀에 대한 미디어의 지분 공유를 10% 미만으로 제한하였다. BSkyB, CLT-UFA, AB Sports, Canal Plus 등 방송사들의 프로스포츠 팀 주식 매입은 새로운 사실이 아니다.[22] 이미 RAI의 이탈리아 Calcio, ARD-ZDF의 독일 분데스리가, BBC의 영국 프리미어리그, ORTF의 프랑스 축구리그 등 공영 방송사들이 프로축구 구단의 주식을 가지고 있다. 그러나 이들 방송사들의 수입은 관람객, 후원금 등과 비교하면 그리 많은 것이 아니다. 미디어사들이 프로스포츠 구단의 지분을 공유하려는 이유는 미디어사들이 경기장 관중과 TV시청률을 증가시켜 프로스포츠 산업과 자사의 경쟁력을 강화시키기 위해서이다. 많은 방송사들이 생겨나면서 리그나 구단들은 스포츠경기

---

21 1998년 9월 BSkyB사가 맨유(MU)팀을 인수하려고 하였으나, 1999년 독점·합병 위원회(Monopolies & Mergers Commission)의 반대로 무산되었다.

22 1999/2000년에 BSkyB사는 첼시(Chelsea) 9.9%, 리즈 유나이티드(Leeds United) 9.1%, 맨체스터 시티(Manchester City) 9.9%, 맨유(MU) 9.9%, 썬더랜드(Sunderland) 6.5%의 지분을 소유하였다. 케이블 방송사인 NTL은 아스톤 빌라(Aston Villa) 9.9%, 레이시스터 시티(Leicester City) 9.9%, 미들스브로우(Middlesbrough) 5.5%, 뉴캐슬 유나이티드(Newcastle United) 9.8%의 지분을 소유하였다. 또한 상업 방송인 그라나다(Granada)는 아스널(Arsenal) 5%, 리버풀(Liverpool) 9.9%의 지분을 소유하였다.

재미있는 스포츠경제

토튼햄 핫스퍼의 주식 상장

당시 토튼햄 핫스퍼의 구단주인 어빙 스콜라(Irving Scholar)는 축구를 사업으로 간주하고 사업체로 운영하려 하였으나 영국축구협회의 수익배분 금지조항이 걸림돌이었다. 영국축구협회에서는 축구클럽에서 발생하는 일체의 수입은 축구 외의 목적으로 분배해서는 안된다고 규정하고 있었기 때문이었다. 1983년 스콜라는 토트넘 클럽을 소유하는 지주회사를 설립하여 주식시장에 상장하여 투자를 유치하였다. 지주회사가 축구클럽이지만 법적으로는 지주회사가 축구클럽이 아니기 때문에 수입금배분에는 문제가 없었다. 즉 토트넘 핫스퍼라는 축구클럽은 '토트넘 핫스퍼'라는 주식회사에 속한 축구클럽이 된 것이다. 토트넘 핫스퍼 주식회사를 통해서 토트넘 축구클럽의 모든 자금이 관리되고 축구에서 발생하는 수입도 지주회사를 통해서 투자자들에게 배분되었기 때문에 영국의 축구협회에서도 제재를 할 수가 없었다.

중계방송료를 좀 더 높은 가격에 협상할 수 있게 되었다. 이는 유럽에서 미디어산업에 대한 규제완화와 사유화 등으로 나타난 결과이다. 특히 TV채널의 증가로 인해 유럽국가에 하나씩 존재했던 공영방송의 스포츠경기 중계에 대한 수요 독점적 지위가 사라지게 되었다.

다섯째, 영국의 프로축구시장에서는 자산유동화 증권을 발행한다.[23] 자산유동화 증권(ABS: Asset Backed Securities)은 말 그대로 부동산 등 여러 가지 형태의 기업자산을 담보로 발행되는 채권이다. 일반적으로 ABS는 자산보유자와 별도로 분리된 특수목적회사(SPC)가 발행한다. 자산유동화 증권은 금융, 제조업 등에서 주로 사용되어 왔으나, 최근 영화, 음악, 스포츠산업에서도 사용되고 있다.

프리미어리그에서 구단들은 재정확충을 위한 방안으로 '경기장 입장

---

23 자산담보부증권으로 불려왔으나 1998년 9월 '자산유동화에 관한 법률'이 제정되면서 자산유동화 증권으로 불린다. 1999년 12월 뉴캐슬 유나이티드(Newcastle United)는 제임스 파크 경기장(St. James' Park Stadium)의 관중석을 3만6천 명에서 5만5천 명 규모로 늘리는 공사를 위해 경기장 입장 수입을 담보로 하는 자산유동화 증권으로 5천5백만 파운드를 조달하였다. 이외에도 맨체스터시티(4천4백만 파운드), 사우스햄튼(2천5백만 파운드), 레이스터시티(2천8백만 파운드), 에버튼(3천만 파운드) 등이 자산유동화 증권을 발행하여 자금을 조달하였다.

수입'을 담보로 자산유동화 증권을 발행하기도 하였다. 자산유동화 증권은 미래의 수입이 예측가능해야 하고 안정적이어야 한다. 프리미어리그의 구단에는 충성도가 높은 팬이 많이 있으며 대체로 역사적, 지리적 특성을 지니고 있으므로 경기장 관중도 어느 정도 예측이 가능하다는 점에서 자산유동화 증권을 발행하여 구단의 재정을 확충하였다.

재정확충수단은 주로 경기장 증·개축을 위한 것이다. 2002년 말에는 영국의 8개 프로축구 구단들이 25년간에 걸쳐 상환하기로 하고 3억4,200만 파운드를 증권화하였는데, 대부분이 경기장 시설 증개축을 위한 것이었다. 이러한 유형의 채무는 미래를 위한 투자라고 할 수 있다. 대부분의 구단들은 자산유동화 증권을 경기장 신축, 증개축을 위해 사용하였지만, 리즈 유나이티드(Leeds United)와 맨유(MU) 등 일부 구단들은 유능한 선수채용에 사용하기도 하였다. 이는 리그에서 강등되거나 챔피언스리그, 챔피언스컵대회에 진출하지 못할 경우 입장료 수입 감소, 방송중계권 수입 감소 등으로 이어질 수도 있기 때문이었다.

자산유동화 증권은 복잡하고 비용이 많이 들기 때문에 만약 팀의 재정상태가 어려워진다면 회복이 어려워질 수 있다는 문제점이 있다. 리그에서의 경기 성적이 반드시 선수 영입에 투자한 돈에 비례하는 것이 아니었으며, 리그에서 경기성적이 좋지 못한 구단들은 하위 리그로 강등되었고 입장료 수입이 줄어들어 자금을 제대로 상환하지 못하기도 하였다. 또한 금융기관 종사자들이 축구산업의 생리와 리스크를 제대로 파악하지 못하고 자산유동화 증권을 발행하기도 하였다. 프리미어리그에서 자산유동화의 주요 투자자들은 대부분이 미국계 기업으로서 승강제도를 제대로 이해하지 못하였고 리그에서 하위 리그로 강등될 경우 발생하는 위험을 제대로 인식하지 못하였다.

여섯째, 선수임대 및 판매방식이다. 유럽 프로축구 구단의 자산 중 하나는 등록된 선수의 가치를 이적시키는 것이다. 구단은 등록된 선수의 소유권에 대해 독점력을 지니고 선수를 이용하여 경기라는 서비스를 제공한다. 만약 어떤 선수가 다른 팀으로 이적한다면 선수의 등록도 이전된다. 선수가 다른 팀으로 이적할 때 선수의 이적비용은 선수가 이전에 소속되었던 팀에 대한 보상 수단으로 지불된다. 선수이적은 1995년 보스만 판결(Bosman Case) 이후 활발하게 이루어졌다.

선수임대는 1990년대 말 영국 프로축구리그에서 시작되었다. 이 방식은 중장기간 채무를 위한 증권(designated security)과 같이 등록된 선수의 가치를 이전시키는 것이다. 이러한 방식은 런던의 한 보험회사에 의해서 시작되었다. 프로축구 구단들은 선수임대를 현금활용을 위한 수단으로 이용하기도 한다.[24] 선수임대는 공식화되었으며 구단이 선수를 보호하려는 취지에서 선수이적보다 임대를 선호하고 있다.

일부 구단들은 재능있는 선수들을 공급하여 구단의 재정상태를 개선시키기도 한다. 프랑스 프로축구구단인 낭트(Nantes), 오세르(Auxerre) 등은 선수들의 재능을 개발·훈련시켜 다른 구단에 판매하여 수입을 얻는 것으로 알려져 있다. 새로운 선수를 시장에 충분히 공급할 수 있게 된 것은 앞에서 설명한 보스만 판결 이후부터이다. 실제로 보스만 판결 이후 프랑스 프로축구 구단들은 유럽의 시장에 프로선수들을 공급하는 역할을 해왔으며 이를 통해 프랑스 구단들은 재정적으로 안정을 유지하게 되었다.

일곱째, 기업들의 참여이다. 기업의 프로스포츠 시장에의 진입은 커다란 변화를 가져왔다. 기업들은 자신들이 소유한 구단에 헌신적이며 구단의 재정상태를 개선시키려고 한다. 기업들의 프로스포츠 구단 경영 참여는 구단에의 투자를 증가시켜 구단들이 재정적 여력을 지니게 되었으며, 이로 인해 훨씬 더 성장하고 경쟁력을 향상시킬 수 있게 되었다. 또 기업들은 스포츠 이벤트 촉진, 경기장 시설 개선 및 효율적 관리, TV중계권 소유, 상품 판매 등을 포괄적으로 수행하는 산업간 수평적 통합(vertical integration)을 통해 거대한 기업군을 형성하기도 한다.[25]

---

24 선수임대는 1999년 여름 브래드포드(Bradford City)와 리즈 유나이티드(Leeds United) 간에 최초로 거래되었다. 존스와 분(Jones, D. & Boon, G., 2003)에 의하면 1999년~2002년간 영국 프리미어리그에서 구단간 선수 판매, 임대는 약 1억5천만 파운드에 달한다고 주장한다.

25 수평적 결합은 동종제품이나 인접제품을 생산하는 기업 간 통합으로서, 우유를 생산하는 기업과 주스를 생산하는 기업 간 결합을 예로 들 수 있다. 수직적 결합은 원재료의 생산에서 제품의 생산·판매

재미있는
스포츠경제

보스만 판결

1990년 벨기에 주필러 리그의 축구선수인 장 마르크 보스만(Jean-Marc Bosman)이 소속팀인 RFC리주에(RFC Liege)에서 프랑스 덩케르크(Dunkergue)로 이적하려고 하였으나 이적료와 외국인 선수 규정에 묶여 이적이 불가능해지자 UEFA를 유럽사법재판소에 제소하였다.

유럽사법재판소는 선수이적제한이 유럽연합회원국가 근로자들의 직업선택의 자유를 보장한 로마조약(Rome Treaty) 제39조에 위배된다고 판결하였다. 재판소는 1995년 12월 축구선수들은 자유로운 직업선택의 권리가 인정되므로 소속팀과 계약이 끝난 선수는 이적료 없이 자신이 원하는 팀으로 이적할 수 있으며, 외국인 선수도 UEFA 소속 15개 국가에서는 자유롭게 이적할 수 있다고 판결한 것이다.

선수의 자유로운 이적과 외국인 선수 보유제한 폐지로 요약되는 보스만 판결은 세계축구계의 선수이적 시장에 커다란 변화를 가져왔다. 보스만 판결 이후 선수들은 소속구단과의 계약이 6개월 이하로 남아 있을 경우에도 다른 구단과 사전에 계약할 수 있게 되었다. 또한 3+2룰(외국인 선수는 3명까지, 소속클럽의 유스팀(youth team) 출신이거나 해당 국가에서 5년 이상 활동을 한 선수는 추가로 2명까지 출전할 수 있도록 한 룰)이 사라지게 되었다. 보스만 판결은 미국 MLB의 보류조항삭제와 FA(자유계약선수)제도의 출현을 이끈 커트 플러드(Curt Flood)와 비교되기도 한다.

이러한 상호상승작용은 프로스포츠와 산업간 상호관계를 더욱 발전시켰다. 스포츠 경기뿐 아니라 경기관련 제품을 판매하기 위해서 다양한 방식을 동원하기 때문이다. 전문가들은 재벌기업들의 프로스포츠 시장 참여는 국경을 초월하여 보다 많은 사람들의 구단의 스포츠관련 상품구매를 더욱 촉진시킬 수 있다고 주장하기도 한다. 유럽 프로축구 구단들은 스포츠 의류, 셔츠, 장난감, 가방, 시계, 향수 등 상품판매 수입을 구단의 주요 부수입원으로 삼고 있다.

그러나 유럽의 프로축구구단들이 재정난을 극복하기 위해 도입하고

에 이르는 과정에서 인접한 단계에 있는 기업들 간의 결합이다. 과일을 생산하는 기업과 주스를 생산하는 기업 간 또는 정유기업과 석유화학제품을 생산하는 기업 간의 결합이 이에 해당된다.

있는 방법들이 바람직한가에 대해서 논란이 제기되기도 한다. 우선, 프로 스포츠 경기가 부자구단에 의해 지배된다는 것이다. 유럽의 프로축구 경기 결과는 점차 재정적으로 여유있는 구단에게 유리하게 작용하게 되었다. 선수 드래프트제가 없는 상황에서는 재정적으로 여유가 있는 구단들이 경쟁력을 강화하기 위해서 우수한 선수를 더 많이 채용할 수 있다. 이를 통해 부유한 구단들은 경기에서 승리할 가능성이 높아지고, 결국 이들은 더 많은 돈을 벌 수 있고, 또 더 유능한 선수들을 더 많이 채용할 수 있다.

그리고 구단의 재정여력에 따라 경기규칙이나 일정이 변화되기도 하고, TV광고수입을 증대시키기 위해서 경기에 대한 간섭이 더욱 커지기도 하였다. 예를 들어, 유럽의 프로축구 경기도 4쿼터로 운영하자는 주장이 제기되기도 하였다. 전후반 경기로 운영하는 것보다 더 많은 광고를 할 수가 있기 때문이다.

재미있는 스포츠경제 지방정부가 프로스포츠 팀을 유치하는 논리

지방정부, 특히 미국의 지방정부들이 다양한 보조금 지급이나 시설 제공 등을 통해 프로스포츠 팀을 유치하고자 할 때 가장 많이 사용하는 경제적 논리는 '외부효과'이다. 그림을 보자. 외부효과를 고려하지 않을 때 다이너마이트라는 프로야구 팀의 경기에 대한 특정 지역의 수요곡선과 공급곡선은 각각 D와 S로 주어져 있다고 하자. 이때 균형은 E_P에서 결정되고, 경기당 가격은 P_P, 공급 경기 수는 Q_P가 된다.

만일 다이너마이트가 특정 도시에서 경기를 할 경우, 주민들의 일체감과 긍지가 제고되고, 지역홍보효과로 인해 기업들의 유치가 수월해진다면 이는 긍정적인(양의) 외부효과가 있음을 뜻한다. 따라서 이 경우, 주어진 경기 수에 대해 그 지역이 전체적으로 지불할 의향이 있는 가격은 외부효과를 고려하지 않을 경우에 비해 높아지게 되고, 이는 외부효과를 고려한 지역 전체의 수요곡선(D_E)이 야구경기만을 고려한 수요곡선 D보다 높아지게 됨을 뜻한다.

개별 팀이나 소비자보다는 지역 전체의 경제적 효과를 고려하는 정책 입안자에게는 E_P보다는 E_S가 소망스러운 균형점이 된다. 이때 균형가격은 P_S, 균형수급량은 Q_S가 된다. 문제는 수요와 공급을 전적으로 야구경기 시장에 맡길 경우, 이 지역 소비자가 지불할 용의가 있는 경기 가격은 P_S가 아니라 P_P가 된다는 것이다. 개인에게 P_S를 지불하게 하면, 수요는 Q_A로 감소한다. 따라서 이 지역에서 다이너마이트 팀의 경기 수를 Q_S로 늘이기 위해

서는 지방정부가 이 팀을 유치하고, (P_S-P_P)에 해당하는 보조금을 지급할 수밖에 없다. 그러나 실증적으로 이러한 외부효과가 유의하게 존재하는지에 대해서는 의견이 엇갈리고 있다.

그림　**외부효과에 의한 균형가격과 균형수급량**

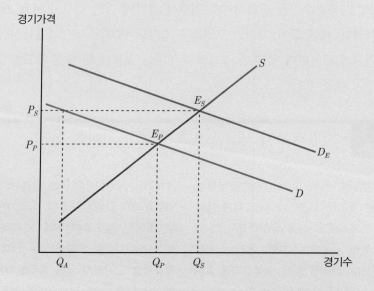

전력균형과 경쟁 제한

1. 의미와 측정 방식

경기 가치 극대화

팀 중심의 프로스포츠 경기에서는 어느 한 팀만의 경기력이 월등하다고 해서 질 좋은 경기라는 제품을 생산할 수 있는 것은 아니다. 프로스포츠 경기에서는 상대팀과 경쟁을 통해 '경기'라는 제품을 생산하므로 팀들 간 전력이 엇비슷하여 수준이 높고 흥미진진한 경기를 펼칠 때 팬들로부터 보다 많은 관심을 얻을 수 있고 제품으로서의 가치를 극대화할 수 있다. 또한 팀 간 전력이 엇비슷할수록 선수들도 과학적이고 체계적인 훈련을 통해 자신의 기량을 향상시키고 일반인들이 흉내조차 낼 수 없는 묘기나 기술을 선보이며 팀의 승리를 위해 노력하게 되는 것이다. 전력균형은 축구, 야구, 농구 등 팀 중심의 스포츠뿐 아니라 골프, 복싱 등 개별스포츠 경기에서도 중요하다.

스포츠 경기에서 승패를 예측할 수 없을 만큼 상대팀 간의 전력이 엇비슷할 경우 경기의 상품으로서의 가치가 극대화되고, 구단이나 리그는 보다 많은 수익을 올릴 수 있게 된다. 팀 간의 전력이 엇비슷하여 막상막하의 경기가 기대될 때 팬들이 경기에 보다 많은 관심을 가질 것이기 때문이다. 팀 간의 전력이 엇비슷하여 경기결과를 정확하게 예측하기 어려운 것을 경기 결과에 대한 불확실성(uncertainty)이라고 한다. 리그에서 팀 간 전력격차가 크게 나타나서 경기결과가 예측가능하다면, 팬들의 관심이 줄어들어 결과적으로는 두 팀 모두의 수익이 감소하게 될 것이다. 따라서 다른 모든 조건이 일정하다면, 리그 내 많은 팀들 간 전력균형(戰力均衡, competitive balance)은 팬들의 관심을 증대시키고 나아가서는 수익을 극대화시킬 것이다.[1]

프로스포츠 리그에서 팀 간 전력균형은 소비자들의 스포츠 경기에 대한 수요를 결정하는 중요한 요인 중 하나다. 전력균형은 경기결과에 대한

---

[1] 퀘크와 포트(Quirk, J. & R. Fort, 1997)는 미국에서 1946년 AFC(American Football Conference)가 출범했다가 1949년 NFC(National Football Conference)에 통합되었으나 결국 해체된 것이 팀 간 전력균형이 제대로 이루어지지 않았기 때문이라고 주장한다.

불확실성을 반영한다. 프로스포츠 리그는 전력균형을 위해 경기력이 뛰어난 선수들을 팀별로 배분하려고 한다. 경기결과에 대한 불확실성(不確實性)은 '플레이 오프 불확실성(play off uncertainty)'과 '경기결과에 대한 불확실성(game uncertainty)'으로 구분된다. 프로스포츠 리그에서 시즌이 끝날 때까지 팀 간의 전력이 엇비슷하여 어느 팀이 결승전(play off)에 진출하게 될지 예상하기 어려울 때 팬들은 보다 많은 관심과 흥미를 갖게 된다. 또한 프로스포츠 시장에서 팀 간의 경기능력이 엇비슷하여 경기결과에 대한 불확실성이 크다면 경기에 대한 가치가 높아질 것이다. 따라서 팀 간의 전력균형은 프로스포츠 리그의 성장과 발전에 중요한 역할을 한다. 이렇게 리그에서 팀 간의 전력균형은 소비자의 관심, 리그의 성장이나 생존 등과 연관이 있기 때문에 많은 스포츠 경제학자들이 전력균형에 관심을 가진다.

전력균형에 대한 학문적 접근은 1956년 로텐버그(Rottenberg, S.)가 '야구선수의 노동시장(the baseball's player's labour market)'에 대해 분석한 것이 시초이다. 그는 MLB에서 선수이동이 전력균형에 어떠한 영향을 미치는가에 관심을 가졌다. 기업이 경쟁을 통해 성공하려면 규모가 어느 정도 비슷한 경쟁기업이 존재해야만 하는 경우가 있는데 프로스포츠가 바로 이러한 특성을 지닌다. 로텐버그는 재능있는 선수들이 팀 간에 불공평하게 배분되는 것이 전력불균형을 발생시키는 주요 요인이라고 주장하였다. 로텐버그의 주장은 선수보류조항, 드래프트제, 수익배분, 지역독점, 연봉상한제 등과 연관이 있다. 로텐버그의 분석 이후 엘호드리와 쿼크(El-Hodri, M. & J. Quirk, 1971) 등이 전력균형과 관계된 정형화된 스포츠리그 모델을 최초로 개발하였고, 그 후 학자들이 보다 정교한 방법으로 리그에서 시즌 내 또는 시즌 간 전력균형의 정도를 측정하였다. 로텐버그의 연구는 프로스포츠 시장에 대한 이러한 일련의 경제적 분석을 가능케 하였다. 즉, 스포츠 경제학이 태동하는 데 결정적인 기여를 한 것이다.

한편, 유럽의 축구시장에서는 1995년 유럽연방법원(European Court of Justice)의 소위 보스만 판결(Bosman Ruling) 이후 축구선수들이 비교적 자유롭게 이적할 수 있게 됨에 따라 팀 간 전력불균형이 심화될 우려가 제기

보스만 판결과 전력균형 보스만 판결로 유럽의 프로축구 선수들은 구단의 동의와 이적료 없이 자유로이 다른 팀으로 이적할 수 있게 되었다.

되었다. 그 이전까지만 하더라도 외국인 선수에 대한 제약이 있었으며 구단과의 계약기간이 만료되더라도 이적하려면 이적비용을 선수가 지불해야 했지만, 판결 이후부터는 FA(free agent)에 해당되는 선수들은 이적비용에 대한 우려없이 자신의 능력에 걸맞는 축구팀과 자유롭게 계약할 수 있게 되었기 때문이다. 실제로 선수이동이 수월해짐에 따라 상대적으로 시장규모가 큰 국가나 지역의 팀들이 재능있는 선수들에 관심을 가지게 되었고, 이는 전력불균형을 심화시키는 계기가 되었다. 따라서 UEFA와 유럽 국가들의 리그에서는 전력불균형을 완화하고 소규모 팀을 지원하기 위한 새로운 방법을 모색해야만 했다.

전력균형 측정 방식

전력균형에 대한 논의를 구체화하기 위해서는 특정 스포츠리그에서의 팀간 전력균형 정도를 측정할 수 있어야 한다. 예를 들어, 전력균형이 리그나 구단의 수익과 관계가 있는지, 팬들의 반응에 어떤 영향을 미치는지 등을 정량적으로 분석하기 위해서는 전력균형을 객관적으로 측정하는 방법이 필요하다.

프로스포츠 시장에서의 전력균형을 측정하기 위한 전력균형지수는 많은 스포츠 경제학자들에 의해서 다양하게 제시되고 있다.[2] 이 가운데 가장

---

2 전력균형은 프로스포츠 시장에서 매우 중요한 개념이지만, 이를 측정하는 방법들은 일정수준의 통계학적 지식을 사용하고 있다. 여기에서는 가능한 한 단순한 방법으로 이들 지수를 설명하려고 했지만 어느 정도의 통계학 개념을 사용하는 것이 불가피하다. 통계학적 지식이 충분하지 않은 독자들은 그 개념들만이라도 이해하길 바란다.

널리 사용되는 네 가지 전력균형지수를 간략히 살펴보기로 하자.

첫째, 시즌의 팀 간 전력균형을 측정하기 위한 수단으로 승률에 대한 표준편차(standard deviation)를 이용하는 방법이다. 표준편차는 관측된 각 팀의 승률이 중앙값으로부터 어느 정도 떨어져 있는지 측정하는 것이다. 프로스포츠 경기에서 승리한 팀이 있으면 반드시 패한 팀이 있으므로 모든 리그에서의 평균 승률은 0.5라고 할 수 있다. 특정리그에서 한 시즌 내 승률에 대한 표준편차는 $\sigma_{w,t} = \sqrt{\sum_{i=1}^{n}(WPCT_{i,t} - .500)^2/N}$로 나타낼 수 있다. 여기서 $WPCT_{i,t}$는 특정연도 t에 리그에 속한 i번째 팀의 승률이고, N은 리그에 속해 있는 팀의 수이다.[3] 표준편차가 크면 클수록 승률에 대한 분산도 커진다. 만약, 모든 팀의 전력이 동등하다면, 매 경기마다 특정 팀이 승리하거나 패할 가능성은 50%가 될 것이고, 특정연도가 종료될 때 각 팀의 승률은 0.5가 될 것이다. 따라서 완전한 전력균형상태에서 특정연도 t의 승률의 표준편차는 0에 가깝게 될 것이다($\sigma_{w,t} = 0$). 또한 팀 간 전력이 균등한 이상적인 리그에서 각 팀이 경험하는 승률의 표준편차는 $\sigma_I = 0.5/\sqrt{G}$가 된다. 여기서 G는 각 팀의 경기 횟수이다.

승률에 대한 표준편차는 전력균형을 측정하는 데 유용한 도구이다. 이 지수는 리그나 팀 간 승률에 대한 표준편차가 크면 클수록 팀 간 전력차이가 심화될 수 있음을 고려한 지수이다.

리즈와 얼맨(Leeds, M. & P. v. Allmen, 2010)은 이 지수를 사용하여 NBA의 전력균형을 분석하였다. 〈표 9−1〉에 나타난 바와 같이 NBA의 2008~2009 시즌에 동부 애틀랜틱 디비전(Atlantic Division)의 보스턴 셀틱스(Boston Celtics)의 승률이 75.6%인 반면에 뉴욕 닉스(New York Knicks)의 승률은 39.0%이다. 서부 태평양 디비전(Pacific Division)의 LA 레이커스(LA Lakers)의 승률은 79.3%인 반면에 세크라멘토 킹스(Sacramento Kings)의 승

---

3 평균(mean)은 관측치를 다 더해서 관측치의 개수로 나눈 숫자이다. 분산(variance)은 관측치들이 평균에서 떨어진 정도를 말한다. 분산은 편차(deviation)를 제곱하여 평균한 것이다. 각 관측치와 그 평균과의 차이를 편차라고 하며 편차의 합은 0이 된다. 분산의 제곱근을 표준편차라고 하며 다음과 같이 나타낸다. $S = \sqrt{\sum_{i=1}^{n}(X_i - \bar{X})^2/(n-1)}$이다.

| 표 9-1 | NBA의 동부와 서부리그의 승률(2008~2009)

동부 애틀랜틱 디비전 (atlantic division)	승 률	서부 퍼시픽 디비전 (pacific division)	승 률
보스톤(Boston)	0.756	레이커스(LA Lakers)	0.793
필라델피아(Philadelphia)	0.500	피닉스(Phoenix)	0.561
뉴저지(New Jersey)	0.415	골든스테이트(Golden State)	0.354
토론토(Toronto)	0.402	LA 클리퍼스(LA Clippers)	0.232
뉴욕(New York)	0.390	사크라멘토(Sacramento)	0.207
표준편차(σ)	0.153	표준편차(σ)	0.247

자료: Leeds, M. & P. v. Allmen.(2010).

률은 20.7%이다. 승률만 볼 때 동부의 애틀랜틱 디비전이 서부의 퍼시픽 디비전보다 전력이 더 균형되었다고 할 수 있다.

한편, 동부 애틀랜틱 디비전 팀들의 승률에 대한 표준편차는 0.153인데 비해, 서부 퍼시픽 디비전 팀들의 승률에 대한 표준편차는 0.247이다. 팀의 승률에 대한 표준편차는 서부리그가 훨씬 더 크다. 즉 표준편차로 측정을 해도 동부 디비전의 팀 간 전력이 더 균형을 이루고 있다.

그런데 팀 간 전력차이가 없더라도 전체 경기 횟수가 다르면 승률에 대한 표준편차가 달라질 수 있다. 그리고 단기간의 경기에서는 표준편차보다 더 높은 승률을 기록할 수도 있으며, 시즌이 길어질수록 승률은 서로 비슷해지는 경향도 있다.

둘째, 중위권의 팀은 제외하고 강팀과 약팀의 전력만을 고려하여 지수를 측정하는 방법이다. 초과꼬리도수(ETF: excess tail frequency) 방식이라고 한다. 중위권에 속해 있는 팀의 경기는 대부분 일정수준의 불확실성을 지니고 있다. 반면 전력이 막강한 최강팀이나 최약체 팀의 경기결과는 어느 정도 예측이 가능하므로 별로 흥미를 끌지 못한다. 이론적으로 ETF는 승률의 정규분포에서 양쪽꼬리 영역에 위치한 팀이 얼마나 많은가를 비교하는 것이다. 즉, 완전한 전력평준화가 이루어졌다는 가정하에 표준편차를 구하고, 평균승률인 0.5를 중심으로 이상적 표준편차(ideal standard deviation)의 2배 영역$(0.5 \pm 2\sigma)$을 벗어난 승률을 기록한 팀이 얼마나 되는가를 보는 방식이다. 예를 들어, 한 시즌에 한 팀당 133경기를 할 경우 각 팀 승률의 이상적인 표준편차는$(0.5/\sqrt{133}) = 0.043$이므로, 평균승률인 0.5를 중심으로 이상적 표준편차(ideal standard deviation)의 2배 영역$(0.5 \pm 2\sigma)$은 (0.413, 0.587)이 된다. 이 영역을 벗어난 꼬리영역에 있는 팀은 승률이 너무 높거나 낮아서 경기 결과에 대해 매우 정확한 예측이 가능하다. 따라서 이런 팀들이 많으면 리그 전체적으로 팬들의 흥미가 떨어진다는 것이다.

그러나 ETF는 꼬리영역에 포함되어 있는 팀의 수만 고려하지 그 팀들간 승률의 차이는 무시한다는 한계가 있다. 즉, 표준편차의 2배 영역이 (0.45, 0.55)일 때 승률이 0.56인 팀이 있다면 이 팀은 꼬리영역에 속한 팀으로 분류된다. 또한 승률이 0.70인 팀이 있어도 마찬가지로 꼬리영역에 속한 팀으로 분류될 뿐, 두 팀 간의 승률의 차이는 무시된다.

셋째, 허핀달-허쉬만 지수(HHI, Herfindahl-Hirschman Index)를 이용하여 전력균형을 측정하는 방식이다. 허핀달 지수는 산업조직론에서 산업의 집중도를 측정하기 위해 개발된 지수로 산업 내 모든 기업의 점유율을 제

재미있는 스포츠경제 ETF의 보완 방식

ETF의 문제점을 보완한 방식도 있다. 이 방식은 특정 영역에 속한 팀의 수만을 고려하고, 승률을 무시한 ETF의 약점을 보완하기 위해 상·하위 일정비율에 속한 팀의 승률을 고려하고 있다. ETF처럼 완전한 전력평준화가 이루어졌다고 가정할 때 확률분포에서 상·하위팀의 승률이 발생할 수도 있는 우도(likelihood)를 비교하는 것이다. 즉, 상위팀의 승률이 지나치게 높으면 그 우도가 낮을 것이고, 상위팀의 승률에 상응한 우도를 구하여 합하면 꼬

리우도(TL: tail likelihood)가 된다.

$$TL = \sum_i f\left(\frac{W_i - 0.5}{\sigma}\right), \ \sigma = 0.5/\sqrt{N}$$

여기서, f는 표준정규분포(standard normal distribution)의 확률밀도함수(probability density function)이며, W_i는 상·하위 일정비율에 속한 팀 i의 승률을 나타낸다. 즉 TL이 크면 전력평준화가 제대로 된 것이고 작으면 전력불균형이 심화된 것을 의미한다.

곱하여 합계한 것이다. 즉 $HHI = \sum_{i=1}^{N} (MS_i)^2$이다. 여기서 MS_i는 기업 i의 시장점유율, N은 산업 내 기업의 수를 나타낸다. 한 기업의 시장점유율이 1을 넘을 수 없고($0 \leq MS_i \leq 1$), 산업 내 모든 기업의 시장점유율을 합하면 1이 되므로 $=(\sum_{i=1}^{N} MS_i = 1)$ HHI는 $1/N$ 이상, 1 이하의 범위에 존재하게 된다 ($1/N \leq HHI \leq 1$). 모든 기업의 시장점유율이 동일할 경우 $\sum_{i=1}^{N} (MS_i)^2 = 1/N$이므로 $HHI = 1/N$이며, 순수독점 상태에서 HHI는 1이 된다. 즉, N이 일정한 경우 HHI가 커질수록 불균등도가 높음을 의미한다. HHI를 리그 우승에서의 균형을 추정하기 위해 사용한다면, N개의 팀으로 구성된 스포츠 리그에서 완전한 전력균형은 각 팀이 평균적으로 N년마다 승리할 가능성이 있음을 뜻한다. 리그에 8개 팀이 있다면 각 팀은 8년마다 한 번씩 승리한다는 의미이다. 만약 매년 동일한 팀이 챔피언십에서 승리한다면 전력이 매우 불균등함을 의미하며, 이때의 HHI는 1이다. 한 팀이 시장을 지배하는 완전한 독점시장이다.

HHI를 이용하여 특정 시즌기간 동안 전력균형을 구하면 전체 승수에서 각 팀의 승수가 시장점유율로 해석될 수 있다. 즉 $HHI = \sum_{i=1}^{N} (w_i / \sum_{i=1}^{N} w_i)^2$이다. 여기서 N은 리그에서 팀의 수, w_i는 i팀의 승리 수이다. HHI가 증가하면 팀 간의 승률차이가 많이 나는 것을 뜻하고 결국 전력균형이 감소함을 의미한다.

넷째, 로렌츠곡선(Lorenz Curve)과 지니계수(Gini Coefficient)를 이용한 방법이다. 로렌츠곡선은 인구의 누적비율과 소득의 누적비율 사이의 대응관계를 표시한 곡선이다. 전체인구를 소득수준에 따라 배열시키고 각 소득계층의 소득자들이 전체 소득 가운데서 얼마만큼의 소득을 차지하고 있는가를 누적적인 비율로 나타낸 것이다. 사회의 전체소득이 모든 사람에게 균등하게 분배된다면 곡선은 〈그림 9-1〉의 OP와 같은 선(45°)으로 나타나는데, 이를 완전균등분배선이라고 한다. 로렌츠곡선이 완전균등분배선에 가까울수록 소득분배가 균등해지고 완전균등분배선에서 멀어질수록 소득분배가 불균등하게 이루어지고 있음을 의미한다. 이를 이용하여 전력균형을 측정한다. 예를 들어, 리그에 10개 팀이 있고 모든 팀의 승률이 10%로

그림 9-1 로렌츠곡선 및 지니계수와 전력균형

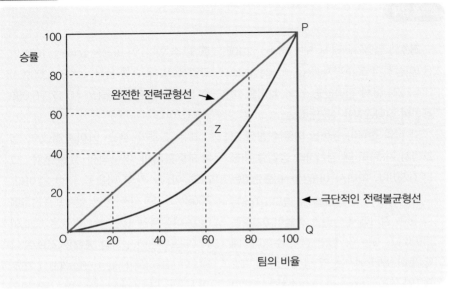

동일하다고 하자. 이때 1팀의 승률은 10%, 1팀과 2팀의 승률의 합은 20%, 여기에 다시 3팀의 승률을 더하면 30%가 된다. 이렇게 팀의 수와 경기에서 승리하는 누적비율이 같다면 이는 완전한 전력균형상태라고 할 수 있으며, 그림에서 OP와 같이 나타난다. 반면 어느 한 팀이 모든 경기에서 모두 승리한다면 전력불균형이 아주 심한 경우라고 할 수 있다. 그림에서는 OQP로 나타난다.

로렌츠곡선을 이용하면 전력균형 상태를 그림으로 명료하게 나타낼 수 있다. 그러나 로렌츠곡선만으로는 전력균형 상태의 변동이나 리그나 팀 간의 차이를 명확하게 나타내기가 어렵다. 어느 리그나 팀의 전력균형이 다른 리그나 팀에 비해 더 전력균형인지를 알 수 있을 뿐 얼마나 더 전력균형인지는 알 수가 없다는 문제점이 있다.

지니계수를 이용하여 전력균형을 측정하기도 한다. 지니계수는 로렌츠곡선이 나타낸 것을 숫자로 표시한 것이다. 전력불균형의 정도가 클수록 완전한 전력균형을 나타내는 대각선과 로렌츠곡선 사이의 면적 Z가 넓어지는데, 이 면적 Z를 삼각형 OPQ의 면적으로 나눈 값을 지니계수(Gini

재미있는 스포츠경제 이상적인 표준편차와 전력균형

리즈와 얼맨(Leeds, M. & P. Allmen, 2010)은 이상적인 표준편차(ideal standard deviation)와 실제 전력균형 간의 차이를 이용하여 전력균형을 설명한다.

각 팀의 전력이 균형을 이룬 이상적 리그에서 각 팀이 매 경기마다 승리할 확률은 0.5이다. 따라서 이 경우 표준편차는 $\sigma_I = 0.5/\sqrt{G}$ 로 나타낼 수 있다. 0.5는 각 팀이 경기에서 승리할 확률이 0.5라는 의미이고, G는 각 팀의 경기 수이다. 예를 들어, MLB에서는 각 팀이 시즌당 162경기를 하며 이상적인 표준편차는 0.039 ($\sigma_I = 0.5/\sqrt{162}$)이다. NFL은 단지 16경기를 하며 이상적인 표준편차는 0.125이고, NHL과 NBA는 각각 82경기를 하며 이상적 표준편차는 0.056이다.

이상적인 표준편차(ideal standard deviation)에 대한 실제 표준편차의 비율(ratio of the actual standard deviation)을 구하면 리그가 전력균형에서 얼마나 떨어져 있는가를 알 수 있다. 이 비율은 $R = \sigma_W/\sigma_I$ 로 나타낼 수 있다. 예를 들어, 2008~2009 시즌 NBA의 표준편차율(R) = 0.172/0.056 = 3.07이다.

표는 5개의 주요 메이저리그의 실제표준편차와 이상적인 표준편차, 그리고 이 둘 간의 비율을 구한 것이다. 2008~2009 시즌 동안 실제표준편차에 대한 이상적인 표준편차 비율은 NHL이 1.50으로, 전력이 가장 균형된 것으로 나타났다. 그 다음 NFL 1.66, MLB 1.75로 나타났다. EPL(English Premier League)은 1.97로 나타났다. NBA는 3.07로 전력이 가장 불균형한 것으로 나타났다. NBA가 다른 리그에 비해 전력불균형이 더 심한 것으로 나타나는 것은 농구경기에서는 키가 큰 선수가 키가 작은 선수보다 훨씬 더 유리하기 때문이라고 한다. 선수의 큰 키는 천부적으로 타고나므로 훈련을 통해서 극복하기가 어렵기 때문이다.

| 표 | 승률에 대한 분포

리그(2008~2009)	실제표준편차(A)	이상적인 표준편차(B)	2008비율(A/B)
NHL	0.084	0.056	1.50
NFL	0.207	0.125	1.66
MLB	0.068	0.039	1.75
NBA	0.172	0.056	3.07
EPL	0.160	0.081	1.97

Coefficient)라고 한다. 즉, 지니계수 = [Z의 면적/OPQ의 면적]이다.

그림에서 완전한 전력균형일 경우 로렌츠곡선은 OP가 되어 Z의 면적이 0이므로, 지니계수도 0이 된다. 반면, 극단적인 전력불균형일 경우 로렌츠곡선은 OPQ가 되어 Z의 면적과 OPQ의 면적이 같아지므로 지니계수는 1이 된다. 즉 지니계수는 0부터 1까지의 값을 가지며, 값이 클수록 전력불균형이 심화됨을 의미하며 값이 작을수록 완전한 전력균형 상태임을 의미한다. 전력균형값이 0이라는 의미는 경기에 참가한 팀들의 승률이 50%라는 의미이다. 그러나 팀 간의 승률이 서로 다른(즉 로렌츠곡선이 교차하는) 두 리그의 지니계수가 동일하게 나타날 수도 있다. 즉 지니계수는 팀 간 승률의 차이를 구체적으로 설명하지는 못한다.

2. 전력불균형 요인

전력불균형 전력불균형은 다양한 요인에 의해서 발생한다. 팀 간 전력불균형이 심할 경우 경기가 재미가 없어지고 팬들로부터 외면을 받을 수도 있다.

프로스포츠 리그에서 팀 간의 전력이 균형을 이루어 막상막하의 경기가 예측될수록 많은 팬들이 관심을 가지게 되고, 상품으로서의 가치는 더욱 높아진다. 그러나 프로스포츠 리그에서 팀 간의 전력균형을 유지하기는 쉽지 않다. 리그를 운영하는 과정에서 팀 간 전력불균형이 불가피하게 발생하기 때문이다. 팀 간의 전력불균형이 발생하는 주요 이유는 다음과 같다.

첫째, 리그에서 팀별로 배타적 연고지역을 지정하게 되면 전력불균형이 자연스럽게 발생한다. 배타적 연고지역을 지정받게 되면 구단의 재정상태, 운영 방식, 팀의 경기 실적 등으로 인해 구단 간 전력격차가 발생하게 된다. 재정적으로 여유가 있거나 수익이 높은 구단(팀)은 경기에서 승리하기 위해서 더 많은 돈을 들여서라도 재능 있는 선수를 채용하려 할 것이며, 수준 높은 경기로 더 많은 수익을 얻기 위해 많은 자금을 투자하려 할 것이다. 리그에서 지정한 배타적 연고주의는 일종의 시장분할이다. 프로스포츠 구단이 특정 지역에서 독점력을 행사하여 많은 수익을 올릴 수 있게 하지만, 동시에 구단 간 전력불균형을 초래하기도 하는 것이다.

둘째, 시장 규모와 충성도 높은 팬들의 존재 여부에 따라 구단 간 전력불균형이 발생하기도 한다. 예를 들어, 어떤 프로스포츠 리그에 A와 B 두 구단이 있다고 가정하자. 다른 조건들은 동일하지만, A구단은 스포츠에 열성적인 팬이 많고 인구도 많아 시장규모가 큰 반면, B구단은 스포츠에 열성적인 팬들이 적고 인구도 작아 시장규모가 작다고 하자. A와 B 두 구단이 각각의 구장에서 동일한 수의 경기를 치르고, 경기에서 승리할 확률이 동일하다고 하더라도, A구단은 시장 규모가 더 크기 때문에 B구단보다 더 많은 수익을 낼 수 있을 것이다. 그리고 더 많은 수익을 올린 A구단은 상대적으로 적은 수익을 올린 B구단에 비해 보다 유능하고 뛰어난 선수들을 채용하는 데 상대적으로 더 유리할 것이다. 상대적으로 수익이 높은 A구단이 수익이 낮은 B구단에 비해 선수들에게 더 높은 연봉을 지불할 수 있기 때문이다. 유능한 선수들은 수익을 많이 내고 높은 연봉을 제시할 수 있는 구단에 소속되기를 원할 것이고, 결과적으로 수익을 많이 내는 구단의 승률은 더 높아질 것이다. 결국 최초의 상태에서 경기에서의 승률은 동일하지만, 시장 규모에 따라 팀 간의 수익불균형이 발생하고, 수익불균형은 임금불균형을 가져오며, 이러한 임금불균형은 전력불균형을 초래하게 된다. 따라서 수익불균형이 커질수록 전력불균형도 커진다.

셋째, 리그의 형태에 따라 발생할 수 있다는 주장이 있다. 앞에서 설명하였듯이 프로스포츠 리그를 폐쇄형 리그와 개방형 리그로 구분할 수 있다. 폐쇄형 리그로는 미국의 메이저리그가, 개방형 리그로는 영국 등 유럽의 프로축구 리그가 있다. 폐쇄형 리그와 개방형 리그 중에 어느 방식이 더 전력균형을 기할 수 있는가에 대해서는 학자들마다 서로 다른 주장을 한다.

디즈니(Disney, R., 2007)는 폐쇄형 리그에서 운영되고 있는 드래프트제, 연봉상한제, 수입배분 등과 같은 조치들은 팀 간의 전력균형을 강화할 수 있다고 주장한다. 반면 개방형 리그에서는 상대적으로 부유한 구단이 경기성적이 더 좋으므로 전체 리그에서 팀 간의 전력균형은 더 악화될 수 있다는 것이다. 미치와 오튼(Michi, J. & C. Oughton, 2004)은 영국에 프리미어리그가 등장한 후 방송중계 수입이 엄청나게 증가하였으나 그 수입의 대부분이 리그 내 상위 5개 팀에 집중되고 있다고 지적한다. 그러나 1980~90년대 영국 프로축구리그에서 한 팀이 계속해서 우승할 때 방송중계료나 상품판매수입은 이보다 훨씬 적었다고 한다.

놀(Noll, R., 2002)은 관중, 수입, 투자와 선수연봉 등은 승강제도를 운영하는 리그에서 더 높다고 주장한다. 그러나 승강제도에서는 하위 리그에서 새로 진입한 팀의 역량이 기대에 미치지 못할 수 있으며 상위 리그에서는 자신들의 위치를 유지하기 위한 투자유인이 적을 수 있다. 폐쇄형 리그가 전력균형을 더 강화시킬 수 있다고 보지는 않는다.

미국의 폐쇄형 리그와 유럽의 개방형 리그는 분명히 조직과 운영에서 커다란 차이가 있다. 폐쇄형 리그에서 리그는 독점상태에서 팀간 수입분배를 위한 역할이 분명하므로 전력균형을 훨씬 더 잘 이룰 수 있다. 그러나 개방형 리그인 유럽의 축구리그들이 미국과 같은 전력균형조치를 받아들이려면, 충성도 높은 팬들과 연고지 주민들로부터 격렬한 반대를 극복해야 하며, 전력균형을 이루기 위한 일련의 조치들도 미국에서처럼 충분한 효과를 기대할 수 있을지는 불분명하다.

프로스포츠 시장에서 구단 간 전력격차는 리그를 운영하는 과정에서 나타나는 불가피한 현상이다. 프로스포츠 리그에서 팀 간의 전력 불균형이 반드시 나쁘다고 단정할 수 없다. 그러나 전력불균형은 팬들의 관심과 흥미를 저하시키고 리그 운영에도 바람직하지 못한 영향을 미치게 된다는 데 문제가 있다. 이런 이유로 프로스포츠 시장에서는 전력균형 조치 즉, 전력불균형을 시정하기 위한 다양한 조치들이 활용되고 있다.

3. 전력균형 조치

전력균형 조치는 프로스포츠 종목의 특성과 여건에 따라, 그리고 국가에 따라 다양하게 운영된다. 선수와 선수노조들은 이를 선수들의 자유로운 행동을 제약하는 불리한 조치라고 지적한다. 반면 일부에서는 프로스포츠 구단들이 전력 평준화를 통해 팬들에게 보다 많은 관심과 유인을 제공하기 위해서

전력균형 조치 리그에서는 팀 간의 전력균형을 위해서 드래프트, 이익공유, 샐러리 캡 등 다양한 조치들을 시행한다.

는 전력균형 조치가 필요하다고 주장하기도 한다. 주요 프로스포츠 시장에서 시행되고 있는 전력균형 조치들의 기본개념과 역할에 대해서 살펴보자.

보류조항

보류조항(reserve clause)은 어떤 선수가 특정 구단과 계약을 맺고 나면 그 선수에 대한 모든 권리를 구단이 독점적으로 행사할 수 있도록 한 것이다. 보류(유보)조항은 선수의 계약기간이 만료되었을 때, 팀이 새로운 옵션으로 선수를 묶어 놓을 수 있게 한다. 보류조항은 선수의 취향에 따라 스스로 팀을 선택할 수 있는 권리를 억제하는 것이다. 이 제도는 신인선수부터 정규시즌 엔트리에 등록된 모든 선수에 이르기까지 소속구단의 독점권을 인정하기 때문에 논란의 대상이 되기도 한다. 그러나 보류조항은 선수들의 지나친 연봉 상승을 억제할 수 있다. 보류조항이 없다면 구단들은 경기능력이 뛰어난 우수한 선수들에게 경쟁적으로 높은 연봉을 제시하려 할 것이고 결국 재정여건이 우수한 팀에 우수한 선수들이 몰리게 될 것이다.

프로스포츠 구단들은 공정한 경기와 팀 간 전력균형을 위해서는 선수
보류조항이 반드시 필요하다고 주장한다. 프로리그에서 스포츠 팀들이 대
등한 조건에서 막상막하의 경기를 하고 있다는 믿음을 보여 주는 것이 팬
들로부터 많은 관심과 흥미를 얻을 수 있기 때문이다. 팀 간의 전력균형은
리그에 소속된 팀 간 전력이 엇비슷하여 전력격차가 발생하지 않는 것을
의미한다. 팀 간의 전력불균형은 우수한 선수를 얼마나 보유하고 있는가,
그리고 구단의 재정능력이 어떠한지 등에 따라 달리 나타날 수 있다. 팀 간
전력 격차가 커지게 되면 관중들은 경기에 대한 관심과 흥미를 잃게 되고
리그는 수익이 줄어들 수 있다.

뎀머트(Demmert, H. G., 1973)는 선수보류조항이 없는 상태에서는 선
수들이 자신의 이익을 위해서 다른 팀으로 이동할 수 있지만 보류조항이
있는 상태에서는 구단이 이득이 있을 때만 선수가 이동할 수 있다고 지적
한다. 선수의 자유로운 이동은 시장구조에 상관없이 선수들의 생산성을 높
일 수 있다. 따라서 장기적으로 볼 때 선수의 자유로운 이동을 규제하는 보
류조항은 구단 간 선수분배 방안으로 효율적이지 못할 뿐 아니라 모든 구
단의 이익을 증대시키지 못할 수도 있다.

그러나 재정이 취약한 구단에게 선수를 트레이드하여 수익을 얻을 수
있는 길을 열어 두지 않으면 리그의 특성상 재정이 풍부한 구단의 가치도
동반 하락할 수 있다. 보류조항이 있을 경우 구단이 선수에 대한 권리를 가
지고 선수를 거래함으로써 수익을 취할 수 있다. 하지만 이는 팀 간의 전력
균형을 강조하는 근본 이유가 팬들의 호기심과 관심 유발이라는 본질과 거
리가 있다. 우리나라와 미국 등의 일부 스포츠리그에서는 일정기간 동안
구단의 선수보류를 인정하고 있다.[4]

---

4 우리나라 프로야구 규정 제6장 보류선수(제47조~제55조)에서는 보류의 절차, 보류선수 명단 공시,
보류의 효력, 보류 수당, 보류기간의 종료 등을 명시하고 있다. 각 구단은 매년 11월 25일 이전에 KBO
총재에게 당해연도 소속선수 및 제107조에 규정된 신고선수 중 익년도 선수계약 체결권리를 보류하는
선수명단을 제출하고, 총재는 구단별 보류선수명단을 검토한 후 11월 30일에 이를 공시하도록 되어
있다.

자유계약제

자유계약(free agent)제도는 리그에서 규정한 소정의 계약기간을 채운 선수들에게 다른 구단과 자유롭게 계약을 체결할 수 있도록 하는 제도이다. 선수들은 선수 보류조항에 대해 선수들의 이적을 저해하고 소득을 감소시키는 장치라고 반대해왔다. 1970년대에 들어 미국의 주요 프로스포츠 선수들은 보류조항을 약화시키거나 폐지하고 자유로운 이적 권리를 얻었다. FA제도가 전력균형에 긍정적으로 작용하는지 아니면 부정적으로 작용하는지 여부는 선수가 얼마나 재정능력이 있는 부유한 구단을 선택하느냐에 따라 달라지기도 한다. FA에 해당되는 선수가 재정능력이 풍부한 구단을 선택한다면 선수는 더 많은 연봉을 받을 수 있어 유리할 수 있다. 그러나 이는 팀 간의 전력불균형을 더욱 심화시킬 수 있다.

구단주들은 자유계약제 때문에 구단주들이 선수에게 지나치게 높은 가격(대우)을 제시하고 선수들의 경기능력보다 훨씬 높은 연봉을 지불하게 됐다고 불평해왔다. 이들은 자유계약제가 재능 있는 선수들에게 높은 가격을 제시할 여유가 있는 부유한 팀들에게만 유리한 제도라고 주장한다.

이에 반해 선수들은 FA제도가 시장에서 자신의 가치를 제대로 평가받을 수 있도록 권리를 보장해 주는 장치라고 주장한다. 또한 구단의 선수들에 대한 착취를 제거하는 유일한 방법이라고 반박한다. 서로 다른 입장들로 인해 자유계약제 가이드라인은 프로스포츠의 노동 협상에서 가장 논쟁적인 이슈가 되어 왔다. 자유계약제는 스포츠 종목에 따라 다양하게 규정되어 있다.[5]

---

5 미국의 경우 MLB는 6년, NFL은 4년, NBA는 5년, NHL은 4년 이상을 활동해야 자유계약선수가 될 수 있다. 우리나라 프로야구의 경우 한국야구위원회에 처음으로 출장선수로 등록된 후 9시즌에 도달하여야 하며, 이에 더하여 다음의 자격을 갖추어야 한다. 타자의 경우 매 시즌 페넌트레이스 총 경기 수 3분의 2 이상 출전한 시즌이 9시즌에 도달한 선수, 투수의 경우 매 시즌 페넌트레이스에 출전하여 규정 투구 횟수의 3분의 2 이상을 투구한 시즌이 9시즌에 도달할 때 등이다. 총재는 한국시리즈 종료 5일 후에 당해연도 FA자격을 취득한 선수 및 FA자격을 지속하고 있는 선수명단을 공시하도록 되어 있다.

연봉상한제

연봉상한제(salary caps)는 각 팀 선수들의 연봉이 일정 금액이나 구단 총수입의 일정비율을 초과하지 못하도록 하는 제도이다.[6] 리그에서 각 팀에 대해 최대 임금지불액을 설정하는 것이다. 프로리그에서 팀들에 대해 연봉 한도를 엄격하게 설정하는 연봉상한제는 재정적으로 부유한 팀(구단)들이 우수한 선수를 독차지하는 것을 방지하려는 목적을 가진다. 연봉상한제는 1980년대 초반 NBA에서 자유계약제를 견제하기 위해 도입되었다. 선수 개인별 연봉상한제는 1998년과 1999년 초 선수노조와의 단체협상에서 나왔는데, 이는 리그에서 도입한 팀 전체의 연봉상한제의 문제점을 부분적으로 보완하기 위한 조치였다.

학자들은 연봉상한제가 리그 내 팀 간의 전력을 보다 평준화시킬 수 있다고 주장한다. 그러나 일부에서는 NBA의 경우 예외조항이 너무 많아 연봉상한이 제대로 지켜지지 않고 있다고 지적하기도 한다. 일부 팀들은 팀 간 할당된 연봉의 대부분을 슈퍼스타와 재계약하는 데 쓰기 때문에 연봉상한제가 선수들 간의 소득격차를 더 크게 만들고 있다는 주장도 있다. 게다가 팀들은 종종 연봉상한제 규정을 준수한다는 명분만 지키고, 연봉지급을 연기하거나 선수들의 계약을 재작성하여 지급하는 등 연봉상한제의 유효성을 훼손시킨다고 지적한다.[7] 만약 리그에서 선수연봉을 제약한다면, FA선수들은 보다 좋은 팀, 챔피언 가능성이 있는 팀, 개인적으로 선호하는 팀을 선택하려 할 것이다. 따라서 선수 개인에 대한 연봉상한제는 오히려 전력불균형을 더욱 심화시킬 수도 있다. 그러나 연봉상한제는 수익이 많은 팀 전체 선수들의 연봉 상승을 억제하는 효과가 있는 것이 사실이다.[8]

---

[6] KBL 규정 제79조에 의하면, 구단은 당해 시즌 샐러리 캡(salary cap)의 70% 이상을 지급해야 한다. 특별한 경우 총재의 승인을 받아 70% 미만을 지급할 수 있다. 2008~2009 시즌에 각 구단은 선수 연봉의 총합계를 18억원으로 정했다.

[7] 실례로, 1995년 미국의 NFL에서는 26개의 팀들이 NFL의 연봉상한을 초과했다고 지적되었다.

[8] NBA, NHL, NFL 등은 연봉상한제를 도입하고 있으나 MLB는 도입하지 않고 있다. 2008~2009시즌 팀의 최대임금지불액은 NFL 116백만 달러, NHL 56.7백만 달러, NBA 55.63백만 달러였다.

드래프트

드래프트(draft)는 프로팀에 입단할 신인선수를 한데 묶어 구단들이 일괄적으로 선수를 채용하는 방식이다. 주로 이전 시즌성적과 연계한 선수 선발방식으로, 팀 간 전력균형을 위한 장치이다. 이전 시즌에서 최하위를 기록한 팀이 새로운 선수들을 우선적으로 선택하도록 하는 것이다. 드래프트제는 전력이 우세하거나 재정이 풍부한 구단이 우수한 선수를 독점하는 것을 방지할 수 있다. 또한 구단들이 연고지와의 유대를 강화할 수 있도록 구단에 선수선발 기회를 골고루 부여하여 팀 간 전력균형을 유지할 수 있다.

그러나 이러한 드래프트 제도의 효과에 의문이 제기되기도 한다.[9] 우선, 선수가 팀에 얼마나 기여할 것인지, 그리고 언제 기여할 것인지가 불확실하다. 드래프트 선택권을 부여받은 팀이 이를 제대로 사용할지는 팀의 운영 기술에 따라 달라질 수도 있다. 선택권을 잘 이용할 경우, 보다 우수한 선수를 채용할 수 있지만, 그렇지 못한 구단은 우수한 선수를 제대로 채용하지 못할 수도 있다. 우수한 선수를 채용하고도 구단이 선수를 제대로 활용하지 못할 경우 선수도 피해를 입게 된다.

드래프트제는 전체 리그의 수익 극대화와 부합하지 않을 수도 있다. 또한 역순의 드래프트는 리그 시즌의 성적이 하위 팀들에게 유리한 선택의 기회를 제공하는 만큼 시즌 후반에 들어 하위 팀들이 의도적으로 경기에서 패배하려는 동기를 제공할 수도 있다. 기본적으로 대부분의 선수들은 자신의 능력을 가장 가치 있게 인정해 주는 팀에 소속되기를 원하는 성향이 있다. 따라서 상대적으로 약팀이 최고의 선수를 선발하더라도 재정이 상대적으로 풍부한 강팀이 더 많은 연봉을 지불할 의사가 있다면 결국 우수한 선수들은 강팀으로 이적하려고 할 것이다.[10]

---

9 데일리와 무어(Daly, G. & W. J. Moore, 1981)는 보류조항과 드래프트는 능력있는 선수들의 배분에 영향을 미치지 못한다고 주장한다. 반면 로텐버그(Rottenberg, S.)는 드래프트와 보류조항은 팀 간의 경기력을 동등하게 하는 효과를 지니고 있다고 주장한다.

10 우리나라 프로축구의 경우 2006년부터 입단하는 모든 신인선수를 드래프트제도의 대상으로 하고 있으며, 신인선수 계약기간은 3년이다. 번외 지명선수와 추가지명 선수는 1년이다. 계약기간이 3년일

수입 배분

수입 배분(revenue sharing)은 주로 팀 간 경기에서 얻은 수입을 리그 차원에서 균등하게 배분하기 위한 장치이다. 특정 구단이 재정적으로 아주 유리해지지 않도록 하기 위해서 리그에서 발생하는 일정한 수입을 구단별로 배분하도록 설계되었기 때문에 재정이 빈약한 팀에게 도움이 된다.

스포츠 경기에서 발생하는 수입은 주로 입장료, 매점, 주차장, 방송중계료 등이다.[11] 입장수입 배분의 경우, 사전에 약정된 협정에 따라 홈팀과 원정팀이 차등배분한다.[12] NFL, EPL 등이 대표적인 경우이다. 입장료 배분은 팀의 재정에 도움이 되겠지만, 사실상 우수한 선수들의 희생을 바탕으로 한 것이다. 따라서 입장료 배분은 팀 간의 전력균형에 긍정적인 영향을 미치지 못할 수 있다.[13] 입장료 배분은 구단의 적극적인 투자의욕을 감소시키고, 우수한 선수들의 소득을 감소시키는 결과를 초래한다. 팬들이 우수한 팀이나 스타선수의 경기를 보기 위해 입장료를 지불하지만, 결과적으로 우수하지 않거나 평범한 팀과 입장료를 배분하기 때문이다. 따라서 팀들은 우수한 선수를 채용할 유인이 작아지고, 선수들도 자신들의 기량을 향상시키기 위해 노력하지 않게 되며, 결국 팬들의 관심과 흥미를 잃게 될 것이다.

TV중계 수입은 부분적으로는 해당 지역의 인구 규모에 기반하고 있다. 일반적으로 광고주들은 인구가 더 많은 지역에서 광고 노출효과가 더 클 것이라고 판단한다. 따라서 시장 규모가 더 큰 지역에서의 광고의 가치

경우 기본급은 상한 5천만원에서 하한 2천만원 내에서 구단과 선수 간 협의하며, 계약기간이 1년일 경우 기본급은 1,200만원으로 한다. 만약 드래프트에 지명된 선수가 입단을 거부할 경우, 5년간 K-리그 등록을 금지하고 5년 경과 후 다시 드래프트를 거쳐 K-리그에 입단할 수 있게 하였다.

11 영국 프리미어리그의 경우 중계권 수익 가운데 50%는 20개 팀에 균등배분하고, 25%는 경기성적에 따라 차등배분하며, 25%는 홈경기 TV중계 횟수에 따라 지급한다.

12 미국의 NFL은 TV방송중계권과 상품판매로부터의 수입을 홈 팀과 어웨이 팀 간 66:34의 비율로 배분한다.

13 포트와 쿼크(Fort, J. R. & J. Quirk, 1995)는 수입배분이 증가한다고 해서 전력균형이 개선되지는 않는다고 주장한다. 또한 연봉상한제는 전력균형에 도움이 되지만, 리그 전체의 수익극대화와 상충된다고 주장한다. 반면, 마버거(Marburger, D. R., 1997)는 수입배분이 팀들의 경기력 향상에 도움이 되며, 전력균형을 향상시킨다고 주장한다. 키센(Kesenne, S., 1996)도 팀 간의 수입배분이 전력을 더 균등하게 할 수 있다고 주장한다.

가 더 크다고 생각할 것이다. 그러나 TV중계수입에 있어서 절대적인 인구 수가 가장 중요한 요소는 아니다. 광고주들은 자신들이 필요로 하는 계층, 즉 광고하는 제품에 적합한 소비계층의 시청률을 더 중시한다. 따라서 지역 에 따라 TV광고 수입이 큰 차이가 날 수도 있다. TV중계수입 배분은 지역 간 TV중계수입의 격차를 해소하고 팀 간 전력균형을 기대할 수 있게 한다.

그러나 프로스포츠 리그에서 수입 배분은 수입을 제대로 올리지 못하 는 무능력한 구단에게 배분하는 것으로 인식된다. 즉, 수입 배분은 수입이 많은 구단에게는 벌칙을 수입이 적은 구단에게는 보상을 주는 것과 같은 이치이다. 무능력자에게는 보상을, 능력자에게는 벌칙을 부과하는 것이다. 따라서 수입 배분은 보다 많은 수입을 올리기 위해 능력 있는 선수를 얻으 려 하는 팀들의 유인을 감소시킨다. 왜냐하면 경기에서 승리한 데 따른 보 수가 다른 팀에게도 배분되기 때문이다. 수입 배분이 팀 간 전력을 평준화 하는 동시에 뛰어난 팀이나 선수들의 투자와 전력상승에 도움이 될 수 있 도록 하기 위해서는 수입을 무조건 균등하게 배분하지 말고 경기결과에 따 라 배분해야 한다.

부유세

부유세 또는 사치세(luxury tax, payroll luxury tax)란 구단 선수들의 연 봉 총액이 일정액을 초과할 경우, 초과한 금액에 대해 일정 세율의 세금을 납부하도록 하는 제도이다. 사치세는 일종의 부유세로서 구단 간 전력균형 을 도모할 수 있다고 주장된다.

예를 들어, 일반적으로 시장 규모가 큰 대도시 지역에 연고를 둔 팀은 규모가 작은 중소도시 지역에 연고를 둔 팀보다 훨씬 더 많은 수입을 올릴 수 있다. 시장 규모가 큰 팀의 경기성적이 좋으면 구단의 수입은 더욱 증 가할 것이다. 대도시 지역에 연고를 둔 구단은 더 많은 수입을 올리기 위해 우수한 선수를 채용하려 하고, 중소도시 지역에 연고를 둔 구단은 재정적 이유로 비싼 선수를 채용하는 데 소극적이라면, 구단 간 전력불균형은 점

부유세와 뉴욕 양키즈 뉴욕 양키즈와 같이 부유한 구단은 막대한 규모의 부유세를 납부하기도 한다. 뉴욕양키즈 스타디움

점 더 커질 것이다. 따라서 구단 선수 전체 연봉이 일정액을 초과할 때 세금을 징수할 경우, 고액 연봉으로 우수한 선수를 영입하는 데 비용이 더 들게 되므로 대도시 지역에 연고를 둔 구단이라도 우수선수 영입에 소극적이 된다. 또한 부유세라는 형식을 통해 거둔 세금을 중소도시 지역에 연고를 둔 구단들에 나누어 주게 되면, 이들 구단들은 이 재원을 우수한 선수 채용에 사용할 수 있어 결과적으로 전력균형에 기여할 수 있다.

미국의 MLB에서는 부유세제도를 채택하고 있다 어떤 팀이 제한선을 초과하여 선수들에게 연봉을 지불한다면 제한선을 초과한 금액에 대해 부유세를 내야 한다. 사치세는 재정이 열악한 가난한 구단에게는 도움이 되어 전력평준화에는 기여할 수 있으나, 우수한 선수를 채용하려는 부유한 구단의 투자의욕을 저해할 수도 있다는 문제가 있다.

뉴욕양키스와 같은 팀은 그동안 수억 달러에 달하는 부유세를 납부하고 있어, 부유세에 대한 의미를 퇴색시키고 있다고 비난받기도 한다.[14]

4. 전력균형의 문제점

프로스포츠 경기가 팬이나 미디어들로부터 보다 많은 관심을 유인하기 위해서는 어느 정도 팀 간 전력균형이 필요하다는 것이 일반적인 견해이다. 팀 간의 전력이 엇비슷할 때 경기결과를 예측하기 어려우며, 스포츠

---

14 선수연봉총액이 MLB가 제시하는 일정금액을 초과할 경우 부유세를 부과하고 있다. 뉴욕 양키스팀은 2002년 제도도입 이래 2008년까지 모두 1억4천830만 달러의 부유세를 납부했다.

경기라는 상품의 가치는 극대화된다고 보기 때문이다. 그러나 이러한 주장
에 대해 일부에서는 의문을 제기하기도 한다.

　　일부 연구자들은 프로스포츠 리그에서 팀 간의 전력균형이 수입극대
화를 위한 필요·충분조건은 아니라고 주장한다. 팀 간의 전력이 균형을 이
룬다고 해서 반드시 팬이나 미디어들로부터 관심이 보다 높아지거나 구단
수입이 극대화된다고 할 수 없기 때문이다. 특히, 경기결과에 대한 불확실
성은 예측불가능하고 일관성이 없기 때문에 팬이나 미디어들의 관심을 증
가시킨다고 강조하기에는 무리가 있다. 팬과 프로스포츠 경기 간의 관계
는 아주 복잡하다. 어느 한 팀을 열렬히 추종하는 충성도가 높은 팬들이 의
외로 많기 때문이다. 이들에게는 자신들이 추종하는 스포츠나 팀을 대체할
만한 경쟁적인 대체재가 존재하지 않는다. 따라서 열성적이거나 충성도가
높은 팬들은 자신이 응원하는 팀이 경기에서 승리하든 패하든 상관하지 않
고 계속 지지한다. 즉, 경기결과에 대한 불확실성과는 상관없이 자신이 좋
아하는 팀의 경기를 관람하거나 시청하려 하는 것이다.

　　또한 스타선수가 있는 팀이나 경기성적이 뛰어난 팀의 경기를 주로
선호하는 팬들도 있다. 팬들은 자신이 지지하는 팀이 승리하는 모습을 보
기 위해 경기장을 찾기도 한다. 이러한 팬들은 경기결과에 대한 불확실성
에 대해 개의치 않는다. 이렇듯 프로스포츠 시장에서 경기결과에 대한 불
확실성이 팬들로부터 보다 많은 관심을 유도할 수 있는 필요조건은 되지만
필요·충분조건이라고 하기는 어렵다. 따라서 전력균형조치로 인해 수입극
대화는 이루지 못하는 반면 선수와 구단 간 이해관계가 얽히게 되고, 여러
가지 문제점을 야기할 수도 있다. 전력균형조치가 초래할 수 있는 문제점
들을 몇 가지 살펴보기로 한다.

무임승차 행위

　　리그 내 팀 간의 지나친 전력균형조치는 약팀들에게 무임승차 행위
의 가능성을 제공한다. 무임승차 행위란 비용은 부담하지 않고 혜택만 향

무임승차 행위 많은 팬을 보유하고 있는 리그의 상위 팀과 하위 팀 간의 경기가 벌어질 경우 의도하지 않게 하위 팀의 무임승차 행위가 발생하게 된다.

유하는 행위이다. 즉 재화나 서비스를 생산하거나 소비하는 과정에서 이득을 보았음에도 불구하고 이에 대한 대가를 지불하지 않으려는 것을 말한다. 프로스포츠에서 전력이 약한 팀이나 제대로 투자를 하지 않는 팀이 수입 증대 또는 전력강화를 리그 내 전력이 강하고 투자를 많이 하는 팀에 의존하려는 유인을 지니고 있는데, 이러한 행위가 무임승차 행위이다.

　프로스포츠 리그에서 팀의 무임승차 가능성은 주로 하위의 약체 팀이 명문 또는 우수한 팀들과 경기하는 과정에서 발생하게 되는데, 이는 프로스포츠 리그에서는 두 팀이 경쟁을 통해서 경기라는 제품을 생산하기 때문에 자연스럽게 일어나는 현상이다. 예를 들어, 영국 프리미어리그에서 맨유(MU)는 가장 우수한 팀으로 평가받지만, 그렇다고 MU 혼자서 타이틀을 획득하거나 경기를 할 수는 없다. MU와 경기를 하는 팀이 투자를 제대로 하지 않은 약체 팀이라면, 약체 팀은 MU와의 경기로부터 TV중계료, 입장수입 등 긍정적 외부효과를 얻을 수 있으며 이는 무임승차 행위에 해당된다.[15] 외부효과는 팀 간 전력 격차가 크더라도 특정 팀에 대해 많은 팬들이 관심을 가지고 있어 이 두 팀 간의 경기에 대한 수요가 크기 때문에 발생한다. 우수한 팀들의 과잉투자는 무임승차 행위를 초래할 수 있다.

---

15 한 경제주체의 행위가 가격기제를 통하지 않고 다른 경제주체에게 영향을 미치는 것을 외부효과라고 한다. 이런 의미에서, 약팀이 MU팀과의 경기를 통해 많은 관중을 동원하고 수입을 나누게 되는 것을 외부효과라고 할 수 있다.

메이저리그와 사회주의 시스템

재미있는 스포츠경제

맥커디와 마이어(McCuddy, M. K. & M. L. Meyer, 2007)는 NFL, NBA, NHL, MLB 등 메이저리그는 자유시장경제를 선도하는 미국에서 커다란 인기를 누리고 있지만, 정작 프로스포츠 리그는 시장경제 시스템과는 다른 방식으로 운영되고 있다고 지적한다.

메이저리그에서 전력균형을 위해 시행하고 있는 일련의 수입배분제도는 시장사회주의(market socialism) 시스템과 유사하다. 특히, NFL은 공동생산, 균등분배라는 구조로 운영되고 있다는 점에서 사회주의 경제구조와 유사하다. NFL에서는 입장수입, TV중계권 수익 등을 거둬들인 뒤 각 구단에게 일정비율로 배분한다. 입장수입은 홈팀이 60%를 나머지는 구단에서 일괄적으로 배분한다. 팀 간 수입 배분으로 구단 간 빈부 격차가 크게 나지 않으며, 팀 간 전력도 엇비슷하게 되고 항상 박빙의 승부가 펼쳐진다. 즉, 경기 결과에 대한 불확실성이 상대적으로 크기 때문에 보다 많은 관중들이 관심을 가지게 되고 NFL은 활성화되고 있다. NFL에도 명문 팀이 있지만 전반적으로 전력 차이가 크

지 않고 팬들의 관심도 증가하고 있다.

프로야구는 많은 미국인들이 가장 즐기는 오락 중 하나로, 운영방식은 시장경제 시스템의 가장 큰 보루 중 하나로 인식되고 있다. MLB에서는 시장규모가 크고 전력이 우세한 팀이 수입을 많이 올리고, 전력이 약하고 인기도 없는 팀은 가난해질 수밖에 없는 구조다. MLB는 NFL과 달리 리그의 수익을 균등하게 배분하지 않는다. MLB에서는 구단의 시장규모나 운영방식, 능력에 따라 구단 간 빈부격차도 크게 발생한다. 즉, 뉴욕 양키스(New York Yankees), 보스톤 레드삭스(Boston Red-Sox) 등과 같이 시장이 크고 부유한 팀은 돈을 더 많이 벌고, 밀워키(Milwaukee) 같은 팀은 항상 가난할 수밖에 없다. 그러나 MLB에서 도입하고 있는 사치세도 또 다른 형태의 수입 배분에 해당된다고 볼 수 있다. 선수연봉의 일정비율을 초과하는 구단은 주로 부유한 구단이며, 결과적으로는 부유한 구단에서 가난한 구단으로 부를 이전시키는 것이라는 점에서 사회주의 시스템과 유사하기 때문이다.

예를 들어, 프로축구 리그의 어떤 한 팀이 많은 비용을 지불하고 초대형 스타선수를 영입했다고 하자. 이때 스타선수를 영입하는 데 한 푼도 투자를 하지 않은 상대 팀이 스타선수를 영입한 팀과 경기를 하게 될 경우 과거보다 더 많은 수입을 올릴 수 있다. 이와 같이 수입배분제도가 존재할 경

우 리그 내 한 팀의 투자는 다른 팀들에게 가능하면 적게 투자하려는 유인을 제공할 수 있는데, 이로 인해 자원 배분은 왜곡되고, 전력불균형도 더 심화될 수 있다.

수입극대화의 불확실성

팀 간의 전력이 항상 균형 상태를 유지한다고 해서 경기로부터의 수입이 항상 극대화되는 것은 아니다. 유럽의 일부 축구리그들은 전력균형에 별 관심이 없는 듯한 행동을 하기도 한다. 유럽의 프로축구시장에서 팀 간의 전력균형은 단지 최대 연봉과 보류 및 이적 시스템을 유지하기 위해서 이용되기도 한다.[16]

시장규모가 상대적으로 큰 팀들이 경기에서 자주 승리한다면 시장 규모가 작은 팀보다 상대적으로 많은 관중을 유인하고 보다 많은 수입을 기대할 수 있다. 대도시 지역에 연고를 둔 팀들은 소도시 지역에 연고를 둔 팀들보다 경기에서 승리했을 때 얻을 수 있는 수입이 상대적으로 더 크다고 할 수 있다. 즉, 팀 간의 전력균형을 통한 수입극대화보다는 시장규모와 팬들의 관심이 더 중요할 수도 있다.

한편, 프로스포츠 리그나 스포츠 팬들은 경기결과에 대한 불확실성을 기대하지만, 그렇다고 이것이 모든 팀들이 매 경기마다 승리할 확률이 반드시 50%가 되어야 한다는 의미는 아니다. 지나치게 완벽한 전력균형은 오히려 경기의 흥미를 떨어뜨릴 수 있다. 모든 팀들의 전력이 항상 동등하게 되고 모든 경기의 결과가 전력의 차이보다는 일시적인 행운이나 요행에 의존하게 된다면, 팬들의 관심은 줄어들 것이다. 팀 간 전력이 완전하게 균형을 이루면 컨디션, 실수, 불규칙 바운드, 부상 등 예기치 못한 요인에 의해 경기결과가 결정될 가능성이 높아지게 된다. 이는 전력이 조금이라도

---

16 미국의 선수보류조항(reserve clause)은 유럽의 프로축구나 럭비에서의 보류 및 이적 시스템과 비슷하다. 예를 들어, 영국의 프로축구시장에서는 매 시즌 말 보류선수와 이적선수명단을 제출하도록 하고 있다.

우수한 팀이 승리해야 한다는 논리와 충돌되고 팬들의 관심도 줄어들어 결국 수입감소로 이어지게 된다.

팬들의 선호

팬들은 팀 간의 전력균형에 관심이 적을 수 있다. 특히, 프리미어리그와 같이 충성도가 높은 열성적인 팬들이 있는 리그에서는 팬들이 팀 간의 전력균형을 통한 경기결과에 대한 불확실성보다는 자신이 지지하는 팀이 상대팀과의 경기에서 큰 점수 차이로 승리하기를 더 기대하기도 한다.

우승 가능성이 상대적으로 높은 몇몇 팀들이 시장지배력을 지니면서도 팬들이 요구하는 수준 높은 경기를 보여줄 경우 관중들은 줄지 않을 것이다. 실제 시장지배력을 지닌 몇몇 팀들의 리그 수입은 기록적인 수준이다. 예를 들어, MLB에서는 미국 전역의 팬들이 뉴욕 양키스를 응원하거나 양키스와 경기하는 상대팀을 응원한다. 즉, 팀 간의 전력균형에는 관심을 별로 가지지 않는 것이다. 이와 유사하게 프리미어리그에서도 팬들은 하위 리그로 강등되지 않기 위해서 노력하는 약체 팀을 응원하기도 한다. 또한 결승전에서 팬들은 우승이 유력한 팀을 응원하거나 이 팀과 대결하는 하위 팀을 응원하기도 한다.

이와 같이 프로스포츠 시장에서 약팀과 강팀 간 경기라 해서 팬들의 관심이 전력균형 상태보다 반드시 더 감소하지는 않는다. 경기에서 자주 패하는 약체 팀에게 동정심을 가지기도 하고, 강팀이라고 팬들이 무조건 선호하지 않을 수도 있기 때문이다. 리그는 본질적으로 경기에서 자주 승리하는 강팀과 자주 패하는 약팀들로 나누어진다. 인위적 전력균형은 오히려 프로스포츠 리그의 본질을 외면하는 것이다. 슈퍼스타 선수들이 많이 있는 명문 팀과의 경기에서 약체 팀이 승리할 때 팬들은 열광한다. 전력균형 상태보다는 전력불균형 상태에서 약체 팀이 경기결과를 뒤엎을 경우 더욱 재미있어 한다. 이는 학자들이 강조하는 전력균형이라는 개념과 일치되지 않는다. 프로스포츠 관중들이 경기결과의 불확실성을 기대하지만 자신들이 지지하는 팀이 승리할 경우 더 큰 관심과 흥미를 가진다는 주장도 설득력이 있어 보인다. 그러나 이러한 현상에 대한 이론적 뒷받침은 아직 부족하다.

구단의 관심 저조

구단주는 경기결과의 불확실성, 즉, 전력균형에 크게 관심을 가지지 않는다. 구단들은 경기에서 가능한 많은 승리를 하여 관중들로부터 자신들의 입지를 강화하려고 한다. 이를 위해 승리와 관계된 모든 일을 다하려 할 것이다. 경기에서의 승리는 선수에 대한 투자와 연관이 있으며, 선수에 대한 투자는 구단의 수입과 연관이 있다.

만약, 경기에서 승리할 경우 보다 많은 수입이 가능하다면 구단주는 경기결과의 불확실성에 대해 크게 관심을 갖지 않을 것이다. 그동안 많은 프로스포츠 리그에서 소수의 팀들이 우승을 차지해 왔는데, 이들의 관중동원 능력이나 수입은 매우 높은 수준이었다. 또한 충성도 높은 팬들도 팀 간의 전력균형 여부에 크게 개의치 않는다. 어떤 팀이 경기나 리그에서 승리하는 것이 해당 스포츠 종목의 전체 팬들로부터 얼마나 많은 관심과 지지를 얻는가라는 의문에 대한 대답은 불분명하다. 팬들은 TV중계를 통해 정기적으로 가장 우수한 팀들의 경기만을 시청하기도 하며, 자신의 지역에 연고를 둔 팀과 리그에서 가장 우수한 팀들의 경기 결과에 대해 보다 많은 관심을 가지기도 한다.

개념의 불명확성

많은 학자들이 팀 간의 전력균형에 관해서 다양한 연구를 하고 있지만, 실행가능한 정의를 명확하게 제시하지는 못하고 있다. 전력균형에 관한 개념을 명확하게 설명하기가 쉽지 않고, 어느 정도로 균형을 이루는 것이 가장 좋은지에 대해서도 이론적·실증적으로 입증하는 것이 어렵기 때문이다.

짐발리스트(Zimbalist, A. S., 2002)는 프로스포츠 시장에서 팀 간의 전력균형을 부(wealth)의 공정한 분배에 비유한다. 모든 사람들에게 공정하게 부를 분배하는 것은 분명히 좋은 일이다. 그러나 누구에게, 얼마나, 어느 정도로 분배하는 것이 공정한 분배인지에 대해서 분명하게 제시할 수 있는 사람은 아무도 없다. 대부분의 학자들은 자기 나름대로 공정한 분배에 대한 개념과 확신을 가지고 있지만, 대부분이 상대적이고 주관적인 견해에 불과하다.

마찬가지로 팀 간의 전력균형에 대해서도 명확한 개념이 없어 학자들마다 서로 다른 견해를 제시한다. 현실에서 전력균형에 관한 정의는 챔피언 결정전에서의 승리, 리그에서의 승률, 타이틀 전에서의 승리, 지난 해보다 향상된 경기력 등 다양하게 제시된다. 학자들마다 전력균형에 대한 정의나 개념, 기준이 제 각각인 것이다. 전력균형은 추상적인 개념이고 일관성이 부족하기 때문에 전력균형을 통해 수입을 극대화할 수 있다는 주장에 대해서도 많은 논란이 제기되고 있다.

구단 운영의 목적

시멘스키(Szymanski, S., 2003, 2004)는 프로스포츠 시장에서의 전력균형이론은 유럽의 축구시장에는 적합하지 않다고 주장한다. 리그에서 전력균형을 통해 팀은 이윤극대화를 추구한다고 가정하는데, 이는 미국의 프로팀 스포츠에는 적용가능하나 유럽의 축구시장에는 어울리지 않는다는 것이다.

유럽의 축구팀들은 수입극대화가 아니라 예산제약하에서 효용극대화를 추구한다. 효용극대화에는 평균 관중 수, 리그의 건전성, 재정적 여유, 경기에서 승리 등이 영향을 미친다. 유럽의 프로축구 팀들이 효용극대화를 더 중시한다면 팀 간의 선수이동을 통한 전력균형은 의미가 없을 수도 있다. 더구나 스타선수들은 자신의 성공가능성을 극대화하기 위해서 시장규모가 큰 팀으로 이적하려는 성향이 있다. 그리고 이러한 팀들은 UEFA컵이나 챔피언십리그와 같은 국제리그에서 우승하려 한다. 국제리그에서의 경쟁은 더욱 치열해지고 리그의 가치는 더욱 높아진다. 실제로 브랜드즈와 프랭크(Brandes, L. & E. Frank, 2007)는 지난 20여 년 간 유럽 대부분의 프로축구 리그에서 팀 간의 전력균형이 제대로 이루어지지 않았음에도 불구하고 팬들은 더욱 증가하고 있다고 주장한다.

일부 학자들은 영국의 프리미어리그가 세 개의 그룹으로 구분된다고 지적한다. 첫째, 리그에서 우승하기 위해 필요한 선수들을 영입하고 보유하는 데 지출하기 위한 수입 창출이 가능한 상위 팀의 그룹이다. 둘째, 리그에는 참가하지만 우승하기 어려운 중위 그룹이다. 셋째, 하위 리그로의 강등을 면하기 위해 상대팀들과 경쟁하는 리그의 하위 팀들로 구성된 하위 그룹이다. 프리미어리그는 전력균형과 무관하게 소수의 팀에 의해 지배되고 있다. 리그에서의 우승 가능성이 상대적으로 높은 소수의 팀들이 시장지배력을 행사하면서도 팬들이 요구하는 수준 높은 경기를 보여줌으로써 관중이 줄지 않고 있다는 것이다. 시장지배력을 지닌 이들 소수의 상위 팀들이 엄청난 수익을 내는 것은 물론이다.

5. 코즈정리와 소득균형

코즈정리

선수보류 조항, 연봉상한제, 드래프트제도 등은 팀 간의 전력균형을 강화하여 경기결과에 대한 불확실성을 증가시키고 리그와 팀의 수입을 극대화할 수 있는 조치들로 인식되고 있다. 그러나 이러한 조치들은 경제학에서 강조하는 완전경쟁시장 논리에는 부합되지 않는다.

경제적으로 볼 때 대부분의 선수들은 자신들의 가치를 가장 높게 평가해 주는 구단에서 선수활동을 하기를 원하고, 그렇게 하는 것이 더 효율적이라고 생각한다. 선수들이 자신의 재능이나 기량에 따라 구단과 자유로운 협상을 할 경우 효율적인 자원배분이 가능하다는 것은 경제학에서 널리 쓰이는 코즈정리(Coase Theorem)를 통해 설명될 수 있다. 코즈정리는 이해당사자의 자발적인 협상에 의해서 환경문제 등 외부성의 문제를 해결할 수 있다는 이론이다.[17] 코즈정리는 스포츠 분야에서는 MLB에서 처음으로 고려되었다. 코즈정리의 야구시장 적용가능성 여부에 대해서는 학문적으로뿐 아니라 선수와 구단주들도 커다란 관심을 가졌다. 뎀세츠(Demsetz, H., 1972), 뎀머트(Demmert, H. G., 1973) 등은 야구선수시장을 코즈정리와 연계하여 분석하였다. 코즈정리가 적용될 경우 선수들은 자신의 이익을 위해서 다른 팀으로 이동할 수 있으며, 이러한 이동의 결과 시장구조에 상관없이 선수들의 한계생산이 가장 높아질 것이고, 이는 사회 전체적으로 볼 때 바람직한 결과가 될 것이다.

코즈정리에 따르면 구단 간 선수들이 어떤 상태로 배분되든 당사자들의 자유로운 협상을 통해서 이동할 수 있다면 사회적으로 효율적인 결과를 도출해 낼 수 있다. 즉, 선수와 구단 등 이해당사자의 자발적인 협상을 통해 거래가 이루어지는 것이 당사자들에게 가장 바람직하고 사회적으로도 효율적이라는 것이다. 예를 들어, A구단의 황금손 선수는 7억원의 부가가치를 창출하고 연간소득은 5억원이라고 가정하자. 즉, 2억원은 A구단에 귀속된다. 그러나 황금손 선수가 시장규모가 더 큰 B구단으로 이적하여 경기를 한다면 연간 10억원의 부가가치를 창출할 수 있다고 하자. 그러면 자유계약제하에서 B구단은 황금손 선수에 대해 A구단이 제시하는 금액보다 더 많은 소득을 약속하고 스카우트하려고 할 것이다. 한편, 황금손 선수는 5~10억원 사이의 소득으로 B구단으로 이적되기를 원할 것이다.[18] 이 경우 B구단은 [10억원 - 황금손 선수의 연봉]만큼 수익을 올리게 된다. 즉 사회

---

17 코즈(Coase, R.)는 완전경쟁하에서 협상비용과 거래비용을 감안하지 않을 때, 민간부문 간 재산권 또는 이용권이 명확하게 부여된다면 외부효과와 관련된 경제주체들 간의 자율적 협상으로 외부효과를 효율적으로 해결할 수 있다고 주장했다.

18 A구단이 황금손 선수에게 지불할 수 있는 최대소득은 황금손 선수가 A구단에서 창출하는 부가가치의 총액이 7억원이다. 따라서 황금손 선수는 B구단에게 7억원 이상의 연봉을 요구할 가능성이 높다. 한편 B구단은 10억원 이하의 소득만 지불할 수 있다면 황금손 선수를 스카우트하여 수익을 증대시킬 수 있다. 황금손 선수의 소득은 궁극적으로 B구단과 황금손 선수의 협상력에 의해 결정될 것이다.

전체적으로 종전의 7억원보다 3억원이 더 많은 10억원의 부가가치가 창출되고, 이 부가가치는 B구단과 황금손 선수가 나누어 갖게 된다.

또한, 자유계약제가 존재하지 않는 상황에서 이적료를 지불하고 팀 간선수를 트레이드할 수 있다면, B구단은 A구단이 황금손 선수로부터 얻는수익 이상을 A구단에 지불하고 황금손 선수를 스카우트하려고 할 것이다.

황금손 선수가 B구단에서 창출하는 부가가치가 연간 10억원이므로, B구단은 이 중 일정액(예를 들어 2억5천만원)을 A구단에 지불하고, 황금손 선수에게도 A구단에서 받던 5억원 이상의 연봉을 지불한 후에도 일정 부분의 부가가치를 수익으로 얻을 수 있다. 예를 들어, 6억원의 연봉을 지급한다면, 〔10억원 − 2억5천만원 − 6억원 = 1억5천만원〕의 수익을 얻을 수 있다. 즉 구단과 선수 간의 자유로운 계약에 의해 모두가 이득을 보고 사회 전체적으로도 더 많은 부가가치 창출이 가능해진 것이다.

코즈정리에 따르면 자유계약제는 보류조항보다 더 균형 있게 선수들을 재분배할 수 있다. 프로스포츠 시장에서 구단들이 선수채용 과정에서구단 간 서로 경쟁을 하지 않겠다고 협약을 하거나 공동행위를 할 경우 수요독점이 발생한다. 수요독점 상태는 사회적으로 후생손실을 초래한다. 그러나 코즈정리가 프로스포츠 리그에 적용될 경우 선수 배분과 관련된 사회후생손실(deadweight loss)을 어느 정도 제거할 수 있다.[19]

인위적인 전력균형조치보다는 이해당사자 간 자발적 협상에 의해서문제를 해결할 수 있다는 코즈정리를 프로스포츠 시장에 적용하려는 점은높이 평가할 만하다. 그러나 코즈정리를 프로스포츠 시장에 적용하기 위해서는 다음과 같은 문제점들이 제기된다. 우선, 코즈정리는 거래비용을 도외시하고 있다. 거래비용(transaction cost)이란 이해당사자들이 협상을 통해서 합의에 도달하는 과정에 소요되는 비용이다. 프로스포츠 시장에서는 선

---

19 완전경쟁시장에서 소비자들은 소비자잉여를, 판매자는 생산자잉여를 누린다. 그러나 독점시장에서 소비자잉여가 줄어드는 대신 생산자잉여는 늘어난다. 완전경쟁에 비하여 독점의 생산자잉여가 늘어나는 이유는 독점이 소비자잉여를 크게 침해하기 때문이다. 독점에 의해 침해당한 소비자잉여의 일부는 생산자잉여로 전환되지 못한다. 독점에 의해서 침해당한 소비자잉여 중 생산자잉여로 전환되지 못하고 그대로 손실되는 것을 사회후생손실이라고 한다.

| 표 9-2 | FA와 전력균형, 코즈정리 적용 가능성

	주요 팀의 시장가치(백만$)
포트·쿼크(Fort, R. & Quirk, J., 1995)	FA는 MLB의 전력균형에 영향을 미치지 않음
브르만(Vrooman, J., 1996)	FA는 MLB의 전력균형을 개선
험프리(Humphrey, B., 2002)	FA가 MLB의 전력균형에 미치는 영향은 불확실
피시만(Fishman, P., 2003)	FA선수들이 많으면 전력균형에 해가됨
리처드슨(Richardson, R., 2000)	FA는 NHL의 전력균형을 개선시키지 못함
맥시 등(Maxcy, J., 2006)	FA는 NFL, NHL는 전력균형 개선, NBA는 영향 없음
에카드(Eckard, E., 2001)	MLB에 코즈정리 적용 가능함
린밍첸 등(Ming-Jen Lin, 2011)	NBA에 코즈정리 적용은 불가능

자료: Ming-Jen Lin & Chia-Chi Chang(2011).

수와 구단 간 거래비용이 매우 클 가능성이 높다. 즉, 선수와 구단 간 자율적인 협상이 결론에 도달하기까지는 오랜 시간과 비용이 소요되기도 한다. 선수들이 구단과의 장기간 연봉협상이나 이적협상으로 훈련을 게을리 하여 다음 시즌에서 경기성적이 기대에 못 미치는 경우도 있다. 프로스포츠 선수들의 활동기간이 다른 분야보다 훨씬 짧다는 점을 감안할 때, 코즈정리를 적용하기는 쉽지 않을 것이다.

〈표 9-2〉는 스포츠경제 학자들이 FA(free agent) 제도가 프로스포츠 시장에서 팀 간의 전력균형에 영향을 미치는지, 선수들이 팀을 이동할 때 코즈정리의 적용이 가능한지 등에 대해 연구한 결과다. 선수들이 주로 FA를 통해 팀을 이동하며 팀의 전력에 영향을 미치는지, 팀을 이동할 때 코즈정리의 적용이 가능한지 등에 대해 다양한 방법으로 연구했으나 보다시피 결과는 서로 다르게 나타나고 있다.

소득균형

카한(Kahane, L. H., 2003)은 전력균형보다는 팀의 소득 또는 선수의 소득균형(payroll balance)이 더 명확하고 분명한 분석이라고 주장한다. 선수들의 소득균형은 적어도 다음과 같은 점에서 유리하다.

첫째, 선수들의 소득이 분명하다. 선수들의 소득균형은 전력균형과 같이 추상적인 개념에 의존하는 것이 아니라 실제로 선수들의 연봉을 기준으로 한다. 선수들의 연봉을 기준으로 전력균형을 평가할 경우 구체적인 기준과 평가가 가능하다. 둘째, 팀 간의 전력 불균형에 대해서는 상당한 논란이 제기되지만, 선수들 간 소득 불균형에 대한 격차가 증가하더라도 이에 대한 논란은 전력불균형보다 크지 않을 것이다. 선수들의 소득은 선수들의 경기능력을 구체적으로 반영하기 때문이다. 셋째, 선수들의 소득에 초점을 맞추면 더 좋은 경기결과를 생산하는 팀이나 구단에게도 금전적인 보상이 가능하다. 이는 스포츠 시장에서 선수나 구단이 경기 승리를 위한 노력과 보상 간 긍정적인 관계를 선호하게 된다는 것이다. 또한 선수들의 소득으로 팀 간의 전력균형 여부를 측정할 경우 팀이 얼마나 효율적으로 운영되는가를 쉽게 파악할 수 있다.

그러나 선수소득에 대한 개념도 현실적으로는 구체적이지 못하다. 또한 구단이나 팀의 수입은 선수들의 소득 외에도 선수들의 인기, 기념품 판매, 팀의 로고, 광고 등 다양한 형태의 수입을 얻기도 하는데, 이러한 수입을 어떻게 처리해야 하는지에 대한 설명이 부족하다. 팀의 선수소득과 전력균형이 어떠한 관계를 지니고 있는지에 대해서도 구체적인 설명을 하지 못한다. 팀 내에서 선수들 간 소득의 합계를 고르게 하자는 것인지, 팀 간 선수소득에 대한 차이를 줄이자는 것인지, 그리고 줄이자면 어떻게 줄여야 하는지 등에 대한 설명도 부족하다. 현실에서는 상대적으로 부유한 구단 선수들의 소득수준이 상대적으로 높다. 그러나 소득이 높다고 해서 반드시 경기에서 좋은 성적을 내는 것은 아니다. 오히려 선수들의 평균소득은 상대적으로 낮지만 리그전이나 챔피언 결정전에서 승리하는 경우를 자주 볼 수 있다.

Sports Economics

part IV

IV

프로스포츠 노동시장

K.B. TCHA

10

프로스포츠 노동시장

1. 노동시장의 구조와 특징

노동시장의 정의

노동력의 거래는 노동시장(勞動市場, labour market)에서 이루어진다. 노동시장에서 노동자는 소득을 얻기 위하여 노동력을 판매하는 노동력의 공급자(판매자)이다. 사용자(기업)는 노동력을 고용하여 재화나 서비스를 생산하므로 노동시장에서 노동력의 수요자(구매자)가 된다. 노동시장에서는 생산요소로서의 노동이 수요·공급됨에 따라 균형 임금과 고용량이 결정된다.

노동시장의 수요·공급 관계는 노동의 다양한 역할로 인해 그 구조가 복잡하다. 노동은 사용자 측에서 볼 때 생산요소의 역할을 하는 동시에, 노동자 측면에서는 소득의 원천이다. 또한 노동은 국가경제 차원에서 볼 때 인적자원에 해당된다. 생산성을 향상시키기 위해서는 인적자원에 대한 투자를 해야 한다. 즉, 지속적인 훈련과 교육이 필요하다. 노동자의 생산성은 노동자의 몸에 체화되어 있는 것으로, 노동력과 노동자를 분리하여 거래할 수 없다. 또한 인간의 특성상 장비나 제품과 같이 부분적으로 교체하는 것도 어렵다.

재화나 서비스를 생산하는 데 필요한 노동, 토지, 자본, 경영 등을 생산요소라고 한다. 생산에 기여한 대가로 노동은 임금을, 토지는 지대를, 자본은 이자를, 경영자는 이윤을 얻는다. 생산요소시장은 상품시장과 마찬가지로 경쟁 정도에 따라 여러 가지 형태를 지닌다. 생산요소시장은 상품시장과 여러모로 유사하지만, 생산요소시장에서의 요소에 대한 수요는 파생수요라는 점에서 다르다. 파생수요란 어떤 재화나 생산요소의 수요가 그 시장에서 자체적으로 결정되지 않고 다른 시장에서 거래되는 재화나 서비스 생산량에 의해 결정(수요)되는 것을 의미한다. 기업들의 생산요소에 대한 수요는 다른 시장에 재화나 서비스를 공급하기 위해 파생된 수요이다. 생산요소는 그 자체가 소비의 대상인 최종재가 아니라 다른 재화나 서비스를 생산하기 위해 투입되는 요소이기 때문이다.

생산요소시장은 수요자와 공급자가 모두 시장에 영향력을 행사할 수 없는 이상적인 형태의 완전경쟁시장, 수요자인 기업이 독점력을 행사하는 수요독점시장, 공급자가 독점력을 행사하는 공급독점시장, 수요자와 공급자가 모두 시장에 대해서 어느 정도 영향력을 행사할 수 있는 쌍방독점시장으로 구분된다. 생산요소시장의 형태는 생산요소의 수요 및 공급량과 보수(임금)를 결정하는 데 중요한 역할을 한다.

프로스포츠 노동시장

프로스포츠 선수는 선수와 구단으로 이루어진 노동시장을 통해서 거래된다. 선수들은 구단으로부터 임금(연봉) 등 일정 금액을 받고 경기력이라는 노동력을 제공한다. 선수들은 생계를 유지하기 위해서 노동력(경기력)을 구단(팀)에게 판매하므로 노동력의 공급자이다. 구단은 선수들의 경기력이라는 노동을 일정 금액을 지불하고 구입한다. 따라서 구단은 노동시

그림 10-1 프로스포츠 노동시장의 구조

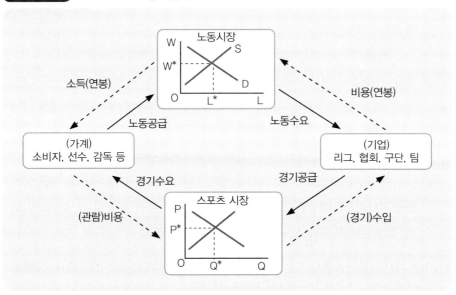

장에서 노동력의 수요자(구매자)가 된다. 구단은 선수를 고용하여 이윤추
구 등을 목적으로 스포츠 경기라는 제품을 생산하여 판매한다. 구단이나
리그는 소비자(팬)에게 경기를 제공한 대가로 입장료, 방송중계료 등을 받
는다. 이 때 선수들의 노동력은 스포츠 경기라는 재화나 서비스를 생산하
기 위해 투입되는 생산요소이다. 구단이나 리그에서 스포츠 경기라는 제품
을 어느 가격에 어느 정도 공급할지 결정하면 그에 따라서 구단이나 리그
에서 필요로 하는 선수들의 노동력 수요가 결정된다. 이런 의미에서 선수
들의 노동력이라고 하는 생산요소에 대한 수요는 스포츠 경기라는 서비스
를 생산하기 위한 파생수요라고 할 수 있다.

수요독점시장

생산요소 시장에서 어느 한 수요자가 생산요소를 독점적으로 수요하
는 것을 생산요소의 수요독점(需要獨占, monopsony)이라고 한다. 프로스포
츠 노동시장에서는 프로스포츠 구단(리그)이라는 수요자가 프로스포츠 경
기의 생산요소인 노동(선수)을 독점적으로 수요한다고 볼 수 있다. 이같이
프로스포츠 노동시장에서 생산요소에 대한 수요독점이 가능한 이유를 살
펴보기로 한다.

첫째, 특정 지역에서 생산요소(노동)를 독점적으로 수요하는 경우가 발
생할 가능성이 있다. 생산요소의 수요독점은 주로 지역적 특성 때문에 발생
한다. 예를 들어, 외부와 접촉이 어려운 지역에 기업이 하나만 존재할 경우,
이 지역의 기업은 노동을 혼자 차지하는 일종의 수요독점자가 된다. 북미
프로스포츠 시장의 메이저리그들은 전형적으로 지역독점 형태를 지닌다.

둘째, 프로스포츠 노동시장에서 선수는 노동공급자이고 구단(팀)은
노동 수요자에 해당된다. 동일 종목의 스포츠 분야에서 두 개 이상의 리그
가 경쟁하는 특수한 상황을 제외하고는[1] 대부분의 경우 특정 프로스포츠에

---

1 MLB에는 내셔널리그(National League)와 아메리칸리그(American League), 일본 야구에는 센트럴리
그(Central League)와 퍼시픽리그(Pacific League)가 있다.

대해서 한 개의 리그가 존재하며, 이 경우 리그는 선수를 수요하는 일종의 유일한 기업, 즉 독점기업으로 간주된다. 팀스포츠 선수들은 구단(팀)에 소속되어야만 경기를 할 수 있다. 실제로, 우리나라 프로야구의 모든 사항을 관리 및 감독하는 한국야구위원회(KBO)는 프로야구 선수시장에서 수요독점적 지위를 누리고 있다. 프로리그에서 선수생활을 하고자 하는 선수들은 누구나 KBO에 선수등록을 해야 한다.

셋째, 수요독점은 생산요소가 전문화된 경우에 발생하기도 한다. 어떤 생산요소가 고도로 전문화되어 있어 특정 기업에 의해서만 독점적으로 수요될 경우 수요독점이 발생할 수 있다. 프로스포츠 선수들만이 지니고 있는 경기력이나 멋진 묘기가 이에 해당된다. 유명한 프로스포츠 선수가 자신의 가치를 인정받을 수 있는 것은 프로스포츠 선수만이 지니고 있는 전문성, 특출한 경기능력 때문이라고 할 수 있다. 이러한 전문성은 용도가 한정되어 있기 때문에 노동시장에서 수요독점적 성격을 지닌다. 경기능력이 아주 뛰어난 프로축구 선수의 경기 능력은 프로축구시장에서만 그 가치를 인정받을 수 있다.

넷째, 제도적 문제이다. 프로스포츠 시장에서 구단과 처음으로 계약한 프로스포츠 선수는 일정 기간이 지나야 자유계약선수로 공시되고, 자신이 원하는 구단과 자유롭게 임금 등에 관한 협상을 할 수 있게 된다.

생산요소를 수요하는 기업이 수요독점자일 경우 최종 상품시장에서의 공급독점자처럼 시장지배력을 행사하기도 한다. 시장독점자는 시장에서 소비자로 하여금 높은 가격에 자신의 재화를 구매하도록 하며, 수요독점자는 공급자로 하여금 낮은 가격에 재화(생산요소)를 판매하도록 한다.

그 결과 최종상품이나 생산요소의 생산과 소비가 줄어들어 완전경쟁의 경우에 비해 사회적으로 후생손실이 발생한다. 생산요소에 대한 수요독점은 프로스포츠 노동시장을 설명하는 데 가장 기본적인 사항 중 하나이다.[2] 학자들은 수요독점을 제거하는 유일한 방법은 선수들이 자신의 가치를 제

---

2 미국 프로야구에서의 내셔널리그(National League) 출범은 생산요소에 대해 수요독점권을 행사할 수 있는 보류조항(reserve clause) 때문에 가능했다는 주장도 있다.

재미있는 스포츠경제 | 프로구단과 수요독점적 지위

1977년까지만 해도 미국 프로야구시장은 철저하게 수요독점 형태로 이루어져 있었고 구단은 자신이 고용한 선수들에 대해서 배타적 권리를 행사하였다. 즉, 한 선수가 처음에 어떤 구단에 소속되면 이적을 위해 다른 구단과 개별적 교섭을 할 수 없었다. 선수가 구단과 포지션, 연봉 등에 관해서 불화가 발생하여 구단주의 제안을 받아들일 수 없을 경우, 유일한 대안은 프로야구계를 떠나는 것이었다. 소속 구단만 선수를 다른 구단으로 이적시킬 수 있었고 구단주는 원하면 언제든지 선수를 방출·해고시킬 수 있었다.

그러나 1977년 미국 연방법원의 판결에 따라, 특정 구단에 소속된 후 일정기간

이 경과한 선수들은 자유계약선수가 되어 높은 연봉을 지급하려는 구단들과 개별적 협상을 통해 자유롭게 이적할 수 있게 되었다. 수요자의 편익에 따라 움직이던 수요독점적 노동시장에 공급자(선수)의 편익이 어느 정도 반영될 수 있도록 한 것이다. 우리나라에서도 대부분의 프로스포츠 구단들은 선수들에 대한 배타적 계약권한을 가지고 있을 뿐 아니라 구단과의 마찰이 생겼을 때도 구단만이 임의탈퇴 또는 자유계약선수로 공시할 권리를 지니고 있다. 구단의 이러한 권리는 법적으로 보장된 수요독점에 기인한 우월적 지위에서 나오는 것이다.

대로 인정받을 수 있도록 프로스포츠 시장을 확대하는 것이라고 주장하기도 한다. 이론적으로는 프로스포츠 시장이 확대되어 다수의 리그가 존재할 경우 특정 리그나 구단의 수요독점 효과는 완화된다. 그러나 프로스포츠 노동시장은 완전경쟁시장이 되기 어렵다. 프로스포츠라는 특수성과 프로스포츠 경기라는 전문화된 노동이 거래되는 특수한 시장이라는 한계가 있기 때문이다.

쌍방독점시장

쌍방독점(雙方獨占, bilateral monopoly)이란 생산요소(노동)의 수요와 공급이 모두 독점인 경우를 말한다. 즉, 노동시장에서 단 한 명의 판매자와

단 한 명의 구매자가 있는 경우 쌍방독점에 해당된다. 만약 대학을 졸업하는 선수를 채용하기로 한 팀이 하나만 있고, 팀이 필요로 하는 능력을 지닌 선수가 단 한 명이라면 쌍방독점에 해당된다. 선수의 수가 많은 리그에서 선수들이 노조와 같은 단체를 결성하여 리그와의 협상을 담당하도록 하면 선수공급이 그 단체만을 통해 이루어지므로 선수노동시장이 수요독점에서 쌍방독점으로 변화하게 된다.

선수노조의 영향력이 상대적으로 강력한 미국 메이저리그의 선수노동조합과 구단 간의 경우가 대표적인 쌍방독점이다. 프로스포츠 노동시장에서 쌍방독점이 존재하는 경우 선수의 연봉이나 수는 수요독점의 경우처럼 리그나 구단의 일방적 의사에 따라 결정되지 않고 선수노조와의 협상에 의해 조정된다. 즉, 노동시장이 쌍방독점일 경우 생산요소 수요자(구단주)와 공급자(선수노조) 간 의견이 다르고, 각각이 유일한 수요자와 공급자이기 때문에, 선수 연봉 등 경기관련 업무들은 쌍방 간 협상에 의해 결정될 수밖에 없다. 요소 공급자(선수)는 가능하면 더 많은 금액을 받으려 하고, 요소 수요자(구단)는 가능하면 더 적은 금액을 지불하려 할 것이다. 협상의 결과 나타나는 선수의 수와 가격은 두 독점자의 협상력에 의해 결정될 것이다.[3] 구단과 선수노조의 협의가 원만하게 이루어지지 못하면, 파업, 직장폐쇄 등이 발생할 수도 있다. 이 경우 구단과 선수는 물론 소비자들도 피해를 보게 된다.

2. 프로스포츠 노동력

노동시장과 제품시장

노동시장에서 노동력은 하나의 상품으로 거래된다. 그러나 프로스포츠 노동은 일반 제품과는 달리 다음과 같은 특성을 지니고 있다.

---

[3] 협상기제가 합리적으로 작동된다면 선수의 가격은 공급독점과 수요독점의 가격 사이에서 결정될 것이다.

첫째, 일반적으로 제품은 소비 또는 사용 과정에서 마모되거나 사용가치가 줄어들지만, 노동력은 소비 또는 사용 과정을 통해서 오히려 그 품질이 향상될 수도 있다. 사용 과정에서 교육 및 훈련을 통해 노동의 질적 향상을 기할 수 있기 때문이다. 예를 들어, 프로스포츠 노동시장에서 연습생이나 2군 선수들이 아주 싼 가격으로 채용돼 경기규칙 습득, 공격과 수비 전술 등의 훈련과 2군 경기를 통해 경기능력이 뛰어난 우수한 선수가 되었다면 노동의 질적 향상을 이루었다고 할 수 있다. 이러한 논리는 1부 리그 선수들에게도 마찬가지로 적용될 수 있다.

둘째, 일반 제품은 소비자가 구매하면 제품의 소유권도 동시에 이전된다. 그러나 노동력의 거래는 노동력에 대한 일시적 사용권을 의미하는 것이지 노동자 자체에 대한 소유권의 거래를 뜻하는 것은 아니다. 노동자는 독립된 자유로운 인격체이고, 노동력은 노동자 자신의 사유재산이다. 노동력의 거래는 임금과 교환하는 대가로 노동의 사용권을 특정 사용자에게 일정기간 동안 양도하는 것에 불과하다. 프로스포츠 선수들이 구단과 맺는 계약은 계약기간 동안 자신이 받은 연봉에 걸맞은 경기력이라는 노동력을 제공하고, 구단은 그 경기력을 사용하겠다는 의미이다.

셋째, 노동계약이 체결되면 노동자는 사용자의 지휘 및 감독하에 일정기간 노동력을 제공해야 하므로 사용자와 노동자 간 일정한 고용관계가 성립한다. 그리고 노동력이라는 특수성으로 인해 노동자는 사용자에 비해 상대적으로 불리한 입장에 처하기도 한다. 이러한 이유로 프로스포츠 선수들은 자신들이 지니고 있는 노동력에 대한 권리나 권익을 추구하기 위해서 선수노동조합을 결성하기도 한다. 1980년 후반부터 1990년대 초반까지 미국 프로스포츠 선수들의 파업이 일반근로자들보다 많이 발생했던 것도 선수노조들이 상대적으로 불리한 조건을 시정하기 위해 단체행동을 행사했기 때문이었다.

넷째, 노동시장은 일반 제품시장에 비하여 상대적으로 가격조절 기능이 약하다. 일반 제품에 비해 노동력의 가격(임금)을 인하하기가 쉽지 않다. 대부분의 일반 근로자들이 노동의 가격인 임금의 하락에 강력하게 저항하기 때문이다. 이를 임금의 하방경직성(downward rigidity)이라고 한다. 그러나 프로스포츠 선수 임금의 하방경직성은 일반 근로자들에 비하여 상대적으로 약하다. 프로스포츠 선수들의 경기능력과 팀에 대한 기여도 등은 상대적으로 관측이 쉽고 객관적인 자료(database)를 만들 수 있어, 이에 따라 임금이 결정되는 경우가 많기 때문이다. 예를 들어, 프로야구 선수는 타율, 타점, 홈런 수, 수비력 등 정량화된 데이터베이스에 근거하여 연봉계약을 하며, 객관적인 성과가 좋지 않을 경우 연봉이 하락하는 것을 자연스럽게 받아들이는 경우가 많다.

프로선수의 노동 공급

프로스포츠 선수들은 구단(기업)에 소속되어 일정기간 동안 노동력을 제공하는 대가로 연봉(임금)을 받고 있다는 점에서 기업의 근로자와 유사하다. 그러나 선수들이 제공하는 노동력은 일반 근로자들이 제공하는 노동력과 몇 가지 다른 점이 있다.

첫째, 프로스포츠 선수들이 노동력을 통해 스포츠 경기라는 제품을 소비자(팬)들에게 제공하는 기간은 일반 근로자들에 비해 평균적으로 훨씬 짧다. 프로스포츠 선수가 자신의 노동력을 이용하여 상품으로서의 가치를 지닌 경기를 보여주는 기간은 보통 10여 년 정도에 불과하다. 물론 20여 년 가까이 프로선수 활동을 하는 경우도 있지만, 이는 소수에 불과하다. 프로스포츠 선수들의 평균 활동기간은 미식축구 선수 4년, 축구선수 7년에 불과하다.

둘째, 선수들의 경기 기량이나 묘기 등 노동 생산성은 매우 어린 나이에 선천적으로 나타나기도 하지만 대부분의 경우 선천적 재능 외에도 많은 노력과 훈련, 투자를 통해 증가한다. 그러나 그 결과에는 일반 근로자들에 비해 훨씬 커다란 불확실성이 존재한다. 수많은 선수들 중 프로스포츠 선수로 스포츠 경기라는 서비스를 제공하는 선수들은 아주 극소수에 불과하다. 프로스포츠 선수가 되기 위해서 투자한 엄청난 노력과 자원에도 불구

스타 선수의 희소성 수 많은 스포츠 선수 중 아주 극소수만이 스타 선수로 명성을 떨칠 수 있다.

하고 부상이나 기량의 한계로 중도에 포기할 경우 그동안의 노력과 투자는 물거품이 된다. 따라서 프로스포츠 선수로서 성장하는 데 필요한 노력과 투자에 대한 불확실성은 일반 근로자들에 비해 클 수밖에 없다. 매년 배출 되는 수천 명의 스포츠 선수 중 소수만이 프로스포츠 구단에서 활동이 가 능하고, 그 가운데서도 아주 극소수만이 명성을 떨칠 수 있을 뿐이다.

물론 미래에 대한 불확실성이 높다는 것은 프로스포츠 선수들에게 만 한정되지는 않는다. 탤런트, 영화배우, 가수 등의 시장에서는 승자독식 (winner takes it all)현상이 자주 발생한다. 〈표 10-1〉은 우리나라 종목별 등록선수와 프로선수의 수를 보여준다.

셋째, 생산요소 간 대체가 상대적으로 제한되어 있다. 프로스포츠 시 장에서 스포츠 경기라는 생산을 위한 노동력을 다른 요소로 대체할 수 있 는 가능성이 다른 산업들에 비해서 제한되어 있다. 프로야구 선수가 야구 를 잘한다고 해서 프로축구시장에서도 두각을 나타내기는 어렵다는 의미

| 표 10-1 | 우리나라 종목별 등록선수의 수 (2008 현재)

	초	중	고	대	프 로
축 구	5,754	6,318	4,821	2,493	563
야 구	3,566	2,177	1,510	961	507
농 구	434	460	434	345	176
배 구	471	382	326	194	110*

*: 상무선수 포함.
자료: 한국체육과학연구원, 『한국의 체육지표』 (2009).

이다. 또한, 선수들이 지니고 있는 경기 기량이나 묘기는 해당 선수만이 지니고 있는 특화된 기술이다. 경기능력이 아주 뛰어난 유명한 프로스포츠 선수를 대신해서 후보 선수가 경기에 참여할 수는 있으나, 후보 선수들은 유명 프로스포츠 선수에 필적하거나 유명선수를 대체할 만한 기량을 갖추고 있지 못하다. 따라서 유명 스타 선수가 경기에 참가할 경우 보다 많은 팬들이 관심을 가지게 된다.

넷째, 유명 선수들은 특출한 운동경기 능력을 가진 이들로, 공급이 매우 비탄력적이다. 공급이 비탄력적이라는 의미는 걸출한 경기능력을 지닌 선수들의 공급이 아주 제한되어 있다는 의미이다. 즉 희소성을 지니고 있다는 뜻이다.

희소성을 지닌 우수한 선수들은 일반선수들과 비교할 때 실력의 차이 이상으로 많은 소득을 올리게 된다. 시장이 크고, 재능과 기량이 뛰어난 선수들의 경기가 일반선수들의 경기보다 훨씬 매력적이며, TV나 인터넷을 통해 광범위한 지역에 판매가 가능하고, CD나 DVD 등을 통해 재생산이 용이하기 때문이다. 앞에서 설명한 승자가 독식하는 형태의 시장구조가 형성되는 것이다. 실제로 경기능력이 아주 뛰어난 프로스포츠 선수는 천문학적인 소득을 올리는가 하면, 평범한 샐러리맨들의 연봉에도 못 미치는 소득을 올리는 선수들도 있다. 사람들은 기량이 평범한 선수 열 명보다는 박지성 선수 한 명에게 더 열광하고 박지성 선수가 출전하는 경기를 보고 싶어 하므로, 박지성 선수의 연봉은 보통 선수의 몇 십 배, 몇 백 배가 될 수 있다.

다섯째, 프로스포츠 선수들의 생산성을 결정하는 데는 보충적 투입요소들의 역할도 중시된다. 예를 들어, 팀 스포츠 경기에서 코치, 매니저, 트레이너 등의 역할이 점차 중요시되고 있다. 특히, 감독의 역할이 크다. 또한 스포츠 선수들에게 적용되는 연봉상한제, 자유계약제 등의 규정이 복잡해지고 있어 회계사, 에이전트, 변호사 등의 역할도 점차 중요해지고 있다. 이외에도 경기장에 대한 문화적 설비도 중요해지고 있어, 이들 설비관련 전문가들의 역할도 커지고 있다.

3. 인적자본과 선수 가치

인적자본과 훈련

인적자본(人的資本, human capital)은 교육, 훈련, 경험 등을 통해 사람의 몸에 체득된 지식과 기술을 지칭한다. 인적자본은 인간에 대한 투자를 통해 경제적 가치나 생산성 증대를 가져오고, 국가의 재화나 서비스 생산 능력을 높여 준다는 점에서 중시되고 있다.

물적자본은 생산과정에서 투입되는 생산설비, 기계, 장비 등을 말한다. 물적자본은 매각하여 다른 자본으로 전환할 수 있으나, 인적자본은 인간과 관련된 자본이므로 다른 자본으로 전환될 수 없다. 인적자본은 물적자본과 같이 직접 보고 만질 수 없지만, 생산과정에서 중요한 역할을 한다.

인적자본의 축적은 생산성 증대를 가져올 수 있다. 인적자본에 대한 투자는 재화나 서비스의 생산성과 정(正)의 상관관계가 있기 때문이다. 노동자의 임금이 노동사의 생산성에 의해 결정된다면, 결국 임금은 그 노동자가 타고난 재능과 인적자본 투자에 의해 결정된다고 할 수 있다. 인적자본이론에 의하면 노동자들 간 소득 차이가 발생하는 이유는 각 노동자들의 인적자본에 대한 투자가 다르기 때문이다.[4] 그러나 인적자본이론은 노동자를 인간보다는 기계처럼 취급하려는 성향이 있다고 지적된다. 교육·훈련이 생산성을 증대시키고 생산성 향상이 반드시 높은 수익을 가져다준다는 인과관계가 실증적으로 명확하지 않으며, 교육·훈련은 능력있는 사람이라는 점을 식별할 수 있도록 할 뿐이지 능력 자체를 향상시키는 효과는 크지 않다고 비판되기도 한다.

프로스포츠 시장에서도 인적자본인 선수들에 대한 투자로 훈련과 교육이 중시된다. 베커(Becker, G)에 따르면 스포츠 선수들에 대한 훈련을 일반(general)훈련과 특수(specific)훈련으로 나눌 수 있다. 일반훈련은 선수

---

4 인적자본에 대한 투자로는 정규교육(formal training), 현장훈련(on the job training), 이주(migration), 건강(health), 정보(information) 등을 들 수 있다.

일반훈련과 특수훈련 국가대표 팀들도 일반훈련과 특수훈련을 한다. 히딩크 감독은 2002 한일월드컵 축구대회에서 독특한 훈련으로 우리나라를 4강에 들게 하였다. 경기도 파주의 축구 국가대표 트레이닝센터와 환영받는 히딩크 감독

들의 특기나 능력에 상관없이 선수들의 생산성을 향상시킨다. 선수들이 경기 규칙을 배우고, 패스나 타격연습을 하고, 태클이나 블로킹 방법을 익히는 것은 일반적인 훈련의 사례들이다. 스포츠 선수가 기술이나 묘기를 잘 습득하면 할수록, 그 선수는 해당 스포츠 경기에서 가치가 더욱더 높아질 것이다.

반면, 특수훈련은 팀만이 지니고 있는 전술이나 선수가 지니고 있는 특기 등에 관한 훈련이다. 특수훈련을 받은 선수는 해당 스포츠 팀에서만 개인의 경기력을 향상시킬 수 있다. 예를 들어, 어떤 선수가 소속 팀의 전략적 기술을 익힌다면, 이는 오직 그 선수가 그 소속 팀의 일원인 경우에만 도움이 된다.[5] 만일 어떤 선수가 자신의 팀만이 지니고 있는 특수훈련을 습득한 후에 다른 팀으로 이적한다면, 팀이 이러한 선수에 투자한 비용은 헛되게 될 것이고 이 선수 역시 새로 이적한 팀에서는 이 기술을 사용할 수 없게 된다. 결국 이러한 투자는 사회적으로도 비용이 되고 만다.

현장에서는 인적자본을 위한 훈련은 일반훈련과 특수훈련이 동시에 이뤄진다. 예를 들어, 축구팀은 일반적으로 패스, 슈팅, 태클 등과 같은 개인 기술들을 향상시키는 훈련을 한다. 선수들은 그러한 기술들을 다른 축구팀에서도 활용할 수 있다. 팀은 또한 선수에게 특정의 시스템 내에서 움직이는 방법을 가르치고, 선수의 개인 기술이 팀 동료들의 기술과 조화를 이루게 하는데, 이는 그 팀에서만 활용될 수 있다.

---

5 예를 들어, EPL MU의 박지성 선수는 2010/2011 시즌을 매우 성공적으로 마쳤고 영국언론들은 '박지성 선수가 MU의 팀 전술을 완벽하게 이해했다'라고 보도하였다. 박지성 선수가 MU의 전술을 익히고 팀동료들과 손발을 맞춘 것은 박 선수의 생산성을 증대시켰지만, 이러한 생산성 증대는 박 선수가 MU에 있을 때만 가능한 것이다.

프로스포츠 노동시장에서 인적자본에 대한 투자를 결정하는 요인은 다음과 같다. 첫째, 구단의 재정능력이다. 상대적으로 풍부한 재정능력을 지닌 구단의 경우 선수들에 대해 보다 많은 투자가 가능할 것이다. 상대적으로 높은 소득을 올리거나 재정이 풍부한 선수나 구단은 투자비용을 손쉽게 조달할 수 있으므로 투자에 따른 한계비용이 상대적으로 낮을 것이다. 이 경우 경기능력이 동일하더라도 인적자본에 대한 투자는 다른 선수나 구단보다 많을 것이다. 반면 상대적으로 소득이 낮거나 재정여력이 풍부하지 못한 구단이나 선수의 경우에는 투자에 대한 한계비용이 매우 높을 것이므로 인적자본 투자는 감소할 것이다.

둘째, 선수 개인의 능력이 우수하거나 아주 뛰어날 경우, 선수에 대한 투자수익이 크기 때문에 선수의 장래를 높이 평가하여 더 많은 투자를 하게 될 것이다. 즉, 선수 개인이 직면하는 기회는 같다고 하더라도 보다 유능하고 뛰어난 재능을 가진 선수에 투자할 경우 보다 높은 수익률을 기대할 수 있으므로 보다 많이 투자하려고 할 것이다. 반대로 능력이 떨어지는 선수의 경우 투자에 대한 기대수익률이 낮아 투자를 적게 하려고 할 것이다.

셋째, 젊고 유능한 선수일수록 투자에 대한 회수기간이 길기 때문에 보다 많은 투자를 할 것이다.

결론적으로, 인적자본 투자는 선수나 구단의 개인적 능력과 경제적 여건에 따라서 다르게 나타날 것이다. 인적자본에 따르면 선수 개인 간 소득 격차는 인적자본에 대한 투자량의 차이에 기인한다고 볼 수 있다. 그러나 이러한 논리로는 동일한 능력과 경력을 지닌 선수들 간에도 나타나는 소득격차를 제대로 설명하기 어렵다. 즉 인적자본에 대한 투자량 이외에도 선수들의 소득을 결정하는 중요한 변수들이 있는 것이다. 또한, 일반적으로 보다 높은 수준의 훈련과 교육이 보다 많은 소득을 가능케 한다는 것이 실증적으로 입증되기도 하지만, 훈련과 교육이 반드시 생산성을 향상시킨다고 보기 어려울 때도 있다. 특히, 팀 중심의 프로스포츠 선수들이 그러하다.

선수 가치와 소득

대부분 프로스포츠 선수들의 소득은 주로 경기 성적이나 결과에 따라 결정된다. 즉, 선수 개개인의 능력, 경기 실적, 팀에 대한 공헌도 등에 대한 평가를 바탕으로 구단과의 계약을 통해 임금을 결정하는 실적 중심의 임금 결정 형태이다.[6] 일반 근로자들과는 달리 프로스포츠 노동시장에서는 오래 전부터 선수들의 경기능력, 성적, 결과, 기여도 등을 정량적으로 평가해 오고 있다. 구단은 다양한 평가지표를 만들고 여러 가지 방법으로 선수들의 기여도를 측정하고 있다. 일반적으로 경기에서 보다 좋은 성적을 내는 선수가 보다 많은 소득을 올릴 수 있다. 경기 자료를 통해 선수의 팀에 대한 공헌이 상대적으로 관찰하기가 용이하기 때문이다. 또한, 이러한 평가지표는 무임승차자를 배제하고 능력에 따른 보상을 가능케 한다. 구단의 입장에서는 경기에서 좋은 성적을 거둬 구단이나 선수들의 가치를 높이고 구단의 수익을 증대시키는 일도 중요하지만, 구단의 수익을 선수들에게 어떻게 배분하느냐도 중요하다. 따라서 프로스포츠 선수들의 연봉은 철저하게 경제적 논리에 의해 결정되고 있다고 할 수 있다.

프로스포츠 선수들의 소득은 노동경제학에서 자주 사용하는 한계수입생산(MRP, marginal revenue product)이라는 개념을 이용하여 설명할 수 있다. 선수들의 소득은 노동의 한계생산물가치에 의해 직접적으로 평가될 수 있는 소수의 사례 가운데 하나이다. 노동시장에서 임금은 단기적으로는 그 노동이 생산하는 한계생산물의 가치와 일치하는 수준에서 결정된다. 즉, 〔임금＝한계수입생산＝상품의 가격×노동의 한계생산물〕로 표시한다. 노동자 1인이 추가적으로 고용되어 생산한 생산물의 양(노동의 한계생산물)에 그 생산물 한 단위의 가격(상품의 가격)을 곱한 것이 그 노동자의 임금이 된다는 의미이다.

---

[6] 임금은 시간급, 성과급, 능률급, 연봉 등으로 구분된다. 연봉제는 직무분석과 능력에 대한 평가를 필요로 하는 기술직·관리직·전문직 등에서 주로 채택되고 있으며, 사무직은 월급제, 생산직은 시간급 형태가 일반적이다.

재미있는 스포츠경제 **한계수입생산과 슈퍼 스타**

생산요소의 한계생산물은 기업이 생산요소를 한 단위 더 고용할 때 얻을 수 있는 총생산물의 증가분을 의미한다. 생산요소의 한계수입생산은 생산요소의 한계생산물에 생산물의 시장가격을 곱한 것이다. 즉, 한계생산물을 화폐로 표시한 것을 한계수입생산이라고 한다. 프로스포츠 시장에서 선수들의 재능은 경기에서의 승리(승률)라는 생산물을 위해 고용된다고 가정하자. 이때 프로스포츠 시장에서 선수들의 한계수입생산(MRP)은 다음과 같이 정의된다. 즉, $MRP(W) = MP(W) \times MR(W)$이다. 여기서 W는 팀 승률이고, $MP(W)$는 선수의 한계생산 또는 승률에 대한 선수들의 기여도이다. $MR(W)$는 선수들의 한계생산(또는 승률 기여도)에 따라 창출된 한계수입이다. 한계수입생산은 팀의 승률(W) 수준에 따라 의해 좌우될 것이다.

그러나 초대형 스타 선수의 경우 이러한 임금법칙이 적용되지 않는 경우도 많다. 초대형 프로농구 선수인 마이클 조던(Jordan, M.)이 이적하기 전 시카고 불스(Chicago Bulls)는 게임당 관중이 7천여 명에 불과한 평범한 팀이었다. 그러나 조던이 3백만 달러를 받고 이적하여 활약하던 해에는 게임당 관중 수가 2만4천여 명으로 늘어났으며, 시카고 불스는 매점, 주차료, 광고, 특별석(Sky Box) 등의 수익을 제외하고서도 2억5천5백만 달러의 수익을 올렸다. 이와 같은 수익의 급증은 물론 조던 덕분이었다. 시카고 불스는 1997~98년도에 조던의 가치를 연간 4천만 달러로 평가하였다. 조던이 시카고 불스에서 경기할 때의 시청률은 조던이 경기하지 않을 때에 비해 배(培)나 증가하였고 마이클 조던이 시카고 불스 팀을 떠났을 때 NBA로고가 달린 의류판매가 30%나 감소하였다.

아주 단순하게 설명하기 위해 어떤 선수의 한계생산물이 그 선수로 인해서 증가하는 관중의 수라고 하자. 이 경우 경기 입장료는 상품의 가격에 해당된다. 구단이 어떤 선수의 소득을 결정할 때, 그 선수로 인해서 증가하는 구단의 수입 즉, 한계수입생산을 염두에 둘 것이다. 다시 말해 증가하는 관중 수에 입장료를 곱한 금액이 이 선수 때문에 추가적으로 얻는 구단의 수입이 되고, 구단은 최대 이 액수만큼 선수에게 지급할 수 있다. 따라서 선수의 기량이 뛰어나 더 많은 관중을 유치할수록 소득이 높아질 것이다.

스포츠 시장을 분석하는 데 있어서 경제학이 기여한 바 중의 하나가 선수들의 임금을 설명하기 위해 한계생산물의 가치를 도입하고 활용한 데에 있다. 프로스포츠 시장에서 선수들의 기량은 경기에서의 승리(승률)라는 생산물을 위해 고용되고, 프로스포츠 노동시장에서 선수들은 자신들의 한계수입생산(MRP)에 근사한 소득을 얻게 된다.

둘째, 선수들의 경기능력이나 결과에 관한 통계만이 선수들의 소득을 평가하는 유일한 요소는 아니다. 스포츠 경기라는 생산물은 노동집약적이며 오락적인 요소를 지니고 있다. 선수들의 가치가 선수들의 천부적인 재능과 부단한 노력 외에도 인기, 외모, 행운 등 다양한 변수에 의해서 결정되기도 한다.

일부 스타 선수들은 가끔 경기에서의 자신의 기여도보다 훨씬 더 많은 인기를 누리기도 한다. 스타 선수의 경기에 대한 질적 기여는 정확히 파악하기 어렵고 단순한 통계로부터 산출하기가 어렵지만, 팬들은 스타 선수에 대해서 커다란 관심을 지닌다. 이는 스포츠 수익에 막대한 영향을 미칠 수 있다. 선수의 보기 좋은 외모는 생산성과 임금을 결정하는 데 영향을 미친다. 준수한 외모는 영화배우, 탤런트 등 대중을 상대로 하는 엔터테인먼트 분야에 종사하는 사람들에게 더 유용하다고 생각되어 왔다. 그러나 최근 들어 프로스포츠 경기에서도 오락적 요인이 증가하면서 선수들의 외모도 중요한 요인으로 등장하고 있다. 즉, 뛰어난 경기력에다 준수한 외모까지 갖춘 선수들의 경우 영화배우나 탤런트보다 더 높은 인기를 얻기도 한다. 프로축구선수 데이비드 베컴(Beckham, D.)이나 우리나라에서 자주 거

얼짱선수 뛰어난 경기력에 준수한 외모의 "얼짱선수"들은 영화배우나 탤런트보다도 높은 인기를 누린다.

론되는 '얼짱'선수들의 경우가 이에 해당된다. 외모에 대한 이러한 프리미엄은 차별이라고 해석할 수도 있다.

선수들의 행운도 소득결정에 영향을 미칠 수 있다. 챔피언 결정전과 같이 중요한 경기에서 평범한 선수가 경기에서 승리하는 데 결정적인 역할을 하는 경우를 가끔 볼 수 있다. 그러나 선수들의 인기도, 외모, 행운 등이 선수들의 가치를 결정하는 데 얼마나 중요한 영향을 미치는가에 대해서는 논리적으로나 계량적으로 설명하기가 쉽지 않다.

일반적으로 근로자는 누구나가 자신의 기여도를 과대포장하여 보다 높은 보수를 받기를 원한다. 특히, 프로스포츠 경기에서 성적이 좋을수록 선수들은 상상을 초월하는 연봉을 요구하기도 하기 때문에 구단은 선수들이 경기에서 얼마만큼 기여했는지에 대해 보다 객관적으로 평가할 수 있어야 한다. 그러나 선수들의 생산성 즉, 선수들의 경기능력, 팀에 대한 기여도 등을 정확히 평가한다는 것은 쉬운 일이 아니다. 이러한 이유로 프로스포츠 구단들은 선수들의 생산성을 보다 객관적으로 추정하기 위한 지수들을 개발하기 위해 노력하는 경우가 많다. 〈표 10-2〉는 주요 프로스포츠 경기에서 선수들의 경제적 가치를 평가하기 위한 지수를 작성할 때 지수의 구성요소로 사용될 수 있는 지표들을 보여준다.

| 표 10-2 | 프로스포츠 선수들의 생산성 평가 요인

축 구	야 구	미식축구	농 구
골	안 타	공격 거리(rushing yardage)	골
패 스	피 칭	패 스	프리드로우 성공률
태클 및 수비	도 루	인터셉트	리바운드
드리블	홈 런	쿼터백 색(quarterback sacks)	스 틸
파 울	수비(송구)	골(field goal and attempt)	어시스트
프리킥	경기 운영	펀팅야드(punting yardage)	파 울

자료: Sandy, R., P. J. Sloane, & M. S. Rosentraub(2004).

스타 선수와 교사의 소득

슈퍼스타 선수와 교사의 수입 뛰어난 선수에 대한 수요는 크지만 공급은 매우 한정되어 있는 등 여러 이유로, 이들의 소득은 일반인들보다 매우 높다.

일반적으로 프로스포츠 선수들의 소득(연봉)은 일반 근로자들보다 훨씬 높은 것으로 알려져 있다. 국가적으로나 사회적으로 볼 때 교사들이 학생들에게 제공하는 교육이라는 제품은 프로스포츠 선수들이 제공하는 스포츠 경기라는 제품보다 더 중요하다고 할 수 있다. 그럼에도 불구하고 평균적으로 볼 때 스타 선수들의 소득이 교사들의 소득보다 훨씬 더 높다.

이러한 의문에 대해 다음과 같은 설명이 가능하다. 첫째, 교사 한 명의 수입은 한 학급에서 그가 가르칠 수 있는 학생의 숫자에 의해 한정된다고 할 수 있다. 비록 학생이라는 단위당 가치는 매우 높지만, 교사 개인적으로 볼 때 사업의 범위는 극히 제한되어 있기 때문에 프로스포츠 스타 선수와 같이 엄청난 소득을 얻게 될 가능성은 적다. 반면, 프로스포츠에서 각각의 관중에 대한 가치는 아주 작지만, 한 선수가 규모의 경제로부터 창출하는 사업 규모는 엄청나다. 특히 스타 선수들에게는 엄청나게 많은 팬들이 존재한다. 즉, 스포츠 시장의 전체 가치는 소수의 선수들에게 분배된다. 스타 선수들은 관중을 상대적으로 많이 동원할 수 있기 때문에 교사보다 더 많은 소득을 올릴 수 있다.[7]

둘째, 프로스포츠 선수들의 소득이 교사보다 상대적으로 높은 것은 프로스포츠 시장이 리그라는 독점 형태를 유지하며 이들의 공급을 제한하고 있기 때문이다. 다시 말해 고등학교, 대학교, 아마추어 등에서 매년 많은

---

7 유명한 인터넷 강사들은 강의 대상 학생 수가 경기장 관중 수보다 훨씬 많은 경우가 빈번하다. 즉 이들의 사업범위는 매우 넓고, 이들의 소득수준도 매우 높다. 스타인터넷 강사의 고소득은 이런 의미에서 스타 선수들의 고소득과 유사하게 설명될 수 있다.

교사의 소득이 프로선수의 소득보다 낮은 이유

교사들의 연봉이 프로스포츠 스타 선수들의 연봉보다 낮은 이유를 그림으로 설명해보자. 그림은 교사와 스타 선수들의 서비스에 대한 가상의 수요·공급을 보여준다. 사회적으로는 교사들이 제공하는 교육에 대한 서비스의 단위당 가치를 프로스포츠 스타 선수들의 서비스보다 높게 평가하고 있다. 즉, 국가적·사회적으로 교사들의 가치가 프로스포츠 스타 선수들의 가치보다 높게 평가된다. 따라서 사회에서는 스포츠 스타 선수보다는 교사에게 더 많은 비용을 지불하려고 한다. 이러한 사실은 그림에서 교사에 대한 수요곡선을 스포츠 스타에 대한 수요곡선보다 더 높게 나타내는 것으로 표시된다. 사회적으로 교사들이 제공하는 교육이라는 서비스에 대해 지불하고자 하는 가격이 스포츠 스타 선수들이 제공하는 서비스에 대해 지불하고자 하는 가격보다 더 높기 때문에 교사들의 수요곡선이 더 높이 위치해 있다는 의미이다. 그러나 교사와 프로스포츠 선수의 공급은 매우 다른 모습을 띤다. 프로스포츠 선수들의 공급이 훨씬 작고 탄력성도 낮다.

그림에서는 교사들은 교육이라는 서비스를 Q_2만큼을 제공하고 소득은 W_2에서 결정된다. 즉, 교사에 대한 수요와 공급은 T점에서 균형이 이루어진다는 의미이다. 반면 프로스포츠 선수들에 대한 수요와 공급은 P점에서 이루어진다. 따라서 프로스포츠 스타 선수들은 스포츠 경기라는 서비스를 Q_1만큼을 제공하고 소득은 W_1에서 결정된다. 이는 프로스포츠 선수들이 제공하는 스포츠 경기라는 서비스의 공급량은 교사들이 제공하는 교육이라는 서비스의 공급량보다 훨씬 적고 비탄력적이며, 따라서 프로스포츠선수들이 더 높은 소득을 얻는다는 의미이다. 교사들의 교육에 대한 한계생산물의 가치가 훨씬 높을 경우에도, 교사들의 공급이 많고 프로스포츠 선수공급보다 탄력적이기 때문에 교사들의 소득이 프로스포츠 선수들의 소득보다 낮은 것이다.

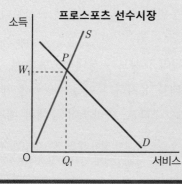

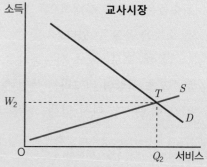

| 표 10-3 | 우리나라 프로선수와 관중, 교사 및 학생 수 | | (2007년 기준) |

프로선수와 관중 수(축구·야구·농구)		교사와 학생 수(초·중·고)	
프로선수	1,241명	교사	395,379명
관중 수	8,076,447명	학생(초·중·고)	7,734,531명
선수 1인당 관중 수	6,508명	교사 1인당 학생 수	19.6명

스포츠 선수들이 배출되고 있으나, 선수를 필요로 하는 구단이나 팀은 제한되어 있다. 팀의 수가 제한되어 있을 뿐 아니라 팀에서 필요로 하는 선수들도 제한되어 있다.

스포츠 경기에서는 아주 뛰어난 재능을 가진 선수의 공급이 제한되어 있기 때문에 이들은 추가적으로 더 받는 소득을 받는데, 이는 경제적 지대라는 개념으로 설명된다. 유명 스포츠 선수들의 소득이 높은 것은 뛰어난 경기능력이나 묘기를 지닌 선수들에 대한 수요가 매우 높은 반면, 이러한 능력을 갖춘 선수가 적을 뿐 아니라, 이들의 공급이 제도적으로 제한되어 있어 희소성이 높기 때문이다.

〈표 10-3〉은 우리나라의 주요 프로 프로스포츠의 선수 1인당 관중 수와 교사 1인당 학생 수를 개략적으로 비교한 것이다. 프로스포츠 선수의 수가 교사의 수보다 훨씬 적은 반면 선수 1인당 관중 수는 교사 1인당 학생 수의 300배가 넘음을 알 수 있다.

4. 정보의 비대칭과 선수시장

완전경쟁시장에서는 모든 거래당사자가 제품에 대한 정보를 모두 알고 있다고 가정한다. 그러나 현실에서는 제품에 대한 정보가 완전하게 갖추어져 있지 않은 경우가 더 많다. 즉, 시장에서 어떤 제품을 판매하는 사람은 해당 제품에 대한 정보를 충분히 알고 있지만, 구매자는 정보를 제대로 알지 못하는 경우가 많은 것이다. 이러한 상황을 판매자와 구매자 간 제

품에 대한 정보의 비대칭(asymmetry of information)이 존재한다고 표현한
다. 이와 같이 정보가 비대칭적인 시장에서는 제품 특성이 잘 드러나지 않
아 승자의 저주(winner's curse), 역선택(adverse selection) 등과 같은 현상이
발생하여 시장의 효율이 저하된다. 마찬가지로 프로스포츠 노동시장에서
도 선수에 대한 정보의 비대칭으로 인한 비효율성이 존재한다. 구단이 기
량이 뛰어난 선수를 채용하기 위해 엄청난 비용을 지불했음에도 어떤 선수
들은 수준 이하의 경기를 펼쳐 구단뿐 아니라 팬들에게 실망을 안겨주기도
한다.

승자의 저주

승자의 저주는 경매시장에서 매물로 나온 제품을 지나치게 낙관적으
로 평가하고 높은 가격으로 구매하여 결과적으로 손해를 보는 경우를 뜻
한다. 경매는 아주 오래전부터 사용되어 오고 있는 거래방법 중 하나이
다. 그런네 경매시장에서 구매자들이 경매제품에 대해 느끼는 필요성이
나 중요성이 서로 다를 뿐 아니라, 경매제품의 가치에 대해서도 다르게
평가한다.

경매제품에 대한 가치가 구매자들 간에 서로 다르게 나타나는 이유는
주로 다음과 같다. 첫째, 경매제품에 대한 가치는 구매자의 고유한 선호나
취미 등에 의존한다. 구매자의 선호나 취향에 따라 경매제품의 가치가 달
라지는 것이다. 둘째, 경매제품은 공통의 가치를 지닌다. 그러나 구매자들
은 경매제품에 대하여 나름대로 판단하여 경매제품의 가치를 추정한다. 이
때 구매자들은 경매제품의 가치를 과소평가하기도 하고 과대평가하기도
한다. 경매제품에 대한 객관적인 가치가 존재하는 상황에서 구매자가 경매
제품에 대한 가치를 지나치게 과대평가하여 구매하였으나 구입 후 제품의
가치가 기대에 미치지 못할 경우를 승자의 저주가 발생한다.

승자의 저주는 프로스포츠 선수를 고용할 때도 발생한다. 자유계약
(FA)선수를 채용하기 위해 구단들이 입찰하는 경우에 이 선수가 다음 시즌

에서 얼마나 경기를 잘 할지는 아무도 모른다. 이 선수의 경기에 대한 기여도 예측은 아마도 지난 시즌의 성적으로 평가될 것이다. 입찰에서 최고가격을 제시한 구단은 이 선수를 고용하지만 이 선수가 경기에서 제대로 역할을 하지 못하면 승자의 저주가 발생하게 되는 것이다.

예를 들어, 프로스포츠 선수시장이 완전경쟁시장이고 구단이 A라는 선수를 채용하기 위해 경매에 참가한다고 하자. 구단은 A라는 선수의 경기능력과 가치가 정확히 얼마인지는 파악하기 어려워 나름대로 추정한 가치를 제시한다. 경매에 참가한 구단 중에는 A라는 선수에 대한 수익성을 과대평가하여 실제보다 더 높은 가격을 제시하는 구단이 있는 반면에, 수익성을 지나치게 과소평가하여 실제보다 더 낮은 가격을 제시하는 구단들도 있을 것이다. A라는 선수에 대한 가치를 평가한 구단들은 자신의 추정치만 알 뿐 다른 구단들이 추정한 가치는 알 수 없다. 이러한 상황에서 어떤 구단이 경매에서 이겼다면, 이 구단이 A라는 선수에 대한 수익성을 실제가치보다 훨씬 높게 평가했을 가능성이 매우 높다. 따라서 아주 높은 가격을 제시하여 경매시장에서 승리하여 선수를 얻었지만, 그 선수의 실제가치는 그에 훨씬 미치지 못하는 경우가 발생할 수 있는 것이다. 이러한 승자의 저주는 프로스포츠 선수시장(주로 FA시장)에서 우수한 선수를 채용하기 위해 구단 간 경쟁이 치열해질 경우 자주 목격된다.

역선택

구단이 선수에 대한 정보를 제대로 알지 못하는 비대칭적인 상황에서는 역선택이 발생할 수도 있다. 역선택(逆選擇, adverse selection)은 시장에서 판매자가 자신이 판매하려는 제품의 속성에 대해 구매자보다 많은 정보를 가지고 있을 때 발생한다. 제품에 대한 정보를 판매자보다 자세히 알지 못하는 구매자의 입장에서는 아무리 합리적으로 제품구매를 결정해도 결국 불리한(adverse) 선택(selection)을 하게 되는 것이다.

마찬가지로 구단이 선수를 채용할 때 선수가 지니고 있는 장·단점에

선수와 정보의 비대칭 프로스포츠 선수시장에 정보의 비대 칭이 존재할 경우 구단이 손실을 볼 가능성이 높아진다.

대한 정보를 완전히 파악하기가 쉽지 않다. 즉, 구단이 채용하려는 선수가 어느 정도의 재능과 능력, 적응력을 가지고 있는지에 대해서는 정확히 파악하기가 어렵다. 이를 '감추어진 특성(hidden characteristics)'이라고 한다. 그리고 선수가 주장하는 내용 가운데 어느 정도까지가 진실인지를 제대로 파악하기가 쉽지 않다. 이는 '감추어진 행동(hidden action)'이라고 한다. 이와 같이 감추어진 특성과 감추어진 행동이 있을 경우 정보의 비대칭이 발생하게 된다.

구단과 선수 간에 정보의 비대칭이 존재하여 역선택이 발생하게 된다면, 기량이 낮은 선수들만 시장에서 거래되는 결과가 나타날 것이다. 왜냐하면, 구단은 감추어진 특성과 행동이 있는 선수에 대해서는 나름대로 평가하여 연봉 등의 조건을 제시하게 되는데, 이 때 자신의 기량이 그 연봉에 미치지 못하는 선수들만 구단의 제시액을 받아들일 것이기 때문이다.

스타 선수가 거래되는 경우도 있지만, 스타 선수에 대한 정보의 비대칭은 상대적으로 작다고 할 수 있다. 스타 선수의 진정한 가치에 대해서는 감추어진 행동이나 특성이 거의 발생하지 않기 때문이다. 하지만 일반적인 프로스포츠 선수들에 있어서는 역선택 현상이 발생할 가능성이 항상 존재한다. 예를 들어, 구단이 선수의 경기능력이나 경기장에서 선수의 행동 등에 대해서는 어느 정도 파악할 수 있으나, 선수가 자신의 부상이나 개인적인 문제를 철저히 숨기고 구단이 이를 제대로 파악하지 못할 경우 스타 선수에 대해서도 역선택이 발생할 수 있다.

재미있는
스포츠경제 역선택과 Market for Lemons

애컬로프(Akerlof, G.)는 중고자동차시장을 이용하여 역선택을 설명하였다. 중고자동차시장에서 판매자가 구매자보다 중고자동차의 품질이나 성능 등을 훨씬 더 많이 알고 있는 반면 구매자는 중고자동차에 대한 정보를 제대로 알 수 없기 때문에 평균적인 품질에 해당하는 가격 이상을 지불할 용의가 없다. 그런데 평균적인 가격 수준에서 중고자동차 가격이 결정된다면 평균품질 이상의 중고자동차는 시장에 나오지 않고 낮은 품질의 중고자동차만 나올 것이다. 결국 중고자동차시장에서 정보의 비대칭으로 인해 고물차(lemons)만 거래되고 시장실패가 초래된다.

5. 글로벌화와 프로스포츠 노동 이동

글로벌화와 더불어 프로스포츠 노동시장에서 선수, 코치 등 노동력의 이동이 확대되고 있다. 스포츠 산업의 상업화와 더불어 글로벌화로 인해 스포츠 선수, 코치, 감독 등이 국경을 넘어 자유롭게 이동하고 있는 것이다. 스포츠 시장의 노동 이동은 스포츠 경기를 글로벌 차원에서 더욱 활기 있게 한다.

프로스포츠 시장에서 노동 이동은 다음과 같은 형태로 변화하고 있다. 첫째, 글로벌화와 더불어 스포츠가 점차 상업화되고 다국적기업들의 스포츠 구단에 대한 투자가 증가하고 있다. 과거에 스포츠는 정치, 사회, 문화, 민족주의 등을 기반으로 하였으나, 이제는 스포츠도 하나의 사업으로 간주되고 있다. 선수, 코치, 감독 등도 하나의 상품으로 거래된다. 프로스포츠 선수들의 노동 이동은 글로벌 차원에서 이루어지고, 스포츠 구단에 대한 투자도 국경을 넘어 이루어지고 있다.

둘째, 선수들의 노동 이동 목적은 미국, 유럽 등과 같은 프로스포츠 선진국가로 이동하는 것이다. 중남미, 아프리카, 아시아 국가의 선수들이 높은 소득과 생활수준 향상 등과 같은 경제적 편익이 보장된 미국, 영국, 프

| 표 10-4 | 스포츠 노동 이동의 유형

종 류	특 징
개척자(Pioneers)	• 스포츠를 증진·발전시키기 위한 열정과 정열 • 새로운 스포츠 문화 등으로 조국 변절 오해 가능성
정착자(Settlers)	• 선수활동을 하는 곳에 정착 • 후발개도국가 출신 선수
경제적 목적(Mercenaries)	• 단기간 금전적 목적 • 스포츠 활동 장소나 지역에 구애받지 않음
유목민(Nomadic), 전 세계적(Cosmopolitans)	• 스포츠 경기를 위해 전 세계로 이동 • 전 세계를 여행하고 다양한 문화 체험 • 문화적 유목민(cultural nomad)

자료: Joseph Maguire(2008).

재미있는 스포츠경제　주요 리그의 외국인 선수

　　유럽과 북미의 주요 메이저리그에서는 많은 외국인 선수들이 활약하고 있다. 그러나 리그에서 활약하고 있는 외국인 선수들을 구체적으로 파악하기가 쉽지가 않아, 연구자마다 사용하는 통계가 약간씩 차이가 있다. 몇 가지 중요한 분석 결과를 살펴보기로 한다.

　　더 오프사이드(The Offside, 2007)는 2007년을 기준으로 유럽의 프로축구리그(1부 리그)에서 외국인 선수들이 차지하는 비중이 영국 55.4%, 독일 44.8%, 스페인 34.3%, 프랑스 32.2%, 이탈리아 28.9%라고 보고하였다. 또한 "유럽축구선수노동시장(Annual Review of the European Football Players' Labour Market)"에 의하면 2007년 유럽 5개 국가의 프로축구리그(1부 리그) 98개 클럽에 고용된 축구선수는 2,744명인데, 이중 24.3%만이 자국선수라고 한다.

　　폴리(Poli, R., 2010)에 따르면 1995~1996 시즌에 유럽의 빅5(Big-5)리그에는 전체 선수 2,286명 중 외국인 선수가 463명(20.2%)이었으나, 2005~2006 시즌에는 2,586명 중 998명(38.6%)으로 외국인 선수 비중이 점차 증가추세를 보이고 있다.

　　세이지(Sage, G. H., 2010)는 2008~2009시즌 중 NHL의 유럽출신 선수 비중이 25.8%이고, MLB에 등록된 외국인 선수 비중은 1998년 20%, 2010년 28%로 점차 증가하고 있다고 주장한다. 또한, 1997년에 출범한 WNBA(Women's National Basketball Association)는 2008년 시즌에 등록한 선수 256명 중 133명이 시즌이 끝난 후 해외에서 프로선수로 활동하기 위해서 해외로 이주하였다고 발표하였다. 2010년에는 전체 선수 중 22%가 19개의 외국국가 출신이라고 보고되기도 하였다.

랑스, 독일 등 선진국가에서 선수 생활을 할 경우 국내에서 활동할 때보다 더 많은 소득을 올릴 수 있을 뿐 아니라 명예도 얻는다는 점에서 선망의 대상이 되기도 한다.

셋째, 기존의 추세를 벗어나 다양한 방향으로 노동 이동이 이루어지고 있다. 과거에는 세계의 많은 축구선수들이 유럽국가로 이동하고 싶어 했던 데 반해, 세계의 프로농구 선수들은 미국의 농구 팀으로 이적하기를 원했다. 그러나 이제는 유럽도 농구선수들이 이동하고 싶어 하는 곳으로 변화하고 있다. 아메리카, 도미니카의 프로야구 선수들이 미국뿐 아니라 일본, 한국, 대만 등 아시아 국가로 이동하기도 한다. 유능한 선수가 스포츠 개발도상국가로 이동하는 것은 더 이상 새로운 현상이 아니다. 전통적으로 프로스포츠 선수들이 스포츠 선진국가에서 후발개도국으로 이동할 경우 빅리그에서 한물간 선수 취급을 당하였지만, 이제는 우수한 선수들도 스포츠 선진 국가에서 개발도상국으로 이동한다.

노동 이동 요인

국가·지역 간 노동이동은 경제생활의 중요한 현상 중 하나이다. 어떤 시장에서든 일자리는 자발적 교환을 촉진시킨다. 노동 이동이 발생하는 이유는 다양하다.

인적자본이론에 의하면, 노동은 상대적으로 낮은 소득을 얻는 지역에서 더 높은 소득을 얻을 수 있는 기회가 있는 지역으로 이동하게 된다. 대부분의 노동자들은 현재보다 더 많은 임금을 받을 수 있는 곳으로 이동하려고 하는데, 이를 임금격차설이라고 한다.

노동공급이 부족하면 임금향상, 근로조건 개선 등으로 새로운 노동력의 유입을 촉진한다. 반대로 노동력이 초과공급 상태일 경우 노동력이 유출되게 된다. 노동 이동은 임금격차 외에도 쾌적함, 사회적 평가, 고용 안정성, 성공, 명예 등과 같은 비화폐적 보상 요인에 의해서 이루어진다. 노동 이동은 취업기회가 많고 적음에 따라서도 이루어진다. 예를 들어, 산업

선수들의 이동 글로벌화와 더불어 많은 선수들이 다양한 이유로 해외로 진출하고 있다.

간·지역 간 노동 이동은 도시·농촌 간 임금격차와 취업 기회 때문이다.

프로스포츠 선수들의 이동은 다양한 요인에 의해서 이루어진다. 스포츠 경제학자들에 따르면, 글로벌 차원의 선수 이동은 주로 선수들이 보다 높은 소득을 추구하는 과정에서 이루어진다. 실제 대부분의 선수들은 보다 많은 소득과 명예를 얻기 위해서 이동하려고 한다. 국내프로스포츠 시장보다 해외시장이 임금과 고용기회가 더 높다면 글로벌 차원의 노동 이동은 활발하게 이루어질 것이다. 프로스포츠 노동시장에서 선수, 코치 등이 글로벌 차원에서 이동하는 것은 구단의 입장에서 볼 때 생산요소의 아웃소싱(outsourcing)에 해당된다.

효과와 문제점

선수들의 노동 이동은 주로 다음과 같은 효과를 기대할 수 있다. 첫째, 구단의 비용 최소화이다. 스포츠 시장에서 노동의 이동은 스포츠 구단들의 비용 절약을 위한 노력의 일환으로 비롯되었다. 다른 기업과 마찬가지로 프로스포츠 구단들도 효율적인 운영을 위해서 노동비용을 절약하려 한다. 프로스포츠 구단들도 가능하면 낮은 비용으로 경기능력이 뛰어난 선수들을 채용하거나 발굴하고, 경기에서 승리해야 한다는 도전에 직면해 있다. 이러한 도전을 극복하기 위해서 많은 프로스포츠 구단들이 가능하면 적은 비용으로 해외에서 우수한 선수를 채용하려 한다. 프로스포츠 구단들의 비용 절약을 위한 행동은 유럽의 축구시장에서 잘 나타난다. 전통적으로 유럽의 축구 구단들은 아프리카의 젊고 유능한 축구선수들을 낮은 비용으로 채용해 왔다. 중남미, 아프리카 선수들 가운데 뛰어난 선수들을 싼 가격으로 채용할 경우 비용을 절약할 수 있으며 경기의 질적 향상도 가능케 한다. 구단의 입장에서 스포츠 선수들의 글로벌 차원의 노동이동은 비용절약의 한 방법인 것이다.

둘째, 경기의 질적 향상을 가능케 한다. 많은 프로스포츠 구단이 해외에서 우수한 선수를 채용하려는 것은 경기력 향상을 위해서이다. 우리나라에서도 프로축구, 야구, 농구, 배구 등에서 해외선수들을 고용하고 있다. 프로축구에서는 주로 공격수·골키퍼, 농구에서는 포워드·센터, 야구에서는 투수·타자 등의 포지션에서 외국선수들을 많이 채용하고 있다. 특히 프로스포츠 선진국가 출신의 선수들은 빅 리그 경험, 경기능력, 지도력 등을 지니고 있어 팀의 질적 향상을 가능케 한다. 이러한 선수들이 경기의 질적 향상을 이루지 못하거나 팀의 승리에 기여하지 못하면 곧바로 해고되기도 한다.

셋째, 아웃소싱을 통한 우수한 자원이용이다. 스포츠 노동시장에서 우수한 선수를 채용하기 위한 경쟁은 국제적으로 점차 치열해지고 있으며, 자원이용이라는 측면에서 아주 중요하다. 프로야구의 본거지인 MLB에 미국 출신 선수가 그리 많지 않은 것은 뛰어난 경기능력을 지닌 미국 선수들이 부족하기 때문이다. 그래서 중·남미에서 우수한 선수들이 지속적으로 유입되고 있다. 또 미국의 야구시장과는 달리 중·남미 야구시장에서는 낮은 가격으로도 우수한 선수를 채용할 수 있다. 마찬가지로 유럽의 프로축구 선진국가에서는 많은 아프리카의 선수들을 채용한다. 유럽의 축구 구단들은 아프리카 축구시장에 다양한 투자를 하기도 한다. 이러한 투자는 아프리카의 우수한 축구선수라는 자원을 확보하기 위한 투자전략이다.

넷째, 선수의 상향(선진국가로의) 이동은 자국의 해당 스포츠 발전기반을 강화시킬 뿐 아니라 국민들의 관심도 증대시킬 수 있다. 아프리카, 아시아의 축구선수가 유럽의 리그나 UEFA와 같은 경기에서 뛰어난 활약을 할 경우, 자국의 팬들도 커다란 관심을 갖게 되고, 자국의 축구 발전에도 기여할 수 있다.

보다 저렴한 비용으로 우수한 선수를 채용하기 위한 글로벌 차원의 아웃소싱은 점점 더 전략적으로 이루어질 것이다. 글로벌 차원의 아웃소싱은 제로섬 게임이 아니다. 쌍방이 이득이 되는 상호 윈윈전략(win-win strategy)이다. 프로스포츠 시장에서 선수들의 노동 이동은 일종의 전략적 행위이다. 프라사드(Prasad. A., 2006)는 프로스포츠 시장에서의 노동이동은 구단과 선수의 상호이득을 위한 투자라고 주장한다. 프로스포츠 시장에서 선수들의 이동은 글로벌 차원의 프로스포츠 시장을 재형성하고 프로스포츠를 더욱 발전시킬 수 있다.

프로스포츠 노동시장에서 선수, 코치 등의 글로벌 이동은 수요·공급 원리에 따른 자연스러운 현상이다. 레빈스트레인(Ravenstrein, E., 1989)은 글로벌 차원의 노동 이동을 푸시-풀과정(push-pull process)이라고 설명한다. 예를 들어, 브라질은 수천 명의 우수한 축구선수들이 있는데, 이들은 축구시장의 수요·공급에 따라서 세계 축구시장으로 이동한다. 마찬가지로 미국에서는 미국 프로 농구시장규모에 비하면 지나치게 많을 정도의 농구선수들이 생산되고 있다고 할 수 있다. 이들 선수들은 유럽, 아시아 등으로 이동한다.

그러나 선수들의 노동 이동은 다음과 같은 문제점을 야기할 수도 있다. 특정 포지션(position)을 외국선수들을 중심으로 채용할 경우 국내에서는 그 포지션에 대한 지식개발과 훈련을 게을리 할 가능성이 있다. 결국에는 특정 포지션의 역할과 기능을 이해하려고 하지 않게 되고 자국의 젊고 유능한 선수들이 설자리가 좁아진다. 또 자국 선수들은 치열한 경쟁을 통해서도 주전 자리를 차지하기가 어려워지므로 이러한 포지션을 기피하려고 하게 된다. 그리고 국내 우수한 선수들의 해외시장으로의 이동은 국내 프로리그의 관중 감소, 미디어 관심 저조, 대중화 부족 등의 문제점을 초래할 수 있다. 또한 외국선수들이 국내 프로스포츠 시장에 진출함에 따라 문화적 차이, 노동 문제, 차별 등 해결해야 할 여러 과제들이 발생하기도 한다.

11

프로스포츠 노사관계

1. 노사관계의 개념과 선수노조

노사관계의 개념

노사관계(勞使關係, industrial relations)는 노동자와 사용자 간 고용관계에서 발생하는 각종 갈등과 대립, 이익, 상호협력 등을 조정하는 제도로 노동·경영 관계(labor management relations)라고도 한다.[1] 노사관계는 노동경제, 법학, 경영학, 사회학, 정책학 등이 맞물려 있어 다양한 시각과 방법으로 분석이 가능하며 이에 대한 연구는 이론적인 분석보다는 역사적이고 기술적인 연구가 대부분이다. 일반적으로 노사관계는 산업활동에서 결합되는 개인·집단 및 조직 간, 특히 노동자와 사용자 사이에서 발생하는 경제·사회적 관계이다. 그 중에서 노동조합과 사용자 및 그 단체와의 관계가 중시된다. 노사관계는 특히 노동자와 사용자 사이의 지속적인 관계와 단체교섭(collective bargaining)과 관련된 사항을 분석 및 조정대상으로 한다.

노사관계는 산업혁명 이후 공업화의 진전과 더불어 노동자 계급이 양적·질적으로 성장하기 시작하면서 형성되었다. 노사관계를 통해 노동자의 생활수준이 개선되고 정치적·사회적 지위도 향상되면서 노동자들이 하나의 조직으로 성장하기에 이르렀다. 즉 노동운동은 노동자 스스로를 단결시켜 노동조합을 만들고 사용자나 자본가와 단체교섭을 통하여 고용과 노동조건을 개선하도록 해 온 것이다.

노사관계는 양면성을 지닌다. 경영자와 근로자들이 추구하는 목표와 가치가 양면성을 지니고 있기 때문이다. 경영자는 기업경영 목표를 이윤극대화 외에도 안정, 사회적 책임 등에 두고 그 역할을 수행한다. 반면 근로자들은 생산성 향상, 근로조건 개선, 인간성의 존중 등을 추구할 권리와 책임이 있다. 노사 양측은 추구하는 목표와 가치가 다르므로 상호교섭 과정에서 대립 또는 협조관계를 지니게 된다. 자본과 노동 등 생산요소의 공급

---

1 노사관계라는 말은 1912~1915년 미국의 노사관계 위원회(The US Commission on Industrial Relations)라는 명칭에서 처음으로 사용되었다.

선수노조 미국의 메이저 스포츠리그에서는 선수노조의 영향력이 매우 크다. 그림은 NFL. MLB, NHL, NBA의 선수노조

자들 사이에서 이윤과 임금의 배분을 놓고 대립관계가 나타나기도 한다. 반면, 기업의 성장과 발전, 경쟁력 향상, 이윤과 임금 향상 등을 위한 과정에서 기업과 노동자들의 협조 관계가 나타나기도 한다.[2]

선수노동시장의 특징

프로스포츠 시장의 노사관계는 일반 노동시장보다 더 복잡하다. 이는 프로스포츠 시장에서의 노동 의존도가 상대적으로 높기 때문이다. 선수들이 노동조합을 결성하려는 것은 선수들의 이익과 권익을 대변하기 위해서이다.[3] 프로야구·축구·농구 등 프로스포츠 선수들도 다른 산업의 노동자들과 마찬가지로 노동조합을 결성하여 자신들의 권리와 이익을 관철시키려

---

2 우리나라의 프로야구 선수들은 2000년 1월에 한국프로야구선수협의회 창립총회를 갖고 한국 프로야구의 발전과 선수들의 권익보호를 위해 프로야구선수협회라는 모임을 운영하고 있다.

3 미국 프로스포츠의 노사관계는 1935년에 제정된 노사관계법의 적용을 받고 있다.

한다. 그러나 미국을 제외한 대부분 국가에서는 프로스포츠 선수노동조합이 일반 노동조합과는 달리 제대로 활성화되지 않고 있고, 이들에 대한 관심도 상대적으로 작은 경우가 많다.

대체로 프로스포츠 선수노조는 일반 산업의 노조와 여러 가지 면에서 차이가 있다. 첫째, 대부분의 프로선수들은 선수생활을 통해 소득을 올릴 수 있는 기간이 일반 산업의 근로자들보다 상대적으로 짧다. 실제로 미국 프로스포츠 선수들의 평균 활동 기간은 미식 축구 4년, 축구 7년을 넘지 못하는 것으로 나타났다. 일반근로자에 비해 프로스포츠 선수들의 활동 기간이 상대적으로 짧은 것은 나이가 들어 신체적 기량이 저하되거나 부상 가능성이 크기 때문이다. 따라서 프로스포츠 선수들은 짧은 기간에 많은 소득을 올려야 한다. 즉, 은퇴 후를 대비하기 위해서는 자신의 기량을 최대한 발휘하여 짧은 기간에 높은 소득을 올리는 것이 무엇보다도 중요하다. 이런 까닭에 프로스포츠 선수들은 노조에 가입하거나 노조를 지지하는 데 있어 일반 근로자들보다 상대적으로 소극적일 수밖에 없다.

둘째, 프로스포츠 선수노조는 일반 산업노조들과 달리 노조원들 간 연대가 상대적으로 느슨하다. 프로스포츠 선수들이 다른 노동단체로부터 고립되어 있어 조직적인 지원이나 노조활동 경험이 상대적으로 부족하기 때문이다. 특히, 우리나라에서는 프로스포츠 선수들이 자영업자로 분류되고 있으며, 선수들도 자신이 노동자라는 인식이 부족하기 때문에 노조가입이나 활동에 소극적이라는 주장도 있다.

셋째, 프로스포츠 선수들은 경기능력, 경기 결과나 팀의 성적 등이 소득과 직결되기 때문에 구단과의 비합리적인 관계를 개선하는 데 시간을 투자하기보다는 훈련을 통해 자신의 기량을 연마하는 데 더 많은 관심을 기울인다. 프로스포츠 선수는 기본적으로 신분이 불안한 직업이라 할 수 있다. 훈련 또는 시합 중에 부상을 당하거나 슬럼프에 빠지게 되면 경기에 출전하기 어렵다. 이러한 기간이 지속되어 팀에서 제 역할을 다하지 못할 경우 구단에서 방출되거나 선수생활을 마감해야 한다. 따라서 프로스포츠 선수들은 다소 불합리한 구단의 조치를 개선하기 위해 노조활동에 관심을 가지기보다는 자신들의 기량을 연마하고 경기에서 승리하는 데 더 많은 관심을 가진다.

넷째, 프로야구·축구·농구·하키 등 팀스포츠 경기에서 승리하기 위해서는 선수들의 개별적 행동보다는 선수 간 일사불란한 팀워크를 필요로 한다. 즉, 프로스포츠 팀에서는 속성상 감독·코치·선수 간 엄격한 규율과 복종이 필수적이다. 특히, 팀 중심의 스포츠일수록 상대적으로 더 권위적이며, 코치나 감독 등 지도자에 대한 명령과 복종은 절대적이라 할 수 있다. 따라서 선수들은 노동조합 등을 통해 기존의 제도를 변화시키려 하기보다는 순응하려는 성향이 강하다고 할 수 있다.

2. 유럽과 북미의 선수노조

리그와 선수노조

선수노조들은 프로스포츠 노동시장에서 선수노조원들의 권익을 위해 활동한다. 그러나 유럽과 북미의 주요 프로스포츠 노조와 리그는 그 역할이 상당히 다른 부분이 존재한다.

1907년 12월 영국의 축구선수노조협회(Association of Football Players' Union)가 결성되는 등 유럽에서도 오래전부터 프로스포츠 노조가 운영되고 있다. 북미 메이저리그의 선수노조는 주로 1950년대 중반에 설립되어 운영되고 있다.[4] 〈표 11-1〉은 북미와 유럽의 주요 프로스포츠 선수노조이다. 북미와 유럽의 프로스포츠 시장에서 리그와 선수노조의 역할에는 다음과 같은 차이점이 존재한다.

첫째, 노조와 구단간 단체교섭이다. 북미의 메이저리그에서는 리그나 구단주와 선수노조가 주로 선수들의 노동조건에 관해서 협상을 한다. 이를 프로야구에서는 기본협상(basic agreement), 프로농구, 하키, 미식축구에서는

---

4 MLB의 경우 창설 당시부터 노동조합(MLBPA)이 존재하였으나 체계적으로 노조활동을 하기 시작한 것은 1966년부터이며, NFLPA는 1956년, NBPA는 1954년, NHLPA는 1957년에 각각 설립되었다.

| 표 11-1 | 북미와 유럽의 주요 프로스포츠 선수노조

국 가	종 목	선수노조
북 미	야 구	MLBPA(Major League Baseball Players' Association)
	미식축구	NFLPA(National Football League Players' Association)
	농 구	NBPA(National Basketball Players' Association)
	하 키	NHLPA(National Hockey League Players' Association)
영 국	축 구	PFA(Professional Footballers' Association)
독 일	축 구	VdV(Vereinugung der Vertragsfuß Ballspieler)
스페인	축 구	AFE(Asociaon de Futbolistas' Espanoles)
전 세계	축 구	FIFPro(Federation Internationale des Footballeurs Professionels)

자료: Michael Drewes(2005).

단체교섭협약(collective bargaining agreement)이라고 한다. 북미의 프로스포츠 구단과 선수노조는 주로 자유계약제, 연봉상한제, 사치세, 수입배분, 드래프트, 최저임금 외에도, 임금체계, 약물검사 등과 관련된 다양한 협상을 한다.

반면, 유럽의 프로스포츠 노동시장에서는 구단과 선수노조간 단체교섭이 거의 발생하지 않는다. 유럽의 프로스포츠 노동시장에서는 단체교섭이나 기본협상과 같은 절차가 거의 없으며 대부분의 선수들은 구단과 개별적으로 협상하고 계약한다.

둘째, 전력평준화를 위한 조치들이다. 북미의 프로스포츠 시장은 독과점 구조로, 구단은 전력평준화와 경기결과의 불확실성을 강조하면서 선수들의 임금이나 이적에 제한적 조치를 취하는 등 독점적 지위를 행사하여 이윤을 얻는다. 따라서 북미의 프로스포츠 노동시장에서는 선수들의 이적에 장벽이 있어 선수들이 자신이 원하는 팀에서 경기를 하기가 쉽지 않은 실정이다. 선수가 구단과 계약할 때 포함되는 유보조항은 구단이 선수의 이적을 제한할 수 있는 장치로 1879년 NL이 출범할 때부터 도입되었으며, 다른 프로스포츠리그에서도 이와 비슷한 조치를 도입하였다. 1970년대에는 자유계약제(FA)를 도입하였는데, 자격조건은 스포츠 종목에 따라 다르다.[5] 신인선

5 MLB에서는 6년 또는 그 이상의 경기를 해야 하며, NFL, NBA에서는 4년 또는 그 이상의 시즌을 경기

수들은 주로 역순의 드래프트(inverse draft)를 통해 프로스포츠 선수가 될
수 있으며, 드래프트된 선수는 팀과 계약을 하면 일정 기간 동안은 의무적
으로 그 팀에서 활동해야 한다. 연봉상한제는 선수들의 임금을 일정 수준으
로 묶어두는 조치로 선수들의 임금 상승을 억제할 수 있는 조치이다. 연봉
상한제는 구단이 선수들의 한계수입생산(MRP)보다 낮은 수준의 임금을 지
급할 수 있게 한다. 선수들의 임금수준을 제한하는 것은 북미의 프로스포츠
산업이 유일하다.[6] 이러한 조치들은 선수들의 소득에 직접적으로 영향을
미치게 되므로 선수노조들은 구단과 첨예하게 대립하기도 한다.

　　반면, 유럽의 프로스포츠 시장에서는 연봉상한제와 같이 선수들의 임
금상승을 인위적으로 억제하는 조치들이 거의 없다. 특히, 1995년 12월 유
럽연방법원의 보스만 판결(Bosman Case)에서 '구단과 계약기간이 끝난 선
수는 구단의 동의와 이적료에 관계없이 자유롭게 팀을 이적할 수 있고, 팀
내 외국인 선수의 수는 제한될 수 없다'고 판결한 이후부터는 유럽의 축구
리그에서는 선수들이 자유롭게 이적할 수 있게 되었다.

　　2002년 영국 프리미어리그의 18개 상위팀들이 G14라고 하는 일종의
연봉상한제를 제의하기도 하였다. G14는 일종의 구단의 비용 지출에 대한
통제조치로 구단 총수입 중에서 전 직원을 위한 비용지출이 70%를 초과하
지 않도록 하자는 것이다. 이러한 비율은 NBA나 NFL보다 높은 수준이다.
그러나 이러한 제도를 도입하려면 선수고용에 엄청난 자금을 투자해온 구
단들의 동의도 얻어야 하므로 도입이 쉽지 않은 상황이다.

　　셋째, 수입배분 조치이다. 북미의 대부분의 메이저리그에서는 전력평
준화를 이유로 팀 간의 수입을 배분하는데, 수입배분방식은 리그에 따라
다르다. NFL에서는 모든 입장수입의 40%를 모든 팀에게 동등하게 배분하

해야 한다. NHL에서는 4개의 그룹으로 나누어 그룹별로 FA자격요건을 제시한다.

6 NBA에서는 1982~1983시즌, NFL에서는 1993년에 도입하였다. NBA는 단체교섭을 통해 선수들의 임
금을 구단 1년 소득의 48.04%까지 지급할 수 있게 하였다. NFL은 리그 총수입의 63~64%로 정하였
다. NHL과 NHLPA는 2004~2005시즌에 구단은 연봉상한제를 도입하려고 하고 선수노조는 이를 거부
하는 등 논란을 빚기도 하였다. 연봉상한제를 놓고 MLB에서는 1994~1995시즌에 파업을, NBA에서는
1998년에 직장폐쇄를 하기도 하였다.

는 데 비해, NBA와 NHL에서는 입장수입을 배분하지 않는다. MLB에서는 중앙방송 중계수입의 일정비율을 모든 팀들에게 배분한다. MLB에서 도입한 사치세는[7] 팀에서 지급하는 선수연봉 총액이 일정부분을 초과할 경우 세금을 부과하는 것이다.

반면, 유럽의 프로축구리그에서는 방송중계권을 제한적으로 공동판매한다. 영국, 독일, 프랑스 등은 방송중계를 공동으로 판매하는 데 비해 이탈리아, 스페인 등에서는 구단이 개별적으로 판매한다. 영국 프리미어리그의 경기중계 방송 수입의 50%는 20개 팀이 균등하게 배분하고, 25%는 TV 방송 출연 여부에 따라, 나머지 25%는 시즌이 끝난 후 경기결과에 따라 배분한다. 독일에서는 방송중계수입의 78%를 분데스리가에, 나머지 22%는 2부 리그에 배분한다. 또 분데스리가의 방송중계수입 78% 중 50%는 리그의 18개 팀이 균등하게 배분하고, 25%는 과거 3개 시즌의 경기결과에 따라, 그리고 나머지 25%는 현재 시즌의 경기성적에 따라 배분한다. 반면 유럽의 프로축구리그에서 입장수입은 거의 배분하지 않는다.

넷째, 북미프로스포츠 시장에서 전력평준화와 경기결과에 대한 불확실성을 위해 시행되고 있는 드래프트, FA, 연봉상한제, 사치세 등 일련의 조치들과 입장료, 방송중계료 등 수입배분 조치들은 결과적으로 전력이 약하고 재정이 빈약한 팀에 대한 보상조치라고 할 수 있는 반면 전력이 막강하고 재정이 풍부한 팀에게는 제재조치라고 할 수 있다. 북미의 프로스포츠리그는 시즌의 경기결과가 좋지 않은 약체 팀에게 보상을 하려는 성향이 있는데, 이는 경기능력이 뛰어나고 높은 임금을 받는 선수들의 소득을 감소시키는 것이므로 선수노조가 강력하게 반발하고 있다.

노조 활동의 특징

북미와 유럽 프로스포츠 노동시장에서 선수노조의 활동과 영향력에서도 차이가 있다. 일반적으로 북미의 프로스포츠 선수노조는 유럽에 비해

---

[7] 전력균형을 위한 세금(competitive balance tax)이라고도 한다.

강력한 영향력을 행사한다. 미국의 프로선수노조는 보류 조항의 폐지를 관철시켜 왔으며, 선수들은 자신의 임금을 위해 리그의 수익 배분에 대해 협상하고, 팀의 등록선수를 제한(team roster limits)하는 등 강력한 영향력을 발휘한다.[8]

반면 유럽에서는 사회적·법률적 환경이 노동조합에 훨씬 우호적이고 노동조합 조직률이 높은 편임에도 불구하고 프로축구선수들이 노동조합을 결성하여 구단이나 리그에 대응하거나 커다란 영향력을 행사하는 경우는 미국 프로스포츠 시장에 비해 훨씬 덜하다고 할 수 있다.[9] 물론, 영국의 프로축구선수협회도 금전적으로 어려움을 겪고 있는 구단이나 선수, 부상선수 및 은퇴선수 치료비와 생활비, 지도자 교육, 사회적응 훈련 등을 지원하는 등 선수들의 복지를 위해 활동하고 있다.

유럽에서도 오래전부터 프로스포츠 선수노조가 운영되고 있음에도 불구하고 북미 프로스포츠 선수들의 파업과 같은 행동은 잘 일어나지 않는다. 반면, 북미의 메이저리그 선수노조는 1950년대에 출범하였으나 그 영향력은 아주 강력하다. 북미에서는 선수노조의 파업(strike)과 구단주들의 직장폐쇄(lockout)가 심심치 않게 발생하고 있다. 여기서는 유럽의 선수노조들에 비해 북미의 선수노조들이 파업 등 적극적인 노동운동을 하게 된 배경을 살펴보자.

첫째, 유럽과 북미의 프로팀스포츠 구단의 운영목적과 소유권이 다르기 때문이다. 북미의 프로스포츠 구단주들은 이윤극대화를 추구하며 구단들은 리그의 지배를 받는다. 북미프로스포츠 구단에서는 전통적으로 사적 소유권이 강조되고 있다. 이러한 상황에서 경제학에서 설명하는 구단과 선수는 주인(principal)과 대리인(agent)의 관계를 지니게 된다. 즉, 구단은 주

---

8 짐발리스트(Zimbalist, A., 2003)가 MLBPA는 미국에서 가장 호전적이며 가장 성공한 노조라고 평가한다.

9 그러나 유럽에서도 선수협회(노조)가 단체행동을 하는 것은 물론이다. 2001년 8월에 영국 프리미어리그측과 프로축구선수협회는 방송중계 수익률 배분을 놓고 대립하다가 파업 직전에 이르러서야 협상을 타결하였다. 2002년 이탈리아, 그리스에서 클럽 간의 충돌이 있었으나 노사분규는 일어나지 않았으며, 2004년에는 덴마크, 슬로베니아 축구선수들의 파업이 있기는 했으나 리그경기에 영향을 미치지 않았다.

인이고 선수는 대리인이며, 주인과 대리인은 비대칭적 정보 상태에서 계약을 하게 된다. 대리인인 선수는 자신의 신체 및 경기능력을 잘 알고 있는 반면 구단은 선수에 대해서 자세히 알지 못하므로 선수들은 자신에게 유리한 계약을 하고 자신의 의무는 게을리 하려고 한다. 구단을 개인적으로 소유하고 이윤추구를 주요 목적으로 하는 구단주는 소득분배 등에 영향력을 행사하려고 한다. 이 때 더 많은 이윤을 추구하려는 구단주와 더 많은 임금을 받으려는 구단과 선수들 간에는 긴장관계가 조성되며 선수들은 노조라는 단체를 만들어 소득분배를 위한 투쟁을 하게 된다.

반면, 슬론(Sloane, P., 1971)은 유럽의 프로스포츠 리그는 비영리 조직으로서 효용극대화를 추구한다고 주장한다. 여기에서 효용극대화는 경기에서 가능한 한 많이 승리하는 것이다. 만약 효용극대화를 추구하는 구단주가 리그의 시즌이나 각종 경기대회에서 자신의 팀이 패하는 것을 인정하려 하지 않는다면, 과도한 투자 경쟁에 나설 가능성이 크다. 즉, 선수를 채용하는 데 아주 높은 임금을 제공하는 등 지나치게 경쟁적으로 많은 투자를 할 경우 잠재적으로 선수의 임금은 선수의 경기능력을 초과할 수 있다. 이러한 현상은 구단주가 이윤추구보다는 효용추구에 관심이 더 많은 유럽에서 주로 발생한다. 선수들이 자신이 지닌 경제적 가치보다 높은 임금을 받는 상황에서는 선수노조를 결성할 필요성을 느끼지 않게 된다.

둘째, 북미의 메이저리그에는 새로운 팀의 시장진입을 제한하는 진입장벽(entry barrier)이 있고 구단들은 지역에서 독점력을 행사하여 초과이윤, 즉 독점적 지대(monopoly rent)를 향유한다. 퀴크와 포트(Quirk, J. & R. Fort, 1999)는 북미의 프로스포츠 선수노조의 영향력이 강력해지고 파업 등 노사분규가 자주 발생하는 것은 프로스포츠 시장에 독점적 지대가 존재하기 때문이며, 이는 주로 TV중계수입 때문이라고 주장한다. 프로스포츠 시장이 독점상태일 경우 초과이윤이 발생하게 되고, 선수들은 초과이윤에 대한 소득분배 과정에서 노조의 필요성을 인식하게 되는 것이다. 특히 북미의 프로스포츠 시장에는 전력균형이나 경기결과에 대한 불확실성 제고를 이유로 선수보류조항, 드래프트, 연봉상한제, 자유계약제, 사치세, 수익배분 등과 같은 조치들이 운영되고 있는데, 이는 선수들의 임금이나 이적의 자유를 제한하는 조치이다.

특히, 지맨스키(Szymanski, S., 2003)는 북미의 프로야구시장에 대한 반독점법(antitrust law) 예외조항은 구단들이 시장에서 독점적 지위를 이용하여 더 많은 수익을 얻을 수 있는 빌미를 제공하였고, 선수들은 이에 대항하기 위해 강력한 노조활동을 한다고 주장한다. 즉 북미프로스포츠 리그에서 구단들은 프랜차이즈 시스템을 통해 시장지배력을 행사하고 노동시장에서 카르텔처럼 행동하며 선수들은 이에 대항하기 위해서 노조를 설립한다.

반면, 유럽 대부분의 스포츠리그는 승강제도를 운영하고 있다. 이러한 제도는 팀에게 1부 리그로의 승진과 2부 리그로의 강등 가능성뿐 아니라 새로운 팀의 시장진입 가능성을 제시하고 있어 리그나 구단의 시장지배력(市場支配力)을 분산시킬 수 있다. 또 유럽의 프로스포츠 노동시장에서 선수들은 국내리그는 물론 해외리그로도 자유롭게 이동할 수 있다. 예를 들어, 프랑스의 프로선수가 원하는 조건으로 프랑스리그에서 활동할 수 없으면, 영국, 이탈리아, 스페인, 독일 등 유럽국가의 리그 중 원하는 곳으로 이동할 수 있다. 실제로 많은 프랑스 선수들이 외국의 리그에서 활동하고 있다. 선수들이 다른 나라의 리그로 자유롭게 이동할 수 있기 때문에 구단주들의 선수노동에 대한 수요독점적 지위가 줄어들게 되고, 프로스포츠 시장에서 생산요소에 대한 보수인 선수들의 임금이 높아질 수 있다. 유럽의 프로스포츠 시장에서 수입배분을 위한 조치들은 거의 운영되지 않으며, 유럽의 프로스포츠 구단들이 선수노동력에 대한 수요독점자로서 행동하지 않으므로 선수들이 노동공급자로서 시장지배력을 강화하기 위해서 강력한 노조를 형성할 필요가 없다.

셋째, 북미의 프로스포츠 시장에서 FA자격을 얻은 선수들은 구단의 과도한 투자 경쟁과 비대칭적 정보로 인해 자신의 한계생산물의 가치보다 더 높은 임금을 받을 수 있다. 즉 FA자격을 얻은 선수들은 프로스포츠 시장에서 발생하는 독점적 지대로부터 편익을 얻을 수 있다. 맥도날드와 레이놀드(MacDonald, D. & M. Reynolds, 1994)는 MLB에서 FA자격을 얻은 선수들은 자

재미있는
스포츠경제 ## 영국의 프로축구선수협회(PFA)

1893년~1898년에 영국의 축구선수들은 선수노조를 시도하였으나 실패하였고, 1907년 2월에 축구선수노조협회(AFPTU, Association of Football Players' and Trainers' Union)를 결성하였는데(선수노조(Players' Union)라고도 함), 이는 프로스포츠 노조 중 가장 오래된 것이다. 1958년에 프로축구선수협회(PFA, Professional Footballers' Association)로 명칭을 바꾸어 지금까지 지속되고 있으며, 회원은 4천여 명에 달한다.

PFA에서는 선수이전과 보상시스템, 최대임금제 등을 개선시키려 노력해왔다. 1909년에 영국의 축구를 관리하는 영국축구협회(EFA, English Football Association)가 이를 해체하려 했으나 적극적인 저항으로 실패하였다. 그러나 PFA는 성공적 업무수행에도 불구하고 선수들의 권익을 보호하기 위해서 많은 어려움을 경험을 해야만 했다. PFA의 주요 역할은 선수들의 보상시스템 개선, 부상당한 선수들의 은퇴 시 보험 제공, 구단과의 계약 등이다.

PFA는 1950년대 말부터 1960년대에 선수들의 고용에 관한 규칙을 개정하기 위해 노력하였으며, 1961년에는 파업 위협으로 최고임금제도(maximum wage)를 폐지시키는 데 성공하였다. 또한, 영연방 국가에서 추방당한 축구선수들의 노조 설립을 지원하고 이들을 돕기 위한 조사도 수행한다.

신의 경기능력을 초과하는 임금을 받을 가능성이 높아진 반면에 그렇지 못한 선수들은 훨씬 더 적은 임금을 받는다고 주장한다. 선수들이 FA자격을 얻기 전까지 수요독점적 착취를 당하기 때문이다. 따라서 FA자격 요건이 되지 않는 선수들은 독점적 착취를 당하지 않고 가능하면 보다 많은 경제적 이득을 얻기 위해서 선수노조를 결성하여 적극적으로 대응하는 것이다.

넷째, 로젠과 샌더슨(Rosen, S. & A. Sanderson, 2000)은 북미의 프로스포츠 선수들이 노조활동에 적극적으로 참여하는 것은 노동공급이 비탄력적이기 때문이라고 주장한다. 프로스포츠 선수들이 지니고 있는 특출한 경기능력을 대체할만한 노동력이 별로 없기 때문에 선수노조의 영향력이 커지게 된다는 것이다. 북미의 프로스포츠 선수들은 노동공급 측면에서 완전한 카르텔(cartel)을 형성하게 되고, 구단주들은 노동시장에서 수요독점자

FIFPro와 PFA PFA는 웨일즈, 영국 등의 프로 축구선수협회로 약 4천여 명이 가입되어 있으며, FIFPro에 소속되어 있다. FIFPro와 PFA의 트레이드마크

처럼 행동하게 된다. 수요독점시장에서는 경쟁시장에서보다 더 낮은 임금을 받는다. 이에 대해 선수들이 합리적으로 대응할 수 있는 방안이 노동조합을 결성하는 것이다.

선수노조는 선수들의 노동시장에서 노동공급을 제한하는 동시에 유일한 판매자처럼 행동할 수 있으며, 구단주들의 시장지배력에 대해 대항할 수 있는 장치이다. 이 경우 구단주는 선수노동에 대한 수요독점자인 반면, 선수노조는 선수노동에 대한 공급독점자가 되는 쌍방독점관계가 형성되는 것이다. 쌍방독점시장에서는 양측의 협상능력에 따라 결과가 달라지므로 선수들에게는 보다 적극적으로 노조활동에 참여하려는 유인이 발생한다.

다섯째, 유럽의 프로스포츠 시장에서 1부 리그들은 2부 리그(second division)의 팀들과 경쟁할 가능성을 지니고 있다. 1부 리그에서 만족스럽지 못한 경기력을 보인 선수는 2부 리그의 상위 팀으로 이동할 수 있다. 이 경우 더 많은 경기에 참가할 수 있고 팀에서 보다 확실한 역할을 할 수 있다. 장기적으로 2부 리그의 상위 팀에서 경기에 대한 기여도가 더 많아졌다면 더 높은 임금을 받을 수 있을 것이다. 유럽의 프로스포츠 시장에서 1부 리그 선수들은 또한 리그 내에서 다른 팀으로 이동하거나 외국 리그로 이동할 수 있다. 유럽의 프로스포츠 시장에서 선수들의 이적 가능성이 개방됨으로써 노동시장에서 구단주들의 시장지배력이 감소하게 된 것이다. 따라서 유럽의 프로스포츠 선수들은 구단주들의 시장지배력 행사에 대항할 수 있는 강력한 노조의 필요성을 느끼지 않는다. 그러나 북미의 메이저리그에서는 선수들이 기본적으로 리그 내에서만 이동할 수 있으며, 이러한 선택

국제프로축구선수협회(FIFPro)

1965년 12월 영국, 프랑스, 이탈리아, 독일, 스코틀랜드 등의 프로축구 선수노조들이 프랑스 파리에서 모임을 갖고 국제프로축구선수협회(FIFPro, Federation Internationale des Footballeurs Professionels)를 설립하였다. FIFPro는 국적, 종교, 정치적 신념, 인종, 성별 등에 관계없이 전 세계 축구선수노조들 간 결속을 다지는 동시에, 프로축구 선수들의 권리보호, 권익추구 등을 주요 목적으로 한다.

초기에는 유럽국가들의 선수노조들이 중심이었으나 1980년대에는 남아메리카 선수노조들도 가입하였다. 2000년대에 들어 전 세계로 확산되었으며, 2010년 11월 현재 43개 국가의 축구선수노조가 가입하였다.

1965년 출범 이후 FIFPro는 전 세계 축구선수노조를 위해 많은 일들을 해오고 있다. 특히 1995년 보스만 판결과 유럽위원회의 개입 이후 FIFPro는 전 세계 축구선수들을 대표하는 조직으로 등장하였다. FIFPro는 전지구적 차원에서뿐 아니라 개별국가의 프로축구선수노조를 위해서 활동하기도 한다.

FIFPro는 전 지구적 차원에서는 FIFA, UEFA EC(European Commission) 등과 선수이적, 보상시스템 등과 같은 이슈들에 대해서 협의한다. 또한 범유럽 차원에서 단체교섭에도 참여하려고 시도하고 있다. 국가적으로는 각 국가 축구협회의 문제점 등을 파악하여 선수노조를 지원하기도 한다. 실제로 유럽 어떤 국가의 축구협회에서 선수노조를 반대한다면 FIFA, UEFA 등과의 관계를 활용하여 축구협회의 행동이 변화하도록 압력을 행사하기도 한다. 또한 개별국가의 작고 새로 출범한 선수노조들에게 재정 지원도 해준다.

권도 여러 가지 규제로 제약되어 있다. 마이너리그로의 이동가능성도 2부리그 합동운영 시스템(the farm team system)에 의해 제한되어 있다.

메이저리그 선수노조[10]

미국에서 프로스포츠가 출범했을 당시만 하더라도 선수들은 노동조합

---

10 여기에서는 프로스포츠 역사가 길고, 각종 이론적·실증적 예가 풍부한 미국 메이저리그 즉, MLB, NFL, NBA, NHL의 노사관계를 중심으로 살펴본다.

의 필요성을 제대로 인식하지 못했었다. 구단주들은 유보조항을 만들어 선수들에게 동의도 얻지 않은 채 선수를 거래하거나 구단이 선수를 임의대로 보유할 수 있었다. 구단이 선수들의 모든 권한을 가지고 있었던 것이다. 그러나 선수들은 자신들의 자유가 제한되고 구단의 자산(소유물)으로 취급되는 것에 대해 불만을 품기 시작하였다.

1970년대 들어서 선수들은 노동조합의 필요성을 느끼기 시작하였다.[11] 그동안 구단주들은 프로스포츠 리그를 독점적으로 수행하면서 선수들을 노동력으로 보기보다는 하나의 상품으로 간주하려는 성향이 있었다. 그러나 선수들이 노동조합의 역할을 이해하게 되면서 구단주들이 그동안 독점적으로 행사해 오던 선수들에 대한 권한이 점차 선수들에게 이동하기 시작하였다. 이와 같은 권한의 이동은 선수와 구단 상호간의 이득을 위한 중요한 조치로 받아들여졌다. 노조의 출현은 선수들이 자신의 권리나 이익과 관련하여 구단과의 갈등을 해결하기 위한 내부기구가 탄생한 것으로 간주되었다. 처음에 선수노조는 프로스포츠의 생존방법을 모색하고 선수나 구단 모두에게 이득이 되는 단체로 간주되었다. 노조와 구단은 단체교섭을 통해 양측의 이익과 권리를 조정하기도 하였다. 그러나 이러한 과정에서 일부 선수노조의 영향력이 점차 강화되기 시작하였다.

구단은 선수노조의 세력이 강화된 것에 대하여, 선수노조는 자신들의 가치를 제대로 인정해주지 않는 구단에 대해서 서로 비난하기도 한다. 그럼에도 불구하고 프로스포츠 시장에서 선수와 구단은 대립관계뿐 아니라 때로는 동반자적 관계를 유지하고 있다. 미국 프로스포츠 시장에서 선수노조들은 선수들의 권익을 신장시키면서 프로스포츠 산업의 발전에 기여하기도 했으나, 지나치게 권리 주장을 하여 그 반대의 결과를 초래하기도 했다.

프로스포츠 시장에서 노사관계의 주체는 선수노조와 구단주이다. 하지만 앞에서 지적한 바와 같이 이 둘은 서로 추구하는 가치와 목표가 다르

---

11 1970년 야구선수인 커트 플라드(Curt Flood)는 불법인 유보조항을 개선하기 위하여 MLB를 고소하기에 이르렀다. 커트 플라드는 판결에서 졌지만, 1975년 야구에서 FA제도를 도입하는 계기를 마련하였다.

다. 선수노조는 가능하면 선수에게 유리한 규정, 높은 소득 등을 추구하는 반면 구단은 가능하면 적은 지출로 수익을 극대화하거나 또는 경기에서의 승리를 추구한다. 이러한 차이는 구단과 선수노조 간의 끊임없는 갈등과 긴장, 화해와 협조를 유발한다.

메이저리그 노조의 기능과 역할

메이저리그 노조들의 가장 큰 관심사는 아마도 팀 간 전력평준화를 위한 조치들을 폐지하거나 완화하는 것일 것이다. 선수노조는 수요독점적인 선수보류조항을 철폐하여 선수들이 보다 높은 소득을 얻을 수 있기를 원한다. 따라서 구단과 선수노조의 단체교섭과정에서 선수보류조항, 자유계약제, 드래프트, 연봉상한제 등이 주로 논의된다.

이러한 조치들은 주로 팀 간 전력평준화를 위해 시행되고 있지만, 노조는 이로 인해 선수들의 권익 침해, 직업선택의 자유 제한, 경기력 저하, 소득 감소 등이 초래된다고 반발한다. 선수보류조항은 선수에 대한 소속구단의 독점권을 인정한다. 구단은 선수보류조항이 선수들의 연봉 상승을 억제할 수 있다는 점에서 찬성하지만, 선수들은 구단을 선택할 수 있는 권리를 제한한다고 반대한다. 구단은 FA제도가 구단 간 과열 경쟁으로 선수의 능력보다 더 높은 임금을 지불하게 되고, 부유한 팀들에게만 유리하다고 반대한다. 반면, 노조에서는 구단의 수요 독점적 착취를 제거하는 유일한 방법은 선수들이 시장에서 자유롭게 평가받을 수 있도록 권리를 보장해 주고 선수들이 제공하는 서비스의 가치를 시장이 결정해야 한다고 반박한다. 구단주들은 리그에서 팀 간 전력평준화를 유지하기 위해 드래프트가 필요하다고 주장하는 반면에, 선수들은 이 제도가 선수들이 팀을 선택할 자유에 대한 또 다른 제약이라고 주장한다.

전력평준화를 위해 시행되는 다양한 조치에 대해 반대하는 것 이외에도 선수노조는 다양한 역할을 수행한다.

첫째, 선수노조원의 입장을 대변한다. 노조 지도자들은 다수의 노조

노조-비노조간 갈등 선수노조 선수들은 구단과의 협상
과정에서 비노조 선수들과 갈등을 보이기도 한다.

원들이 공감하는 안건을 협상하려고 한다. 그러나 구단과 협상할 때 선수노조 간부들은 가끔 다수의 일반 선수들의 주장과 갈등을 초래하기도 한다. 선수노조 간부들과 일반 선수노조원들의 갈등은 프로스포츠 노조의 협상을 더욱 어렵게 만든다. 특히, 선수들의 팀 간 자유로운 이동이나 소득향상을 위한 노조의 노력이 선수들 간 임금격차를 확대시킬 가능성이 있는 경우에는 선수노조원들 간에도 공감대를 형성하기가 어려워지기도 한다.

실제로 NBA에서 선수노조와 슈퍼스타 선수 간의 갈등은 1998~1999년 NBA가 직장을 폐쇄하는 데 결정적인 역할을 하였다. 이러한 선수노조의 내부 갈등은 노조와 구단 간의 의견불일치 만큼이나 자주 발생하기도 한다. 선수노조의 노력으로 도입된 FA제도는 결과적으로 슈퍼스타 선수뿐 아니라 모든 프로스포츠 선수들에게 이득이 되었다고 평가된다. 그러나 평범한 선수들은 선수들 간 소득격차가 선수노조 때문이라고 주장하기도 한다. 이들의 불만을 달래기 위해서 야구, 농구, 축구, 하키 등의 선수노조들은 선수의 최저임금에 대해서 협상을 하기도 한다. 최저임금은 평균임금에는 못 미치지만, 실력이 부족한 하위선수들의 생활을 안정시키고 이들이 시장에서 재능을 발휘할 수 있게 한다. 그러나 최저임금상승률이 평균임금상승률에 미치지 못할 경우, 일반 선수들과 스타 선수들 간 갈등이 발생할 가능성이 상존한다.[12] 물론, 임금이 아주 낮은 선수들 때문에 선수노조가 구단과 협상할 때 어려움에 처하는 것이 아니다. 오히려 구단이나 리그

---

12 예를 들어, MLB 선수들의 최저임금은 1976년 1만9천 달러에서 2004년에는 30만 달러로 증가한 반면, 선수들의 평균 임금은 1976 54,330달러에서 2004년에는 2,486,609달러로 증가하였다. 이러한 형태의 임금 상승은 NFL, NBA, NHL에서도 비슷하게 목격된다.

가 지불하는 임금 중 가장 큰 비중을 차지하는 스타 선수들과 노조 대표의 견해 차이로 노조원 간 불화가 지속될 경우, 이는 선수노조를 위협하는 요인이 되기도 한다. 실제로 미국에서 풋볼리그(United States Football League)가 1983년에 출범하였으나 1985년에 문을 닫은 가장 큰 이유 중 하나가 선수노조와 스타 선수들과의 견해 차이 때문이었다. 이러한 위험은 선수노조와 스타 선수가 존재하는 모든 프로스포츠 리그에 항상 존재한다.

둘째, 단체교섭(collective bargaining), 고충처리(grievance procedure) 등의 역할을 수행한다. 기업들은 단체교섭, 고충처리위원회 등을 운영하여 종업원들의 사기 진작, 생산성 향상, 기업의 경쟁력 강화 등에 기여한다. 마찬가지로 미국의 프로야구, 농구, 축구, 하키 등에서도 단체교섭이 운영된다. 단체교섭은 프로스포츠 노동시장에서 2차 조정기능으로 불리기도 한다. 선수들은 단체교섭을 통해 구단에 개선 및 요구 사항 등을 협의하는 등 불만을 발산시킬 수 있다. 선수노조는 단체교섭을 통해서 선수들의 선수생활을 연장시키는 등 근로여건을 개선시킨다. 일부 단체교섭에는 리그의 커미셔너(commissioner)들도 관여하고 있다. NHL, NFL, NBA, MLB 등 리그의 커미셔너들은 상황에 따라 노조에 제재를 가할 수 있는 권한을 가지고 있다. 그러나 제재가 지나친 경우 중재자(arbitrator)들이 완화시키기도 한다.

고충처리위원회에서도 선수들의 고민과 불만을 해소할 수 있다. 전통적 의미의 고충처리위원회는 다양한 형태의 처리 과정과 중재기능을 지닌다. 대부분의 이슈는 선수들의 기강과 관련된 문제이다. 고충처리위원회에서는 구단의 임의적이고 독단적인 운영을 완화시키기도 한다. 미식축구, 농구 등은 선수들의 부상에 대한 고충처리위원회를 운영하고 있다. 만약 선수가 계속되는 부상으로 경기력이 저하될 경우 구단으로부터 방출당할 수도 있고 선수들을 위한 금전적 보상도 필요하기 때문이다.

셋째, 고참선수들에 대한 문제이다. 일반적으로 기업의 고참근로자들은 작업현장에서 중요한 역할을 한다. 다양한 현장경험을 바탕으로 작업능률 향상, 기술 전수, 신입 직원 교육, 후배 근로자들의 상담 등 다양한 역할을 수행한다. 그러나 오랜 기간 근무하고 눈에 보이지 않는 다양한 역할을

제11장 :: 프로스포츠 노사관계 399

하고 있음에도 불구하고 고참 근로자는 기업이 어려움에 처할 때 가장 먼저 해고될 수 있다. 홀리(Holley, W. H., 2005)는 노조와 구단의 단체교섭 내용 중 94%가 고참근로자들의 해고에 관한 사항이었으며, 고충처리위원회 내용의 약 절반이 고참근로자들에 대한 의사결정 과정이었다고 주장한다. 많은 고충처리위원회에서는 또한 고참근로자들이 생산성 향상 여부에 상관없이 오랜 기간 동안 높은 임금을 받는다는 점에서 이들의 임금에 대해서 논의하기도 한다. 반면 선수노조는 프로스포츠 노동시장에서 선수는 경기능력, 기여도, 승리 등에 따라 연봉(임금)을 받는 것이 적절하다고 하더라도, 고참선수들이 구단이나 경기장에서 커다란 역할을 수행한다고 강조한다. 실제로, NBA, NFL의 고충처리위원회에서는 10년 이상 선수생활을 하고 있는 고참선수들의 최저임금을 상향 조정하였다.[13]

넷째, 이중구조(two-tyer pay scheme)의 임금체계이다. 노조에서는 노조원들의 현재와 미래의 복지에 커다란 관심을 가진다. 노조는 고충처리위원회에서 미래의 노조원들의 비용으로 현재의 노조원들에게 보다 많은 편익을 제공할 수 있도록 협상하기도 한다. 단체교섭, 단체협약과정에서 노조는 신참근로자들이 기존의 근로자들보다 더 적은 임금을 계약하도록 하게 하는 등 이중구조로 운영되기도 한다.[14] 이는 기존의 근로자들이 해고를 피하기 위한 방편으로 이용되기도 한다. 물론 이러한 방법은 서로 다른 임금구조를 지닌 근로자들 간 차별을 초래할 수 있으며, 노조지도자 간에도 불만이 야기되기도 한다. 현재 또는 미래의 선수들을 위한 임금의 이중구조는 프로스포츠 시장에서도 나타난다. NBA에서는 신인 선수의 연봉을 차등적용하고 임금인상 범위를 강제적으로 적용한다.[15] NFL에서 신인선수의

---

13 2004~2005시즌 NBA의 2차 드래프트에서 신인선수의 최저임금은 366,931달러였으나, 10년을 활동한 베테랑 선수의 최저임금은 1,070,000달러에 달하였다. 2004년 시즌 NFL의 신인 선수의 최저임금은 230,000달러, 10년 활동한 베테랑 선수의 최저임금은 760,000 달러로 개정되었다.

14 실제로 아메리카 에어라인(American Airline)사에서는 1983년 11월 신규 직원을 채용할 때 기존 임금의 절반을 지불하는 이중구조를 도입하였다.

15 MLB에서 신인선수의 계약기간은 세 번째 시즌까지이며 네 번째 시즌부터 계약옵션을 갖는다. 이 때부터 선수연봉은 사전에 정해진 기준을 따른다. 1라운드 지명선수는 네 번째 시즌 계약부터 임금 인상폭이 더 높아진다.

임금은 드래프트 비용을 초과하지 않는 범위에서 자유롭게 결정된다. NHL 에서 신인선수에게 최대임금을 지급할 수 있다. 최근 신인선수들의 임금이 상승하는 이러한 추세에 대해 선수노조들은 단체교섭과정에서 신인선수 채용시 임금을 낮출 것을 제안하고 있다. 고참 선수들이 보다 많은 임금을 받을 수 있도록 하기 위해서이다.

다섯째, 공동의 이익을 추구한다. 북미의 프로스포츠 선수노조들은 선수 개개인을 위한 임금협상은 하지 않는다. 개별선수들은 주로 에이전트 (agent)를 고용하여 임금을 협상한다. 선수노조에서는 경기 조건, 부상 보험, 연금, 분규처리 수단, TV중계료 수익 배분 등과 같은 문제들에 대해서 집단으로 협상을 한다. MLB 노조의 경우, 1922년 미국 대법원에서 프로야구를 독점산업의 예외조항으로 인정한 조항을 준수하기 위해서 단체교섭을 한다고 주장되기도 한다. 즉, 반독점법에 대한 보호 장치로서 단체협상을 이용하는 것이다.

북미 대부분의 선수노조들은 또한 구단주의 연봉상한제에 대해서 반대하고 있다. NBA에서는 1983~1984년 시즌에 연봉상한제를 지키지 않았다. NFL에서는 1993년에 연봉상한제 비슷한 제도를 도입하였고, MLB에서는 연봉상한제를 강화하려 했으나 1994~1995시즌에 선수노조의 파업을 초래하였다. 결국, MLB는 선수들의 임금총액이 리그에서 정한 연봉상한을 상회하는 팀에게 사치세를 부과하는 것으로 타협점을 찾았다. 대체로 수익이 많은 구단의 선수노조원들은 팀간 수익배분율의 증가에 대해서 반대한다. 수익배분율을 증가시키면 많은 수익을 올린 구단의 선수들은 상대적으로 소득이 감소하는 결과를 초래하며, 이는 선수들의 승리에 대한 유인을 감소시킬 수 있다.

여섯째, 선수들의 약물검사(drug-testing)에 관한 문제이다. 최근 일부 유명 프로스포츠 선수들의 스테로이드(steroid) 복용에 대한 스캔들로 선수들의 약물검사에 대한 이슈가 주목받고 있다. 미국 메이저리그 선수노조에서는 리그가 선수들의 스테로이드 복용, 약물 남용 등에 대해서 검사할 수 있도록 합의하였다. 노사 간 단체교섭 과정에서도 선수들의 약물복용 여부에 대해

한국프로야구선수협회
2000년 1월 '한국프로야구선수협회'가 창립된 이후 FA조건, 외국인 선수 제한, 최저연봉 등 프로야구 제도 개선, 팬들과의 대화, 불우이웃돕기 등 프로야구의 발전을 위해 다양한 활동을 하고 있다.

서 지속적으로 논의하고 있다. 예를 들어 메이저리그 가운데에서는 처음으로 NBA가 1983년 선수들의 약물검사에 대한 노사 간 단체교섭을 실시하였다. 처음에는 코케인(cocaine), 헤로인(heroine)과 같은 약물남용에 대해서 협약을 했으나 그 후에 스테로이드에 대한 벌칙도 포함하였다. NFL에서 1980년 대 마취제(opiates), 각성제(amphetamines), 코카인(cocaine) 등에 대한 약물검사를 하려고 시도하였으나, 결국 1993년에야 단체교섭을 통해서 합의가 이루어졌다. NHL에서 스테로이드 복용 여부는 단체교섭 사항이 아니라는 이유로 어느 정도 용인되어 오다가 2005년 단체교섭에서 스테로이드 복용, 약물남용 등에 관한 조항을 채택하였다. 여론은 선수들의 약물복용에 관한 조치들이 너무 미흡하므로 보다 강력한 조치가 필요하다고 요구하고 있다.

3. 노조와 에이전트

등장 배경

종목에 따라 다르지만, 프로스포츠 시장에서 에이전트(agent)는 주로 선수들을 대신하여 일정한 역할을 수행한다. 미국의 프로스포츠 시장에서 에이전트는 1920년대부터 활동하기 시작하였다. 에이전트는 프로스포츠의 변화와 발전 과정의 한 부분으로서 인식될 정도로 다양한 역할을 담당하고 있다. 에이전트는 주로 선수들의 임금협상을 하고 있으며 선수 개인을 위해서 다양한 역할을 수행한다. 선수를 대신해서 임금협상에는 참여하지만 선수노조와 구단주 간 단체협상에는 개입하지 않는다.

영국 등 유럽의 프로축구시장에도 에이전트가 있었으나 미국만큼 활성화되지 않았다. 유럽의 에이전트들은 전통적으로 클럽이나 구단에 소속되어 네트워크를 통해 운영되고 있다. 1936년 FIFA는 선수들의 불법 이적을 우려하여 에이전트 활동을 제한시켰지만, 1970~80년대 이탈리아 축구구단들이 동부 유럽의 우수한 선수들을 채용하는 과정에서 정치적·법률적 장애를 극복하고 원활한 거래를 하기 위해서 에이전트를 활용하기도 하였다.

1960년대 중반 들어, 미국의 프로 팀스포츠에 에이전트가 보편화되기 시작하였다. 선수보류조항으로 선수들이 다른 팀과 협상하는 것이 어렵게 되었을 뿐 아니라 소속 팀 내에서 자신들의 임금에 대한 협상력도 상대적으로 약화되었기 때문이다. 선수들은 에이전트를 앞세워 자신들의 입장을 대변하도록 하였고, 에이전트들은 그동안 선수들을 완전하게 통제하던 구단이나 팀과 충돌하기도 하였다.[16]

1970년대 중반 MLB의 선수들이 FA자격을 얻어내자 에이전트의 역할이 활기를 띠기 시작하였다.[17] 그 후 미식축구, 농구, 하키 등에서도 FA제도가 도입되었다. FA제도가 도입되자 에이전트들은 보다 자유로워진 선수노동시장에서 선수들을 높은 가격으로 거래하여 많은 이득을 얻기도 하였다. 이로 인해 구단이나 팀에서는 에이전트들이 선수들의 임금체계를 망쳐 놓았다고 비난하기도 한다.

가끔 선수노조와 에이전트 간의 이해관계로 논란을 빚기도 한다.[18] 선

---

16 1966년에 에이전트 윌리암 헤이스(William Hayes, J.)는 MLB의 LA다저스(LA Dodgers)팀과의 협상에서 쿠펙스(Koufax, D.)와 돈 드라이스데일(Drysdale, D.)에게 3년 동안 각각 167,000달러씩 총100만 달러를 지급하지 않으면 계약하지 않겠다고 주장하였다. 그러나 LA다저스는 완고하게 거절하였고, 시즌이 시작되기 바로 직전에야 당초 주장했던 금액보다 약간 적은 액수로 계약서에 서명하였다.

17 야구선수인 앤디 메더스미스(Andy Meddersmith)와 데이브 맥넬리(Dave McNally)가 최초로 FA자격을 얻었다.

18 1995년 NBA에서 선수노조와 리그 간 협상에 대해서, 일부 선수들은 협상이 선수들의 연봉 상승을

그림 11-1 미국 프로스포츠 시장의 노사관계

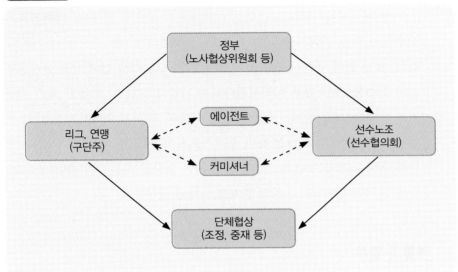

자료: Rodney D. Fort(2004).

수노조의 단체교섭 결과에 대해서 주로 스타 선수들과 평범한 선수들 간 입장 차이가 크기 때문이다. 선수노조의 단체교섭은 노조원을 대표한다. 에이전트는 개별선수들을 대표하지만 모든 선수들을 대표하지는 않는다. 단체교섭 과정에서 에이전트들은 제외된다. 미국의 노사관계법에서 선수노조는 선수들을 대표하는 독점적 단체이기 때문이다.

에이전트들은 주로 선수 이적비용에 많은 관심을 가진다. 프로스포츠 노동시장에서 선수들의 임금(연봉) 증가는 선수들에게 수익이 되지만 구단의 입장에서는 비용에 해당된다. 그러나 선수 이적비용 중 일부는 선수를 거래하는 구단의 직접수입에 해당된다. 에이전트는 주로 선수 이적비용의 일정 부분을 보수로 받는다.[19] 다른 구단에서 선수를 스카우트하는 구단은

억제할 수 있다고 반대하였는데, 이러한 반대는 에이전트들의 주장을 일부 선수들이 제기하면서 야기된 것이었다. 에이전트들의 불만이 계속되었음에도 1998~9시즌에는 선수노조와 리그가 단체협상을 하였다. 에이전트들은 협상테이블에 나서지는 않았으나, 선수노조와 리그의 협상 과정 막후에서 개입하고 있었다. 그러나 협상결과에 따라 노조와 에이전트들 간에 책임소재 문제가 제기되었고, 결국 이들 간의 관계가 불편하게 되었다.

19 에이전트의 수익은 확실치 않으나 일반적으로 선수계약 비용의 약 3~4% 정도이다. NFL은 3%로 제한하고 있다. MLB에서 특정한 상한선은 없으나 통상 3~5%이고 NBA는 약 2~4%이다.

임금과 이적비용을 포함하여 선수의 총비용에 관심을 가진다.

선수를 트레이드하는 구단은 이적비용에 관심을 가지며, 에이전트는 선수의 이적을 통해서 이득을 얻으려 한다. 따라서 에이전트는 보수를 받을 수 있는 범위 내에서 선수를 이적시키려 하고, 이로 인해 가끔 에이전트들이 선수를 너무 자주 이적시킨다고 비난받기도 한다. 어쨌든 최근 프로스포츠 선수노동시장에서 에이전트의 역할이 점차 중요해지고 있는 것은 사실이다. 〈그림 11-1〉은 북미 프로스포츠 노동시장에서 정부, 리그나 구단주, 선수노조와 구단과 선수들의 대변인 역할을 하는 커미셔너(commissioner), 에이전트(agent) 간의 관계를 나타낸 것이다.

역할과 임무

에이전트의 역할은 끊임없이 변화하고 발전하고 있다. 최근에는 에이전트들이 점차 선수들의 모든 일을 도맡아 하는 경향이 있다. 에이전트가 프로스포츠 선수를 위해서 수행하는 역할은 선수연봉 협상, 보너스·인센티브·계약기간 등 협상, 선수의 이름이나 이미지 사용권, 자선활동·방송출연·공공활동 및 관리, 세금·부동산 및 주식 투자 등 다양하다. 일부 에이전트들은 스포츠관련 전문기업과 협력하여 신발, 의류 등 스포츠 장비를 사용하게 해주고 수수료를 받기도 한다. 선수의 초상화나 캐릭터 등도 관리한다. 선수들의 자산관리에 대해서 조언만 하기보다는 직접 투자해주기도 한다. 선수들을 대신해서 소송을 하기도 하고 카운슬링하기도 한다. 이 외에도 선수들이 음주, 도박, 여자 문제 등으로 사회적 물의를 야기할 경우 에이전트들이 앞장서서 선수들을 대변하고 보호하기도 한다.

선수 에이전트는 크게 두 가지 형태가 있다. 한 사람의 에이전트가 선수를 대신해서 모든 협상을 하는가 하면, 기업형태로 선수를 관리하기도 한다. 일부 스포츠 에이전트 기업에서는 팀 스포츠 선수들만 전문적으로 관리하거나 특수한 종목의 선수만 관리하기도 한다. 스포츠 에이전트기업들은 점차 대형화·전문화되고 있는데, 이러한 기업들은 개인 에이전트와

달리 분야별로 전문화되어 있어 자체적으로 선수에 관련된 일체를 관리할 수 있다는 장점이 있다.[20]

에이전트들에게는 구단이나 관련 기업과의 협상력이 중시된다. 에이전트는 선수의 경기능력에 대해서 가능한 한 높은 가치를 인정받기 위해 구단이나 기업과 협상한다. 에이전트가 선수를 위해서 더 많이 얻어낼수록 구단의 수익은 그만큼 줄어든다. 구단이 선수에 대한 지출을 제한적으로 운영할 경우, 에이전트는 협상 과정에서 구단과 서로 다른 입장을 보이기도 한다. 협상과정에서 입장차이가 아주 커서 해결 가능성이 없을 경우 파국을 초래하기도 한다. 또 선수와 구단 양측이 혜택을 얻을 수 있는 문제를 공동으로 해결하기 위해 협상을 하기도 한다. 주로 경기 결과나 경기에서의 승리에 따른 선수의 보상이 이에 해당된다. 예를 들어, 선수가 어떤 경기에서 우승하여 MVP상을 받거나, 올 스타팀의 경기에 참가하면 어느 정도의 보너스를 받게 되는 것인지 협상한다. 이러한 협상에서는 경기에서 승리하고 싶어 하는 구단의 욕구와 경기에서 승리를 통해 자신의 목적을 달성하고자 하는 선수의 욕구가 일치하게 된다. 이 경우 협상은 양측의 목적 달성을 위한 상호 원-윈 게임이 된다.

에이전트와 구단의 협상은 상호 신뢰를 바탕으로 해야 한다. 만약 에이전트와 구단, 기타 스포츠관련 기업 등과의 협상이 부당하거나 상호 간

| 표 11-2 | 미국의 공인된 에이전트와 등록 선수 (2006년 현재)

종 목	시작연도	에이전트(명)	등록선수(명)
야 구	1988	400	750
미식축구	1985	800	1,900
농 구	1986	350	360
하 키	1996	158	750

자료: Staudohar, P. D.(2006).

20 최초의 스포츠 에이전트사는 1960년대 초에 마크 맥코마크(Mark McCormack)가 설립한 IMG사이다. IMG는 미국 클리블랜드(Cleveland)에 본사를 두고 야구, 축구, 하키, 골프, 테니스, 카레이싱 등 분야의 약 천여 명의 선수들을 위해 에이전트 역할을 하고 있다. 골프의 아놀드 파머(Arnold Palmer), 타이거 우즈(Tiger Woods), 테니스의 로저 페더러(Roger Federer) 등이 소속되기도 하였다.

스포츠 에이전트사 미국의 프로스포츠 시장에서는 선수를 대신하여 임금협상 등을 수행하는 스포츠 에이전트의 활동이 매우 활발하다. 오른쪽의 IB SPORTS는 우리나라의 대표적인 스포츠 에이전트사이다.

악의를 품고 있다면, 협상을 통해 상호 이득을 추구하기는 어려워질 것이다. 따라서 에이전트들은 구단이나 기업과 상호신뢰, 존경, 이해 등을 바탕으로 협상에 임해야 한다. 경우에 따라서 협상 과정에서 갈등이 불가피하게 발생하기도 한다. 그러나 상호 긍정적인 관계를 구축하고 상호불신을 제거할 경우 양측에게 모두 유리한 결과를 얻을 수 있다. 이것이 '협상은 과학이 아니라 예술'이라고 하는 이유이다. 협상에 필요한 기술은 다양한 경험과 지식, 상호 이해, 신뢰 등이다. 대부분의 프로스포츠 선수들은 성공적인 협상에 필요한 통찰력과 경험, 노하우 등이 거의 없다. 반면 에이전트들은 구단이나 스포츠관련 기업들과 협상하는 데 아주 능숙하므로 이들이 선수들을 대신해서 구단과의 임금협상 외에도 다양한 활동을 한다. 그러나 무엇보다도 중요한 에이전트의 임무는 선수가 경기력 향상에 전력할 수 있도록 하는 것이다.

4. 쟁의 유형과 조정 방식

노동쟁의 유형

노사관계에서 노동자 측의 쟁의 행위로는 파업(strikes), 사보타주(sabotage), 보이콧(boycott), 피케팅(picketing), 보조적 쟁의수단 등이 있다. 파업은 가장 널리 행해지고 있고 가장 기본적인 쟁의행위이다. 파업은

선수노조의 파업 선수노조들은 자신들의 의사를 관철하기 위해 스트라이크, 사보타주 등을 벌이기도 한다. 메이저 리그 선수노조들의 파업 모습

근로조건 유지 및 개선 등과 같은 목적을 이루기 위해 노동력 제공을 집단적으로 거부하는 행위이다. 파업에 돌입하면 노동자들은 생산활동 중단에 따른 노동소득의 감소를, 사용자들은 생산의 중단에 따른 이윤의 감소를 감수해야 한다.

사보타주는 생산 또는 업무를 의식적이고 적극적으로 방해하는 적극적 사보타주와 형식적으로는 생산에 참여하지만 실제로는 생산을 하지 않는 소극적 사보타주로 구분된다. 소극적 사보타주는 태업이라고 한다. 보이콧은 파업을 지원하기 위해 부차적으로 이용된다. 피케팅은 제3자에게 파업의 정당성을 알리거나 파업에 협력을 호소하는 등 쟁의의 실효성을 높이기 위한 행위이다.

사용자 측의 쟁의 행위로는 직장폐쇄(lockout), 대체고용 등이 있다. 이는 노동자들의 파업·태업 등 쟁의행위에 대항하여 노동조합의 단결을 저해하기 위한 수단이다. 직장폐쇄는 사용자가 자신의 주장을 관철시키기 위해 노동자들을 직장으로부터 차단하는 행위이다. 즉 노동자가 제공하는 노무를 거부함으로써 노동력의 구매를 중단하고 직장을 폐쇄하여 생산을 일시적으로 중단하는 것이다. 대체고용은 쟁의행위에 가담한 노조원을 대신하여 쟁의행위에 가담하지 않은 조합원 또는 비노조원을 생산에 투입하는 것이다.[21]

프로스포츠 노동시장에서 선수노조나 구단주의 노동쟁의는 양면성을 지니고 있다. 선수노조가 노동쟁의를 하는 것은 구단으로부터 보다 유리

---

21 1982~83년에 미국의 NFLPA(National Football League Player Association)가 57일간 파업에 나서자 구단주들은 경기에 대체선수를 투입했다. 대체선수를 투입하는 데 경기당 비용은 1천 달러 정도가 들었으나, 경기당 이윤은 10만 달러를 상회했다. 결과적으로 파업에 가담했던 선수노조들은 연봉에서 손해를 본 채 경기에 복귀했다.

한 권리와 이득을 얻기 위해서이다. 예를 들어, 선수노조는 구단으로부터 보다 많은 양보를 얻어내기 위해 파업을 강행하려 할 것이다. 구단은 파업이 발생할 경우의 경제적 손실을 감안하여 선수노조의 요구사항에 응하기도 한다. 그러나 선수노조의 파업은 노조 측에도 비용을 발생시킨다. 선수 연봉 감소 등의 손실이 발생되기도 하고 구단주들이 노동쟁의에 대하여 직장폐쇄, 선수대체 등으로 대응하기도 한다. 직장폐쇄는 구단뿐 아니라 선수노조에게도 경제적 손실을 초래할 수 있다. 프로스포츠 시장에서 노사쟁의는 쌍방이 좀 더 많은 이득을 얻으려는 과정에서 나타나는 불가피한 상황으로 간주되기도 하지만 노사 분쟁은 그 과정에서 자원 낭비를 초래하고 구단이나 선수노조는 물론 팬들에게도 손해를 입힐 수 있다.

〈표 11-3〉은 북미의 메이저리그에서 발생한 주요 노동쟁의의 시기

| 표 11-3 | 미국의 주요 프로스포츠의 노동쟁의

종 목	기 간	노조 창설 및 쟁의 유형
MLB (Major League Baseball)	1954	Major League Baseball Players' Association 설립
	1972	연금문제로 파업(13일)
	1989년	훈련캠프 폐쇄(32일)
	1994~1995	노조 파업(232일), World Series 취소
NFL (National Football League)	1956	National Football League Players' Association 설립
	1971	파업 및 훈련캠프 폐쇄(20일)
	1982~1983	노조 파업(57일), 대체 선수 투입(구단주 승리)
	1987	노조 파업(24일), 구단주 승리
NBA (National Basketball Association)	1964	All Star전 보이콧 위협(연금 계획 마련)
	1995	직장 폐쇄
	1998~1999	직장 폐쇄(191일)
NHL (National Hockey League)	1954	National Basketball Players' Association 설립
	1992	노조 파업(10일)
	1994~1995	직장 폐쇄(103일)
	2004~2005	직장 폐쇄(301일)

자료: Leeds, M. & P. v. Allmen(2010).

직장폐쇄 메이저리그의 구단주들은 경기장을 폐쇄하는 직장폐쇄(lock-out) 등을 통해 노조에 영향력을 행사하기도 한다.

와 내용, 결과를 간략하게 정리한 것이다. 파업이나 직장폐쇄가 아주 드문 일이 아님을 알 수 있다.

쟁의조정 방식

노동시장에서 노사 간 협상이 결렬되어 노동쟁의가 발생할 경우 이를 해결하기 위해 사용가능한 조정제도는 다양하다. 주로 알선(conciliation), 조정(mediation), 사실 확인(fact finding), 중재(arbitration) 등이 있다. 알선은 가장 기초적인 단계로 노사협상이 결렬될 경우 교섭당사자들을 다시 만나게 해주는 것이다. 조정은 제3자가 중간에서 노사가 각각 제시한 조건을 참고로 하여 서로 합의가능한 안을 만들어 합의를 유도하거나 권고하는 것이다. 알선과 조정은 노사 간 자주적 해결을 존중하는 제도이며, 알선과 조정을 수용하는 것은 노사의 자율적인 결정에 따른다. 노사간 협상이 결렬될 경우 알선과 조정과정을 거쳐 다시 노사가 협의할 수 있는 기회가 있지만, 알선과 조정을 거치지 않아도 일정기간 냉각기간을 거치면 쟁의행위를 할 수 있다. 사실확인은 조정이 원활히 이루어지지 못할 때 사용된다. 즉, 자신의 요구를 주장하기 위해 노사 간 정보의 불일치를 해소하고 중립적인 입장에서 공식적이고 진실한 정보를 제공하는 것이다.

중재는 구속력을 지닌 강제적인 조정제도이다. 중재는 전통적 중재(conventional arbitration)와 최종제의 중재(final offer arbitration)로 구분한다. 전통적 중재는 노사가 자신들의 제안을 중재인에게 제출하면 중재인이 노사가 제출한 안을 비교하여 의사결정을 하는 것이다. 이 때 중재인이 내리는 중재는 구속력이 있는 경우도 있고, 없는 경우도 있다. 중재인의 결정은 노사가 제시한 두 가지 안의 범주 내에 있을 수도 있고 그렇지 않을 수도 있다.

최종제의 중재는 중재자가 노사 양측이 제시한 두 가지 안 중 어느 한 가지 안을 반드시 선택하도록 한다.[22] 즉, 중재자는 중간 지점을 선택할 수 없으며, 중재자는 사용자와 노조 중 어느 한쪽의 제안을 선택하게 된다. 따라서 양측은 중재자가 자신들의 제안을 선택하도록 하기 위해 자신들의 제안을 설득력 있고 합리적으로 완화시킬 유인을 가지게 된다. 이 경우 중재자의 판결에 앞서 양측이 중재에 의존하지 않고 화해에 도달할 때까지 자신들의 입장을 계속해서 완화하는 것이 가장 이상적이다. 특히, 미국의 프로스포츠 노동시장에서 최종제의 중재는 노사 대립에 호소하기보다는 협상을 통해 선수와 구단 간 견해 차이를 해결하기 위한 수단 가운데 하나로 사용되어 왔다고 주장되기도 한다. 이들에 따르면 최종제의 중재가 구단주들이 두려워했던 자유계약제(FA)보다 선수들의 연봉협상에 더 큰 영향을 미쳤다는 것이다.

그러나 최종제의 중재는 다음과 같은 문제가 있다. 즉, 연봉 조정의 경우 미국의 주요 리그와 우리나라에서는 중재자들이 중재위원회에 제출한 선수의 경기 실적과 이에 비교되는 선수들의 경기실적 및 연봉 등에 관한 정보를 기초로 하여 판결을 내려야 한다. 중재자는 팀의 재정 여건이나 팀이 해당 선수에게 어느 정도의 연봉을 지불하고자 하는지는 고려할 수 없다. 이런 까닭에 일부 학자들은 최종제의의 중재 과정이 노동시장의 수요 측면을 무시한 채 오직 공급 측면만을 고려하고 있다고 비난하기도 한다.

---

22 우리나라에서는 선택적 중재라고도 한다.

5. 신뢰와 협상

협상가능 구역

프로스포츠 노동시장에서 선수노조와 구단 간 쌍방독점이 존재하는 경우 선수의 연봉, 복지나 권익 등과 관련한 문제들은 구단의 일방적 의사에 따라 결정되지 않고 선수노조와의 협상에 의해 조정된다. 즉, 생산요소 수요자(구단주)와 공급자(선수노조)가 추구하는 목적이 다르기 때문에 쌍방 간 협상에 의해 결정될 수밖에 없는 것이다. 예를 들면 노조는 가능하면 더 많은 보수를 받으려 하고, 구단은 가능하면 더 적은 보수를 지불하려고 한다.

쌍방독점시장에서 구단(리그)과 선수노조 간 불신으로 협상이 원만하게 이루어지지 못할 경우 파업, 직장폐쇄 등이 발생할 수 있다. 노조가 파업에 나설 경우 구단주들은 직장폐쇄로 대응할 수도 있다. 노조 측은 구단이, 구단은 노조가 협상에서 좀 더 유연해지길 원한다. 협상이 제대로 이루어지지 않아 파업이나 직장폐쇄를 단행할 경우 노조와 구단 모두가 경제적 피해를 보게 된다. 결국에는 소비자(팬)들도 피해를 볼 수 있다. 따라서 구단이나 노조는 파업이나 직장폐쇄에 따른 손실이나 갈등이 없이 합리적으로 해결할 수 있는 방안을 모색할 필요가 있다.

파업이냐 합리적인 협상이냐에 대한 결정은 주로 상대방에 대한 불확실성에서 비롯된다. 불확실성은 파업과 합리적인 행동을 조화시키기도 한다. 불확실성이 협상의 과정과 결과에 미치는 영향은 매우 크다. 만약 어느 한쪽이 자신들의 협상력을 과소평가하거나 상대방의 협상력을 과대평가한다면 당초에 얻을 수 있는 것보다 더 적게 얻는 불리한 합의에 이를 수도 있다. 협상자의 불확실성은 상대편에 대한 불신에 의해 커질 수 있다. 만약 어느 한편이 상대편을 불신할 만한 근거를 가지고 있다면 현실의 상황을 정확하고 객관적으로 파악하기 어렵게 되고 결국 원만한 합의에 이르지 못할 가능성이 높다. 역사적으로 프로스포츠 노조의 파업 중 많은 경우가 협상 리더들 간 불신과 개인적인 증오로 인해 발생했다.

만일, 노사 양측이 상대편에게 어느 수준까지 요구해도 되는지 확실하게 알 수 있다면 파업이나 직장폐쇄라는 극단적인 수단을 사용하지 않고서도 합리적인 수준에서 협상이 가능할 것이다. 노사의 이해관계가 어느 정도 협상 여지가 있다면 노사 양측은 기꺼이 상대편이 수용가능한 협상 방안을 제시할 것이다. 이와 같이 협상이 가능한 범위를 협상구역(contract zone)이라고 한다. 만약, 노조 측이 강력하게 요구할 대안이 있다면, 노조 측은 협상가능 구역 내에서 자신들에게 조금이라도 유리한 결론이 도출되도록 협상하려 할 것이다. 반면 구단 측이 더 나은 선택을 할 대안이 있다면, 협상가능 구역 내에서도 자신들에게 유리한 부분에서 협상하려 할 것이다. 협상가능 구역 내 어느 지점에서 협상하느냐는 노사 간 협상능력에 달려 있다. 그러나 노사 양측 중 어느 한 측 혹은 양측 모두가 상대가 어느 수준까지 압력을 행사할지에 대한 정보가 부족하여 속단할 경우 협상이 합리적인 수준에서 마무리되지 않거나 너무 큰 거래비용을 지불하게 될 것이다. 즉, 협상을 지나치게 비관적으로 간주하여 너무 많이 양보한다면 자신에게 불리한 결론이 도출될 것이다. 또한 지나치게 낙관적이어서 너무

그림 11-2 협상 및 갈등 요인과 결과

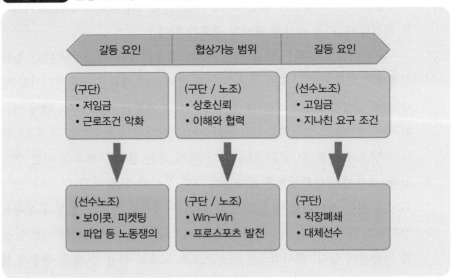

자료: Leeds, M. & P. v. Allmen(2010).

적게 양보하려 할 경우에도 합의에 이르는 기간이 너무 오래 걸리거나 협상이 결렬되어 결과적으로는 오히려 더 큰 손해를 보게 될 수 있다. 〈그림 11-2〉는 선수노조와 구단간 협상가능구역과 갈등구역을 나타낸 것이다. 앞서 논의한 바와 같이 선수노조나 구단이 협상과정에서 서로 받아들일 수 없는 조건을 제시하거나 원만하게 협상이 되지 않을 경우에 선수노조는 파업 등 노동쟁의를, 구단은 대체선수 투입, 직장폐쇄 등을 단행하기도 한다.

상호 신뢰

노조와 구단 간 바람직한 협상에 도달하려면 선수 간, 구단 간, 선수와 구단 간, 협상대표들 간 신뢰가 중요하다. 노조 대표들은 스타 선수들과 평범한 선수들 간의 요구조건에 대한 격차를 줄이고 전체 노조원들의 중지를 모아야 하며, 노조원들보다 너무 앞서 나가거나 뒤처져서도 안 될 것이다. 또 구단주들이 프로스포츠 구단을 운영하는 목적이 서로 다를 수 있는 만큼 구단대표들 간 원활한 소통과 신뢰도 중요하다. 대부분의 노사 협상은 불확실성하에서 이루어지므로 불신을 경계해야 할 것이다. 어느 한 편이라도 상대편을 불신할 이유를 가지고 있다면 파업이나 직장폐쇄에 직면하게 될 수 있다. 그리고 결국 노사 모두가 피해를 입을 수 있다.[23]

프로스포츠 시장에서 노조나 구단은 파업이나 직장폐쇄 등을 단행하기에 앞서 다음과 같은 여건을 감안할 필요가 있다. 첫째, 노조의 파업이나 구단의 직장폐쇄 등이 소비자(팬)들을 실망스럽게 하고 소비자들이 그 스포츠나 구단을 외면하게 해서는 안된다. 현대에는 다양한 종목의 프로스포츠가 등장하고 있어 소비자들의 선택의 폭이 넓어지고 있다. 이러한 상황

---

23 NHL은 2002년 구단 수익의 76%를 선수연봉이나 선수들의 복지에 사용하였다. 리그는 이 수준이 NFL, NBA, MLB보다 높은 것이며, NHL이 생존하기 어려운 수준이라고 주장했다. NHL은 2004~2005시즌 직장폐쇄함에 따라 구단의 가치도 하락하였다. 결국 일부 구단은 법원에 파산신청을 하기에 이르렀으며, 리그는 방송중계료 4천만~6천만 달러 이상의 손해를 감수해야 했다. NFL에서도 구단주와 노조 간 불평불만이 표면화되고 있다. 2009년 선수노조와의 연례 미팅에서도 선수연봉이나 복지비용이 쟁점사항으로 부각되면서 노사분규의 전조가 나타났다. NFLPA 의장인 업쇼우 (Upshow)는 2011년에 구단주들의 직장폐쇄 가능성을 경고하였다.

팬들의 분노 선수노조의 파업이나 구단의 직장폐쇄는 팬들의 반발을 초래하고, 자칫하면 스포츠나 경기 자체가 외면당할 수도 있다.

에서 노조나 구단이 자신의 이익만을 위해서 파업이나 직장폐쇄를 하게 될 경우 소비자들이 외면하고 다른 스포츠로 눈을 돌리게 될 것이다. 그리고 한번 외면한 소비자들은 다시 돌아오기가 쉽지 않다. 스포츠 소비자들을 다른 프로스포츠에게 빼앗길 경우 파업을 한 프로스포츠 시장은 자칫 위태로울 수 있다.

둘째, 파업이나 직장폐쇄가 선수나 구단에 초래하게 될 손실을 사전에 파악하고 이를 감내할 수 있어야 한다. 만약 구단이 대체 선수 등을 준비해 놓은 상태에서 노조가 무리하게 파업을 감행한다면 오히려 노조만 손실을 입을 수 있다. 실제로 구단이 파업기간 중 비노조 선수들로 노조선수들을 대체한 경우도 발견된다. 노조는 구단이나 리그를 대상으로 단체행동을 결정할 때 해당 프로스포츠 시장 여건, 구단의 재정능력, 노조원의 재정문제 등을 충분히 감안해야 한다. 특히, 프로스포츠 시장이 충분히 성숙되지 못한 우리나라에서는 더욱 그러하다.

프로스포츠 시장과 차별

1. 차별의 개념

평등에 대한 불평등한 대우

차별(差別, discrimination)은 서로 비슷한 배경이나 능력을 가진 사람들에게 인종·지역·성·연령 등 개인적 특성에 따라 서로 다른 기회를 부여하는 것이다. 차별은 특정그룹이나 사람들에 대한 편견 때문에 발생한다. 경제학적으로 차별은 평등한 대상들에 대한 불평등한 대우(unequal treatment of equals)라고 정의된다. 어느 프로스포츠 선수가 다른 선수와 동등한 경기력을 갖추었음에도 불구하고 인종·출신지역 등이 다른 특정 그룹에 속해 있다는 이유로 부당한 대우를 당하는 것도 차별의 한 예이다.

차별은 사회·문화·역사·정치적 환경과 연관이 있다. 차별에 대한 경제적 분석은 주로 동일 산업에 종사하고 있는 남성과 여성, 흑인과 백인 등을 중심으로 이루어졌다. 차별적 행위는 편견과 무지에서 비롯되며 경제적으로 비효율을 초래하고 자원배분을 왜곡시킨다. 무지는 학습과 지식으로 제거될 수 있지만, 편견은 학습과 지식만으로 해소되지 않는다.

베커(Becker, G.)는 경제학적 측면에서의 차별을 심리학에서 사용하는 편견과 같은 의미로 취급한다. 차별은 사회심리적·경제적 접근에 의해 분석이 가능하다. 그러나 두 가지 접근방식은 약간의 차이점이 있다. 우선, 사회심리적 접근이 개인이나 그룹의 의사결정이나 행동에 대해서 관심을 가진다면, 경제적 접근은 시장에 초점을 맞춘다. 경제적 접근은 노동시장에서 차별이 어느 정도 존재하는가에 관심을 가지고, 이러한 차별이 시장에 얼마나 영향을 미치는가를 분석한다. 반면 사회심리학은 개인의 차별적 태도나 행위 등을 복합적으로 이해하려고 한다. 즉, 개인 간·그룹 간 차별 결정 요소, 그리고 차별하는 사람과 차별을 당하는 사람들에게 미치는 영향 등에 관심을 가진다. 차별에 대한 분석은 두 가지 모두 유용하다. 서로 다른 접근 방식으로 차별의 다른 측면들을 분석하는 것이지 상호 모순되는 것이 아니기 때문이다. 따라서 경제적·심리적 접근방법을 동시에 활용하

스포츠 시장과 차별 스포츠를 통해 차별을 극복한 사례들을 영화로 만들기도 한다. 그림은 1995년 남아공의 럭비월드컵대회와 1970년대 흑인코치가 백인 선수들과의 갈등을 극복한 실화를 바탕으로 제작된 영화들이다.

여 분석하는 것이 경쟁시장에서 차별적 태도와 행동, 그리고 그 영향을 이해하는 데 훨씬 유용하다.

고정관념과 편견

심리적 측면에서 차별적 선호는 고정관념이나 편견 등과 연관이 있다. 고정관념은 어떤 집단이나 사회 구성원들의 전형적 신념이다. 고정관념은 사회나 인간이 지니고 있는 도식에 크게 의존한다. 도식이란 어떤 대상이나 개념이 조직화되고 구조화된 신념이다. 인간은 사회화를 통해 각기 서로 다른 문화 속에서의 신념체계를 습득하고 이를 통해 나름의 문화를 확고하게 인식하게 된다. 그리고 이러한 사회화 과정에서 고정관념을 형성하게 된다. 따라서 고정관념은 선천적으로 발생한다기보다는 주로 학습에 의한 결과이며 사회화의 원천이라고 할 수 있다. 사회화 과정에서 편견은 고정관념을 믿음으로 발전시키고, 사회적 학습과정을 통해 이들을 강화시킨다. 어떤 그룹이나 개인의 특성들이 주관적으로 이루어져 있음에도 불구하고 통상적이고 객관적인 믿음으로 인식되는 것이다. 고정관념은 어떤 사물이나 현상을 판단하는 데 커다란 영향을 미치고 거기에 선입견 또는 편견을 부과하기도 한다. 때로 분쟁이나 인종차별 같은 문제를 발생시키기도 한다.

사회심리학적 관점에서 차별은 편견에서 비롯된다. 편견은 어떤 사물이나 현상에 대하여 일방적인 의견이나 견해를 가지는 태도를 말한다. 편견이 있는 경우 특정 인물이나 사물 또는 뜻밖에 일어난 현상에 대해서 어느 한 쪽으로 치우친 판단이나 의견을 표시하게 된다. 보통 어느 사회나 집단에 속하는 다수의 사람들이 특수한 인종이나 집단에 속하는 사람들에 대해 나쁜 감정, 부정적인 평가, 적대적인 언동 등을 보이는 것도 편견이 표출된 것이라고 할 수 있다. 편견은 사실에 의해 뒷받침되지 않는 태도에 근거한다. 즉, 편견은 정서적인 부분으로, 느낌이나 감정에 뿌리를 두고 자신과 다른 집단이나 사고에 대해 불합리하거나 부정적인 감정을 지니게 한다. 예를 들어, 무더운 열대 지방에 사는 사람들을 대체로 게으르다고 여기거나, 흑인들은 수영을 잘하지 못한다거나, 금발의 여성들은 머리가 나쁘다든가, 아시아인들은 축구를 잘하지 못한다고 생각하는 것은 편견이라 할 수 있다.

차별은 편견을 행동으로 옮기는 데서 발생하며 사회적 정체성 등과 연관이 있다. 사회적 정체성(social identity)이란 사람들이 자신들이 마치 어떤 그룹에 소속되어 있는 것처럼 행동하는 것을 말한다. 이들은 자부심을 지니고 동질감을 강화한다. 근로자들의 동질감에 대한 확신은 자신이 소속되어 있는 그룹을 위해 더 많은 노력을 하게 하는 등 긍정적인 면이 있다. 그러나 소속감을 강조하는 배타적인 그룹들은 자신의 그룹에 소속되지 않은 멤버를 차별하기도 한다. 하지만 사회적으로 강력한 소속감을 지닌 그룹이라고 해서 그룹에 소속되지 않은 멤버들을 반드시 차별하지는 않는다. 오히려 강력한 소속감보다는 사회적 지위나 신분, 권력 등이 차별에 보다 큰 영향을 미친다고 주장되기도 한다. 즉, 보통의 사람들은 사회적 지위나 신분이 높아질수록 지위가 더 높은 그룹을 선호하게 되고 사회적으로 지위가 낮은 그룹을 차별하게 되는 것이다.

2. 차별적 선호와 차별계수

차별적 선호

차별에 대한 경제학적 관심은 1957년 베커(Becker, G.)의 '차별의 경제학(*the economics of discrimination*)'에서 비롯되었다. 베커는 '차별에 대한 선호(taste for preference)'라는 개념을 도입하였다. 일반적으로 어떤 사람에게 A와 B 중 어느 것이 더 좋으냐고 물을 경우 기대할 수 있는 대답은 "A가 더 좋다" "B가 더 좋다" "둘 사이에 아무런 차이를 느끼지 못한다"는 세 가지 중 하나일 것이다. 여기서 말하는 선호는 A와 B 가운데 어느 하나를 일관되게 좋아하는 것을 말한다. 즉, A와 B 가운데 A를 더 좋아한다면 A를 선호한다고 할 수 있다. 차별을 선호한다는 의미는 사람들이 어떤 특정의 제품이나 서비스를 선호하는 것과 같다. 베커는 개인의 차별적 선호는 금전적으로도 측정이 가능하므로 차별의 여부를 파악하고 그 결과를 측정할 수 있다고 주장한다. 또한 차별적 선호가 차별을 선호하는 개인이나 차별을 당하는 개인에게 어떠한 영향을 미칠지 예측이 가능하다고 한다.

베커가 주장하는 차별은 경제학에서의 효용극대화에 기초하고 있다. 효용은 소비자가 일정 기간 동안 재화나 서비스를 소비함으로써 얻게 되는 주관적인 만족도이다. 경제학에서 합리적인 소비자는 주어진 소득제약조건에서 효용을 극대화하려 한다고 가정한다. 차별을 선호하는 소비자들의 행위는 자신의 효용극대화를 위한 행위로 시장에도 영향을 미치게 될 것이다.

스포츠 경제학에서의 차별은 주로 다음과 같은 주제에 관심을 갖는다. 첫째, 프로스포츠 시장에서 모든 선수들이 평등하게 스포츠 활동에 참여할 수 있는가이다. 즉 동일한 종목에서 동일한 경기력을 갖춘 프로스포츠 선수가 시장에 평등하게 진입하거나 활동할 수 있는가를 살피는 것이다. 예를 들어, K-리그에서 외국인 선수는 골키퍼를 할 수 없다든가, NFL에서 백인 선수만이 쿼터백으로 뛸 수 있다거나, NBA에서 여성은 심판이 될 수 없다면, 스포츠 시장에서 동등한 기회가 주어졌다고 할 수 없을 것이다.

차별에 대한 경각심   프로스포츠 시장에는 다양한 형태의 차별이 존재하며, 인종차별은 이 중 가장 널리 알려진 차별이다. 이를 제거하기 위한 노력도 다방면에서 진행되고 있다.

둘째, 동등한 경기능력을 지니고 있는 선수들에게 동등한 보수가 주어지느냐이다. 예를 들어 프로스포츠 시장에서 백인, 흑인, 히스패닉, 동양계 선수들이 동등한 경기능력을 가지고 있으면 동등한 보수를 받는가를 분석하는 것이다. 동등한 경기능력을 지니고 있음에도 불구하고 흑인, 히스패닉, 동양계라는 이유만으로 백인 선수보다 낮은 보수를 받는다면 차별이 존재한다고 할 수 있다.

차별계수

프로스포츠 시장에서 차별이 존재하지 않는다면, 선수들은 인종이나 출신지역에 상관없이 선수 개인의 경기능력에 따라 정당한 대우를 받을 것이다. 만약 구단이나 어떤 개인이 차별적 선호를 지닌다면, 차별적 선호를 지속하기 위해서 경제적 손실을 감수해야 할 것이다. 예를 들어, 미국의 MLB에서 추신수 선수가 동양인이라는 이유만으로 기용을 기피하는 팀이 있다면, 추신수 선수보다 능력이 떨어지는 백인 선수를 기용할 수밖에 없고, 이는 결국 팀의 성적이나 수익을 하락시킬 것이다. 또한 추신수 선수가 기피된다는 것을 알게 된다면, 추신수 선수와 동등한 기량을 지닌 선수들은 자신의 시장가치보다 높은 수준의 보수를 구단에 요구할 것이다. 즉, 어떤 구단이나 선수들이 특정 지역·인종 출신의 선수들을 차별하려면 경제적 손실 즉, 비용을 지불할 수밖에 없게 된다. 이와 같이 어떤 구단이나 개인이 특정인종이나 지역의 선수를 차별하기 위해 기꺼이 지불하려는 비용을 차별계수(discrimination coefficient)라고 한다. 즉 차별계수는 구단이나 선수들이 선호하는 선수만을 채용하기 위해 기꺼이 지불하려고 하는 비용, 또는 어떤 선수를 차별하기 때문에 고용하지 않거나, 차별하는데도 불구하고 선수를 고용해야 하는 데 따른 비금전적·심리적 비용이다.

　프로스포츠 시장에서 선수들에 대한 차별적 선호는 수요의 차이가 나타나게 하는 원인이다. 예를 들어, 프로야구시장에서 백인계 선수와 동양계 선수에 대한 공급이 동일하다고 가정하자. 그런데 구단주가 동양계 선수보다는 백인 선수를 더 선호한다고 하자. 그러면 백인 선수에 대한 수요가 증가하게 될 것이다. 구단주의 차별적 선호로 인해 선수 수요에 차이가 발생하며 이는 임금의 차이로 연결된다. 어떤 구단에 백인계 선수의 공급이 충분하고 동양계 선수에 대한 차별이 아주 크다면, 동양계 선수를 전혀 고용하지 않게 될 수도 있다.

　구단주의 선수 차별의 결과를 다음과 같이 그림으로 설명할 수 있다.

　예를 들어 야구리그에 자국선수와 외국선수가 있다고 하자. 만일 리그 또는 구단주가 자국선수와 외국선수에 대해 동일한 선호를 지니고 있다면, 즉 국적에 따라 선수를 차별하지 않는다면, 시장에서의 균형임금과 균형선수 수는 〈그림 12-1〉과 같이 결정된다. 즉 임금은 W_e가 되며, 총고용 선수 수는 $N_e(=N_d+N_f)$가 된다. 여기서 N_d는 고용된 국내 선수의 수, N_f는

그림 12-1 차별이 없는 경우

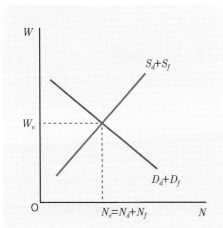

그림 12-2 차별이 있는 경우

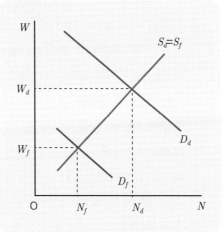

재미있는
스포츠경제 ## 차별계수의 예

차별계수를 이용하면 특정 지역·인종 출신의 선수들에 대한 차별적 선호의 정도나 수준을 나타낼 수 있다. 예를 들어, 구단에서 채용하려고 하는 선수 A와 선수 B는 인종과 출신지역을 제외하면 동일한 경기능력을 지니고 있고, 시장에서 이들의 능력은 각각 5천만원으로 평가받고 있다고 하자. 그리고 구단주가 특정 지역·인종 출신의 선수 A에 대해서 차별적 선호를 지니고 있다고 하자. 이 경우 구단주가 선호하지 않는 선수 B를 채용하기 위해서는 5천만원을 지불하면 된다. 그러나 구단주가 차별적 선호를 지닌 선수 A를 채용하기 위해서는 5천만원 외에도 1천만원을 추가적으로 지불할 용의가 있다면, 이 1천만원은 바로 화폐로 표시된 선수 A에 대한 차별적 선호의 정도이다. 다시 말해 이 1천만원은 구단주가 차별적

선호를 하는 선수 A를 채용하기 위해 지불하는 구단주의 감정적·심리적 비용이라고 할 수 있다. 구단주가 차별적 선호를 지니지 않은 선수 B에게 지불할 용의가 있는 임금을 W라고 한다면, 차별적 선호를 지닌 선수 A의 임금 W_A는 다음과 같다. $W_A = W(1+D_c)$이다. 여기서 D_c는 차별계수이다.

앞의 예에서 $W = 5$천만원이므로 A의 임금을 W_A라고 하면 $W_A = 6$천만원 $= 5$천만원 $\times (1+D_c)$로 나타낼 수 있고 따라서 차별계수(D_c)는 0.2가 된다. 차별계수가 커질수록 구단주가 차별적으로 선호하는 선수를 채용하기 위해서 추가적으로 지불할 의사가 있는 비용이 크다는 것을 의미한다. $D_c = 0$은 구단주가 차별적으로 선호하는 선수가 존재하지 않음을 의미한다.

고용된 외국선수의 수이다.

이제 구단주가 자국선수를 외국선수보다 선호한다고 하자. 이 경우 〈그림 12-2〉와 같이 동일한 임금수준에서는 항상 자국선수에 대한 수요 (D_d)가 외국선수에 대한 수요(D_f)보다 크게 된다. 분석의 편의를 위해서 국내리그에서 자국선수의 공급(S_d)과 외국선수의 공급(S_f)이 동일하다고 가정하자. 이때 자국선수의 균형임금과 균형고용량은 각각 W_d와 N_d가 된다. 그리고 외국선수의 균형임금과 고용량은 각각 W_f와 N_f가 된다. W_d는 W_f보다 높고, N_d는 N_f보다 큰 것이 명확하다. 즉 차별을 받는 그룹의 선수들은 선호되는 선수들에 비해 고용량도 적고 임금도 낮다.

만일 자국선수에 대한 선호가 아주 크다면(즉 외국선수를 아주 차별한다면) 외국선수의 수요곡선 D_f가 아주 낮아지고, 심한 경우에는 D_f가 S_f보다 항상 밑에 있어 팀 전체 또는 리그 전체에서 외국 선수는 한 명도 고용되지 않는다.

이러한 간단한 분석방법을 사용하면, 선수를 차별하는 구단주의 이윤은 어떻게 변화할까? 극단적인 경우 구단주가 외국선수를 한 명도 고용하지 않는다면, 모든 자국선수들에게 W_d를 지불해야 하며 이는 W_e보다 크다. 즉 구단주는 자신이 선호하는 선수를 고용하기 위해 더 많은 비용을 지불하게 되고 결국 구단주의 이윤은 감소하게 된다. 차별에 따라 임금과 고용량이 얼마나 변화하는가는 수요곡선과 공급곡선의 모양, 즉 탄력성과 관계가 있다. 만일 자국선수의 공급이 무한히 탄력적이라면, 즉 같은 임금에서 자국선수가 무수히 많이 공급된다면, 앞의 〈그림 12-2〉에서 공급곡선은 수평선이 되고, 이 경우 차별이 존재해도 고용량만 변화할 뿐 임금수준은 변화하지 않는다.

3. 차별의 발생 원인과 악순환

경제적 측면에서 차별은 인종·민족·지역 등의 특성에 따라 부당한 대우를 하는 것이다. 과거 경제학자들은 차별을 개인적인 문제로 간주하였다. 이들은 왜 개인이 차별을 당하고 그로 인한 차별이 노동시장에 어떻게 영향을 미치는가에 관심을 가졌다.

프로스포츠 시장에서 차별이 발생하는 이유는 다양하다.

첫째, 정보의 비대칭 때문에 발생한다. 구단주는 선수들에 대한 정보가 상대적으로 불확실한 상황에서 선수들을 채용한다. 구단주는 선수의 경기능력을 비롯해 선수가 지닌 특징을 구체적으로 파악하지 못한다. 예를 들어, 프로스포츠 노동시장에서 아시아계 선수들과 유럽계 선수들 두 그룹만 존재하고 이들의 경기능력이 비슷하다고 가정하자. 그러나 아시아 선수

재미있는 스포츠경제 불확실성과 의사결정

불확실성하에서 사람들의 의사결정에 대한 태도는 크게 세 가지로 구분된다. 첫째, 위험중립적(risk neutral) 태도이다. 위험중립적인 의사결정자는 내기(betting)의 기대치로 보아 자신에게 유리할 것 같으면 응하고 불리할 것 같으면 응하지 않는다. 순전히 기대치상으로 나타난 유리함이나 불리함만을 기준으로 의사결정을 한다.

둘째, 위험기피적(risk averse) 태도이다. 위험부담을 싫어하는 의사결정자는 기대되는 이득이 기대치상으로 자신에게 유리한 경우라도 충분히 유리하지 않으면 내기에 응하지 않는다. 기대되는 이득이 영(zero)인 공정한 내기에는 전혀 응하지 않을 것이다.

셋째, 위험선호적(risk loving) 태도이다. 위험부담을 좋아 하는 의사결정자는 기대치상으로 자신에게 불리한 경우에도 내기에 응한다. 위험부담을 선호하는 태도 때문에 불리함을 알면서도 기꺼이 응하는 경우이다.

와 유럽계 백인 선수의 전체적인 경기능력(평균생산성)이 동등하다고 하더라도, 아시아계 축구선수 개개인의 경기력(생산성)에 대한 정보나 예측이 유럽계 백인 선수들보다 훨씬 부족할 수 있다. 이러한 상황에서 구단이 위험 회피적이라고 가정하자.[1] 이 경우 구단은 동양계 선수들을 유럽계 선수들보다 더 낮은 임금으로 채용하려 할 것이므로 임금 차별이 발생한다. 아시아계와 유럽계 선수들의 평균 경기능력이 동등하다고 하더라도 구단은 가능하면 보다 확실하고 뛰어난 경기능력을 갖춘 선수를 원한다. 실제 미국이나 유럽 프로스포츠 시장에서 선수들의 경기능력에 대한 불확실성은 상대적으로 소수인 아시아 선수들이 더 크다. 따라서 상대적으로 소수인 아시아계 선수들을 채용하는 것은 더 큰 불확실성에 직면하게 되는 것을 의미하고, 이는 결국 비용을 증가시키는 것이므로 구단주들은 아시아계 선수들을 채용하려 하지 않을 것이다.

둘째, 공급과정에서 발생한다. 공급측면에서의 차별은 선수 개개인의

---

1 위험회피적이란 불확실성을 싫어하는 성향이다.

경기능력이 다르기 때문에 발생하지만 사회적·문화적 요인에 의해서도 발생한다. 스포츠 경기가 열리는 지역에 거주하는 인종에 따라서 선수들이 차별을 당하기도 한다. 예를 들어, 어떤 지역의 스포츠 소비자들이 백인계가 대다수이고 동양계 선수들을 선호하지 않는다면, 동양계 선수보다는 비슷한 경기능력을 지닌 백인계 선수를 더 공급할 것이다. 동양계, 히스패닉계 소비자들이 많이 있는 지역의 구단은 경기능력이 비슷한 백인 선수보다는 동양계나 히스패닉계 선수를 더 많이 공급할 가능성이 더 크다.

셋째, 복합적 요인이다. 전통적으로 노동시장에서의 차별은 계급·인종·성·민족·종교·국가 등에 따라 발생하기도 하였다. 그러나 차별은 남성과 여성, 흑인과 백인, 보통사람과 장애인 등과 같이 단순히 이분법적으로 이루어지지 않는다. 스포츠 노동시장에서의 차별은 사회적 여건에 따라 다양하고 복합적 요인에 의해서 발생한다. 차별은 한 가지 속성이나 특성을 근거로 발생하는 것이 아니라 여러 번 축적된 결과에 따라 발생하는 것이다. 이를 다중차별(multiple discrimination)이라고도 한다. 두 가지 또는 그 이상의 특성이 복합적으로 작용하면서 발생한다는 의미에서 복합차별(compound discrimination)이라고 한다. 교차차별(intersectional discrimination)은 여러 가지 요인들이 상호작용하거나 교차하면서 발생하는 것을 의미한다.

차별의 악순환

차별은 경제·사회적 차이에 의해서 발생되는데, 경제·사회적 차이는 잘못된 편견과 고정관념에 의해서 야기된다. 그리고 잘못된 편견과 고정관념은 다시 경제·사회적 차이를 확대시킨다. 이와 같이 편견, 고정관념, 차별, 경제사회적 차이가 확대되고 반복되는 것을 차별의 악순환이라고 한다. 차별의 악순환은 단순히 경제적 요인 때문만이 아니라 정치적·역사적·사회적 요인에 의해서 발생한다. 편견이나 고정관념에 의해 발생하는 차별은 갈등을 지속시킨다. 개인이 지니고 있는 편견이나 고정관념은 기본적으로 복잡하고 다양하며, 사회적으로는 다른 그룹에 대한 행위를 반영한다. 여기서 다른 그룹이란 스포츠 시장을 구성하고 있는 여러 그룹 중 자연스럽게 구분되는 그룹의 하나가 아니라, 스포츠 시장을 지배하는 그룹에 의해 인위적으로 분류되는 그룹이다. 즉, 인종·종교·민족·신체적 조건에 따라 분류된 것이다. 예를 들어 미국의 프로야구시장을 백인들이 지배하고 있다면, 백인 구단주나 선수들이 다른 선수들을 흑인, 동양계, 히스패닉계 등으로 구분하고 이들에 대한 편견이나 고정관념을 지닐수 있다는 의미이다. 역사적으로 볼 때 사회적으로 지위가 높거나 경제적으로 부유한 계층들이 지배적인 그룹이며, 이들은 자신들끼리 경제적 유대관계를 형성하고 강화한다. 그리고 제도적 특성과 사회적 관계를 통해 다른 계층이나 부류의 사람들에 대해 다양한 형태의 차별적 관행을 지니게 된다.

4. 차별의 유형

프로스포츠 시장에서 차별은 다양하게 분류된다. 첫째, 개인적 편견에 의한 차별이다. 이는 개인이 특정 그룹의 선수, 감독, 코치 등에 대해 어떤 편견을 가지고 차별을 하는 경우이다. 구단주 차별, 선수 간 차별, 소비자 차별, 연봉 차별, 고용 차별 등이 있다.

둘째, 구단이 특정 그룹의 선수들은 통계적으로 어떤 특성을 갖고 있다고 간주하고 차별하는 행위이다. 즉, 선수 개개인의 특성보다는 통계적 선입관에 의해 차별하는 것이다. 통계적 차별, 역할 차별 등이 있다.

셋째, 비경쟁적 요인 등에 의해서 발생하는 차별이다. 특히, 성 차별에 대해서는 많은 논란이 제기되기도 한다. 여기에서는 프로스포츠 시장에서 자주 제기되는 구단주 차별, 선수 간 차별, 소비자 차별, 통계적 차별, 역할 차별, 그리고 성 차별 등에 대해서 살펴본다.

구단주 차별

프로스포츠 시장에서 구단주 차별은 구단이 인종·지역 등에 따라 특정 그룹의 선수들을 차별하는 것을 의미한다. 고용 차별·임금 차별 등은 넓은 의미로 구단주 차별의 한 형태라고 할 수 있다. 고용 차별은 어떤 선수가 다른 선수들과 동등한 경기능력을 지녔음에도 불구하고 여러 가지 이유로 동등한 고용기회를 얻지 못하는 경우를 말한다. 구단주 차별로 인해 직접적인 손해를 보는 사람은 차별을 당하는 선수·코치·감독 등이다. 물론 구단주도 차별로 인해 자신의 이윤이 감소하지만 이는 효용을 극대화하기 위해 스스로 선택한 것이다.

구단주 차별은 경제적으로 이득을 보는 집단과 손해를 보는 집단을 발생시킨다. 1898년~1946년 기간 동안 미국의 프로야구시장에서는 소위 '신사협정'에 의해 아무리 유능한 흑인 선수라 하더라도 메이저리그에서 경기활동을 할 수가 없었다.[2] 당시 이러한 차별로 이득을 본 측은 백인 선수들이었다. 흑인 선수들이 메이저리그에서 활동할 수 없었기 때문에 백인 선수들의 수는 상대적으로 증가했다.

구단주가 차별적 선호를 지니고 있고 인종별로 선수들이 실력 차이를 보인다고 하자. 그러면 구단주들은 선수를 선발하는 과정에서 뛰어난 실력을 가진 흑인 선수가 있다 하더라도 최소한도로 채용 가능한 실력을 가진 백인 선수를 채용하게 될 것이다. 구단주가 흑인 선수를 차별함에 따라 경기력이 약간 뒤처짐에도 불구하고 채용된 백인 선수는 분명 구단주 차별에 따른 수혜자이다. 공식 혹은 비공식으로 인종 차별 규정이 없다 하더라도 경기능력이 흑인 선수에 비해 상대적으로 뒤처지는 백인 선수를 고용함에 따라 발생하는 수익의 감소는 구단주가 차별을 선호하기 때문에 발생하는 비용이며, 구단주는 이를 감수해야 한다.

---

2 당시 메이저리그에서 뛸 정도의 충분한 실력을 갖춘 다수의 흑인 선수들은 1950년대에 존재했던 '흑인리그'에서 뛰어야만 했다. 흑인 선수들에 대한 차별이 이들의 임금이나 고용환경에 부정적인 영향을 미쳤다는 것은 명확하다.

고용 차별의 존재 여부에 대해서는 다양한 주장이 제기된다. 일부에서는 미국 프로야구시장에서 흑인 선수들의 평균타율이 백인 선수들보다 높기 때문에 메이저리그로 진출할 수 있는 기회는 흑인 선수가 백인 선수보다 훨씬 더 많았을 것이라고 주장한다. 또한, 미국 프로야구시장에서 흑인 선수들이 백인 선수들보다 우수함에도 불구하고 감독이나 코치가 상대적으로 적은 것이 고용 차별의 예라고 주장한다. 그러나 NBA 시장에서는 차별이 발생하지 않았다는 주장도 있다. 차별이 있었다면 흑인 선수들보다 백인 선수들이 더 많아야 하는데 실제로는 그렇지 않다는 것이다.

연봉 차별은 같은 팀의 선수들이 동일한 경기능력을 지녔음에도 불구하고 연봉에서 부당한 대우를 받는 경우이다. 연봉 차별은 경기 종목별 포지션에 따라 경기 생산성이 다르기 때문에 일률적으로 설명하기가 쉽지 않으며 학자들마다 서로 다른 주장을 하기도 한다. 백인 선수와 흑인이나 히스패닉 선수 간의 연봉 차별은 팀 연고지역에 어떤 인종이 많으냐에 따라 다르다고 주장되기도 한다. 즉, 팀의 연고지에 백인 인구 비율이 높은 지역에서는 백인 선수들의 연봉이 더 높았으며, 흑인이나 히스패닉계들이 많은 지역에서는 이들의 연봉이 높은 것으로 나타났다는 것이다. 이는 팬 차별

| 표 12-1 | 인종에 따른 차별에 대한 주장

주장자	주요 내용
브라운(Brown, E., 1991)	• 1990년대 이전, NBA의 흑인 선수 임금 낮음
베리(Berri, D.J., 2006) 등	• NBA, 임금 차별의 증거 없음
벨모어(Bellemore, F.A., 2001)	• 1960~70년대, MLB로 승격하는 데 흑인 선수 차별
멕코맥(McCormick, R., 2001)	• NBA, 능력 비슷하면 흑인 선수가 더 많은 경기
버드킨(Burdekin, R.C.K., 2005)	• NBA팀의 인종구성은 팀의 연고지와 일치
지아브(Jiobu, R., 1988)	• 1970말~80년대 초, MLB·NBA 백인 선수 선호
구르티우스(Groothius, P.A., 2007)	• 선수들의 인종과 계약기간은 상관없음
매든(Madden, J.F., 2004)	• NFL, 흑인수석코치 임명비율 백인보다 낮음
칸(Kahn, L., 2006)	• NBA에서 흑인코치에 대한 차별근거 없음
프리직크(Fricjk, B., 2006)	• 분데스리가, 외국인 선수에 대한 임금 차별 없음

또는 소비자 차별에 근거한다고 주장하기도 한다. 차별적 관행의 존재 여부에 대해서는 다양한 견해가 있다. 프로스포츠 시장에 고용 차별이나 임금 차별이 실제로 존재했었는지에 대한 다양한 분석결과는 〈표 12-1〉에 정리되어 있다.

선수 간 차별

선수 간 차별이란 어떤 선수들이 특정 인종 또는 그룹의 선수들과 같은 팀에 소속되기를 싫어하거나 함께 경기를 하기 싫어하는 경우이다. 예를 들어, 백인 선수들이 흑인, 동양계, 히스패닉계 선수들과 같이 경기하기를 기피하거나 꺼려하면 이는 선수 간 차별에 해당된다.

경기능력이 뛰어나고 인기가 높은 스타 선수가 어떤 특정 그룹 출신의 선수를 차별할 경우, 이 특정 그룹 선수와 스타 선수를 같이 채용하기 위해서는 차별을 선호하는 선수(스타 선수)에게 구단주가 임금 프리미엄(premium)을 지급해야 한다는 점에서 구단주 차별과는 다르다. 예를 들어, 백인의 스타 선수가 흑인 선수나 동양계 선수를 차별한다고 하자. 백인 스타 선수가 이들과 같이 경기를 하기를 꺼려함에도 불구하고 구단이 이 백인 선수를 흑인 선수 또는 동양계 선수들과 같은 팀에서 경기를 하게 하려고 한다면, 구단은 차별을 선호하는 백인 스타 선수에게 추가적인 임금을 지불해야 할 것이다. 실제로 과거 미국의 프로스포츠에서 일부 백인 선수들이 흑인 선수들을 채용하는 팀에 소속되기를 꺼려하는 경우가 있었다. 또한 몇몇 흑인 선수들은 상대팀 선수들에게 차별을 당했으며 심지어 소속팀 선수들에게도 차별을 당했다고 보고하기도 하였고, 대부분의 백인 선수들은 흑인 선수들과 한 팀에 소속되는 것을 탐탁치 않게 여기기도 했다는 주장도 있다. 흑인 선수들의 경기능력이 아주 뛰어났음에도 불구하고 이같은 차별적 관행은 1947년 메이저리그가 재통합될 때까지 계속되었다.

선수 간 차별은 차별을 당하는 선수는 물론 차별을 하는 선수도 피해를 보게 한다. 차별을 당하는 선수보다도 차별을 하는 선수 쪽이 더 큰 손해를 보게 된다는 주장도 있다. 특정 그룹의 선수를 차별하는 선수는 그 선수들이 없는 팀에서 경기하기를 원하게 되고 결국 자기의 기량을 충분히 발휘할 기회를 잃을 가능성이 있기 때문이다. 또한 같은 팀 내에서도 팀워크의 문제가 발생하여 팀의 승률이 저하되고 결국 수익감소와 임금감소로 이어질 수 있기 때문이다.

1980년대 중반까지만 하더라도 구단 또는 선수들의 차별적 관행으로 소수인종 출신 선수들의 연봉이 낮은 수준에 있었던 것이 사실이다. 일부 스포츠리그에서는 선수 간 차별을 법률로 엄격하게 금지하고 있다.

선수·소비자 차별 스포츠 시장에서는 선수나 소비자(관중)들에 의한 차별도 존재한다. 또 자신이 응원하는 팀의 선수에 대한 차별적인 언행을 이용하여 상대팀을 야유하기도 한다.

소비자 차별

소비자 차별은 프로스포츠 경기 소비자들이 특정 인종 또는 지역 출신의 선수들이 제공하는 스포츠 경기를 구매하지 않으려고 하는 경우에 발생한다. 팬(fan) 차별이라고도 한다. 보통 차별에 대한 논의에서는 차별 또는 차별적 관행이라고 규정할 만한 객관적인 근거에 대한 논란이 제기되는데 특히, 소비자 차별은 객관적인 근거가 거의 없을 뿐 아니라 소비자들에 의해 다양하고 교묘하게 이루어지기 때문에 차별 여부를 구별하기가 쉽지 않다. 선수들의 경기능력이나 묘기, 인기도 등에 따라 소비자들에 의한 수요의 차이가 발생할 수 있는데, 이를 차별이라고 간주하는 것은 적절하지 못하다. 따라서 스포츠 시장에서 소비자들에 의한 차별적 행태가 보인다고 단정하기 위해서는 선수들의 경기능력이 유사함에도 불구하고 인종 혹은 민족적 요인으로 인해 소비자들에 의해 부당하게 대우받거나 차별당한다고 확신할 수 있어야 한다.

스포츠 시장에서 소비자(팬) 차별로 다음과 같은 현상들이 발생할 수 있다. 첫째, 스포츠 소비자들은 자신들이 선호하는 그룹 선수들로 구성된 팀의 경기만을 보거나 응원하려 할 것이다. 둘째, 소비자들은 자신이 선호하는 선수와 선호하지 않는 선수들이 혼합된 팀이 경기를 할 경우, 팀과는 무관하게 자신이 선호하는 그룹의 선수들만 응원할 것이다. 셋째, 소비자 차별은 기업이 어떤 선수를 광고 모델로 선정하느냐에서도 드러날 것이다. 기업이 어떤 선수를 모델로 하느냐에 따라서 광고 효과가 달라질 수 있기 때문이다.

스포츠 시장에서 차별의 존재 여부에 대해서는 다양한 주장이 제기되고 있다. 그러나 구단 차별이나 통계적 차별보다 소비자 차별이 가장 우려된다. 구단의 차별이나 통계적 차별은 상당 부분 제거되었으나 소비자들에 의한 차별은 쉽게 사라지지 않기 때문이다. 일부 지역에서는 오히려 더 심화되는 경향이 나타나기도 한다.[3] 〈표 12 – 2〉는 메이저리그 스포츠 시장에서의 소비자 차별에 대한 연구 결과를 보여준다. 소비자 차별은 다른 유형의 차별과는 달리 차별을 당하는 선수들만 피해를 입고 차별을 선호하는 소비자들에게는 아무런 손해도 끼치지 않는다.

| 표 12-2 | 소비자 차별에 대한 연구 결과

주장자	주장 내용
아니벨라 (Arnibella, 1996)	• 1970~80년대, 인종, 민족에 대한 차별 존재 • 라이벌 팀 간의 차별 관행
버드킨, 하스펠드 (Burdekin, R.C.K & R.T. Hossfeld, 2005)	• NBA, 관중들 선수인종에 대한 선호 존재
칸 (Kahn, L.M., 1991)	• MLB, 40년대 소비자 차별 존재 • 현재는 백인 선수들이 소수민족을 차별
프레스톤과 시멘스키 (Preston, I. & S. Szymanski., 2000)	• 흑인 선수들에 대한 선수 차별 없음 • 임금과 경기결과가 차별에 영향 미치지 않음

3 FIFA에서는 2006년 독일월드컵축구대회에서 팬들이 인종 차별적 응원을 할 경우, 해당 국가팀의 승점을 감점시키기로 하였다.

대부분의 재화나 서비스는 제품으로 완성된 후에 판매된다. 그러나 프로스포츠 경기라는 서비스는 제품으로 완성되기 전에 소비자(팬)들이 비용을 지불한다. 이런 상황에서 소비자 차별은 구단주 차별이나 선수 차별보다 선수들의 인종이나 출신지역에 따른 임금의 갭(gap)을 더 크게 할 수 있는 개연성이 있다. 구단이 특정 그룹이나 특정 지역 출신의 선수들을 차별하는 소비자들의 요구를 거절할 경우 해당 구단의 수익이 감소할 수도 있기 때문이다. 구단주 차별이나 선수 차별과는 달리 소비자 차별은 경쟁을 통해서도 용이하게 제거될 수 없다는 데 문제가 있다. 소비자들에게 팀의 승리 이상으로 팀 구성 선수에 대한 차별적 선호가 중요할 수 있기 때문이다.

소비자 차별이 있는 경우, 소비자들은 팀, 감독, 선수들에 대해 개인적인 선호를 가지고 있고, 이러한 선호는 선수나 감독의 임금을 결정하는 중요한 요인이 된다. 어떤 팀이 소비자 차별을 만족시킨다면 이 팀은 특정 선수나 감독을 고용하기 위해서 기량이 동등한 다른 선수나 감독에게보다 더 많은 임금을 지불해야 한다. 이러한 비용은 팀을 재정적으로 어렵게 만든다. 이를 해결하기 위해 팀은 기량이 떨어지는 특정지역 선수나 감독을 고용하게 되고 결국 소비자들은 차별적 선호를 계속할 것인지, 좋은 성적을 기대할 것인지 선택할 수밖에 없게 된다. 소비자들의 선호가 차별에 있다면 낮은 수준의 경기에 만족하여야 하고 이 경우 시장에 차별은 계속 존재하게 된다. 그러나 팀의 성적도 중요하다면 경기력이 우수한 선수를 고용하기 위해 차별은 어느 정도 포기해야 한다. 따라서 경제학자들은 시장이 차별에 관한 문제를 어느 정도 해결할 수 있다고 믿고 있다.

통계적 차별

통계적 선입관에 의한 차별로는 통계적 차별과 역할 차별을 들기도 한다. 통계적 차별이란 개별 선수들의 경기능력과 관련된 성적 즉, 개별 선수들의 생산성을 집단의 평균치에 따라 판단하고 개인의 역량이나 특성에 대해서는 적절하게 고려해주지 않는 것을 말한다. 이러한 통계는 단지 한 집단의 평균적 의미를 나타냄에도 불구하고, 평균치만을 신뢰하여 차별을 선호한다면 집단 내에서의 선수들 간의 경기 능력 차이를 간과할 수 있다. 선수들은 자신이 속한 집단의 평균적인 수준보다 개인의 실력에 근거하여 판단되어야 한다. 통계적 차별은 정보가 불완전한 상황에서의 선택이라는 점에서 선호에 근거한 차별과는 성격이 다르다.

통계적 차별에 대해 다음과 같은 주장이 제기된다. 첫째, 통계적 '차별'이 아니라 통계에 의한 '결과'라는 것이다. 즉 특정그룹의 특성에 근거한 판단이 프로스포츠 구단의 이윤 극대화에 따른 선택의 결과일 수 있다. 예를 들어 A국가 출신의 선수가 B국가 출신의 선수보다 일반적으로 수비력이 약하다고 해서, A국 출신의 특정 선수의 수비력이 A국 출신 선수들보다 약하다는 가정이 언제나 타당하지는 않지만 최소한 그러한 가정이 옳을 확률이 틀릴 확률보다 더 높기 때문이다. 둘째, 통계적 차별은 자기예언적 특성을 지닐 수도 있다. 즉, A국가 출신 선수들이 주로 공격수로 선발되고 수비수로는 선발되지 못하는 경우가 계속해서 반복된다면 시간이 지남에 따라 A국가 출신 선수들도 수비수보다는 공격수로 특화하게 되고, 결국 공격수가 되는 빈도가 실제로 더 높아질 것이다. 이 경우 A국 선수들에 대한 공격력과 수비력의 차이를 제대로 알지 못하더라도 결국에는 이 차별에 의해 차별의 내용이 현실화되는 결과를 초래한다.

역할 차별

프로스포츠 시장에서 특정인종이나 그룹 출신의 선수나 코치 등을 특정 분야 또는 특정 위치에만 지속적으로 배치하는 경우를 역할 차별(role discrimination)이라고 부른다. 예를 들어, NFL에서 쿼터백이란 포지션은 공을 분배하고 패스하는 것은 물론 전체적인 작전을 하는 핵심 포지션이다. NBA에서 센터라는 포지션은 수비를 전체적으로 리드하는 역할을 한다. 또 MLB에서 투수와 포수가 중요한 역할을 한다. 이들이 갖추어야 할 조건은 체력과 뛰어난 순발력, 그리고 높은 지능이다. 이 경우 흑인 선수들의 역량이 백인 선수들보다 부족하기 때문에 쿼터백, 센터, 투수나 포수에서 활동할 수 없다고 주장한다면, 결과적으로 유망한 흑인 선수들이 이런 포지션을 담당할 수 있는 자질을 계발하는 것을 막는 것이 될 것이다. 포지션 차별(position discrimination)이나 역할 차별은 일종의 통계적 차별에 해당하는 동시에 강력한 자기예언적 특성이 있다. 역할 차별 또는 포지션 차별이 지나칠 경우는 유망한 선수의 자질을 해칠 수 있다.

프로스포츠 경기에서 소수 인종이 모든 포지션에 대해 평등한 기회를 가지느냐는 차별과 관련된 중요한 문제이다. 예컨대 NFL 선수의 65%가 흑인 선수이므로 각각의 포지션별 선수 비율도 65%는 흑인이라고 전망할 수 있다. 그러나 실제 포지션별 흑인의 비중은 매우 다르게 나타난다.[4]

또한 여성이 평균적으로 남성보다 스포츠에 대한 지식이 부족하다고 간주된다면 여성이 스포츠 관련 단체의 임원, 경기 심판, 아나운서의 역할을 하는 데 있어서 계속해서 차별을 당할 가능성이 있다. 문제는 의사결정자들이 편견을 지니고 있거나 정보의 불완전성·비대칭성 등으로 인해 어떤 그룹의 평균적인 특성을 그룹 내 개인들의 특성과 동일하게 취급한다는 점이다. 즉, 개인의 특성을 무시한 채 평균적인 특성을 보고 평가하는 것이다. 여성들이 남성에 비해 스포츠에 관한 지식이 평균적으로 부족하다고 해서 모든 여성이 다 남성보다 스포츠 지식이 떨어지는 것은 아니다.

성 차별

성(gender) 차별은 동등한 능력을 지니고 있음에도 여성 또는 남성이라는 이유만으로 부당한 차별대우를 받는 것을 말한다. 최근 여성들에게는 교육수준의 향상과 임금 증가 등 엄청난 변화가 있었다. 여성들의 교육수준이 전례 없이 높아지고, 생산성도 높아졌다. 대부분 가정에서 자녀들은

---

4 하지만 포지션별로 요구하는 신체적 특성이 있고, 인종별로 신체적 특성이 매우 다르게 나타난다면 포지션별로 인종비율이 다르게 나타나더라도 차별이라고 단정짓기는 어렵다.

1~2명 정도로 줄어들어 여성의 여유시간도 많아지고 있다. 일부 여성들은 남성 중심의 스포츠 세계에서도 열성적으로 활동하고 있다. 스포츠 감독, 심판, 관련단체 임원 등에서 두각을 나타내기도 한다. 여자 테니스·골프 등 개별스포츠뿐 아니라 여자축구·하키·에어로빅 등 여성이 참여하는 팀 스포츠도 관중들로부터 주목받고 있다. 여권신장운동과 스포츠 시장에서의 차별금지 등에 대한 각종 정책에 힘입어 최근에는 여성들의 프로스포츠 참여도 증가하고 있다. 능숙한 기술과 강인한 체력의 여성선수들은 남성 중심의 스포츠를 혼란스럽게 하기도 한다.

스포츠는 잠재적으로 성별·인종·민족 등 경제사회적 배경이 다른 구성원들이 공동협력을 할 수 있도록 한다. 그러나 비록 스포츠가 다양한 사회적 배경을 가진 사람들 간의 격차를 해소한다고 할지라도, 일부 스포츠 시장에는 성차별, 인종차별 등의 관행이 여전히 남아 있다. 일부 선진국에서마저 아직도 전통적 의미의 남성중심 스포츠에 대한 관심이 높으며, 프로스포츠 시장에서 여성들이 차별을 당하기도 한다.

성차별의 주요 특성은 다음과 같다. 첫째, 여성 프로스포츠 선수들은 여성스러움, 모성애, 체면 등을 무시한다고 지적을 받는다. 아직도 관중들은 미식축구, 골프, 축구 등의 경기를 하는 여성들을 사내 같은 여자로 인식하고 있다. 또 여자 프로스포츠 리그에 뛰어난 선수들이 있고, 협회(단체)로부터 승인을 받았다고 해도 여자 팀이 프로스포츠 시장에서 생존해 나가기가 쉽지 않다. 팬들에게는 박진감 넘치는 경기를 제공해야 하고, 동시에 스폰서들에겐 가치 있는 경기임을 입증해야 한다. 아직도 여자 팀 프로스포츠에 대한 인기가 낮은 편이다.

둘째, 여성에 대한 차별적 관행은 스포츠 시장의 성적(性的) 불균형이 증명한다. 리버맨(Liberman, N., 2004)에 따르면 전 세계 골퍼 중에서 여성골퍼는 24.2%에 불과하다. 스포츠 시장에서 여성에 대한 차별적 관행이 점차 줄고 있지만, 남성 중심의 스포츠 시장에서는 통계적·구조적으로 여성스포츠 선수들이 소수에 불과하다. 이러한 상황에서 명목상 여성에 대한 차별적 관행이 없어지고 있다는 증거를 남기기 위해서 일부 여성선수들은 경기에 참가하도록 압력을 받기도 한다. 즉, 여성을 상징적인 의미로 이용하려고 한다.

셋째, 스포츠 시장에서 여성에 대한 차별, 즉 성 차별은 일종의 통계적 차별에 해당된다. 통계적 차별은 여성 선수 개개인의 특성을 무시하고 정형화하여 여성 선수라는 그룹에 일괄적으로 적용하기 때문에 오류를 범하기도 한다. 통계적 차별은 개별적 능력과 상관없이 여성 선수라는 신체적 특성에만 관심을 가지므로, 선수 개개인의 특성과 자질을 제대로 평가하지 않는다. 예를 들어, 여성 골퍼들의 드라이브가 평균적으로 짧기 때문에 경기진행이 남성보다 늦은 것으로 간주한다. 비록 많은 여성들이 많은 남성들보다 드라이브 거리가 짧다 하더라도, 짧은 드라이브가 더 정확한 경우가 많기 때문에 경기가 반드시 더 느리게 진행된다고 볼 수 없다. 여성들이 드라이브가 짧고 경기를 느리게 진행한다는 가정은 드라이브를 더 정확하게 칠 수 있는 개별적 역량은 무시하고 드라이브가 짧다는 그룹의 속성만으로 추론하는 통계적 차별의 예이다. 또한 대체로 여성 선수들이 경기에서의 전략 수행과 신체적 기량이 남성들보다 못하다고 주장되기도 하는데, 이러한 논리도 통계적 오류의 하나이다.

성 차별에 근거한 임금 차별에 대해서는 학문적으로 다음과 같은 의문이 제기되기도 한다. 첫째, 성에 근거한 임금 차별의 규모나 정도는 얼마나 되는가? 성에 근거한 임금 차별의 규모나 측정 방식에 대해서는 학자들 간에 통일된 견해가 없다. 둘째, 왜 성에 근거한 임금 차별이 발생하는가? 직업선택에 대한 차별이 임금격차를 발생시키는 요인이라는 데 많은 학자들이 동의한다. 직업선택에 대한 차별은 또한 남성과 여성의 경력의 차이를 야기한다. 한편 스포츠 시장의 성 차별에 대한 논의가 타당한가에 대해서 논란이 제기되기도 한다. 일부 학자들은 남녀 간에는 신장·체중·체력 등 태생적으로 차이가 있기 때문에 성 차별을 논의하는 것 자체가 무의미하다고 강조한다.

남성과 여성이 동등한 규칙하에서 서로 경쟁하는 프로스포츠 종목은 혼성복식조 테니스, 자동차 경주, 경마 등에 불과하다. 동일한 종목이라고 하더라도 남성경기나 여성경기는 별도의 리그에서 서로 약간씩 다른 규칙을 적용하여 운영된다. 즉, 남성리그와 여성리그가 동일한 감독기구에 속

성 차별 프로스포츠 시장에서 성 차별 금지와 성 차별 여부에 대해서 논란이 제기되기도 한다.

해 있지 않으므로 동일한 종목의 스포츠 경기라고 하더라도 차별 여부를 평가하기가 쉽지 않다. 자동차 경주 대회에서 우승한 여성 레이서가 극소수에 불과한 것은 여성 선수에 대한 수요 또는 공급이 적었기 때문이다. 여성이 자동차 레이서로서 남성보다 열등하다는 사실이 입증되지 않는 한, 여성 레이서에 대한 수요가 낮다는 사실은 고용주 차별이 존재한다는 사실을 부인하기 어렵게 한다. 여성 레이서의 수가 적은 것이 공급 부족 때문이라면 이는 차별과는 무관한 것일 수 있으나 이러한 공급부족이 수요자의 차별에 따른 좌절 때문이라면 역시 차별이 문제가 된다. 자동차 경주뿐 아니라 많은 스포츠 분야에서 성 차별에 대한 연구는 보다 체계적으로 이루어질 필요가 있다.

테니스의 경우 남녀 간 경기가 별도로 운영되고 있음에도 성 차별에 대한 논의가 제기되기도 한다. 전통적으로 남자선수들의 경기 상금이 여자선수들보다 많았기 때문이다. 1970년대 초반 이후 US 오픈, 호주 오픈, 프랑스 오픈은 여성선수들의 경기상금을 남자선수들과 동등한 수준까지 올렸으나 윔블던 오픈에서는 아직도 약간 차이가 있다. 이러한 상금의 차이를 남녀 차별이라고 주장하기도 한다. 일부 학자들은 여자 테니스 경기대회의 관중이 남자 테니스 대회보다 더 많다는 사실을 강조한다. 이는 남자 선수 경기보다 여자 선수들의 경기가 수익이 더 많다는 의미이며, 차별이 존재하지 않는다면 남자 선수보다 여자 선수들의 상금이 더 많아야 한다고 주장하는 근거가 된다. 이와 반대로, 남자 선수들에게 더 많은 상금을 지불하는 것은 초일류 선수들 간의 경쟁을 유도하는 데 필요하기 때문이라는 주장도 있다. 테니스 스타 선수들이 경기에 참가하지 않으면 경기대회의 가치가 하락할 것이며, 이러한 스타 선수들은 남자 선수들에게 더 많이 찾아볼 수 있기 때문이라는 것이다. 골프시장에서도 간혹 성 차별에 대한 논란이 제기된다. 미국 프로골프 경기의 PGA 상금이 LPGA보다 많은 것이 그 근거 중 하나이다. 한편 LPGA에서는 남자 선수들이 경기에 참가하는 것을 허용하지 않으므로 이것 역시 남성에 대한 차별에 해당된다는 주장도 있다.

5. 차별에 대한 논의

차별의 폐해

구단주 차별·고용 차별·연봉 차별은 순전히 주관적인 판단이며 개인적 편견에 의해서 발생하지만, 그 결과 차별을 당하는 선수들은 열심히 노력하려는 유인을 빼앗긴다.

개인적 편견에 의한 차별은 차별을 당하는 선수뿐 아니라 차별을 선호하는 구단에게도 결과적으로 경제적 손실을 입힌다. 선수들을 차별하는 구단주들은 그렇지 않은 구단주들보다 선수고용을 위해 더 높은 비용을 지불하게 된다. 특정 인종 또는 특정 지역출신의 선수들을 차별하는 구단주는 차별에 대한 선호를 충족시키기 위해서 기꺼이 이윤 감소를 받아들여야 한다. 예를 들어, 동양계 선수의 경기능력이 아무리 뛰어나다고 하더라도 구단주가 동양계 선수에 대해 차별의식을 지니고 있다면, 동양계 선수를 고용하려 하기보다는 경기능력이 모자라는 다른 지역 출신 선수를 고용하려 할 것이다. 이로 인해 결과적으로 경기에서 승리하기가 더 어려워질 수 있으며, 이는 경기라는 상품에 대한 가치를 떨어뜨릴 수 있다. 경기에서 승리하기 위해서는 동양계 선수만큼 뛰어난 선수를 동양계 선수보다 높은 임금을 지불하고 고용해야 하므로 역시 비용이 증가하게 된다.

프로스포츠 시장에서의 차별 및 차별적 관행은 프로스포츠의 발전을 저해할 뿐 아니라 사회적·국가적으로도 갈등과 분열, 대립을 조장한다. 프로스포츠 시장에서 차별의 가해자는 구단주, 선수,코치, 감독, 팬(소비자)

들이다. 차별의 피해자들은 선수, 코치, 감독 등이다. 그러나 장기적으로는 차별을 선호하는 측이나 차별을 당하는 측 모두가 피해자이다. 다행스러운 것은 최근 들어 편견에 의한 차별, 통계적 선입관에 의한 차별은 과거에 비해 많이 감소했다는 것이다. 프로스포츠 시장에서 개인적 편견이나 통계적 선입관에 의한 차별은 차별을 당하는 선수나 차별을 선호하는 구단 모두 경제적으로 손해를 입히게 된다는 사실을 인식했기 때문이다. 그러나 스포츠 소비자(팬)들에 의해 종종 발생하는 소비자 차별은 차별을 선호하는 팬들에게 경제적으로 아무런 손해를 입히지 않고 차별을 당하는 선수와 이들을 보유한 구단들에게만 피해를 입힌다는 데 문제가 있다.

차별과 인적자본

일부 학자들은 사람들이 세상에 태어날 때부터 경제적으로 공평하지 못하다고 주장한다. 마찬가지로 교육·훈련 등에 아무리 투자하여도 선수마다 소질과 능력이 다르므로 결과적으로 선수 개개인 간 기량의 차이가 발생하게 된다.

인적자본에 대한 투자는 지식·숙련·체험 등의 축적을 통해 생산성 향상을 가능케 한다. 인적자본은 정규 교육·직업훈련·현장체험 등을 통해 축적된다. 스포츠 시장에서 훈련은 인적자본 축적을 위한 가장 중요한 요소이다. 훈련은 선수들의 신체적 기량, 기술 및 전술 등을 향상시킨다. 학교 교육은 스포츠 경기에 직접적인 영향을 미치지는 못하지만, 넓은 의미에서 훈련이나 전술을 이해하는 데 도움을 준다.

리즈(Leeds, M., 2003)는 프로스포츠 시장에서 선수들을 위한 인적자본에 대한 투자는 투자비용과 기대소득에 따라 이루어진다고 보았다. 또한 미국에서 흑인 선수들에게 프로스포츠 시장을 개방하는 것이 선수들의 인적자본에 대한 투자를 불균형적으로 만들었다고 비판한다. 스포츠 시장에서 흑인 선수들의 경기능력을 지나치게 과대평가하여 흑인 선수들을 위한 기술, 훈련 등 인적자본에 대한 투자가 감소하였고, 결과적으로 선수들의 기량이 높아지지 못해 프로스포츠 시장이 저평가되었다는 것이다. 그러나 스툴(Stull, D. E., 2007)은 흑인 선수들의 프로스포츠 시장 참여가 인적자본을 위한 투자를 왜곡했다는 증거는 나타나지 않았다는 분석 결과를 발표하는 등 견해가 엇갈리고 있다.

프로스포츠 시장에서 선수들 간 기량의 차이는 개인의 신체적 능력, 교육훈련 등에 따라 자연스럽게 발생한다. 또한 교육과 충분한 영양, 규칙 이해 등 선수 개인의 사회적·교육적 배경 등이 기량에 커다란 영향을 미치기도 한다. 즉, 충분한 교육을 받고 사회적 배경이 좋은 선수가 프로스포츠 시장에서 적절한 팀을 선택한다면 보다 높은 보상을 기대할 수 있다. 개인이 자신의 뛰어난 재능과 끊임없는 훈련과 노력 등으로 다른 선수들보다 더 많은 보상을 받는다면, 이는 차별이라기보다는 개인의 인적자본에 대한 투자의 차이에 따른 결과라고 할 수 있다.

경쟁과 차별 해소

프로스포츠 시장에서 차별은 시장에서의 경쟁을 통해서 과거에 비해 상당부분 제거되었다. 그러나 구단주나 선수들 간의 차별이나 편견은 경쟁과 이윤극대화 추구 과정에서 어느 정도 해소된 반면 소비자(팬)들에 의한 (인종)차별은 여전히 존재하고 있다. 최근 일부 프로스포츠 경기에서는 소비자들이 자신이 지지하는 팀에서 활동하는 외국인 선수들에 대한 차별적 관행을 활용하여 오히려 상대팀을 폄하하는 응원전을 펼치기도 한다.[5]

또한 최근에 외국인 선수들이 주요 포지션에서 팀의 승리에 기여하고 보다 많은 임금을 받는다는 점에서 자국의 선수들이 오히려 역차별을 당하고 있다는 주장이 제기되기도 한다. 이러한 현상은 우리나라와 같은 스포츠개발도상국가에서 나타날 수 있는 현상이다.

일반적으로 시장이 경쟁적일 경우 차별을 하지 않는 구단주들이 차별

---

[5] 맨유 팬들이 부르는 개고기 송은 박지성 선수를 차별하기보다는 라이벌 팀인 리버풀을 폄하하기 위한 목적으로 사용된다.

을 선호하는 구단주들에 비해 더 큰 성공을 거둘 수 있다. 예를 들어, 차별을 선호하는 구단주가 A지역 출신 선수들에게는 시간당 10만원, 이들과 유사한 기량을 지닌 B지역 출신 선수들에게는 시간당 15만원을 준다고 가정하자. 이때 차별을 선호하지 않는 구단주가 이 시장에 진입하여, A지역 출신 선수들에게 시간당 11만원을 지급한다면, B지역 출신 선수들을 주로 고용하는 구단주는 선수를 차별하지 않는 구단주에 비해 더 많은 비용을 지불하는 것이 된다. 차별을 선호하지 않는 구단주들이 계속해서 시장에 진입할 경우 A지역 출신 선수들의 소득은 증가하게 되며, 일정기간 동안 차별을 선호하는 구단주의 이윤은 계속해서 내려간다. 차별을 선호하지 않는 구단의 수가 충분해지면 차별을 선호하는 구단주들은 심각하게 이윤의 감소를 겪게 되어 더 이상 차별적 행위를 할 수 없게 되거나 시장에서 퇴출될 것이다. 그러나 대부분의 프로스포츠 시장은 독점적 시장에 가깝기 때문에 현실적으로 시장원리에 의해 차별행위가 완벽하게 사라지기는 어렵다. 다만 프로스포츠 시장이 완전경쟁적이지는 않더라도 경기에서 승리하고, 리그에서 높은 순위를 차지하는 데 따른 각종 유인과 경쟁이 차별을 극복하게 만드는 강력한 동기가 된다고 할 수 있다. 즉, 시장에서 구단주는 최고의 선수를 채용할 강력한 동기를 가지고 있기 때문에 선수들을 인종·민족·지역 등에 관계없이 능력 위주로 채용하는 것이 가장 적절한 전략이 된다.

많은 경제학자들은 프로스포츠 시장에서 차별이 발생하더라도 이는 시장에서 경쟁을 통해 점진적으로 개선시킬 수 있다고 본다. 시장은 경기 능력이 비슷한 선수나 감독에게 동등한 보수를 제공하는 기능을 하는 것이다.

또한 선수들의 경기 능력은 천부적 재능과 신체적 기량에 따라 서로 다르며, 교육 및 훈련 등을 통해서 향상시킬 수 있다. 그러나 모든 선수들에게 동일한 교육 및 훈련을 제공하더라도 선수마다 역량이 다르고 포지션이 다르며 경기에 대한 기여도가 다르기 때문에 결과적으로 이들에 대한 대우는 동등할 수 없다. 이는 차별이 아니라 선수 개개인의 능력에 따른 차이인데, 이러한 선수 개개인의 능력의 차이를 차별로 오인하기도 한다는 주장에도 귀를 기울일 필요가 있다.

재미있는 스포츠경제 개고기 송과 차별 논란

'개고기 송'은 맨유(MU) 팬들 사이에서 불리고 있는 박지성 선수에 대한 응원가이다. 개고기 송은 주로 라이벌 팀인 리버풀과의 경기에서 자주 등장한다. 박지성 선수는 개를 먹지만 리버풀에서는 쥐를 잡아먹는다는 내용이다. "Park, Park, Wherever you may be, You eat dogs in your home country! But it could be worse, You could be a Scouse, Eating rats in your council house"(박지성, 박지성, 네가 어디에 있든지, 고향에 가면 넌 개고기를 잡아먹지! 하지만 더 끔찍할 수도 있었으니 괜찮아. 빈민가에서 쥐를 잡아먹는 리버풀보다는 훨씬 나으니까!)

개고기 송은 박지성 선수가 골을 넣거나, 지칠 줄 모르는 체력을 앞세워 상대를 유린할 때는 물론 벤치에 앉아 있는 박지성 선수를 팬들이 그리워할 때도 어김없이 나온다.

MU 팬들이 즐겨 부르는 개고기 송은 부정적인 의미는 없으며, 개고기 송이 겨냥하는 것은 사실 개고기와 한국이 아니라 리버풀이다. 맨체스터와 리버풀의 앙숙 관계는 15세기 이전부터 시작되었다. 영국 랭커스터가(붉은 장미 문장)와 요크가(흰 장미 문장)는 30여 년 간 피비린내 나는 왕위쟁탈전을 벌였다. 500여 년이 흘렀지만 랭커스터가의 피가 흐르는 맨유와 요크가의 후손인 리버풀은 여전히 라이벌 관계이다. 특히 이 두 팀이 축구 경기장에서 만나면 전쟁을 방불케 할 만큼 치열하게 경기를 한다. MU의 응원가에 유독 리버풀을 비난하는 내용이 자주 등장하는 것도 이 때문이다. 한국 팬들에게는 개고기란 말이 찜찜하게 느껴지지만, MU 팬들에게는 '반 리버풀' 정서가 우선이기 때문이다.

2010년에는 MU 팬들이 박지성 선수를 응원할 때 쓰는 '개고기 송' 응원가의 두 번째 버전이 나왔다. 새 응원가는 '박지성의 나라 한국에선 개고기를 먹는다'는 내용으로 논란을 일으켰던 이전의 응원가와 크게 다르지 않다. 개고기를 먹는 한국인을 폄하한다는 내용 자체는 소비자 차별에 해당된다고 볼 수 있으며, 자칫 인종차별 문제로 번질 수 있는 예민한 부분이기도 하다. 그러나 개고기 송은 MU 팬이 박지성 선수를 응원하기 위한 노래라는 해석이 지배적이다. 개고기 송은 2008년 영국 일간지인 '텔레그라프'로부터 최악의 응원가로 뽑히기도 했다.

자료: daum.net/naver.com

유럽의 프로축구시장과 외국인 선수

유럽의 프로축구시장에서 EU, UEFA, FIFA 등을 중심으로 선수들의 국적에 대한 차별이 논란이 되고 있다. 문제는 유럽의 축구 팀들이 외국인 선수들을 많이 채용하게 되면 자국의 관중들로부터 경기를 외면당하지 않을까라는 의구심에서 비롯됐다. 그러나 개별 팀에서는 외국인 선수들이 출신국가에 상관없이 경기에서 최선을 다해 주기를 기대한다. 영국, 이탈리아, 스페인, 독일 등의 프로스포츠리그에서 많은 외국출신 선수들은 오래전부터 팀의 중심 선수로 인정받아 왔다. 그러나 1999년~2008년 간 골든 볼(Golden Ball)의 수상자나 올해의 유럽선수로는 대부분이 유럽국가의 선수들이 선정되었다.

유명 스타 선수들은 국가나 대륙에 상관없이 이동하고 있었음에도, UEFA에서는 1991년까지 한 팀당 2명의 외국인 선수들만 채용하도록 엄격하게 제한하였다. 그러나 이러한 조치가 EU 출범을 근거로 한 로마협약에 위배된다고 지적되자, 1991년 UEFA와 EU에서는 3+2룰에 합의하였다. 이 규칙은 각 팀당 스타팅 멤버에 포함되는 외국인 선수들의 수를 3명으로 제한하였다. 당시만 하더라도 유럽에서는 3+2룰이나 선수이적시스템에 대해서 별 관심이 없었다.

그러나 1995년 12월 유럽연방법원은 보스만 판결을 통해 선수이적시스템은 선수가 팀과 계약을 할 때만 유효하며, 계약이 끝난 경우에는 적용될 수 없고, 3+2룰도 자원배분을 저해하므로 불법이라고 판결하였다.

유럽연방법원으로부터 축구가 로마협약의 예외조항으로 받아들여지지 않자, UEFA에서는 유럽의 축구팀들에게 자신이 속한 국가의 룰을 준수하도록 권고하였다. 이 권고는 자국의 축구경기 발전을 위해서 외국인 선수들의 수를 엄격하게 제한하는 것을 용인하였다. 그리고 자국 팬들의 관심 등을 감안하여 적어도 4명의 자국의 선수가 참여하고, 팀당 등록선수를 25명으로 제한하기로 하였다.

2008년 FIFA에서는 경기당 외국인 선수와 국내 선수 참여 수를 2010~2011 시즌에는 4+7, 2011~2012에는 5+6, 2012~2013에는 6+5로 외국인 선수에 대한 제한을 완화할 것을 권유하였다. EU와 유럽의회에서 반발하고 있지만, 이는 보스만 판결과 EC협약 제48조의 규정에 따른 것이다. 그러나 FIFA가 이러한 룰을 유럽의 팀에게 강요할 수는 없을 것이며, 이러한 제한 완화가 외국인 선수들을 상대적으로 많이 채용하고 있는 상위 팀들에게 어떠한 영향을 미칠지는 불투명하다. 또한 외국인 선수의 수가 많아질 경우 관중들의 흥미와 관심이 감소할 수 있다는 부정적인 견해도 제기되고 있다.

Sports Economics

part V

V

스포츠 시장과
공공 부문

13

스포츠 시장과 정부

1. 스포츠 발전과 정부

스포츠와 공공부문

한 나라의 국민경제는 크게 공공부문과 민간부문으로 나누어지고 공공부문은 다시 정부와 공공기관으로 나누어진다. 정부는 중앙정부와 지방정부로 이루어진다.[1] 대다수 국가의 정부와 공공기관은 이미 오래전부터 스포츠 시장을 주목하고 생활스포츠, 엘리트스포츠, 프로스포츠 시장에 개입하고 있다. 이들 스포츠 시장의 특성이 각각 다른 만큼 정부는 각 스포츠 시장에 맞는 목적과 방법으로 각각의 시장에 영향을 미친다. 생활스포츠 시장에서는 국민들의 건강 유지 및 증진, 비만 해소, 스트레스 해소, 사회적 유대 강화 및 통합, 인적자본 육성, 사회적 자본 형성 등 다양한 목적을 위해 정부가 재정적 지원을 하거나 법적 근거를 만들기도 한다. 엘리트스포츠 시장에서는 스포츠정신 함양, 국위선양, 국가 이미지 제고 등을 위해, 프로스포츠 시장에서는 스포츠 시설 지원, 공정 경쟁, 프로스포츠 선수 권익 향상, 방송중계권 및 중계방송 시청권 등을 위해 각종 정책을 추진하고 있다.

스포츠는 국가별·지역별로 특성을 반영하여 다양한 형태로 발전하고 있다. 스포츠 발전 유형은 크게 지역사회 주도형, 정부 주도형, 자유주의형으로 구분하기도 한다. 지역사회 주도형은 각 지역에 자발적으로 형성된 스포츠 클럽(club)이 스포츠 활동의 중심이 되며, 중앙정부는 주로 시설투자만 하고 지방정부가 운영과 관련된 대부분의 역할을 수행하는 형태이다. 주로 영국, 독일 등 유럽 국가들의 스포츠가 이에 해당된다. 정부 주도형은 스포츠 정책의 목적을 국가의 방위, 국가 이미지 제고, 국제대회에서의 상

---

[1] 우리나라 스포츠 관련 중앙정부는 문화체육관광부를 포함한 정부부처이다. 지방정부는 기초자치단체, 광역시·도 자치단체 등이다. 공공기관으로는 국민체육진흥공단, 대한체육회, 생활체육회, 각종 체육단체 등이 있다. 우리나라의 각종 스포츠관련 정책은 주로 문화체육관광부가 주관한다. 그러나 사안에 따라 기획재정부, 공정거래위원회, 행정안전부, 경찰청 등 여러 중앙정부 부처가 주관하거나 협업을 하기도 한다.

스포츠관련 정부부처
우리나라에서 스포츠 발전을 위한 정책은 주로 문화체육관광부에서 주관하며, 기획재정부, 교육과학기술부, 공정거래위원회, 국토해양부 등 여러 정부 부처와도 관련이 있다.

위 입상 등에 두고 정부가 직접 개입하는 경우를 말한다. 러시아, 중국 등 사회주의 국가와 일부 아시아 국가들이 이에 해당된다. 자유주의형은 스포츠 정책을 담당하는 정부기관이 없고, 스포츠는 주로 자발적인 참여에 의해 이루어지며 프로스포츠가 스포츠 대중화에 중요한 역할을 하는 경우를 지칭한다. 미국이 이에 해당된다.

스포츠 발전과 정부

스포츠는 태초에 인간이 스스로를 보호하고 생존하기 위한 수단으로 시작되었으며 개인과 마을, 민족, 국가와 사회 등과 같이 발전해왔다. 전통적으로 스포츠는 마을과 지역, 사회와 국가 등 공공의 이익을 위해 발전해왔지만, 현대사회에서는 상업성에 대한 관심도 증대하고 있다.

최근에는 스포츠가 개인은 물론 사회적으로나 국가적으로 긍정적인 역할을 한다는 점이 인식되면서 정부 등 공공부문의 관심이 증가하고 있다. 일부 국가에서는 스포츠를 사회보장의 일환으로 간주하고, 보다 많은 국민들이 스포츠 활동에 적극 참여하여 '여가를 박탈'(recreation deprivation)당하지 않도록 하는 것을 스포츠 정책의 목표로 설정하기도 하였다. 특히, 1970년대 이후 영국 등 일부 서유럽 국가에서는 스포츠를 사회정책의 한 부문으로 포함시키기도 하는 등 많은 나라에서 보다 많은 국민들이 스포츠 활동에 참여할 수 있도록 다양한 스포츠 정책을 추진하고 있다.

과거 동서냉전 시대에는 스포츠가 동서(東西)블록간 이데올로기의 우

스포츠관련 기관과 단체 국민체육진흥공단, 대한체육회, 국민생활체육회, 대한장애인체육회 등 다양한 단체가 스포츠관련 업무를 수행하고 있다.

월성을 과시하는 경연장 역할을 하기도 하였다. 그러나 1980년대 말 구(舊)소련 등 사회주의 국가들이 붕괴하면서 냉전시대의 동서 간 스포츠 대결이라는 세계적인 관심사가 점차 퇴조되기 시작하였다.[2]

오늘날 초대형 스포츠 이벤트는 각국이 과학기술 수준, 경제력 등을 과시하는 경연장으로 탈바꿈하고 있다. 많은 국가들은 또한 초대형 스포츠 이벤트의 개최를 통해 자국의 국력 과시는 물론 경제·사회·문화적 발전기반을 구축할 수 있다는 점에서 초대형 스포츠 이벤트의 유치 및 개최에 관심을 가지고 있다. 월드컵·올림픽 등과 같은 초대형 스포츠 이벤트 유치를 위해서는 정부 등 공공부문이 앞장서기도 한다. 초대형 스포츠 이벤트는 공공성과 상업성을 동시에 추구할 수 있다는 점에서 정부 등 공공부문의 역할이 강조되고 있는 것이다.

스포츠는 국제관계에 있어서 국위선양 또는 국가 이미지를 제고하기도 한다. 또한 보다 많은 사람들이 스포츠 활동에 참여하여 건강을 유지하고 증진시킨다면, 개인은 물론 국가 사회적으로 사회후생을 증대시킬 수 있다. 이러한 이유로 정부 등 공공부문은 초대형 스포츠 이벤트의 개최뿐 아니라 국민들에게 건강유지 및 증진을 위한 각종 스포츠 시설과 프로그램을 제공하는 등 스포츠가 건전하고 바람직한 방향으로 발전하고, 국가 사회적으로 다양한 편익을 제공할 수 있도록 노력하고 있다. 특히 정부는 시대적 변화와 사회적 요구 및 필요에 따라서 다양한 스포츠 정책을 추진한다.

---

2 차문중(Tcha, 2005)은 상대적으로 우월했던 동구권의 스포츠 성과가 동구권의 체제가 붕괴되기 시작한 1990년을 전후한 시기보다 10여 년 전에 이미 하락하기 시작하였음을 보이고, 그 주요 이유로 동구권과 서구권의 소득격차 확대, 프로스포츠의 발달, 강력한 도핑 테스트 도입 등을 들고 있다.

　　한편, 우리나라의 스포츠관련 행정업무는 해방 이후 1946년 3월 미군정(美軍政)기간 중 문교부(文敎部) 교화국 내 체육과(體育課)를 설치하면서 시작되었다. 1981년 9월 30일 독일의 바덴바덴에서 1988 서울올림픽 개최가 확정되고, 11월에는 1986년 아시안 게임 유치도 결정되면서 정부의 정책적 지원이 불가피해지게 되었다. 정부는 1982년 2월 체육부를 신설하여 그동안 문교(교육)행정 차원에서 다루어 오던 스포츠 행정을 보다 다양하

| 표 13-1 | 체육관련 중앙행정 조직의 변천

연도	주요 업무
1946. 3	• 문교부 교화국 내 '체육과' 설치
1948. 8	• 문교부 문화국체육과에서 체육업무 담당
1961. 10	• 문화국의 체육과 '체육국'으로 승격
1982. 3	• 체육부 신설(1실 3국 10과 4담당관) • 기획관리실, 체육진흥국, 체육과학국, 국제체육국 등
1988. 6	• 체육부 내에 청소년국 신설
1990. 2	• 골프장 업무 인수
1990. 12	• 체육부를 '체육청소년부'로 개칭
1992. 1	• 한국마사회 운영지도 및 감독업무 인수
1993. 3	• 문화부와 체육청소년부를 '문화체육부'로 통합
1994. 5	• 학교체육관련 업무 교육부로 이관
1994. 12	• 문화체육부 내에 관광업무 이관, 체육지원국 폐지
1998. 2	• 문화체육부를 '문화관광부'로 개칭 • 체육정책국과 국제체육국→체육국으로 통합
2001. 1	• 한국마사회업무 농림부로 이관
2002. 3	• 생활체육과 신설, 2004년 11월 스포츠여가산업과 신설
2005. 12	• 보건복지부로부터 장애인 체육 업무 이관 • 장애인체육과 신설
2008. 2	• '문화체육관광부'로 개칭
2008. 12	• 생활체육과→체육진흥과, 장애인체육과→장애인문화체육과
2009. 5	• 체육진흥과, 스포츠산업과→체육진흥과

자료: 문화체육관광부(2010).

고 종합적으로 추진하였다. 그 후 행정조직은 주5일근무제, 여가시간 증대 등에 따른 생활체육에 대한 수요 증가, 사회구조의 고도화·전문화에 따른 다양한 스포츠 욕구, 국제스포츠 경기에 대한 관심도 증가 등을 반영하여 유연하게 변화하고 있다. 2005년에는 보건복지부로부터 장애인 체육업무를 이관받았으며, 1992년 1월에 이관받은 한국마사회업무는 2001년 1월에 농림부로 다시 이관되기도 하였다. 우리나라 스포츠관련 정부는 1982년 체육부(1982)가 신설된 이후 문화체육부(1993), 문화관광부(1998), 문화체육

| 표 13-2 | 우리나라 정부별 주요 스포츠 정책

정부	주요 정책	비고
제3·4공화국 (1962~1979)	• 민간 주도의 체육정책 •「국민체육진흥법」 제정(1962) • 엘리트 체육, 학교체육 중심	• 체력은 국력
제5공화국 (1980~1986)	• 체육부 창설(1982.3) • 엘리트 체육 중심 • 국민체육진흥공단 설립	• '88 서울올림픽대회 준비 • 프로야구, 축구 출범
제6공화국 (1987~1992)	• 국민생활체육협의회 창설(1991.2) • '88 서울올림픽 개최 • 공산권과 체육교류	• 국민 생활체육 발전 기반
문민정부 (1993~1997)	• 엘리트체육의 지속적 육성 • 국제체육의 협력증진 • 체육과학 진흥, 체육행정체제 보강	• 엘리트 체육과 생활체육 간 균형
국민의 정부 (1998~2002)	• 스포츠산업육성대책 수립(2001.8) • 국제 및 남북체육 교류 촉진 • 2002 한·일월드컵 개최	• 사회건강은 생활체육에서
참여정부 (2003~2007)	• 국민체육진흥 5개년 계획 - 생활체육 참여율 제고 - 전문체육의 경기력 향상 - 국제체육 교류로 이미지 제고	• 스포츠 산업을 국가전략 산업으로
이명박 정부 (2008~)	• 신나는 한국인, 스포츠로 신명나는 나라 - 스포츠 산업의 경쟁력 강화 - 엘리트스포츠의 국제경쟁력 강화 - 체육행정 시스템의 선진화 - 체육·교육 친화적 교육·체육 환경	• "문을 열면 15분 거리에 원하는 스포츠를"

자료: 문화관광부, 『2009 체육백서』(2010).

우리나라 스포츠 정부와 공공부문의 주요 업무

스포츠관련 중앙정부는 주로 문화체육관광부 체육국이 업무를 수행한다. 주로 체육진흥 정책, 생활체육진흥 계획, 국제체육 교류, 장애인 체육진흥 등을 위한 장단기 발전 계획을 수립하고 시행한다.

광역자치단체인 각 시·도에서는 대체로 문화체육관광국, 문화체육국 등의 국(局)에 소속된 체육진흥과, 체육청소년과 등에서 스포츠관련 업무를 수행하고 있다. 일부 광역자치단체에서는 체육시설의 효율적 관리 및 운영을 위해 체육시설관리사업소를 운영하기도 한다. 또 2002 한일월드컵 축구대회 이후 서울, 대구, 광주 등 일부 자치단체에서는 월드컵 기장 관리사무소를 운영하고 있다. 기초자치단체인 시·군·구에서는 다양한 형태로 체육관련 업무를 수행하고 있다.

스포츠관련 주요 공공기관이나 단체는 다음과 같다. 첫째, 서울올림픽기념국민체육진흥공단(국민체육진흥공단)이 있다. 서울올림픽대회를 기념하고 올림픽의 숭고한 정신과 성과를 보존, 발전시키고 그 결과를 국민 모두가 향유할 수 있도록 하고자 국민체육진흥법(제24조)에 의거, 1989년 4월 20일 설립되었다. 국민체육의 진흥, 스포츠 경기수준의 향상, 청소년 육성과 관련한 사업 지원, 서울올림픽대회를 기념하는 사업을 수행하기 위하여 기금을 조성·운영 및 관리하는 것 등을 목적으로 하고 있다.

둘째, 대한체육회(KOC, Korean Olympic Committee)이다. 대한체육회는 건강한 육체에 건전한 정신을 함양하여 민족정기를 살리자는 취지로 1920년 7월 13일에 창설되었다. 체육운동의 범국민화, 학교체육 및 생활체육의 진흥, 우수선수 양성으로 국위선양, 가맹지원단체 지원 육성, 올림픽 운동 확산 및 보급 등의 업무를 하고 있다. 2009년 6월 29일 대한체육회에 대한올림픽위원회가 통합되었다. 대한체육회는 70여 개의 가맹 경기단체와 16개 시·도 지부, 17개의 재외한인체육단체를 두고 있으며, 시·도 체육회에는 시·군·구 체육회와·읍·면·동 체육회가 있다.

셋째, 국민생활체육협의회이다. 이는 민간차원에서 국민 체육활동을 확산하고 다양한 생활체육동호인 활동을 체계적으로 지원·육성할 목적으로 1991년 2월에 설립되었다. 생활체육 진흥을 통한 국민건강과 체력 증진, 국민의 건강한 여가 선용과 선진 체육문화 창달, 세계 한민족의 동질성과 조국애 함양을 통한 통일기반 조성 등을 목적으로 한다. 2009년 12월 현재 전국에 16개 시도생활체육회와 46개 전국 종목별 연합회 및 6개 협력단체가 있으며, 232개시·군·구 생활체육회와 72종목 605개의 시·도 종목별 연합회가 있고, 시·군·구 생활체육회에는 115종목 5,134개의 시·군·구 종목별 연합회가 있다.

관광부(2008)로 명칭이 변경되어 오늘에 이르고 있다. 〈표 13-1〉은 우리나라 체육관련 중앙정부의 변천과정을 요약한 것이다.

우리나라에서는 또한 정부별로 그 시대와 사회가 요구하는 스포츠정책을 수립하고 추진해 왔다. 〈표 13-2〉는 우리나라 정부가 수립하고 추진해 온 주요 스포츠관련 정책을 요약한 것이다.

2. 시장실패와 정부

공공재와 가치재로서의 스포츠

공공경제학 측면에서 볼 때 스포츠에서는 사적재(私的財)보다는 공공재(公共財)나 가치재(價値財)적인 기능과 역할이 더 중시된다. 공공재는 소비에 있어서 비경합성(non-rivalry)과 비배제성(non-excludability)이라는 특징을 지니는 재화나 서비스이다. 비경합성이란 한 사람이 공공재를 소비한다고 해도 다른 사람이 소비할 수 있는 기회가 줄어들지 않는다는 의미이다. 즉 한 개인의 소비가 타인의 소비를 저해하지 않는다는 의미이다. 동일한 재화나 서비스를 여러 사람이 동시에 소비할 수 있다는 점에서 사적재와 구별된다. 비배제성은 공공재가 한 개인이나 집단에게 공급되었을 경우 타인이나 다른 집단을 소비로부터 배제시킬 수 없거나 혹은 배제시킬 수 있더라도 상당한 비용이 소요되는 것을 의미한다. 국방, 치안, 법률 등을 예로 들 수 있다.

공공재는 비경합성과 비배제성이라는 조건을 어느 정도 충족하느냐에 따라 순수공공재, 비순수공공재 등으로 구분된다.[3] 초대형 스포츠 이벤트,

---

[3] 비경합성과 비배제성이 모두 성립하는 재화나 서비스를 순수공공재라고 한다. 비순수공공재는 비경합성과 비배제성 둘 중 어느 하나가 완전하게 성립하지 않는 재화나 서비스를 말한다.

	배제성	비배제성
경 합 성	• 순수 사적재(민간재) : 자동차, 핸드폰, 피자	• 비순수 공공재 : 낚시터, 고속도로
비경합성	• 비순수 공공재 : 등대, 가로등, 공원 등	• 순수공공재 : 국방, 치안, 법률, 소방

각종 스포츠 시설, 체육공원 등 스포츠관련 재화나 서비스도 공공재로 인식된다. 예를 들어, 초대형 스포츠 이벤트에서의 성공은 국가 사회적으로 자부심, 꿈과 희망, 국론통일, 국가 이미지 제고, 국가경쟁력 강화 등이 가능하다는 점에서 국민 모두에게 커다란 가치를 지니고 있다. 초대형 스포츠 이벤트는 또한 모든 국민들에게 승리에 대한 기쁨, 환희와 감동 등의 편익을 주기도 한다. 이러한 비배제성에 더해 초대형 스포츠 이벤트는 소비자들이 모두 현장에서 또는 TV, Internet 등의 중계방송을 통해 편익을 누릴 수 있다는 점에서 비경합성이라는 특징도 지닌다.

공공재적인 특징을 지닌 재화나 서비스에 대해서는 시장실패가 발생할 가능성이 크다. 소비자들이 이러한 재화나 서비스에 가격을 지불하지 않고 소비하려는 무임승차 행위(free-rider behavior)가 발생하기 때문이다. 따라서 공공재의 생산과 소비를 시장경제에 일임하게 되면 개인이나 기업은 소비자들의 무임승차행위로 인해 공공재를 공급해서 수익을 거둘 수 없고 그 결과 공공재가 생산되지 않게 되거나 공급량이 부족하게 된다. 즉, 공공재의 공급을 시장기구에 맡기면 사회적으로 소망스러운 수준 이하로 생산되거나 아예 생산되지 않기 때문에, 시장기능이 적절하게 작동하지 않는 시장실패가 발생하게 되는 것이다. 정부 등 공공부문이 초대형 스포츠 이벤트를 개최하거나 초대형 스포츠 시설을 건설하고 운영하는 것은 이들의 공공재적 특성으로 인한 시장실패 가능성에 근거를 두고 있다.

한편, 최근에는 스포츠 활동을 가치재(merit goods)로 취급하기도 한다. 가치재란 국민들이 충분히 소비하는 것이 국가적으로 더 바람직하기 때문에 정부가 국민들에게 소비를 권장하는 재화나 서비스를 말한다. 권장재(勸奬財)라고도 한다. 가치재는 원칙적으로 소비에 있어서 경합성(rivalry)과 배제성(excludability)을 지니고 있어 시장을 통한 재화나 서비스의 공급이 현실적으로 가능함에도 불구하고 국민경제 전체의 후생 증대를 위해 소비를 촉진하거나 제약할 필요가 있는 재화나 서비스이다. 이러한 가치재의 수요와 공급을 시장에 맡길 경우 모든 국민들에게 골고루 공급되지 않아 저소득층과 사회적 약자 등이 혜택을 받기 어려울 수도 있어 정부 등 공공부문이 시장에 개입하기도 한다. 가치재와 공공재는 정부 등 공공부문에 의해서 공급된다는 공통점을 지니지만 그 개념은 다르다. 공공재는 비경합성과 비배제성을 가진 재화나 서비스로 규정된다. 그러나 가치재의 소비에는 경합성과 배제성이 존재한다. 그러므로 정부 등 공공부문이 가치재를 공급하는 것은 시장의 실패의 치유를 위해서 정당화된다고 할 수 없다. 가치재의 공급이 효율성 및 형평성과 무관하지는 않으나, 정부가 개입하여 개인의 자유를 제한할 수 있는 보다 중요한 근거는 온정주의(paternalism)라고 할 수 있다. 가치재는 경합성과 배제성을 동시에 지닌 사적재임에도 불구하고 온정주의적 차원에서 정부가 공급에 참여하는 것이다. 정부가 추가적으로 가치재를 공급하여 민간 경제주체들이 충분히 소비할 수 있다면, 궁극적으로 효율성과 공평성 측면에서도 긍정적으로 작용할 수 있다.

많은 국민들이 스포츠 활동을 통해 건강을 유지하고 증진시키는 것은 궁극적으로 사회후생을 증대시킨다. 국민들이 스포츠에 참여하여 건강을 유지하고 증진시킨다면, 이는 건강유지를 위한 비용을 줄여주고 나아가서는 국가재정의 안정화에도 기여할 수 있다. 즉, 스포츠 활동이 건강유지 및 증진에 기여하고, 나아가 노동력의 생산성을 향상시키며 질병에 의한 결근율을 줄일 수 있으므로, 이는 궁극적으로는 경제를 건강하게 해 전체 국민에게 편익을 제공한다.

또한 각종 의료비용도 절감할 수 있게 된다. 많은 국가들은 국민들에게 공평한 스포츠참여 기회를 제공하기 위해 다양한 스포츠 정책들을 꾸준하게 전개해 오고 있다. 주로 참여 스포츠 프로그램, 스포츠 시설 등에 많은 지원을 해오고 있는데, 스포츠는 건강 증진과 더불어 극기, 자신감, 동기의식, 공동체 의식, 연대감 등을 향상시킨다는 점에서 소비가 권장되는 가치재적 성격이 강하기 때문이다.

스포츠 시장의 구조 문제

스포츠 시장에서 정부의 역할이 강조되는데, 이는 스포츠가 지니고 있는 경제·사회적 가치가 점차 중요하게 인식되고 있는 반면, 민간에만 맡길 경우 많은 스포츠 시장이 제대로 작동되지 않기 때문이다. 완전경쟁시장에서 자원 배분은 가격을 신호(signal)로 소비자와 생산자간 자발적 교환과 자유경쟁을 통하여 이루어진다. 그러나 현실경제에서는 완전경쟁시장이라는 이상적인 시장보다는 불완전경쟁시장이 더 많이 존재한다. 불완전경쟁시장에서는 시장가격을 주어진 대로 받아들이지 않고 임의로 결정하는 시장지배력을 지닌 개별경제 주체들이 존재한다. 이러한 불완전경쟁시장에서는 자원의 효율적 배분을 기대하기 어렵다. 또 완전경쟁시장이라고 하더라도 외부효과, 공공재, 불확실성 등이 존재할 때 효율적인 자원배분이 이루어지지 못하며 소득분배가 불공평하게 이루어진다. 이와 같은 상황에서 경제활동을 시장에 맡길 경우 효율적인 자원배분과 공평한 소득분배를 실현하지 못하는 시장실패가 발생하게 된다.

스포츠는 공공재 또는 가치재라는 특성을 지니고 있어 시장실패가 발생할 가능성이 클 뿐 아니라 스포츠 시장의 대부분은 외부효과가 크고 독과점 형태를 지닌 불완전경쟁시장이다. 스포츠 시장에 존재하는 이러한 문제들을 해소하기 위해서 정부 등 공공부문의 역할이 중시되고 있는 것이다.

정부는 올림픽·월드컵 등 초대형 스포츠 이벤트 유치 및 승리, 보다 많은 사람들의 스포츠 참여 등을 위해서 다양한 역할을 한다. 그러나 스포츠 시장에서 정부의 기능과 역할을 어느 정도까지 허용해야 하는가에 대해서 분명한 원칙이나 기준은 없다. 스포츠 시장의 실패는 정부개입의 필요조건이 되지만 스포츠 시장의 실패는 정부개입을 위한 필요·충분조건은 아니다. 즉 스포츠 시장이 실패해서 정부가 개입한다고 해도 이로 인해 반드시 효율적인 결과가 얻어지는 것은 아니다. 따라서 정부의 개입은 항상 신중하고 사려깊게 추진되어야 한다.

시장실패 요인

재미있는 스포츠경제

시장실패는 주로 다음과 같은 원인들로 인해 발생한다. 첫째, 불완전경쟁시장이다. 독점시장, 독점적 경쟁시장, 과점시장 등이 이에 해당된다. 이들은 불완전 경쟁시장으로 효율적인 자원배분을 달성하기 어렵다. 프로스포츠를 비롯한 많은 스포츠 시장은 불완전경쟁시장이다.

둘째, 외부효과이다. 외부효과란 어떤 경제 주체의 행동이 다른 경제 주체에게 부수적으로 이익이나 손실을 발생시키면서도 이에 대한 대가(代價)나 피해보상을 받지도 지불하지도 않는 상태를 말한다. 이 때 경제주체의 행동이 다른 경제주체에게 유리한 영향을 미치는 것을 외부경제(external economy), 불리한 영향을 미치는 것을 외부불경제(external diseconomy)라고 한다. 예를 들어 어떤 기업의 생산활동이 외부경제를 발생시키고도 이에 대한 보상을 받을 수 없다면, 사회적으로 바람직한 생산보다 적게 생산하려고 할 것이다. 또한, 어떤 기업의 생산활동에 외부불경제가 발생하여도 이에 대한 대가를 지불하지 않는다면, 이 기업은 사회적으로 바람직한 생산량보다 더 많은 생산량을 생산하려고 할 것이다.

셋째, 공공재(public goods)이다. 공공재는 소비의 비경합성(non-rivalry)과 비배제성(non-excludability)이라는 특징을 지닌다. 소비의 비경합성이란 한 사람이 공공재를 소비한다고 해서 다른 사람이 소비할 수 있는 기회가 줄어들지 않는다는 의미이다. 비배제성은 어느 소비자가 대가를 치르지 않아도 소비에서 배제할 수 없다는 의미이다. 이러한 특징을 지니고 있는 재화는 소비자들이 가격을 지불하지 않고 소비하려는 무임승차 행위(free-rider behaviour)를 야기한다. 따라서 개인이나 기업이 여러 사람이 동시에 소비하는 공공재를 공급해서 수익을 얻을 수 없기 때문에 시장경제에 일임하게 되면 공공재가 생산되지 않게 되거나 공급량이 부족하게 된다.

넷째, 불확실성(uncertainty)이다. 장래에 대한 불확실성이 존재하는 경우 시장기구는 자원을 효율적으로 배분하지 못하는 시장실패가 발생한다. 미래에 대한 불확실성은 경제 주체가 어떤 경제행위의 발생 및 결과와 관련된 정보를 완전하게 갖고 있지 못한 경우에 발생한다. 미래에 대한 불확실성이 존재하는 경우 경제주체의 정보부족 또는 정보의 비대칭성으로 시장은 효율적인 결과를 생산해 낼 수 없게 된다.

3. 정부 개입의 유형과 역할

정부 개입 유형

　　정부 등 공공부문은 주로 다음과 같은 방법으로 스포츠 시장에 개입한다. 첫째, 직접적인 행동이다. 초대형 스포츠 시설, 초대형 스포츠 이벤트, 각종 체육공원, 생활체육 프로그램 등은 경제·사회적으로 커다란 편익을 제공하는 등 긍정적인 외부효과가 크다. 그러나 스포츠는 공공재 또는 가치재라는 특성을 지니며 시장이 불완전하다. 이러한 유형의 재화나 서비스는 스포츠 시장에서 효율적으로 배분되기가 어렵다. 이러한 문제를 해결하기 위해 각종 생활체육 시설, 초대형 스포츠 시설 등 건설 및 운영에 정부 등 공공부문이 직접 참여하거나 초대형 스포츠 이벤트 유치를 위해 정부 등 공공부문이 직접 행동하기도 한다.

　　둘째, 각종 법률을 제정한다. 정부 등 공공부문은 스포츠가 건전하게 발전하고 성장할 수 있도록 하기 위해서 각종 스포츠 관련 법률을 제정한다. 보다 많은 사람들이 스포츠 활동에 참여할 수 있도록 하기 위해서, 스포츠 산업의 발전을 위해서, 스포츠 이벤트를 원활히 유치하고 개최하기 위해서 관련 법률을 제정하기도 한다. 또 비인기·취약 종목의 스포츠들이 활성화될 수 있도록 세제를 통해 지원하거나, 사행성이 우려되는 스포츠 경기는 규제와 중과세 등 각종 법률을 제정하여 건전하게 발전하도록 유도한다.[4] 우리나라의 스포츠관련 주요 법률은 〈표 13-3〉에 요약되어 있다.

　　셋째, 행정규제나 행정지도 등이다. 스포츠 시장에서 정부가 행정 규제를 하는 목적은 스포츠 참여권리, 소비자 보호, 국민들의 건강보호, 공정

---

4 정부의 "2010년 세제개편안"에 따르면, 경마·경륜·경정장 등 장외발매소 입장행위에 개별소비세를 과세하도록 되어 있다. 또한 올림픽이나 아시안 게임에 지정된 종목으로 지원의 필요성이 인정되는 종목에 대해서는 법인세 지원, 종부세 비과세 등 세제를 통해 지원하기로 하였다. 대상종목은 육상, 탁구, 유도, 사이클, 스키, 승마, 태권도, 역도, 복싱, 체조, 수영, 하키, 배드민턴, 바이애슬론, 스쿼시 등 33개 종목이다.

| 표 13-3 | 우리나라 스포츠관련 주요 법령

스포츠관련 법률	주요 목적
국민체육진흥법	• 국민의 체력증진, 건전한 정심 함양, 명랑한 국민생활 영위, 국위선양 등
체육시설의 설치·이용에 관한 법률	• 체육시설 설치·이용 장려, 시설업 건전한 발전, 건강증진과 여가선용에 이바지
스포츠산업 진흥법	• 산업기반조성 및 경쟁력 강화, 국민의 여가선용 기회 제공, 국민경제의 건전한 발전 등
전통무예 진흥법	• 전통무예 진흥, 건강증진·문화생활 향상, 문화국가 지향에 기여
경륜·경정법	• 공정한 시행과 원활한 보급, 여가선용, 국민체육 진흥 도모, 지방재정확충 등
2011 대구 세계육상선수권대회 지원법, 2014 인천아시아 경기대회 지원법, 2015 광주 하계유니버시아드대회 지원법	• 대회의 성공적 지원 - 대회조직위원회, 지원위원회, 대회관련시설, 휘장 및 유사명의 사용 금지, 벌칙 등 규정
태권도 진흥 및 태권도 공원조성 등에 관한 법률	• 국민의 심신단련·자긍심 고취, 세계적인 스포츠로 발전, 국위선양 등
포뮬러원(F1) 국제자동차경주대회 지원법	• F1국제자동차경주대회 성공적 지원 - 대회시설 및 수익사업, 안전대책, 휘장 및 유사명의 사용 금지, 벌칙 등 규정
한국마사회법	• 경마의 공정한 시행과 원활한 보급, 마사의 진흥 및 축산 발전에 이바지
수상레저 안전법	• 레저활동의 안전과 질서 확보, 수상레저산업의 건전한 발전 도모
자전거이용 활성화에 관한 법률	• 자전거 이용시설의 설치·유지관리, 이용자의 안전과 편의 도모, 자전거 이용 활성화에 기여
사격장 및 사격장 단속법	• 공안상의 위해를 사전에 방지

자료: 문화체육관광부, 『2009체육백서』(2010).

한 거래질서 등을 위해서다. 정부 등 공공부문은 국민들이 스포츠 참여과정에서 부당한 대우를 받거나 피해를 입지 않도록 하기 위해서 각종 법률과 시행령 등에 명시된 바에 따라 행정규제나 지도를 하고, 스포츠 시장에서 소비자와 생산자 간에 공정한 거래가 이루어지도록 한다.

또 프로스포츠 시장에서 경기가 공정하게 이루어지고 선수와 구단 간의 관계가 공정하게 이루어질 수 있도록 시정명령을 하기도 한다. 국가에 따라 다르지만 많은 국가의 정부들이 행정규제를 통해 프로스포츠 시장에서 공정하고 자유로운 경기가 이루어지고, 구단과 선수들 간의 불공정한 관행들이 시정될 수 있도록 노력한다.

넷째, 필요한 경우 스포츠 재정이나 기금을 통해서 시장에 개입한다. 월드컵 경기장, 공설운동장, 실내체육관, 공공체육 시설 등이 대표적이라고 할 수 있다. 체육재정은 이러한 체육관련 시설을 건설하고 유지·운영하는 데 필요하다. 특히, 올림픽, 월드컵 등과 같은 초대형 국제스포츠 이벤트는 국민들에게 자긍심과 공동체 의식을 형성케 하고, 이를 정치·경제·사회·문화적인 에너지로 승화시키기도 한다.

반면 이러한 초대형 스포츠 이벤트에 재정을 투자할 경우 저소득계층의 스포츠 이용 또는 참여기회가 박탈되는 등 계층 간의 위화감을 조성하고, 생활체육 활성화를 통한 복지 및 후생증진을 이루기가 어렵게 된다. 이러한 문제들을 해결하기 위해 체육관련 재정의 일정부분은 저소득계층들의 생활체육활동을 통한 복지 및 후생증진을 위해서 사용되어야 한다.

정부의 개입과 역할

정부 등 공공부문은 시장실패를 해결하기 위해 스포츠 시장에 개입하지만, 이 외에도 다음과 같은 여러 가지 이유로 스포츠 시장에 개입한다.

첫째, 경제발전의 인프라(infra) 구축을 위해서이다. 초대형 스포츠 이벤트와 대규모 스포츠 시설 건설은 경제발전을 촉진시킬 수 있는 인프라 구축을 앞당길 수 있다. 많은 국가나 지방정부에서 초대형 국제스포츠 이벤트를 유치하려고 하는 중요한 이유 중 하나는 각종 인프라 구축, 투자촉진, 고용창출 등 지역경제 발전을 촉진시킬 수 있기 때문이다. 또한 스포츠 이벤트를 유치하는 도시나 지역에 대한 이미지 개선은 지역주민들의 자긍심을 높여주며 스포츠 참여를 확대시킬 수 있다.

스포츠 서비스 산업이 발달하면서 많은 지역이나 도시들은 이들을 탈

산업화(deindustrialization)를 위한 정책수단으로 이용하기도 한다. 특히, 산업구조 변화와 더불어 쇠퇴하던 중화학공업 중심 도시나 지역들이 스포츠 서비스업을 이용하여 부활하기도 한다. 실제로 스포츠 시설이나 이벤트는 미국과 영국에서 쇠락해가던 많은 도시들을 부활시키는 데 결정적인 역할을 하였다.

둘째, 초대형 스포츠 이벤트를 통해 정치·경제·외교·사회·문화적 측면에서 긍정적인 영향을 추구한다. 많은 국가들이 동계 및 하계 올림픽, 월드컵과 같은 초대형 스포츠 이벤트를 유치하기 위해 경쟁한다. 이들 국가들이 올림픽이나 월드컵과 같은 초대형 국제스포츠 이벤트를 유치하려는 것은 국가 이미지 제고, 경제·사회적 발전, 국가적 단합을 가능케 할 뿐 아니라 사회적 자본(social capital)을 형성할 수 있기 때문이다. 이외에도 정치·외교·문화·역사 등에도 긍정적인 영향을 기대할 수 있다.

역사적으로 올림픽 경기를 개최하는 것은 주로 개최국가의 명예나 국력과시 등을 위해서였다.[5] 그러나 1984년 미국 LA 올림픽 이후부터는 올림픽이나 월드컵축구대회와 같은 초대형 스포츠 이벤트를 성공적으로 개최할 경우 명예뿐 아니라 경제적 이득도 거둘 수 있다는 것이 실증적으로 입증되었다. IOC나 FIFA에는 200개 이상의 국가들이 회원국으로 가입하고 있어 UN 가입국가보다 많을 정도이며, 올림픽이나 월드컵축구 경기에 대해서는 전 세계적으로 관심이 높다. 이러한 초대형 스포츠 이벤트를 개최하기 위해서는 도심 재개발, 초대형 스포츠 시설, 도로 등 각종 SOC시설 확충 등이 수반될 뿐 아니라 이를 통해 국가 이미지 개선, 국론 통일, 사회적 자본 형성 등 경제·사회·문화적으로도 국가발전을 앞당길 수 있기 때문에 정부가 초대형 스포츠 이벤트 개최를 위해 적극적으로 개입하고 있다.

셋째, 엘리트스포츠를 지원하고 있다. 많은 나라에서 정부 등 공공부문이 엘리트스포츠(elite sport)를 지원한다. 과거에는 올림픽 경기에 출전

---

5 독일은 나치의 성과물을 선전하기 위해 1936년 올림픽을 개최하였다. 2008년 베이징 올림픽은 중국의 현대화와 발전을 널리 알리기 위한 장으로 활용되었다.

하는 선수들은 보수를 받으면 안 된다고 규정하였다. 이는 순수한 의미의 스포츠 정신을 강조하기 위해서였다. 그러나 엘리트 선수들이 보수를 받지 않을 경우 경제적으로 여유있는 부유한 선수만이 훈련에 전념하여 경기력을 향상시킬 수 있어 불공평하다는 주장이 제기되었다. 아무리 능력이 뛰어난 엘리트 선수라도 경제적 문제가 해결되지 않으면 훈련에 전념하기가 쉽지 않기 때문이다.

1960~70년대 구소련에서는 엘리트 스포츠 선수를 위한 방대한 훈련 시스템을 구축하고 엘리트 선수들에게 금전적 지원을 제공하였다. 또한 국제대회에서 뛰어난 성적을 거둔 선수들에게는 매력적인 각종 보상을 제공하였다. 이로 인하여 엘리트 선수들도 하루 종일 훈련에 전념할 수 있었으며 경기에서 좋은 성적을 낼 수 있었다. 이러한 지원시스템은 엘리트 선수들에게 보수를 지급하지 말도록 한 규정을 무색하게 만들었다. 1981년 국제아마추어선수위원회가 각국의 국가대표 선수를 관장하는 기구가 광고수입을 선수들에게 나누어 줄 수 있도록 허용하면서부터 아마추어 선수들에 대한 보수 지급규제가 완화되기 시작하였다. 특히, IOC가 NBA와 같은 프로 선수의 올림픽 경기에 출전을 허가하면서부터 아마추어와 프로스포츠 선수간 경계가 점차 애매모호해지게 되었다. 그러나 아직도 일부 스포츠종목에서는 선수들에게 보수를 지급하는 것을 여전히 불법으로 간주하기도 한다. 유럽 럭비시장에서의 이러한 논쟁은 1995년 프로럭비리그를 탄생시키는 단초를 제공하기도 하였다.

엘리트 선수들이 훈련에 보다 많은 시간과 노력을 할애할 수 있도록

엘리트스포츠와 생활스포츠 생활스포츠 시설과 프로그램을 제공하는 동시에 엘리트스포츠를 지원하는 것이 정부의 주요 역할 중의 하나이다.

하기 위해서는 금전적 지원이 당연이 필요하다. 순수한 의미의 스포츠 정신도 중요하지만 엘리트 선수들도 생계유지가 어느 정도 보장되어야 하기 때문이다. 이러한 이유로 정부 등 공공부문이 엘리트 선수들에게 금전적 지원을 하기도 한다. 또 선수들도 보다 유익한 인센티브를 제공하는 팀에 소속되려고 한다. 경기능력이 아무리 뛰어난 선수라고 하더라도 장래가 불확실하고 재정적으로 여유가 없다면 경제적 유인이 보다 많은 곳을 선택하려고 하기 때문이다. 최근에는 장래가 유망한 선수들에 대한 지원을 투자의 한 수단으로 간주되기도 한다.

넷째, 비행·범죄 행위를 감소시키기 위해 스포츠 활동을 지원한다. 청소년들의 스포츠 활동은 비행과 범죄행위를 감소시킬 뿐 아니라 규칙 준수, 질서 유지 등 선진시민 의식을 향상시킬 수 있기 때문이다. 비행청소년들은 스포츠 활동을 통해 비행과 범죄에서 벗어나 보다 건전한 생활을 할 수 있다. 스포츠 활동은 범죄자나 비행청소년들에게 이익이 될 뿐 아니라 범죄에 의한 잠재적 희생자들에게도 이익이 된다. 이는 곧 개인들이 지불할 필요가 없는 외부불경제 즉, 사회적 비용과도 연결이 된다. 스포츠를 통한 다양한 형태의 자극은 범죄와 폭력의 대체재 역할이 가능하다. 따라서 스포츠 활동이 사회적으로 용납될 수 있는 자극이나 폭력, 욕구나 불만 해소, 재미나 즐거움 등의 자원을 제공한다면 폭력과 범죄를 감소시킬 수 있다. 스포츠를 통해 사회적 비용을 최소화하기 위해서 정부 등 공공부문의 역할이 강조되는 것이다.

다섯째, 프로스포츠 시장의 공정하고 건전한 발전을 위해서 정부 등

청소년들의 스포츠 활동
국민체육진흥공단 등에서는 청소년들에게 다양한 스포츠 활동 기회를 제공한다. 청소년수련원에서 스포츠 활동을 하는 모습

공공부문의 역할이 중시된다. 국가에 따라 다르지만, 많은 나라에서는 프로스포츠 시장이 공정하고 자유로운 경쟁을 유지하면서 성장하도록 유도한다. 특히, 정부는 리그나 구단의 반경쟁적 행위 제한, 선수와 구단 간 공정한 거래 등을 위해서 스포츠 시장에 개입한다. 경제적으로 프로스포츠리그는 독점시장 형태를 지닌다. 프로스포츠 시장에서 구단들은 리그라는 조직으로 담합을 하여 시장지배력을 행사한다. 담합 행위에 참여한 구단들로 형성된 조직을 카르텔이라고 한다. 프로스포츠 시장에서 구단들에 의해 형성되는 카르텔은 수요독점과 공급독점 형태를 동시에 지니게 된다. 리그 차원에서 팀의 수, 경기 수, 수입 분배, 선수 이적, 선수 드래프트, 샐러리캡, 보류 조항 등을 조정하는 등 반경쟁적인 행위를 한다. 이러한 행위들은 경쟁시장논리에 위배되나, 각국 정부는 프로스포츠 시장의 특수성을 감안하여 프로스포츠리그가 시장지배력을 갖는 것을 어느 정도 용인하고 있다. 프로스포츠 시장의 독과점 형태를 용인하면서도 프로스포츠 시장에서 공정하고 자유로운 경쟁이 이루어지고, 사회적 후생이 증가하여 구단과 선수 간 불공정한 관행들이 시정될 수 있게 하기 위해서는 정부 등 공공부문의 역할이 필요하다.

여섯째, 자발적(voluntary sector)·비영리스포츠(non-commercial sport)를 지원한다. 자발적·비영리스포츠는 각종 스포츠 동호회, 스포츠 단체, 학교체육 등과 같이 자발적으로 조직되고 운영된다. 주로 회비, 기금, 후원금, 정부 지원 등으로 운영된다. 정부 등 공공부문은 자발적·비영리 스포츠 시장에 재정·법률적으로 개입하고 동반자적 관계를 유지하려고 한다. 자발적 스포츠는 공공재나 가치재와 같은 역할을 하기 때문이다. 정부는 스포츠 시장의 실패가 발생하거나 정부의 실패가 발생할 가능성이 있는 경우 제3의 공급자인 자발적·비영리스포츠 단체를 통해 스포츠 기회를 제공하기도 한다. 이를 통해 다양한 계층에 스포츠관련 편익을 제공할 수 있을 뿐 아니라 정부 활동과 지출을 줄일 수도 있다.

특히, 스포츠 시설의 경우 정부 등 공공부문이 직접 건설하고 관리하는 것보다는 자발적·비영리스포츠 단체가 관리·운영하는 것이 비용 측면

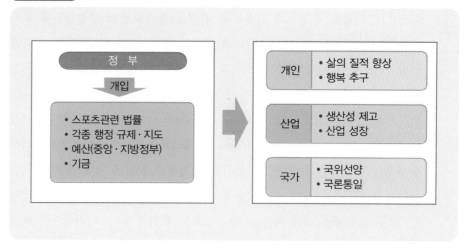

그림 13-1 정부의 스포츠 개입 기능과 역할

에서 더 효율적이고 정치적 측면에서도 더 유리하다는 주장이 있다. 스포츠 활동이 점차 다양해지고 있는 상황에서 자발적·비영리스포츠가 더 효율적인 공급자가 될 수 있기 때문이다.

정부 등 공공부문에서 추진하는 스포츠 정책은 사회적으로 다수를 중심으로 이루어진다. 그러나 소수의 특정 집단을 위한 스포츠는 그 필요성과 가치에 대한 올바른 이해를 기반으로 관련 스포츠 정책이 주의 깊게 이루어지지 않으면 정치적 의사결정 과정에서 소외당하기 쉽다. 자발적·비영리 스포츠 분야는 정부·공공기관이 수행하기 어려운 이러한 분야의 스포츠 서비스를 적절하게 공급할 수 있다. 정부의 스포츠 시장 개입기능과 역할을 정리하면 〈그림 13-1〉과 같다. 정부는 다양한 정책적 도구를 활용하여 스포츠에 관여하고 있고, 이는 개인과 국가의 후생과 행복, 국위선양과 산업경쟁력 제고 등을 목적으로 이루어진다.

4. 정부실패와 요인

스포츠와 정부실패

스포츠 시장에서 정부 등 공공부문의 역할이 중시되고 있으나 정부의 개입이 항상 바람직한 것은 아니다. 정부 등 공공부문이 공평하고 효율적인 스포츠 시장의 발전을 위해서 개입한다고 해서 언제나 반드시 더 좋은 결과를 얻을 수 있다고 보장하기 어렵다. 정부의 개입은 오히려 스포츠 시장의 건전한 발전을 저해할 수도 있다. 스포츠 시장에 개입하려는 의도가 아무리 순수하고 국가·사회적으로 바람직하다고 하더라도 모든 것을 정부가 해결하기란 불가능하고 또 바람직하지도 않기 때문이다.

특히, 스포츠 시장에 대한 정부의 개입 그 자체가 비효율성을 가져오는 원인이 될 수 있을 뿐 아니라 개입의 효과가 엉뚱한 방향으로 나타날 수도 있다. 스포츠 시장실패를 해소하기 위한 정부의 역할이 오히려 본래의 의도를 벗어나거나 구조적인 문제로 인해 스포츠 시장이 더욱 비효율적이 될 수도 있는 것이다. 이는 정책결정자가 무지하거나 나쁜 의도를 가지고 있어서가 아니다. 아무리 잘 하려고 노력하더라도 시장의 구조적인 문제이거나 정책수행 과정에서의 불가피한 이유로 인해 스포츠 시장의 비효율성이 자연스럽게 발생하게 되는데, 이를 정부의 실패(government failure)라고 한다.

정부의 실패가 존재할 경우 정부가 스포츠 시장에 개입하면 오히려 개입하기 전보다 더 바람직하지 못한 결과를 초래하게 된다. 정부 등 공공부문이 스포츠 시장실패를 치유하기 위해 채택한 정책이 스포츠 시장 여건을 더욱 악화시키거나 소비자의 선택을 왜곡시키기도 한다. 스포츠 시장에서 정부의 실패가 발생할 수 있는 요인을 살펴보자.

정부실패의 이유

정부 등 공공부문이 스포츠 시장에 개입할 경우 다음과 같은 문제점들로 인해서 정부의 실패가 발생할 수도 있다.

첫째, 스포츠정책이 공급자 중심으로 이루어질 가능성이 높다. 그동안 정부 등 공공부문은 모든 국민들에게 공평한 스포츠 기회를 제공하고 사회적 후생을 증가시키기 위해 스포츠 시장에 개입해 왔다. 그러나 스포츠를 통해 경제·사회적 발전을 도모하고 스포츠 참여를 통해 사회적 후생을 증가시킨다는 정책 목표를 달성하기 위해서 개인의 의사나 수요와는 상관없이 시장에 개입하기도 하였다. 즉, 정부 등 공공부문에 의한 스포츠 공급은 공급자적 관점에서 이루어져 왔다. 우리나라의 경우에도 그동안 스포츠 정책의 많은 부분이 저소득·소외계층 등을 위해서라기보다는 엘리트·프로스포츠, 중·고소득 계층을 중심으로 이루어져 왔다. 저소득계층이나 소외계층의 복지후생이 더 중요함에도 불구하고 정부가 가시적 성과나 대외적 과시를 위해 엘리트스포츠에 지나치게 투자할 경우 정부의 개입은 사회적 효율성을 저해한다.

또 일부 스포츠 정책들은 지방정부들이 중앙정부로부터 보다 많은 보조금을 얻어내기 위한 도구로 사용될 수 있다. 그리고 지방정부가 지역주민들을 위해 제공하는 각종 스포츠 시설, 스포츠 프로그램 등은 저가격 정책에 불과하다는 지적도 있다. 지방정부뿐 아니라 지역사회를 대표할 수 있는 권한을 지닌 정치인들은 공동의 선(good will) 즉, 공공의 이익을 대변한다는 명목으로 스포츠 시장에 개입한다. 그러나 정치인들의 스포츠 시장개입은 공공의 목적인 복지 및 후생 증진을 위해서라기보다는 자신들의 정치적 입지를 강화하기 위한 측면이 강하다. 어떤 스포츠 정책 목표를 달성하기 위해서 정치적 타협이 이루어진다면 정치·사회적으로 다양한 이해관계는 조정될 것이다. 그러나 정치적 타협 과정에서 스포츠 정책에 대한 경제적 효율성은 크게 훼손될 가능성이 높다.

둘째, 도덕적 해이(moral hazard)가 우려된다. 현실적으로 대부분의 스

저소득·소외계층을 위한 스포츠 정부는 저소득·소외계층을 위해 다양한 스포츠 프로그램을 공급한다. 우리나라에서 실시하고 있는 스포츠 바우처 제도와 실제 활동

포츠 정책은 정부 관료들에 의해 수립되고 집행된다. 그런데 관료들이 정책을 수행하는 과정에서 공공의 이익극대화보다는 예산극대화나 자기부처의 영향력 증대를 추구한다면 사회적인 관점에서 볼 때 비효율적인 결과를 초래할 가능성이 높다. 또 공공스포츠 시설을 운영하는 데 있어서 일반적으로 비용과 수익 간의 연계가 제대로 이루어지지 않는 실정이다. 운영비용이 지속적으로 증가함에도 불구하고 운영비를 절감하거나 수입을 증가시켜 경제적 효율성을 제고시키려는 유인이 부족하다. 이는 관료제가 그 속성상 장기적이고 효율적이고 공평한 정책보다 단기적이고 가시적인 정책성과에 치중하는 경향이 있기 때문이다. 특히 정부의 성과나 관료의 업적을 쉽게 평가할 수 있는 객관적인 지표가 없을 경우에는 공공의 목적과 거리가 먼 내부적인 상벌이 정부나 관료들의 행위에 더 큰 영향을 미치게 되고, 스포츠 정책도 자신이나 집단의 이해관계에 따라 수립되고 집행될 가능성이 크다.

관료들은 국민을 위한 공복(public servant)으로서 국가와 국민을 위해 열심히 노력해야 한다는 도덕적 의무를 갖고 있다. 그러나 관료들도 사람인지라 공익보다 자신의 이익을 챙기려고 노력할 가능성이 있다. 즉, 도덕적 해이가 나타날 수 있다. 관료조직에 도덕적 해이가 나타날 때 정부의 정책이 기대한 성과를 거둘 수 없음은 두말할 나위도 없다.

셋째, 정부 등 공공부문이 스포츠 시장에 개입하여 발생하는 경제적 성과를 객관적으로 평가하기가 쉽지 않다. 초대형 이벤트나 스포츠 시설, 공공체육관 등을 건설할 경우, 해당 지역에 가져오는 경제·사회적 긍정적

지방정부의 공공스포츠 시설 지방정부에서는 다양한 스포츠 시설을 운영하고 있다. 서울시 동대문구의 실내체육관과 경기도 파주의 공공운동장

효과를 정확하게 측정할 만한 분석도구가 불충분할 뿐 아니라 분석자마다 서로 다른 결과를 제시하기도 한다. 이는 경제적 효과를 평가하는 분석도구나 기준이 서로 다르기 때문이며, 경제적 효과를 평가하는 과정이 상당히 복잡하기 때문이다. 특히 건강의 가치, 후생증진, 가치욕구 충족, 양질의 삶 등 무형의 가치를 경제적 가치로 평가하는 데에는 많은 어려움이 따른다.

스포츠 이벤트나 시설에 대한 경제적 성과가 불분명하게 나타나는 또 다른 이유는 민간부문 반응을 제대로 파악하기 어렵기 때문이다. 정부는 민간부문이 특정한 반응을 보일 것이라는 기대 아래 스포츠 정책을 수행하게 된다. 그러나 정책이 실천에 옮겨진 다음에 나타나는 민간부문의 반응은 당초 기대한 것과 매우 다를 가능성이 높다. 또 스포츠 시장에 대한 정보가 빈약하거나 편협한 상황에서 스포츠 정책은 비효율적인 결과를 가져올 수 있다. 즉, 정부 등 공공부문은 구조적으로 스포츠 시장에 대한 제한된 정보를 가지고 있을 수밖에 없어 제한된 정보하에서 실시되는 스포츠 정책은 당초에 의도한 것과는 전혀 다른 결과를 초래할 수 있다. 또한 많은 경우 경제적 효과는 정책결정을 위한 기초자료로 활용될 뿐이다. 특히, 초대형 스포츠 이벤트나 시설은 경제적 요인보다는 지역정서나 사회적·정치적 요인에 의해서 결정되기도 한다. 그럼에도 경우에 따라서는 경제적 가치나 성과만 지나치게 과대평가하기도 한다.

넷째, 민간부문, 즉 영리스포츠의 발전을 저해할 수 있다. 정부 등 공공부문이 운영하는 공공스포츠 시설이나 서비스는 참여자들에게 다양한 경제적 편익을 제공한다. 일부 공공스포츠 시설은 스포츠 시설을 개선하고 서비스의 질을 대폭 향상시키면서 가격을 내리기도 한다. 공공스포츠의 이러한 행위는 영리를 추구하는 스포츠 시장의 발전을 저해할 수도 있다. 정부 등 공공기관이 운영하는 공공스포츠 시설은 시설투자를 위한 막대한 자금투자에 따른 부담도 상대적으로 크지 않으며, 세금 등 각종 공과금 부담이 적어 사용료도 낮아질 수 있다. 이러한 여건에서 영리를 추구하는 스포츠 시설은 이들과 공정한 경쟁을 하기가 어렵다. 즉, 공공스포츠 시설은 공익성과 상업성을 동시에 추구하므로 영리를 추구하는 스포츠 시설에 비해 이윤추구에 대한 부담이 상대적으로 크지 않다. 동일한 스포츠 서비스를 생산하는 데 공공스포츠 시설은 상대적으로 비용부담이 작기 때문에 영리를 추구하는 스포츠 시설은 경쟁에서 불리하게 된다.

실제로 우리나라의 시·군·구청에서 운영하는 스포츠 시설과 서비스는 소규모 영세스포츠 시장을 붕괴시킨다는 지적이 일고 있다. 소규모의 영세 스포츠 시설과 서비스로는 공공스포츠 시설과 경쟁이 되지 않는다. 또 자발적·비영리스포츠 시설도 영리추구보다는 공공성을 목표로 한다는 점에서 이윤추구에 크게 관심을 가지지 않는다. 따라서 저소득·소외계층을 위한 비영리·자발적 스포츠 시설도 영리를 추구하는 민간스포츠의 발전을 저해할 수 있다. 자발적 스포츠 분야에서 활동하려는 사람들은 대부분이 회원으로 조직에 가입하여 봉사하려는 것이 더 큰 목적이지 이윤추구에는 별로 관심을 가지지 않는다. 비영리·자발적 스포츠 시설에서는 스포츠 서비스를 제공하는 데 따른 대가로 아주 적은 비용이 지출되기 때문에 동등한 조건에서 영리를 추구하는 스포츠 시설은 경쟁에서 불리해질 수 있다.

다섯째, 자발적·비영리스포츠 시설이 정부나 공공부문의 지원으로 운영될 경우 자발적·비영리스포츠의 속성이 파괴될 수 있다. 자발적·비영리스포츠는 사회복지의 달성, 청소년의 인격 형성, 사회병리 현상 감소, 교육기회 증가, 지역 간 결속 강화 등을 목적으로 한다. 비영리스포츠 조직은 대부분이 독립적으로 운영된다. 그러나 자원자와 자금이 부족하다는 이유로 정부가 재정지원, 교육 훈련 등을 통해 개입하기도 하는데, 이 경우 자발적·비영

자발적·비영리스포츠
YMCA 등 비영리단체는 정부나 지자체를 대신하여 다양한 스포츠 시설을 운영하며 참가자들에게 편익을 제공한다.

리스포츠 조직이 정부가 할 일을 대신하게 되는 결과를 가져올 수 있다.

자발적·비영리스포츠는 공공재 또는 가치재를 제공한다는 점에서 정부와 같은 역할을 하고 있지만, 자발적으로 이루어진 스포츠 조직과 시설들이 정부의 지원에 심각하게 의존하게 된다면 이는 또 다른 정부조직과 다름이 없게 된다. 따라서 자발적·비영리스포츠가 정부의 재정적 지원과 정부의 간섭에 의해 활성화되는 것은 바람직하다고 볼 수 없다. 일부 자발적 스포츠 시설이나 단체들이 정부의 지원이나 파트너십 관계를 꺼려하는 것도 이런 이유이다.

여섯째, 정부의 규제 남발과 부정부패 발생가능성이다. 정부 등 공공 부문의 스포츠 시장에 대한 규제는 공공의 이익과 안녕을 목적으로 한다. 스포츠 소비자의 안전, 환경 보호, 공정한 거래, 사회적 편익 등을 위해서 각종 규제를 실시하는 것이다. 그러나 특수 이해집단이 정치적 힘을 가지고 정부로 하여금 자신의 이익을 위해 규제조치를 취하도록 하기도 하는데, 이 경우 규제가 효율성과 공평성을 저해하는 결과를 가져올 수 있다. 공익을 위해서 설치된 규제기관이 실질적으로는 피규제자들의 이익을 위한 규제를 제정하는 기관이 될 수도 있는 것이다. 규제가 오래 지속되다 보면 규제당국과 피규제자 사이에 친밀한 관계가 형성되는 경향이 있다.[6] 규제당국은 피규제자에 대해 동정적이게 되고, 심할 경우에는 부적절한 협조 관계가 이루어지기도 하며, 이러한 관계가 지나치면 피규제자의 이익을 위

---

6 이러한 가능성을 이론적으로 정립한 것을 '포획이론(捕獲理論)'이라고 한다.

해서 또 다른 규제를 하기도 한다.

규제당국이 중복되거나 분산되는 것도 문제다. 다양한 기구나 장비를 이용하는 스포츠의 경우 동일한 스포츠 종목에 대해서 서로 다른 부처에서 규제가 중복되는 경우도 발생한다. 보트(boat), 요트(yacht) 등 수상 레저스 포츠, 항공스포츠 등이 그 예이다. 이들은 관리주체가 분산되어 있어 비효 율을 초래할 뿐 아니라 부처 간 이기주의 때문에 발생하기도 한다.[7]

규제는 정부가 가계, 기업 등 민간경제 주체에 특정한 준수의무를 부 과함으로써 경제·사회적 활동을 제약하는 것이다. 따라서 가계나 기업에 세 부담이나 정부의 지출형태로 나타나지는 않지만 이를 준수하는 과정 에서 비용과 시간이 수반된다. 이 때문에 규제를 보이지 않는 세금(hidden tax)이라고 한다. 규제를 시행하는 데 드는 비용을 가계나 기업 등 민간 경 제주체가 부담하게 되므로 정부는 규제를 선호하는 유인을 지닌 반면 가계 나 기업은 이로 인해 규제준수를 위한 비용을 지불하게 되고, 이는 경제의 효율적인 흐름을 저해하게 된다.

정부의 규제가 많을수록 그 사회에는 지대추구행위(rent seeking be-haviour)도 활발해질 것이다. 지대(地代)란 희소한 자원이나 능력에 귀속되 는 이권을 뜻하며, 이것을 서로 먼저 차지하기 위해 노력하는 것을 지대추 구행위라고 한다. 규제가 만들어지면 이로 인해 이익을 보는 경제주체가 생겨나게 된다. 예를 들어 특정 기업만 보트(boat)를 생산할 수 있도록 규 제가 만들어지면, 다른 기업들은 보트를 더 효율적으로 생산할 수 있더라 도 이 산업에 진입할 수 없다. 그리고 그 특정기업은 경쟁없이 독점의 지 위를 누리게 된다. 이 독점의 이윤이 곧 지대가 된다. 독점이라는 희소성에 귀속되는 보수이기 때문이다.

지대를 얻기 위해서는 정치인이나 관료들의 협조가 필요하기 때문에 지대추구행위는 필연적으로 부정과 부패를 가져오게 된다. 규제가 많을수록

---

7 우리나라 요트, 보트, 수상스키, 래프팅, 윈드서핑, 수상오토바이(제트스키) 등 수상관련 레저스포츠 에 대한 관리주체는 문화체육관광부, 해양수산부, 건설교통부 등이며 레저스포츠 활동장소에 따라 다 양하게 분산되어 있고 수상레저안전법도 각각 다르게 규정되어 있다.

재미있는 스포츠경제 | 공공부문의 효율적 운영

정부 등 공공 부문에선 경쟁이 상대적으로 약하므로 자신의 이해에 반하는 구조조정을 거부하려는 특성을 지닌다. 정부 등 공공 부문이 지니고 있는 구조적 문제를 개선한다는 것은 쉽지 않은 일이다. 반면 기업은 생존 차원에서 이윤극대화를 위해 스스로 구조개선을 하려는 성향이 있다. 그래서 대부분의 경제학자들은 시장의 실패보다 정부의 실패를 더 경계한다. 정부실패를 예방하고 보다 효율적으로 운영되도록 하기 위해선 다음과 같은 조치들이 제시된다. 첫째, 제도개혁이다. 현실적으로 제도상의 구조적 결함이 비효율성의 원인이 된다. 관료조직의 슬림화 및 유연화, 명확한 역할 분담, 상호견제기능 강화 등이 제도개혁의 구체적 예로 제시된다. 둘째, 적절한 유인(incentive) 제공이다. 정부 등 공공 부문은 이윤추구를 목표로 하는 기업과는 달리 공익성을 추구하며 성과를 평가할 수 있는 뚜렷한 기준이 없어 효율적인 운영을 어렵게 한다. 따라서 성과평가 기준 설정, 승진 및 보수 유연성, 적절한 보상체계 등 유인구조가 필요하다. 셋째, 경쟁 도입이다. 정부 등 공공 부문에선 경쟁에 대한 압력이 기업 등에 비해 상대적으로 크지 않기 때문에 방만하거나 비효율적으로 운영되기 쉽다. 따라서 부처 간 또는 민간 부문 등과의 경쟁체제를 도입해 정부 등 공공 부문의 효율적 운영을 유도할 필요가 있다.

지대추구행위가 성행하게 되고, 이에 따라 부정부패의 문제도 더욱 심각해진다. 그래서 정부 규제의 남발을 경계할 필요가 있는 것이다. 정부의 무분별한 규제는 스포츠 시장실패와 정부의 실패를 초래하는 요인 중 하나다.

5. 바람직한 정부의 역할

스포츠 시장에서의 정부의 역할은 날이 갈수록 더 중시되고 있다. 스포츠가 지니고 있는 국가·사회적 역할과 다양한 기능을 감안할 때 정부 등 공공부문의 역할이 필요하기 때문이다. 정부의 스포츠 시장에 대한 개입은 공평과 효율이라는 두 가지 목적에 근거하고 있다. 예를 들어, 정부는 엘리트스포츠, 초대형 스포츠 이벤트 등에서의 성공과 보다 많은 국민들의 스포츠 참여 확대를 추구한다. 이 두 가지 정책 중 전자는 효율을, 후자는 형평을 중시한다. 정부 등 공공부문은 스포츠 시장의 원활한 작동과 공평한 스포츠 편익 제공이라는 정책을 동시에 추진해야 한다.

효율과 형평은 서로 상충되는 개념으로, 스포츠 정책을 딜레마에 처하게 할 수 있다. 스포츠 시장의 실패가 순전히 효율성에 관한 문제라면, 정부의 실패는 주로 형평성에 관한 문제라고 볼 수 있다. 그러나 스포츠를 전적으로 시장에 맡길 것인지, 아니면 전적으로 정부에 의존할 것인지를 선택하는 것은 바람직하지도 않고 가능하지도 않다. 정부의 역할이 필요하다고 해서 정부 개입을 지나치게 강조해서는 안 될 것이며, 정부의 역할이 불확실하다고 해서 정부의 개입을 부인해서도 안 될 것이다. 중요한 것은 정부 등 공공부문이 스포츠 시장에 개입하여 형평성과 효율성을 달성하고, 이 과정에서 발생할 수 있는 정부의 실패를 어떻게 최소화할 수 있느냐이다.

정부의 시장개입은 항상 정부실패의 가능성을 내포하고 있으므로, 스포츠 시장에 대한 정부의 개입이 논의된다면 정책적 관점에서 스포츠 시장실패와 정부실패에 대한 면밀한 검토가 선행되어야 한다. 다시 말해서, 스포츠 시장실패와 정부실패 중 어느 것이 더 경제·사회적으로 손실이 적은가를 면밀히 분석해야 할 것이다. 스포츠 시장은 종목별·유형에 따라 아주 다양하다. 즉, 아주 잘 작동되는 스포츠 시장이 있는가 하면, 정부의 개입이 절대적으로 필요한 스포츠 시장도 있다. 따라서 어느 정도까지 정부가 개입하는 것이 바람직한가보다는 정부의 개입으로 시장이 원활히 작동될

공지를 활용한 공공스포츠 시설 정부는 학교스포츠 시설을 공급하기도 한다. 두브르브닉의 작은 학교 뒤 공지의 운동장

농어촌의 스포츠 시설 농어촌에도 다양한 스포츠 시설들이 있어 주민들도 많은 편익을 누릴 수 있게 됐다. 전남 해남 우슬국민체육센터와 강원도 양구 군민체육센터(국민체육진흥공단 제공)

수 있는가가 먼저 논의돼야 한다.

스포츠 시장에 대한 정부의 개입으로 정부의 실패 가능성이 크다고 해서 정부 개입을 무조건 반대할 수는 없다. 특히, 공공스포츠 시설, 초대형 스포츠 이벤트, 참여스포츠 등을 시장에 맡기는 것은 현실적으로 불가능하고, 경제사회적 효과도 뚜렷하게 나타나지 않는다. 또한 스포츠 시장에 대한 정부 개입이 작을수록 좋다고 단정짓기도 어렵다. 정부 개입이 작으면 작을수록 시장실패가 더욱 커질 수도 있기 때문이다.

스포츠 시장에는 그 특성상 정부의 개입을 필요로 하는 부분이 존재한다. 스포츠 문제를 전적으로 시장에 의해 해결되도록 방치할 경우 시장실패는 더욱 확산되고, 이러한 시장실패로 인한 손실이나 시장실패를 교정하는 데 드는 비용은 정부 개입에 따른 비용보다 더 클 수도 있다. 따라서 스포츠 시장에 대한 정부 개입이 보다 효율적이고 효과적이 될 수 있게 하기 위해서는 정부 개입의 근거와 적절한 개입 방법에 관심을 가져야 한다. 정부가 스포츠 시장에 개입하는 경우에는 시장논리를 중시하고 시장여건에 따라야 하는 것은 물론이다.

14

스포츠 재정

1. 재정의 개념

재정(財政, public finance)은 '국가 및 공공단체가 공공의 욕구를 충족시키기 위해 수행하는 모든 경제활동'을 의미한다. 정부는 세금 외에도 정부가 보유한 자산 매각, 국·공채 발행, 각종 수수료 등의 수입으로 국방·외교·치안 등 국가 유지를 위한 기본적인 역할을 수행할 뿐 아니라 경제개발, 사회복지, 교육, 과학 기술 등 국가 발전을 위한 분야에 재원을 배분한다. 이와 같은 정부의 세입(수입)·세출(지출) 활동을 재정이라고 한다.[1]

재정은 주로 국민 부담인 조세로 수입을 마련하고 지출도 국민과 국가 경제 전체에 포괄적인 영향을 미친다. 따라서 조세의 신설이나 변경은 물론 예산·결산에 대해 국회의 의결이나 승인을 받도록 하는 등 엄격히 통제를 받는다.

정부의 재정활동은 예산을 중심으로 이루어진다. 정부는 다음 해의 수입·지출 계획인 예산안을 편성하여 국회에 제출하고 의결을 받은 후에 집행하며, 그 결과는 그 다음 해 상반기 중에 결산하여 국회 승인을 받게 된다. 예산뿐만 아니라 수입과 관련한 조세, 결산, 그리고 국유 재산 및 국고금의 관리 등 국고 업무를 모두 포함하여 재정활동이라고 정의할 수 있지만, 재정이 포괄하는 범위는 국가의 재정체계에 따라 다소 차이가 있다.

정부의 재정활동은 가계나 기업 등 민간부문의 활동과는 다르다. 즉, 가계는 노동 등 생산요소의 공급으로, 기업은 생산한 물품이나 서비스 판매로 수익을 얻지만, 정부는 조세라는 강제적인 방법으로 수익의 대부분을 조달한다. 또한 가계는 가족의 교육, 건강, 오락·레저, 여가활동 등으로 생활의 질적 향상을 기하고, 기업은 이윤극대화라는 비교적 뚜렷한 목표를 추구하는 반면 정부는 국가 전체의 방위, 치안, 경제성장, 복지 향상, 후생 증진 등 다양한 목표를 동시에 달성하는 것을 목표로 하고 의사결정의 주체도 행정부, 국회 등 광범위하다는 점에서 가계나 기업과 다르다.

---

[1] 혹자는 넓은 의미의 재정은 정부의 예산에 의한 사업과 공공기관이나 단체가 수행하는 모든 공공활동을 의미하며, 좁은 의미의 재정은 정부의 예산에 의한 경제활동이라고 주장한다. 좁은 의미의 재정은 중앙정부 재정과 지방정부 재정으로 구분되고 중앙정부의 재정은 다시 예산과 기금으로 구분된다.

2. 재정의 구조와 특징

국가의 재정활동은 예산을 중심으로 이루어진다. 국가의 회계는 일반 회계와 특별회계로 구분되므로 예산도 일반회계 예산, 특별회계 예산으로 구분될 수 있다. 그러나 이러한 구분은 회계상 구분에 불과할 뿐 국가예산 이란 면에서 동일하므로 그 편성과정, 성립형식, 집행 등 운영원리는 사실 상 동일하다. 또한 기금(基金)도 국회의 심의·의결 및 결산 심사를 받는다 는 점에서 기금을 광의의 예산에 포함하여 말하기도 한다. 여기서는 중앙 재정의 일반회계, 특별회계, 기금 등을 중심으로 살펴보기로 한다.

일반회계(一般會計)는 일반 세입으로 일반적 지출을 담당하는 회계이 다. 일반회계는 국가예산의 근간이 되는 것으로서 일반회계의 규모, 세입 구성 내역, 세출 우선순위 등은 재정운영 방향의 지표가 된다. 통상 예산이 라고 하면 이러한 일반회계를 지칭한다.[2]

그림 14-1 **우리나라의 재정체계**

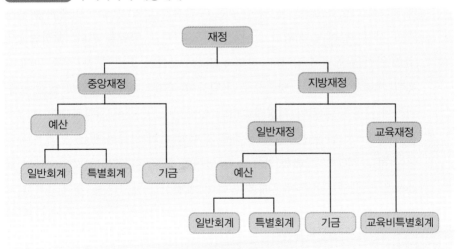

자료: 국회예산정책처(2010).

---

2 일반회계 세입은 소득세, 법인세, 부가가치세, 관세 등 국세수입의 대부분과 정부 보유주식 매각분, 각 종 수수료 등 세외수입을 자체세입으로 하고 자체세입이 부족할 경우에는 적자국채를 발행하여 부족 분을 보전한다. 일반회계의 세출은 기능별로 방위비, 교육비, 사회개발비, 경제개발비, 일반행정비, 지 방재정지원, 재정융자지원, 채무 상환·예비비 등 기타 등으로 구분된다. 일반회계는 특별회계의 자체 재원이 부족할 경우 특별회계에 대한 전출을 통해 이를 지원하기도 한다.

특별회계(特別會計)는 별도의 재원을 별도의 세출에 충당하는 것으로서, 특정사업을 안정적으로 추진할 수 있고 특정사업의 성과와 경영실태를 명백히 할 수 있는 장점이 있다. 반면, 특정 세입을 특정 지출에 국한하여 사용해야 하므로 재정의 경직성을 심화시키고 유사기능을 서로 다른 회계에서 중복 수행하는 등 재정활동의 투명성·효율성을 저하시키기도 한다.[3]

기금(基金)은 특정한 목적을 위하여 특정한 자금을 운영할 필요가 있을 때 예산과 별도로 개별 법률에 근거하여 설치 운용된다. 즉, 특정한 분야의 사업에 대하여 지속적이고 안정적인 자금지원이 필요하거나 사업추진에 있어서 탄력적인 집행이 필요한 경우에는 기금을 설치·운영하고 있다. 기금은 사회보험성, 계정성, 금융성, 사업성 등으로 구분되며 국민체육진흥기금은 사업성기금에 해당된다.[4]

재정제도(財政制度)는 예산 편성, 집행 등 재정운용 과정에서 합리적 의사결정과 효율적 재정 관리를 위해 지켜야 하는 각종 제도이다. 재정제도는 국가재정이 효율적이고 투명하게 운용되고 성공지향적으로 운영되어 재정건전성이 유지되도록 하기 위한 제반장치이며, 현재와 미래의 국민부담이 적정수준에서 공평하게 나뉘어지도록 하는 역할을 한다. 재정활동의 주요 원천은 조세 수입이다. 정부가 민간부문에서 소비·투자·저축 등에 사용될 재원을 조세라는 명목으로 거둬들여 국가의 유지, 공익의 실현 등을 위하여 사용하는 것이 재정지출(財政支出)이다. 따라서 재정지출이 정당성을 인정받으려면 민간부문의 위축을 감수할 만한 가치가 있는 곳에 사용되어야 하고 시장의 실패를 치유할 수 있어야 한다. 이를 통해 자원배분의 효율성을 도모하고 소득재분배를 통하여 형평성을 제고하며, 경제의 안정과 성장을 효과적으로 지원할 수 있도록 사용되어야 한다. 따라서 예산은 일

---

3 특별회계에는 철도·통신·조달 등 특정사업을 운영하는 기업특별회계와 특정자금을 운영하는 재정융자특별회계, 그리고 특정세입으로 특정세출에 충당함으로써 일반회계의 세입·세출과 구분하여 계리하기 위해 설치된 농어촌구조개선 특별회계, 교통시설 특별회계, 환경개선특별회계 등이 있다.

4 2010년 현재 우리나라 중앙정부재정은 일반회계, 18개 특별회계 및 63개 기금으로 구성되어 있다. 기금은 사회보험성기금, 계정성기금, 금융성기금, 사업성기금 등으로 분류한다. 사회보험성은 국민연금 등 4개 연금, 계정성 기금은 공공관리기금, 외국환평형기금, 복권기금 등 5개, 금융성기금은 신용보증기금 등 10개, 사업성 기금은 국민체육진흥기금, 남북경제협력기금, 국민건강증진 기금 등 37개이다.

정한 원칙에 따라 편성되고 집행될 것이 요구된다.[5]

3. 스포츠관련 재정제도

국가재정운용계획

정부는 중기적 차원에서 국가재정을 전략적으로 배분함으로써 국정과제를 보다 체계적으로 추진할 목적으로 중기 재정계획인 '국가재정운용계획'을 수립한다. 중기재정계획은 재정의 건전성을 위해 3~5년 정도의 중기재정 계획(우리나라의 경우 5년계획)을 수립하고, 그에 따라 단년도의 예산을 편성·운영하는 것이다. 이는 중기재정 운용 계획을 수립하여 단년도 위주의 재정운용방식을 보완하기 위해서이다. 행정부는 재정운용의 기본방향과 목표, 중기재정 전망, 분야별 재원배분 계획 등 국가재정운용계획을 수립하여 국회에 제출하도록 의무화되어 있다. 중기재정운용계획은 1982년 제 5 차 경제개발계획이 수립되면서 당시 만성적인 재정적자를 해소하고 중기적으로 재정을 관리 운용하기 위해서 처음으로 시작되었다. 경제사회 구조의 변화, 고령화, 복지에 대한 관심 증대 등으로 인해 재정여건이 크게 변화함에 따라 재정의 효율성·건전성·투명성을 제고하는 것이 더욱 중요해지고 있고, 이런 면에서 국가재정운용계획은 중요한 의미를 지니고 있다.

국가재정운용계획에서는 재정수지와 국가채무 등 재정 총량지표를 5년의 시계에서 전망하고 연도별·분야별 재정배분 계획을 제시한다. 체육분야에 대한 중장기적 재정투자계획도 문화·체육·관광부문에 포함되어 국가재정운용계획에서 수립된다.

---

[5] 「국가재정법」에는 예산의 편성 및 집행과정에서 준수되어야 하는 원칙으로 재정건전성 확보, 국민부담 최소화, 재정지출의 성과 제고, 예산과정의 투명성, 예산과정에의 국민참여 등이 규정되어 있다. 주요 재정제도로는 국가재정운용계획, 민간투자사업, 예비타당성조사, 성과관리, 국가회계 및 결산체계, 국가채무관리, 조세지출예산, 성(性)인지 예산, 지방재정조정, 법안비용추계 등이 있다.

| 표 14-1 | 문화 · 체육 · 관광 재정투자계획 (단위: 십억원, %)

구분 \ 연도	2010	2011	2012	2013	2014	연평균 증가율
문화·체육관광	3,899	4,096	4,194	4,231	4,344	2.7
• 체육	730	780	865	752	805	2.5
• 문화예술	1,524	1,661	1,636	1,733	1,697	2.7
• 관광	890	921	908	928	985	2.6
• 문화재	521	499	540	561	586	3.0
• 문화 · 일반관광	234	235	245	257	271	3.8

자료: 기획재정부, 「2010~2014년 국가재정운용계획」(2010.10).

〈표 14-1〉은 2010년도에 수립된 국가재정운용계획 중 문화·체육·관광부분을 정리한 것이다. 2010년부터 2014년까지 5년 동안 체육부문의 예산은 7천3백억원에서 8천5억원으로 증가하여 연평균 2.5%의 증가율을 보이는 것으로 나타난다. 이 연평균 증가율은 문화·체육·관광분야 전체의 연평균 증가율 2.7%보다 다소 낮은 수준이지만, 2012년 초대형 스포츠 이벤트에 대비하여 체육부문 예산이 매우 높은 수준에 이르렀다가 다시 감소하는 특징이 있다.

민간투자사업

민간의 창의가 필요한 각종 체육·교육·의료 보건시설들도 최근 민간투자에 의해 설립되거나 운영되는 사례가 늘고 있다. 민간투자사업은 도로, 철도, 항만, 학교시설, 체육시설 등 사회기반시설을 민간자금으로 건설하고 민간이 운영하는 제도이다. 정부의 부족한 재정을 보완하여 사회적 효용이 높은 분야에 대한 시설과 서비스를 조기에 제공하고 민간의 창의와 효율을 활용하여 다양하고 질 좋은 공공서비스를 제공하려는 취지로 도입됐다. 최초의 민간투자사업은 「사회간접자본시설에 대한 민자유치촉진법」 제정에 따라 1994년에 시작되었고 주로 도로·철도·항만 등 SOC시설에 투

스포츠 시설과 재정투자
스포츠를 위한 재정투자 사업은 다양하게 이루어진다. 전라남도 영암에 있는 F1 자동차경주장과 전북무주에 건설 중인 태권도 공원 조감도

자되었다.

민간투자사업은 시행 방식에 따라 크게 수익형 민자사업(BTO)과 임대형 민자사업(BTL) 등으로 나뉘고, 사업제안 방식에 따라 정부고시 사업과 민간제안 사업으로 구분된다. 수익형 민자사업(BTO, build-transfer-operate)은 민간이 자금을 투자하여 사회기반시설을 건설(build)한 후 해당 시설의 소유권을 국가·지자체 등에 이전(transfer)하고, 민간이 정부로부터 일정기간의 관리운영권을 부여받아 시설을 운영(operate)함으로써 시설 이용자로부터 사용료를 받아 투자비용을 회수하는 방식이다.

임대형 민자사업(BTL, build-transfer-lease)은 민간이 자금을 투자하여 사회기반시설을 건설(build)한 후 해당 시설의 소유권을 국가·지자체 등에 기부채납[6] 방식으로 이전(transfer)하고, 민간사업자는 기부채납한 대가로 관리운영권을 획득하고 관리운영권에 근거하여 국가·지자체 등에 시설을 임대(lease)하여 투자비를 회수하는 방식이다. 사업자에게 일정기간 관리운영권이 부여된다는 점에서 수익형 민자사업(BTO)과 유사하나 사업자가 정부로부터 임대료를 받아 투자비용을 회수한다는 점에서 다르다. 전술한 바와 같이, BTO의 경우에는 관리운영권을 부여받은 민간사업자가 시설 사용자로부터 사용료를 받아 투자비용을 회수한다.

이외에도 사회기반시설을 준공한 후 일정기간 사업시행자에게 해당시

---

6 기부채납이란 기부자가 그의 소유재산을 국유재산 또는 공유재산으로 증여(贈與)하여 국가나 지방자치단체가 무상으로 재산을 받아들이는 것을 말한다. 세법상으로는 기부채납이란 용어는 사용하지 않고 기부금이라는 용어만 사용한다.

| 표 14-2 | 민자사업 방식별 비교

방 식	BTO	BTL
시설 성격	• 최종이용자에게 사용료 부과로 투자비 회수 가능한 시설	• 최종이용자에게 사용료 부과로 투자비 회수가 어려운 시설
리스크	• 높은 사업 위험에 상응하는 높은 목표 수익률	• 낮은 사업 위험에 상응하는 낮은 수익률
재정지원	• 건설기간 중 건설분담금 • 운영기간 중 운영수익 보장 • 용지보상비 등	• 필요시 재정지원 가능 • 토지 무상제공 등
투자비 회수	• 최종 이용자의 사용료 (수익자부담 원칙)	• 정부의 시설 임대료 (정부 재정 부담)
대 상	• 고속도로, 항만, 지하철, 경전철 등	• 문화, 체육시설, 복지, 주택 등

설의 소유권을 인정하고, 그 기간이 만료되면 시설소유권이 국가·지자체 등에 귀속되는 BOT(build-operate-transfer) 방식과 사회기반시설의 준공과 동시에 해당 시설의 소유권이 사업시행자에게 인정되는 BOO(build-own-operate) 방식도 있다. 정부는 시설의 특성이나 리스크(risk) 등에 따라 어떤 방식으로 민간의 투자를 유인하는가를 결정한다. 〈표 14-2〉는 가장 대표적인 민자사업방식인 BTO와 BTL의 성격, 사업리스크, 재정지원 및 투자비 회수 방식, 주요 대상 등을 비교한 것이다. 문화·체육시설 등은 최종이용자에게 시설 사용료를 받아 투자비를 회수하는 것이 어려워 주로 BTL 방식에 의해 건설되는데, 이 경우 정부가 시설 임대료를 지불하게 되어 있어 장기적으로 재정에 부담이 될 소지가 있다.

예비타당성 조사

정부의 대규모 재정투자가 소요되는 스포츠 시설을 건립하기 위해서는 예비타당성 조사를 거쳐야 한다. 예비타당성 조사는 무분별한 대규모 투자사업의 시행에 따른 예산낭비를 방지하고 효율적인 재원 배분과 대형 투자사업의 차질없는 추진을 위해서 운영된다. 수요가 없거나 경제성이 낮은 사업의 무리한 추진을 방지하고, 예기치 않은 사업비 증액과 잦은 사업

스포츠관련 재정투자 정부가 재정투자를 통해 대형 스포츠 시설을 건설하려고 하는 경우에는 사전 예비타당성 조사를 받아야 한다.

계획 변경으로 인한 재정운영의 불확실성을 차단하며, 중도에 사업을 취소하는 것을 방지하는 효과가 있다. 대규모 재정투자사업이 경제적·기술적 측면에서는 타당성이 있더라도 재정운용이라는 정책적인 측면에서 문제가 되는 경우도 있기 때문에 예비타당성 조사는 매우 중요하다.

예비타당성 조사 대상사업에는 총사업비가 500억원 이상이며, 국가의 재정지원 규모가 300억원 이상인 신규사업으로, 건설공사가 포함된 사업, 정보화 사업, 국가연구개발 사업 등이 포함된다. 또한 중기재정 지출이 500억원 이상인 신규사업으로 사회복지, 보건, 교육, 노동, 문화, 관광, 환경보호, 농림해양수산, 산업·중소기업 분야의 사업 등도 포함된다. 예비타당성 조사는 국가직접 시행 사업, 국가 대행 사업, 지방자치단체 보조 사업, 민간투자 사업 등 정부재정(300억원 이상)이 투자되는 모든 사업에 대해 수행된다.[7] 〈표 14-3〉은 최근 예비타당성조사 대상이 된 스포츠 시설

| 표 14-3 | 스포츠관련 주요 재정 투자사업

주요 사업	사업기간(년)	사업비(억원)
2010년 F1 국제자동차경주대회(2007)	2007~2009	2,860
태권도 공원 조성사업(2008)	2007~2013	2,053
피겨·쇼트트랙 경기장 건립사업(2008)	2005~2012	1,023
김연아 빙상경기장 건립사업(2009)	2010~2016	1,370
모터스포츠산업 클러스터 조성사업(2009)	2020~2012	1,490
2014 인천아시아 경기대회 지원사업(2009)	–	16,112

7 한국개발연구원, 「예비타당성조사 수행을 위한 일반지침 수정·보완 연구」, 2008.

재정투자사업 비용편익분석의 특징

정부의 재정투자가 소요되는 사업과 관련된 비용편익분석은 다음과 같은 특징을 고려한다. 첫째, 국민경제 또는 사회적 관점에서 비용과 편익을 파악한다. 민간기업에서 새로운 사업을 추진할 때 사용하는 타당성 검토와 접근 방법은 비슷하나 개념적으로 다르다. 국민경제적 관점에서 편익은 특정사업의 국민생산에 대한 공헌을 의미하며 비용은 국가자원의 지출을 의미한다. 즉, 자원의 기회비용을 의미한다. 기업이 특정시설을 건립할 경우 건립 및 운영 유지비용과 시설로부터 수입을 비교하는 비용편익분석을 수행하게 된다. 반면 재정투자사업의 경우 단순히 시설로부터의 수입만을 고려하는 것이 아니고 시설건립과 운영으로 발생하게 되는 국민경제적 후생을 총체적으로 고려하게 된다. 따라서 수익극대화를 추구하는 기업의 경우 타당성(재무적 타당성)이 없다고 판단한 사업도 정부의 입장에서는 추진할 가능성이 있다.

둘째, 재정투자사업을 추진하고 운영하는 과정에서 발생될 것으로 기대되는 모든 비용과 편익을 장기적인 시각에서 종합적으로 평가한다. 공공사업은 국민경제적 관점에서 고려되므로 그 기간이 민간기업에 비해 훨씬 길며 할인율의 선택, 위험(risk) 등에 대한 대응도 장기적이다.

셋째, 현실적인 측면을 고려한다. 비용편익분석의 기본논리는 미시경제의 기초이론에 근거하고 있지만 분석 과정에서는 현실적용을 위해 이론의 다양한 응용이 채택된다. 정치적·사회적·문화적 제약 등 현실적 요인에 대한 고려도 중요하게 간주된다.

넷째, 객관적인 분석방법이다. 비용편익분석이 올바른 의사결정 수단의 하나로 인정받기 위해서는 제공되는 정보가 객관적인 가치를 지녀야 한다. 분석대상에 포함되는 각종 경제·사회현상은 객관적인 입장에서 파악되어야 하고, 주관적인 판단은 가능하면 배제되어야 한다. 그래야만 합리적인 가치판단에 의한 정책적 결정이 가능하다.

건립 사업을 예시한 것이다.

예비타당성 조사는 경제성 분석, 정책적 분석, 지역균형 발전 분석을 수행한 후 각각의 분석 결과를 토대로 다기준 분석 방법의 일종인 계층화 분석(AHP, analytic hierarchy process)기법을 활용하여 사업시행 여부를 종합적으로 판단한다.[8] 경제성 분석은 대상사업의 국민경제적 효과와 투자적합

---

8 AHP 등의 분석기법은 본고의 수준과 범위를 넘어서고 있어 구체적인 설명은 생략한다.

성을 분석하는 핵심조사 과정으로 비용·편익분석(cost benefit analysis) 방법을 이용한다. 비용·편익분석은 국민경제 차원에서 공공목표를 달성하기 위해서 예상되는 대안들의 비용과 편익을 측정하고 평가하여 최선의 대안을 도출하는 기술적 방법이다. 〔편익(benefit)/비용(cost)〕비율이 1 이상이면 사업으로부터의 총편익이 총비용보다 커 경제성이 있다는 의미이다.

그러나 국가 재정사업은 반드시 편익과 비용만을 고려하여 시행여부가 결정되는 것은 아니다. 정책적 분석은 경제성 분석에는 포함되지 않으나 사업타당성을 평가하는 데 중요한 사업특수 평가 항목과 환경 영향 등을 평가한다. 대형 스포츠 시설의 경우 국가 이미지 제고, 국민의 자긍심 향상 등의 비경제적 효과가 있는데, 이러한 효과는 정책적 분석에서 고려된다. 지역균형발전 분석은 지역 간 형평성 제고를 위해 고용 유발효과, 지역경제 파급효과, 지역낙후도 개선 등 지역개발에 미치는 요인을 분석한다. 종합평가는 경제성 분석, 정책적 분석, 지역균형발전 분석 결과 등을 바탕으로 사업의 타당성을 종합적으로 평가한다.

4. 스포츠 재원 조달 유형

스포츠 재정은 중앙정부와 지방정부의 예산, 기금 등에 의해서 조달되고 있다. 그러나 이러한 재정만으로는 늘어나는 국민들의 스포츠 욕구를 제대로 충족하기가 어렵기 때문에 다양한 방식의 스포츠 재원조달 방안이 제시되고 있다. 정부가 스포츠관련 재정지출이 필요할 때 이를 전부 조세로 충당할 것인지 아니면 그 중 일부를 다른 방법으로 충당할 것인지는 선택의 문제이다. 재정을 건전하게 운영하기 위해서는 세입의 범위 내에서 지출하는 것이 가장 바람직하나 재원의 조달과 지출문제는 현실적으로는 그렇게 간단하지가 않다. 스포츠 재원 조달 방안과 문제점 등에 대해서 살펴본다.

조 세

정부가 나라살림을 꾸려나가는 재원을 조달하는 데 있어 가장 중요한 것은 조세이다. 정부는 조세수입으로 대부분의 사업을 수행하기 때문에 국가는 납세를 국민의 의무로 규정하고 있다. 조세는 일반적으로 '국가 또는 지방자치단체가 수입을 얻기 위하여 법률의 규정에 의해 직접적으로 반대 급부를 제공함이 없이 자연인이나 법인에게 부과하는 경제적 부담'으로 정의된다. 정부는 국민, 기업 등 경제주체로부터 세금이라는 형태로 자금을 거두어 예산이라는 형식으로 지출한다. 세금은 국세와 지방세로 구분된다.

정부가 스포츠 재정을 보다 많이 확충하면 할수록 국민들의 편익이나 후생이 증대한다는 사실은 널리 알려져 있다. 그러나 문제는 정부가 스포츠에 지원하기 위한 자금을 어디서 어떤 방식으로 조달할 것인가이다. 정부의 스포츠 관련 지출이 국민들의 편익이나 후생을 증대시키므로, 이론적으로는 정부가 개인이 외부경제로부터 받는 편익에 근거하여 세금 또는 요금(fee)을 부과함으로써 재원을 조달한다면, 국민들의 후생을 극대화할 수 있다.

그러나 대부분의 경우 정부는 개인이 얻는 편익을 구체적이고 정확하게 관측하기 어렵다. 만약 개인이 자신이 부담해야 하는 세금 또는 요금이 자신이 정부의 스포츠관련 지출로부터 누리는 편익에 근거해서 부과된다는 것을 알게 된다면, 자신이 부담해야 하는 세금을 가능하면 적게 납부하기 위해서 자신이 누리는 편익을 실제보다 낮게 보고하려 할 것이다. 그러나 개인들이 자신이 받는 편익을 더 적게 보고하고 정부가 이에 근거하여 조세를 부과한 후 그 수입으로 스포츠를 지원한다면, 사회적으로 가장 소망스러운 수준에 미치지 못하는 수준으로 스포츠가 공급될 것이다. 따라서 사회적으로 소망스러운 수준으로 스포츠를 공급하기 위해서 정부는 일정 수준의 조세를 강제적으로 부과할 수밖에 없고, 결국 조세를 어떤 방식으로 부과하느냐가 문제가 된다.

조세를 부과함에 있어서 가장 큰 논란은 세부담의 효율성과 공평성에 관한 것이다. 최선의 조세를 부과하는 데 있어서 효율(efficiency)과 공평(equity)이 중요한데, 효율과 공평은 상호 보완적이라기보다는 상호 배타적인 경우가 많으므로 이를 어떻게 조화하느냐가 중요하다. 공평한 세부담에 대해서는 편익의 원칙(benefit principle)과 능력의 원칙이 제기된다.

첫째, 편익의 원칙은 납세자가 정부 등 공공서비스로부터 받는 편익에 비례하여 세를 부담하는 것이 공평하다고 보는 것이다. 응익(應益)의 원칙이라고도 한다. 편익의 원칙에서는 조세를 시장에서 공급되는 재화의 가격과 같은 존재로 파악한다. 따라서 개인이 공공재의 소비에서 얻은 편익만큼 조세를 부담한다면 공정하다고 할 수 있으며, 이 경우 효율적인 자원배분이 가능해진다. 편익원칙에 입각할 경우 조세와 경비가 급부 대 반대급부의 관계에 있기 때문에 조세와 경비의 동일한 균형예산이 가능하다. 즉, 시장메커니즘에 의하여 지출활동에 필요한 적정한 조세 징수가 가능하기 때문에 재정의 효율적 운용을 가능케 한다는 장점이 있다.

그러나 편익원칙에 의하면 모든 개인은 자신의 공공재에 대한 수요(편익)에 따라 조세를 납부해야 하므로 공공재의 적정 공급 수준은 수요의 가격탄력성과 소득탄력성을 고려하여 결정되어야 하나 이를 제대로 파악하기가 쉽지 않다. 또한 정부가 개인의 공공재에 대한 선호를 정확하게 파악하기가 어려워 개인은 무임승차자(free rider)가 될 유인을 지니게 된다. 무임승차행위란 앞에서도 설명하였듯이, 공공재에 대한 대가를 지불하지 않아도 소비에서 배제되지 않는다는 사실을 알고 있는 사람들이 대가를 지불하지 않고 공공재를 소비하려고 하는 행위이다. 따라서 공공스포츠 시설의 비용을 편익에 근거하여 조세를 통해 조달하려고 할 경우 적절한 수준으로 조세를 배분하는 것이 어려워진다.

더구나 편익원칙에 따라 조세를 부과하면 저소득자가 정부로부터 각종 스포츠·보건관련 지원뿐 아니라 생활보호, 노령연금 등을 지급받으므로 더 많은 납세를 해야 한다는 주장이 제기될 수 있다.

그러나 정부가 제공하는 재화나 용역이 사적재의 성격을 지니고 있는 경우 그 편익은 특정사용자에게 완전히 귀속되므로 개인이 편익을 얻는 만큼 대가를 지불하도록 할 수 있다. 예를 들어 공공스포츠 시설, 공원, 고속도로, 우편서비스 등은 정부가 그 서비스를 제공함에도 비용을 지불하지 않는 소비자를 효과적으로 배제할 수 있어 편익의 원칙을 부분적으로라도 적용할 수 있다. 또한 공공재에 대한 선호가 간접적으로 나타나는 경우에도 이 원칙의 적용이 가능하다.

둘째, 능력의 원칙(ability to pay principle)은 조세를 납세자의 지불능력에 따라 납부하도록 해야 한다는 것이다. 응능(應能)의 원칙이라고도 한다. 즉, 개인은 국가로부터 받는 편익과는 관계없이 자신의 지불능력에 따라 조세를 납부하는 것이 바람직하다는 것이다. 능력원칙은 조세제도를 운영하는 과정에서 지불능력이 있는 개인으로부터 징수한 조세로 소득이 낮아 지불능력이 없는 개인들도 향유할 수 있는 서비스를 제공함으로써 소득재분배 목표를 추구할 수 있다는 장점이 있다. 반면에 정부지출에 의한 혜택과 조세부담을 연결시키지 않기 때문에 납세자들의 자발적 협조를 얻기가 어렵다는 문제가 있다.

능력원칙의 적용은 경제적 능력을 정확하게 평가할 수 있음을 전제로 한다. 납세자가 누리고 있는 경제적 복지의 수준이 경제적 능력의 판별기준으로서 가장 이상적이다. 그러나 경제적 복지는 주관적인 개념이므로 이를 제대로 측정하기가 불가능하다는 문제가 있다. 대부분의 국가에서는 주로 능력원칙을 채택하고 편익원칙은 사적재의 성격이 강한 재화나 서비스에 제한적으로 사용하고 있다.

국·공채

국가의 재정활동이 점점 확대되면서 조세의 규모도 증가하고 있으나 조세만으로는 국가재정을 유지하기 어려운 경우가 발생한다. 이 경우 정부는 채권을 발행하여 경제활동을 하게 된다. 즉 정부 등 공공부문이 세금만으로는 재정활동을 수행하기 어려울 때 국·공채를 발행한다. 국·공채는 조세와 더불어 정부의 주요한 재원조달 수단으로 간주되고 있다. 국·공채의 발행은 조세의 보완 수단을 넘어서 자원 재분배, 통화량 조절, 경기 조절 등에 광범위하게 영향을 미친다.

국·공채는 공적인 기관이나 넓은 의미의 정부가 발행의 주체가 되어 자금을 조달하기 위해 발행하는 채권으로, 조달된 자금은 만기일이 되면 상환해야 하므로 정부의 부채가 된다. 채권은 장래의 어떤 시점에 해당 채권을 소유한 사람에게 액면 금액(face value)을 지불하겠다는 일종의 약속이다. 일반적으로 대부분의 채권은 정기적으로 이자를 지급한다. 이자율은 채권 가격에 대한 이자지급의 비율과 같다. 정부가 발행한 채권은 기업이 발행한 채권보다 상대적으로 안전하고 유리하다. 따라서 투자자들은 이자율이 동일한 경우 회사채보다는 국채나 공채를 선호한다.

공채는 지방자치단체(지방채)나 특별법에 따라 설립된 법인(특수채)이 발행하는 채권이다. 특히 공채 가운데 국회의 동의를 얻어 정부가 지급을 보증해 채권 판매를 도와주는 채권을 정부보증채라고 한다. 정부가 공채에 대해 지급을 보증하면 일반적으로 채권가격은 높아지는 반면 채권수익률(금리)은 낮아진다. 지방채에 대해 선호가 높으면 높을수록 이에 대한 수요가 증가하고, 채권 가격은 상승한다. 또한 지방채 가격이 상승하면 지방채의 이자율은 하락한다. 지방정부들이 지방채 발행을 통해 스포츠 재원을 조달하면 다른 지역의 주민들에게도 스포츠 시설 비용의 일부를 부과하는 결과를 초래하기 때문에 지방정부들은 이러한 방법을 선호하기도 한다. 또한 지방정부는 조세저항(租稅抵抗)과 같은 여러 가지 이유로 직접과세보다는 채권발행을 통한 스포츠 재원 조달을 선호하기도 한다. 그러나 경제학자들은 채권이나 과세는 결국 주민들에게 동일한 영향을 미칠 수 있다고 지적한다.

국·공채를 발행할 경우 가장 논란이 되는 것은 국공채 발행이 미래세대에 부담을 전가하느냐의 여부이다. 정부가 국·공채를 발행하게 되면 정부는 미래의 어느 시점에서 조세수입이나 국공채를 발행하여 채무를 상환해야 한다. 조세를 통해 채무를 상환하든 국·공채를 발행해 상환하든 미래세대의 부담이 늘기는 마찬가지이다. 어느 한 시점에서 동시에 태어난 사람들을 한 세대로 정의한다면, 어느 한 시점의 어떤 사회에는 여러 세대의 사람들이 섞여 살고 있는 셈이다. 이러한 상황에서 국·공채 발행은 미래세대에 그 부담을 전가(transfer)한다고 주장된다.

반면 국·공채를 발행하여 적자재정을 운영하고 있는 한 미래세대에게 부담이 발생하지 않는다고 주장한다. 국·공채를 발행하더라도 적자재정을 지속적으로 운영한다면 국민저축과 투자에 전혀 영향을 미치지 않고 자본 축적에도 아무런 변화가 생기지 않는다. 따라서 장기적인 측면에서 미래세대에 부담이 발생하지 않는다는 것이다.

한편, 조세와 국·공채는 정부의 재정활동을 위해 사용되지만 서로 다른 특성을 지닌다. 조세는 국가재정 수입의 원천이며 공공서비스 제공에 대한 반대급부로 납세자들로부터 징수한다는 면에서 강제성을 띠고 있다. 강제적인 세 부담은 납세자의 실질소득 감소를 초래한다. 그러나 국·공채는 원칙적으로 강제성보다는 자발적 교환원리에 따른다. 국·공채는 정부 등이 경제활동에 필요한 재원을 조달하기 위한 수입조달 방법이다. 국·공채를 발행한 정부는 채무자이며 국·공채를 구입한 채권자에게 미래의 특정시점에 원금과 이자를 지불해야 한다. 따라서 국·공채의 발행은 조세와 달리 구입자의 실질소득을 감소시키지 않는다. 일반적으로 국·공채는 조세와는 달리 자발적 교환원리에 따르지만 상황에 따라서는 강제적으로 매각되기도 한다.

복 권

복권(福券)은 외관상 소비자들의 자발적인 구매에 해당하므로, 스포츠 발전을 위한 자금조달에 가장 이상적인 방법으로 보이기도 한다. 많은 지방정부 및 공공기관들이 스포츠재원 조달을 위해 복권에 의존하고 있다. 복권은 조세와 달리 아무에게도 해를 끼치지 않으며, 복권구입자들에게 기쁨과 즐거움을 제공할 뿐 아니라 정부 등 공공기관의 중요한 수입원으로 자리잡고 있다. 그러나 복권을 이용한 자금조달은 다음과 같은 문제가 있다. 무엇보다 복권은 비효율적인 수입원이다. 복권이 조성한 수입의 일부

스포츠토토의 역할 우리 나라 지방정부와 공공기관에서는 각종 스포츠복권의 발행을 통해 스포츠 재원을 조달하기도 한다.

분만이 공공스포츠 기금으로 사용된다. 나머지는 소비자들이 복권을 구입하도록 유인하기 위한 상금이나 광고 등에 쓰인다.

복권 구입은 사회적·경제적 지위와 역의 관계에 있다는 주장도 있다. 즉, 고등교육을 받은 사람들과 전문직종사자들은 복권을 구입할 가능성이 더 낮은 반면에, 상대적으로 교육수준이 낮고 저소득 계층의 노동자들은 복권을 구입할 가능성이 더 크다는 것이다.[9] 일부에서는 가난하고 교육을 제대로 받지 못한 저소득 계층의 사람들, 즉 공공스포츠 시설이나 프로스포츠 팀으로부터 상대적으로 가장 적게 편익을 얻는 계층들이 복권을 구매하여 합법적으로 부(wealth)를 증대하고 자신들의 사회적 지위를 개선하고자 필사적으로 노력한다고 주장한다. 이러한 측면에서 복권은 상대적으로 가난하고 교육받지 못한 사람들에 대한 세금으로 불리기도 한다.

공공선택이론의 견지에서 보면, 가난하고 교육받지 못한 사람들은 자신들의 이익이나 권익을 위해 압력단체를 구성하거나 심지어 정치력을 행사할 가능성이 부유하고 교육수준이 높은 사람들보다 훨씬 적기 때문에 복권은 이들의 논리적인 선택이라고 주장하기도 한다. 그러나 복권판매를 통한 스포츠 재원조달은 죄악세와 마찬가지로 수직적 공평이나 수평적 공평에 근거하는 것은 아니다. 그러나 현실적으로 복권은 비논리적·비도덕적이고 비효율적인 수입원이라는 주장에도 불구하고 점차 정부의 중요한 수입원으로 자리잡아가고 있다.

---

9 1980년대 중반 미국 캘리포니아 가계를 대상으로 한 조사에 따르면, 연간 소득이 1만 달러인 가계는 연간소득 6만 달러의 가계와 거의 동일한 금액을 복권에 지출한 것으로 나타났다.

| 표 14-4 | 우리나라 스포츠복권 종류와 매출액

연 도	2002	2003	2004	2005	2006	2007
매출액(억원)	220	283	1,389	4,573	9,131	13,649
종류	7	4	11	10	17	16

자료: 사행산업통합감독위원회, 『사행산업관련통계자료』(2008.5).

우리나라에서 발매하고 있는 로또의 경우 총판매금액의 50%는 상금으로, 25%는 각종 운영기금으로, 25%는 체육진흥기금으로 사용된다. 우리나라 스포츠복권의 종류와 매출액은 〈표 14-4〉에 나타난 바와 같다. 2002년 우리나라에는 7종의 스포츠복권이 있었고 총 매출액은 220억원 정도였다. 그러나 5년 만에 16가지로 증가하였고, 총매출액은 2002년의 약 60배에 달하는 1조3천6백억원이 되었다.

죄악세

스포츠 재원 조달을 위해 죄악세(罪惡稅, sin tax) 부과가 제안되기도 한다. 일반적으로 죄악세는 담배나 주류 등에 부과하는 세금을 말하며, 판매세의 일종이다. 이러한 세금은 사회적으로 바람직하지 않은 행동에 관여되거나 행한 사람들을 대상으로 부과하기 때문에, 많은 국민들이 바람직하다고 생각한다.[10] 그래서 많은 사람들은 죄악세를 부과하면 사회적으로 바람직하지 못한 행동을 억제시켜 사회적으로도 건전해지고, 스포츠 발전을 위한 재원도 조달할 수 있다고 주장한다.

그러나 죄악세는 다음과 같은 문제점이 발생할 수 있다. 우선, 사회적으로 바람직하지 않은 행동을 억제하는 기능은 미흡하고 참여자들에게 부담만 가중시킬 수 있다. 음주와 흡연은 중독성이 강해 이들의 가격에 대한 수요는 매우 비탄력적이기 때문에 죄악세의 부과로 담배나 주류의 가격이 아

---

10 실제로 미국 클리블랜드의 쿠야호가 카운티(Cuyahoga County)는 주민들에게 15년 동안 죄악세(sin tax)를 부과해 왔다. 일반적으로 죄악세는 담배 제품과 알코올에 대한 판매세로 구성된다.

무리 상승하더라도 소비가 줄어들지 않을 수도 있다. 수요가 비탄력적인 재화에 대해 죄악세를 부과할 경우 가격이 상승해도 소비는 감소하지 않으므로 정부가 원하는 재원조달은 보다 수월해질 수 있지만, 사회적으로 바람직하지 못한 행동을 줄이지는 못하고 세금만 징수하는 결과를 가져올 수 있다.

　　담배나 술과 같은 재화에 죄악세를 부과하여 공공스포츠를 위한 보조금을 지급할 경우, 담배나 술을 선호하는 집단이 세금부과에 반대할 가능성이 더욱 커진다. 담배, 술 등을 선호하는 집단이 스포츠 편익을 향유할 가능성이 상대적으로 적은 저소득·빈민 계층들이라면 이들의 세금 부담만 가중시키고 가계소득에서 지출만 늘리는 꼴이 된다. 따라서 이러한 방식은 수직적 공평(vertical equity)이나 수평적 공평(horizontal equity)에 근거하지 못한다는 데 문제가 있다. 이러한 문제는 사회적 가치관, 정치 철학 등과 깊은 관계가 있다. 즉, 어떤 사회의 가치관이 저소득층·빈민계층들에게 깊은 배려와 관심을 가지고 있다면 이들이 주로 소비하는 재화나 서비스에 대한 과세보다는 고소득계층이 많이 소비하는 재화나 서비스에 세금을 부과하거나 누진세(累進稅)를 부과할 수 있을 것이다. 반면에 사회의 가치관이 자기중심적이고 저소득자를 배려하려는 마음이 적다면 저소득계층들에게도 죄악세 등을 통해 높은 세금을 부과할 수 있을 것이다.

5. 스포츠 재정 효율화

우리나라 스포츠 재정 실태

　　스포츠 재정은 스포츠관련 정부부터 공공단체가 스포츠 관련 국가 정책을 수행하는 데 필요하다. 우리나라의 스포츠관련 재정은 크게 중앙정부, 지방정부, 국민체육진흥기금, 체육단체 등으로 구분된다.[11] 지방정부의

---

11 이 외에도 스포츠관련 예산은 대한체육회 및 국민생활체육협의회 등의 수입과, 행정안전부의 특별교부세, 시·도 교육청의 체육예산 등이 있다.

스포츠 예산은 문화체육관광부의 예산, 국민체육진흥기금, 기타 중앙정부
및 공공기관의 교부세·지원금, 그리고 지방자치단체의 지방비로 구성된다.

최근 우리나라 스포츠 관련 지출은 70~80% 이상이 지방정부에 의해
서 이루어지고 있다. 지방자치단체의 예산은 「보조금의 예산 및 관리에 관
한 법률」에 따라 보조되는 중앙정부 예산의 영향을 받고 있다. 지방자치제
가 정착되면서 지방행정이 지역주민의 삶의 질을 향상시키는 복지행정에
중점을 두게 되었으며, 이에 따라 지역 주민의 체육활동을 위한 생활체육
시설의 설치, 생활체육교실 등 프로그램의 운영 등에 대한 투자액이 늘어
나고 있다.

지방정부의 스포츠 재정 비중이 중앙정부보다 높은 것은 주민들의 생
활현장과 보다 가까이 있는 지방자치단체에서 생활스포츠를 담당하고 있
는 것이 자연스러울 뿐 아니라 주민들의 스포츠 수요를 보다 정확히 파악
할 수 있기 때문이다. 스포츠 시설의 경우는 그 시설을 이용할 수 있는 사
람들이 일정 지역으로 한정되기 때문에 지방공공재의 특성을 강하게 띠고
있다고 할 수 있다.

〈그림 14-2〉는 우리나라 중앙정부, 지방정부, 국민체육진흥기금, 체

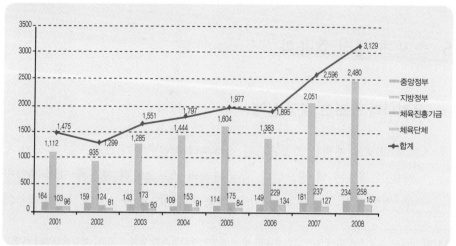

그림 14-2 **우리나라 스포츠 재정**   (단위 : 10억원)

자료: 문화관광부, 『2003~2009 체육백서』.

육단체 등 스포츠관련 정부 및 단체의 스포츠 재정을 나타낸다.

　　기금은 국가가 특정한 정책목적을 달성하기 위해 지속적이고 안정적인 자금이 필요하거나, 새로운 사업을 추진하기 위해 탄력적인 운영이 필요한 경우 보유·운영하는 특정자금이다. 기금은 예산과 달리 조세수입보다는 출연금·부담금 등을 재원으로 하며, 특수한 목적의 사업을 위해 사용된다. 기금의 집행은 예산보다 자율과 탄력성이 허용되고 있다. 기금은 예산에 적용되는 일반적인 제약 때문에 사업목적을 효과적으로 달성할 수 없는 경우에 설치된다.[12] 그러나 기금도 국회의 심의·의결 및 결산 심사를 받는다는 점에서 광의의 예산에는 포함된다. 스포츠관련 기금으로는 국민체육진흥기금이 있다.[13]

　　국민체육진흥기금은 국민체육 진흥을 위한 연구·개발 및 보급, 국민체육 시설의 확충을 위한 사업 및 재정 지원, 선수 및 지도자 양성 및 복지 지원, 체육과학의 연구·보급, 선수의 과학적 훈련 및 국민체력 증진 등을 주요 사업으로 하고 있다. 진흥기금의 재원은 기금운용, 경륜사업, 체육 복표 사

스포츠 발전과 토토　스포츠토토는 건전한 레저스포츠로의 정착과 국민체육진흥기금에 기여한다.

---

12 국가재정법에 의하면, 금융성 기금은 주요 항목의 지출 금액의 30%, 그 외의 기금은 20% 이내의 범위에서 국회의 의결없이 변경할 수 있다.

13 최초의 국민체육진흥기금은 체육진흥재원을 마련하기 위하여 1972년 8월 14일 「국민체육진흥기금에 관한 법률」이 제정되고 1974년 1월 1일부터 운동장에 대한 체육시설 입장료 부가금이 부과되기 시작하면서 탄생하였다. 1972년 국민체육진흥기금을 조성·관리하는 국민체육진흥재단이 설립되었고 1982년에는 「정부조직법」의 개정으로 개정 법률에 따라 체육진흥업무가 문교부에서 체육부로 이관되었다. 현재의 국민체육진흥기금은 동법 제18조에 의거하여 체육진흥에 소요되는 시설비용 및 기타 경비를 지원하기 위하여 설치·운용되고 있다. 1989년 4월 20일 국민체육진흥재단이 해산되고 올림픽잉여금 3,110억원 등 총 3,521억원의 발족기금으로 서울올림픽기념국민체육진흥공단이 설립·운영되고 있다.

| 표 14–5 | 국민체육진흥기금 주요 지원 사업

주요 사업	주요 단체 및 내용
생활체육 육성	국민생활체육협의회 등 생활체육단체
장애인 체육	대한장애인 체육회
국제체육 교류 증진	국제체육교류 및 국제대회 지원
전문체육 육성	대한체육회 등 국내대회 개최지원
스포츠산업 육성	스포츠 용품·시설·서비스업 지원
생활체육 시설 조성	국민체육센터, 생활체육시설 등 지방체육 시설 확충
체육인 복지 사업	경기력 향상 연구연금 등 체육인 복지 분야

업, 경정사업, 회원제 골프장 등의 수익금과 기타 대통령령이 정하는 수익금으로 조성하도록 되어 있다. 〈표 14 – 5〉는 국민체육진흥기금의 주요 지원사업을 보여준다. 〈표 14-6〉은 국민체육진흥기금의 연도별 지원 실적을 나타낸다. 생활체육과 전문체육 및 국제체육에 대한 지원이 상대적으로 많은 것을 알 수 있다. 이는 국민들의 생활체육활동 참여율 제고를 위한 기반을 조성하고 참여환경을 개선하기 위해, 국제체육 교류를 통한 국가위상을 제고하고 경기력 증진을 위한 우수 선수의 체계적·종합적 육성 등을 위해 지원되고 있기 때문이다. 특히, 장애인체육을 지원함으로써 장애인의 체력향상과 건강증진을 도모하고 사회적 교류 능력을 배양하여 차별 없는 균등한 체육복지 증진에 기여하고 있다. 또한 스포츠산업을 새로운 성장동력산업으로 육성하기 위한 지원도 이뤄지고 있으나 아직은 지원금액이 미미한 실정이다.

| 표 14–6 | 국민체육진흥기금 연도별 지원 실적   (단위 : 억원)

방 식	2003	2005	2007	2009	2010
생활체육	746	1,144	1,462	1,931	1,692
전문체육	488	566	667	771	1,080
국제체육, 스포츠산업 육성	492	37	127	879	2,303
장애인체육	–	–	111	279	220
총 계	1,726	1,747	2,367	3,860	5,295

자료: 국민체육진흥공단.

스포츠 재정의 효율화 방안

경제사회 구조의 변화와 더불어 재정여건이 크게 변화하고 있다. 정부 등 공공부문도 재정의 효율성·건전성·투명성을 제고할 수 있는 다양한 방안들을 모색하고 있다. 따라서 스포츠 재정 측면에서도 효율성·건전성·투명성을 제고할 수 있는 방안을 모색해야 한다. 이를 위해서 다음과 같은 사항들이 고려될 필요가 있다.

첫째, 스포츠 재정은 정부지출 한도 내에서 정책적 우선순위에 따라 경쟁적으로 재원을 배분할 필요가 있다. 각각의 정책분야는 재원 확보를 위해서 상호 경쟁적인 관계에 있게 된다. 따라서 스포츠 관련 재원을 확보하기 위해서는 스포츠관련 사업의 타당성이나 정책적 우선순위가 정당화되어야 할 것이다. 재원배분 과정에서는 정치적 의사결정도 중요하지만 스포츠 재정의 필요성을 보다 객관적인 근거에 기반을 두고 체계적·논리적으로 제시할 필요가 있다.

둘째, 스포츠 사회간접자본(SOC)에 대한 투자는 사회적 자본을 구축하는 기반이라는 발상의 전환이 필요하다. 스포츠 재정은 건강한 사회를 구현하고 경제성장 및 발전에도 기여한다는 사실을 강조할 필요가 있다. 특히, 스포츠는 문화·복지활동의 일환이며, 삶의 질적 향상을 가능케 한다는 점에서 국민들의 권리로 인식되기도 한다. 따라서 스포츠 재정도 국민의 권리인 동시에 문화산업의 한 분야로서 그 역할을 강조할 필요가 있다.

셋째, 스포츠 재정은 지역주민들의 건강을 증진시키고 삶의 질을 향상

경륜·경정 국민체육진흥기금은 주로 경륜, 경정, 스포츠토토 등을 통해서 충당된다. 경륜과 경정 모습(국민체육진흥공단 제공)

시킨다는 점을 감안할 때 보다 중장기적인 관점에서 지속적으로 일관성있게 투자되어야 할 것이다. 전년도의 스포츠관련 예산편성을 답습하거나 정치적인 이유로 무리한 투자를 하는 것은 자제되어야 할 것이다. 특히, 지방자치단체가 재정능력을 감안하지 않고 정치적인 이유나 지역주민들의 정서 등에 의해 무리하게 투자를 하는 것은 예산낭비에 불과할 뿐 아니라 지방정부의 부담만 가중시킬 수도 있다. 일회성 스포츠 이벤트나 시설들은 사후 활용 방안이 미흡할 경우 운영관리를 위해 재정 부담만 가중시키는 요인이 될 수 있다.

넷째, 스포츠에 대한 수요 증가와 더불어 스포츠 재정 확충의 필요성이 점증하고 있다. 그동안 정부의 지속적인 스포츠 시설 확충과 민간부문의 시설 증대에도 불구하고 스포츠 활동에 비해 시설이 여전히 부족하다고 인식되고 있다. 그러나 정부의 예산은 한정되어 있고, 스포츠 재정보다 더 시급한 분야가 많이 있어 스포츠 재정지출의 우선순위가 뒤로 밀리기도 한다. 따라서 재정지출보다는 민간투자를 활성화할 수 있는 방안을 모색할 필요가 있다. 국가의 재정 부담을 줄이면서 적절한 SOC 투자수준을 유지해 나가고, 민간의 경영기법과 창의·효율성을 스포츠 부문에 활용해 볼 필요가 있는 것이다. 민간투자사업은 앞에서 논의한 바와 같이 공공스포츠 시설, 학교체육 시설의 건설·증축 시에 설계, 정비, 운영 등 민간사업자에게 위탁하는 방식이다. 민간투자사업은 정부의 예산절감, 행정비용 절감 등이 가능한 동시에 민간기업의 장기·안정적인 수입 등이 가능하다는 장점이 있다. 민간투자방식을 다양하게 허용하여 민간의 자유로운 창의가 발휘될 수 있도록 하여야 한다.

다섯째, 성과관리제도는 예산의 편성·집행과정에서 부처에 상당한 자율성을 부여하는 대신, 사업성과에 대한 평가 결과에 기초하여 사업의 지속여부를 판단하고 사업방식을 개선하기 위한 제도이다. 그러나 현재의 성과관리 체계하에서는 스포츠관련 재정사업의 성과를 제대로 측정하기가 쉽지 않은 실정이다. 이는 스포츠가 지니고 있는 공공재 또는 가치재라는 특수성 때문이라고 할 수 있다. 대부분의 스포츠관련 재정사업은 복지 및

교부금

지방정부의 스포츠 재정은 교부금(grants)을 통해서도 이루어진다. 보조금이라고도 한다. 중앙정부가 어떤 공공재화나 서비스를 생산하는 데 있어서 직접 참여 하는 것이 아니라 자금만 제공하고 생산과 공급은 지방정부에 위임하는 경우 이 자금을 교부금(交付金)이라고 한다. 중앙정부가 지방정부 간 재정력 격차를 시정하고 재원 부족분을 보전해 주기 위해 사용하는 방법이다. 중앙정부가 자금을 지원하고 지방정부가 생산을 하는 것을 지방재정조정제도라고 한다. 지방정부가 생산·공급하는 경우가 더 효율적이며 주민들의 선호나 필요를 더 잘 파악할 수 있으며, 지방정부간 경쟁체제로 효율적인 생산이 가능할 경우 활용된다.

교부금은 조건부교부금(conditional grants)과 무조건부교부금(unconditional grants)으로 구분된다. 무조건부교부금은 중앙정부가 지방정부와 세입(稅入)을 공유한다는 차원에서 아무런 조건없이 제공하는 교부금이다. 이러한 유형의 교부금은 지방정부가 원하는 곳에 자유롭게 사용할 수 있다. 반면 조건부교부금은 중앙정부

가 특정한 조건을 달고 지방정부에 제공하는 교부금이다. 조건을 달아 자금의 사용범주를 지정해 준다는 의미에서 범주적 교부금(categorical)이라고도 한다. 조건부 교부금은 지방정부를 특정한 방향으로 유도하려는 목적에서 제공한다. 또 어떤 공공재화나 서비스와 관련하여 중앙정부가 자금만 대고 지방정부가 생산·공급하는 역할분담을 위해서 이용되기도 한다.

또 조건부교부금은 대응교부금(matching grants)과 비대응교부금(nonmatching grants)으로 세분된다. 대응교부금은 지방정부가 공공사업을 수행할 때 비용의 일정부분을 중앙정부가 부담하는 방식으로 교부금을 지급하는 경우이다. 지방정부는 공공사업에 필요한 비용을 줄이는 효과가 있다. 중앙정부가 지방정부에 대해서 가격을 보조해 주는 방식이다. 비대응교부금은 중앙정부가 일정한 규모의 보조금을 지급하되 그것을 공공재화나 서비스의 생산에 사용해야 한다는 조건을 붙이는 경우이다. 비대응교부금은 공공재화나 서비스의 추가적 공급에만 사용될 수 있다.

후생증진 차원에서 추진되기 때문에 성과를 계량화하기 어렵다. 그럼에도 스포츠 재정사업에 대한 성과관리제도에 적극적으로 대응하기 위해서는 계량화된 성과지표를 개발하고 객관적인 계량화 방법을 모색해 나가야 할 것이다. 이를 위해서는 스포츠관련 통계, 재정 정보 등을 체계적이고 지속

적으로 구축할 필요가 있다.

여섯째, 재정의 효율적인 운용을 위하여 일반회계·특별회계·기금의 목적수행에 지장을 초래하지 않는 범위 내에서 상호간 여유재원을 신축적으로 전입·전출하도록 하는 것이 바람직하다. 이는 특별회계나 기금운용 과정에서 지적되어 온 비효율이나 방만한 경영을 시정하려는 것이다. 따라서 과거와 같이 기금을 통해서 특정분야가 안정적으로 재원을 확보하는 것은 점차 어려워질 수도 있다. 각종 스포츠관련 기금도 비효율적이거나 낭비적인 요인들을 철저히 제거하는 것이 필수적이다. 스포츠 분야의 재원배분에 영향을 미치는 요인을 면밀히 분석하고, 향후 스포츠 재정에 대한 체계적이고 이론적이고 실증적인 근거를 마련해야 할 것이다. 체육진흥기금이 국민들의 체육 수요에 보다 적극적으로 활용되어야 하는 필요성을 논리적·구체적으로 강조할 필요가 있다. 즉, 스포츠 재정 수요에 대한 정부 예산의 한계, 각종 스포츠 인프라 확충의 필요성, 국민복지증진을 위한 스포츠 정책, 스포츠산업 육성을 통한 국민경제 기여 등 기금이 지닌 긍정적 효과를 구체적으로 제시할 필요가 있다.

일곱째, 지방재정 편성과정에서 스포츠관련 예산은 특수성이 인정되지 않고 일반예산에 준하여 편성되고 있는 실정이다.[14] 때문에 스포츠관련 재정을 구체적으로 파악하기가 쉽지 않다. 국가적으로 스포츠에 대한 관심이 증대하고 스포츠 이벤트 유치, 스포츠 시설 건립 및 유지가 늘어나고 있음을 감안할 때 스포츠관련 예산 항목을 구체적으로 파악할 수 있도록 해야 할 것이다. 특히, 우리나라의 경우 지방재정 편성과정에서 투명성과 효과성을 제고하기 위해 스포츠관련 예산을 별도로 편성할 필요가 있다.

---

14 IMF, OECD에서도 스포츠 관련재정이 별도의 항목으로 분류되지 않고 레크리에이션·문화 등의 항목에 포함되어 있다.

15

초대형 스포츠 시설

1. 개념과 유형

개 념

체육시설의 설치 및 이용에 관한 법률(제2조)에 의하면 체육시설은 '체육활동에 지속적으로 이용되는 그 시설과 부대시설'로 정의된다. 초대형 스포츠(체육) 시설은 주로 올림픽, 월드컵, 육상경기대회 등 초대형 스포츠 이벤트(mega sport event)와 각종 프로스포츠 경기를 개최하기 위해 필요한 유형의 실체들이다. 즉, 올림픽, 월드컵 등 초대형 스포츠 이벤트를 개최하는 데 필요한 경기장(stadium)과 실내경기장(arena) 등의 스포츠 시설을 초대형 스포츠 시설이라고 한다. 프로축구, 야구, 농구 등을 위한 경기장도 당연히 초대형 스포츠 시설에 포함된다. 이와 같은 초대형 스포츠 시설은

재미있는 스포츠경제 | **체육시설의 구분**

체육시설은 설치주체나 운영주체에 따라서 공공체육시설과 민간체육시설로 구분된다. 공공체육시설은 다시 이용자와 이용목적에 따라 전문체육시설, 생활체육시설, 직장체육시설 등으로 구분된다.

전문체육시설은 국내·외 경기대회 개최와 선수 훈련 등에 필요한 운동장이나 체육관 등 체육시설을 말한다. 생활체육시설은 국민이 자신의 거주지와 가까운 곳에서 쉽게 이용할 수 있는 생활체육시설을 말한다. 우리나라에서는 특별시·광역시·도에는 국제경기대회 및 전국 규모의 종합경기대회를 개최할 수 있는 체육시설을, 시·군에는 시·군 규모의 종합경기대회를 개최할 수 있는 체육시설을 설치토록 하고 있다. 직장체육시설은 직장인의 체육활동을 위해 설치하는 체육시설로, 상시근무하는 직장인이 500명 이상인 경우에 체육시설 설치를 의무화하고 있다.

민간체육시설은 등록체육시설업과 신고체육시설업으로 구분된다. 등록체육시설업은 골프장업, 스키장업, 자동차 경주장업 등이며, 신고체육시설업으로는 요트장업, 조정장업, 카누장업, 빙상장업, 승마장업, 종합 체육시설업, 수영장업, 체육도장업, 골프 연습장업, 체력단련장업, 당구장업, 썰매장업, 무도학원업, 무도장업 등이 있다.

주로 정부 또는 공공기관이 주체가 되어 설치·운영된다.

일반적으로 올림픽, 월드컵 축구대회 등과 같은 초대형 스포츠 이벤트는 개최하기 수년 전에 개최지역이 결정되는데, 국제적으로 인정되는 규모와 시설을 갖추어야 하고 최첨단 공법으로 건설되므로 엄청난 비용이 소요된다. 초대형 스포츠 시설에는 선수와 관중들의 안전, 미적 감각, 도시환경과의 조화는 물론 안락함과 쾌적함 등도 강조된다. 팬들이 보다 새롭고 쾌적하고 안락한 스포츠 시설을 선호하기 때문이다. 팬들이 스포츠 시설을 만족스러워 한다면 경기장에 더 오래 머물거나 더 자주 찾고 싶어 할 것이다. 또한 스포츠 시설 건립에 사용된 첨단 기술공법으로 개최국가의 과학기술발전 정도가 평가되기도 하고, 외국인들이 스포츠 시설에 대해 좋은 인식을 갖게 되면 개최국가의 이미지 제고에도 도움이 된다.

초대형 스포츠 시설 유형

일반적으로 초대형 스포츠 이벤트 개최를 위해서는 다양한 유형의 시설들을 갖추어야 한다. 스포츠 시설은 크게 세 가지로 구분할 수 있다.

첫째, 스포츠 경기를 위해서 필요한 시설이다. 주로 경기장, 실내경기장, 수영장, 사격장, 조정장 등이다. 이러한 시설들은 스포츠 이벤트만을 위해 건설되는 시설들이다. 이와 같은 스포츠 시설들은 초대형 스포츠 이벤트를 주관하는 국제스포츠 기구가 요구하는 국제적 기준을 준수해야 한다. FIFA는 월드컵축구 개최지의 경우 4만여 명의 수용능력을 갖춘 경기장들과 개막전 및 결승전을 대비하여 8만여 명의 수용능력을 갖춘 경기장을 갖출 것을 규정하고 있다. 최신식의 TV방송중계기술, 정보통신기술, 숙박시설, 교통 시설 등도 요구한다. 그러나 스포츠 이벤트를 개최하려는 대부분 국가의 기존 스포츠 시설들은 수용능력, 서비스시설, 주위환경 등이 열악한 편이다. 따라서 스포츠 이벤트 개최를 위해서 기존의 스포츠 시설을 증·개축하거나 새로 건설하기도 한다. 이로 인해 많은 국가들이 시설 건설에 엄청난 자금을 투자한다. 일부 국가는 이동 가능한 경기장(velodrome),

스포츠 이벤트 시설 정부는 초대형 이벤트 유치를 위한 스포츠 시설과 공항, 도로 등 기반시설을 건립하는 데 주도적인 역할을 한다. 2011 대구세계육상선수권대회 경기장 전경과 수원월드컵 경기장 내부

임시 사용가능한 플라스틱 주차장 등과 같은 시설을 건설하기도 한다.

초대형 스포츠 이벤트 경기장은 스포츠 경기를 위한 단순한 기능을 넘어서서 국가 및 도시발전을 위한 시설로 간주되고 있다. 대부분의 초대형 스포츠 시설들은 관광객이나 지역주민들이 스포츠 이벤트를 오랫동안 기억할 수 있도록 상징을 담아 기념비적으로 건설된다. 이러한 시설들은 국가 및 지역발전을 위한 촉매제가 되기도 한다. 그러나 이러한 스포츠 시설은 대부분 특정스포츠 이벤트만을 위해 건설되므로 이벤트 이후의 활용방안과 경제적 편익확보에 대해 논란이 제기된다.

둘째, 스포츠 이벤트 관련 시설이다. 스포츠 이벤트와 직접 연관이 있는 선수, 심판, 감독, 미디어 종사자 등을 위한 시설들로 선수촌 외에도 기자촌, 프레스 센터, 공원 등이 이에 포함된다. 특히, 선수촌은 쾌적한 환경, 편리한 시설 등을 갖추고 경기장과도 가까운 거리에 위치해 있어야 한다. 선수촌과 기자촌 아파트는 대부분 최고급 주택단지로서도 손색이 없다. 바르셀로나, 서울, 아틀랜타 올림픽 개최 당시에 건설된 선수촌 및 기자촌 아파트가 대표적이다. 이러한 시설들은 스포츠 이벤트가 끝난 후에는 시민들에게 분양된다. 공원은 스포츠 이벤트 이후에도 개최지역 주민들에게 양질의 생활과 스포츠 프로그램을 제공할 수 있는 공간을 제공한다.

셋째, 스포츠 이벤트에 필요한 기반시설들이다. 공항, 도로, 지하철, 각종 통신시설 등이 이에 해당된다. 이러한 시설들은 개최 도시들이 편안하고 쾌적한 환경을 갖춘 도시로 발전하는 데 기여한다. 각종 기반시설을 갖춘 도시들은 기업을 유치하는 데도 유리해진다. 스포츠 이벤트를 개최하기 위해 도심 정비 및 재개발, 가로환경 정비 등이 시행되기도 한다. 그러나 도심재개발 과정에서 저소득 소외계층들에 대한 배려가 미흡할 경우 불만이 야기될 우려가 있다. 또한 초대형 스포츠 이벤트를 위한 일회성 도로, 다리 등 기반시설들은 예산낭비라는 지적을 받기도 한다.

각종 기반시설의 구축은 정부 등 공공 부문이 주체가 된다. 그러나 관광객을 위한 숙박시설은 주로 민간 부문이 공급주체가 된다. 스포츠 이벤트 관람객을 위한 호텔 등도 스포츠 이벤트를 위한 기반시설이다. 호텔 등 숙박 시설들과 각종 사회기반 시설의 건립은 개최지역 또는 국가의 서비스 산업 발전에 기여한다.

2. 시설의 기능과 역할

편의 시설

과거의 스포츠 경기장은 단순히 스포츠 경기나 관람을 위한 시설에 불과하였다. 경기장 건립을 위해 막대한 건설·운영 비용이 소요되므로 편의 시설은 가능한 한 최소화하려 하였다. 그러나 1960년대 들어 TV중계방송이 일반화되기 시작하면서 스포츠 시설은 커다란 변화를 경험하게 된다. 많은 사람들이 경기장을 찾는 대신 좀 더 편하게 경기를 시청할 수 있는 TV를 선호하기 시작하게 된 것이다. 그러자 경기장에서는 소비자들이 보다 쾌적하고 편안한 환경에서 경기를 관람할 수 있도록 각종 편의 시설을 강화할 필요성을 인식하게 되었다. 팬들을 TV중계방송에 빼앗기지 않기 위해서였다. 경기장과 TV중계방송 간의 선의의 경쟁은 경기장으로 하여금 경기를 위한 공간 외에도 다른 공간들을 어떻게 제공하는 것이 팬들을 경기장으로 유인할 수 있는가에 대해서 고민하게 했다. 경기장 측은 경기 전후 다양한 이벤트를 개최하여 소비자들에게 볼거리를 제공하기도 하고, 경기장을 증·개축하여 보다 편안하고 안락한 시설을 갖추기도 하고, 좌석을 차등화하기도 하였다.

또한 경기장에서도 TV시청이 가능할 수 있도록 TV수상기를 적절한 공간에 배치하고 각종 식음료, 맥주 등을 판매하는 등 소비자들의 편리성에 관심을 가지게 됐다. 이런 편의 시설 확충으로 더 많은 관중들이 경기장에 운집하여 응원하고 열광하는 장면은 TV중계의 또 다른 볼거리를 제공한다. TV중계방송과 선의의 경쟁을 위한 경기장의 편의 시설 확충은 결과적으로 경기장으로 보다 많은 팬들을 유인하는 동시에 TV중계방송의 가치도 높이고 있는 것이다.

복합 시설

스포츠 시설의 상업적 활용이 적극적으로 추진되기 시작한 것은 공간을 효율적으로 이용하기 위해서였다. 스포츠 경기장 등 각종 스포츠 시설들이 차지하는 공간을 효율적으로 사용하여 건설비, 운영비용 등의 부담을 줄여보자는 의도가 포함되어 있다. 수익을 창출하기 위한 노력의 결과로 날씨의 변화에도 상관없이 경기를 개최할 수 있는 개폐식 지붕이 등장하였고, 이는 돔(dome) 구장이라는 새로운 시설을 만들어냈다. 또한 이동식 경기장, 이동식 관람석이 도입되어 하나의 스포츠 시설에서도 여러 가지 종목의 스포츠 경기를 개최할 수 있는 다목적 경기장이 건설되는 등 스포츠 시설의 복합화, 다변화가 적극적으로 추진되었다.

스포츠 시설의 복합화는 스포츠 시설의 효과적 활용을 통해 편익을 극대화하려는 스포츠 상업화와 관련이 있다. 이런 이유로 최근에는 초대형 경기장을 건설할 경우 대형 할인매장, 극장, 컨벤션 센터 등을 동시에 건설하기도 한다. 최근 건립된 초대형 경기장들은 각종 집회, 공연, 컨퍼런스, 음악회 등의 공간으로 활용되고 있다.

소통의 장소

스포츠 시설은 직접 스포츠 활동을 하거나 스포츠 경기라는 서비스를 생산하고 소비하기 위한 공간으로서의 의미뿐 아니라 그 이상의 의미도 지니고 있다. 많은 경우 스포츠 시설은 참여자 또는 관람자 간 의사소통 장소로서의 역할도 수행한다. 최초의 경기장은 기원전 8세기 고대 그리스에서 건립된 것으로 전해지는데, 당시 경기장은 U자형으로, 관중 간 그리고 관중과 스포츠 간 의사소통을 위한 매개체 역할을 한 것으로 밝혀졌다.

이렇듯 스포츠 경기장은 단순히 스포츠 경기만을 행하는 공간을 넘어 지역사회의 커뮤니케이션 공간으로서 화합과 단결, 의사소통, 정보교환의 장소로서의 역할도 수행한다. TV중계가 없던 때에도 스포츠 관람에 대한 수요를 흡수하기 위하여 대규모 경기장이 건설되었는데, 많은 경우 이러한 대규모 경기장은 경기 관람 외에도 시민과 스포츠 경기 간 또는 시민 간 소통의 장소로서의 기능을 담당해오고 있다.

도시 발전

스포츠 시설 중 초대형 스포츠 시설은 도시발전의 한 축을 담당하기도 한다. 이제 스포츠 시설은 스포츠 경기와 관람만을 위해 독립적인 공간으로 남는 것이 아니라 도시의 한 부분을 담당하는 공간으로 다른 공간과 종·횡적으로 결합하면서 다양한 기능과 역할을 수행하는 것이다. 초대형 스포츠 시설들은 도시를 구성하는 여러 가지 시설 중 하나이다. 도시의 아름다움, 이미지, 상징성 등에 대한 관심이 증가하면서 경기장이나 스포츠 시설은 단순히 스포츠 경기나 스포츠 활동 이외에도 도시의 미관을 위해 중시되고 있다. 즉 스포츠 시설의 내부뿐 아니라 외형적 아름다움도 중요해지고, 주위와의 조화도 중요해진 것이다. 또한 경기장이나 스포츠 시설 주변의 각종 시설이나 공간도 중요해졌다. 경기장 내·외부의 조형미에 대해서도 관심이 점차 증가하고 있기 때문이다. 현대의 스포츠 시설은 도시의 상징시설이 되기도 하고 관광상품으로서의 역할도 담당한다. 스포츠 시설은 도시의 아이콘(icon)이자 건축학적이고 기술적 상징이 되어 가고 있는 것이다. 전 세계적으로 관심이 많은 초대형 스포츠 이벤트를 위한 각종 스포츠 시설들은 TV·인터넷 등을 통해 전 세계로 방송되며, 개최국가의 과학기술 수준뿐 아니라 경제·사회적 발전의 정도를 나타내는 척도로서의 의미도 지니고 있다.

그린스포츠 시설

대부분의 스포츠 시설들은 자연경관을 인위적으로 변형시킨다. 일단 초대형 경기장, 실내체육관, 스키장 등을 건설하면, 그 지역의 모습과 환경을 본래의 상태로 되돌리기가 불가능하다. 스포츠 시장에서 환경파괴, 환경오염 등의 문제는 주로 스포츠 경기장 등 시설 건설 과정이나 이미 건설된 시설의 운영과정에서 발생한다. 그런데 각종 스포츠 이벤트에 대한 관심과 열기를 감안할 경우 스포츠 시설은 앞으로도 지속적으로 건설될 것이고, 각종 시설 건설과정에서 환경 및 생태계 파괴, 오염 등에 대한 논란은 계속될 것이다. 사실 그동안 각종 스포츠 시설 건설 과정에서 발생한 자연경관 훼손, 생태계 파괴, 환경오염 등은 불가피한 측면도 있었다. 그러나 이제 어떤 스포츠 시설

그린스포츠 환경과 복지에 대한 관심 증가로 스포츠 분야에서도 녹색 바람이 불고 있다. 녹색 시설 및 경영을 천명한 SK문학구장

도 자연환경이나 생태계 등을 외면할 수 없게 되었다. 초대형 경기장, 골프장, 스키장, 수상 스포츠, 해양스포츠 등의 시설들 역시 환경파괴, 환경오염 등의 비난에서 자유롭지 못하다. 환경은 심지어 올림픽 경기, 월드컵, 자동차 경기대회 등 초대형 스포츠 이벤트 개최 유무의 중요한 기준으로 대두되기도 한다.

스포츠가 미래의 산업으로 성장·발전하기 위해서는 환경친화적이어야 한다. 즉, 개발과 보존이라는 상충관계를 상호공존 관계로 전환해야 한다. 이를 위해 스포츠의 가치를 지향하면서 환경을 보존할 수 있는 대안들이 제시되고 있다. 예를 들어, 이미 많은 스포츠 시설들이 자연환경 훼손을 최소화하고 전기, 물 등을 절약하기 위해서 태양열, 빗물 등을 활용하고 있다.

안전 시설

　애플바움(Applebaum, S. H., 2005)은 사람들이 많이 모이는 초대형 스포츠 경기장 시설들이 테러리스트 등 제3세력들의 공격 대상이 될 수 있다고 주장한다. 초대형 스포츠 이벤트나 프로스포츠 경기장은 많은 관중들이 모이고, 혼잡하고 시끄러우며, 관중들의 기분이 들떠 있는 상태이므로 테러리스트들의 공격표적이 되기 쉽다.

　현재 대부분의 스포츠 시설에서 시행하고 있는 안전조치는 유사시 관중, 선수, 종업원들의 안전을 보장하기에 미흡하다. 특히, 스포츠 시설에 대해서는 정부의 주요 공공 시설에 비해 상대적으로 보안이나 검문·검색 등이 취약한 실정이다. 과학기술의 발달과 더불어 테러리스트들이 더욱 과격해지면서 공격 방식도 다양해져서 폭탄테러뿐 아니라 식수원 오염, 유독 가스 살포, 세균 살포 등에 대한 우려도 제기되고 있다. 그동안 영화나 드라마에서 볼 수 있었던 초대형 스포츠 시설이나 경기장에 대한 테러위협이 현실화될 가능성이 있어, 미국, 영국 등에서는 9·11테러 이후 초대형 스포츠 시설의 안전을 강화하기 위해 많은 노력과 재원을 투자하고 있다. 감시용 카메라 설치, 경호원 배치 외에도 다양한 첨단과학기술을 동원하여 선수와 관중, 종업원들의 안전을 지키기 위해 노력하고 있다. 최근에는 테러리스트 등 제3세력들의 공격을 사전에 방지하기 위한 조치로 지문인식, 얼굴 인식, 목소리 녹음, 망막 스캔, 서명 등 최첨단 기술을 활용하는 것까지 고려하고 있다.

3. 시설과 지역발전

국제스포츠 이벤트 시설

영국의 경우, 1970년대부터 1980년대 초까지 스포츠 시설에 대한 정부지출이 증가했다.[1] 스포츠 시설이 지역주민들의 건강 유지 및 증진에 기여하고, 나가서는 지역 사회의 복지증진에 기여한다는 인식 때문이었다. 영국에서 각종 스포츠 시설은 사회서비스의 한 부문으로 간주되었으며 주로 실내스포츠 센터나 수영장 등 공공스포츠 시설들은 대부분 지방정부의 지출로 건설되었다.[2]

그러나 스포츠 시설을 활용한 복지증진이라는 정책을 달성하기 위한 지출은 점차 줄어드는 대신, 경제적 부흥을 위한 스포츠 시설 투자가 증가했다. 즉 스포츠 시설의 역할이 복지향상에서 경제발전으로 변화한 것이다. 도시 지역의 스포츠 시설에 대한 투자는 도시의 이미지 변화, 투자 유치, 관광객 유인 등을 목표로 했다. 특히 중화학 공업이나 제조업 중심의 산업도시들이 경제적 부흥을 위해 스포츠 시설을 활용하는 전략을 추구했다. 이러한 정책은 전통 산업의 쇠퇴와 더불어 쇠락해 가고 있던 도시들이 새로운 이미지 변화와 고용 창출을 도모하는 데 도움이 되었다. 영국의 맨체스터(Manchester), 쉐필드(Sheffield), 버밍햄(Birmingham), 글래스고우(Glasgow) 등이 대표적이다. 이들 도시는 경제적 회생을 위해 초대형 스포츠 이벤트를 개최할 수 있을 정도로 스포츠 시설에 투자했으며, 그 결과 초대형 스포츠 이벤트 개최에 대한 전문지식과 운영 노하우(know how)를 지니게 되어 양질의 스포츠 이벤트 개최가 가능해졌고, 이벤트 유치경쟁에서도 유리한 위치를 차지하게 되었다. 초대형 스포츠 이벤트는 또한 관광

---

1 영국의 경우 버밍햄(Birmingham)과 맨체스터(Manchester)가 올림픽 경기를 개최한 것 외에도 맨체스터에서 영연방경기대회(Commonwealth Games)를, 쉐필드(Sheffield)에서 세계대학생 경기(World Students Games)를 개최하였다.

2 실제로 1971년에 12개의 실내스포츠 센터와 440개의 수영장이 건설되었다. 1981년에는 461개의 실내스포츠 센터와 964개의 수영장이 건설되었다. 이러한 지출은 1980년대 보수당 정부에 의해서 삭감되었다.

객 유치의 중요한 수단으로 지역경제 발전에 기여했다. 이들 도시가 뛰어
난 스포츠 시설과 운영능력, 우수한 프로그램을 갖추게 됐을 뿐 아니라 관
광객의 증가로 지역 주민들도 스포츠 관련 시설과 이벤트를 통해 편익을
얻을 수 있게 된 것이다. 이로 인해 다른 도시들도 지역발전을 위한 수단으
로서의 스포츠 시설에 대한 투자의 중요성을 인식하기에 이르렀다. 그러나
스포츠 시설에 대한 지방정부의 투자 규모와 투자에 따른 비용과 편익에
대해서는 많은 논란이 제기되기도 한다.

프로스포츠 이벤트 시설

미국의 많은 지방정부들은 초대형 스포츠 시설들이 경제적 편익을 유
발한다는 이유로 엄청난 자금을 투자해왔다. 1980년대 말 이후 미국 도시
들은 수천만 달러의 비용을 들여 스포츠 경기장을 건설하여 프로스포츠 팀
을 유치하기 위해 경쟁했다.[3] 도시 간 경쟁이 심해지자 프로스포츠 팀은 자
신을 유치하려는 지역에 점점 더 까다로운 요구조건을 제시하기도 했다.

미국의 프로스포츠 팀은 유럽과 달리 연고지역을 옮기기가 상대적
으로 쉬웠다. 자신들의 요구조건을 수용하는 도시로 쉽게 이동할 수 있었
던 것이다. 도시 간 치열한 경쟁으로 인해 기존 스포츠 시설이 건립된 지
10~15년만 되어도 새로운 경기장이 건설되기도 했다. 1987년 이후부터
현재까지 미국 프로스포츠 시설의 약 80%가 대체되거나 새로 건설되거나
개·보수되었다. 미국의 경우 스포츠 시설에 대한 지방정부의 지원이 상대
적으로 일반화되고 있는 것이다. 이로 인해 일부 지방정부들의 스포츠 경
기장 건설비용이 막대하게 증가하여 재정에 부담이 되기도 하였다.

프로스포츠 리그는 일종의 독점시장 형태로 인위적으로 팀의 수를 제
한하는데, 이는 스포츠 경기를 통해 수익사업을 하기 때문이다. 스포츠 시

---

3 미국의 경우 대부분의 지역들이 프로리그를 유치하기 위해 경기장을 건설하였다. 덴버(Denver)의 쿠
어스필드(Coors Field), 클리블랜드(Cleveland)의 제이콥 필드(Jacobs Field), 발티모어(Baltimore)
의 캠든 야드(Canmden Yards) 등이 대표적이다.

설을 갖춘 도시들은 계속해서 프로스포츠 경기를 공급해야 하기 때문에 리그를 지원할 수밖에 없다. 스포츠 시설 건설을 지원한 지방정부들은 보다 많은 자금을 지원하라는 스포츠 팀들의 압력으로 곤경에 처하기도 한다. 프로스포츠 팀들이 지역에서 독점력을 행사하기 때문이다.

그러나 영국의 경우와 마찬가지로 몇몇 도시들은 단순히 프로스포츠 팀을 위한 시설 지원 차원을 넘어서 지역경제 회생 수단으로 스포츠 시설을 이용한다. 인디애나폴리스(Indianapolis), 클리블랜드(Cleveland), 필라델피아(Philadelphia), 켄사스(Kansas) 등이 대표적이다. 이들 도시들은 탈산업화와 고용창출을 위한 정책으로 프로스포츠 활성화를 추진했다. 특히, 인디애나폴리스는 1970년대 중반만 하더라도 자동차산업 등 제조업 중심의 도시로, 도시를 대표할 만한 특색 있는 이미지가 없었지만 자동차 경주로 명성을 쌓기 시작했다.

이들 도시들은 이러한 문제를 인식하고 지역의 발전을 위한 촉매로 스포츠를 활용하여 서비스 중심의 도시로 거듭 태어나기 위해 노력했다. 주로 프로스포츠 팀을 위한 시설뿐 아니라 주요 스포츠 이벤트 개최를 위한 시설에 투자했다.[4] 〈표 15-1〉은 2000년 이후 미국이 주요 스포츠 시설을 건설하기 위해 지출한 금액을 보여 준다.

| 표 15-1 | **미국의 주요 스포츠 시설 건설 비용[5]**

연 도	금액(billion $)	연 도	금액(billion $)
2000	3.00	2001	3.17
2002	3.49	2003	4.37
2004	2.14	2005	2.08
2006	2.39	2007	1.40
2008	3.34	2009	6.70

자료: *Sports Marketing*(2009).

---

4 미국은 1974년부터 1984년까지 약 1,700억 달러에 달하는 자금을 스포츠 시설에 투자했다. 프로스포츠 팀을 위한 시설뿐 아니라 주요 스포츠 이벤트 개최를 위한 시설에 투자한 것이다. 그 결과 1977년부터 1991년까지 약 330여 개의 스포츠 이벤트가 개최되었다.

5 2000~2009년 사이 미국은 스포츠 시설을 건설하기 위해서 총 323억 달러를 사용하였다. 주요 옥외경

스테이플스 센터(Staples Center) 구단 명칭권으로 20년 동안 1억 달러를 받고 있는 LA의 Staples Center

전통적으로 미국의 도시들은 초대형 스포츠 이벤트 유치보다는 국내 프로스포츠 팀을 위한 시설에 관심을 두었다. 자국의 인구만으로도 스포츠 시장 활성화가 가능했기 때문이다. 각 도시는 소비자들에게 보다 편리하고 쾌적한 시설을 제공하기 위해서 스포츠 경기장 시설을 개·보수하거나 새로 건설하기도 한다.[6] 특히, 약간의 다목적 경기장도 존재하지만 미국 메이저리그(major league)의 많은 경기장 시설은 관중들이 특정 프로스포츠 경기만을 관람할 수 있도록 건립

| 표 15-2 | 미국·캐나다의 주요 경기장의 명칭권

경기장	지 역	금액(백만$)	계약 기간(년)
Reliant Stadium	Houston	300	32
FedEx Field	Landover	205	27
American Airline Center	Dallas	195	30
Philips Arenas	Atlanta	182	20
Minute Maid Park	Houston	178	28
Bank of America	Charlotte	140	20
Lincoln Financial Field	Philadelphia	139	21
Invesco Field At Mile High	Denver	120	20
SBC Center	San Antonio	101	20
Staples Center	Los Angeles	100	20

자료: *Sports Marketing*(2006).

기장(Major Stadium)에 133억 달러, 주요 경기장(Major Arena)에 40억 달러, 대학옥외경기장(College Stadium)에 37억 달러, 대학경기장(College Arenas)에 55억 달러, 마이너리그 옥외경기장(Minor Stadium)에 32억 달러, 마이너 경기장(Minor Arenas)에 23억 달러가 사용되었다.

6 1990년대에 들어 메이저리그들을 위해 100여 개의 스포츠 시설들이 증·개축되거나 건설되었다. 또한 1990년에서 1999년에 걸쳐 64개의 새로운 마이너리그 야구경기장도 건설되었다.

되기도 한다. 특정 프로스포츠 경기만 관람할 수 있도록 한 시설은 소비자들이 보다 편리하고 친숙하게 경기를 관람할 수 있게 하여 보다 많은 수익을 기대하게 되었다.

또한 초대형 스포츠 경기장은 명칭권(naming right)이라는 새로운 산업의 발전을 가져왔다. 경기장 명칭권은 스포츠 시설을 이용한 대표적인 스포츠 산업으로 자리잡아가고 있다. 〈표 15−2〉는 미국과 캐나다의 주요 경기장의 명칭권 사용금액과 계약기간을 정리한 것이다. 휴스턴(Huston) 릴라이언트 스타디움(Reliant Stadium)의 경우 명칭사용금액이 32년에 걸쳐 3억 달러에 달하고 있다.[7]

4. 시설과 정부의 역할

긍정적 견해

경제적으로 초대형 스포츠 시설은 다음과 같은 특성을 지니고 있어 정부의 역할이 강조되기도 한다. 첫째, 초대형 스포츠 시설은 긍정적인 외부효과를 지니며 공공재라는 특성을 지닌다. 어떤 재화의 상업성보다 공익성이 중요하게 고려될 경우 시장가격을 기초로 수요·공급을 조정하기가 쉽지 않다. 따라서 초대형 스포츠 시설에 대한 시장가격은 최적의 공급량을 유도하는 가격이 아니다. 초대형 스포츠 시설은 시장가격을 기초로 공급을 조절하기가 어렵기 때문에 어떤 지역에서는 이용률이 낮아 1년 중 절반 이상 비어 있는 경우가 발생하고, 다른 지역에서는 공급이 부족해 혼잡상황이 발생하기도 한다. 초대형 스포츠 시설에는 또한 경제적인 측면을 넘어서서 고려해야 하는 훨씬 더 복잡한 경제·사회적 편익들이 있다. 시설을 통해 얻게 되는 수익 외에도 다양한 간접 편익이 있는 것이다. 예를 들

---

7 2006년 현재 미국과 캐나다의 50여 개의 스타디움(stadium)과 경기장(arenas)이 명칭권(naming rights)을 계약하였다.

초대형 스포츠 시설 초
대형 스포츠 시설은 주민
들로부터 자부심, 정체성
등을 기대할 수 있을 뿐
아니라 문화적·역사적으
로도 높은 가치를 지닌다.

어, 스포츠 시설을 보유함에 따른 지역주민들의 자부심, 정체성 등과 같은
긍정적 외부효과를 기대할 수 있다. 또한 스포츠 시설 자체만으로는 수지
가 맞지 않는다고 하더라도, 지역경제에 대한 파급효과까지 고려한 총편익
이 관련 비용을 훨씬 상회한다면, 지방정부는 여전히 시설을 건설하고 유
지하려 할 것이다. 문제는 초대형 스포츠 시설의 경제적 가치를 정확하게
산정한다는 것이 불가능하며 정확하게 산정했다고 해도 최적의 공급을 달
성하기가 쉽지 않다는 것이다. 또 정부가 산정한 초대형 스포츠 시설 사용
료는 공공스포츠 시설에 대한 수급관계가 정확히 반영된 최적의 공급을 의
미하는 가격이라기보다는 공익성 차원에서 결정되는 경우가 많다. 이 경우
사용료를 통해 시설건립 및 운영비용을 조달하는 것은 불가능해진다.

둘째, 초대형 스포츠 시설들은 초대형 스포츠 이벤트를 위해서 필요하
다. 초대형 스포츠 시설은 지역주민들에게 스포츠 이벤트라는 서비스를 제
공할 뿐 아니라 경제적으로 평가하기 어려운 단합, 자부심, 애향심, 정체성
등을 강화하는 역할을 한다. 스포츠 이벤트와 프로스포츠 경기장 등 공공
스포츠 시설은 지역주민이나 소비자들에게 정치·사회·문화적으로도 커다
란 편익을 제공한다. 이와 같이 초대형 스포츠 시설에는 경제적 수입으로
환산되기 어려운 다양한 편익과 공공성이 존재하고 있어 민간부문이 참여
하기 어렵고, 결국 대부분 시설은 정부 등 공공기관에 의해 건설되고 운영
된다.

초대형 스포츠 시설에 대한 투자의 모든 편익이 직접 발생하고 민간
투자자들이 비용을 만회할 수 있다면, 민간 부문도 투자할 유인을 갖게 될

초대형 스포츠 이벤트 시설의 활용 올림픽 등 초대형 스포츠 이벤트 시설은 이벤트가 끝난 후에도 각종 스포츠센터, 콘서트장 등으로 활용된다. 올림픽 체조 경기장과 수영장

것이다.

초대형 스포츠 시설 유치를 지지하는 측에서는 지역의 스포츠 시설과 이벤트가 다양한 편익뿐만 아니라 경제발전을 가능하게 하는 인프라와 같다고 주장한다. 즉, 교육에 대한 투자와 같다고 주장한다. 특히, 올림픽, 월드컵축구대회와 같은 초대형 스포츠 이벤트 시설은 문화적·역사적 유산으로서의 가치도 매우 크다. 최근 문화산업에 대한 중요성이 부각되고 있음을 감안할 때 스포츠 이벤트 개최와 이를 통해 다양한 가치를 제공하는 역할을 하는 초대형 스포츠 시설의 역할과 의미를 재평가할 필요가 있다.

셋째, 초대형 스포츠 시설은 도시 지역의 경제적 활성화에 기여하여 새로운 도시지역으로 변화·발전하는 데 도움을 줄 수 있다. 영국·미국의 많은 중화학, 제조업 중심의 도시 지역들이 산업구조 변화와 더불어 도시 지역에 문화적 활력을 제공하고 경제적 발전을 도모하기 위한 정책의 일환으로 스포츠 시설을 건설했음은 이미 설명한 바와 같다. 스포츠 시설과 이벤트는 도시 지역에서의 다양한 경제활동을 가능케 하고 지역경제 발전을 위한 촉매 역할을 한다. 초대형 스포츠 이벤트는 새로운 스포츠 시설 투자를 필요로 하고 이런 이유로 정부나 스포츠 관련 단체의 지원을 받기도 한다. 초대형 스포츠 시설은 고용창출뿐 아니라 관련 산업의 발전을 가능케 하며 최첨단 과학기술의 발전을 과시하고 관광산업에도 기여할 수 있는 잠재력이 크다. 이를 통해 지역경제 활성화는 물론 지역의 이미지 변신을 가능하게 하기도 한다.

넷째, 초대형 스포츠 시설은 각종 경제적 효과를 발생시킨다. 초대형 스포츠 시설 투자에 따른 효과는 통상 직접효과와 간접효과로 구분된다. 여기서 직접효과는 초대형 스포츠 시설과 관련된 소비활동 즉, 식품·음료·주차·의류·기념품 등에 대한 소비를 말한다. 또한 방송중계나 스포츠 경기로부터 창출되는 경제적 편익 등도 포함된다. 간접효과는 스포츠 재화나 서비스를 생산함에 따라 발생하는 소득을 가지고 경제주체들이 추가적으로 소비하여 발생하는 효과를 말한다. 간접효과는 공공투자와 소득 재분배보다는 순수한 의미의 소득증가를 유발하는 효과이다.

다섯째, 지방정부가 스포츠 시설을 유치하려는 것은 지역 인지도 제고, 지역경제 활성화, 지역 이미지 제고 등의 가치가 있다고 여기기 때문이다. 현대사회에서 스포츠 시설은 문화적 중요성뿐 아니라 경제적으로도 확실히 가치가 있는 사업임에 틀림이 없다. 초대형 스포츠 시설은 해당 지역을 널리 알릴 수 있다. 초대형 스포츠 시설을 갖춘 메이저리그팀의 연고지

그림 15-1 스포츠 시설·이벤트의 경제적 파급효과

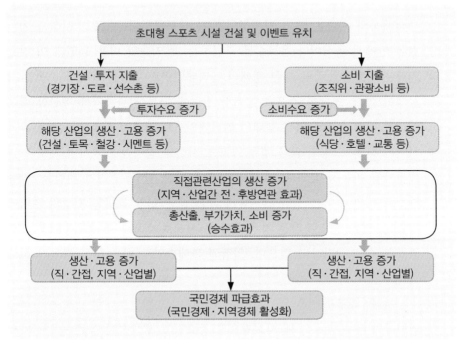

자료: 한국개발연구원(2003).

역은 주기적으로 방송에 등장하기도 한다. 그 결과 관광산업 활성화와 기업의 투자유치가 가능해진다. 초대형 스포츠 이벤트가 개최된 지역은 직접적인 스포츠 시설과 더불어 도로, 교통, 통신 등 SOC시설이 상대적으로 잘 갖추어져 있다. 극장, 오페라 하우스, 심포니 홀, 공원, 박물관, 병원, 학교 등 각종 문화적 시설도 구비돼 있다. 이런 지역은 관광산업이 활성화되고 삶의 질적 향상이 가능할 뿐 아니라 기업 유치에도 보다 유리할 것이 명확하다. 〈그림 15 - 1〉은 초대형 스포츠 시설 건설과 이벤트를 유치할 경우 나타날 수 있는 국민 경제적 효과를 나타낸 것이다.

부정적 견해

반면 초대형 스포츠 시설의 경제적 효과 등 전반적인 효과가 기대에 미치지 못한다는 주장도 있는데 그 근거는 다음과 같다. 첫째, 스포츠 시설에서의 소비지출 효과가 미약하다. 앞에서 설명한 바와 같이 스포츠 시설 내외에서의 지출은 크게 경기장입장료, 상품구입비, 스포츠 시설 근처나 시설 안에서 음식이나 음료수를 구입하는 데 지출한 비용 등인데 이 같은 지출은 영화입장료 등 다른 형태의 엔터테인먼트 비용을 대체하는 것일 가능성이 높다. 초대형 스포츠 경기장 건설에 따른 지출증가를 계산할 때는 이러한 대체 효과로 다른 형태의 엔터테인먼트 지출이 감소하는 것을 감안하여야 하며, 그렇지 않을 경우 스포츠 시설의 경제적 효과가 실제보다 과대평가될 가능성이 있다. 스포츠 시설에 대한 입장료, 경기 관람료, 방송 중계료 등의 수익은 생각보다 높지 않을 뿐 아니라 웬만한 기업의 수익에 비할 수 없을 정도로 작은 경우가 많다. 실제로 스포츠 경기를 관람하는 관중들의 수는 생각보다 적으며, 입장권 판매수입도 매우 낮은 경우가 허다하다.

둘째, 대부분의 지방정부들이 한정된 예산으로 초대형 스포츠 시설을 건설하기 위해서는 경제·사회적으로 중요하고 생산성이 높은 공공서비스에 대한 지출을 줄여야 한다. 예를 들어, 초대형 스포츠 시설을 건설하기 위해서는 도로, 다리 등에 대한 보수나 건설을 연기할 수밖에 없을 것이다. 즉, 스포츠 시설 건설에 대한 정부 지출은 다른 분야의 정부지출을 감소시키고, 이는 그러한 지출에서 생성되는 편익을 포기해야 함을 의미한다. 따라서 초대형 스포츠 이벤트를 개최하기 위해 지역에서 우선순위가 높거나 반드시 필요한 투자를 지연하거나 연기하는 것이 과연 바람직한가에 대한 논란이 제기된다.

셋째, 초대형 스포츠 경기장 등 스포츠 시설에 대한 경제적 효과가 비경제적인 이유로 과대평가될 수 있다. 스포츠 시설에 대한 경제적 타당성은 공공투자의 합법성을 위해 실시되고 있을 뿐 객관적인 평가결과를 제공하기 위한 것이 아니라는 비판도 있다. 많은 스포츠 시설이 지역경제 발전에 일조할 것이라고 생각하지만, 실상은 타당성 평가가 경제적 편익을 과장할 가능성이 있다. 해당 지역의 정치인 또는 관료, 그리고 스포츠 관련 종사자들이 정부지원을 통해 스포츠 시설을 유치하기 위해 경제적 효과가 크게 나오도록 여러 가지 가정을 이용하기도 한다. 즉, 스포츠 시설을 유치할 경우 지역사회에 엄청난 경제적 가치를 유발할 것이라는 점을 보여주기 위한 목적으로 조사를 진행하기도 하는 것이다. 이 경우 대부분의 연구결과는 공정하지도 객관적이지도 않다. 특히 외부 관광객을 유치하는 정도를 과대평가하는 경우가 많다. 스포츠 시설에 대한 경제적 효과를 측정하기 위한 연구들은 종종 경기를 관람하는 사람들을 대상으로 설문조사한 결과를 사용하는데, 설문조사의 객관성과 신뢰성을 확보하는 것이 쉽지 않다. 실제 새로 건설하거나 혹은 보수된 경기장이 있는 일부 도시에서는 이러한 시설들이 오히려 지역의 경제 발전에 부정적인 영향을 미친 사례들이 보고되기도 한다.[8] 또한 이들은 경기장 유치 및 건설에 관한 보조금은 저임금 일자리만 창출한다고 지적하기도 한다.

넷째, 초대형 스포츠 시설은 환경파괴 및 오염 등 부작용을 초래할 수

---

[8] 바드와 다이(Baade, R. & R. Dye, 1990)는 회귀분석을 활용해 신시내티, 덴버, 디트로이트, 캔자스시티, 뉴올리언즈, 피츠버그, 샌디에고, 시애틀, 템파베이 등 9개 대도시 지역의 각 개인소득 수준에 대해 경기장 및 프로야구 또는 미식축구경기가 미친 영향을 평가하였다. 이들은 분석결과 관료들의 주장과는 대조적으로, 스포츠 경기장 건설이 도시 경제에 큰 영향을 주지 않는다고 보고하였다.

시설유지 및 보수 초대형 스포츠 이벤트 시설은 운영 및 유지에 많은 비용이 소요되고, 수익창출이 쉽지 않다.

있다. 또한, 초대형 스포츠 시설을 단기간에 무리하게 추진할 경우 원자재 난, 인력난, 물가상승 등을 초래할 수도 있다. 교통혼잡, 교통사고, 폭력사고, 지역주민들의 생활스타일 파괴 등을 가져올 수도 있다. 이러한 것들은 스포츠 시설 건립 및 이벤트 유치로 인한 비용이 분명하지만 경제적 가치로 평가하기가 어렵다는 이유로 비용에 포함되지 않는 경우가 많다.

다섯째, 초대형 스포츠 이벤트를 위한 시설은 경제·사회적 편익을 감안하기보다는 지역정서·정치적 이유 등으로 유치되기도 한다. 이 경우 정치적 목적은 달성 가능하나 해당 지방자치단체의 경제적 부담을 가중시킨다. 또 스포츠 이벤트 개최 이후 스포츠 시설을 유지·관리하는 데 엄청난 비용이 소요된다. 사후활용 방안 등을 철저히 검증하지 않은 채 스포츠 이벤트 개최를 위한 시설을 건설하는 것은 오히려 지역경제 활성화에 부담요인으로 작용할 수 있는 것이다.

〈표 15-3〉은 2002년 한일월드컵축구대회 유치를 계기로 우리나라에 건립된 경기장 현황이다. 월드컵 개최는 우리에게 많은 편익을 가져다주었

| 표 15-3 | 2002 한일월드컵 축구경기장 현황

장소	용도	면적(㎡)	좌석수	장소	용도	면적(㎡)	좌석수
서울	축구전용	216,712	64,677	대전	축구전용	172,378	40,407
부산	종합경기장	330,578	54,534	울산	축구전용	912,310	43,512
대구	종합경기장	512,479	65,857	수원	축구전용	425,000	43,138
인천	종합경기장	441,628	50,256	전주	축구전용	627,432	42,477
광주	축구전용	329,225	42,880	제주	축구전용	134,122	42,256

지만, 그 이후 이 시설들을 어떻게 활용하는가가 심각한 문제로 대두되었다. 현재 서울 등 일부지역을 제외한 대부분 지역의 경기장은 적자를 면하지 못하고 있다.

5. 무형의 편익과 가치

무형의 편익

초대형 스포츠 시설은 인종·성별·소득 등에 상관없이 지역주민들이 공동으로 참여하여 경험하고 함께 즐길 수 있는 장소이다. 초대형 스포츠 시설에서 개최되는 이벤트는 모든 국민들이 공동사회의 일원이라는 인식을 제고하는 데 이용 가능한 몇 안되는 수단 중 하나이다. 또한 스포츠 시설은 사회적 연대, 주체성, 국론 통일, 단합 등을 구축하는 데 필요한 무형의 자산이다. 이러한 이유로 초대형 스포츠 시설에 대한 무형의 편익이 강조되고 있다.

무형의 편익은 국민들이 스포츠 시설이나 시설에서 개최하는 이벤트에는 직접 참여하지 않은 경우에도 그들이 얻을 수 있다고 생각되는 감정적·정신적 편익이라는 점에서 심리적 편익(psychic benefits) 또는 심리적 소득(psychic income)이라고도 한다. 심리적 편익은 소비자잉여와 깊은 연관이 있다.

초대형 스포츠 시설은 지역을 널리 알리고 사회를 발전시키는 데 중요하다. 주민들과 국가 또는 지방정부는 지역에 설치된 스포츠 시설이 최첨단 과학기술을 이용한 최고의 시설임을 강조하면서 자신의 지역을 홍보할 수 있다. 초대형 스포츠 이벤트를 개최한 국가나 지역에서는 스포츠 시설에 대해 감정적 애착을 가지고 있고, 이들로부터 무형의 편익을 얻는다.

스포츠 시설에서 개최되는 경기나 이벤트는 지역주민들에게 단조로운 일상생활에서 벗어나서 보다 활기 있는 생활을 가능하게 해준다. 스포츠 시설은 많은 사람들에게 환희와 실망을 동시에 제공하는 극장과 비슷한 역할을 하기도 한다. 또한 관중의 증가와 이들의 지출에 의한 경제적 효과 못지않게 많은 관중들이 지역을 방문할 때 지역사회에서 발생하는 사회적 편익의 증가도 중요하게 간주되어야 한다. 경기에 충성도가 높은 팬들이 일시적으로 유입될 경우 지역은 활기에 가득 찬다. 이는 개최지역에게는 일시적인 현상이지만 많은 영향을 미칠 수 있다. 또한 지역에 최첨단의 우수한 스포츠 시설이 건설될 때 지역주민들은 자부심을 느끼게 된다. 이러한 자부심은 초대형 스포츠 이벤트를 개최함에 따른 이미지 증가와 더불어 지역사회에 무엇이든 할 수 있다(can do)는 긍정적인 사고를 유발한다.

무형의 편익은 쇠퇴해 가는 도시지역을 소생시키기 위한 노력으로부터 파생되기도 한다. 무엇인가를 해냈다는 성취감은 지역사회에 남아 있는 부정적 사고를 경감시킨다. 스포츠 시설은 비록 시장에서 거래되지는 않더라도 국가·사회적으로 커다란 공공의 가치를 지니고 있는 것이다.

따라서 초대형 스포츠 시설의 심리적 편익에 대해서는 모두들 그 중요성을 인정하고, 이를 측정하기 위해 다양한 방법을 개발하고 사용하고 있다. 그러나 무형의 편익과 비용을 측정할 만한 객관적이고 과학적 근거나 틀은 아직 존재하지 않는다는 데 논란의 소지가 있다. 〈표 15-4〉는 초대형 스포츠 시설 건립과 이벤트 개최에 따른 무형의 편익을 정리한 것이다.

| 표 15-4 | **초대형 스포츠 시설의 무형의 편익**

무형의 편익 유형	• 지역의 정체성 강화
	• 관람객 유입에 따른 기대효과
	• 스포츠 이벤트 또는 팀에 대한 충성도 강화
	• 사회적 유대 강화 가능
	• 지역의 경제적 부활을 위한 노력
	• 초대형 스포츠 이벤트 개최에 따른 자부심
	• 무엇이든지 할 수 있다는 긍정적 사고
	• 승리로 얻게 되는 기쁨과 환희

사용·비사용 가치

초대형 스포츠 시설은 경제적으로 가치를 지닐 뿐 아니라 보존 및 유산가치(遺産價値)도 지닌다. 즉, 경제적으로 사용가능하여 발생하는 사용가치뿐 아니라 비사용 가치를 지니고 있다.

사용가치와 비사용 가치를 합하여 총 경제적 가치라고 한다. 각종 스포츠 시설들의 지속적인 설립과 운영은 경제적 가치에 대한 새로운 개념을 만들어 내게 했다. 장기적인 관점에서 볼 때 초대형 스포츠 시설에는 이런 가치들이 존재하고 있으며, 학자들은 스포츠 이벤트 개최에 따른 경제적 가치를 계산할 때 이것들이 모두 포함되어야 한다고 주장한다. 〈그림 15-2〉는 스포츠 시설의 총경제적 가치를 사용가치와 비사용 가치로 세분하여 나타낸 것이다.

우선 스포츠 시설의 사용가치(use value)이다. 사용가치는 스포츠 이벤트 기간 중은 물론 이벤트가 끝난 후에도 사용가능한 가치이다. 사용가치는 직접, 간접, 선택적 사용가치 등으로 구분된다.

그림 15-2 스포츠 시설(이벤트)의 총경제적 가치

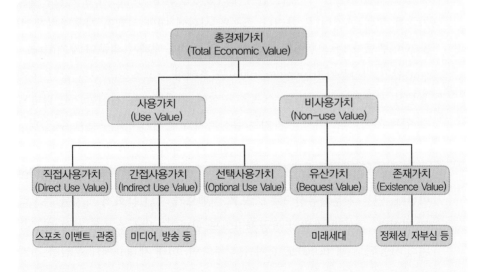

직접사용가치(direct use value)는 스포츠 시설을 실제로 이용할 때 기대되는 모든 편익이다. 소비자들이 스포츠 시설에서 지출하는 입장료, 기념품 구입, 관광비용, 시설사용료 등이 이에 해당된다. 즉 스포츠 시설을 이용하여 직접적으로 가치를 얻는 것을 말한다.

간접사용가치(indirect use value)는 스포츠 시설을 직접 이용하지는 않지만 스포츠 시설의 존재로 인해서 얻을 수 있는 편익이다. 예를 들어 소비자들은 미디어, 방송 중계 등을 통해서 간접사용가치를 얻을 수 있다. 또 스포츠 시설이 지역에 존재한다는 이유만으로도 나타나는 가치뿐 아니라 주민들이 느끼는 쾌적함, 안락함 등도 이에 속한다.

선택적 사용가치(optional use value)는 선택적 수요(optional demand)라고도 한다. 이는 미래의 특정 시점에 특정한 가격으로 사용가능한 기회를 보장하고 지불하고자 하는 금액이다. 지역주민들의 미래에 대한 선호, 소득, 공급 등에 대한 불확실성을 보상받기 위한 위험할증료로 생각할 수 있다. 스포츠 이벤트가 끝난 후에는 스포츠 시설에 대한 수요가 아주 적거나 거의 없을 수 있지만 도시나 지역이 발전하여 미래에 수요가 발생할 경우 그 가치를 인정해 주는 것이다. 즉, 스포츠 이벤트가 개최됨에 따라 사람들이 미래에 얻을 수 있는 편익의 가능성을 효용이라는 개념을 이용하여 가치를 구하는 것이다. 그러나 스포츠 시설에 대한 선택적 사용가치가 스포츠 이벤트가 끝난 후에도 지속될 수 있는가에 대해서 의문이 제기된다.

한편 비사용가치(non-use value)는 초대형 스포츠 이벤트가 끝난 후에 충분히 사용하지 않더라도 스포츠 시설이 존재한다는 사실만으로 나타낼 수 있는 가치이다. 비사용 가치는 유산가치와 존재가치로 구분할 수 있다.

유산가치(legacy value, bequest value)는 개최 시설과 장소를 미래의 세대들에게 물려줄 수 있다는 자부심으로 현재 세대들이 느끼는 만족감을 의미한다. 인류의 문화유산으로 스포츠 이벤트가 지닌 문화적 가치를 측정하는 것이다. 글로벌 차원의 공공재라고도 한다. 그러나 스포츠 시설 건설을 위해 사용된 부채(debts)도 같이 물려준다면, 미래 세대들에게 부담을 전가하는 결과가 된다.

존재가치(existence value)는 일종의 고유가치(intrinsic value)로서 스포츠 이벤트가 나름의 가치와 권리가 있다고 보는 것이다. 이는 초대형 스포츠 이벤트를 개최하고 그 시설이 존재하는 데서 사람들이 느낄 수 있는 효용이다. 비록 스포츠 이벤트에 참여하지 않더라도 이러한 효용은 경제적·사회적·상징적·문화적 관점에서 나타나기도 한다. 유산가치나 존재가치는 초대형 스포츠 이벤트가 가져다주는 모든 변화를 고려한다. 존재가치는 초대형 스포츠 시설과 관계가 깊다. 초대형 스포츠 시설에서 얻을 수 있는 존재가치는 시설이 자신의 지역에 존재한다는 것에서 느낄 수 있는 자부심, 자신들이 응원하는 팀의 승리 등이다. 지역주민들은 초대형 스포츠 시설을 직접 이용하지 않더라도 이벤트를 치른 스포츠 시설이 있다는 것만으로도 만족을 느낀다. 스포츠 시설의 존재가치로는 건축기술, 역사적, 문화적 중요성 등을 들 수 있다.

그러나 대체로 스포츠 시설의 경제적 영향을 논의할 때는 초대형 스포츠 시설의 유산가치나 존재가치는 감안하지 않는다. 이들에 대한 가치 추정이 어렵고 주관적이기 때문이다.

시설이 지니고 있는 유산가치와 존재가치가 스포츠 이벤트를 위한 정부 및 공공기관의 공공투자 자금을 정당화하는 수단이 될 수 있는 것은 사실이다. 그러나 시설들이 스포츠 이벤트가 끝난 후에도 유산가치나 존재가치를 지니기 위해서는 국가나 도시의 장기발전계획의 일환으로 계획되고 건설되어야 할 것이다. 초대형 스포츠 시설이 지니고 있는 의미와 이미지 등을 감안하여 유산가치나 존재가치에 대한 인식을 제고할 필요가 있다.

이와 같이 무형의 편익을 지니는 스포츠 시설의 총경제적 가치를 정확하게 산정한다는 것은 현실적으로 불가능하며, 정확하게 산정했다고 해도 최적의 공급을 달성하기가 쉽지 않다. 또한 일반적으로 정부가 산정한 초대형 스포츠 시설의 사용료가 스포츠 시설에 대한 수급관계가 정확히 반영된 최적의 공급을 의미한다고 보기도 어렵다. 즉, 이러한 가치가 초대형 스포츠 시설에 대한 최적의 공급량을 유도하는 가격이 아닐 수 있다.

따라서 초대형 스포츠 시설의 경제·사회적 가치를 정확하게 계산하기

재미있는
스포츠경제 ## 조건부 가치측정법

조건부 가치측정법(CVM, contingent valuation method)은 초대형 공공스포츠 시설, 공원 등과 같이 시장이 성립되지 않는 재화(비시장 재화)에 대해 사람들이 부여하고 있는 경제적 가치를 설문을 통해 직접적으로 이끌어 내는 방법이다. CVM은 스타디움, 실내경기장과 같은 초대형 스포츠 시설, 공원 등 공공재나 서비스에 대한 소비자들의 선호를 이용하여 공공재가 지니고 있는 가치를 평가한다.

CVM은 개인 대 개인, 우편, 전화 인터뷰 등을 통해 사람들이 생각하고 있는 비시장 재화에 대한 가치를 설문으로 파악한다. 설문지는 비시장재화의 변화에 대한 가상적 상황을 설정하고 여러 가지 조건들을 부여하여 사람들을 가상적인 상황에 결합시킨다. 응답자들은 비시장재화의 가상적 변화에 대해서 어느 정도 지불의사 있는지를 답하게 된다.

위해 다양한 방안들이 제시되고 있다. 무형의 편익을 지니는 스포츠 시설의 총경제적 가치는 소비자들이 시설 사용을 위해 기꺼이 지출하겠다는 지불의사(WTP, willingness to pay)라는 개념을 주로 사용하여 가치를 추정한다. 소비자들이 실제로 느끼는 효용과 같은 의미이다.

이 방법을 통해 스포츠 시설에 대한 수요를 파악할 수 있는데, 이는 소비자잉여와 깊은 관계를 지닌다. 소비자잉여란 앞에서 설명한 바와 같이 소비자가 필요한 재화나 서비스를 구입하기 위해 지불하려는 가격이 실제로 구입하는 데 지불한 가격을 초과한 부분이다. 시장에서 거래가 이루어지지 않는 재화나 서비스에 대해 소비자가 지불할 의사가 있는 최대의 가격은 결국 거래가 이루어졌을 경우의 가격과 소비자잉여의 합과 같아지게 된다. 올림픽, 월드컵 등과 같은 초대형 스포츠 시설들은 공공재의 성격을 지니며 국가적인 행사를 목적으로 하는 경기장으로, 그 시장가치를 정확히 도출하기는 불가능하다. 따라서 적절한 비시장적 가치추정 방법론을 적용하여 경제적 가치를 측정하는 것이 불가피하다. 이러한 비시장적 가치추정 방법은, 이론적으로는 어느 정도 타당성을 갖추고 있음에도 불구하고 실제 사용 및 해석단계에서는 일정한 한계를 지니고 있다.

재미있는 스포츠경제 | 비용편익분석

비용편익분석(cost-benefit analysis)이란 어떤 사업으로 인하여 자원배분의 변화가 발생할 때 그에 따른 경제적 순편익(net benefit)을 측정하는 방식이다. 즉, 어떤 사업을 시행할 때 발생하는 편익과 비용을 비교하여 그 사업의 경제성을 평가하거나, 여러 가지 대안이 있을 때 우선순위 결정 등을 위해 비용편익분석을 이용한다. 공공사업에 대한 비용편익분석에서는 그 사업으로 인한 사회적 편익이 사회적 비용을 초과하면 그 사업은 경제적 타당성을 갖는 것으로 평가된다. 공공사업을 수행하면 일부 계층은 이득을 얻고 일부 계층은 손해를 보더라도 전체적으로 이득이 손실보다 더 크다면 이득을 얻는 계층이 손실을 얻는 계층에게 재분배하고도 잉여가 있으므로 사회적으로 후생이 증대한다고 보는 것이다.

의사결정기준방식으로는 현재가치법, 내부수익률법, 편익-비용비율법 등이 있다. 이 가운데 가장 널리 쓰이는 현재가치법(net present value)을 살펴보기로 하자. 공공스포츠 시설 건설 사업에 따른 편익과 비용은 n년 후까지 발생하고, 각각의 기간 동안 발생하는 편익은 B_0, B_1,$\cdots$, B_n 비용은 C_0, C_1,$\cdots$, C_n으로 추정되고, 적정한 할인율이 r로 주어져 있다면 순편익의 현재가치(NPV)는 다음과 같이 구할 수 있다.

$$NPV = (B_0 - C_0) + \frac{(B_1 - C_1)}{(1+r)}$$

$$+ \frac{(B_2 - C_2)}{(1+r)^2} + \cdots \frac{(B_n - C_n)}{(1+r)^n}$$

$$= \sum_{i=0}^{n} \frac{(B_i - C_i)}{(1+r)^i}$$

여기서 순편익의 현재가치가 0보다 크면 공공스포츠 시설건설의 편익이 비용을 초과함을 뜻하고 0보다 작으면 비용이 편익을 초과함을 의미한다. 사업의 우선순위를 결정할 경우 현재가치가 가장 큰 것부터 부여한다.

그러나 현실적으로 스포츠 시설은 불완전경쟁, 외부성 등으로 인하여 시장가격이 한계편익이나 한계비용을 제대로 반영하지 못하는 경우가 많고, 시장가격이 존재하지 않는 건강의 가치, 쾌적한 환경, 양질의 삶 등 무형의 재화가 존재하고 있어 화폐액으로 비용편익분석을 수행하는 데 어려움이 따른다. 또한 비용편익분석을 사용하는 데 초대형 스포츠 시설에 대한 투자로 재화의 가격이 변하거나, 시장의 왜곡이 존재하거나, 시장가격이 존재하지 않는 경우에 문제가 발생할 수도 있다. 특히, 초대형 스포츠 시설을 건립할 경우 후생증진, 가치욕구 충족, 자부심 제고, 건강유지 및 증진, 쾌적한 환경 등을 기대할 수 있는데 이러한 목표는 객관적인 시장가격으로 평가하기가 불가능하다는 문제도 제기된다.

초대형 스포츠 시설 건립
초대형 스포츠 이벤트를 위해 건설되는 시설에 대해서도 비용편익분석 등 다양한 방법에 의한 경제적 효과분석이 수행된다.

재미있는 스포츠경제 | 초대형 스포츠 시설의 명칭

미국의 초대형 스포츠 시설의 이름에는 필드(Field), 파크(Park), 스타디움(Stadium), 아레나(Arena)와 같은 명칭들이 붙는 경우가 많다. 왜 이런 명칭이 붙었을까? 미국에서 20세기 초 20여 년간 건설된 초대형 시설들에는 '스타디움'이라는 명칭이 붙은 경우가 없었다. 대신 '파크'나 '필드'라는 이름이 많았는데, 이는 미식축구나 야구와 같은 스포츠가 들판에서 시작되었음을 반영한다.

스타디움이라는 이름은 1923년 NY 양키즈의 '양키즈 스타디움(Yankees Stadium)'이 그 효시이다. 스타디움은 고대 그리스에서 대형 건조물을 뜻하던 '스타디온'에서 유래한 것이다. 명칭을 통해 고전적인 구조물의 웅장한 형태를 연상할 수 있도록 의도적으로 붙인 이름인 것이다. 또한 대부분의 경기장은 그 경기장이 건설될 당시의 구단 소유주의 이름(성)을 따서 명칭을 정하기도 하였다.

그러나 1962년 이후부터 건설된 경기장들은 연고지 지방정부의 기여도를 반영하여 지역의 지리적 특색을 살리는 방향으로 명칭이 지어졌다. 그리고 최근에는 스폰서를 담당하는 기업이나 개인의 이름이 시설의 명칭으로 사용되기 시작하고 있는데, 이는 본문에서 설명한 바와 같이 구단의 큰 수익원으로 자리매김하고 있다.

출처: Leeds, M. & P. v. Allmen(2009).

16

스포츠 이벤트와 정부

1. 스포츠 이벤트의 개념과 발전

의 미

스포츠 이벤트(sport event)는 스포츠 경기와 지역, 국가의 독특한 의식(儀式) 및 문화 등이 결합된 것이다. 이러한 특성으로 인해 스포츠 이벤트의 개념도 다양하게 정의된다. 주로 '스포츠 경기 개최 지역의 인지도 및 수익성을 향상시키기 위해 한정된 기간 동안 일회성으로 반복적으로 개최되는 주요 이벤트', '스포츠 경기 개최 지역에서 체험, 오락, 구경거리를 동시에 제공하는 이벤트', '아주 짧은 기간 또는 특정의 기간에만 제공하는 스포츠 경기 서비스' 등으로 정의된다.

따라서 스포츠 이벤트는 특정 기간, 특정 장소에서 특정의 목적으로 스포츠 활동을 통해 참가자들을 자극하고 감동을 체험하게 하는 것이라고 말할 수 있다. 또한 스포츠 이벤트는 (지방)정부, 기업, 스포츠단체 등이 공익성, 이윤추구, 새로운 스포츠 보급 및 스포츠인구 확대 등을 위해 특정 기간에 특정의 장소에서 행하는 스포츠 활동이라고 정의하기도 한다.

스포츠 이벤트의 발전

스포츠 경기와 체험 및 구경거리가 결합한 최초의 스포츠 이벤트로는 1928년 네덜란드 암스테르담(Amsterdam)에서 개최된 제 9 회 올림픽대회에서 코카콜라(Coca Cola) 사가 미국 선수들에게 무료로 음료수를 제공한 사례와 1920년대 스탠다드 오일(Standard Oil)과 화이어스톤(Firestone) 사가 자동차 경주를 후원한 사례를 들 수 있다.

본격적인 의미의 스포츠 이벤트는 1960년 로마 올림픽경기대회가 처음으로 TV로 중계되면서 시작되었다. 1972년 뮌헨 올림픽에서는 올림픽 마스코트가 제정되기도 하였으나 당시에는 스포츠 이벤트에 대한 관심이 그리 크지 않았다. 1984년 미국 LA 올림픽의 경제적 성공은 스포츠 이벤트

우리나라가 개최한 주요 스포츠 이벤트 우리나라는 1988년 올림픽, 2002년 월드컵축구대회를 개최하여 스포츠에 대한 관심과 국가 이미지 제고에 성공하였다.

를 통해 경제·사회적 발전이 가능하다는 사실을 많은 사람들에게 일깨워 주었고 1990년대 들어 국제화·개방화와 더불어 급속히 진전된 과학기술의 발달은 전 세계인들이 스포츠 이벤트를 손쉽게 접할 수 있게 해주었다. 이 때를 계기로 각종 스포츠 기구들은 스포츠 이벤트를 보다 체계적·효율적으로 운영하면서 상업화를 추구하기 시작하였다. 최근에는 국제적으로 적절한 기준을 설정하여 스포츠 이벤트를 성공적으로 운영해 나가고 철저한 상업화를 추구할 수 있도록 다양한 국제스포츠기구들이 설립되어 적극적으로 활동하고 있다.

20세기 들어 주요 스포츠 이벤트들은 마케팅도구로 간주되었고, 점차 대형화하면서 국제적으로 관심을 끌게 되었다. 스포츠 이벤트를 개최하는 국가나 지역에서는 이벤트가 지니고 있는 극적이고 매력적인 요소들로 미디어의 관심을 유도하고, 관광객을 유인하고 있다. 동시에 오페라, 전람회와 같은 문화적 이벤트도 스포츠 이벤트와 동시에 개최하고 있다. 이러한 과정을 거치면서 점차 많은 국가들이 초대형 스포츠 이벤트를 국가정책의 하나로 인식하기에 이르렀다. 초대형 스포츠 이벤트를 국가나 지역을 전 세계에 널리 알리고 보다 발전시킬 수 있는 기회로 삼아 한 단계 도약할 수 있는 중요한 요소로 간주하게 된 것이다.

21세기의 스포츠 이벤트는 스포츠·미디어·관광과 혼합되어 국가나 도시의 주요 발전전략으로 등장하고 있다. 스포츠 이벤트가 일자리 창출, 관광 산업 활성화는 물론 국가 이미지 제고에도 기여함에 따라 신흥국가들도 스포츠 이벤트 개최에 관심을 가지기 시작하였다. 일부 후발개도국들은

| 표 16-1 | 세계 주요 스포츠 이벤트 및 시작연도

연 도	스포츠 이벤트
1877	The Tennis Tournament in Wimbledon
1877	The Boston Athletic Marathon
1891	The Bicycle Race the "Tour de France"
1896	The Olympic Games
1924	The Winter Olympic Games
1926	The New Year Athletic Race "Sao Silvestre" Sao Paolo, Brazil
1930	The FIFA World Cup Football Games
1950	World Auto-Racing(Formula One) Championship
1973	The World Athletic Championship
2006	The World Baseball Classic

국력이 일정 수준에 이르렀다는 것을 국제적으로 과시하기 위해 초대형 스포츠 이벤트를 유치하고 개최하는 전략을 활용하기도 한다. 현재 전 세계적으로 관심을 끌고 있는 주요 스포츠 이벤트와 그 시작연도는 〈표 16-1〉에 정리되어 있다.

관심 배경

초대형 스포츠 이벤트가 전 세계적인 관심사로 등장하게 된 배경은 다음과 같다. 첫째, 1984년 LA 올림픽 이후 국제적인 기업이 스포츠 이벤트의 스폰서(sponsor)가 되는 것이 본격화되기 시작되었으며, 그 후 기업 스폰서가 초대형 국제스포츠 이벤트의 주요 수익원으로 자리잡게 되었다. 기업 스폰서는 초대형 스포츠 이벤트를 통해 자사 제품을 광고하는 전략을 구사하는데, 주로 TV중계방송을 통한 광고에 의존하고 있다. 최근에는 더욱 많은 기업들이 스포츠 이벤트를 자신의 제품과 기업에 대한 이미지를 제고할 수 있는 최고의 광고 전략으로 인식하고 이를 적극적으로 활용하고 있다.

둘째, 위성TV, 인터넷 등 매스커뮤니케이션의 발달로 지구촌 어느 곳에서나 초대형 스포츠 이벤트를 동시에 즐길 수 있게 되었다. 이에 따라 스포츠 이벤트를 중계하는 방송사들의 수입이 증가하기 시작하였다. 1970년대만 하더라도 스포츠 이벤트 방송중계 수입은 그리 많지 않았다. 1976년 몬트리올 올림픽의 경우 3천만 달러에 불과했다. 하지만 2000년 시드니 올림픽의 방송중계수입은 10억 달러에 달하였고, IOC에 따르면, 2012년 런던 올림픽방송 중계료 수입은 35억 달러에 달할 것으로 전망된다. 방송중계 기술 발전과 더불어 중계수익이 급증하면서 초대형 스포츠 이벤트에 선수보다 미디어 관계자들이 더 많이 참가하는 기현상이 나타나기도 한다.[1] 덕분에 스포츠 이벤트 시청자들은 많은 시간과 돈을 들이지 않고서도 초대형 스포츠 이벤트를 세계 어느 곳에서도 쉽게 관람할 수 있게 되었다.

셋째, 초대형 스포츠 이벤트를 개최하는 지역이나 도시는 나름대로 상징적 의미를 지니면서 발전하는 것이 가능해진다. 개최지역은 전 세계 관중들에게 자신들만이 지니고 있는 고유의 특징과 매력으로 새로운 이미지를 부각시킬 수 있다. 21세기에 들어서면서 제조업, 특히 중화학 공업 중심 도시들이 산업구조 변화에 따른 이미지 변신을 위한 전략으로 스포츠 이벤트를 정책수단으로 활용하기도 한다. 지방정부들은 초대형 스포츠 시설을 갖추고 다양한 스포츠 이벤트를 유치하여 경제·사회적으로 성장과 발전을 추구하고 있다.

넷째, 많은 선진국 도시들은 '창조적인 도시 디자인', '환상적인 도시(fantasy city)' 등을 주제로 발전을 추구한다. 초대형 스포츠 이벤트는 쇼핑, 관광, 교육, 문화 등과 같이 상호 연관성이 적은 활동들 간 시너지 효과를 가능케 하는 특성을 지니고 있다. 때문에 많은 국가와 도시들이 스포츠 이벤트와 같은 엔터테인먼트를 통해 지역발전, 선진시민 의식, 선진화된 도시 등을 구축하려 한다. 대부분의 국가들은 올림픽이나 월드컵축구대회와

---

1 실제 2000년 시드니 올림픽에는 199개 국가에서 10,651명의 선수가 참가하였으나, 미디어 등 방송 관계자들은 16,033명이나 참가하였다. 2002년 솔트레이크(The Salt Lake City) 동계올림픽에는 77개 국가에서 2,399명의 선수가 참여하였으나, 방송 관계자들은 네 배에 가까운 8,730여 명이 참가했다.

같은 초대형 스포츠 이벤트를 개최하기 위해서 첨단 공법으로 SOC 등 각종 기반시설들을 건설한다. 또한 오페라, 전시회, 박람회, 학술대회 등을 개최할 수 있는 문화적 시설의 건립도 병행하여 환상적인 도시나 지역으로 탈바꿈하기도 한다. 이러한 과정을 통해 초대형 스포츠 이벤트는 다양한 형태로 스포츠 관련 산업의 발전에 기여하고 있다.

2. 이벤트의 유형과 형태

참여 형태

스포츠 이벤트는 기본적으로 관람스포츠 이벤트(see sports events)와 참여스포츠 이벤트(do sports events)로 분류된다. 관람스포츠 이벤트는 다시 경기장에서 직접 관람하는 스포츠와 TV·인터넷 등을 통해 관람하는 스포츠로 세분된다.

관람스포츠의 경우, TV·인터넷 등을 통해 관람하는 비중이 매우 빠르게 증가하고 있으며, 이는 스포츠의 상업화와 깊은 관계가 있다. 스포츠 기구, 기업, 프로스포츠 구단 등은 이미지를 향상시키고 매출을 극대화하기 위해 TV·라디오·인터넷 등으로 경기장면이나 상황을 소비자들에게 제공한다. 기업들은 월드컵, 올림픽 등 초대형 스포츠 이벤트의 스폰서 또는 후원 기업으로 참여할 경우 타사와의 경쟁에서 유리해지며, 기업의 이미지 제고를 기대할 수 있다. 특히 전 세계적으로 관심이 높은 초대형 스포츠 이벤트는 중계방송 시청률이 높아 기업들은 이를 통해 자사 제품을 전 세계에 알릴 수 있다. 반면, 참여스포츠 이벤트는 관중들이 경기에 직접 참가하고 함께 즐기는 것으로 건강 유지 및 증진, 공동 및 협동정신 함양, 일상 탈출, 감성추구 등을 목적으로 한다.

개최 장소와 시간

동일한 스포츠 이벤트라 할지라도 개최되는 방식과 종류는 시간과 지역에 따라 다르다. 첫째, 매년 동일한 지역에서 개최되는 스포츠 이벤트가 있다. 이 경우 쇼핑센터, 온천, 유적지 등 지역의 특성에 맞는 스포츠 관광도 가능하다. 개최지역에는 교통이나 통신망, 호텔을 비롯한 숙박시설도 비교적 충분하다. 이러한 형태의 스포츠 이벤트들은 오래전부터 인기리에 개최되고 있는 것들이 많이 있다. 케냐의 사파리 경기(Safari Rally), 뉴욕의 마라톤대회, 프랑스의 자동차경주, 스페인의 국제체스 경기대회 등이 그것이다.

둘째, 주로 2년 또는 4년의 주기로 매번 다른 지역에서 개최되는 형태이다. 올림픽, FIFA 월드컵 축구대회, 유니버시아드대회, 월드챔피언, 대륙챔피언대회 등이다. 이러한 유형의 스포츠 이벤트는 해당 스포츠 경기 관계자뿐 아니라 많은 관중들을 유인한다. 개최지역이나 국가는 전 세계적으로 커다란 관심을 받게 되며 막대한 경제적 가치를 창출하기도 한다. 따라서 많은 국가나 도시들은 이러한 대회를 유치하려고 치열하게 경쟁한다. 국제스포츠 기구나 단체는 스포츠 이벤트 개최지가 양질의 스포츠 시설, 숙박 및 교통시설을 갖출 것과 정치·경제적으로 안정을 이룰 것을 유치 조건으로 내걸기도 한다.

한편 동일한 종목의 스포츠 이벤트가 동일한 기간에 서로 다른 지역이나 국가에서 개최되기도 한다. 동일 종목의 스포츠 이벤트더라도 국제스포츠 기구나 국가적인 문제로 서로 다른 지역이나 국가에서 동시에 개최하기도 하는 것이다. 2000년 벨기에와 네덜란드에서 동시에 개최된 유럽축구컵(European Football Cup), 2002년 한국과 일본에서 동시에 개최된 2002 한일월드컵 축구대회, 2005년 이탈리아와 세르비아에서 개최된 유럽배구 선수권 대회 등이 여기에 해당된다.

개최 지역

스포츠 이벤트는 개최 지역에 따라서도 다양하게 구분된다. 첫째, 특정 지역의 스포츠 이벤트이다. 주로 지역스포츠 클럽이나 기초자치단체에 의해 조직되는 개별 스포츠 또는 팀 스포츠 이벤트들이 여기에 해당되며 지역 주민들이 주요 관중이다. 하나 또는 몇몇 행정지역 안에서 개최되기도 하고, 한 국가 내에서 열리는 스포츠 이벤트도 있다. 한 국가 내에서 스포츠 이벤트가 개최될 경우 관중들은 주로 국민들이다. 우리나라에서는 매년 전국체전(全國體典)이 개최된다.

둘째, 한 국가에서 개최되지만 외국의 관중들도 관심을 가지는 이벤트이다. 주로 오랜 역사적 전통을 지니고 있어 관중들로부터 인기가 높으며, 국내는 물론 해외로 중계방송되기도 한다. 기념품이나 스포츠 관련 장비 등도 인기리에 판매된다. 미국 야구의 내셔널챔피언십(National Championship), NBA챔피언십, 영국의 프리미어리그 등을 들 수 있다. 국가나 기업 또는 단체 차원에서 개최되지만 다른 나라의 팀이나 선수들이 참가 가능한 경우도 있다. 스포츠 이벤트 자체는 전 세계적인 관심을 끌지만 이를 직접 관람하는 관중은 주로 개최국가의 국민들이다.

셋째, 대륙 내 또는 대륙간 열리는 스포츠 이벤트이다. 대륙에서 개최되는 스포츠 이벤트는 주로 국제스포츠협회나 국제스포츠연맹에 의해 운영된다. 대륙 내 챔피언 결정전에 참여하기 위한 조건으로 국가별로 국내 챔피언 결정전을 개최하기도 하며, 대륙 내 여러 국가 관중들에게 커다란 관심과 매력을 제공한다. 유럽축구컵, 유럽챔피언 축구대회 등이 이에 속한다. 이와 비슷한 유형으로 대륙 간 스포츠 이벤트도 있다. 역시 주로 국제스포츠협회나 연맹에 의해 조직되고 운영되는데, 지중해 경기, 판아메리칸 스포츠 경기, 토요타 축구경기, 파리-다카르 자동차 경주대회 등이 있다.

넷째, 전 세계적인 스포츠 이벤트이다. 흔히 말하는 초대형 스포츠 이벤트로, 국가 간 경쟁이라는 점에서 전 세계적으로 관심이 높다. 이러한 이벤트를 유치하여 성공적으로 개최할 경우 국가 이미지 제고 국가·사회적 발전 등을 도모할 수 있다는 이유로 이벤트 유치 경쟁이 치열하다. 하계 및 동계 올림픽 경기, 하계 및 동계 유니버시아드대회, 세계농구챔피언대회, 월드컵축구대회 등이 여기에 해당된다.

개최 규모

스포츠 이벤트를 개최 규모에 따라서 세분하기도 한다. 소필드(Sofield, T. H. B., 2003)는 초대형 스포츠 이벤트를 규모에 따라 메가 스포츠 이벤트(mega sports events), 홀마크 스포츠 이벤트(hallmark sports events), 국제스포츠 이벤트(international sports events)로 구분한다.

메가 스포츠 이벤트는 전 세계인들의 관심을 집중시키는 전 지구적 차원의 이벤트로서 일정 주기를(주로 4년) 두고 개최된다. 올림픽경기대회, 월드컵축구대회 등이 여기에 해당된다. 메가 스포츠 이벤트는 스포츠 이벤트를 위한 공공투자를 활성화시킬 뿐 아니라 스포츠 관광정책으로도 인기가 높다.

홀마크 스포츠 이벤트는 메가 스포츠 이벤트보다 규모가 작으며, 단일 경기로 주제가 분명하다. 매년 또는 주기적으로 개최되며, 경기목적이나 경기수준이 잘 알려져 있다. 윔블던 테니스 대회, 프랑스 사이클 경주 등이 있다.

국제스포츠 이벤트는 메가 스포츠 이벤트나 홀마크 스포츠 이벤트보다 규모는 작으나 국가 간 경쟁을 중심으로 한다. 매년 또는 주기적으로 열리며, 개최 장소는 이벤트가 열릴 때마다 바뀐다. 세계배구선수권 대회, 세계하키챔피언십 등이 있다.

개최 목적

스포츠 이벤트를 개최 목적에 따라 구분하기도 한다. 첫째, 오락형 스포츠 이벤트이다. 스포츠 이벤트와 오락을 동시에 추구하는 것이다. 스포츠 경기를 주요 내용으로 하며, 오락 관련 프로그램들을 포함한다. 참여자

2011 대구세계육상선수권대회 202개 국가에서 1,945명의 선수와 1,817명의 임원, 3,059명의 취재기자가 참가하였으며, 46만 명이 관람하였다. 경기 중계를 통해 대구라는 도시브랜드를 전 세계에 알리는 계기가 되었다.

들에게 스포츠와 동시에 오락이나 즐거움을 제공한다는 점에서 관심이 증가하고 있다. 주로 축제형태(festival)로 개최되는데 보스톤 마라톤대회, 뉴욕 마라톤대회, 세르비아의 산악마라톤 대회 등이 있다.

둘째, 레저스포츠와 관광을 혼합한 복합형 스포츠 이벤트이다. 레저스포츠 외에도 다양한 관광프로그램을 포함하고 있어 스포츠 관광 상품으로 이용되기도 한다. 특히, 천연자연을 이용한 스포츠와 개최지의 역사·문화적인 독특한 특성이 서로 결합돼 시너지 효과를 가져올 수도 있다. 복합형 스포츠 이벤트는 스포츠뿐 아니라 해당 국가·지역의 문화·역사·생활풍습 등을 이해할 수 있는 계기가 된다. 자연환경과도 친숙해질 수 있다는 장점이 있다.

셋째, 스포츠팀 간, 국가 간 경쟁을 목적으로 하는 스포츠 이벤트이다. 국가대표팀 간의 경기는 국가 간 대리전으로 불릴 만큼 경쟁이 치열하다. 이러한 초대형 스포츠 이벤트는 경기 날짜, 일정 등이 사전에 정해진다. 경기 규칙이나 관련 규정은 해당 스포츠 종목의 국제스포츠협회 또는 기구에서 정한다. 경기 일정은 경쟁국가 간 협의에 따른다. 국가간 축구대회인 A매치(match) 등이 이에 해당된다.

넷째, 관광·문화 등 이벤트가 성공적으로 개최될 수 있도록 하기 위해 개최되는 스포츠 이벤트이다. 주로 민족·종교·회합· 관광 등의 이벤트와 병행하여 개최된다. 이 경우 스포츠 이벤트가 주요 목적은 아니다. 스포츠 이벤트는 뛰어난 경기 능력보다는 재미와 즐거움을 제공하며, 예술이나 문화 콘텐츠로서 기능한다.

3. 이벤트와 정부 역할

유치·개최 준비

초대형 스포츠 이벤트는 주로 국가 간 유치경쟁을 통해서 개최지역을 사전에 결정한다. 통상 올림픽 경기는 7년, 월드컵축구대회는 12년 전에 유치 국가나 지역이 결정된다.

스포츠 이벤트 유치를 원하는 국가나 도시들은 스포츠 이벤트 유치 준비위원회 등을 조직하여 준비한다. 초대형 스포츠 이벤트는 전 세계적인 관심사로 유치를 위해 국가 간·지역 간 경쟁이 치열한 경우가 많다. 초대형 스포츠 이벤트를 유치하려는 국가나 도시 지역들은 해당 국제스포츠 기구나 협회에서 요구하는 이벤트와 관련된 다양한 기준 외에도 정치·경제·사회·문화적으로 일정 조건을 갖추어야 한다.

국가나 도시지역들이 유치결정을 하기 전에 갖추어야 할 기본적인 전제조건들은 다음과 같다. 첫째, 정치적 안정과 정치적 의사결정이 중요하다. 정치적 분열, 내분 등 정치적으로 안정이 되지 않은 상태에서는 스포츠 이벤트 유치 경쟁에서 승리하기가 어렵다. 따라서 스포츠 이벤트를 유치하려는 국가들은 정치·사회적 안정은 물론 스포츠 이벤트를 성공적으로

그림 16-1 초대형 스포츠 이벤트 개최 전·후 필요조건

이벤트 개최 전	이벤트 개최	이벤트 개최 후
– 유치조건·경쟁 · 분위기 및 여론 조성 · 경제·사회적 성과 분석 · 이벤트 시설 준비 · 각종 경기장 · 교통·숙박 시설 · 문화·관광 시설 · 기타 각종 편의 시설	– 성공적 개최 · 주최측의 know-how · 체계적인 운영 · 정부의 관심과 지원 · 국민적 관심과 참여 · 언론의 관심 · 사회·문화적 통합 · 스폰서 기업의 성과	– 이벤트의 성과 지속 · 이미지 제고 · 고용 창출 · 관광산업 지속 · 경제활성화 · 시민의식 성숙 · 생활의 질적 향상 · 시설유지 및 운영

초대형 스포츠 이벤트 유치 성공 평창은 세 번의 도전 끝에 2018년 동계올림픽 유치에 성공하였다.

유치하고 개최할 수 있도록 중장기 프로그램을 마련해야 한다. 스포츠 이벤트를 통해 국가·사회적으로 달성가능한 정책목표를 분명히 갖추어야 한다. 또한 초대형 스포츠 이벤트 개최를 통해 정치적 안정은 물론 경제·사회적 성과가 지속될 수 있는 방안을 모색해야 한다.

둘째, 유치국가나 도시의 재정여건이다. 초대형 스포츠 이벤트를 개최하기 위해서는 엄청난 규모의 자금이 소요된다. 이벤트의 경제적 성과는 기업 투자와 달리 불투명하며 장기간에 걸쳐 나타나고 대부분이 무형의 편익이다. 이런 측면에서 중앙이나 지방정부들이 재정능력을 감안하지 않고 무리하게 유치 및 개최를 추진할 경우 재정적으로 어려움을 겪을 수 있다. 정치적 요인, 지역안배 등을 이유로 경제적 요인을 도외시하고 추진할 경우 재정낭비는 물론 효율적 지방자치에 애로요인으로 작용할 수 있다. 즉, 스포츠 이벤트 유치를 결정하기에 앞서 지역의 재정능력을 충분히 감안하야 한다.

셋째, 사회적 합의가 필요하다. 엄청난 국력과 자금이 투자되는 초대형 스포츠 이벤트를 개최할 경우, 국가·사회적으로 얻을 수 있는 것이 무엇인지, 이를 위해서 어떻게 해야 하는지 등에 대한 사회적 합의가 필요하다. 특히, 스포츠 이벤트를 통해 선진시민의식, 생활의 질적 향상, 사회적 통합 등이 가능하도록 사회적으로 합의를 도출해야 할 것이다. NGO 등 민간단체와 지역주민들은 또한 환경훼손 및 오염, 혼잡 등 부정적 요인을 최소화하고 국가사회 발전에 앞장설 필요가 있다. 이러한 자발적 노력이 이벤트를 통한 국가사회 발전을 앞당길 수 있다.

넷째, 유치국가나 도시의 과학기술수준과 문화·예술 능력이다. 각종

| 표 16-2 | 초대형 스포츠 이벤트 유치 조건

분 야	주요 내용	분 야	주요 내용
정 치	• 정치적 안정 및 결정 • 정부의 유치·개최 역할	사회문화	• 개최 지역의 이미지 • 지역사회의 여론
경 제	• 유치도시의 재정적 안정 • 이벤트 운영 자금 능력 • 경제적 성과	경쟁 환경	• 기업유치 가능성 • 다른 국가의 유치 전략 분석 • 이벤트 유치 경쟁
미디어	• 미디어 노출 정도 • 긍정적 이미지 노출 • 개최 지역의 미디어 수준	기술·시설	• 각종 시설과 접근용이성 • 수송 및 교통체계 • 인터넷 등 통신시스템

스포츠 시설 건설, 이벤트 개·폐막 행사 등에는 최첨단 과학기술, 예술·문화적 표현 능력 등이 필요하다. 이러한 것들을 국가 내에서 자체적으로 해결하지 못하고 외국에 의존할 경우 스포츠 이벤트를 개최하는 의의와 효과가 반감될 우려가 있다. 특히, 스포츠 이벤트 개최를 전 세계에 알리고 이벤트를 중계방송하는 미디어의 역할이 막중하다. 아무리 명성이 높고 인기있는 초대형 스포츠 이벤트라 하더라도 TV 등 방송중계가 없으면 경제적 성과나 국가브랜드 제고 효과는 기대에 훨씬 못 미칠 수 있다. 〈표 16-2〉는 앞에서 상세히 설명한 사항들을 포함하여 초대형 스포츠 이벤트 유치를 위해 국가나 지역이 고려하고 갖추어야 할 다양한 조건을 분야별로 정리한 것이다.

이벤트 참여자

선수단, 스포츠 종사자, 미디어 종사자, 관광객 등 다양한 참여자들도 스포츠 이벤트의 성공적 개최 여부에 커다란 영향을 미친다. 첫째, 스포츠 이벤트에는 선수, 감독, 코치, 의료진 등이 참가한다. 이들은 자국을 대표하고 경기에서 승리하는 것을 주요 목적으로 한다. 이들에게는 훈련장과 선수촌, 휴식 공간 등이 필요하다. 특히, 최근 선수는 물론 이벤트 관련 종사자, 관광객들의 안전시설도 중요하게 간주되고 있다.

둘째, 스포츠 이벤트 관련 종사자들이다. 스포츠 이벤트에 참가하는 정부나 관련단체의 임직원들이다. 이들은 자국의 선수들을 격려하고 자국의 대표사절로서 다른 국가의 임직원들과 상호교류, 스포츠 발전 등에 대해서 논의한다. 후발개도국의 종사자들은 초대형 스포츠 이벤트 개최에 관한 노하우(know-how)를 학습하기 위해 참가하기도 한다. 스포츠 이벤트는 단순히 국가간 스포츠 경기만 진행되는 것이 아니고 각종 문화교류와 스포츠 외교가 진행되는 장(場)을 제공하는 것이다.

셋째, 이벤트 관광객들이다. 초대형 스포츠 이벤트를 전후하여 국내외에서 많은 관광객들이 스포츠 이벤트를 관람하기 위해 방문한다. 이들은 초대형 스포츠 이벤트 관람과 경기에서의 승리를 중시하기도 하지만, 장엄한 의식, 기념비적인 쇼 등과 전시회, 박람회, 콘서트, 오페라 등을 관람하기를 원한다. 또한 개최국가나 지역의 역사, 문화, 풍습 등도 경험하고 싶어 한다. 따라서 스포츠 이벤트 종사자들의 친절, 상냥함 등이 이벤트의 성공을 좌우한다.

넷째, 스포츠 이벤트와 경기장 주변모습, 개최지의 실상 등을 생생하게 중계방송하기 위한 미디어 관계자들이다. 스포츠 이벤트 중계방송장비들은 경기장면, 응원 모습 등을 보다 생동감 있게 전달하기 위해서 첨단기술을 동원한다. 방송중계시설과 기술은 스포츠 이벤트를 전 세계로 알리고 이벤트의 가치를 높이는 데 결정적인 역할을 한다. 또한 스포츠 이벤트가 개최되기 전에 관중들과 경기장 주변을 방송하고, 개최 지역의 문화·사회·풍습·특성 등을 방송하는 등 개최지역이나 국가를 전 세계에 알린다. 이들은 가끔 이슈를 발굴하거나 자국의 이익을 위하여 개최지역의 부정적인 측면을 보여 주기도 한다.

다섯째, 개최지역의 주민들이다. 월드컵·올림픽과 같은 초대형 스포츠 이벤트들은 한 도시나 지역에서 짧은 기간 동안 두 번에 걸쳐 개최되기가 쉽지 않다. 초대형 스포츠를 유치하고 개최하는 것은 개최지역 주민들에게는 전 세계적으로 알려진 초대형 스포츠 이벤트를 직접 관람하고 지역 구성원 간의 일체감·단합 등을 제고할 수 있는 절호의 기회가 된다.

이해관계 집단

스포츠 이벤트 개최를 위한 투자와 소비지출은 국가 전체적으로 다양한 경제·사회적 효과를 기대할 수 있다. 초대형 스포츠 이벤트 개최에 따른 경제·사회적 효과는 다양한 이해관계집단을 발생시키며, 이들은 개최국가의 사회·문화·정치·역사적 환경에 따라 복합적으로 나타난다. 초대형 스포츠 이벤트를 개최함에 따라 나타나는 이해관계 집단은 주로 다음과 같다.

첫째, 해당 스포츠를 관리·운영하는 국제스포츠 기구이다. 국제스포츠 기구는 해당 스포츠를 대표하는 기관으로 스포츠의 발전과 대중화를 주요 목적으로 한다. 올림픽은 IOC, 월드컵축구대회는 FIFA에 의해 관리·운영된다. 국제스포츠 기구들은 초대형 스포츠 이벤트에 대한 독점력을 지니고 있으며, 이벤트 개최나 운영에 막강한 영향력을 행사한다. 이들은 초대형 스포츠 이벤트를 개최하는 개최국가나 지역은 엄청난 경제·사회적 효과를 얻을 수 있음을 적절하게 활용하여 여러 국가나 지역들이 개최경쟁에 뛰어들도록 유도하고, 이를 통해서 수익을 창출한다. 국제스포츠 기구들은 아주 적은 비용으로 엄청난 수익을 얻는다. 한편으로는 스포츠의 글로벌화·보편화를 강조하면서 다른 한편으로는 수익을 챙기기도 하는 것이다. 수익의 상당 부분은 경기 중계방송권과 기업들의 협찬에서 나온다.

둘째, 스포츠 이벤트를 개최하는 정부 등 공공 부문이다. 이들은 경제적 성과도 중시하지만 국제관계 개선, 국가 이미지 제고, 국력과시 등 공익성을 중시한다. 즉, 스포츠 이벤트를 개최하여 경제적 성과를 기대하면서도 선진경제 기반 구축, 국가 경쟁력 강화, 선진시민 사회질서 등도 중시한다. 특히, 후발개도국들은 국가의 발전모습을 전 세계에 알리고 국력을 과시할 수 있다는 점에서 초대형 스포츠 이벤트 개최를 국가정책의 일환으로 추진하기도 한다.

셋째, 개최 지역의 정치집단이다. 이들은 자신의 정치적 지도력을 중시한다. 즉, 스포츠 이벤트를 개최하여 이미지 제고, 일자리 창출, 지역경제 활성화 등을 가능케 함으로써 자신들의 정치적 입지가 강화되기를 원한다. 정치인들은 초대형 스포츠 이벤트를 통해 자신의 국가나 도시를 '국제화된 도시나 국가'로 홍보하기도 한다. 자신의 국가나 도시가 새로운 사무환경, 정보통신, 고급 주택단지, 각종 위락 및 관광시설, 국제공항 등 국제화된 지역으로 거듭날 수 있다고 강조한다. 또한 이벤트를 통해 지역이나 국가의 정치적인 문제를 해결하기도 한다.[2] 스포츠 이벤트는 이익집단 간의 갈등이나 대립을 완화시켜 주기도 한다. 초대형 스포츠 이벤트는 개최 지역의 경제적 발전을 가능케 하므로 정치인들에게 더 큰 동기를 부여한다. 그러나 이들은 초대형 스포츠 이벤트가 초래할 경제·사회적 비용과 편익보다 정치적인 이유를 지나치게 강조하기도 한다.

넷째, 관련 기업이다. 스포츠 이벤트관련 기업은 공익성보다는 수익성을 중시한다. 스포츠 이벤트 개최를 위해서는 각종 스포츠 시설과 사회간접시설 등을 갖추어야 하며, 이러한 시설 건설에 참여하는 기업들은 많은 수익을 얻을 수 있다. 이들 기업들에게는 최첨단 과학기술을 동원하여 각종 스포츠 이벤트 시설을 건설하는 것이 국제적으로 지명도를 높일 수 있는 좋은 기회가 된다. 스포츠 이벤트를 위한 각종 시설들은 전 세계로 방송되어 기업들의 국제경쟁력을 높일 수 있기 때문이다. 또한 초대형 스포츠 이벤트 후원기업들도 자사의 제품을 널리 홍보하고 이미지를 제고하는 등 경쟁력을 강화할 기회를 얻는다.

다섯째, 스포츠 이벤트를 중계하는 TV방송사이다. 공영방송사들은 공익성을, 민영방송은 상업성을 중시한다. 초대형 스포츠 이벤트를 중계하는 방송사들은 자국의 시청자들에게 경기를 중계한다는 공익성을 강조하면서도 엄청난 광고수익을 얻을 수 있다. 특히, 자국 팀이 경기에서 승리하거나 우수한 성적을 낼 경우, 시청률 증대, 광고수익 증대 등이 가능하다. 가끔

---

2 영국 프리미어리그 첼시에서 활약하고 있는 아프리카의 축구영웅 디디에 드록바(Didier Drogba)는 2005년 10월 '2006 독일월드컵' 본선티켓을 획득한 뒤 TV 기자회견에서 자신의 조국 코트디부아르의 내전종식을 눈물로 호소하였다. "사랑하는 동포 여러분, 단 1주일만이라도 무기를 내려놓고 전쟁을 멈춰 주십시오." 드록바의 호소는 정부군과 반군 모두를 감동시켰고, 2002년부터 수만 명의 목숨을 앗아간 정부군과 반군 사이의 내전을 종식시키는 데 크게 기여하였다.

올림픽·월드컵과 같은 초대형 스포츠 이벤트 방송중계를 위해 자국의 방송사끼리 치열하게 경쟁하기도 한다.

정부와 스포츠 이벤트

초대형 스포츠 이벤트는 국가나 도시 지역이 글로벌 경쟁수준을 갖추고 성장하고 번영해 나가는 데 있어 중요한 정책수단으로 사용되기도 한다. 초대형 스포츠 이벤트는 스포츠·미디어·관광·국제회의 등이 혼합된 스포츠 이벤트로서 국가발전에 기여하기 때문이다. 국제적으로 권위 있는 스포츠 이벤트를 개최할 경우 이미지 제고, 관광객 유치, 국제회의 유치 등을 기대할 수 있다.

국제사회에서 국가의 위상을 제고할 수 있다는 점에서 많은 국가의 정부 등 공공부문에서 스포츠 이벤트 유치에 적극 나서고 있다. 초대형 스포츠 이벤트가 엄청난 투자자금을 필요로 하고, 경제적 성과가 가시적으로 나타나기 어렵다는 지적에도 불구하고 많은 국가나 지방정부는 스포츠 이벤트를 유치하려고 하는 것이다. 또 유치뿐 아니라 준비단계부터 개최까지 정부 등 공공부문이 깊숙이 개입하는 경우가 많다. 대부분의 초대형 스포츠 이벤트는 공익성과 상업성을 동시에 추구한다는 점에서 정부 등 공공기관의 개입이 정당화되기도 한다.

올림픽과 같은 초대형 스포츠 이벤트를 유치·개최함에 있어 정부 등 공공 부문이 참여하는 형태는 다음과 같다. 첫째, 정부 등 공공부문이 단독으로 개최하는 방식이다. 초대형 스포츠 이벤트는 공공재, 가치재적인 특성을 지니고 있어 이를 민간 부문에서 담당하기 어려운 경우 공공 부문이 공익성을 고려하여 독자적으로 운영하기도 한다. 그러나 공공부문은 기업 등 민간 부문에 비해 상업성이 부족하여 비효율이 발생하고 적자로 운영될 가능성이 있다.

둘째, 정부 등 공공 부문을 배제하고 상업성을 목적으로 기업 등 민간 부문이 단독으로 개최·운영하기도 한다. 이 경우 민간부문의 효율성은 발휘할 수 있지만 초대형 스포츠 이벤트가 추구하는 지구촌 차원의 공익, 사회후생, 무형의 편익 등을 달성하기가 쉽지 않다. 지나친 상업성은 스포츠 정신의 순수성을 저해한다고 지적되기도 한다. 1984년 LA올림픽이 대표적이다.

셋째, 정부와 민간 부문이 공동으로 운영하는 경우이다. 공익성과 상업성을 동시에 추구할 수 있다는 장점이 있다. 그러나 정부와 민간 부문이 어느 정도까지 개입해야 하는지에 대한 논의가 필요하다.

〈그림 16-2〉는 최근 개최된 올림픽경기에서 민간과 공공부문이 담당한 역할의 비중을 예시한 것이다. 전체적으로는 시간의 흐름에 따라 민간의 역할이 증가하는 추세이고, 1984년에 개최된 LA올림픽의 경우 예외적으로 민간의 역할이 지대하였다. 1970년대에 개최된 뮌헨과 몬트리올 두 올림픽에서는 공공부문의 비중이 상대적으로 컸지만 1988년의 서울올림픽

그림 16-2 올림픽경기 유치 및 개최와 민간·공공 부문의 역할

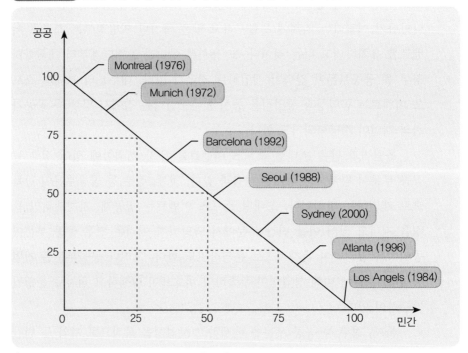

자료: Solberg, Harry Arne & Holger Preuss(2007).

초대형 스포츠 이벤트와 정부 초대형 스포츠 이벤트는 개최지역 또는 국가의 정체성을 기반으로 문화가 결집되고 표출되는 기회가 된다. 2014 인천 아시안게임과 2013 충주 세계 로잉 선수권대회 포스터

에서는 민간과 공공부문이 균형잡힌 역할을 수행하였고, 이후 약간의 변화는 있지만 전반적으로 민간부문의 역할이 강화되고 있다.

그러나 공공과 민간의 역할이 얼마만큼인가 하는 논의보다 중요한 것은 스포츠 이벤트를 유치하려는 도시나 국가가 스포츠 이벤트 유치를 준비하기 전에 경제적 편익과 비용을 구체적으로 파악해야 한다는 점이다. 경제·사회적 편익을 극대화하고, 비용을 최소화할 방안을 모색하고, 초대형 스포츠 이벤트가 국가나 도시의 장기발전 계획과 맞물려 시너지 효과를 발생시킬 수 있을지 따져 봐야 한다. 그 다음에는 각종 공공재적·가치재적 특성으로 인해 공공부문의 참여가 필요한 부분과 민간의 참여로 충분히 해결 가능한 부분을 구분하여 볼 필요가 있다.

4. 경제·사회적 효과

긍정적 효과

초대형 스포츠 이벤트를 개최할 경우 다음과 같은 긍정적 효과를 기대할 수 있다. 첫째, 개최국가나 지역의 경제적 효과이다. 스포츠 이벤트 개최를 위한 각종 투자는 건설, 토목, 숙박, 서비스 산업을 포함하여 다양한 관련 산업을 발전시킨다. 이를 통해 고용창출 효과를 기대할 수 있고, 이벤트 기간 중에는 관광산업 활성화도 가능하다. 초대형 스포츠 이벤트는 전 세계로부터 집중적으로 조명받게 되어 개최국가나 지역의 고유의 문화와 역사 유물, 고유의 풍습 등을 손쉽게 알릴 수 있기 때문이다. 이벤트 개최과정에서 교통체계, 숙박시설, 다양한 정보시스템 등이 개선됨으로써 관광산업의 경쟁력도 높아질 수 있다.

둘째, 개최국가의 이미지 제고에 기여한다. 글로벌화와 더불어 무한경쟁 시대에서 국가나 지역의 이미지 제고는 국가브랜드 파워를 높이는 중요한 요인 중 하나이다. 올림픽·월드컵 등과 같은 초대형 스포츠 이벤트가 성공적으로 개최될 때 국가나 지역은 경제·사회적으로 한 단계 더 도약할 수 있다. 2002년 한일 월드컵은 우리나라의 이미지를 분단국가, 외환위기 등의 부정적 국가에서 열정적 응원문화와 성숙한 시민의식을 지닌 국가, IT 강국 등 역동적이고 무한한 가능성이 있는 국가의 이미지로 변모시켰다.

셋째, 개최국가나 지역의 국제화·개방화를 가속화시킬 수 있다. 글로벌 시대의 도래로 국가에 대한 개념이 약화되면서 지역 혹은 도시 간 국제교류가 활발하다. 한 국가 내의 지역 간 교류 못지않게 외국의 지역이나 도시와의 국제교류가 급증하고 있다. 이런 흐름 속에 국가나 지역이 초대형 스포츠 이벤트를 성공적으로 개최할 경우 해당 지역의 국제화와 경쟁력은 크게 높아질 것이다.

넷째, 도로, 교통, 통신 등 SOC 시설에 대한 투자로 개최 지역의 장기적인 발전을 기대할 수 있다. 스포츠 이벤트 개최를 위한 SOC 투자는 개최도시나 지역의 발전뿐 아니라 스포츠 이벤트 관련 산업의 발전을 가속화시킬 수 있다. 개최지역의 SOC 등 기초시설이 개선되면 장기적인 발전효과도 도모할 수 있다. 지역 재개발, 도로 및 교통시설 확충 등은 개최도시의 혼잡함을 제거하고 새로운 이미지를 개선시킬 수 있고 스포츠 시설 외에도 각종 문화시설 건설과 개선을 통해 생활의 질적 향상을 기대할 수 있다. 이벤트 개최와 유지를 위해 부수적으로 발생하는 이러한 효과는 주로 승수(multiplier)를 이용하여 측정하는데 장기적인 관점에서 단기 경제적 효과보다 더 중요하게 인식된다. 스포츠 이벤트 개최효과는 제한된 시장에서 직접발생하는 효과뿐 아니라 모든 긍정적 유발효과를 포함하므로 이벤트의 실제가치는 직접적이고 단기적으로 발생하는 가시적인 가치보다 높아지게 된다.

다섯째, 초대형 스포츠 이벤트는 국가의 소프트 인프라(soft-infra) 확산에 기여한다. 현대 세계에서 한 나라의 국가브랜드는 제도의 합리성, 공공 부문의 능률성, 기업가 정신, 노동윤리, 선진 경제 질서, 선진시민 의식 등이 총체적으로 합쳐져서 나타난다. 초대형 스포츠 이벤트는 개최국가의 정부 등 공공 부문의 능률성·합리성, 도전 정신, 선진경제 사회질서, 선진시민의식 등을 제고시킬 수 있는 기회를 제공한다. 또한 사회 분위기 개선, 국가 또는 지역의 정체성 강화, 사회적 유대 관계 강화, 통합, 차별 해소 등 유·무형의 사회적 응집력도 향상시킬 수 있다.

실제 1964년 일본 동경올림픽, 1988년 서울 올림픽, 2002년 한·일 월드컵 축구대회 등은 개최국가의 시민의식 향상과 국가 이미지 제고에 크게 기여했다. 〈표 16-3〉은 주요 동·하계올림픽을 유치하는 데 따른 비용과 재무적인 결과를 나타내고 있다. 같은 초대형 스포츠 이벤트라도 어떻게 운영하느냐에 따라서 경제적으로 이득을 볼 수도 있고 손해를 볼 수도 있음을 알 수 있다.

| 표 16-3 | 주요 동·하계 올림픽 유치비용과 결과

도시(개최 연도)	경매금액($)	비용($)	결과($)
Albertvile(1992)	2~3백만	20억	5천7백만 적자
Lillehammer(1994)	3백만	16억	4~5천만 흑자
Atlanta(1996)	7백만	17억	Breakeven
Nagano(1998)	11백만	14억	2천8백만 흑자
Sydney(2000)	12.6백만	32억 4천만	Breakeven
Salt Lake(2002)	7백만	13억	1억 흑자

자료: Buton, Rick(2003).

부정적 효과

　　초대형 스포츠 이벤트는 자칫 긍정적인 효과보다도 다음과 같은 부정적인 효과가 더 크게 나타날 수도 있다는 주장도 있다. 첫째, 스포츠 이벤트는 계층 간 갈등을 유발하고 사회결집력을 약화시킬 수 있다. 이벤트 개최 과정에서 상대적으로 이득을 보는 계층과 손해를 보는 계층이 필연적으로 발생하게 된다. 이벤트 관련 종사자, 시설건설업자, 토지소유자, 스폰서 기업 등은 상대적으로 이득을 보겠지만, 스포츠 이벤트 준비를 위한 도심 재개발 과정에서 저소득 소외계층들이 보금자리를 잃기도 한다. 선수촌 아파트나 재개발 지역 등이 지나친 고급주택 단지로 형성될 경우 지역 간 위화감이 나타날 수 있다.

　　둘째, 모든 초대형 스포츠 이벤트가 개최 지역이나 도시에 항상 명백한 경제(재무)적 이익을 가져다주지는 않는다. 일반적으로 초대형 스포츠 이벤트를 유치하는 지방정부는 스포츠 시설 건설 및 보수, 도로 등 SOC 건설을 위해 많은 국·공채를 발행한다. 이때 발행하는 국·공채는 해당 정부의 부채로서 향후 지역주민들의 세부담을 가중시킬 소지가 있다. 부채 증가는 새로운 투자를 어렵게 할 뿐 아니라 재정의 건전한 운영에 장애요인이 될 수 있다. 발행되는 국·공채의 대부분이 장기 국공채여서 스포츠 이벤트 개최에 따른 부담을 미래세대들에게 전가시킨다고 지적되기도 한다.

　　셋째, 스포츠 이벤트 개최가 야기하는 부정적 비용이 제대로 평가되지 않는다. 즉, 스포츠 이벤트로 인해 개최지역에서 발생하는 각종 해악이나 부정적인 영향이 고려되지 않는 경향이 있다. 새로운 스포츠 시설 건설은 부동산 투기를 조장할 수 있으며, 시설을 단기간에 무리하게 건설할 경우 원자재난, 인력난, 물가상승 등이 초래될 수도 있다. 교통혼잡, 교통사고, 폭력, 환경파괴 및 오염, 지역주민들의 생활스타일 파괴 등도 나타날 수 있다. 실제 일부 선진국 지역주민들은 동계올림픽, 자동차 경주 등의 스포츠 이벤트가 환경파괴, 생활불편 등을 초래한다는 이유로 그리 달가워하지 않기도 한다. 그럼에도 불구하고 이와 같은 부정적 비용들은 경제적 가치를 평가하기가 어렵다는 이유로 스포츠 이벤트 개최비용을 계산할 때 누락되거나 축소되는 경우가 있다.

넷째, 스포츠 이벤트만을 위한 시설들이 무리하게 건설되기도 한다. 스포츠 이벤트에 대한 비용과 편익 또는 사후활용 방안 등을 철저히 검증하지 않은 채 스포츠 이벤트 개최만을 위한 시설을 건설하는 것은 해당 지자체의 부담만 가중시킬 수 있다. 도로, 다리 등 SOC가 일회용으로 건설되어 스포츠 이벤트가 끝난 후에는 아무 짝에도 쓸모없는 애물단지(white elephant)로 변하기도 한다. 또한 이벤트가 끝난 후 스포츠 시설을 유지·관리하는 데 막대한 비용이 소요되기도 한다.

다섯째, 스포츠 이벤트 개최와 관련된 정부나 이익집단들은 자신들만의 이익을 정당화하기 위해 기회비용은 무시하고 가시적인 경제적 효과만 지나치게 강조한다. 만약 스포츠 이벤트를 개최하는 데 투자되는 엄청난 자금이 다른 곳에 투자되었다면 생산 가능한 것은 무엇인가라는 점을 고려하지 않기도 한다.

또한 경제·사회적 타당성을 분석하는 과정에서 자신들의 입장을 유리

| 표 16-4 | 스포츠 이벤트의 경제 · 사회적 영향

유형별	긍정적 영향	부정적 영향
지역 경제	• 이미지 개선, 지역의 국제화 • 시설건설·이벤트 등 고용 창출	• 물가 불안, 부동산 투기 등 • 시설 운영비용
관 광	• 여행·관광산업 활성화 • 새로운 구경거리(sightseeing) 창출	• 부실 운영 등 이미지 손상 • 관광산업 활성화 미흡
환 경	• 시설 개·보수 등 환경 정비 • SOC 시설 확충	• 환경파괴 및 오염유발 • 소음, 교통 혼잡
사회·문화	• 개최지역에 대한 관심 제고 • 전통과 가치 증진	• 혼란, 무질서 등 생활불편 • 방범, 강도 등 치안 불안
심리적	• 지역 또는 국가에 대한 자부심 • 가능성에 대한 자신감	• 상대적 피해·소외계층 반발 • 관광객, 참여자들에 대한 반감
정치적	• 세계적 수준의 국력 과시 • 국민·국가의 정치적 단결	• 개인의 정치적 목적에 이용 • 이벤트의 본질 왜곡

자료: Andersson, Tommy D., Alf Rustad & Harry Arne Solberg(2004).

하게 뒷받침할 수 있는 절차와 가정만을 채택하기도 한다. 특히, 재정이 취약하여 독자적으로 대형 스포츠 이벤트를 개최하기가 어려운 지방정부가 이러한 방법을 통해 이벤트 유치를 무리하게 추진할 경우 여타 필요한 사업을 제대로 추진하기가 어려울 수도 있다. 장기적으로는 개최지역이 재정적으로 더 큰 어려움에 직면할 수도 있다.

〈표 16−4〉는 스포츠 이벤트 개최에 따른 각종 경제·사회적 영향을 긍정적 영향과 부정적 영향으로 나누어 정리한 것이다. 특히 초대형 스포츠 이벤트는 개최지역의 경제와 사회에 미치는 영향이 매우 클 수 있으므로, 개최여부를 결정하기 전에 가능한 모든 편익과 비용을 면밀하게 검토할 필요가 있다.

파급효과와 승수분석

초대형 스포츠 이벤트 유치여부를 결정할 때 가장 중요하게 고려해야 하는 것 중 하나가 이벤트 개최에 따른 경제·사회적 효과이다.

스포츠 이벤트 개최준비 및 개최과정에서 외부지역으로부터 유입되는 자금이 지역경제에 미치는 효과는 직접효과, 간접효과, 유발효과 등으로 구분할 수 있다. 직접효과(直接效果)란 외부지역에서 온 소비자들이 스포츠 이벤트에 참가하여 지출한 돈이 해당 지역에 직접적으로 영향을 미치는 것을 말한다. 스포츠 이벤트 개최지역의 숙박업자, 요식업자 등이 스포츠 이벤트 관광객들로부터 얻는 수입이 바로 이 직접효과이며, 이 수입의 상당 부분은 호텔이나 식당 운영을 위해 제품을 구매하거나 종업원들에게 급여로 지출될 것이다.

간접효과(間接效果)는 외부지역에서 온 소비자들이 지출한 돈이 스포츠 이벤트 지역 내에서 계속 순환하면서 발생하는 과정에서 나타나는 효과이다. 외부인들의 직접적 지출 결과로 스포츠 이벤트 행사 지역 내의 개인들과 여타 사업에 간접적으로 영향을 미치는 경우를 말한다. 스포츠 이벤트 개최지역의 요식업체, 숙박업체, 주유소 등에 물품을 공급하는 공급자 등의 수입을 예로 들 수 있다.

유발효과(誘發效果)는 스포츠 이벤트를 통해 얻은 지역의 근로자들의 급여나 임금의 일부가 지역 내의 다른 사업을 통해 지역경제에 미치는 효과이다. 이런 유발효과는 개최 지역에서 직·간접적으로 벌어들인 수입을 가지고 해당 지역 사람들이 다시 상품과 서비스를 소비할 때 발생한다. 즉 외부에서 온 스포츠 이벤트 관광객이 식당에서 식사비를 지불한 것은 직접효과이고, 식당주인이 이 중 일부를 종업원에게 지불하면 이는 간접효과이다. 그리고 이 급여로 종업원이 지역 내의 백화점에서 물건을 구입하게 될 경우 이는 유발효과에 해당된다.

이렇게 스포츠 이벤트를 통해 개최지역내로 유입된 자금이 경제 내에서 반복적으로 순환하며 발생하게 되는 모든 효과를 측정하기 위해서는 주로 승수분석(乘數分析, multiplier analysis)이 이용된다. 승수분석은 스포츠 이벤트를 관람하거나 참가하기 위해 외부지역에서 온 소비자들의 지출이 개최지역의 경제활동에 어떤 영향을 미치고 나아가 해당 지역의 경제전반에 어떤 파급효과를 미치는가를 분석하는 방법이다.

예를 들어, 외부지역에서 온 소비자들이 지역의 호텔에서 소비할 경우, 이 돈은 해당지역 호텔의 수익에 직접적으로 영향을 미치고, 그 다음에는 호텔 종업원의 임금, 음식 및 음료 공급업자의 소득, 해당 도시의 정부 수입(조세) 등을 통해 파급된다. 이러한 효과가 순환적으로 반복해서 발생하는 것을 승수효과라고 한다. 승수를 이용하는 것은 개최지역으로 유입되는 수입에 의해 최종적으로 유발되는 소득, 고용 등의 분석이 가능하기 때문이다.

승수는 분석대상에 따라 매출승수, 소득승수, 고용승수로 구별하기도 한다. 매출승수는 외부 지역에서 온 사람들의 지출이 개최지역 내 경제활동(매출)에 미치는 직·간접효과와 유발효과를 평가하는 계수이다. 외부지역 사람들의 지출에 따른 개최지역내 경제활동 증가를 의미하며 지방자치단체에서 이벤트를 통한 수입을 추정하는 수단으로 활용된다. 소득승수는 외부지역에서 온 소비자들의 지출이 지역주민의 가계소득에 미치는 직·간접효과와 유발효과를 평가하는 계수이다. 소득승수는 스포츠 이벤트 개최가 지역주민들에게 미치는 경제적 효과를 보다 분명하게 보여준다. 고용승수는 외부사람들의 지출이 지역주민들의 고용에 미치는 직·간접효과와 유발효과를 평가한다.

크롬튼(Crompton, J. L., 1995)은 승수를 이용하여 스포츠 이벤트의 경제적 영향을 평가할 경우 다음과 같은 사실을 주의해야 한다고 강조한다.

첫째, 매출승수, 소득승수, 고용승수가 분야별로 다르게 나타난다. 즉, 호텔 숙박비 1만원과 자동차 주유비 1만원은 동일한 금액이지만 개별승수가 서로 다를 수 있어 분야별로 구분할 필요가 있다.

또한 매출증가가 소득효과와 고용효과에 직접적으로 영향을 미치지 않을 수도 있다. 예를 들어, 프리즌(Fridgin, J. D., 1991)은 지역주민들에게 들어간 돈의 경제적 영향을 생산으로 간주하고, 판매승수를 전체 관광객들의 지출에 곱하는 것은 무의미하다고 주장한다.

둘째, 승수의 정의와 계산방법을 보다 명확하게 규정할 필요가 있다. 예를 들어, 소득승수는 외부지역에서 온 관광객들이 개최 지역에서 소비함에 따라 발생하는 소득증가를 의미한다. 그러나 소득승수는 어느 방식을 사용하느냐에 따라 그 값이 다르게 나타난다.

문제는 이와 같이 복잡한 해석이 아무런 설명도 없이 사용되기도 한다는 점이다. 어떤 공식에 의해 승수를 계산하는가에 따라 경제적 가치가 엄청나게 달라지게되므로 승수가 얼마인가 또는 어떤 승수가 이용되는가 등을 제대로 이해하지 못한 상태에서의 정책결정은 오류를 범할 수밖에 없다. 휴(Hughes, H., 1982)는 승수가 단순히 존재한다는 사실보다는 승수의 상대적인 크기에 주목하였다. 사실상 관광객들의 지출승수는 다른 분야와 비교해 볼 때 기껏해야 평균적인 부가가치를 나타내는 정도로 낮다는 것이다. 스포츠 이벤트와 관련된 고용의 상당부분이 음식, 음료, 기념품 행상, 안내인, 운전기사, 주차 관리원, 식당이나 호텔종업원 등인데, 이들은 대체로 저임금 근로자들이기 때문이다.

셋째, 고용승수는 스포츠 이벤트를 위한 지출이 스포츠 이벤트를 개최

매출승수의 기본모형

가장 단순한 형태의 매출승수는 다음과 같이 이해될 수 있다. 최초에 개최지역에서 스포츠 이벤트로 인해 추가로 발생하는 매출이 100이라고 할 때, 이 매출이 경제 내에서 급여·재료비 등으로 분배되고 이들의 80%가 다시 개최지역의 재화와 서비스 구입을 위해 지출된다고 하자. 이 경우 순환과정을 통해 80만큼의 매출이 다시 발생하고, 이 80의 80%가 다시 추가적인 매출로 발생한다. 결국 100이라는 매출이 발생할 경우 총매출 증가는 $100+80+64+51.2+\cdots=500$이 된다($=\dfrac{1}{1-0.8}\times100$). 이 경우 매출승수는 $\dfrac{1}{1-0.8}=5$로 계산되고, 이는 전술한 바와 같이 100의 매출증가가 순환과정을 거쳐 $5\times100=500$이 된다는 의미이다. 승수효과는 최초의 변화 이후 '추가적'으로 발생하는 변화를 의미하므로, 결국 승수

효과는 총변화에서 최초의 변화를 차감한 $400(=500-100)$이며, 승수도 4가 된다. 이는 만약 매출이 200만큼 증가하면 추가적으로 재화와 서비스에 대한 수요가 800만큼 증가한다는 의미이다.

승수의 일반적 형태는 위에서 살펴본 바와 같이 $1/(1-MPC)$로도 나타낸다. MPC(marginal propensity to consume)는 한계소비성향으로, 추가적으로 발생한 소득 중에서 저축되지 않고 소비되는 금액의 비율이다. 예를 들어, MPC가 0.75라면 승수는 $1/(1-0.75)$로 4가 된다. 이는 추가적으로 벌어들인 소득 100 가운데 25%는 저축하고 75%는 소비한다는 의미이다. 따라서 승수의 크기는 MPC에 달려 있다. MPC가 클수록 승수가 증가하므로, 결국 최종적인 소비 증가도 더 커지게 된다.

하는 지역의 고용에 얼마나 영향을 미치는가를 측정한다. 즉, 관광객들의 지출로 얼마나 많은 사람들이 일자리를 창출할 수 있느냐를 의미하기도 한다. 플레처(Fletcher, J., 1989)는 소비자들의 지출 증가가 긍극적으로 고용의 증가를 가져올 수 있지만, 고용주들은 실제로 필요한 노동력을 가능하면 현재의 노동력으로 해결하려 하므로 고용 증가가 이루어지지 않을 수도 있다는 것을 지적한다. 특히, 일회성 스포츠 이벤트는 단기간 개최되기 때문에 고용효과를 지속적으로 발생시키기가 쉽지 않다. 즉, 고용주는 고용을 늘리기보다 기존의 근로자들에게 초과근로를 시키고 초과근로 수당을 지급하여

재미있는 스포츠경제 · 소득승수 계산 방식

예를 들어, 스포츠 이벤트를 관광하기 위해서 외부지역에서 온 소비자들이 10만원을 소비할 경우, 스포츠 이벤트를 개최하는 지역의 직접소득이 2만5천원이고 2차 소득(간접소득＋유발소득)이 2만원으로 총소득이 4만5천원이라고 하자. 이 경우 소득승수는 세 가지 방식으로 나타날 수 있다.

첫째, {(직접소득＋(간접＋유발소득)}/직접소득)방식을 이용할 경우

- 소득승수＝(2만5천원＋2만원)/2만5천원＝4만5천원/2만5천원＝1.8

둘째, {(직접＋(간접＋유발소득)}/외지인들의 지출)방식을 이용할 경우

- 소득승수＝((2만5천원＋2만원)/10만원)＝4만5천원/10만원＝0.45

셋째, {(외지인의 지출＋직접＋(간접＋유발소득)}/외지인의 지출)의 경우

- 소득승수＝(10만원＋2만5천원＋2만원)/10만원＝1.45

단기적인 수요 증대를 해결할 수 있다. 따라서 일회성 스포츠 이벤트의 경우 승수효과를 통한 일자리 창출을 지나치게 강조해서도 안될 것이다.

넷째, 경제적 효과를 분석하는 데 있어서 지리적 경계가 변화하게 되면 승수도 변화하므로 승수분석을 할 때는 지리적 경계를 분명히 해야 한다. 승수의 규모는 주로 개최지역의 경제구조와 규모에 의존한다. 즉, 외부지역에서 온 관광객들이 소비한 돈은 스포츠 이벤트 개최지역이라는 한정된 장소에서 다른 산업과의 거래의 정도를 나타낸다. 경제적으로 정의된 지역이 클수록 최초의 지출에 따른 부가가치가 증가할 것이다. 관광객들의 소비 중 상당부분이 스포츠 이벤트를 개최하는 지역 부근에서도 발생한다.

평창동계올림픽과 경제적 효과 평창동계올림픽 개최의 경제적 효과에 대해서 다양한 방법으로 분석이 진행되고 있다. 주 경기장인 알펜시아의 리조트 전경

따라서 관광객들의 지출을 모두 계산하기보다는 스포츠 이벤트 관광과 관련된 지역을 정하고, 이들의 소비지출을 포함시켜야 할 것이다.

5. 문화적 가치와 사회적 자본

문화적 가치

스포츠 이벤트는 나름대로 고유의 문화와 역사적 전통을 지닌 의식 또는 행사의 하나로 인식되고 있다. 따라서 각각의 스포츠 이벤트는 고유한 특성을 지니고 있어, 단순히 눈에 드러나는 경제적 가치로만 스포츠 이벤트의 가치를 평가하는 것은 본질을 외면할 뿐 아니라 문화적·역사적 가치를 도외시하는 게 될 수도 있다. 특정 스포츠 이벤트가 지니고 있는 사회·문화적 특성, 개최 목적이나 기간, 빈도, 국가·사회적 관심사, 이벤트의 소유권 등에 따라 경제·사회적 성과가 다르게 나타나기 때문이다. 월드컵, 올림픽과 같은 초대형 스포츠 이벤트는 4년마다 개최되고 국가 간 유치경쟁이 치열하게 전개되며 상당한 경제적·사회적 효과를 기대할 수 있다. 반면 비인기 종목의 스포츠 이벤트는 그렇지 못하다. 또한 IOC, FIFA와 같은 국제스포츠 기구나 연맹에 속해 있는 이벤트가 있는 반면에, 민간이 소유하고 운영하는 이벤트도 있고 이들이 추구하는 목적도 각각 다르다. 따라서 이러한 유형의 스포츠 이벤트의 가치를 단순히 경제적 가치로만 평가하는 것은 무리가 있다.

초대형 스포츠 이벤트는 양질의 스포츠 경기를 제공할 뿐 아니라 공동체적·상업적·정치적·경제적·오락적 기능을 한다. 라디오·TV·인터넷 등을 통해 각종 스포츠 이벤트와 관련된 사항들이 전 세계에 즉각 전달될 수 있게 된 이래 스포츠 이벤트는 이념적·상업적으로 이용가능한 도구가 되고 있다. 특히, 초대형 스포츠 이벤트는 전 세계적으로 가장 보편적이고 글로벌한 문화적 가치를 지니고 있다. 초대형 스포츠 이벤트는 지역적 또는 국가적 정체성을 기반으로 문화가 결집할 수 있도록 하기 때문에 전통적으로 스포츠 이벤트는 문화의 보충적 요소로 이해되어 왔다. 문화적 형태로서의 스포츠는 스포츠 이벤트를 통해서 나타내는데, 주로 이미지와 정체성(identity)에 영향을 미친다. 가르시아(Garcia, B., 2008)는 스포츠와 문화는 스포츠 이벤트의 주요 구성요소로서 본래부터 분리될 수 없다고 주장한다. 스포츠 이벤트는 문화적 현상으로 스포츠를 문화적으로 이해하거나 다른 문화적 활동을 하기 위해서도 중요하다는 것이다.

스포츠 이벤트는 보다 구체적으로 다음과 같은 점에서 문화적 가치를 지닌다고 할 수 있다. 우선, 스포츠 이벤트를 위한 기념행사는 비록 그 기간이 짧아도 하나의 역사적 이벤트로 취급된다. 기념행사는 일종의 찬양의식이며 고품격의 문화 이벤트이다. 스포츠 이벤트는 의식(儀式)적 구조와 문화적 요소를 도입한 행사이다. 경쟁을 기본으로 하되 흥분과 열광, 즐거움과 기쁨 등 오락적 요인들을 배경으로 한다. 이와 같은 형태의 스포츠 이벤트는 문화이면서 동시에 부가가치를 지닌다. 스포츠 이벤트는 또한 인종·언어·역사·정치 등에 상관없이 국경을 초월하여 문화적 교류를 가능케 한다. 이러한 문화적 교류를 통해 문화를 자본화하는 것도 가능해진다.

그러나 문화적 가치를 지나치게 상업화하거나 그 의미를 지나치게 단순화해서는 안된다. 상업성을 지나치게 강조할 경우, 스포츠 이벤트가 지니고 있는 고유의 정신인 인류 평화, 인간운동, 보편적 이해 등을 퇴색시킬 수 있기 때문이다. 반면 만약 스포츠 이벤트의 목적이 단순히 문화적 활동을 증진시키기 위한 것이라면, 스포츠 이벤트의 비즈니스 전략은 매우 제한적일 수밖에 없게 된다. 따라서 기존의 스포츠 이벤트에 독창적이고 창의적인 형태의 문화활동을 추가한다면 스포츠의 문화적 측면도 제고되는 동시에 스포츠 이벤트의 부가가치도 높일 수 있을 것이다.

사회적 자본과 과제

초대형 스포츠 이벤트는 물적자본·인적자본·사회적 자본 등 다양한 형태의 자본과 깊은 관계가 있다. 스포츠 시장에서 물적자본(physical capital)의 예로는 스포츠 시설, 경기장 등을 들 수 있다. 초대형 스포츠 시설들은 스포츠 이벤트를 위해서 필요하고, 스포츠 이벤트가 끝난 후에는 경기장 또는 관광자원으로 활용가능하다. 주변의 공원시설은 이벤트 후에도 시민에게 휴식공간을 제공한다.

인적자본(human capital)은 교육과 훈련, 경험 등을 통해서 이루어진다. 초대형 스포츠 이벤트 개최에 참여한 이벤트 전문가들과 자원봉사자들의 역량과 이벤트 운영 과정에서 체득한 민간 부문의 전문기술도 이에 해당된다. 유형의 물적자산과 인적자산은 스포츠 이벤트 개최국가나 지역의 경제·사회적 발전에 커다란 도움이 된다.

사회적 자본(social capital)은 사회 네트워크, 규범, 신뢰 및 존중 등을 통해 사회구성원 간의 상호이익을 위한 조정과 협력을 용이하게 하는 조직적 특성이라고 할 수 있다. 초대형 스포츠 이벤트는 사회성·정보 공유·사회적 유대 강화 등을 가능케 해 사회적 자본 형성에 기여할 수 있다. 초대형 스포츠 이벤트는 상호 존중과 신뢰, 국민적 단합, 선진 경제의식 등을 향상시킬 수 있고, 이러한 것들은 사회적 자본과 밀접한 연관을 지니고 있기 때문이다. 또 참여자들의 인종·문화·국가·사회·계층 등에 상관없이 전 세계적으로 하나가 될 수 있다는 특징이 있다. 스포츠 이벤트에 참가하는 사람들은 가치관, 언어, 사회문화 등이 다양함에도 불구하고 스포츠 이벤트를 통하여 하나로 융합·동화되고, 개인 또는 그룹 간 관계가 개선되면 전지구적 동질감을 가지게 된다. 이러한 점에서 초대형 스포츠 이벤트는 한 국가뿐 아니라 전 세계적인 사회적 자본과 밀접한 관련이 있다.

초대형 스포츠 이벤트 개최가 사회적 자본을 효과적으로 구축하기 위해서는 다음을 고려할 필요가 있다. 첫째, 스포츠 이벤트가 상호 신뢰와 협력을 바탕으로 건설적이고 안전한 가운데 운영될 수 있는 분위기가 필요하다. 이벤트가 상호신뢰와 협력을 바탕으로 개최된다면, 개인은 물론 지역이나 국가가 한 단계 더 발전할 수 있을 것이다. 스포츠 이벤트는 공동체 정신을 함양하고 사회나 국가에서 상호 신뢰와 협력을 강화할 수 있는 계기가 되기 때문이다. 스포츠 이벤트를 통해 다양한 계층들이 상호 신뢰와 협력을 촉진시킨다면 스포츠 이벤트는 사회적 자본의 창출에 기여할 수 있다. 즉 공동사회에 대한 정체성, 선진시민 의식, 선진 질서 등을 구축하는 데 도움이 될 것이다.

둘째, 스포츠 이벤트 개최주체 간 긴밀한 네트워크를 구축할 필요가 있다. 이는 각각의 이해집단들에게 참여기회를 제공하는 동시에 이해집단 간 관계를 개선할 수 있다. 주민이나 민간단체, 기업, 정부 간 공동협력, 상호 신뢰와 이해, 유대관계 등을 강화한다면 스포츠 이벤트는 성공적으로 개최될 수 있을 것이다. 특히, 관련 주체들이 열린 마음으로 서로 이해하고 협력한다면, 스포츠 이벤트에 따른 혼란이나 부작용을 최소화할 수 있을 것이다. 이러한 가운데 스포츠 이벤트가 성공적으로 개최된다면, 사회적 자본이 성공적으로 구축되고 사회나 국가는 보다 바람직한 방향으로 발전하게 될 것이다.

셋째, 지방정부가 수행하는 스포츠 이벤트가 보다 알차고 경제·사회적으로 성공을 거두기 위해서는 스포츠 이벤트에 대한 분명한 목적이 설정될 필요가 있다. 특히, 지방정부가 단발성·선심용 전시효과를 앞세워 스포츠 이벤트 개최를 추진하려 한다면, 스포츠 이벤트는 정치적으로 이용되고 더 나아가서는 지방정부에 재정적 부담을 가중시키며 지역의 이미지도 훼손시킬 수 있다. 따라서 지방정부들은 스포츠 이벤트를 통한 지역 이미지 개선, 관광산업 활성화, 고용창출, 지역경제 활성화 등을 과대평가하거나 지나치게 강조해서는 안된다. 개최지역의 지리적·문화적·사회적·재정적 요인 등을 충분히 감안하여 개최여부를 결정해야 한다. 특히, 재정적·사회적 요인을 감안하지 않은 채 초대형 스포츠 이벤트를 무리하게 개최할 경우 지방정부의 운영은 물론 지역주민들에게도 더 큰 부담이 될 수 있음을 인식해야 할 것이다.

넷째, 주민이나 NGO 등 민간단체들은 초대형 스포츠 이벤트에 보다 적극적으로 참여하여 다양하고 풍부한 경험과 기술을 체득할 필요가 있다. 이러한 경험과 기술은 국가나 사회의 사회적 자본을 구축하는 데 선도적인

2018 평창동계올림픽과 사회적 자본 2018 평창 동계올림픽은 경제·사회적 편익이 특정 계층에 치우치지 않고 상호이해나 사회통합에 기여할 수 있도록 추진되어야 한다.

역할을 할 수 있고 개인의 발전과 고용의 기회도 얻을 수 있다. 특히, NGO 등 민간단체들은 초대형 스포츠 이벤트가 초래하는 부정적 효과들을 환경에 대한 인식 제고, 시민의식 함양 등의 긍정적 효과들로 전환하고, 정부와 기업의 지나친 의욕이나 무리한 사업추진에 대해 건전한 견제역할을 할 수 있어야 한다.

다섯째, 초대형 스포츠 이벤트 개최의 편익이 특정계층이나 집단에 치우치지 않고 지역·계층·집단간 갈등을 극복하는 계기가 될 수 있도록 노력해야 한다. 경제적인 측면에서 초대형 스포츠 이벤트 개최는 국가 사회적으로 커다란 편익을 가능케 하고 많은 계층들이 혜택을 입기도 한다. 그러나 초대형 스포츠 이벤트 개최에 따른 경제·사회적 편익이 특정계층이나 집단에 편중된다는 지적도 있다. 즉, 초대형 스포츠 이벤트는 한정된 그룹, 지역, 국가와 깊은 연관을 지니고 있으며, 경제적·사회적 편익도 이들을 중심으로 분배되고 있어 저소득층·소외계층 등은 그 편익을 향유하기 어렵다는 것이다. 정부가 각종 편익을 공평하게 배분하기 위해 노력하더라도 그 효과는 크지 않을 수 있다.

그러나 사회적 자본을 구축할 역량을 지니고 있는 초대형 스포츠 이벤트는 상대적으로 불이익을 받는다고 생각하는 계층들의 참여를 촉진시켜 지역·계층·인종 간 장벽과 갈등을 해소할 수 있으며, 사회국가적 이해관계·상호이해 등 공통기반을 마련할 수 있다. 특히 최근 급속히 발달하고 있는 인터넷 등 다양한 IT기술들은 이러한 과정에서 각종 장벽과 갈등을 해소할 수 있는 중요한 커뮤니케이션 기능을 가능하게 하고 있다. 사람들

평창동계올림픽의 과제

우리나라는 강원도 평창을 개최지로 해 2010년, 2014년 동계올림픽을 유치하려고 시도했으나 실패했고, 세 번째 도전에서 2018년 동계올림픽을 유치하는 데 성공했다. 이로써 우리나라는 동계올림픽, 하계올림픽, 월드컵축구대회, 세계육상선수권대회 등 4대 국제스포츠대회를 모두 개최하는 국제스포츠대회 그랜드 슬램(grand slam) 달성 국가가 됐다. 4대 국제스포츠대회를 개최한 국가는 이제까지 프랑스, 독일, 일본, 이탈리아 등 4개국에 불과하다.

우리나라는 11년을 도전해 동계올림픽 유치라는 꿈을 이뤘으나 남은 과제도 많다. 간략히 살펴보면 국가브랜드 제고를 통한 경제도약 기반 마련, 국민적 참여와 열정으로 국민통합 달성, 동계스포츠 중심지로의 자리매김, 스포츠와 관광을 연계한 지역경제 활성화, 동계올림픽 개최 이후 시설활용 방안 등이다. 물론 동계올림픽에서 우수한 성적을 내는 것도 중요하다.

은 인터넷을 통해 각종 스포츠 이벤트에 대한 정보를 손쉽게 얻고 관련 집단들과의 의사소통도 원활하게 할 수 있다.

여섯째, 초대형 스포츠 이벤트 개최는 국가나 지역 간 치열한 유치경쟁에서 승리한 결과이다. 국가적으로 볼 때는 국가발전의 기틀을 마련할 수 있는 기회이자 역사적 사건이다. 그러나 스포츠 이벤트 개최에 따른 국가 이미지 제고, 국론통일, 자부심 등 경제·사회적 편익은 오래 지속되지 못하므로 개최의 긍정적인 효과를 오랫동안 지속시킬 수 있는 방안을 모색할 필요가 있다. 초대형 스포츠 이벤트를 통해서 국가·사회적으로 한 단계 더 발전할 수 있는 것이 무엇인지를 명확히 설정하고, 이들 달성하기 위한 분명하고 구체적인 계획을 세워야 한다. 스포츠 이벤트 유치, 달성목표 설정, 추진계획 설립 등의 과정에서 민간 경제주체들도 적극 참여하도록 해야 할 것이다.

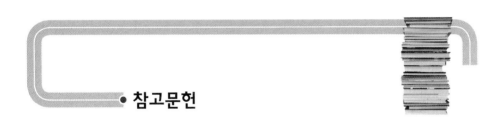

● 참고문헌

제 I 편   경제학의 주요 개념

- 기영노(2008), 『재미있는 스포츠이야기』, (주) 가나출판사.
- 김경환·김종석 옮김(2005), 『맨큐의 경제학』, 교보문고.
- 김대식·노영기·안국신(2007), 『현대 경제학원론』, 박영사.
- 김승욱·이정희·허식·백훈(2002), 『알짬 시장경제』, 박영사.
- 김예기·이영환·주노종(2004), 『스포츠경제의 이해』, 백산출판사.
- 안국신(2001), 『경제학 길잡이』, 율곡출판사.
- 이준구(2002), 『미시경제학』, 법문사.
- 이준구·이창용(2000), 『경제학 원론』, 법문사.
- 임상일(2001), 『실감나는 스포츠 살아있는 경제학』, 도서출판 두남.
- 전용덕(2002), 『월드컵으로 이해하는 시장경제』, 자유기업원.
- 정우영 옮김(2011), 『괴짜 야구 경제학』, 한스미디어.
- 조순·정운찬·전성인(2003), 『경제학 원론』, 율곡출판사.
- 최성욱(2006), 『차세대 무한시장 스포츠를 읽어라』, 스포츠인 코러레이션.
- Arnold, Roger A.(2011), *Economics-New Ways of Thinking*, EMC.
- Eachern, William A. Mc(2005), *Contemporary Economics*, Thomson South-western.
- Mankiw, N. Gregory(2004), *Principles of Economics*, Thomson South-western.

제 II 편   스포츠 경제와 산업

- 김예기(2003), 산업연관분석을 이용한 우리나라 스포츠 산업의 파급효과분석, 한국 체육학회지, 제42권 제5호, pp. 483~495.
- 김예기(2005), 우리나라 스포츠 산업의 성장요인과 스포츠 산업의 유발계수 분석, 한국 체육학회지, 제44권 제3호, pp. 547~562.
- 김예기(2005, 8), 스포츠 경제학의 등장과 과제, 월간 스포츠비즈니스.
- 김예기(2005. 11), 스포츠 수요와 적용상의 문제, 월간스포츠비즈니스.
- 김예기(2007), 한국과 일본가계의 스포츠 소비항목별 지출실태 비교, 한국스포츠산업·경영 학회지, 2007, 12, 제12권, 제4호, pp. 137~148.
- 문화관광부(2003), 참여정부 국민체육진흥 5개년 계획.
- 문화체육관광부(2008. 12), 『2009~2013 스포츠산업 중장기 계획』.
- 문화체육관광부, 국민생활체육참여실태조사, 각년도.
- 문화체육관광부, 체육백서, 각년도.
- (사)한국스포츠산업·경영학회(2010), 환경과 스포츠.
- (사)한국스포츠산업진흥협회(2008), 국내스포츠산업의 미래.
- (사)한국스포츠산업진흥협회(2008), 글로벌스포츠산업의 동향 및 전망.
- (사)한국스포츠산업진흥협회(2008), 문화콘텐츠산업현황과 스포츠의 융합.
- 서울대학교 스포츠산업연구센터(2007), 규칙적인 체육활동 참여의 경제적 효과.
- 설수영(2009), 우리나라 가계의 레저관련 지출 요인 분석, 한국체육학회지, 제48권 제1호, pp. 323~331.
- 이안재(2005), e-스포츠산업의 현황과 발전 방안, 삼성경제연구소.
- 정지명(2010), 스포츠산업 실태 및 경제적 효과 분석, 체육과학연구원.
- 체육과학연구원, 한국의 체육지표, 각년도.
- 통계청, 서비스업총조사보고서, 각년도.
- 한국레저산업연구소, 레저백서, 각년도.
- 한국은행, 산업연관표, 각년도.
- 한창수(2007), 스포츠산업 강국으로의 변신, 삼성경제연구소.
- Allender, Steven, Cowburn, Gill & Foster, Charlie(2006), Understanding Participation in Sport and Physical Activity among Children and Adult: a Review of Qualitative Studies, *Health Education Research*, 21(6).
- Allmen, Peter von(2005), Teaching the Economics of Sports, *Journal of Sports Economics*, Vol. 6, No. 3, pp. 325~330.

- Ashton, J. K., Gerrard, B. & Hudson, R.(2003), Economic Impact of National Sporting Success: Evidence from the London Stock Exchange, *Applied Economics Letters*, Vol. 10, pp. 783~785.

- Baade, Robert A., Baumann, Robert W. & Matheson, Victor A.(2008), Assessing the Economic Impact of College Football Games on Local Economies, *Journal of Sports Economics*, December, Vol. 9, No. 6, pp. 628~643.

- Balasubramanian, Sridhar & Vijay Mahajan(2001), The Economic Leverage of the Virtual Community, *International Journal of Electronic Commerce*, Vol. 5, No. 3, pp. 103~138.

- Bennett, Gregg, Henson, Robin K. & Zhang, James(Apr, 2003), Generation Y's Perceptions of the Action Sports Industry Segment. *Journal of Sport Management*, Vol. 17, Issue 2, pp. 95~115.

- Carl Stempel(2005), Adult Participation Sports as Cultural Capital: A Test of Bourdieu's Theory of the Field of Sports, *International Review for the Sociology of Sport*, Vol. 40, No. 4, pp. 411~432.

- Cashmore, Ellis(2000), *Sports Culture, An A-Z Guide*, Routledge.

- Chantelat, Pascal(1999), An Overview of Some Recent Perspectives on the Socio-Economics of Sports, *International Review for Sociology of Sport*, Vol 34, No. 1, pp. 59~68.

- Chase, Christopher R. & Kurnit, Rick(2010), Fighting for What is Left of Exclusivity: Strategies to Protect the Exclusivity of Sponsors in the Sports Industry, *Journal of Sponsorship*, Vol. 3, Issue 4, pp. 379~393.

- Chelladurai, P.(1994), Sport Management: Defining the Field, *European Journal Sport Management*, Vol 1, No. 1, pp. 7~21.

- Coates , ennis & Humphreys, Brad R.(1999). The Growth Effects of Sport Franchises, Stadia, and Arena, *Journal of Policy Analysis and Management*, Vol. 18, No. 4, pp. 601~624

- Conrad, Mark(2006), *The Business of Sports*, Routledge.

- Dietl, Helmut M., Grossmann, Martin & Lang, Markus(2011), Competitive Balance and Revenue Sharing in Sports Leagues With Utility-Maximizing Teams, *Journal of Sports Economics*, Vol. 12, No. 3, pp. 284~308.

- Eber, Nicolas(2003), Sports Practice, Health, and Macroeconomic Performances: An Endogenous Growth Model, *Journal of Sports Economics*, Vol. 4, No. 2, pp.

126~144.

- Falter, Jean-Marc, Pérignon, Christophe & Vercruysse, Olivier(2008), Impact of Overwhelming Joy on Consumer Demand: The Case of a Soccer World Cup Victory, *Journal of Sports Economics*, Vol. 9, pp. 20~42.

- Feddersen, Arne & Rott, Armin(2011), Determinants of Demand for Televised Live Football: Features of the German National Football Team, *Journal of Sports Economics*, Vol. 12, No. 3, pp. 352~369.

- Fink, Janet S. & Parker, Heidi M(2009), Spectator Motives: Why Do We Watch When Our Favorite Team Is Not Playing?, *Sport Marketing Quarterly*, Vol. 18 Issue 4, pp. 210~217.

- Flynn, Michael A. & Gilbert, Richard J.(2001), The Analysis of Professional Sports Leagues as Joint Ventures The Analysis of Professional Sports Leagues as Joint Ventures, *The Economic Journal*, Vol. 111, No. 469, pp. F27~F46.

- Franck, Egon & Theiler, Philipp(2009), The Effect from National Diversity on Team Production —Expirical Evidence from the Sports Industry—. *Schmalenbach Business Review (SBR)*, Vol. 61 Issue 2, pp. 225~246.

- Groeneveld, Margaret(2009), European Sport Governance, Citizens, and the State, *Public Management Review*, Vol. 11, Issue 4, pp. 421~440.

- Hefner, Frank L.(1990), Using Economic Models to Measure the Impact of Sports on Local Economies, *Journal of Sport & Social Issues*, Vol. 14, No. 1, pp. 1~13.

- Hone, Phillip & Silver, Randy(2006), Policy Forum: Economics of Sport Measuring the Contribution of Sport to the Economy, *The Australian Review*, Vol. 39, No. 4, pp. 412~419.

- Houlihan, Barrie, (ed)(2003), *Sport & Society*, SAGE Publications.

- Hudson, Ian(2001), The Use and Misuse of Economic Impact Analysis, *Journal of Sport & Social Issue*, Vol. 25, No. 1, pp. 20~39.

- Humphreys, Brad R. & Maxy, Joel(2007), The Role of Sport Economics in the Sport Management Curriculum, *Sport Management Review*, Vol. 10, pp. 177~189.

- Humphreys, Brad R. & Ruseki, Jane E.(2009), Estimates of the Dimensions of the Sports Market in the US, *International Journal of Sport Finance*, Vol. 4, pp. 94~113.

- Humphreys, Brad R. & Ruseki, Jane E.(2010), Problems with Data on the Sport Industry, *Journal of Sports Economics*, Vol. 11, No. 1, pp. 60~76.

- Hur, Youngjin, Ko, Young Jae & Valacich, Josep(2007), Motivation and Consumption for Online Sport Consumption, *Journal of Sport Management* Vol. 21, pp. 521~539.

- Ingar Mehus(2005), Distinction Through Sport Consumption. *International Review The Sociology of Sport*, 40(3), pp. 321~333.

- Jarvie, Grant(June 2003), Communitarianism, Sport and Social Capital: Neighbourly Insights into Scottish Sport', *International Review for the Sociology of Sport*, Vol. 38, No 2, pp. 139~153.

- Kahn, Lawrence M.(May 2007), Sports League Expansion and Consumer Welfare, *Journal of Sports Economics*, Vol. 8, pp. 115~138.

- Kelly, Peter & Hickey, Christopher(2008), Player Welfare and Privacy in the Sports Entertainment Industry: Player Development Managers and Risk Management in Australian Football League Clubs, *International Review for the Sociology of Sport*, Vol. 43, No. 4, pp. 383~398.

- Korean Society for Sport Management(2009), The 2009 International Sport Management Conference.

- Krautmann, Anthony C. & Berri, David J.(2007), Can We Find It at the Concessions? Understanding Price Elasticity in Professional Sports, *Journal of Sports Economics*, Vol. 8, No. 2, pp. 183~191.

- Lera-Lopez, Fernando & Manuel Rapun-garate(2007), The Demand for Sport: Sport Consumption and Participation Models, *Journal of Sport Management*, Vol. 21, pp. 103~122.

- Lipsey, Richard A.(2006), *The Sporting Goods Industry*, McFarland & Company, Inc., Publishers.

- Løyland, Knut & Ringstad, Vidar(2009), On the Price and Income Sensitivity of the Demand for Sports: Has Linder's Disease Become More Serious?, *Journal of Sports Economics*, Vol. 10, No. 6, pp. 601~618.

- Maguire, Joseph(2004), Challenging the Sports-Industrial Complex: Human Sciences, Advocacy and Service, *European Physical Education Review*, Vol 10, No 3, pp 299~322.

- Milano, Michael & Chelladurai, Packianathan(2011), Gross Domestic Sport Product: The Size of the Sport Industry in the United States, *Journal of Sport Management*, Vol. 25 Issue 1, pp. 24~35.

- Mondello, Michale J. & Pedersen, Paul M.(2003), A Content Analysis of the Journal of Sports Economics, *Journal of Sports Economics*, Vol. 4, No. 1, pp. 64~73.

- Morrison, Rodney J.(1996), Sports Fans, Athletes' Salaries, and Economic Rent, *International Review for the Sociology of Sport*, Vol. 31, No. 3, pp. 257~270.

- Rinehart, Robert(2005), Babes & Boards: Opportunities in New Millennium Sport?, *Journal of Sport & Social Issue*, Vol. 29, No. 3, pp. 232~255.

- Ross, Stephen F.(2003), Antitrust, Professional Sports, and the Public Interest, *Journal of Sports Economics*, Vol. 4, No. 4, pp. 318~331.

- Rowe, David(2003), Sport and the Reputation of the Global, *International Review for the Sociology of Sport*, 38(3), pp. 281~294.

- SSF笹川スポ-ツ財團(2006), スポ-ツ 白書 —Sport for All から Sport for Everyone—.

- Scheerder, Jeroen, Vanreusel, Bart & Taks, Marijke(2005), Leisure Time Sport among Physical Education Students; A time Trend Analysis of Sport Participation Style, *European Sport Management Quarterly*, 5(4), pp. 415~441.

- Scully, Gerald W.(2004), Introduction to the Special Issue on Sports Economics, *Managerial and Decision Economics*, Vol. 25, pp. 61~62.

- Seabra, Andre F., Mendonca, Denisa M., Thomas,Martine A. & Peters, Tim J.(2007), Associations between Sport Participation, Demographic and Socio-cultural Factor in Portuguese Children and Adolescents, *European Journal of Public Health*, Vol. 18, No. 1, pp. 25~30.

- Seippel, Ørnulf(2004), The World According to Voluntary Sport Organizations: Voluntarism, Economy and Facilities, *International Review for the Sociology of Sport*, Vol. 39, No. 2, pp. 223~232.

- Seippel, Ørnulf(2006), Sport and Social Capital, *Acta Sociologica*, Vol. 49, No. 2, pp. 169~183.

- Sheth, Hela & Kathy M. Babiak(Feb. 2010), Beyond the Game: Perceptions and Practices of Corporate Social Responsibility in the Professional Sport Industry. *Journal of Business Ethics*, Vol. 91, Issue 3, pp. 433~450.

- Sheth, Hela & Kathy, Babiak(2010), Beyond the Game: Perceptions and Practices of Corporate Social Responsibility in the Professional Sport Industry. *Journal of Business Ethics*, Vol. 91, Issue 3, pp. 433~450.

- Shilbury, David(2000), Considering Future Sport Delivery System, *Sport Management Review*, pp. 199~221.

- Siegfried, John & Zimbalist, Andrew(2002), A Note on the Local Economic Impact of Sports Expenditures, *Journal of Sports Economics*, Vol. 3, No. 4, pp. 361~366.

- Smith, Aron & Westerbeek, Hans(2004), *The Sport Business Future*, Palgrave.
- Sweeney, John(2007), Sports Cast 10 Controversial Issues Confronting the Sports Industry, *World Future Society*, January-February.
- Trail, Galen T., Janet, Fink S. & Dean, Anderson F(2003), Sport Spectator Consumption Behavior, *Sport Marketing Quarterly*, Vol. 12 Issue 1.
- Walker, Matthew & Kent, Aubrey(Nov, 2009), Do Fans Care? Assessing the Influence of Corporate Social Responsibility on Consumer Attitudes in the Sport Industry. *Journal of Sport Management*, Vol. 23, Issue 6, pp. 743~769.
- Westerbeek, Hans & Smith, Aaron(2003), *Sport Business in the Global Marketplace*, Palgrave Macmillan.
- Won, Jung-uk & Kitamura, Kaoru(2007), Comparative Analysis of Sport Consumer Motivations between South Korea and Japan, *Sport Marketing Quarterly*, Vol. 16, pp. 93~105.

제Ⅲ편 프로스포츠 시장과 리그

- 김예기(2005), 프로리그와 카르텔, (주) 케이보스, 월간 스포츠 비즈니스.
- 김예기(2006). 프로리그의 전력 평준화 방안에 관한 논의, 월간 스포츠 비즈니스.
- 문화체육관광부(2009), 프로스포츠 관중 증가 원인 및 효과 연구.
- Andreff, Wladimir & Staudohar, Paul D.(2000), The Evolving European Model of Professional Sports Finance, *Journal of Sports Economics*, Vol. 1, No. 3, pp. 257~276.
- Ferguson, Donald G., Jones, J. C. H. & Stewart, Kenneth G.(2000), Competition within a Cartel: League Conduct and Team Conduct in the Market for Baseball Player Services, *The Review of Economics and Statistics*, Vol. 82, No. 3, pp. 422~430.
- Ansreff, Wladimir & Szymanski, Stefan(2005), *Handbook on the Economics of Sport*, Edward Elgar.
- Baade, Robert A.(2003). Evaluating Subsidies for Professional Sports in the United States and Europe: A Public-sector Primer, *Oxford Review Economic Policy*, Vol. 19, No. 4, pp. 585~597.
- Baade, Robert A.(2003). Evaluating Subsidies for Professional Sports in the United

States and Europe: A Public-sector Primer, *Oxford Review of Economic Policy*, Vol. 19, No. 4, pp. 585~597.

- Bogusz, Barbara, Cygan, Adam & Szyszczak, Erika(2007), *The Regulation of Sport in the European Union*, Edward Elgar.

- Borland, Jeffery & Macdonald, Robert(2003), Demand for Sport, *Oxford Review of Economic Policy*, Vol. 19, No. 4, pp. 478~502.

- Bougheas, Spiros & Downward, Paul(2003), The Economics of Professional Sports Leagues: Some Insights on the Reform of Transfer Markets, *Journal of Sports Economics*, Vol. 4, No. 2, pp. 87~107.

- Bristow, Dennis N. & Schneider, Kenneth C(2006), An Investigation of the Customer Orientation of Professional Sports Organizations: Development of the Sports Fan Orientation Scale (SFOS), *Journal of Hospitality & Leisure Marketing*, Vol. 15, Issue 1, pp. 27~44.

- Buraimo, Babatunde, Forrest, David & Simmons, Robert(2007), Freedom of Entry, Market Size, and Competitive Outcome: Evidence from English Soccer, *Southern Economic Journal*, Vol. 74, No. 1, pp. 204~213.

- Buraimo, Babatunde, Simmons, Rob & Szymanski, Stefan(2006), English Football, *Journal of Sport s Economics*, Vol. 7, No. 1, pp. 29~46.

- Cain, Louis P. & Haddock, David D.(2005), Similar Economic Histories, Different Industries: Transatlantic Contrast in the Evolution of Professional Sport Leagues, *The Journal of Economic History*, Vol. 65, No. 4, pp. 1116~1147.

- Cairns, J., Jennet, N. & Sloane, P. J.(1986), The Economics of Professional Team Sports: A Survey of Theory and Evidence, *Journal of Economics Studies*, Vol. 13, No. 1, pp. 3~80.

- Chang, Yang-Ming & Sanders, Shane(2009), Pool Revenue Sharing, Team Investments, and Competitive Balance in Professional Sports A Theoretical Analysis, *Journal of Sports Economics*, Vol. 10, No. 4, pp. 409~428.

- Coakley, Jay & Dunning, Eric,(ed)(2001), *Handbook of Sports Studies*, SAGA Publication.

- Coates, Dennis & Humphreys, Brad R.(2003), Professional Sports Facilities, Franchises and Urban Economic Development, Public *Finance and Management*, Vol. 3, No. 3, pp. 335~357.

- Cymrot, Donald J., Dunlevy, James A. & Even, William E.(2001), Who's on First:

An Empirical Test of the Coase Theorem in Baseball, *Applied Economics*, Vol. 33, pp. 593~603.

- Cyrenne, Philippe(2009), Modelling Professional Sports Leagues: An Industrial Organization Approach, *Rev Ind Organ*, Vol. 34, pp. 193~215.

- Dawson, Peter, Dobson, Stephen & Gerrard, Bill(Sep. 2000), Estimating Coaching Efficiency in Professional Team Sports: Evidence from English Association Football, *Scottish Journal of Political Economy*, Vol. 47, No. 4, pp. 399~421.

- DeBrock, Lawrence M. & Roth, Alvin E.(1981), Strike Two: Labor-Management Negotiations in Major League Baseball, *The Bell Journal of Economics*, Vol. 12, No. 2, pp. 413~425.

- Dietl, Helmut M., Franck, Egon & Hasan, Tariq & Lang, Markus(Jun, 2009), Governance of Professional Sports Leagues—Cooperatives Versus Contracts, *International Review of Law & Economics*, Vol. 29, Issue 2, pp. 127~137.

- Dietl, Helmut M., Lang, Markus. & Werner, Stephan(2009), Social Welfare in Sports Leagues with Profit-Maximizing and/or Win-Maximizing Clubs. *Southern Economic Journal*, Vol. 76, Issue 2, pp. 375~396.

- Dietl, Helmut M., Martin Grossmann, & Markus Lang(2011), Competitive Balance and Revenue Sharing in Sports Leagues With Utility-Maximizing Teams, *Journal of Sports Economics*, Vol. 12, No. 3, pp. 284~308.

- Dobson, Stephen & Goddard, John(2004), Revenue Divergence and Competitive in a Division Sports League, *Scottish Journal of Political Economy*, Vol. 51, No. 3, pp. 359~376.

- Downward, Paul, Dawson, Alistair & Dejonghe, Trudo(2009), *Sports Economics Theory, Evidence and Policy*, ELSEVIER.

- Drewes, Michael(2003), Competition and Efficiency in Professional Sports League, *European Sport Management Quarterly*, Vol. 3, No. 4, pp. 240~252.

- Durand, Christophe & Bayle, Emmanuel(2002), Public Assistance in Spectator Sport: A Comparison Between Europe and United States, *European Journal of Sport Science*, Vol. 2, Issue 2, pp. 1~19.

- Edelman, Marc & Brian, Doyle(2009), Antitrust and Free Movement Risks of Expanding U.S. Professional Sports Leagues into Europe, *Northwestern Journal of International Law & Business*, Vol. 29, Issue 2, pp. 403~438.

- Edelman, Marc & Doyle, Brian(2009), Antitrust and Free Movement Risks of Expanding U.S. Professional Sports Leagues into Europe, *Northwestern Journal of International Law & Business*, Vol. 29, Issue 2, pp. 403~438.

- El-Hodiri, Mohamed, & James Quirk(1971), An Economic Model of a Professional Sports League, *Journal of Political Economics*, Vol. 79, (Nov/Dec), pp. 1302~1319.

- Findlay, David W. & Reid, Clifford E.(2002), A Comparison of Two Voting Models to Forecast Election into the National Baseball Hall of Fame, *Managerial and Decision Economics*, Vol. 23, No. 3, pp. 99~113.

- Flynn, Michael A. & Gilbert, Richard J.(2001), The Analysis of Professional Sports Leagues as Joint Ventures, *The Economic Journal*, 111(february), F27-F46.

- Forrest, David & Simmons, Rob(Aug, 2006), New Issues in Attendance Demand: The Case of the English Football League, *Journal of Sports Economics*, Vol. 7, pp. 247~266.

- Forrest, David & Simons, Robert(2002), Outcome Uncertainty and Attendance Demand in Sport: the Case of English Soccer, *The Statistician*, Vol. 51, part. 2, pp. 229~241.

- Fort, Rodney & Quirk, James(2004), Owner Objectives and Competitive Balance, *Journal of Sport Economics*, Vol. 5, No. 1, pp. 1~32.

- Fort, Rodney & Quirk, James(2007), Rational Expectation and Pro Sports Leagues. *Scottish Journal of Political Economy*, Vol. 54, Issue 3, pp. 374~387.

- Fort, Rodney D.(Sep. 2000). European and North American Sport Difference, *Scottish Journal of Political Economy*, Vol. 47, No. 4, pp. 431~455.

- Fort, Rodney(2004), European and North American Sports Difference(?), *Scottish Journal of Political Economy*, Vol. 47, No. 4, pp. 431~455.

- Fort, Rodney(2004). Owner Objectives and Competitive Balance, *Journal of Sports Economics*, Vol. 5, No. 1, pp. 20~32.

- Franck, Egon(2003), Beyond Market Power: Efficiency Explanations for the Basic Structures of North American Major League Organizations, *European Sport Management Quarterly*, pp. 221~239.

- Frick, Bernd(2003), Contest Theory and Sport, *Oxford Review of Economic Policy*, Vol. 19, No. 4, pp. 512~529.

- Fullerton, Sam(2011), *Sports Marketing*, McGraw-Hill Irwin.

- Gannon, John, Evans, Kevin & Goddard, John(2006), The Stock Market Effects of the Sale of Live Broadcasting Rights for English Premiership Football, *Journal of Sports Economics*, Vol. 7, No. 2, pp. 168~186.

- Gantz, Walter, Zheng, Wang & Paul, Bryant & Robert, Potter F.(2006), Sports Versus All Comers: Comparing TV Sports Fans With Fans of Other Programming Genres, *Journal of Broadcasting & Electronic Media*, Vol. 50, Issue 1, pp. 95~118.

- Gem, Gerald R. & Pfister, Gertrud(2009), *Understanding American Sports*, Routledge.

- Grow, Nathaniel(2006), There's No I In League : Professional Sports Leagues and the Single Entity Defense. *Michigan Law Review*, Vol. 105, Issue 1, pp. 183~208.

- Hanssen, Andrew(1998), The Cost of Discrimination: A Study of Major League Baseball, *Southern Economic Journal*, Vol. 64, No. 3, pp. 603-627.

- Hendricks, Wallace(1997), *Advances in The Economics of Sport*, JAI Press Inc.

- Hoehn. T & S. Szymanski(1999), The Americanization of European Football, *Economic Policy*, Vol. 14, No. 28, pp. 203~240.

- Horowiz I(1997), The Increasing Competitive Balance in Major League Baseball, *Review of Industrial Organization*, Vol. 12, pp. 373~387.

- Houlihan, Barrie & Green, Mick(2009), Modernization and Sport: The Reform of Sport England and UK Sport, *Public Administration*, Vol. 87, No. 3, pp. 678~698.

- Houlihan, Barrie(2005), Public Sector Sport Policy, *International Review for the Sociology of Sport*, Vol. 40, No. 2, pp. 163~185.

- Howard, Dennis R. & Crompton, John L.(2002), The Growth and Financial Status of Professional Sports in North America: Insights for English Soccer Leagues?, *Managing Leisure*, Vol. 7, pp. 145~163.

- Humphreys, Brad R.(2002), Alternative Measures of Competitive Balance in Sports Leagues, *Journal of Sports Economics*, Vol. 3, No. 2, pp. 133~148.

- *Journal of Sport Business Review*(2009. 겨울), 통권68호.

- Kahane, Leo H.(2005), Production Efficiency and Discriminatory Hiring Practices in the National Hockey League: A Stochastic Frontier Approach, *Review of Industrial Organization*, Vol. 27, pp. 47~71.

- Kahn, Lawrence M.(1993), Free Agency, Long-Term Contracts and Compensation in Major League Baseball: Estimates from Panel Data, *The Review of Economics and Statistics*, Vol. 75, No. 1, pp. 157~164.

- Kesenne, Stefan(2005), Do We Need an Economic Impact Study or a Cost-Benefit

Analysis of a Sports Event?, *European Sport Management Quarterly*, Vol. 5, No. 2, pp. 133~142.

- Kesenne, Stefan(Sep, 2000), The Impact of Salary Caps in Professional Team Sports, *Scottish Journal of Political Economy*, Vol. 47, No. 4, pp. 422~429.

- Knobloch-Westerwick, Silvia, David Prabu, Matthew, Eastin S., Ron, Tamborini & Dara, Greenwood(2009), Sports Spectators' Suspense: Affect and Uncertainty in Sports Entertainment. *Journal of Communication*, Vol. 59, Issue 4, pp. 750~767.

- Knowles, Glenn, Sherony, Keith & Haupert, Mike(1992), The Demand for Major League Baseball: A Test of the Uncertainty of Outcome Hypothesis, *The American Economist*, Vol. 36, No. 2, pp. 72~80.

- Koning, Ruud H.(2009), Sport and Measurement of Competition, *De Economist*, Vol. 157, pp. 229~249.

- Késenne, Stefan(2007), The Economic Theory of Professional Team Sports, *An Analytical Treatment*, Edward Elgar.

- Lago, Umberto, Simmons, Rob. & Szymanski, Stefan(2006), The Financial Crisis in European Football: An Introduction, *Journal of Sports Economics*, Vol. 7, No. 1, pp. 3~12.

- Leeds, Michael & Allmen, Peter von(2009), *The Economics of Sports*, Addison Wesley.

- Magee, Jonathan & Sugden, John(2002), The World at There Effect: Professional Football and International Labour Migration, *Journal of Sport & Social Issue*, Vol. 26, No. 4, pp. 421~437.

- Mason, Daniel S(1999), What is the Sports Product and Who Buys it? The Marketing of Professional Sports Leagues, *European Journal of Marketing*, Vol. 33, Issue 3/4, pp. 402~418.

- Mason, Daniel S.(1999), What is the Sports Product and Who Buys it? The Marketing of Professional Sports Leagues, *European Journal of Marketing*, Vol. 33, No. 3/4, pp. 402~418.

- Mauws, Michael K., Mason, Diniel S. & Foster, William M.(2003), Thinking Strategically about Professional Sports, *European Sport Management Quarterly*, Vol. 3, No. 3, pp. 145~164.

- Maxcy, Joel & Mondello, Mochael(2006), The Impact of Free Agency on Competitive Balance in North American Professional Team Sports leagues, *Journal of Sport*

Management, Vol. 20, pp. 345~365.

- Noll, Roger G.(2002), The Economics of Promotion and Relegation in Sports League, *Journal of Sports Economics*, Vol. 3, No. 2, pp. 169~203.

- Noll, Roger G.(2003), The Organization of Sports Leagues, *Oxford Review of Economic Policy*, Vol. 19, No. 4, pp. 530~551.

- Owen, Dorian P., Ryan, Michael & Weatherston, Clayton R.(Dec. 2007), Measuring Competitive Balance in Professional Team Sports Using the Herfindahl-Hirschman Index, *Review of Industrial Organization*, Vol. 31, Issue 4, pp. 289~302.

- Philippe, Cyrenne(May. 2009). Modelling Professional Sports Leagues: An Industrial Organization Approach. *Review of Industrial Organization*, Vol. 34, Issue 3, pp. 193~215.

- Quinn, Kevin G.(2009), *Sports and Their Fans*, McFarland & Company.

- Rosentraub, Mark S.(2010), *Major league Winners*, CRC Press.

- Ross, Stephen F.(2003), Antitrust, Professional Sports, and Public Interest, *Journal of Sports Economics*, Vol. 4, No. 4, pp. 318~331.

- Rottenberg, Simon(2000), Resource Allocation and Income Distribution in Professional Team Sports, *Journal of Sports Economics*, Vol. 1, No. 1, pp. 11~20.

- Sanderson, Allen R. & Siegfried, John J.(2003), Thinking about Competitive Balance, *Journal of Sport Economics*, Vol 4, No 4, pp. 255~279.

- Sanderson, Allen R. & Siegfried, John J.(2006), Simon Rottenberg and Baseball, Then and Now: A Fiftieth Anniversary Retrospective, *Journal of Political Economy*, Vol. 114, No. 3, pp. 594~604.

- Sanderson, Allen R.(2002), The Many Dimensions of Competitive Balance, *Journal of Sports Economics*, Vol. 3, No. 2, pp. 204~228.

- Sandy, Robert, Sloane, Peter J. & Rosentraub, Mark S.(2004), *The Economics of Sport-An International Perspective*. Palgrave.

- Schmidt, Martin B. & Berri, David J.(May, 2001), Competitive Balance and Attendance - The Coase of Major League Baseball, *Journal of Sports Economics*, Vol. 2, No. 2, pp. 145~167.

- Simmons, Rob(2007), Overpaid Athletes? Comparing American and European Football, *The Journal of labour and society*, Vol. 10, pp. 457~471.

- Szymanski, Stefan & Hoehn, Thomas(1999), European Football, The Structure of Leagues and Revenue Sharing, *Economic Policy*, Vol. 14, No. 28, pp. 203~240.

- Szymanski, Stefan(2001), Economics of Sport: Introduction, *The Economic Journal*, 111 (february), F1-F3.
- Szymanski, Stefan(2001), Income Inequality, Competitive Balance and the Attractiveness of Team Sports: Some Evidence and a Natural Experiment from English Soccer, *The Economic Journal*, 111(february), F69-F84.
- Szymanski, Stefan(2003), The Assessment: The Economics of Sport, *Oxford Review of Economic Policy*, Vol. 19, Issue 4, pp. 467~485.
- Szymanski, Stefan(2004), Professional Team Sports Are Only a Game: The Walrasian Fixed-Supply Conjecture Model, Contest-Nash Equilibrium, and the Invariance Principle, *Journal of Sports Economics*, Vol. 5, pp. 111-126
- Szymanski, Stefan(2010), Teaching Competition in Professional Sports Leagues. *Journal of Economic Education*, Vol. 41, Issue 2, pp. 150~168.
- Szymanski, Stefan(2010), *The Comparative Economics of Sport*, Palgrave.
- Tcha, Moon Joong(2004), The Color of Medals: An Economic Analysis of the Eastern and Western Blocs' Performance in the Olympics, Vol. 5, No. 4, pp. 311~328
- Vrooman, John(2000), The Economics of American Sports leagues, *Scottish Journal of Political Economy*, Vol. 47, No. 4, pp. 364~373.
- Vrooman, John(2009), Theory of the Perfect Game: Competitive Balance in Monopoly Sports Leagues, *Review of Industrial Organization*, Vol. 34, Issue 1, pp. 5~44.
- Winfree, Jason(2009), Fan Substitution and Market Definition in Professional Sports League, Vol. 54, No. 4, pp. 801~822.
- Winfree, Jason(Winter, 2009), Fan Substitution and Market Definition in Professional Sports Leagues. *Antitrust Bulletin*, Vol. 54, Issue 4, pp. 801~822.
- Zimbalist, Andrew S.(2002), Competitive Balance in Sports League: An Introduction, *Journal of Sports Economics*, Vol. 1, No. 3, pp. 111~121.
- Zimbalist, Andrew(2003), Sport As Business, *Oxford Review Economic Policy*, Vol. 10, No. 4, pp. 503~511.

제Ⅳ편 프로스포츠 노동시장

- 김예기(2006), 프로스포츠 선수노동시장과 경제적 가치 평가, 월간 스포츠비즈니스.
- 김예기(2006), 프로스포츠 시장에서 차별에 관한 논의, 월간 스포츠비즈니스.

- Abrams, Roger I.(2003), The Public Regulation of Baseball Labor Relations and the Public Interest, *Journal of Sports Economics*, Vol. 4, No. 4, pp. 292~301.
- Bellemore, Fred A.(2001), Racial and Ethnic Employment Discrimination, *Journal of Sports Economics*, Vol. 2, No. 4, pp.356~368.
- Bertrand, Marianne, Chugh, Dolly & Mullainthan, Sendhil(2005), Implicit Discrimination, *The American Economic Review*, Vol. 95, No. 2, pp. 94~98.
- Brown, Robert W. & Jewell, R. Todd(1994), Is There Customer Discrimination in College Basketball? The Premium Fans Pay for White Players. *Social Science Quarterly* (University of Texas Press), Vol. 75, Issue 2, pp. 401-413.
- Coates, Dennis & Humphreys, Brad(2001), The Economic Consequences of Professional Sports Strikes and Lockouts, *Southern Economic Journal*, Vol. 67, No. 3, pp. 737~747.
- Conlin, Michael & Emerson, Patrick M.(2005), Discrimination in Hiring Versus Retention and Promotion: An Empirical Analysis of Within -Firm Treatment of Players in the NFL, *The Journal of Law, Economics & Organization*, Vol. 22, No. 1, pp. 115~136.
- Covington, Robert N.(2003), (How Much) Is The Law to Blame for Baseball's Turbulent Labor Relations?, *Journal of Sports Economics*, Vol. 4, No. 4, pp. 356~361.
- Cymrot, Donald J. (1985), Does Competition Lessen Discrimination? Some Evidence, *The Journal of Human Resources*, Vol. 20, No. 4, pp. 605~62.
- Dabscheck, Braham(1975), Sporting Equality: Labour Market vs. Product Market Control, *Journal of Industrial Relations*, Vol. 17, No. 2, pp. 174~190.
- Dabscheck, Braham(1976), Industrial Relations and Professional Team Sports in Australia, *Journal of Industrial Relations*, Vol. 18, No. 1, pp. 28~44.
- Drewes, Michael(2005), Locked Out: Why Work Stoppages in Major League Sports are Frequent in North America but Rare in Europe, *European Sport Management Quarterly*, Vol. 5 No.1, pp. 63~76.
- Foley, Mark & Smith, Fred(2007), Consumer Discrimination in Professional Sports: New Evidence from Major League Baseball, *Applied Economics Letters*, Vol. 14, pp. 951~955.
- Fort, Rodney(2005), The Golden Anniversary of The Baseball Players' Labor Market, *Journal of Sports Economics*, Vol. 6, No. 4, pp. 347~358.
- Frick, Bernd(2009), Globalization and Factor Mobility: The Impact of the Bosman-Ruling on Player Migration in Professional Soccer, *Journal of Sports Economics*, Vol.

10, No. 1, pp. 88~106.

- Gandelman, Nester(2009), Selection Biases in Sports Markets, *Journal of Sports Economics*, Vol. 10, No. 5, pp. 502~521.

- Giampetro-Meyer, Andrea M.(2000), Recognizing and Remedying Individual and Institutional Gender-Based Wage Discrimination in Sport, *American Business Law Journal*, Vol. 37, pp. 343~386.

- Gill, Diane L., Morrow, Ronald G., Collins, Karen E., Lucey, Allison B. & Schultz, Allison M.(2006), Attitudes and Sexual Prejudice in Sport and Physical Activity, *Journal of Sport Management*, Vol. 20, pp. 554~564.

- Giulianotti, Richard & Robertson, Roland(ed.)(2007), *Globalization and Sport*, Black well publishing.

- Goddard, John & Wilson, John O. S.(2009), Racial Discrimination in English Professional Football: Evidence from an Empirical Analysis of Players' Career Progression, *Cambridge Journal of Economics*, Vol. 33, pp. 295~316.

- Groothuis, Peter A. & Hill, Richard(2008), Exit Discrimination in Major League Baseball:1990-2004, *Southern Economic Journal*, 2008, Vol. 75, No. 2, pp. 574~590.

- Hanis-Martin, Jannifer L.(2006), Embodying Contradictions —The Case of Professional Women's Basketball—, *Journal of Sport & Social Issue*, Vol. 30, No. 3, pp. 265~288.

- Hassen, Andrew(1998), The Cost of Discrimination: A Study of Major League Baseball, *Southern Economic Journal*, Vol. 64, No. 3, pp. 603~627.

- Higgins, Julie & Defago, Susan H.(2009), On Thin Ice? Labour/Management Relations in U.S. Professional Sports. *Marketing Management Journal*, Vol. 19, Issue 1, pp. 58~72.

- Hill, James Richard & Taylor, Jason E.(2008), Do Professional Sports Unions Fit the Standard Model of Traditional Unionism?, *Journal of Labor Economics*, Vol. 29, pp. 56~67.

- Kahn, Lawrence M.(1991), Discrimination in Professional Sports: A Survey of the Literature, *Industrial and Labour Relation Review*, Vol. 44, No. 3, pp. 395~418.

- Kahn, Lawrence M.(2000), The Sports Business As a Labor Market Laboratory, *Journal of Economics Perspectives*, Vol. 14, No. 3, pp. 75~94.

- Kendall, Todd D.(2003), Spillovers, Complementarities, and Sorting in Labor Markets with an Application to Professional Sports. *Southern Economic Journal*, Vol. 70, Issue 2, pp. 389~402.

- Kovach, Kenneth A. & Meserole, Margaret W.(1997), Collective Bargaining in Professional Sports: Baseball, Football, Basketball, and Hockey, *Labor Law Journal*, Vol. 48, Issue 7, pp. 390~402.

- Lee, Seung bum (2010), Global Outsourcing: A Different Approach to an Understanding of Sport Labour Migration, *Global Business Review*, Vol. 11, No. 2, pp. 153~165.

- Liberman, N(2004), Golf's Guiding Force: No Doubting That Tiger is Tops, *Sports Business Journal*, Vol. 7, No. 8, pp. 16~24.

- Long, Jonathan, Robinson, Paul & Spracklen, Karl(2005), Promoting Racial Equality Within Sports Organizations, *Journal of Sport & Social Issues*, Vol. 29, No. 1, pp. 41~59.

- Lucifora, Claudio & Simmons, Rob(2003), Superstar Effects in Sport: Evidence From Italian Soccer, *Journal of Sports Economics*, Vol. 4, No. 1, pp. 35~55.

- Magee, Jonathan & Sugden, John(2002), The World at their Feet: Professional Football and International Labor Migration, *Journal of Sport & Social Issues*, Vol. 26, No. 4, pp. 421~437.

- Maguire, Joseph & Falcous, Mark(2011), *Sports and Migration-Borders, — boundaries and crossing*, Routledge.

- Maguire, Joseph(1999), Global Sport, Polity.

- Maguire, Joseph(2004), Sport Labor Migration Research Revisited, *Journal of Sport & Social Issues*, Vol. 28, No. 4, pp. 477~482.

- Maguire, Joseph(2004), Challenging the Sports-industrial Complex: Human Sciences, Advocacy and Service, *European Physical Education Review*, Vol. 10, No. 3, pp. 299~322.

- Maguire, Joseph(2008), Real Politic or Ethically Based: Sport, Globalization, Migration and Nation-state Policies, *Sport in Society* (*formerly Culture, Sport, Society*), Vol. 11, No. 4, pp. 443~458

- Matheson, Victor A.(2006), The Effects of Labor Strikes on Consumer Demand in Professional Sports: Revisited, *Applied Economics*, No. 38, pp. 1173~1179.

- McGinnis, Lee, McQuillan, Julia & Chapple, Constance L.(2005), I Just Want to Play —Women, Sexism, and Persistence in Golg—, *Journal of Sport & Social Issue*,

Vol. 29, No. 3, pp. 313~337.

- Palmer, Matthew C. & King, Randall H.(2006), Has Salary Discrimination Really Disappeared From Major League Baseball?, *Eastern Economic Journal*, Vol. 32, No. 2.

- Pedace, Roberto(2008), Earnings, Performance, and Nationality Discrimination in a Highly Competitive Labor Market As An Analysis of the English Professional Soccer League, *Journal of Sports Economics*, Vol. 9, No. 2, pp. 115~140.

- Petersen, Trond & Saporta, Ishak(2004), The Opportunity Structure for Discrimination, *American Journal of Sociology*, Vol. 109, No. 4, pp. 852~901.

- Pflugfelder, Ehren Helmut(2009), Something Less Than a Driver: Toward An Understanding of Gendered Bodies in Motorsport, *Journal of Sport and Social issues*, Vol. 33, No. 4, pp. 411~426.

- Preston, Ian & Szymanski, Stefan(2000), Racial Distribution ain English Football, *Scottish Journal of Political Economy*, Vol. 47, No. 4, pp. 342~363.

- Rosen, Sherwin & Sanderson, Allen(2001), Labour Markets in Professional Sports, *The Economic Journal*, 111(february), F47-F68.

- Ruwanpura, Kanchana N.(2009), Multiple Identities, Multiple - Discrimination: A Critical Review, *Feminist Economics*, Vol. 14, No. 3, pp.77~105.

- Sage, George H.(2010), *Globalizing Sport*, Paradigm Publishers.

- Schmidt, Martin B. & Berri, David J.(2004), The Impact of Labor Strikes on Consumer Demand: An Application to Professional Sports, *The American Economic Review*, Vol. 94, No. p1, pp. 344~357.

- Schwieren, Christiane & Glunk, Ursula(2008), Mechanism Underlying Nationality-Based Discrimination in Teams —A Quasi-Experiment Testing Predictions From Social Psychology and Microeconomics, *Small Group Research*, Vol. 39, No. 6, pp. 643~672.

- Scully, Gerald W.(1999), *The Market Structure of Sport*, The University of Chicago Press.

- Scully, Gerald W.(2000), Diminishing Returns and the Limit of Athletic Performance, *Scottish Journal of Political Economy*, Vol. 47, No. 4, pp. 56~470.

- Seman, Bruce A.(2003), Cultural and Sport Economics: Conceptual Twins?, Journal of Cultural Economics, Vol. 27, pp. 81~126.

- Staudohar, Paul D.(2006), So You Want To be A Sports Agent, *Labor Law Journal*, Vol. 57, No. 4, pp. 246~256.

- Szymanski, Stefan(2000), A Market Test for Discrimination in the English Professional Soccer League, *The Journal of Political Economy*, Vol. 108, No. 3, pp. 590~603.
- Tiesler, Nina Clara & Coelho, Joao Nuno(ed.)(2009), Globalised Foorball —Nations and Migration, *the City and the Dream*, Routledge.
- Zimbalist, Andrew(2003), Labor Relations in Major League Baseball, *Journal of Sports Economics*, Vol. 4, No. 4, pp. 332~355.
- Čngienė, Vilma & Laskienė, Skaistė(2007), Sport Managers Professional Competence Towards European Labour Market, *Visions & Challenges*, pp. 97~103.

제Ⅴ편   스포츠 시장과 공공 부문

- 국회예산정책처(2008), 비시장가치 평가 연구: 환경자원을 중심으로.
- 기획재정부(2010). 『2010~2014년 국가재정운용계획』.
- 김예기(2005), 스포츠 시장과 정부의 역할, 월간 스포츠비즈니스.
- 김예기(2005), 우리나라 스포츠 재정의 실태와 효율화 방안, 월간 스포츠비즈니스.
- 김예기(2006), 스포츠 이벤트와 지역경제 발전에 관한 논의, 월간 스포츠비즈니스.
- 김현아(2003), 로또복권 수익금 활용 및 관리 방안, 한국조세연구원.
- 문화체육관광부, 『2003~2009체육백서』.
- 문화체육관광부, 전국공공체육시설 현황, 각년도.
- 복권위원회(2010). 복권백서.
- (사)스포츠산업진흥협회(2007), 스포츠산업발전과 스포츠 토토.
- (사)한국스포츠산업·경영학회(2010), 스포츠산업발전을 위한 스포츠 모태펀드(Fund of Funds)의 이해 및 조성·운용 방안.
- 사행산업통합감독위원회, 사행산업관련통계자료, 2008.
- 성문정(2005), 수상레저스포츠 활성화를 위한 법제도 개선연구, 체육과학연구원.
- 신향난(2009), 토토와 함께 떠나는 유럽여행, 맥스미디어.
- 한국개발연구원(1995), 2002년 월드컵 축구 한국개최의 경제적 파급효과.
- 한국개발연구원(2003), 2002 FIFA월드컵 공동개최에 따른 의의와 성과.
- 한국개발연구원(2003), 대구 U대회의 국가·지역적 발전 효과.
- 한국개발연구원(2008), 예비타당성조사 수행을 위한 일반지침 수정·보완 연구.

- 한국레저산업연구소(2008), 갬블백서.
- 한양대학교 스포츠산업·마케팅센터(2006), 2014 평창동계올림픽.-성공적 유치를 위한 지원 방안 세미나.-
- 환경부(2004), 자연자산의 경제적 가치 추정 및 산정기법에 관한 연구.
- Andersson, Tommy D., Rustad, Alf & Solberg, Harry Arne(2004), Local Residents' Monetary Evaluation of Sports Events, *Managing Leisure*, Vol. 9, pp. 145~158.
- Barget, Eric & Gouget, Jean-Jacques(2007), The Total Economic Value of Sporting Events Theory and Practice, *Journal of Sports Economics*, Vol. 8, No. 2, pp. 165~182.
- Bjelac, Zheljko & Radovanovic, Milan(2003), Sports Events as a Forum of Tourist Product, Relating to the Volume and Character of Demand, *Journal of Sport Tourism*, Vol. 8, No. 4, pp. 260~269.
- Buton, Rick(2003), Olympic Games Host City Marketing: An Exploration of Expectation and Outcomes, *Sport Marketing Quarterly*, Vol. 12, No. 1.
- Chalip, Laurence(2006), Towards Social Leverage of Sport Events, *Journal of Sport & Tourism*, Vol. 11, No. 2, pp. 109~127.
- Chapin, Timothy S.(2004), Sports Facilities as Urban Redevelopment Catalysts, *Journal of the American Planning Association*, Vol. 70, No. 2, pp. 193~209.
- Chris Gratton(2000), *Economics of Sport and Recreation*, E&FNSPON.
- Coates, Dennis & Humphreys, Brad R.(2003), Professional Sports Facilities, Franchise and Urban Economic Development, *Public Finance and Management*, Vol. 3, No. 3, pp. 335~357.
- Coates, Dennis(2007), Stadium and Arenas: Economic Development or Economic Redistribution?, *Contemporary Economic Policy*, Vol. 25, No. 4. pp. 565~577.
- Considine, John, Coffey, Seamus & Kiely, Daniel(2004), Irish Sports Capital Funding: A Public Choice Perspective, *European Sport Management Quarterly*, Vol. 4, No. 3, pp. 150~169.
- Cromption, John(2004), Beyond Economic Impact: An Alternative Rationale for the Public Subsidy of Major League Sports Facilities, *Journal of Sport Management*, Vol. 18, pp. 40~58.
- Crompton, John L.(1995), Economic Impact Analysis of Sports Facilities and Events: Eleven Source of Misapplication, *Journal of Sport Management*, Vol. 9, Issue 1, pp. 14~35.

- Daniels, Margaret J. & Norman, William C.(2003), Estimating the Economic Impacts of Seven Regular Sport Tourism Events, *Journal of Sport Tourism*, Vol. 8, No. 4, pp. 214~222.

- Davies, Larissa E.(2006), Sporting a New Role? Stadia and Real Estate Market, *Managing Leisure*, Vol. 11, pp. 231~244.

- Davies, Larissa E.(2008), Sport and the Local Economy: The Effects of Stadia Development on the Commercial Property Market, *Local Economy*, Vol. 23, No. 1, pp. 31~46.

- Dehring, Carolyn A., Depken, Craig A. & Ward, Michael R.(2007), The Impact of Stadium Announcements on Residential Property Value: Evidence from a Natural Experiment in Dallas-Fort Worth, *Contemporatry Economic Policy*, Vol. 25, No. 4. pp. 627~638.

- Drayer, Joris & Rascher, Dan(2010), Simulation in Sport Finance, *Simulation & Gaming*, Vol. 41, Issue 2, pp. 231~237.

- Durand, Christopher & Bayle, Emmanuel(2002), Public Assistance in Spectator Sport: A Comparison between Europe and the United States, *European Journal of Sport Science*, Vol. 2, No. 2, pp. 1~19.

- Enjolras, Bernard & Waldahl, Ragnhils Holmen(2007), Policy-Making in Sport: the Norwegian Case, *International Review for the Sociology of Sport*, Vol. 42, No. 2, pp. 201~216.

- Feddersen, Arne & Maennig, Wolfgang(2009), Arenas Versus Multifunctional Stadiums, Which Do Spectator Prefer?, *Journal of Sports Economics*, Vol. 10, No. 2, pp. 180~191.

- Filo, Kevin, Funk, Daniel C. & Hornby, Glen(2009), The Role of Web Site Content on Motive and Attitude Change for Sport Events, *Journal of Sport Management*, Vol. 23, pp. 21~40.

- Forster, John & Nigel K. Li.Pope(2004), *The Political Economy of Global Sporting Organization*, Routledge.

- Franck, Egon(May, 2010), Private Firm, Public Corporation or Member's Association Governance Structures in European Football, *International Journal of Sport Finance*. Vol 5, Issue 2, pp. 108~127.

- Fullerton, Sam & G. Merz, Russell(2008), The Four Domains of Sports Marketing: A Conceptual Framework, *Sport Marketing Quarterly*, 17(2), pp. 90~108.

- Garcia, Beatriz(2008), One Hundred Years of Cultural Programming within the Olympic Games(1912-2012); Origins, Evolution and Projection, *International Journal of Cultural Policy*, Vol. 14, No. 4, pp. 361~376.

- Gratton, Chris & Henery, Ian(ed.)(2001), *Sport in the City*, Routledge.

- Gratton, Chris & Taylor, Peter(1991), Government and The Economics of Sport, Longman.

- Gratton, Chris, Shibli, Simon & Coleman, Richard(2005), Sport and Economic Regeneration in Cities, *Urban Studies*, Vol. 42, No. 5/6, pp. 985~999.

- Green, Mick(2007), Governing Under Advanced Liberalism: Sport Policy and the Social Investment State, *Policy Science*, Vol. 40, pp. 55~71.

- Groothuis, Peter A., Johnson, Bruce K. & Whitehead, John C.(2004), Public Funding of Professional Sports Stadium: Public Choice or Civic pride?, *Eastern Economic Journal*, Vol. 30, No. 4. pp. 515~526.

- Hone, Phillip & Silvers, Randy(2006), Measuring the Contribution of Sport to the Economy, *The Australian Economic Review*, Vol. 39, No. 4, pp. 412~419.

- Horne, John(2007), The Four 'Knowns' of Sports Mega-event, *Leisure Studies*, Vol. 26, No. 1, pp.81~91.

- Houlihan, Barrie(2005). Public Sector Sport Policy: Developing an Framework for Analysis, *International Review for the Sociology of Sport*, Vol. 42, No. 2, pp. 163~185.

- Humphreys, Brad R.(2006), Sports and Public Finance, *Public Finance & Management*, Vol. 6, Issue 3, pp. 78~283.

- Humphreys, Brad R.(2006), Sports and Public Finance, *Public Finance and Management*, Vol. 6, No. 3, pp. 278~283.

- Humphreys, Brad R.(2008), Sport Finance and Gambling, *International Journal of Sport Finance*, Vol. 3, Issue 3, pp. 35~136.

- John A. David(2008), *The Olympic Games Effect*, John Wiley & Sons(Asia)pte. Ltd.

- Johnson, Bruce K., Groothuis, Peter A., & Whitehead, John C.(2001), The Value of Public Goods Generated by a Major League Sports Team: The CVM Approach, *Journal of Sports Economics*, Vol. 1, No. 2, pp. 6~21.

- Jones, Calvin(2002), The Stadium and Economic Development: Cardiff and the Millennium Stadium, *European Planning Studies*, Vol. 10, No. 7, pp. 819~829.

- Kaplanidou, Kyriaki & Vogt, Christine(2007), The Interrelationship between Sport

Event and Destination Image and Sport Tourist' Behaviors, *Journal of Sport & Tourism*, Vol. 12, No. 3-4, pp. 183~206.

- Kern, William S. (ed.)(2000), *The Economics of Sports*, W.E. Upjohn Institute for Employment Research .

- Kurtzman, Joseph(2005), Economic Impact: Sport Tourism and the City, *Journal of Sport Tourism*, Vol. 10, No. 1, pp. 47~71.

- Long, Judith Grant(2005), Full Count: The Real Cost of Public Funding for Major League Sports Facilities, *Journal of Sports Economics*, Vol. 6, No. 2, pp. 119~143.

- Matheson, Victor A.(2009), Economic Multipliers and Mega-Event Analysis, *International Journal of Sport Finance*, Vol. 4, pp. 63~70.

- McCartney, Glenn & Osti, Linda(2007), From Cultural Events to Sport Events: A Case Study of Cultural Authenticity in the Dragon Boat Race, *Journal of Sport & Tourism*, Vol. 12, No. 1, pp. 25~40.

- Misener, Laure & Mason, Daniel S.(2006), Creating Community Networks: Can Sporting Events Offer Meaningful Sources of Social Capital?, *Managing Leisure*, Vol. 11, pp. 39~56.

- Mules, Trevor(1998), Taxpayer Subsidies for Major Sporting Events, *Sport Management Review*(Sport Management Association of Australia & New Zealand), Vol. 1, Issue 1, pp. 25~43.

- Nauright, John(2004), Global Games; Culture, Political Economy and Sport in the Globalised World of the 21st Century, *Third World Quarterly*, Vol. 25, No. 7, pp. 1325~1336.

- Noll, Roger G. & Zimbalist, Andrew(ed.)(1997), *Sports, Jobs, and Taxes*, Brookings Institution Press.

- Parrish, Richard(2003), The Politics of Sports Regulation in the European Union, *Journal of European Public Policy*, Vol. 10, No. 2, pp. 246~262.

- Piggin, Joe, Jackson, Steven J. & Lewis, Malcon(2009), Knowledge, Power and Politics, *International Review for the Sociology of Sport*, Vol. 44, No. 1, pp. 87~101.

- Pons, Frank, Mourali, Mehi & Nyeck, Simon(2006), Consumer Orientation Toward Sporting Events, *Journal of Service Research*, Vol. 8, No. 3, pp. 276~287.

- Porter, Philip K. & Thomas, Christopher R.(2010). Public Subsidies and the Location and Pricing of Sports, *Southern Economic Journal*, Vol. 76, Issue 3, pp. 693~710.

- Porter, Philip K. & Thomas, Christopher R.(Jan, 2010), Public Subsidies and the Location and Pricing of Sports. *Southern Economic Journal*, Vol. 76, Issue 3, pp. 693~710.
- Poter, Philip K. & Deborah Fletcher(2008), The Economic Impact of the Olympic Games: Ex Ante Predictions and Ex Post Reality, *Journal of Sport Management*, Vol. 22, pp. 470~486.
- Preuss, Holger(2007), The Conceptualisation and Measurement of Mega Sport Event Legacies, *Journal of Sport & Tourism*, Vol. 12, No. 3/4, pp. 207~227.
- Rebeggiani, Luca(2006), Public Vs Private Spending for Sports Facilities-The Case of Germany 2006, *Public Finance and Management*, Vol 6, No 3, pp. 395~435.
- Sam, Michael P. & Jackson, Steven J.(2006), Development National Sport Policy Through Consultation: The Rules of Engagement, *Journal of Sport Management*, Vol. 20, pp. 366~386.
- Santo, Charles A., & Mildner, Gerard C. S.(2010), Sport and Public Policy-Social, Political and Economic Perspectives, Human Kinetics.
- Schulenkorf, Nico(2009), An Ex Ante Framework for the Strategic Study of Social Utility of Sport Events, *Tourism and Hospitality Research*, Vol. 9, No. 2, pp. 120~131.
- Schwester, Richard W.(2007). An Examination of the Public Good Externalities of Professional Athletic Venues: Justification for Public Financing?, *Public Budgeting & Finance*, pp. 89~109.
- Searle, Glen(2002), Uncertain Legacy: Sydney's Olympic Stadiums, *European Planning Studies*, Vol. 10, No. 7, pp. 845~865.
- Siegfried, John & Zimbalist, Andrew(2000), The Economics of Sports Facilities and Their Communities, *Journal of Economic Perspectives*, Vol. 14, No. 3, pp. 95~114.
- Siegfried, John & Zimbalist, Andrew(2002), A Note on the Local Economic Impact of Sports Expenditures, *Journal of Sport Economics*, Vol. 3, No. 4, pp. 361~366.
- Siegfried, John & Zimbalist, Andrew(2006), The Economic Impact of Sports Facilities, Teams and Mega-Events, *The Australian Economic Review*, Vol. 39, No. 4, pp. 420~427.
- Skille, Eivind A.(2008), Understanding Sport Club as Sport Policy Implementers: A Theoretical Framework for the Analysis of the Implementation of Central Sport Policy Through Local and Voluntary Organization, *International Review for the Sociology of Sport*, Vol. 43, No. 2, pp. 181~200.

- Sofield, Trevor H. B.(2003), Sports Tourism: From Binary Division to Quadripartite Construct, *Journal of Sports Tourism*, Vol. 8, No. 3, pp. 144~166.
- Solberg, Harry Arne & Preuss, Holger(2007), Major Sport Events and Long-term Tourism Impacts, *Journal of Sport Management*, Vol. 21, pp. 213~234.
- Taylor, Tracy & McGraw, Peter(2006), Exploring Human Resource Management Practices in Nonprofit Sport Organization, *Sport Management Review*, Vol. 9, pp. 229~251.
- Tu, Charles C.(2005), How Does a New Sports Stadium Affect Housing Values? The Case of FedEx Field, *Land Economics*, Vol. 81, No. 23, pp. 379~395.
- Walker, Matthew & Mondello, Michael J.(2007), Moving Beyond Economic Impact: A Closer Look at the Contingent Valuation Method, *International Journal of Sport Finance*, Vol. 2, pp. 149~160.
- Westerbeek, Hans M., Turner, Paul & Ingerson, Lynley(2001), Key Success Factors in Bidding for Hallmark Sporting Events, *International Marketing Review*, Vol. 19, No. 2/3. pp. 303~321.
- Wilbur, C. Rich(ed.)(2000), *The Economics and Politics of Sports Facilities*, Quorum Books.
- Wilmath, Tim Mai(2003), Estimating the Market Value of Major League Sports Facilities, *Assessment Journal*, Vol. 10, Issue 3, pp. 9~24.
- Wilson, Robert(2006), The Economic Impact of Local Sport Events: Significant, Limited nor Otherwise? A Case Study of Four Swimming Events, *Managing Leisure*, Vol. 11, pp. 57~70.
- Wolfe, Richard A., Usher, John M., Terborg, James R. & Poppo, Laura(2005), Sport and Organization Studies Exploring Synergy, *Journal of Management Inquiry*, Vol. 14, No. 2, pp. 182~210.

색 인

ㅋ

ㅌ

스포츠 경제학

발행일 2011년 9월 20일 초판인쇄
       2011년 9월 30일 초판발행

공저자 설수영 · 김예기
발행인 황인욱
발행처 圖書出版 오래

주 소 서울특별시 용산구 한강로 2가 156-13
전 화 02-797-8786, 8787, 070-4109-9966
팩 스 02-797-9911
이메일 orebook@naver.com
홈페이지 www.orebook.com
출판신고번호 제302-2010-000029호.(2010. 3. 17)

ISBN 978-89-94707-43-3

가 격 29,000원